セルリオ

『建築書』
註 解

上巻

飛ヶ谷潤一郎 編著

中央公論美術出版

目　　次

第　一　書

セバスティアーノ・セルリオ・ボロニェーゼから
　　私にとって唯一の主人であるいとも尊き国王陛下へ 5

印刷中に生じた誤植について 7

幾何学についての第一書 7

註 27

第　二　書

平面に関する透視図法論〔2〕 37

立体に関する透視図法論　3 45

　　舞台背景論 70

　　喜劇の舞台背景 73

　　悲劇の舞台背景 74

　　サテュロス劇の舞台背景 75

　　舞台の人工照明について 77

　　読者諸氏への注意 79

註 81

第　三　書

セバスティアーノ・セルリオから国王陛下フランソワ〔1世〕へ 93

第4章　古代建築について 95

　　エジプトの驚異についての論稿 192

　　読者諸氏へ 195

註 198

第 四 書

ピエトロ・アレティーノ殿からフランチェスコ・マルコリーニへ 237
いとも高名なる貴紳エルコレ2世、第4代フェッラーラ公爵殿下へ
　セバスティアーノ・セルリオ・ダ・ボローニャ 238
著者から読者諸氏へ 241

第5章　トスカーナ式の建物とその装飾について 245

第6章　ドーリス式オーダーについて　...................... 259

第7章　イオニア式オーダーとその装飾について 284

第8章　コリント式オーダーとその装飾について 301

第9章　コンポジット式オーダーについて 319

第10章　木製またはブロンズ製の扉について 328

第11章　建物内外の絵画形式の装飾について 330

第12章　木造の平天井とそれらの装飾について 333

第13章　貴族の家系と普通の家系それぞれの紋章について 343

註 346

第 五 書

セバスティアーノ・セルリオからナバラ王妃陛下へ 399

聖堂に関する書 400

註 426

解説・論考・付録

解説　セルリオの建築書『第一書』から『第五書』について 437
　1．セバスティアーノ・セルリオと、セルリオの建築書 437
　2．セルリオとイタリア・ルネサンスの建築書 441
　3．『第四書』と建築オーダー 445
　4．『第三書』と古代建築 450
　5．『第五書』と宗教建築 452

論考1　セルリオのヴェネツィア風パラッツォにみる新規性 463

　　1.　はじめに 463

　　2.　ヴェネツィア15世紀半ばから16世紀初期までのパラッツォ 464

　　3.　『第四書』に見られるヴェネツィア風のパラッツォ 467

　　4.　おわりに 471

論考2　セルリオの建築書『第四書』にみる対概念の共存と「判断力」
　　　　　ペルッツィとウィトルウィウスを乗り越えて 475

　　1.　はじめに 475

　　2.　『第四書』におけるペルッツィに関する記述 476

　　3.　『第四書』における建築オーダーの解釈 482

　　4.　セルリオの建築書にみる対概念の共存 486

　　5.　おわりに 491

論考3　セルリオの建築書にみる多層構成の聖堂ファサード 499

　　1.　はじめに 499

　　2.　『第五書』の聖堂ファサード 500

　　3.　『第四書』の聖堂ファサード 503

　　4.　『第六書』の聖堂風ファサード 507

　　5.　おわりに 509

付録1　アルフォンソ・ダバロスへの献辞 513

付録2　フランチェスコ・ジョルジのサン・フランチェスコ・
　　　　　デッラ・ヴィーニャ聖堂についての覚書 516

　　　主要参考文献 523

　　　図版目録 535

本書は、独立行政法人日本学術振興会令和6年度科学研究費補助金（研究成果公開促進費）の交付を受けた出版である。

セルリオ

『建 築 書』

註解

上巻

凡 例

1 本書は全体で二巻本からなる予定の、セバスティアーノ・セルリオの建築書の日本語訳と註解である。本巻（上巻）では『第一書』から『第五書』が掲載され、下巻では『第六書』から『第八書』と『番外篇』が掲載される予定である。日本語訳にあたっては、各書の第一版が掲載されているSebastiano Serlio, *L'architettura: I libri I-VII e Extraordinario nelle prime edizioni*, ed. by F. P. Fiore, 2 vols, Milano, 2001を底本として使用し、註については英語版のS. Serlio, *On Architecture*, ed. by V. Hart & P. Hicks, New Haven & London, 1996を主に参考にした。

2 原著での頁番号は各書で異なる。『第一書』『第二書』『第五書』では、おもて面の右上にのみアラビア数字で記されていて、裏面には何も記されていない。一方、『第三書』ではすべての頁にローマ数字で記されているが、『第四書』ではおおむねおもて面の右上にのみローマ数字で記されていて、裏面には何も記されていない。本書では原著の頁番号は冒頭の｜｜に入れて、アラビア数字でおもて (*r*) と裏 (*v*) を区別して示した。また、原著のおもて面の右下には、折丁記号がアルファベットでA（またはa）から順に記されているが、本書では省略した。
　　　例：原著の頁番号LXIは、本書では｜**61r**｜と表記し、何も記されていない次の頁は｜**61v**｜と表記。

3 原著の図版のいくつかは、フランスのトゥール大学ルネサンス高等研究所のArchitecturaで公開されている16世紀から18世紀の建築書に関するURL（architectura.cesr.univ-tours.fr/traite/）を利用した。ただし、図版のレイアウトと段落構成は、読みやすいように適宜変更した。なお、文中の〔 〕は訳者による挿入文、『 』は書名、《 》は絵画や彫刻などの作品名である。

4 註は各書、または各章の文末に記載した。註ではセルリオに関係する主要な研究の紹介や、人名、地名、専門用語の説明などにとどめ、先行研究に対する批評的な見解は省略した。

5 人名などの表記については、原著の表記を尊重しつつ、現在一般に使われているものを優先した。また初出のときに、註では生没年とともに現在の原綴りを併記した。
　　　例：原文のRaphael da Vrbinoは、本文ではラファエロ・ダ・ウルビーノと表記、初出の註では
　　　　　ラファエロ・サンツィオ（Raffaello Sanzio 1483–1520年）と表記。

6 教皇や国王などの人名については、原綴りは省略し、原則として在位期間を併記した。ただし、即位以前の本名については、一般の人名と同様に生没年とともに現在の原綴りを併記した。
　　　例：教皇レオ10世の場合は、レオ10世（在位1513–21年）と表記。
　　　　　教皇に選出される以前の場合は、ジョヴァンニ・デ・メディチ（Giovanni de' Medici 1475
　　　　　–1521年）と表記。

7 セルリオの時代のイタリア語は、現代イタリア語の表記とは多少異なっている。各註の冒頭には、単語の綴りの違いや発音記号の有無、その他性数一致の違いも含めて、ほぼ原文どおりに表記した。ただし、uとvは区別し、ßはssに、ãはanに、õはonに直した。その他の箇所では、現代イタリア語に直して表記した。
　　　例：原文のinuentioneは、各註の冒頭ではinventioneと表記、その他の箇所では現代イタリア
　　　　　語のinvenzioneと表記。

8 本書でしばしば引用されるウィトルウィウス『建築十書』などの原典史料については、新たに翻訳を試みたが、章や節などの構成については、参考文献に挙げた邦訳書におおむねしたがった。

9 オーダーに関する専門用語の日本語訳については、我が国ではイタリア語のほかにも、ギリシア語、ラテン語、英語等がそのままカタカナ表記されることが多く、本書でも統一はしていない。また、セルリオ自身がしばしばイタリア語でも複数の名称を使用しているため、ルビで複数の名称を併記する際に、ルビの表記が原文のイタリア語とは異なっていることもある。
　　　例：原文のAstragalo, detto Tondinoは、玉縁（アストラガル）、いわゆるトンディーノと表記。

10 原文中に登場する古代ローマやルネサンスなどの建築については、註に写真や建築図面などの図版を適宜掲載した。

第一書

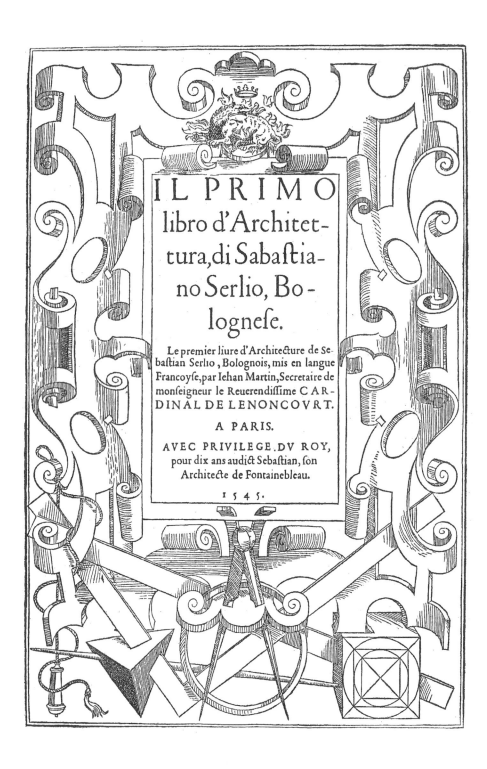

セバスティアーノ・セルリオ・ボロニェーゼによる建築についての
第一書⁽¹⁾

建築についての第一書、いとも尊き枢機卿ド・ルノンクール猊下⁽²⁾の秘書、ジャン・マルタン⁽³⁾によるフランス語訳

パリにて
国王による10年間の認可証付き⁽⁴⁾
前述のフォンテーヌブローの建築家セバスティアーノ・セルリオのために
1545年

| ii r |⁽⁵⁾

セバスティアーノ・セルリオ・ボロニェーゼから
私にとって唯一の主人であるいとも尊き国王陛下へ

　いとも高貴にして有力な君主であらせられる陛下。陛下はここ数年のあいだは戦争にかかりきりではございましたが、器の大きさゆえ他の活動も断念はされませんでした⁽⁶⁾。そして、陛下のためにと各種の美術に勤しむ者には、誰にでも物惜しみせずふるまわれました。陛下は（私にはこの上なく献身的な愛情を傾けられたことで〔こちらに〕移住するに至った次第ですが）⁽⁷⁾、いとも気高きナバラ王妃陛下⁽⁸⁾と同様に私にはとりわけ気前がよく、私を王宮の屋根のもとに住まわせ、さらに恩給も授けてくださっております。

　私は陛下から依頼された仕事に労力を費やした後は、私に残された時間を無駄にしないように、（力不足のため）イタリアでは出版ができなかった著書の執筆に邁進することにいたしました。これらのうち二巻はすでに完成し、陛下にも謹呈いたしております。そしてこのたび（おお、有徳の人々の支援者であるいとも尊き国王陛下）、建築に関する別の二巻をここに再び謹呈いたします。これらは私が乏しい才能でもって、フォンテーヌブローで独り寂しく書き連ねた成果に過ぎませんが、何年も前からお約束申し上げていたのがこれらの拙著なのです。これらのうちの第一巻では、幾何学の手本がいくつか論じられていて、多くの建築家にとっては必須のものです。そして、第二巻では透視図法に関する多くの実例が示されています⁽⁹⁾。建築家はこれを知らなければ、まともなものは何もつくれないでしょう。どうか陛下におかれましては、最も忠実なる僕からのこれらの書を、陛下に払われるべき敬意とともにお受け取りいただくようお願い申し上げます。

　私が計画している全七巻からなる本書の残り三巻についても、主なる神の恩寵によって完成へと至り、それらを熱心に読む者には幾分たりとも有益とならんことを期待する次第です。私は謹んで陛下の御手に口づけし、天の御加護によって陛下のあらゆる願い事が成就されるとともに、陛下にお仕えするため、私

5

にもどうかお力添えをいただきますよう心からお祈り申し上げます。

〔上記のフランス語訳〕

|iiv|

　いとも誠実なる読者諸氏へ。私の建築書が出版されるにあたって、まず『第四書』から始まり、次に『第三書』が日の目を見たことに驚かないでください。確かに、私のこうした段取りは不自然だったかもしれません。けれども、もし私が幾何学に関するこの小著を最初に出版していたなら、（実際に）それは分量も少なく、図版も特別魅力的ではないので、これらを学ぶときには、たとえ必須の科目であるにせよ、建築に関する事柄を学ぶときのような楽しさはあまり感じられないからです。このことは、ことに骨の折れる作業である透視図法の原理についても同様ですが、まずはつくられるものについて十分に理解した上で、はじめてそれらを透視図法で描くことができるのです。これら二つの小著は、（おそらく）大半の人々にはあまりおもしろいものとは思えないでしょう。私が『第四書』を最初に出版したのは、こうしたことの他にもいくつかの理由がありますが、なかんずく建物の五つの様式に関する一般的な規則は最も重要だからです。

　そして次に古代建築に関する『第三書』を出版したのは、この書ではさまざまなすばらしい建物の魅力に加えて、いろいろなものが〔図版として〕掲載されているからですが、優れたものを選択し、不都合なものを避ける判断力はテクストからも養えるでしょう。私が何年も前から約束していたものが、今ようやく完成しましたので、私はこの短いながらも読みごたえのある幾何学についての『第一書』を、透視図法についての『第二書』とともにお披露目したいと思ったのです。すでに刊行済みの二巻と合わせると、これで第四巻までが順にそろったことになります。

　私はこれらののち、さまざまな種類の宗教建築についての第五巻から始まる残りの三巻も（神のご助力を得て）、まもなく出版することを約束します。『第五書』では、異なる形態の建築があらゆる部位とともに、平面図や立面図で寸法も備えた形で明示されています。『第六書』は、あらゆる階級の人々に適した住居に関するもので、貧しい農民〔の家〕から始まり、つつましい町の職人〔の家〕へと徐々に進み、ついには王宮へと至るように、田舎の住宅と都市の住宅のいずれもが含まれています。最後の『第七書』では、建築家の側に生じる可能性のあるさまざまな不測の事態について、文章と図面を交えながら論じられ完結に至ります。この巻は（私の意見としては）非常に有益で寄与するところが大きいものとなるでしょう。

|iiir|〔上記のフランス語訳〕

|iiiv|

　幾何学というこのきわめて精密な学問が誰にとっても必要であることは、はじめは幾何学を知らずに仕事をしていたのに、のちにその重要性に気づいて幾分たりとも理解できるようになれば、誰もが証言するとおりです。すなわち、幾何学を利用せずに考えられつくられた建物は何であれ、理論がまったく欠けた、気まぐれででたらめなものに過ぎないことを、彼らは実際に告白しているのです。建築というこのまことに深遠な技芸には、他にも多くの有益な学芸が包括されているので、建築家はたとえ幾何学を修得していないにせよ、少なくともそれに関する何らかの知識、とりわけ一般的な原理やその応用には精通していなければなりません。

　今日では「建築家」という肩書きを名乗ってはいても、点や線、面、あるいは立体の定義もできず、釣り合いも調和も全くわかっていないような輩はいます。けれども、建築家というのは、石材や石灰、さらには大理石までをも浪費するような人であってはなりません。こうした輩は独断や偏見に左右されて、他

人が残した痕跡をなぞりながら、理由もあまり考えずに作業をしているに過ぎません。すなわち、多くの建物に見られるように、比例関係のゆがみや不一致が生じるのは、おおむねこのことが原因といえるのです。（前述のように）幾何学は有益な学問における初歩の段階にあたるので、私がそれを手短に論じながら、十分な知識を建築家に提供しようと考えるのもこのためです。そうすれば、建築家はいかなる建物の場合でも、理論に従ってつくる方法を理解することができるでしょう。

　私は非常に学識の深いエウクレイデス[14]とは異なり、幾何学についての思索をするつもりはありません。いってみれば、彼やその他の学者の広大な花園から、いくつかの花を摘み取るようなものです。私は文章と図面でもってできるかぎり簡潔に、誰にでも理解できるように、証明の具体例やさまざまな線からなる図形を示そうと考えています。

|**ivr**|〔上記のフランス語訳〕

印刷中に生じた誤植について[15]

　最初に、読者諸氏への序文ii頁〔裏面〕13行におけるmancareiは、mancareと読まねばならない[16]。

　幾何学についての〔『第一書』のテクスト〕冒頭における〔直角〕二等辺三角形のところで、che sara lo triangoloと記されているのはche serra lo triangoloと読むべきである。同書7頁6行のdietroはavantiとなる[17]。読者諸氏よ、本書では印刷業者が私の配列した図とは異なる多くの図を載せてしまったことに注意されたい。しかしながら、彼らがこのようにしたのは日常の習慣に従って、テクストに対応するように図を配列したからでもあった。それでもやはり、明らかな誤植は見つかるだろう。14頁〔裏面4行〕の古代の壺について論じられているところでは、sentirseはservirseと読む必要がある。23頁4行で、si sopraと記載されているのは、di sopraとしなければならない。

　透視図法についての〔『第二書』〕最初の議論の終盤あたりで、lo belle sceneと記されているのはle belle sceneとしなければならない。33頁裏〔面〕7行におけるrincipioはprincipioと読む。同頁の同じ行よりも少し下で、portanoとあるのはpartenoと読むべきである。38頁4行のpresenteはseguenteとすべきである。64頁裏〔面〕6行冒頭で、l'altreと記されているのはl'arteと読む必要がある。同頁13行の中ほどで、se adunanoとなっているのはdiscadenoであった。サテュロス劇の舞台背景に関する議論の最後の行で、gli et donantiとあるのはdan dogliと読まねばならない。これらはすべてイタリア語のテクストに関するものである。フランス語のテクストについては、誤りはほとんど見つからないと私は思う。しかし、仮に誤りが見つかったとしても、意味が理解できないほどではないだろう。

[18]
|**1r**|

幾何学についての第一書

　はじめに、点とはそれ自体が大きさをもたず、分割できないものである[19]［図1-1］。

　線とはある一点から他の一点までをまっすぐ連続的に結んでで[20]

点

図1-1　　　•

7

きたものであり、幅はなしに長さをもつ［図1-2］。

　平行線とは二本の線が等間隔で連続するものである［図1-3］。

　面とは二本の等しい長さの線について、それらの側面が閉ざされてできたものであり、長さと幅をもつが、深さはない。また、側面が等距離ではないものもある［図1-4］。

　直角とは水平線に対して垂線、あるいはカテートゥスとも呼ばれる鉛直線が引かれたときに生じるものである［図1-5］。

　そして、水平線に対して前述の線が〔斜めに〕引かれることで、一方の側が他方の側よりも大きくなるとき、鋭角と鈍角が生じる。鋭角は直角よりも小さく、鈍角は直角よりも大きくなる［図1-6］。

　ピラミッド状の面がなす角は、二本の等しい長さの線が互いに底部では離れて、頂部で接するときに生じる。鋭角はこうしてできる［図1-7］。

|1v|
　等辺三角形、すなわち三辺の長さが等しい三角形は、三本の等しい長さの線が互いに結合するときに生じる。この図では三つの鋭角ができる［図1-8］。

　二等辺三角形は、二本の等しい長さの線のうち一方は水平に、他方は垂直に置かれ、さらにもう一本の長い線で閉じられることによってつくられる。この図からは一つの直角と二つの鋭角が得られるだろう［図1-9］。

　三辺の長さが異なる三角形は、三本の異なる長さの線が互いに結合するときに生じる。この図では三つの鋭角ができるだろう［図1-10］。

　四辺の長さが異なる四角形は、四本の異なる長さの線からなる。この図では二つの鈍角と二つの鋭角がつくられる。また、直角が生じることもありうる［図1-11］。

　菱形は四本の等しい長さの線でつくられるが、正方形とは異なり、菱形では二つの鋭角と二つの鈍角をもつ。この図形の名称は、ロンボと呼ばれる〔ヒラメ類の〕魚に由来するが、アーモンドの形にも似ているので、マンドラという名で呼ばれることもある［図1-

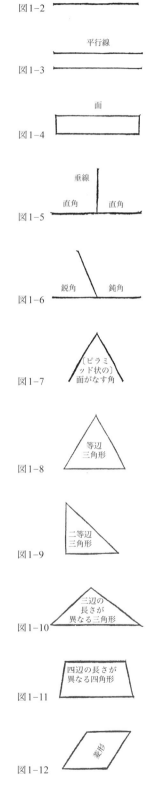

8

12]。

|2r|

不等辺の図形は、異なる長さのいくつもの線が互いに結ばれることでつくられる。この図［図1–13］は七角形であり、いずれも鈍角となっているが、直角や鋭角、鈍角をなすように、辺の数を増やすことも減らすことも容易にできる。建築家は、さまざまな敷地でこのような図形に遭遇することもあり得るだろう[30]。私は本書の最後で、このような図形を正方形に変形する法則を示すつもりである[31]。

図1–13

二つの角をもつ曲線でできた平面は、二つの曲線、すなわち円弧からなる［図1–14］。この図形は本書では多くのことに役立つだろう。これは曲尺（かねじゃく）（ノルマ・ジュスタ）、すなわちスコヤ[32]から得られる。また、尖頭アーチ（テルツィ・アクーティ）と呼ばれる当代のアーチ[33]の形態は、この図形に由来する。これらのアーチは多くの建物の戸口や窓に見られる。

図1–14

完全な円には、中心、円周、直径が見出せる［図1–15］。

図1–15

|2v|

半円の直径に鉛直線を引くことで直角が生じ、鉛直線は直径の半分の長さとなる［図1–16］。

図1–16

正方形は四本の等しい長さの線が一緒になることでつくられ、四つの直角が形成される［図1–17］。

図1–17

建築家が前述の図形を覚え、慣れ親しんだなら、さらなる進歩が要求される。すなわち、それらを拡大したり縮小したり、比例に応じて分配したりすることである。建築家は不完全な形を完全な形に変える方法も、形は変えても等価[34]であるままにする方法も知っておかねばならない。

正方形を二倍[35]にするには、まず点A、B、C、D[36]が四本の直線で閉じられたこのような正方形をつくる。次にAの角からDの角へと〔対角〕線を引いて、これを一辺とする大きな正方形AEFDをつくると、これは小さな正方形の二倍となることが次のように示される［図1–18］。もし小さな正方形に等価である二つの三角形が含まれれば、別の図GとHのように、大きな三角形も小さな三角形の二倍となることが確認できるからである[37]。

図1–18

|3r|

円を二倍にするには、次のように点A、B、C、Dが四本の直線で

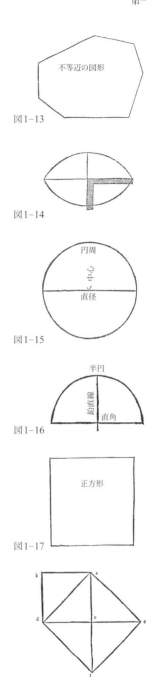

閉じられた正方形をつくり、その内接円を描く［図1-19］。そして
この正方形の四つの角が外接するように円を描くと、この大きな円
は小さな円の二倍となることは、次のように証明される。もし小さ
な円が正方形ABCDに含まれれば、大きな円は正方形CBEFに含
まれるので、円KとLからわかるように、すでに〔正方形を二倍に
するところで〕示したとおりに、大きな円も小さな円の二倍となるか
らである。そして、ここからウィトルウィウスの記述するトスカー
ナ式柱礎の突出部、すなわち張り出しの長さが導き出せる。さら
に基礎について論じられているところでも、堅固な物体の上に突出
部が載せられる場合、上に置かれる建築部位は二倍にされている。

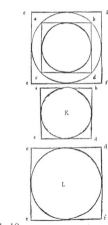

図1-19

しかし、建築家にはさらなる進展が要求される。すなわち、三角
形を四角形に〔同じ面積を保ったまま〕変形し、ついには正方形をつ
くることである。これらについて、私はいくつかの異なる作図法を
示してみよう。最初に正三角形ABCをつくってから、線BCの中点
をEとし、角Aから〔垂〕線を引くと、三角形はこのように中央で
二分される。すなわち一方には三角形AEC、他方には三角形ADB
がつくられ、こうして前述の三角形〔ABC〕はADEBを一つの平面
とする四角形に変形することができる［図1-20］。

|3v|
三角形を分割してから四角形に変形するには別の方法もある。ま
ずは三角形ABCをつくってから、辺ABを二等分し、同様に辺AC
も二等分する。〔これらの分割点FとGを結ぶように〕線BCと同じ長
さの線DEを引くと、二本の線の両側、すなわち線DBと線ECで
囲まれ〔た四角形がつくられ〕、そこには等しい大きさの三角形が二
つできる［図1-21］。一方は三角形DFBで、他方は三角形GECで
あり、これらは上部にある二つの三角形IとHに等しくなる。これ
ら二つの三角形IとHを取り除けば、DEBCでできた平面は三角形
ABCと等価になるだろう。

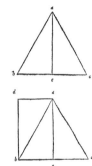

図1-20

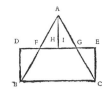

図1-21

二等辺三角形として、等しい二辺の長さよりも、残りの一辺の長
さが長い三角形をつくり、それぞれの辺を二等分する。次にそれぞ
れの分割点に対する角から線を引く。このようにして三角形は、い
ずれの辺についても二等分される［図1-22］。このことはいかなる
形の三角形にも当てはまり、こうした例は図〔の三角形〕PQRに見
られる。

|4r|
前述の三角形PQRは、四角形平面に変形することができる。線
PQを二等分し、同じく線PRも二等分する。これらの分割点を結ぶ

図1-22

10

ように、底辺の線QRと等しい長さの線STを引く。次にTからRに垂線を引くと、三角形VTRができるが、これは前述の三角形PSVと等価である〔図1-23〕。こうして上の三角形を取り去り、下の三角形をそのまま残すと、STQRでできた平面は三角形PQRと等価になるだろう。

図1-23

　三辺の長さが異なる三角形ABCについて考えると、これも前述の方法によって細長い四角形平面に変形することができる。辺ABを二等分し、同じく辺ACも二等分して、それぞれの分割点をFGとする。これらを結ぶように、底辺の線BCと等しい長さの線DEを引く。これらの両端を閉じると、二つの三角形が生じ、一方は三角形GECで上の三角形Kと等しく、他方は三角形DFBで上の三角形Iと等しくなる。こうして上の三角形IとKを取り去ると、DEBCでできた平面は三角形ABCと等価になるだろう〔図1-24〕。

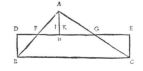

図1-24

|4v|

　ときには三角形を横断する方向で、すなわち〔三角形と台形で面積を〕半分に分けなければならない場合も生じるだろう。しかし、二辺の長さが等しい、このようなピラミッド状の三角形にする例もある。三角形を横断する方向で二等分する方法は、次のようになる。正方形を描き、その一辺が三角形の一辺となるようにする。そして、正方形の中心を見つけたら、コンパスの針の一端を三角形の角に置き、もう一端を正方形の中心に置いてから、三角形の角を中心として三角形の

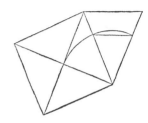

図1-25

二辺を結ぶように円弧を描く。これらがピラミッド状の三角形を分割するための点となるだろう〔図1-25〕。これが誤りであると言う者は、私が以下で説明する法則にしたがって、二つの部分を〔四角形〕平面に変形してから、さらに〔四角形〕平面を正方形に変形すれば、正しいことが判明するだろう。

|5r|

　定められた法則には当てはまらない別の困難に、建築家が直面することもあり得る。三辺が異なる長さの三角形の土地で、その一辺の真ん中ではない場所に泉や井戸がある場合を考えてみよう。さらに、この土地を二等分するにあたって、いずれの土地でも一方が他方の妨げにならず、両者が泉を利用できるようにしなければならない。ここでは三角形ABCの土地で、泉はGにある。

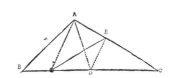

図1-26

　まずはGからAへと隠れた点線を引いたら、線BCを二等分する点をDとし、DからAへと別の隠れた線を引く。実際にはこの線が三角形を二等分するものであるが、ここでは関係がない。次に線AGと平行になるように、DからEへと隠れた線を引く必要がある。こうして泉の場所からEへと実線を引くと、これが正しい分割線となるだろう〔図1-26〕。これが誤りであると言う者は、私がすでに説明したように、二つの部分を四角形平面に変形してから、さらに正方形へと変形すれば、のちほどその法則が定められるように、真実であることがわかるだろう。

| 5v |

　四角形や円を二倍にする方法や、さまざまな三角形を分割する方法については、私は十分に証明したつもりである。しかし、建築家にはさらなる進展が要求される。すなわち、図形のいかなる部分も拡張させる方法を知っていなければならないのである。もし必要とされるいかなる部分でも正方形を展開させる方法がわかっていれば、そのような法則にしたがって、どのような図形でも比例関係を保ちながら拡張

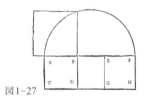

図1-27

することができるだろう。正方形ABCDについて、たとえばその3/4〔面積〕を加えながら正方形のままにすることが要請された場合を考えてみよう。

　まずは正方形にその3/4〔の面積〕をもつ長方形を隣接させて、点EとGを定めると、1と3/4〔の面積〕をもつ長方形AECGがこのようにできるだろう。けれども、これを正方形に変形させるためには、最初の正方形ABCDと等価な正方形を長方形の端に加えてEFGHとする。そして、AからFまでを直径とする半円をつくり、線DBをこの半円に到達するまで延長する。こうしてBから半円までの延長部分が一辺となる正方形は、最初の正方形ABCDにその3/4〔の面積〕を加えたものとなるだろう〔図1-27〕。その証明は次のようになる。

　下で示されているように、四本の線で囲まれた図形QRSTのSの角からRの角に対角線を引くと、四角形全体が二等分されることは確かである〔図1-28〕。エウクレイデスが述べているように、等しい二つの部分のうち、一方を取り除けば、その一方は残りと等しくなる。それゆえ、等しい二つの三角形KとLと、等しい二つの三角形MとNをともに〔等しい三角形QRSと三角形TRSから〕取り去れば、Pの正方形はOの平面と〔面積が互いに〕等しくなるだろう。この法則を用いれば、長方形はいずれの大きさにも拡張でき、つねに正方形に変形できるだろう。建築家はさまざまな敷地などに遭遇する可能性があるので、この法則には精通していなければならない。

| 6r |

　私はすでにいかなる四角形の平面でも正方形に変形できる法則を示したけれども、今度は反対に正方形から長方形の平面に変形する方法を示すことにしよう。まずは正方形ABCDをつくり、DからEへと任意の長さの垂線を引く。次に上、真中、下に〔それぞれAB、DC、EFへと連続する〕水平線を描き、いずれも同じ長さとなるようにする。そして、Cからも線DEと同様に垂線を引いてFを定める。Fの角からDの角に対角線を引いて、そのまま上に延長すると、二本の線の交点へと至り、これをGと定める。そこから下の水平線に至るまで垂線を引くと、交点Hがつくられる〔図1-29〕。私はこの平面DEIH〔の面積〕が正方形ABCD〔の面積〕に等しくなることを明らかにしよう。その証明は次のようになる。

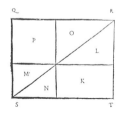

図1-28

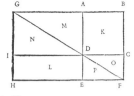

図1-29

　四本の線で囲まれた正方形と長方形、すなわち正方形Kと長方形Lを含む全体は、対角線で二等分されている。そこから等しい二つの三角形MとNと、等しい二つの三角形OとPをともに〔等しい三角形BFGと三角形HFGから〕取り去れば、Lの長方形平面はKの正方形と等しくなるだろう。これは下の図GAHFに示されるとおりである〔図1-30〕。

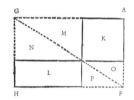

図1-30

| 6v |

　建築家は、不等辺からなるさまざまな形の土地や、または別の平面図形に取り組み、それを長方形や、あるいは正方形に変形する必要に迫られることがある。土地であれ、別のものであれ、その所有者である何人かに均等に分配しなければならないような場合が生じれば、こうしたものを評価するためには、その価値も知っていなければならない。これはアグリメンソル、すなわち土地の測量技師の仕事であるが、たとえ彼らが算術や数字に明るくないとしても、この法則を使うことならできる。誰であれこの法則を身に着けておけば、衣服の場合でも、仕立屋にだまされることは決してないだろう。というのも、仕立屋はいかなる生地の織物でも寸法を測って、四角形に変形する方法を必ず知っているからである。

　いかなる図形であれ、この図〔図1-31〕と同じであろうが異なっていようが、辺の数が増えようが減ろうが、図のように直角が見つかれば、まず正方形、または長方形を描くべきである。それからさらに直角を含む別の四角形が、残りの隣接部から取り除けるなら好都合である。しかし、それが不可能であるとしても、できるだけ多くの三角形を取り除いてみよう。なぜなら、私がすでに説明した法則にしたがって、それらの三角形を長方形に変形することができるからである。すべての図形は別々に描かれるようにすべきであり、大きいものからはじめて、他のものを徐々に記号順に一つずつ描いていく。今ここで論じられているのは、右に示されているような図形の類いであるが、私が述べたように多くのさまざまな図形にも同様に適用できるだろう。

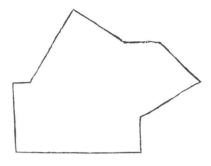

図1-31

| 7r |

　私が前頁で説明したような角度の異なる多くの辺でできた図形〔図1-32〕を例に取り上げてみよう。これを四角形に変形するためには、まずできるだけ四つの直角をもつ一番大きな図形を取り出してみよう。ここでは四角形ABCDとなり、これをLと記す。次にまた別の長方形を取り去ると、これはEFGH〔あるいはM〕となる。あとで二番目の図〔図1-33〕で示されるように、図ABCDを移動して、平面EFGHの上に隣接させる。そして、Gの角からIの角ができるように鉛直線を引くと、〔それを境とする〕図形Lの外側の小さい部分、ここではACの側が取り除かれる。

　それから上、真中、そして下に〔それぞれEF、GH、IDへと連続する〕水平線を延長し、Iの角からHの角へ対角線を引き、その延長線が上の水平線と交わる点をKとする。そこから下の水平線に至るまで鉛直線を引いて、その交点をMとする。すると長方形BLDMは、すでに私が証明した理由により、Mと記した面と等しくなるだろう。それゆえ次頁の図〔図1-34〕に示されるように、LAMCを角としてもつ長方形は、二つの図形LとMから成り立っていることになるだろう。

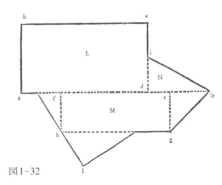

図1-32

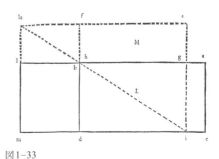

図1-33

それから同じ図［図1-34］に示されるように、Nの三角形を取り出してORPQに変形させたら、前述の法則を用いることで、大きな平面〔LAMC〕の上に〔左端をそろえて〕隣接させることができる。すると、図形LとMからなる大きな長方形の上にNが置かれたこの平面LMNは、長方形ASTCという単純な平面に変形される。残りの三角形についてもすべて同じ法則を用いることで、長方形に加えていくことができる。

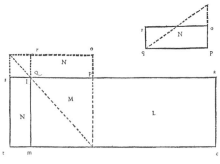

図1-34

こうして、私がすでに証明した法則でもって、この平面も正方形に変形することができる。それゆえ、いかに複雑な形の平面であれ、曲線を含まない場合は、いずれも正方形に変形できるのである。一方、曲線を含む場合は、近似まではできるとしても、完全な値の測定はできない。その理由は、曲線は直線と同様には扱えないからであると私は思う。もしそれが可能になれば、円を正方形に変形する方法も発見できるだろうが、そのような方法のいくつかは、すでに多くの知的な探究者たち〔ペレグリーノ(56)〕によって懸命に取り組まれてきたし、今でも取り組まれている。

|7v|〔上記のフランス語訳〕

|8r|

棒でも、あるいは別のものでも何でもよいので、一本の線を異なる長さに分割する場合を考えてみよう。というのも、何か長いものを、いくつかの異なる長さに分けるにあたって、短いものとの比例関係を保ちながら、いずれも同じ数で分けなければならないような状況も生じるからである。そこで、短い線ABと長い線AC(57)を引いてみよう。次に上の〔短い水平〕線の両端から上に、二本の平行な垂線を引く。それから長い線を対角線方向、すなわちその一端が〔上の水平線の〕Bと交わり、もう一端がAと一致するように引く。それから短い線に記されたすべての点から長い線ABへと垂線を引く。この垂線と長い線との交点は、短い線と比例しながら長い線を分割するだろう［図1-35］。長い線は、短い線との差が大きくなるほど、いっそう急勾配をなすように描かれることになる。私はいくつかの例とともに示すつもりであるが、この法則は建築家にとって多くの事柄に役立つのみならず、多くの熟練した職人(58)にとっても、比例関係を保ちながら小さな尺度から大きな作品へとつくりかえるときには、大いに有益なものとなるだろう。

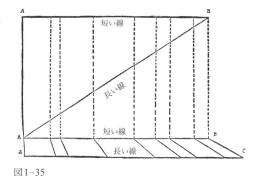

図1-35

|8v|

たとえば、間口の幅が異なるさまざまな建物が〔連続して〕あり、そのファサードが裏の庭園に面した幅よりも短く、しかも火事や戦争などによって廃墟となったため、建物同士の境界線はファサードにしか残されておらず、四角形ABCD(59)の敷地には何の痕跡も残されていないような場合を想定してみよう。これらの建物は複数の人たちで所有されているため、前述のように、敷地の境界線の印は正面部以外には残されていない。各所有者がファサードの痕跡から自分の敷地を識別したくても、敷地の背後のAとBの角の

14

他には何も境界線は見られないのである。建築家はこうした状況においても、私が前頁で証明した法則を用いて、長い線をAB、短い線をCDと仮定すれば、下の図［図1-36］に示されているように、各所有者に正当な敷地を分配することができるだろう。

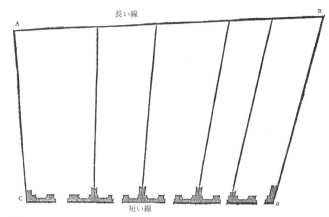

図1-36

| 9r |

建築家にはコーニスを大きくしたいと思うときがある。すなわち、部位ごとの比例関係はすべて同じまま、小さなコーニスから大きなコーニスへとつくりかえるような場合である。前述の法則を使えば、建築家は望みのままに寸法を拡大することができる。右の図［図1-37］で示されるように、一方のコーニスが他方のコーニスよりも大きくなるにしたがって、線BCも長くなるだろう。

同様に、建築家は円柱にフルートを刻むときにも、それが石であるにせよ図面上であるにせよ、小さな円柱から大きな円柱へと拡大しなければならないような状況も生じうる。こうしたときにも前述の法則が活用され、ここではドーリス式円柱となっているが、他のあらゆる様式の円柱にも適用することができる［図1-37］。この法則は、これら三つの事例のみならず、他にも多くの事柄に役立つものである。けれども、も

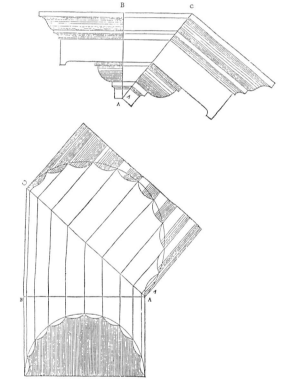

図1-37

し私がそれらをすべて紹介しようとすれば、この法則だけでも一冊の本ができあがってしまうだろう。しかし、冗長にならないように、それらを探究することは研究熱心な建築家に任せることにしたい。

| 9v |

我々の視界から遠ざかるものは何でもすべて小さくなってゆく。なぜなら、空気の広がりが視界を徐々に妨げるからであり、近くにあるときには同じ大きさであったものも、遠ざかるにつれて小さく見えるのである。もし遠くにあるものも近くにあるものと同じ大きさに見せたいのであれば、工夫を凝らす必要

があるだろう。それゆえ、建築家がある高さをもつものの上に、何かを下から順に積み重ねてつくるにあたって、それらがすべて同じ大きさに見えるようにする場合、すなわち高い所でも、低い所でも、中間でも、〔観者からの〕距離とは無関係に、いずれも高さの等しいものが〔積み重ねられたかのように〕見える場合を仮定してみよう。

　まずは円柱でも塔でも壁でもよいので、それが建てられる場所を選び、窓や彫像、碑文、その他のもので飾り立てることにする。そして、これを見る上で最も適した距離〔すなわち観者の位置〕を選ぶ[64]。眼の高さは最初〔に設置されるもの〕の高さとなり、眼は〔円の〕中心に位置するので、〔眼の高さの水平線上のある点から〕四分円を〔上に〕描いてみる。ある飾りを壁に設置するにあたって、その底部を眼の高さとして壁に水平線を引いてから、その線の上に意図していた飾りを描く。この飾りの高さが、〔壁の高い所に設置された〕他の飾りすべてについても、同じ高さで見えるようにしたい。そこで、飾りの頂部から眼の中心に線を描くと、その線は曲線と交わるので、その円弧〔AB〕の長さと等しくなるように四分円を順に分割していく。そして、眼の中心から四分円の分割点を通って壁に到達するように線を引く〔図1-38〕。壁面上ではこれらの分割された部分はだんだんと増してはゆくものの、この距離からはそれらはすべて同じ大きさに見えるだろう。この法則にしたがって番号を振っていけば、それぞれの高さが測定できるだろう。

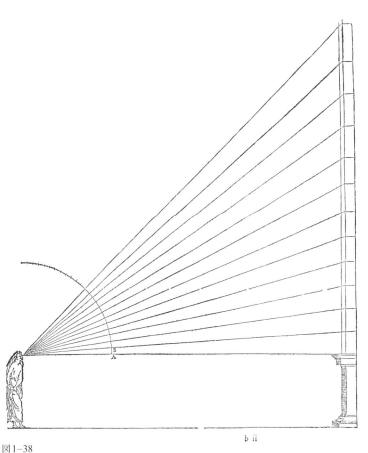

図1-38

|**10r**|〔図1-38〕

|**10v**|

　四角形のうちでは、正方形が最も完全であると私は思う[65]。正方形から四角形を多く取り去るほど、その完全性は多く失われてゆく[66]。たとえ、正方形であったときに囲まれていた線と長さが同じであったとしてもそうである。たとえば、四本の線で輪郭が描かれ直角をそなえた正方形を考えると、各辺の長さが10であれば、辺全体の長さは40となる。そして、これと同じ長さの線で囲まれた別の長方形を考えてみよう。ただしその長さは15で幅は5である。すると、正方形では100〔の小さな正方形〕に増加するが、長方形で

16

は75〔の小さな正方形〕となる。というのも、右の図［図1-39］に示されているように、正方形では長さと幅を掛けると、〔いずれも〕10に10を掛けて100となるが、長方形では15に5を掛けて75となるからである。

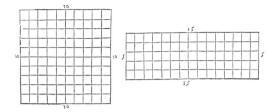

図1-39

|11r|

再び前述の100の大きさからなる正方形と、最初の長方形よりもさらに細長い長方形、すなわち長さが18で幅が2の長方形を考えてみよう。すると後者では18掛ける2で36、2掛ける2で4、合わせて40の長さとなるけれども、長さと幅を掛けると18掛ける2で36となるからである。それゆえ、完全に近い物体は、完全から遠い物体よりも強力であることがわかる。このことは人間についても同様に当てはまり、神の英知という、それ自体完璧なものに近づくほど、いっそう優れた善性を身に着けることができる。一方、世俗の楽しみにふけることで神から遠ざかるほど、最初に授けられた善性の多くを失うことになる。この証明の例は、右の図［図1-40］に示されているとおりである。この命題では、ある形と別の形とを比べたときに、大きさの違いが一目で見分けられるので、建築家には大いに有益なものとなるだろう。また、建築家のみならず、多くの品物を見て購入する商人にも役に立つと思うが、他にも有効な多くのことについては、勤勉な人に探究してもらいたい。

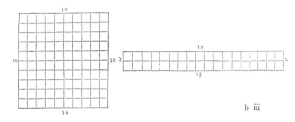

図1-40

|11v|

三つの点を一直線上に置くことなく任意に定めたとき、コンパスを用いてこれら三点すべてを通る円を描く方法は、次のようになるだろう。まず1の点から2の点へ直線を引いて、それを二等分するには、図に示されているように曲尺を用いて、曲尺の先端から延長線を描いておく。次に2の点から3の点にも直線を引いて、同様の作図をする。三点をどのように定めても、二本の延長線の交点が三点の中心となる［図1-41］。

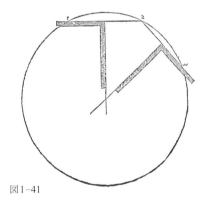

図1-41

|12r|

別の方法で三点の中心を求めることもできる。まず1の点〔にコンパスの一端を定めて〕から2の点に〔コンパスのもう一端を定めて二つの〕円弧を描き、同じく2の点から3の点に円弧を描く。次にそれぞれの円弧の角を結ぶように二本の直線を引く。次頁の図で示されているように、これらの二直線の交点が、三点の中心となる［図1-42］。

このことは遊びのように思えるかもしれないが、それでも建築家には何らかの成果が得られるだろう。

17

実際にいろいろな場合に、とりわけ円形状の断片が入手できた場合には何であれ、たとえそれが小さなものであっても、この方法が役に立つだろう。というのも、前述の法則によって、その中心の求め方がわかるからである。さらに、ここで図示されている方法を用いれば、直径や円周の長さも求められるだろう［図1-43］。

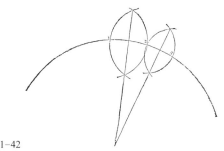

図1-42

| **12v** |

古代の多くの円柱はもとより、当代の建物の円柱についても、一番下の端部では部分的に破損が生じている。こうした破損が生じるのは、円柱を柱礎の上から立ち上げるにあたって、直角の接合部が十分に平らになっていないか、円柱が柱礎としっかりかみ合っていないか、あるいは実際に円柱を柱礎に設置する際に、はじめから垂直に置かなかったため、その一方には他方よりも大きな荷重が偏って載せられるからである。すなわち、その部分では荷重による大きな圧迫を被ったことで、縁が壊れてしまったのである。しかしながら、もし建築家が幾何学を利用した線の力を知っていれば、次の方法に従うだろう。

すなわち、横の最初の円柱に図示されているように、円柱の底面を湾曲させて凸型につくり、同じく柱礎は〔円柱の底面と合致するように〕凹型につくってから、円柱が柱礎の上に垂直に設置されるようにすれば、円柱の縁も柱礎の曲線部も圧迫することなく、適切な位置に置かれるだろう。凹型の曲線は次のように作図される。すなわち、コンパスの針の一端を円柱の頂〔の中心〕Aに置いて、もう一端を円柱の底の端Bに置いてから、Cの端まで円弧を描く。こうすれば凸型の曲線ができるので、同様に凹型の曲線もつくることができる。同じ方法は円柱に柱頭を設置する際にも適用できるが、これは横の図のもう一方の円柱に見られるとおりである［図1-44］。

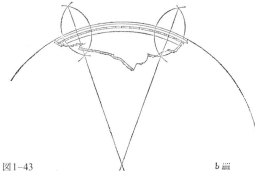

図1-43　　　　　　　　　　　　　　b iiii

| **13r** |〔図1-44〕

図1-44

18

| 13*v* |

　建築家が半円よりも緩やかな曲線による橋やアーチ、ヴォールト天井を築こうとするにあたって、多くの壁職人(ムラトーレ)は紐を用いて同様のヴォールト天井をつくる特別な手法を身に着けている。この手法は正確であるのみならず、コンパスを用いて楕円(オヴァーレ)のような形を描くときにも適用できる。けれども、もし建築家が理論的に作図を進めたいと思うなら、原理として導かれた次の方法に従えばよい。

　まずは建てられる予定のアーチの幅を決めてから、その中心を求めて半円を描く。次に最初の半円よりも高さが低い別の半円を、建てられる予定のアーチの高さと一致するように描く。それから大きな円の円周をいくつかに等分して、それらの点がすべて中心に向かうように線を描く。そして、円周上の各分割点から垂線を引く。大きな円の円周から中心に向かう線と小さな円との交点にそれぞれ印をつける。それらの交点の一番高いところから下の順に、交点から垂線へと水平線を描いてゆく。水平線と垂線とが交わる点に印をつけて、それぞれの交点から隣の交点へと曲線を描く。この方法ではコンパスを必要とはしないが、曲線は熟練した者の手で慎重に描かれねばならない。この例は右の図〔図1-45〕に見られるとおりである。

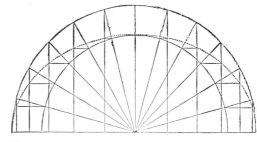
図1-45

| 14*r* |

　アーチやヴォールトをさらに緩やかな曲線で築く場合には、前述の方法にしたがって〔内側の半〕円をもっと小さくすればよい。大きな〔外側の〕半円がいっそう細分化されるほど、手描きで描かれる曲線の正確さも増し、作図も容易にできるだろう。この法則を使えば、交差ヴォールト天井や半月ヴォールト天井の型枠も制作することができる〔図1-46〕。前述の図とほぼ同じであるにもかかわらず、私がここでも図を示そうと考えたのは、高さの違いがわかるようにするためである。次頁でも見られるように、この法則から別のものも導き出せる。

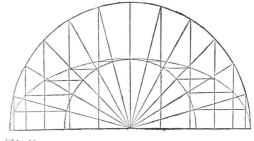
図1-46

| 14*v* |

　私が前頁で示した法則を考えていたとき、この法則を用いて正しい線を描けば、さまざまな形の壺がつくれるのではという着想が浮かんだ。私はこの作図法を説明することに大きな手間をかけるつもりはない。というのも、賢明な建築家なら右の図〔図1-47〕を見れば、この法則を応用して、他のさまざまな形もつくれるにちがいないからである。けれども、次のことには注意しておこう。いかに壺本体の幅を広くしようとしても、小さな円は大きな円の内部に収まるように描かねばならない。円の半径は水平線から最後には垂直線へと至るが、それによっ

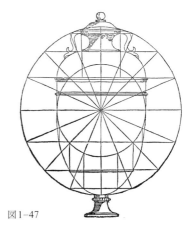
図1-47

19

て壺本体と同様に首の部分も形づくられる。高台の形については、判断力を備えた人物の決定に委ねられるべきである。

|15*r*|

　もし壺の本体をもっと丸みのある形にするのであれば、内部の円をもっと大きくすべきである。すなわち、この円の直径が壺の幅となる。はじめに〔円をいくつかに等分した点から〕円の中心へと向かう直線を描き、次に〔同じく円をいくつかに等分した点から〕水平線を描く。円の中心へと向かうこれらの線が円と交わる点で、2から順に番号を振ってゆき、〔内側の円との交点から〕水平線上の2へと垂線を引く。〔内側の〕円の交点3から水平線上の3へと垂線を引く。〔内側の〕円の交点4から水平線上の4へと垂線を引く。〔内側の〕円の交点5から水平線上の5へと垂線を引く。すると、これらの垂線とそれぞれの水平線との交点がすべて壺本体を形成する点となるだろう。1の水平線よりも上では、〔内側の〕円の縁で壺の首の部分や蓋がつくられるだろう〔図1-48〕。取っ手や高台の形、その他の装飾については、判断力を備えた人物の裁量に任されることになる。

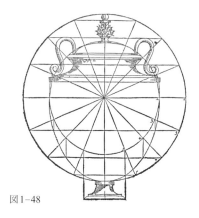

図1-48

|15*v*|

　コンパスを使いながら直線や曲線を探究するのは実によいことである。なぜなら、私が今晩思いついたような、おそらくは他の誰も考えなかったことを、ときには発見することもあるからである。アルブレヒト・デューラー[74]はまことに卓越した鋭い感覚を備えた人物であるが、彼が考案した卵形の作図法[75]よりも、もっと簡単に描く方法を私が探究していたとき、古代の壺のつくり方が頭に浮かんだ。すなわち、壺の底を卵の尖った先に合わせて、壺の上部の取っ手を備えた首の部分と注ぎ口に、いっそう丸みを帯びた卵の底部を合わせて置くという方法である。はじめに卵形を描く方法については、次のようになる。

　二本の直線が十字をなすように描いたら、水平線は10部に、垂直線は9部にそれぞれ等分する。そして、垂直線の4部を水平線の上に、5部をその下に割り当てる。中心となる交点をAと定め、そこから直径が4部となるような半円を描き、水平線との交点となる両端をCとする。次に水平線の両端をBと定め、その一端にコンパスの針の一端を置いてから、もう一端を反対側のC〔すなわち遠い方のC〕に置き、下に向かって円弧を描く。そして、垂直線の一番下の5部が鋭角で交わるように、左右のいずれでも同じ作図をする。

　それから、水平線上の直径を4部に均等に分けるように垂線を引いて、一番下で円弧と交わる点を定める。次にコンパスの針の一端を〔垂直線上のAから3部の点〕Oに置いてから、もう一端を前述の円弧との交点の一方に置き、もう一方の円弧との交点に至るまで下に向かって円弧を描けば、卵形ができあがる〔図1-49〕。下に残された部分は、壺の高台となるだろう。壺の首と注ぎ口には、〔水平線の上の〕半円と同様に2部が割り当てられる。このようにして、垂直線上の9部が配分される。取っ手や蓋については、経験が豊富な人物の決定に委ねられることになる。

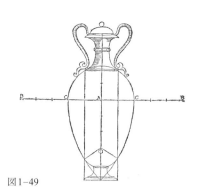

図1-49

20

| **16r**

　壺は別の方法で描くこともできる。同様に十字線を描いてから、水平線は10部に等分し、垂直線は8部に等分する。次にコンパスの針の一端をBに置いてから、もう一端を〔遠い方の〕Cに置き、7部からなる半径による円弧を、同様に左右両側で下に向かって描く。すると垂直線の一番下で両曲線が交わる。それから内側の二点〔すなわち水平線上の中心から左右に1部ずつの点〕をAと定めて、二本の垂線を引く。これらの垂線が曲線と交わる点が、壺の尖った一端を形成する点となるだろう。コンパスの針の一端をEに置いてから、もう一端を前述の円弧との交点の一方に置き、もう一方の円弧との交点に至るまで円弧を描く。こうすれば壺の底部が形づくられ、その下には高台となるだろう。次にコンパスの針の一端をAに置〔き、もう一端をCに置〕いてから、上に向かって垂直方向に至るまで円弧を描く。両側で同じようにすれば、壺の本体ができあがるだろう［図1–50］。注ぎ口のある首の部分は、二つの部分で構成される。一方は取っ手であり、もう一方にはその他の飾りつけが自由に施される。

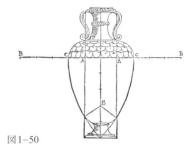

図1–50

| **16v**

　すでに説明した壺とは異なる壺もつくることができる。しかし、下の図に示されている壺をつくるためには、十字線を描くところまでは同じであるが、水平線は12部に等分し、垂直線は8部に等分〔して上に3部、下に5部と〕する。はじめに十字印に最も近い〔水平線上のAの〕二点から、中央の垂直線と同じ長さとなるように二本の垂線を引く。次にコンパスの針の一端を〔水平線上の右端〕Bに置いてから、もう一端を1の点に置き、中央の垂直線の一番下に至るまで下に向かって円弧を描く。反対側のBから2の点についても同様の作図をする。それから、コンパスの針の一端を1の点とAとのあいだ〔すなわち水平線上の中心から左に2部の点〕に置いてから、もう一端を1の点に置き、四分円をなすように上に向かって円弧を描く。反対側のAと2の点とのあいだでも同様の作図をする。こうして壺の上部については、1部が本体に、残りの2部は首と取っ手の部分に割り当てられることになるだろう。そして、壺の下部については、コンパスの針の一端をC〔すなわち中央の垂直線上の中心から下に4部の点〕に置いてから、コンパスの脚を広げてもう一端を曲線上の点3〔すなわち中央の垂直線の一番下に引かれた水平線との交点〕に置き、点4に至るまで円弧を描く。こうすれば壺の底部ができあがるだろう。そして、図に見られるように、この下には高台がつくられることになる［図1–51］。

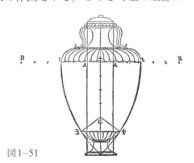

図1–51

| **17r**

　ずんぐりとした別の様式(マニエラ)の壺についても、十字線を用いた円弧の形から得られるが、それらは6部に等分される。まずは円を描く。下の半円は壺の底部となるが、それを少し持ち上げるための高台と、表面を飾るための付属物が加えられる。もう一方の上の半円は首の部分と蓋にあてられ、これらの部分は横の図［図1–52］に示されるとおりである。高台の高さは1部に等しく、これが〔垂直線の〕6部に加えられる。私が示した壺をつ

図1–52

21

くるための法則と方法は6種類に過ぎない。けれども、表面に施される見事な装飾による違いも考慮すれば、いかなる壺でも同じ法則によって、無数に導き出すことができるだろう。しかし、私は輪郭線の妨げにならないように、これらの装飾を示そうとは思わなかっただけである。

|17v|

　楕円形を描くにはさまざまな方法があるが、私は四つの法則のみを示すことにする。ここで示された図では、はじめに二つの〔等しい〕正三角形を互いに〔底辺を〕合わせるように描く。三角形の両側の辺を延長して、1、2、3、4の各点を定める。楕円形を描くにあたって中心となる四つの点をA、B、C、Dとする。その形を描くときにはどの中心からはじめてもよい。コンパスの針の一端をBに置いてから、もう一端を1の点に置き、2の点に至るまで円弧を描く。次にコンパスの針の一端をAに置いてから、もう一端を3の点に置き、4の点に至るまで円弧を描く。それから、コンパスの針の一端をDに置いてから、もう一端を2の点に置き、4の点に至るまで円弧を描く。このように同じコンパスの針の一端をCに置き、1の点から3の点に至るまで円弧を描くと、楕円形ができあがるだろう。

　この形をもっと細長くしたい場合にも、同じ点を定めてから同じ線によって描かれることになるが、〔1から4の〕点は〔CとDから〕近い内側の部分につねに定められる［図1-53］。一方、この形にもっと丸みをもたせたい場合には、〔1から4の〕点を〔CとD〕の中心から遠くに延長して描けば、同時に大きく描かれることにもなる。この形は円にいっそう近いものとなるけれども、複数の中心があるため、完全な円になることは決してないだろう。

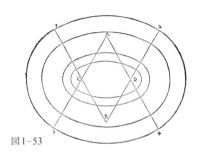

図1-53

(77)
|18r|

　この第二の図［図1-54］では、右に示されているように、三つの〔等しい〕円が描かれる。四本の直線を引いて、楕円形の中心となる点I、K、L、Mを定める。コンパスの針の一端をKに置いてから、もう一端を伸ばして1の点に置き、2の点に至るまで円弧を描く。同様にコンパスの針の一端をIに置いてから、もう一端を3の点に置き、4の点に至るまで円弧を描く。このようにすれば楕円形ができあがるだろう。この形は実際の卵にとてもよく似ている。

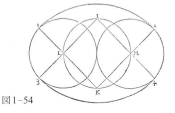

図1-54

　右の図［図1-55］に見られるように、楕円形を描くための第三の方法は次のようになる。まずは二つの〔等しい〕正方形が〔横に〕隣接するように描く。次に正方形の対角線の中間に二つの中心としてG、Hを定め、残りの二つの中心を〔正方形の角の接点に〕E、Fと定める。それから、コンパスの針の一端をFに置き、もう一端を1の点に置いてから、2の点に至るまで円弧を描く。Eの中心についても同様に、3の点から4の点に至るまで円弧を描く。次にコンパスの針の一端をGに置いてから、もう一端を伸ばして1の点に置き、3の点に至るまで円弧を描く。Hの中心についても同様に、コンパスの針の一端を伸ばして2の点に置き、4の点に至るまで円弧を描く。ここで示された図は、このようにつくられる。

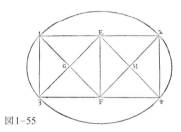

図1-55

|18v|

　第四のこの楕円形をつくりたい場合には、二つの〔等しい〕円をそれぞれの中心と接するように描く。次に円弧同士の交点で、二つの中心NとOを定める。そして、円の中心で、二つの中心PとQを定める。これらの中心を結ぶ線を描く〔とき、それらの延長線が円と交わる点を1、2、3、4とする〕。コンパスの針の一端をOに置き、もう一端を1の点に置いてから、2の点に至るまで円弧を描く。そして、コンパスの針の一端をNに置き、もう一端を3の点に置いてから、4の点に至るまで円弧を描く。このようにすれば楕円形ができあがるだろう〔図1-56〕。この方法については作図がきわめて容易であり、楕円の形も優美になって、非常に見た目もよくなるので、多くのことに利用されるべきである。

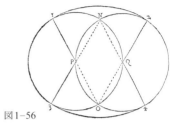

図1-56

|19r|

　円形の次に円に近い性質をもつ多角形として、たとえば八つの辺をもつ八角形や、六つの辺をもつ六角形、そして五つの辺をもつ五角形があげられる。これらに続いて、多くの辺を備えたさまざまな形を描くことができるが、それらはいずれも円形に近いものである。しかし、ここでは主要な三つの多角形について説明したほうが、目的に適うだろう。

　八角形は正方形から導かれる。はじめに正方形に二本の対角線を引く。次にコンパスの針の一端を正方形の角に置き、もう一端を正方形の中心に置いてから、正方形の二辺と交わり、四分円が形づくられるように円弧を描く。四つの角で同様の作図をする。すると、正方形の各辺で円弧が交わる点が、八角形の角となるだろう〔図1-57〕。この形は、円に十字線を引いてから、それぞれの四分円を半分にして八等分することによっても導かれるが、この方法ではいささか信頼性に欠けるだろう。しかしながら、〔正方形から導かれた〕この作図法は、学問的に裏づけられた最も正確なものである。

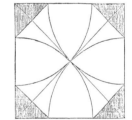

図1-57

|19v|

　六角形、すなわち六つの辺をもつ図形は、次のようにつくられる。まずは円を描いたら、その円周上のいかなる点においても、コンパスの脚を広げたり狭めたりしてはならない。コンパスの針が〔円周上に〕六回正確に置かれ、その一点からとなりの一点へと直線が引かれれば、六つの辺ができあがる〔図1-58〕。コンパスという名が生まれたのは、まさにこのためであって、イタリアの多くの地では「六分の一(セスト)」と呼ばれている。なぜなら、円の半径は六角形の辺全体の1/6となるからである。

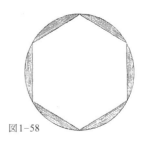

図1-58

|20r|

　五角形、すなわち五つの辺をもつ図形については、他のものほど簡単に作図することはできない。なぜなら、3よりも大きい奇数の辺で構成されているからである。とはいえ、この図形を理論に基づいて、次の方法で描くことができる。まずは円を描いたら、その内部に十字線を描く。すなわち、直径の長さの水平線と、それと鉛直方向に引かれる〔等しい長さの〕垂直線である。次に直径の右側の半径を二等分する点を3とする。そこからコンパスの脚を広げて、＋印のある円の頂に針の一端を置いてから、もう一端は

23

3の点から移動させずに、水平線をなす直径に至るまで下に向かって円弧を描く。✛印から始まる曲線が直径と交わるところ〔を2の点と定める(86)と〕、2の点から✛印までの長さはまさに五角形の一辺の長さとなるだろう［図1-59］。この図から十角形も導き出すことができる。というのも、中心から2の点までの長さは、十角形の一辺の長さとなるからである。さらに、この図形から十六角形の一辺も生じる。なぜなら、円周上の1の点から中心に向かって2の点に至るまでの長さは、十六角形の一辺の長さに等しいからである。(87)

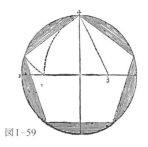

図1-59

|20v|

右に示された図［図1-60］は、円周を分割することが求められた場合には、それがいかに大きな数に分割されようが、それが奇数であろうが、誰にでも大いに役立つものとなるだろう。しかしながら、あまりに大きな数にすると読者を混乱させるかもしれないので、ここでは一例として正確に九等分された円をつくることにしよう。それでは、まず円全体を四等分してから、それを9部に分けてみよう。それらの4部は、間違いなく円全体の1/9となるだろう。このように円をいくつの数で分割しようと考えても、つねに全体を四等分してから、それを要求された数に等分すればよい。そして、等分されたうちの四つを取れば、つねに分割された円周がその一辺に相当することになるのである。すでに述べたように、この法則は才能のある多くの職人たちに役立つものとなるだろう。(88)

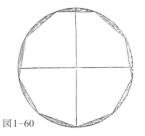

図1-60

四角形の比にはいろいろなものがある。しかし、ここでは建築家がさまざまなものに使うことができ、多くの状況にも適用できるような、七つの基本的なものを示すことにする。このなかにはある場所では役に立っても、別の場所では役に立たないものもあるけれども、建築家であればそれらの使いみちくらいは熟知しているだろう。(89)

この第一の形は、四つの辺の長さが正しく、四つの角がいずれも直角の正方形である［図1-61］。(90)

図1-61

|21r|

この第二の図は4：5の比、すなわち正方形にその1/4となる長方形を加えたものである［図1-62］。
セスクイクアルタ(91)

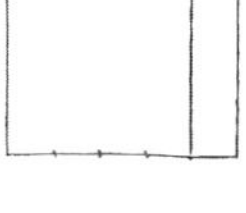

図1-62

この第三の図は3：4の比、すなわち正方形にその1/3となる長方形を加えたものである［図1-63］。
セスクイテルティア(92)

図1-63

この第四の図は対角線の比と呼ばれるものであり、次のように形づくられる。正方形のある角から向かいの角までの長さが測定されたら、その線の長さがこの比をもつ四角形の長辺に等しくなる。この比には無理数が生じるため、元の正方形とこの増加分とのあいだにはいかなる整数比も成り立たない［図1-64］。(93)

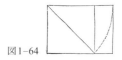

図1-64

24

この第五の図は2：3の比（セスクイアルテラ）[94]、すなわち正方形にその半分の長方形を加えたものである［図1–65］。

図1–65

この第六の図は3：5の比（スーペルビパルティエンス・テルティアス）[95]、すなわち正方形を三等分し、そのうち二つ分を元の正方形に加えたものである［図1–66］。

図1–66

この第七の最後の比は二倍の比（ドゥプラ）[96]、すなわち二つの正方形である。この形についてみると、古代の優れた建物には二倍よりも大きな比は一つも発見できなかった[97]。通路やロッジャ、戸口類、窓などが幾分この比を超えることはあったとしても、玄関（ウェスティブルム）や広間、部屋、その他の居住部では不便であったため、専門家のあいだでは許容されなかったのである［図1–67］。

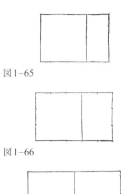

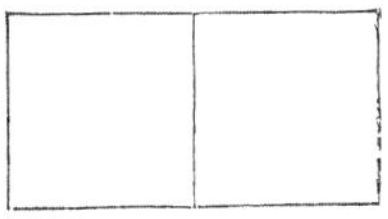

図1–67

| **21v** |

建築家には、次の例のような、さまざまな不慮のできごとに取り組まねばならないこともあり得る。たとえば床や天井、あるいはタセッロ[98]とも呼ばれるソラリウムをつくろうと思ったときに、その場所が15ピエーデ四方であった場合を考えてみよう。けれども、調達できた小梁はいずれもその長さに満たず、1ブラッチョ短かったにもかかわらず、それらを使わなければならないような場合である。このように要求されても、その場では他に利用できる木材がない場合は、右の図［図1–68］で示された方法に従えばよい。すなわち、ここで明示されているように、各梁の一端を壁につけて、もう一端を壁から離すように設置すれば、実に堅固なつくりとなるだろう。

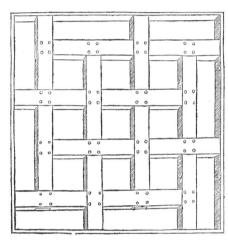

図1–68

| **22r** |

建築家はときには異常な事態に遭遇することもあるが、次のような例[99]では、幾何学に関する本書の文章は大いに役に立つだろう。すなわち、建築家の手元には長さが10ピエーデ、幅が3ピエーデの板一枚しかないのに、高さが7ピエーデ、幅が4ピエーデの小さな扉をつくる必要に迫られた場合である。ここでこの板の長辺を二等分しても、二つの幅はいずれも6ピエーデには至らず、7ピエーデが必要である。また、板の端から3ピエーデ〔四方〕の長さの板を切り離したとしても、何の役にも立たないだろう。なぜなら、7ピエーデの板のほうでは、幅が3ピエーデのままで、このように幅は4ピエーデに満たないからである。

そこで、長さが10ピエーデ、幅が3ピエーデの板の角をそれぞれA、B、C、Dと定め、CからBまで対角線を引いて、この板を分割する。こうして二つの等しい部分

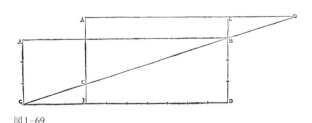

図1–69

に分けられたら、Aの角をBの角のほうに〔斜面が接したまま水平に〕3ピエーデずらして移動させ〔、点Bの移動先を点Gと定め〕る。すると、Cの角もDの角のほうに〔斜面が接したまま水平に〕3ピエーデ移動するので、〔辺ACの延長線と辺CDとの交点をFとすると〕辺AFの高さは4ピエーデ、〔辺DBの延長線と辺AGとの交点をEとすると〕辺EDの高さも4ピエーデとなる。こうして辺AEの長さは7ピエーデとなり、AEFDからなる板の長さは7ピエーデ、幅は4ピエーデとなるので、小さな扉の必要条件を満たした上で、さらに三角形CCFと、別の三角形EBGが余るだろう［図1-69］。

| 22v |

建築家には、神殿に大小さまざまな円窓をつくる必要に迫られることがしばしばある。それをどのくらいの大きさにすべきかについては、おそらく建築家はあまり理解していないかもしれないけれども、自分の判断にしたがって、見た目がよくなるようにはつくれるだろう。しかし、幾何学の理論に基づいてそれを設計すれば、こうしたことを理解する者から批判されることは決してないだろう。それゆえ、建築家は円窓を設置しようとする場所の幅を測定しておくべきであって、まずはその幅を取り囲むように半円を描いてみる。次にこれを直線で取り囲んでから、〔その長方形に〕二本の対角線を引く。そして、底辺の二つの角から半円の頂へと二本の直線を引く。二本の対角線の上部と、頂へと向かうそれら二本の直線との交点から二本の垂線を引く。右の図［図1-70］で示されているように、これらによって円窓の幅が定められるだろう。円窓の装飾に関しては、直径の長さの1/6とすべきである。

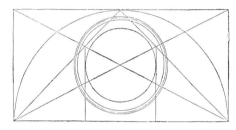

図1-70

| 23r |

同様に、建築家が神殿の戸口を、その場所に釣り合った大きさでつくろうとする場合は、まず神殿中央部の本体の幅、すなわち正味の幅、もしくはそれが小さければ両側の壁から壁までの内法幅、さらには翼部をもつなら角柱同士の柱間を考える。この幅と同じ長さを高さとすれば、正方形ができあがるだろう。右の図［図1-70］で示されているような、〔七種類の四角形の頁で〕すでに述べた線で戸口の開口部が定められ、そこには装飾が施されるだろう。神殿の正面に三つの戸口と三つの円窓が設けられる場合、両側の小さな開口部には前述の比を用いることができよう。しかしながら、まことに正直な読者諸氏よ、さまざまな対角線から生じるものは数限りないけれども、長々と説明したくはないので、これで止めることにしよう。

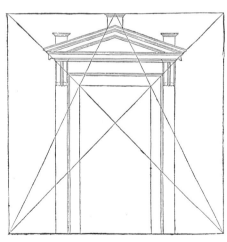

図1-71

これで幾何学に関する『第一書』は終わりである。

26

註

1 タイトルの最初の部分はイタリア語で、以下の「1545年」まではフランス語で記されている。扉絵については、タイトルが記されたパネルを取り囲むようにストラップワークで飾り立てられている。これは同時期にセルリオが建設に携わったフォンテーヌブローの城館のフランソワ1世のギャラリー壁面装飾にも使用された［図1］。フォンテーヌブローの城館については、F. Boudon et al., *Le château de Fontainebleau de François Ier à Henri IV*, Paris, 1998; J.-M. Pérouse de Montclos, *Le château de Fontainebleau*, Paris, 2009を主に参照。なお、パネルの上に見られるサラマンダーはフランソワ1世の紋章であり、下に見られるコンパスや曲尺、下げ振りは建築家の持物を表している。

2 ロベール・ド・ルノンクール（Robert de Lenoncourt 1510頃-1561年）は、1538年に枢機卿に任命された。

3 ジャン・マルタン（Jean Martin 1553年没）は、はじめはミラノ公マッシミリアーノ・スフォルツァ（Massimiliano Sforza 1493-1530年）の秘書であった。マッシミリアーノは1512年にミラノ公となったが、1515年にミラノ公国をフランス王フランソワ1世に譲渡しフランスに退いた。1530年にマッシミリアーノが亡くなっ

図1 ストラップワーク、フランソワ1世のギャラリー、フォンテーヌブローの城館

たのち、マルタンは枢機卿ド・ルノンクールに仕えた。なお、マルタンはセルリオの建築書のフランス語訳を手がけたのち、立て続けに1546年にはフランチェスコ・コロンナ『ヒュプネロートマキア・ポリフィリ』（Francesco Colonna, *Hypnerotomachia Poliphili*）、1547年にはウィトルウィウス『建築十書』のフランス語訳（*Architecture ou Art de bien batir, de Marc Vitruve Pollione: ... mis de latin en francoys, par Jan Martin, Secretaire de Monseigneur le Cardinal de Lenoncourt*, Paris, 1547）も出版している。そしてマルタンの死後の1553年には、アルベルティ『建築論』のフランス語訳も出版された。C. Thoenes, *Architectural Theory from the Renaissance to the Present*, Köln, 2003, pp. 202-211を参照。

4 フランソワ1世（在位1515-47年）を指す。この献辞はフランソワ1世に捧げられたものであり、1540年にヴェネツィアで『第三書』が出版されたときにもすでに序文に掲載されていた。フランソワ1世については、ルネ・ゲルダン『フランソワ一世：フランス・ルネサンスの王』辻谷泰志訳、国書刊行会、2014年を主に参照。また、フランソワ1世の宮廷でのセルリオの活動については、ハートとヒックスによるセルリオの建築書の英語版 *Sebastiano Serlio on Architecture*, ed. by V. Hart & P. Hicks, New Haven, 1996, vol. 1, p. xiiiを参照。なお、この書簡は1545年の『第一書』と『第二書』の両方に見られる。

5 「序」の頁は小文字のローマ数字で記載されている。ii頁から始まるのは、表紙がi頁とみなされるためだろう。ただし、各頁におもて面（recto）と裏面（verso）の表記はない。

6 フランソワ1世は神聖ローマ皇帝カール5世との戦い（1536-38年、1542-44年）で、ドイツのプロテスタントと同盟を結んだ。

7 belle arti. フランス語訳では「美術と学問」（beaux artz & sciences）となっている。

8 マルグリット・ダングレーム（Marguerite d'Angoulême 1492-1549年）はフランソワ1世の姉で、ナバラ王エンリケ2世（在位1517-55年）の王妃で、『エプタメロン』の著者としても有名である。マルグリット・ド・ナヴァール『エプタメロン：ナヴァール王妃の七日物語』平野威馬雄訳、ちくま文庫、1995年を参照。芸術のパトロンとしては、セルリオをフランスに招聘することに尽力し、『第五書』の序文では彼女への献辞が掲載された。セルリオとの関係については、M. Tafuri, *Venezia e il Rinascimento*, Torino, 1985, pp. 102-105を参照。ナバラ王国については、レイチェル・バード『ナバラ王国の歴史：山の民バスク民族の国』狩野美智子訳、彩流社、1995年を参照。

9 alcuni fiori.

10 Hora per non mancarei. ここでのmancareは「時間があと～である」という意味で、条件法一人称単数のmancareiは誤り。セルリオは後述の正誤表で、mancareiをmancareに訂正している。

11　la certissima arte. フランス語訳では「学問」（la science）となっているため、幾何学に対応させて「学問」と訳したが、文脈に応じてさまざまな意味に解釈することができる。ラテン語のアルス（ars）に類する言葉として、スキエンティア（scientia）があり、ミラノ大聖堂建設におけるアルプス以北の工匠と地元ロンバルディアの工匠との対立を取り上げた次の論文が有名である。J. S. Ackerman, "*Ars Sine Scientia Nihil Est*: Gothic Theory of Architecture at the Cathedral of Milan", in *Distance Points*, Cambridge, Mass., 1991, pp. 211-268を参照。

12　molte arti nobili. フランス語訳では plusieurs nobles disciplines となっているが、意味は同じ。

13　ルネサンス建築と幾何学との関係については、*Geometrical Objects: Architecture and the Mathematical Sciences 1400-1800*, ed. by A. Gerbino, Cham, 2016を主に参照。なお、セルリオは建築家になる前は画家であり、幾何学は画家にとっても基礎的な素養とみなされていた。アルベルティ『絵画論』三輪福松訳、中央公論美術出版、1971年、63頁を参照。

14　エウクレイデス（前3世紀）は、プトレマイオス朝エジプトのアレクサンドリアで活躍したギリシアの数学者。『原論』（ユークリッド幾何学）の著者として知られる。ルネサンス期には、ヴァティカン宮殿「署名の間」にラファエロが描いた《アテナイの学堂》では、ブラマンテに似せてコンパスで図形を描いている姿で登場する。

15　このタイトルと以下の正誤表は、フランス語のみで記されている。単なる誤字や冠詞の違いのように日本語に翻訳しにくいものも多いので、該当するテクストのイタリア語のまま記しているが、それぞれの「正」と「誤」との違いについては該当部分の註を参照されたい。

16　au premier fueillet a la treizième ligne. ここではii頁の誤記で、頁の表裏の区別についても書き忘れたと思われる箇所が散見される。なお、該当箇所の 行 の指示については、原著のまま訳しておいた。本論のテクストはアラビア数字の1頁おもて面から始まる。

17　テクストの「7行」は「6行」の誤記。

18　最初の頁には番号が振られていないが、この頁を1rと定めると、2r以降の頁と整合性がとれる。第一版のテクストでは、イタリア語がイタリック体で、フランス語が立体で項目ごとに交互に配列されている。また、図版のキャプションはイタリア語のみで記されている。

19　点や線の定義についてセルリオは、エウクレイデス『原論』（*Elementa*）第一巻の冒頭で提示された定義に従っている。『エウクレイデス全集第1巻：原論I–VI』斎藤憲・三浦伸夫訳、東京大学出版会、2008年、180–181頁を参照。セルリオとエウクレイデスの幾何学との関係については、G. L. Hersey, *Pythagorean Palaces: Magic and Architecture in the Italian Renaissances*, Ithaca, N. Y., 1976; M. Lorber, "I primi due libri di Sebastiano Serlio. Dalla struttura ipotetico-deduttiva alla struttura pragmatica", in *Sebastiano Serlio*, ed. by C. Thoenes, Milano, 1989, pp. 114-125を参照。ただし、『第一書』は理論書というよりも、幾何学に基づいた作図法の説明を中心とした実用書としての性格が強い。また、『第二書』で展開される透視図法の予備知識の習得が目的とされているとみなすこともできる。

20　Linea. 正確には「線分」となるが、エウクレイデスは無限の直線と有限の線分とを使い分けておらず、セルリオもそれに従っているため、現代の数学用語とは若干意味が異なることもしばしばある。

21　Paralelle. 現代の数学用語では、たとえば台形の上底と下底は平行の関係になるが、ここでは二本の線が等しい長さで、かつ両端がそろえられた場合のようにかなり限定された図版が提示されている。その理由は、エウクレイデスの古代ないしは中世のテクストに、そのような図版が掲載されていて、セルリオもそれを踏襲しているからである。とくに直角とは限らない四角形が長方形に描かれていたり、二等辺三角形とは限らないのにそのように描かれていたりすることが多く、近代の校訂者はこうした図版を適切なものに置き換えている。前掲註19の『エウクレイデス全集第1巻：原論I–IV』64–65頁を参照。なお、ここでは二つの面が平行な場合については触れられていない。

22　Superficie. 前述の「線」と同様に、ここでは四角形に限定された定義となっており、三角形やその他の図形が含まれないことになる。また、図は長方形となっている。

23　catetto. 一般には「直角三角形の直角を挟む二辺」を指すが、ここでは下げ振りを用いて描かれる鉛直線のこと。『第四書』第7章37頁おもて・裏面［図4–61, 62参照］におけるイオニア式柱頭の渦巻の作図法で、下げ振りがともに描かれている。

24	Angolo piano pyramidale. ここでは「鋭角」はピラミッド形によって構成されるかのように説明されているが、実際には鋭角をつくる二本の直線は等しい長さでなくてもよい。

24 Angolo piano pyramidale. ここでは「鋭角」はピラミッド形によって構成されるかのように説明されているが、実際には鋭角をつくる二本の直線は等しい長さでなくてもよい。

25 Triangolo equilatero. 正三角形では、三辺の長さが等しいのみならず、三つの角も等しく60度になるが、セルリオは「鋭角」としか説明していない。

26 Triangolo di dua equali lati. ここでは直角二等辺三角形に限定された定義となっている。

27 che sara lo triangolo. セルリオは序文の正誤表で、saraをserraに訂正している。原形のserrareは「閉じる」という意味であり、ここではそのように訳した。

28 Triangolo di tre inequali lati. 不等辺三角形の場合、必ずしも三つの角が鋭角になるわけではない。また、テクストに対応する図は鈍角を含む二等辺三角形のようであり、テクストの内容とは一致しない。

29 un quadrato perfetto. 直訳をすると「完全な四角形」、あるいは「完全な正方形」となるが、以下では一般的な「正方形」と訳す。

30 こうしたさまざまな状況への対応については、『第七書』の主題として取り上げられている。

31 こうした複雑な図形を正方形にする方法は、最後ではなく5頁裏面（本書12頁）以降で説明されており、本書ではきわめて重要視されている。なお、ラテン語やイタリア語のquadraturaは、「四角形（正方形）にすること」という意味であり、それから「求積」という意味が派生する。

32 la norma giusta, cioe lo squadro. 曲尺は『第四書』第7章38頁おもて面で、円柱にフルートを刻むときの図［図4-62参照］にも描かれている。幾何学について、ウィトルウィウスは『建築十書』第一書第1章第4節で、次のように説明している。「幾何学は建築に大きな助けとなる。第一に定規とコンパスの使用法を教える。これらを用いて垂直や水平や直線が定められるように、敷地に平面図がきわめて容易に設定される」。ただし、次の邦訳書の日本語訳は変更した。『ウィトルーウィウス 建築書』森田慶一訳註、東海大学出版会、1979年、3頁を参照。
なお石工にとって、曲尺や下げ振りは幾何学の原則を表現するものとして、彼らの職業を象徴するものとなった。セルリオは『第一書』の扉絵で、コンパス、曲尺、下げ振りを「四角法（アド・クアドラートゥム）」と呼ばれる石工の作図法とともに描いている。中世の幾何学については、前川道郎「ゴシック聖堂の建築家と幾何学」『新建築学大系6：建築造形論』彰国社、1985年、3-40頁；ロン・R・シェルビー編著『ゴシック建築の設計術：ロリツァーとシュムッテルマイアの技法書』前川道郎・谷川康信訳、中央公論美術出版、1990年、223-253頁を参照。また最近の研究としては、R. Bork, *The Geometry of Creation: Architectural Drawing and the Dynamics of Gothic Design*, Farnham, 2011や*Ad Quadratum*, ed. by N. Y. Wu, New York, 2016などが挙げられる。

33 ゴシック様式の尖頭アーチを指す。『第五書』30頁裏面（本書422頁）も参照。

34 valore. 面積が等しいこと。

35 ここでは正方形の面積を二倍にする方法について論じられている。ウィトルウィウスもプラトンを参照しながらその方法に言及していることから、ルネサンスの建築家には十分に知れ渡っていたと考えられる。それぞれ、ウィトルウィウス『建築十書』第九書序、プラトン『メノン』84 D-85 B（藤沢令夫訳、岩波文庫、1994年、61-64頁）を参照。なお、エウクレイデス『原論』には面積や体積という言葉は登場せず、縦×横といった面積を求める公式は扱われていない。前掲註19の『エウクレイデス全集第1巻：原論I-IV』106頁を参照。

36 テクストに対応する図では、四つの角がa、b、c、dとなっているが、テクストどおりに大文字で表記する。後述の正方形AEFDや、その他の例についても同様である。

37 セルリオによれば、本書の第二版のはじめに記載されている「正誤表」は、『第一書』と『第二書』の第一版では、フランスの印刷業者によって図版のレイアウトがテクストで述べられているところと実際には異なっていることがしばしばあるという。ここではセルリオがテクストで指示しているレイアウトに変更した。

38 これは中世の石工などが用いていた前述の「四角法（アド・クアドラートゥム）」と呼ばれる方法のダイヤグラムであり、ヴィラール・ド・オンヌクールの画帖や、マテス・ロリツァー「ピナクルの正しい扱いに関する小冊子」でも説明されている。それぞれ、藤本康雄『ヴィラール・ド・オンヌクールの画帖』鹿島出版会、1972年、121頁、前掲註32のシェルビー『ゴシック建築の設計術』13-15頁を参照。ただし、セルリオは円に正方形を

外接させ、さらにその円に大きな正方形を外接させてゆく作図法であるのに対し、ロリツァーは正方形の外側に大きな正方形を45度傾けて外接する作業をくり返し、最後に再び45度回転させて元に戻す作図法である。「四角法」については、J. Orrell, *The Human Stage: English theatre design, 1567-1640*, Cambridge, 1988, pp. 142-146 も参照。

39 ウィトルウィウス『建築十書』第四書第7章第3節、セルリオの建築書『第四書』第5章6頁裏面（本書245頁）を参照。また、正方形と円に内接する人体については、ウィトルウィウス『建築十書』第三書第1章第3節を参照。

40 ウィトルウィウス『建築十書』第三書第4章第1節を参照。

41 テクストに対応する図では、三角形ABCは正三角形ないしは二等辺三角形のように描かれているが、セルリオも後述しているように、あらゆる三角形について成り立つ。

42 アルブレヒト・デューラー『「測定法教則」注解』下村耕史訳、中央公論美術出版、2008年、第二書命題32、78–79頁を参照。この書ではテクストと図版が対応し、教科書としての利便性が考えられており、セルリオもそれに倣っている。

43 イタリア語のテクストでは「三角形DEB」と誤っているが、フランス語のテクストでは「三角形DFB」に修正されている。

44 una linea de punti occulti. ここではAG、AD、DEは作図にあたっての補助線、すなわち「隠れた線」（リネア・オックルタ）として、すべて点線で描かれている。『第二書』ではひんぱんに登場する。

45 unaltra linea occolta. 実際に敷地を分割する実線ではなく、あくまでも補助線であるため、最終的には図面上に表現されないこともある。たとえば床面に描かれた格子状の線は、実線として敷石などを表現する場合もあるが、透視図法の消失点へと収斂する線は、実際には見えない補助線である。セルリオのこの線の解釈については、前掲註19のG. L. Hersey, *Pythagorean Palaces*, pp. 81-87 を参照。

46 una linea evidente. 前述のリネア・オックルタの対概念として、敷地の境界線や建物の輪郭線にあたる「実線」を指す。アルベルティの「輪郭線」（lineamentum）の概念に近い。アルベルティ『建築論』第一書を参照。

47 acrescere proportionatamente. 古典（主義）建築において比例関係は最も重要な要素のひとつであるが、エウクレイデス『原論』では比例という概念が第五巻まで登場せず、代数を用いた比例論が回避されているという。前掲註19の『エウクレイデス全集第1巻：原論I–IV』133–134頁を参照。

48 イタリア語とフランス語のテクストではいずれも「EとF」と誤って記されている。

49 qui piu basso. イタリア語のテクストでは「下方」となっているが、図は次頁に示されている。

50 セルリオが参照したエウクレイデス『原論』のテクストは、アウクスブルクのエアハルト・ラートドルト（Erhart Ratdolt 1442–1528年）によって1482年にヴェネツィアで出版されたラテン語の初版本と思われる。エウクレイデスは中世の工匠によって広く研究されていたと考えられる。J. Rykwert, "On the Oral Transmission of Architectural Theory", in *Les traités d'architecture de la Renaissance*, ed. by J. Guillaume, Paris, 1988, pp. 31-48, in part. p. 40を参照。

51 エウクレイデス『原論』第二巻命題4–8（『エウクレイデス全集第1巻：原論I–IV』256–265頁）を参照。前述のように、エウクレイデス『原論』では代数を用いた比例論が回避されており、ここでは三角形KとL、三角形MとNがそれぞれ合同であることを利用した証明となっている。この法則は平行四辺形の場合にも成り立ち、三角形KとLからなる平行四辺形と、三角形MとNからなる平行四辺形が相似であることから比例関係を利用して証明するのが一般的である。

52 図版では三角形がO、後述の長方形「平面」がKと誤って記されている。

53 イタリア語のテクストでは「平面G」と誤って記されている。

54 il valor. 面積のこと。

55 seconda figura qui dietro. セルリオは序文の正誤表で、dietroをavantiに訂正しているが、テクストと図版との対応関係では図版が「後」になり、dietroのままで正しいので、訂正前のままに訳した。

56 pelegrini ingegni. 一般には巡礼者を指す。

57 イタリア語のテクストでは、直線abとacのように小文字となっているが、フランス語訳では図と同じように大文字に変更されている。現在では大文字表記の方が一般的であるため、フランス語訳に従う。

58 ingeniosi artefici. 前文の「建築家」と区別するために「職人」と訳した。

59 註36と同様に、イタリア語のテクストでは、四角形abcdのように小文字となっているが、フランス語訳の
ように大文字で表記する。

60 前頁の例では、短い線がAB、長い線がACとなる。

61 様式としての円柱については、『第四書』5頁裏面-6頁おもて面（本書242-243頁）の「著者から読者諸氏
へ」を参照。

62 この一文はウィトルウィウス『建築十書』に由来する。「視線については高く見上げれば見上げるほど、空
気の厚みを突き抜けることが容易ではなくなる。それゆえ、高さの広がりで視線は拡散し、その力は弱め
られるため、感覚的には不確かなモドゥルスの値が伝えられる」。ウィトルウィウス『建築十書』第三書第
5章第9節を参照。『第四書』第7章（本書290頁）にも同様の記述が見られる。

63 このあたりには文章の乱れがうかがえるが、マルタンのフランス語訳はわかりやすく修正されている。

64 前掲註42のデューラー『測定法教則』第三書命題7、9、28、それぞれ92-93、95-96、116-117頁を参照。

65 la piu perfeta lo quadrato.「完全」を意味するperfettoに最上級は不要であるようにも思われるが、実際に
こうした表現はしばしば使われる。ここでは、たとえば長さも幅も10の正方形を100点満点中の100点と
仮定した場合に、長さは15で幅は5の長方形と、長さは18で幅は2の長方形を比べると、前者は75点、後
者は36点で、前者の方が「完全に近い」（più perfetto）。さらに正方形は75点の長方形「よりも完全」（più
perfetto）なので、単なる「完全」（perfetto）では劣ることになってしまい、最上級が必要になるのだろう。
また、前述のように正方形の別名は「完全な正方形」となるので同語反復を避けたのか、ここでの「正方
形」は単にquadratoとなっている。註29を参照。

66 quanto piu la forma quadrangolare se discosta dal quadro perfetto. 直訳すると意味がわかりにくいが、四つ
の辺が等しい、四つの角がいずれも直角であるといった正方形の特質を失った一般の四角形になるという
こと。

67 forza. 現在の我々には、幾何学図形に強さの概念を適用することは想像しにくいけれども、当時は円や正
方形が完全な図形と考えられており、とりわけ神の家である聖堂建築の平面の理想とされていたことが続
く説明からも読みとれる。

68 デューラー『測定法教則』第一書命題23、33-34頁を参照。

69 qui alato. 原著では図はテクストの次頁に掲載されているが、見開きであるため「横」にくる。

70 forme ouali. ovaleは「卵形」という意味であり、正式な楕円形はコンパスを用いて描くことはできない。こ
こでは複数の円弧からなる楕円に近い形を指す。

71 a lunette. 半月窓が設けられる部分の天井を指す。

72 F. Liverani, "I vasi del Serlio", *Quaderni Arte Letteratura Storia*, vol. 10, 1990, pp. 49-58を参照。

73 sentirsi. セルリオは序文の正誤表で、sentirseをservirseに訂正している。確かに「感じる」（sentirsi）では
意味が不明なので、ここでは「使う」（servirsi）と訳した。なお、正誤表ではsentirsiがsentirseと記されて
いるのは、正誤表がフランス語で記されているからだろう。

74 アルブレヒト・デューラー（Albrecht Dürer 1471-1528年）は、ドイツ・ルネサンスを代表する画家。イ
タリアには1494-95年と1505-07年に二度訪れている。幾何学との関係では、前掲註42の『測定法教則』
（*Underweysung der Messung mit dem Zirckel und Richtscheyt*, Nürnberg, 1525）が重要であるが、他にも
『築城論』（*Etliche Underricht, zu Befestigung der Stett, Schloß und Flecken*, Nürnberg, 1527）や『人体均
衡論四書』（*Vier Bücher von menschlicher Proportion*, Nürnberg, 1528）などの理論書を著している。これ
らは未完に終わった『絵画論』の中から独立させて出版したものであり、いずれも次の邦訳書が刊行され
ている。デューラー『「築城論」注解』下村耕史訳、中央公論美術出版、2013年；デューラー『「人体均衡
論四書」注解』下村耕史訳注、中央公論美術出版、1995年；デューラー『絵画論」注解』下村耕史訳、中
央公論美術出版、2001年。デューラーに関する研究は膨大であるが、特に美術理論については、アーウィ
ン・パノフスキー『アルブレヒト・デューラー：生涯と芸術』中森義宗・清水忠訳、日貿出版社、1984年、
248-289頁を参照。

75 デューラー『測定法教則』第一書命題22、32-33頁を参照。

76 イタリア語のテクストでは「低い」（inferiore）となっているが、「内部」（interiore）の誤り。

77 第一版では「20」と誤記。

78 l'ottagona. オクタゴンは正八角形でなくてもよいが、ここでは円形に近いという文脈から正八角形を意味しており、図もそのように描かれている。六角形や五角形についても同様である。

79 この八角形の作図法については、ロリツァー「ドイツの幾何学」にも掲載されている。前掲註32のシェルビー『ゴシック建築の設計術』46-47頁を参照。

80 è certissima portata da l'arte.

81 この方法の応用については、セルリオの建築書『第五書』11頁おもて面（本書407頁）を参照。

82 compasso. コンパスの語源は「同じ」（con）「歩幅」（passo）である。

83 この方法はデューラーに従っている。前掲註42のデューラー『測定法教則』第二書命題15、65-66頁を参照。なお、デューラーはロリツァー「ドイツの幾何学」を参考にしていたと思われる。シェルビー『ゴシック建築の設計術』42-43頁を参照。また、エウクレイデスの作図法では、二等辺三角形の等しい底角が、頂角の二倍となるような三角形（すなわち三つの角が36度、72度、72度の三角形）が用いられている。エウクレイデス『原論』第四巻命題11（前掲註19の『エウクレイデス全集第1巻：原論I–IV』354–356頁）を参照。さらに、円に内接する五角形の一辺の長さ、すなわち中心角72度の円弧の弦の長さを求める方法は、プトレマイオス『アルマゲスト』第一巻第9章でも示されている。プトレマイオス『アルマゲスト』薮内清訳、恒星社、1982年、17–19頁を参照。これについては、カッツによりわかりやすく解説されている。ヴィクター・J・カッツ『数学の歴史』上野健爾・三浦伸夫監訳、共立出版、2005年、167–168頁を参照。

84 イタリア語とフランス語のテクストではいずれも誤って「左」と記されている。

85 イタリア語とテクストでは誤って「十字をつくる」と記されている。

86 イタリア語のテクストでは脱落しているが、フランス語のテクストでは「2の印をつける」と補われている。

87 デューラー『測定法教則』第二書命題15、65–66頁を参照。

88 8頁おもて面（本書14頁）を参照。

89 セルリオのこれらの比は、円柱の台座に適用されている。『第四書』6頁おもて面［図4–1］を参照。また部屋への適用については、前掲註19のG. L. Hersey, *Pythagorean Palaces*, pp. 51-55を参照。

90 すなわち、1：1の比である。

91 sesquialta.「対角線の比」を除き、以下で登場する整数比は音楽の調和音程（協和音）でもあり、ここでの4：5の比は長3度となる。ウィトルウィウスは劇場について説明する際に、ディアテッサロン（4度）、ディアペンテ（5度）、ディアパソン（オクターヴ）、ディスディアテッサロン（オクターヴ＋4度）、ディスディアペンテ（オクターヴ＋5度）、ディスディアパソン（2オクターヴ）の六つの調和音程についても言及している。ウィトルウィウス『建築十書』第五書第4章を参照。古代の音楽理論書としては、前4世紀のアリストクセノス『ハルモニア原論』と後2世紀のプトレマイオス『ハルモニア論』が有名であり、前者についてはウィトルウィウスも参照していたと思われる。しかしながら、『ハルモニア原論』第二巻第9章では調和音階は、前述の六つに2オクターヴ＋4度と2オクターヴ＋5度を加えて八つと数えられていたのに対し、『ハルモニア論』第一巻第5章では『建築十書』と同じく六つに減らされている。それぞれ、アリストクセノス、プトレマイオス『古代音楽論集』山本建郎訳、京都大学学術出版会、2008年、66頁、126頁を参照。こうした音楽理論についてはルネサンスの建築家も理解しており、アルベルティの『建築論』でも取り上げられている。アルベルティの『建築論』第九書第5章を参照。セルリオは、フランチェスコ・ジョルジの『サン・フランチェスコ・デッラ・ヴィーニャ聖堂についての覚書』で概説されているピュタゴラスの調和比例に関する議論にも参加していたため、音楽の調和と建築との関係には精通していた。この覚書のテクストと註解については、本書『付録2』を参照。Francesco Giorgi, "Promemoria per San Francesco della Vigna", ed. by L. Magagnato, in Pietro Cataneo, Giacomo Barozzi da Vignola, *Trattati*, ed. by E. Bassi *et al.*, Milano, 1985, pp. 1-17を翻訳の底本とした。また、建築と音楽との関係については、R. Wittkower, *Architectural Principles in the Age of Humanism*, 6th ed., New York, 1998, pp. 113-119のほか、邦語文献として五十嵐太郎・菅野裕子『建築と音楽』NTT出版、2008年を参照。

92 sesquitertia. 前述の調和音程では、ディアテッサロン（4度）となる。

93 1：√2の比である。セルリオの建築書『第四書』6頁おもて面［図4–1］の五つのオーダーの比較図ではドーリス式の台座に適用されている。

94 sesquialtera. 前述の調和音程では、ディアペンテ（5度）となる。『第四書』第5章9頁おもて面（本書249頁）では、トスカーナ式の門の中央出入口で、幅と高さの関係としてこの比が用いられている。

95 superbipartiens tertias. 長六度である。前述のセスクイアルテラと同様に、トスカーナ式の門の両脇の出入口で、幅と高さの関係としてこの比が用いられている。

96 dupla. 1：2の比、すなわちオクターヴである。

97 通路やロッジャなどを除いた普通の部屋に、二倍よりも大きな比が不適切であるということは、逆に正方形に近い比がよいと読み替えることもできる。10頁裏面・11頁おもて面（本書16–17頁）を参照。

98 tassello. 現代のイタリア語では、家具や壁の割れ目や隙間を埋める木や石などの長方形の小片などを意味するが、ここでは木造の平天井のこと。セルリオの建築書『第四書』第12章でも取り上げられている。

99 前掲註42のデューラー『測定法教則』第二書命題29を参照。

100 点Aを水平方向に3ピエーデ移動した場合、AFの高さは3＋9/10＝3.9ピエーデとなるので、扉の条件を満たさない。AFの高さを4ピエーデにするには、点Aを水平方向に10/3ピエーデ移動しなければならない。このようにすれば、FDの長さは20/3≒6.7ピエーデで扉の条件を満たす。

101 これは前掲註32の「四角法」と呼ばれる方法である。J. Orrell, *The Human Stage*, pp. 144-146; R. Wittkower, *Architectural Principles*, p. 120を参照。

102 s'e detto si sopra. セルリオは序文の正誤表で、si sopraをdi sopraに訂正しているように、前者では意味が通じないので、後者で訳した。

第 二 書

セバスティアーノ・セルリオ・ボロニェーゼによる透視図法についての
第二書⁽¹⁾

セバスティアーノ・セルリオ・ボロニェーゼによる透視図法についての第二書、
いとも尊き枢機卿ド・ルノンクール猊下の秘書、
ジャン・マルタンによるフランス語訳

平　面に関する透視図法論〔2〕⁽²⁾

透視図法という巧妙な技法⁽³⁾について記述することは非常に難しく、とりわけ平面から立ち上げられた立体に関しては、実際その場で面と向かって口頭で教えるほうが、文章や図で教えるよりもわかりやすい。とはいえ、私はすでに『第一書』で透視図法の話はぬきにして幾何学については説明したので、できるだけ簡便な方法を選びたいと思ってはいる。それでも建築家が要求する重要な事柄については十分な光を当てて、その必要を満たすべく懸命に努めるつもりである。⁽⁴⁾しかし、透視図法とは実際のところ何なのか、あるいは透視図法は何に由来するのか、といった哲学的な議論にまでは立ち入らなかった。なぜなら、これらの問題については、博識であることこの上ないエウクレイデスが緻密な考察を踏まえながら論じているからである。⁽⁵⁾

しかし、建築家が実際に必要としているものに直接応えるために、透視図法とはウィトルウィウスが背　景　図⁽⁶⁾と呼んでいるものであると言っておこう。すなわち、建物の正面と側面や、その他の表　面⁽⁷⁾や立体⁽⁸⁾を描いたものである。⁽⁹⁾

透視図法は三つの主要な線からなる。第一の線は基準線⁽¹⁰⁾であり、すべてはこの線から始まる。第二の線は最後にはある点に到達するものであり、この点を「視点」⁽¹¹⁾と呼ぶ人もいれば、「消失点」⁽¹²⁾と呼ぶ人もいるが、消失点というのは視点が止まるところなので、名称としてはこちらのほうが適切である。第三の線は距離点⁽¹³⁾を表わす線であり、これは消失点とともに水平線上につねに並ぶものであるが、のちほど別のところで論じるように、状況に応じて近くなることもあれば、遠くもなることもある。

この消失点の高さは、我々の眼の高さに等しいものと理解すべきである。説明を進める必要上、建築家が家⁽¹⁴⁾を壁として表現したいと考えたとしよう。この場合、壁は観者の足が置かれる地面から立ち上がる。⁽¹⁵⁾すると、消失点の高さは我々の眼の高さに合わせるのが妥当であり、距離点はその最も都合のよい場所⁽¹⁶⁾に定められるだろう。もし消失点が庭園や通路の奥にくるなら、その距離点は庭園や通路の出入口の場所となるはずである。

同じことは広間や、その他の部屋の内部にも当てはまり、その距離点はつねに出入口の場所に定めるべ

37

きである。もし消失点が通りに面した建物の壁面上にあるなら、その距離点はその建物が並ぶ通りの反対側に設定される。もしそのような場合に通りの幅が狭いなら、透視図法による短縮がもっと効果的に作用するように、もっと長い距離点を想定したほうがよいだろう。なぜなら、距離点は非常に遠く離れているので、ある建物が別の建物よりも奥にあることを透視図で表現しようとすると、いっそう遠のいてしまうように見えるからである。

しかしながら、家がもともと地上よりも高い所から、すなわち4ピエーデから6ピエーデ、あるいはそれ以上の高さから立ち上げられたとしても、前述のように消失点の高さは必然的に人の眼の高さとなる。ところが、こうした建物が置かれた地面は見えず、上階の床面はなおさら見えないので、観者にははなはだ不満を感じさせる。こうした場合は、建物の基礎よりもわずかに上に、消失点の高さを自由に定めればよい。

けれども、これは判断力に優れた人物の裁量に任せるべきことであって、判断力に乏しい輩に勝手に決めさせてよいものではない。というのも、邸館ファサードの30ピエーデから40ピエーデの高さに歴史画や、その他の題材による絵画を設置する者は、それらが低い位置から見上げられることを忘れがちだからであるが、判断力や知識をそなえた人物であれば、こうした過ちを犯すことはまずないだろう。たとえば、透視図法の名人アンドレア・マンテーニャ氏やその他の画家の作品を取り上げてみればわかるように、彼らが我々の眼の高さよりも上に何かを描いたときには、地面を見ることができない。なぜなら、透視図法という高度な技法は、それも計算に入れているからである。

| 25v |

私が冒頭で説明したように、透視図法は建築家には絶対に必要なものである。あるいはむしろ、透視図法は建築がなくては成り立たず、建築家は透視図法なしには何もできないといってもよい。これが真実であることを証明するために、立派な建築が開花しはじめた我々の世紀の建築家について少し考えてみよう。

ブラマンテは見事に調和した建築を復興させた人だったが、この技芸に専念する以前は画家であって、透視図法にも熟達していなかっただろうか。神のごときラファエロ・ダ・ウルビーノは建築に携わるようになる前には、あらゆる才能をそなえた画家であり、透視図法にも造詣が深くはなかっただろうか。建築の手練れとして右に出る者はないシエナのバルダッサーレ・ペルッツィももともとは画家であり、透視図法についても並々ならぬ才能の持ち主であった。彼は円柱の寸法やその他の古代の遺物を記録として残すべく、それらを透視図法で描こうと考えた。そして、これらの比例関係や寸法に強い関心を抱きながら、建築の修練に熱心に取り組んだ結果、彼に匹敵する者はいなくなるほどにまで上達したのであった。

博学なジローラモ・ジェンガも卓越した画家であり、透視図法の技術にも精通していなかっただろうか。彼がパトロンのウルビーノ公フランチェスコ・マリアを喜ばせるために描いた非常に見事な舞台背景が、この事実を証明しているように、ジェンガはウルビーノ公の庇護下で立派な建築家に成長した。ラファエロの真の弟子であるジュリオ・ロマーノは、透視図法にも絵画にも秀でていたように、これらの技芸を通じて優れた建築家になったのではないだろうか。

参考までに言うと、私も最初は絵画や透視図法の修練に励んでから、こうした経験を通じて建築の研究に専念するようになった。私は絵画や透視図法から刺激を受けて大きな楽しみを得られるようになったため、これらの作業には大きな喜びを感じる。さて、最初の話に戻ると、この技法に精通し熟達することは〔建築家には〕必要不可欠であると断言しよう。それでは基礎的なところから始めて、私が理解できる範囲で、高度なところまで徐々に進んでゆきたい。

|26r|〔上記のフランス語訳〕

|26v|

　物事の段取りは、小さなものから大きなものへと進めてゆくのが定石だから、まずは透視図法で正方形を設置する方法を説明することから始めよう。他のものもすべては、そこから導かれる。
　最初に正方形の底辺をAGとしよう。すでに述べたように、消失点の高さは眼の高さと同じに想定すべきであり、これがFとなる。すべての線が収斂するのはここである。さて、まずはAGの両方から〔Fへと〕二本の線を引いたのち、GKを延長する。さらにそれと平行になるように〔FからHへと〕線を引く。すなわち、正方形を見るためには遠く離れた地点に立つことになるが、Hからどれだけ遠く離れるべきかについては、ここでは点Iのように定める。すると、これが距離点となるだろう。また、AからIへと線を引いたときに、その線が垂直線HGを横断するところはBとなる。下の図で示されているように、これが透視図法で描かれた正方形の最後部となるだろう。
　もしさらに多くの正方形を、その一方が他方の上に置かれるように描くなら、Aの上にある最初の角から始まり、Iへと至る線を引く。この線が垂直線を切断するところをCとすれば、これが第二の正方形の最後部となるだろう。同様に、Aの上にある第二の正方形の上部の角から線を引く。この線が垂直線に触れるところはDとなり、これが第三の正方形の最後部となるだろう。この法則をこのようにくり返し適用すれば、消失点の下まで続けられる〔図2-1〕。

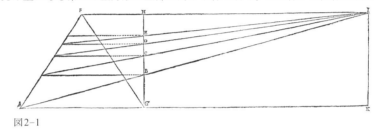

図2-1

|27r|

　私がすでに示した法則は、垂直線として求められる線HGがあることで、もっともらしく実に優れたものとなっている。しかし、この線は他の線と非常に混同しやすく、しかもかなり長いので、下の図のほうが短くて済み、他の方法よりも容易である。そこで、AGが正面となり、その両側から延長される二本の線が消失点へと至り、二本の平行線が連続するような正方形を描いたとする。すなわち、基準線〔AK〕と水平線〔PI〕の高さにあたるIKで距離点が設定される場合、この正方形をもっと遠く離れたところに立って見ようとするほど、〔Kは〕角Gから遠く離れることになる。点Iから角Aまで線を引いてみよう。その線が線GPと交わる点〔B〕が、最初の正方形の最後部となるだろう〔図2-2〕。もしさらに別の正方形が最初の正方形の上にくるように描きたいなら、前述の方法に従えばよい。透視図法で平面を描く方法はいくつもあるにもかかわらず、私がこの方法を選ぶ理由は、作図が最も手短で容易だからである。

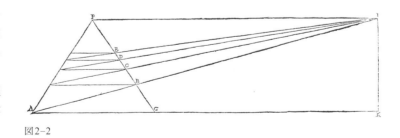

図2-2

|27v|

　さまざまな平面や距離点に精通しておくのは必須のことである。たとえば次頁の図のように、多くの正

方形で構成された平面は次のようにつくられる。はじめに、この透視図で要求される長さの基準線をAからBまで引く。そして、この幅が正方形で分割されるように、まずは適当な数で等分してから、それらの点がすべて消失点Pへと至るまで線を引く。それから必要とされる距離点を設定する。その距離点を示す最後の点がここに描かれていないのは、紙面に十分な余白がとれなかったからであるが、角Aから〔左に〕基準線の長さの一倍半離れたところ〔から引いた垂直線の末端D〕にあると想像してほしい。この線〔BD〕で正方形四個分の奥行きが定まり、こうしてできた最初の大きな正方形は十六個の小さな正方形を含む。すなわち、角Bから距離点〔D〕まで線を引き、この線が角Aから消失点へと至る線と交わる点が透視図法による正方形の最後部となり、そこから基準線と平行な線を引くことで形成される〔小さな〕正方形の数が十六となるのである。

さらに遠くに置かれた別の正方形を描きたいなら、〔角Bから消失点Pへと至る線と〕Bの上方の四番目の平行線〔との交点〕から距離点〔D〕まで線を引く。この線が〔角Aから〕消失点へと向かう線と交わるところが、正方形両端の奥行き方向でさらなる四個の正方形の最後部となり、こうしてできた〔小さな〕正方形の数も全体で十六となるだろう。続けてBの上方の八番目の平行線〔との交点〕から距離点〔D〕まで線を引くという同じ作業を、前述のように必要なだけくり返すことによって、さらに別の〔小さな〕正方形が十六個ずつできあがってゆくだろう。末端にDと記されたすべての線は、距離点〔D〕へと収斂する〔図2-3〕。

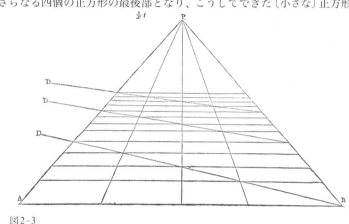

図2-3

|28r|〔図2-3〕

|28v|

　縁取りが施された広い正方形平面をつくりたい場合は、基準線ABを引いたら、正方形とその縁を適当に設定する。次にそれら〔奥行き方向〕の線がすべて消失点へと向かうように引く。それから距離点〔D〕を定めて、角Bから距離点まで線を引くと、この線はDBとなる。この線が〔角Aから〕消失点へと向かう線と交わるところが、正方形の最後部の縁となるだろう。同様に、もっと多くの正方形を描きたい場合は、〔角Bの〕上にある四番目の縁の角から距離点〔D〕まで線を引く。この線が〔角Aから〕消失点へと向かう線と交わるところが、正方形の最後部の縁となるだろう。

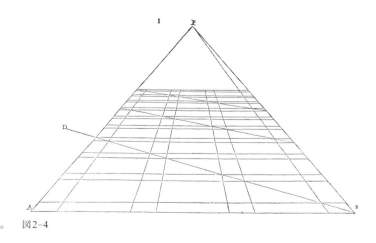

図2-4

別の正方形についても同様の作業を行う。この図における距離点は、基準線の長さと同じくAから〔左に〕離れ〔たところから作図され〕る。これらの正方形の内部に、たとえばアーモンド形、すなわち正方形に内接する正方形や、十字形、八角形、あるいは六角形のように異なった形を作図したい場合、その方法についてはもっと先で手短に示すつもりである。

|29r|

横に示された図は正方形であり、そのなかには同じ大きさの別の正方形が存在しているが、内側の正方形の角は外側の正方形の辺にそれぞれ接している。しかし、この正方形が透視図法で描かれると、アーモンドと似たような形になる［図2–5］。この図形の作図法は次のようになる。まずは適当な距離点を定めて、正方形をはじめに示したように描く。そして、この正方形に二本の対角線、すなわち角から角までを結ぶ線を引く。それから〔この正方形のなかに〕十字線を引くと、四辺の中心に内側の正方形の角が置かれるだろう。この図では、距離点や消失点を見つけなくても、透視図法で描かれたいかなる正方形にも適合しうるものである。

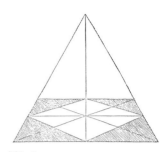

図2–5

次は、四本の腕の長さが等しい十字形が正方形に内接する図［図2–6］である。正方形の基準線が5部に分けられると、その1部は十字形の〔腕の〕幅に等しく、それら〔十字形の腕の奥行き方向〕の線が消失点へと至るまで引かれる。次に〔正方形に〕対角線が引かれると、それらははっきりと十字形を示す。この十字形は、どれほど極端に透視図法で短縮された正方形にも適合しうる。

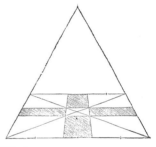

図2–6

|29v|

八角形、すなわち八つの辺をもつ図形は、透視図法ではさまざまな方法で描くことができるものの、かなり難しいものも多い。けれども、私の役割はなるべく簡潔で単純に説明することなので、他のものと同様に、できるだけ簡単な方法を選ぶことにしたい。まずは正方形を透視図法で描いたら、その基準線を10部に分けて、両側に3部ずつ、中央に4部をあてる。そして〔これらの分割点から〕消失点へと向かう線を引く。次に〔正方形の〕対角線を引く。消失点へと向かう線が対角線と交わるところで、基準線と平行に二本の線を引く。これらの線が正方形の両側の辺と接するところと、同じく消失点へと向かう中央の〔二本の〕線がこれらの正方形の下の辺と上の辺と接するところが、下の図［図2–7］ではっきりと示されているように、それぞれ八角形の角となる。

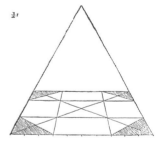

図2–7

|30r|

六角形、すなわち六つの辺をもつ図形を透視図法で描くための簡単な方法は、次のとおりである。はじめに、前述のような正方形を描き、

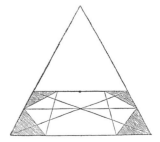

図2–8

適切な距離点を定める。そして、この正方形の基準線を4部に分けたら、それらの2部を中央に、残りを1部ずつ両側にあて、消失点へと向かう線を引く。次に〔正方形に〕対角線を引いたら、それらの中心で下の線〔すなわち基準線〕と平行な線を引き、正方形の左右両側で接する点を定める。そこには二つの角ができ、消失点へと向かう二本の線が正方形の上の辺と下の辺と接するところに、合わせて四つの角ができるだろう。こうして、ある角の点から隣の角の点を順に結んでいけば、六角形ができあがるだろう〔図2-8〕。

|30v|

単線で輪郭が囲まれた平面図形をどのように描いたらよいか、すなわち正方形、六角形、八角形の作図法については、私はすでにいくつか示した。そこで今度は二重の輪郭で囲まれた図形をどのように描いたらよいのか、すなわち縁取りのあるあらゆる規則的な図形の作図法について説明しよう。まずは一重の六角形平面を描いたら、すでに説明したように、正方形の左右の側に内接する六角形の帯の幅を適当に定める。そして、「隠れた線」と呼ばれる、点のすべてが消失点へと向かう線を引く。これらの線が〔正方形の〕対角線と交わるところで、正方形内部の上と下に別の平行線を同じように二本引く。すると、これらの線が正方形を縁取る帯となる。次に六角形のすべての角から、中心へと隠れた線を引く。これらの線が正方形の四辺と交わる点が、六角形内部の角の点となるだろう。それらの点と点を結ぶ線を順に引いてゆけば、六角形を縁取る帯がつくられるだろう〔図2-9〕。

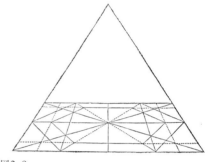

図2-9

|31r|

同じことは八角形の場合にもあてはまる。この場合は正方形の内部につくられ、正方形は帯によって縁取られるが、その幅は自由に定めてよい。そして、八角形のあらゆる角から中心へと線を引く。これらの線が帯の内側の線と接するところが、内側の八角形の角となるだろう。それゆえ、角から角へと線を結んでゆけば、その形を縁取る帯がつくられるだろう。これらの形は透視図法で描かれる平面上のいかなる四角形にも適合するので、もはや距離点を定める必要はまったくない。この法則に従うだけでよいのである。この八角形は、それを縁取る帯とともに、各辺の中心の内側と外側で手描きによって曲線を器用に描くことができれば、円に変形することもできる。円形はこうして作図される〔図2-10〕。

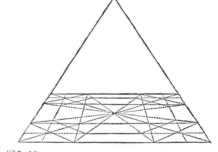

図2-10

|31v|

どのようにすれば円の中に八角形が描けるかについてはすでに説明した。実際に、その方法でうまく作図はできるけれども、それでもさらに完璧に近いもっと正確な別の方法もある。なぜなら、円のような〔多角〕形は辺の数が多くなるほど、円形にいっそう近くなるはずだからである。しかし、これを作図するためには半円を描く必要がある。そして、円周と見分けがつかなくなるほど多くの等しい辺をつくるには、もし辺の数が偶数であれば、その数が増えるほど円に近い〔多角〕形はいっそう完全な円形に近似されるだろう。

42

この例では、半円の〔円弧の〕反対側は八つの部分からなるので、全体は16〔角形〕となるだろう。基準線を引いたら、半円の円弧上の各部分から基準線へと垂直線を引き、それらの交点から消失点へと向かう線を引く。さらに距離点を定めると、四本の線で輪郭が表現される正方形がつくられる。それからこの正方形に対角線を引き、これらの線が消失点へと向かう線とそれぞれ交わるところで、その数と同じだけの平行線を引く。これらの線により正方形の内部には64個の正方形がつくられ、それらの大きさは内側に近いものほど大きく、外側に近いものほど小さくなる［図2-11］。

　次に〔大きな〕正方形の一辺の中心から始めて、小さな正方形の角とその対角にそれぞれ点をとり、対角線を引く。こうして、つねに角から角へと対角線が結ばれることで、完全な円ができあがるだろう。さらに点と点を結ぶように曲線が慎重に描かれる。というのも、これらの線はコンパスでは描けないからであり、透視図法で短縮された円が完全となるだろう。親切な読者諸氏よ、この作図には十分に慣れておかねばならない。なぜなら、別のところで説明するように、これは多くのことに役立つからである。

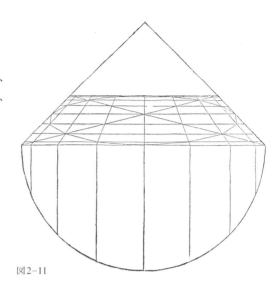

図2-11

|32r|〔図2-11〕

|32v|

　しかし、さらに帯で縁取られた円の作図も進めなければならない。帯はどの程度の幅に設定してもよいが、まずは基準線の下に半円を描く。そして、その内側の小さな〔半〕円も、〔外側の半円と〕同じ数で中心に向かって分割されるように、〔半円の円弧上の各部分から〕基準線に垂線を引く。けれども、これらの線が互いに混同されないように、一方〔すなわち、内側の半円から引かれた垂線〕は点線にする。これらの分割点から消失点へと向かう線を引いたら、これらの線が〔正方形の〕対角線と交わるところが、正方形を縁取る帯の端となるだろう。このように、最初の円の角から中心に向かって線を引き、同様に点線も引く。すでに説明した方法に従えば、図〔図2-12〕で示されるように、これらの線が消失点へと向かう線と交わるところが、内側の円周を形成する角となるだろう。

　さて、この技法の習練に励む学徒たちよ、これら二つの図をていねいに描くことを怠ってはならない。なぜなら、そうしなければ、しばしば要求されるものもほとんど描くことはできないからである。むろん、この作業を難しいと感じている人が多いことは承知している。けれども、こうした

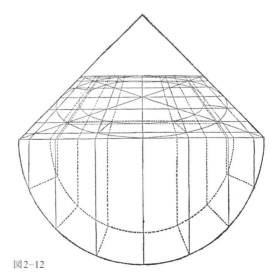

図2-12

作業に熟達している人であれば、それらはすべて描くことができるだろう。

|33r|〔図2-12〕

|33v|
　建築家は、建物の内部と外部をまとめて表現したいとしばしば考えるものである。そのためには、まず建物全体の平面図を透視図法で描くことが確実であり、かつ簡明である。次に平面図のどの部分でもよいので、見せたいところを立面図として描き起こす一方、残りの建物を表現するために、他の部分は平面図に描かれたままにしておく。したがって、透視図法による平面図を描くには、そしてそれをうまく表現したいのであれば、まずは実際の平面図を描いてから、それを透視図法に描き起こす必要があるだろう。そこで、この関係がいっそう容易に理解できるように、完全に空洞の建物をつくってみた［図2-13］。

　しかし、ひとたびこの手順に慣れてしまえば、もっと複雑なものを透視図法で描くことも当然できるだろう。私はこれを描く方法を説明することで、問題を複雑にしたくはない。実際に、それは非常に単純明快なので理解するのは容易である。というのも、元の平面図に存在していた各部位の角や側面から生じるすべての線は、透視図法で表現しようとする平面図の基準線の上にそのままもたらされるからである。そして、これらの線が消失点へと向かうように描いたら、すぐに距離点が定まる。次に透視図法で描かれた正方形の両側を閉じてから、二本の対角線を引けば、円柱や角柱を作図する方法もすべてわかるはずである。それゆえ、今までに説明されたことを注意深く学んできた読者であれば、なおさら間違えようがないのである。

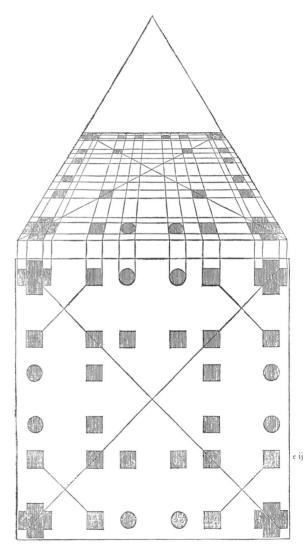

|34r|〔図2-13〕　　　　　図2-13

|34v|
　次の図［図2-14］については、前の図を描いたときよりもやや難しい。しかし、それぞれの事柄を少しずつ見てゆけば、容易に理解できるだろう。とくにこの技法を修得したいと考えている者は、何一つ見落

44

としてはならない。むしろ、問題全体を把握することに努めるべきであって、楽しみや喜びはそこから得られるのである。それゆえ、文章を理解するのが難しいからといって、この図や他の図を読み飛ばしてしまおうとする者は、この技法から役に立つものはわずかしか得られないだろう。むろん、私もつねにその困難を乗り越えるべく懸命に努力してきたのである。

さて、この図を透視図法で描く方法は、これ以上何も説明しなくてもすぐにわかるだろう。けれども、前頁で記された方法に従うべきであって、あらゆる部位が消失点へと向かう線と交差する対角線を、絶えず念頭に置かねばならない。この問題からさまざまなバリエーションとして、他にも多くの平面を作図することはできるが、私は説明しなければならないことがまだたくさんあるので、この問題についてはこれら二つでよしとせざるを得ない。なぜなら、研究熱心な建築家であれば、こうした小さな手がかりしかなくても、要求に応じてそれと似たようなものを他にも描けるはずだからである。

それゆえ、建築家が表現したいと思う部位を描き起こすにあたっては、平面図が測定されたときと同じ縮尺を用いて、元になる立面図を描かねばならない。そして、正方形を設置してから、その平面上のあらゆる部分を透視図法で描き起こすのである。これについては、別のところでもっとわかりやすく論じる予定である。

|35r|〔図2-14〕

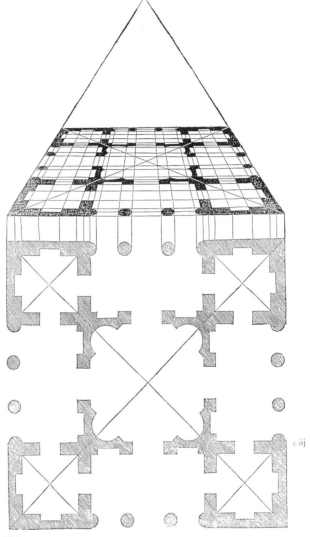

図2-14

|35v|

立体に関する透視図法論 3 (46)

さまざまな形の平面や、その他の表面に関するかぎり、私はもう十分に説明したと思う。そこで今度は、平面図から立ち上げられる立体について論じることにする。最初の例では、単純な八角形と、帯で縁取られた八角形を透視図法で描く方法をすでに示したが、建築家であれば、たとえば井戸のような形の八角柱を透視図法で描きたいと考えるかもしれない。こうした場合にはまず、すでに示された方法で底面の部分

45

を描く。井戸を底面から、すなわち地面からどの高さまで立ち上げようとも、その高さで底面の部分と同じ形で、同じ消失点に至るように描くべきである。それから、井戸の内と外の両方で、上にある八角形のすべての角から、下にある〔八角〕形の同じ角に垂直線を下ろす。図［図2–15］で示されるように、こうした方法で透明な八角形の立体は形づくられるだろう。

図2–15

| **36r** |

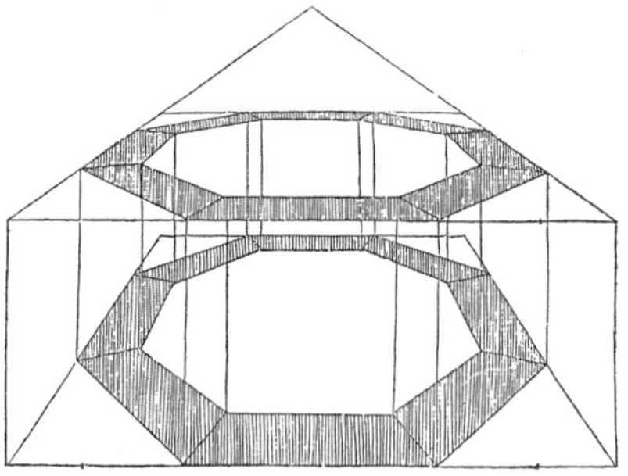

透明な八角形の立体については十分に説明したので、下の図［図2–16］のような固体(コルポ・ソリド)からなる立体を描くことを進めていく前に[47]、それを形づくる方法を知っておくことは絶対に必要である。これは形も大きさも〔透明な八角形の立体のときと〕同じであるが、見えない線はすべて隠れた線である[48]。透明な立体(コルポ・トランスパレンテ)と固体の立体との違いは、死体である肉のついていない骸骨を見るときと、生きている肉のついた人体を見るときとの違いのようなもので、他には何の変わりもない。すなわち、骨格は肉で覆われているため外からは見えなくても、内部に隠れて存在しているのである。

同様に、外観にとらわれて表面的にしか題材を扱うことができない絵描き(ディセニャトーレ)よりも、人間や動物を解剖学的に観察している絵描きのほうが、ずっと深い理解を伴ってこの技法に習熟しているのである[49]。それゆえ、隠れた線を十分に理解し記憶に留めようと励む透視図法の求道者は、見える部分を考えるだけでよしとする者よりも、この技法をはるかに正しく理解できるだろう。ひとたびこの隠れた部分に慣れて、それをしっかりと覚えてしまえば、のちに仕事をするときにはこれらの基礎を活用し、理論から実践へと発展させて、多くのものをつくれるようになることはまず間違いない。

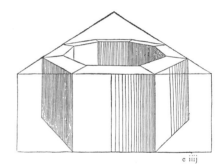

図2–16

| **36v** |

次の三つの平面は、いずれもすでに示された正方形を描く方法から作図されたものであり、どの平面でも同一の消失点に収束する。これらは多くのことに利用できる。あるいは、これらに精通している者であれば、いかなる形の曲線(ロトンディタ)[50]も描けるといってもよいだろう。しかし、もしこれらの平面がなかったら、曲線状の物体をどのように扱ったらよいのかは見当もつかないだろう。これらの平面から、円形や球状の固体からなる建物が導き出され、そのなかには円柱をそなえたものも、そうでないものも、さらには螺旋階段をそなえた建物も含まれる。

というのも、円形の帯には〔螺旋〕階段を描く手順が暗示されているので、あとは本人の努力次第でその方法は見つけられるからである。実際にこうした透視図法で描かれる車輪状の物体については、すでに見てきたとおりである。要するに、もしこれらの平面に熟達するまでの習練が大きな負担にならないとしたら、これらから導き出される図形の数は限りがないほどである。けれども、のちに説明するように、アーチでできたヴォールト天井を透視図法で描くことは非常に難しいものである。

それにもかかわらず、すべてはこれらの図から導き出される。しかし、もしこの技法の習得に労を惜しまぬ初学者が、これらを直ちに理解したいと思うなら、たとえ優れた洞察力の持ち主であっても、しまい

には混乱してしまうだろうと確信している。一方、幾何学〔に関する『第一書』〕とこの技法〔に関する『第二書』〕の両方で、今までに説明された各段階を学んできたにもかかわらず、これらのものも、さらに続く他のものも理解できないなら、かなり劣った鈍感な知的能力しか備えていないことになるだろう。

実際、ここには三つの平面があり、高い平面にある〔円の〕内外のあらゆる点から低い平面へと垂直線が下ろされれば、透明な立体ができあがるだろう〔図2-17〕。それから隠れた線が覆われれば、中身の詰まった立体となるだろう。もし底面が見えるほど底の浅い立体が描かれたなら、要求された立体の高さと一致させるように、二つの平面の一方を他方の上に重ねて、見えない部分が隠れるようにすべきである。すると、底面が見

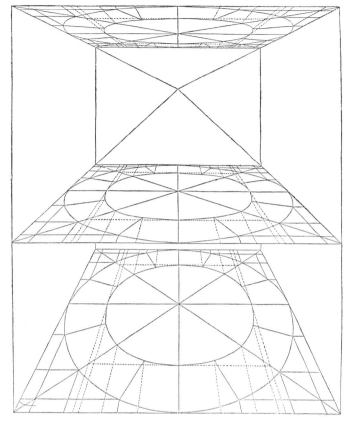

図2-17

えるくらい丈の低い立体ができあがるだろう。読者諸氏よ、ときには冗長な記述になることがあっても戸惑ってはならない。なぜなら、冒頭で述べたように、この技法については文章や図を用いて教えるよりも、面と向かって話をしながら教えるほうが効果的だからである。

|37r|〔上記のフランス語訳〕

|37v|〔図2-17〕

|38r|

　山の斜面を下りながら勢いよく流れてくる川の大半は、平野部に到達すると何度か流れが変わるたびに、近場から土を削り取ってきて、それと同じ量の土を他の場所へともたらす。このことは透視図法で斜めから描かれた物体についても当てはまる。すなわち、観者の見る側の角で失われる量は、外側の別の角で得られる量と同じであり、次頁の図〔図2-18〕で示されたようになる。読者諸氏よ、真ん中の正方形が表しているのは角柱の幅であり、その周囲の薄い部分が、角柱の柱礎ならびに柱頭の突出部をともに示していることによく注意してほしい。下の図は柱礎であり、上の図は柱頭である。これらを透視図法で短縮させて描く方法は次のようになる。

　最初に柱の表面を厚みのない状態で描いてから、その上に柱礎と柱頭を、両者が左右に突出する長さが

等しくなるように描く。図に示されているように、これら は す べ て 隠 れ た 線 で、 す な わ ち 点 線 で 描 か れ る。そ れ か ら、別のところで説明するように、透視図法で短縮させる 側の柱の幅を決定したら、柱の見える側が消失点へと至る ように描く。次に柱〔礎〕の底面を定めたら、角から角へ と対角線、すなわち隠れた線を引く。そして、観者の側に ある、私が今説明しているこの柱礎の角から消失点へと線 を引く。これをわずかに下方へ伸ばして、柱〔礎〕の底面 の対角線と交わるようにする。これがその角が失う量の限 度となるだろう。

一方の角が減少することに伴い増加する他方の角から基 準線を引くと、それは当然のように、柱の底面よりもわず かに低くなるだろう。それゆえ柱礎の突出は、それがどの くらい基準線に沿って延長し、一方の角がどれだけ短縮さ れるとともに、他方の角がどれだけ増加するかを示してい る。それから、〔観者の〕見る側にある柱礎の上端となる線 から消失点へと線を引く。下の図に明示されているよう に、この線が柱の底面の対角線と交わるところが他方の角 の末端部となるだろう。私が柱礎について説明したことは、 柱頭を理解するときにも同様に当てはまる。

|**38v**|〔図2–18〕

|**39r**|

次頁に示された三つの図［図2–19］は、前頁の図とほと んど同じであるが、前頁の図には部材が取り付けられてお らず、いわばむき出しの状態であった。一方、これらの図

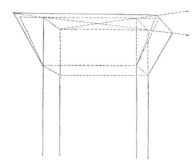
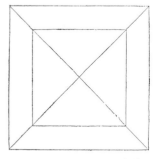
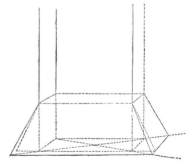

図2–18

はいずれも部材で飾り立てられている。今の段階では前頁のむき出しの状態に、いかにして部材が取り付けられるのかを示すことはできなかった。というのも、実際にそのようにすると、はなはだ混乱を招き、説明することも非常に難しくなるからである。そこで、私はそれらがしっかりと印象に残るように、各部材の末端部となる主要な点をいくつか示すにとどめておきたいと思う。

次に私はこれらの図がもつ効果がわかるように、目に見える形で示そうと思った。しかし、すでに述べたようにこの問題はかなり難しいため、隠れた線とともに描かれたすべての部材を伴う図を別に示すつもりである。そこで、以下ではできるかぎり各部材の末端部を形成する点を一つ一つ見つけていく方法を説明するが、それらはすべて少しずつ増えてゆくので煩雑になるのである。けれども、これらの柱礎や柱頭のモールディングがどのくらい減少し増加するのかについては、慎重に考えなければならない。それから、次の課で描く予定の図にしっかり対応できるように、それらを注意深く記憶に留めておくべきである。

というのも、実のところ理論は頭脳に関する問題であるが、実践は手に関する問題だからである。これが理由で、いとも博学なレオナルド・ダ・ヴィンチは、自分が手がけたどの作品にも満足できたことは実に稀であったため、完成にまで至った作品はほんのわずかに過ぎず、彼は手が知性のレベルにまでは決して到達できないからだとしばしば語っていた。けれども私の意見としては、もし私がレオナルドのよう

第二書

にしていたら、著作などは何も出版できなかっただろうし、今後もまず無理だろう。なぜなら私も実を言うと、自分で設計したものにも著したものにも満足はしていないからである。

しかしながら、すでに上梓した『第四書』の冒頭でも述べたように、神が善良であるがゆえに、私に惜しみなく賦与された乏しい才能を、実りのない不毛な土壌として荒れるままに放置してしまうよりは活用してみたいと思ったからであり、今でもなおそう思っているからである。というのも、たとえ物事を詳細に至るまで知悉し、あらゆる論点を徹底的に解明したいと好奇心を抱いている人は納得させられないとしても、少なくとも何も知らない人や、ほとんど理解していない人の期待には添えるだろうというのが、私の常々の心構えだからである。

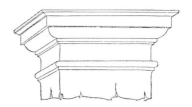

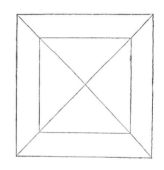

|39v|〔図2-19〕

|40r|

　これらの突出部を透視図法で描くことを取り上げたときにすでに説明したように、あらゆる部材の末端部となる点を見つけるのはかなり難しいことである。なぜなら、上から見たときにも、下から見たときにも、それらは増加するからである。だからといって、いっそう理解を深めるためには、あらゆる部材が取り付けられた図も描いたほうがよいので、そのために別の図を描く手間を省こうとまでは思わなかった。頁の最後に掲載されたこの図〔図2-19〕は、部材がないところで角の点を見つける方法を示している。

図2-19

そこで今度は、すべての部材が増加することで生じた末端部の点の増加量を見つける方法を示すことにしたい。

　まずは柱礎について、あらゆる部材があたかも正面から見えたときに正確に突出しているように描き、それらすべてを隠れた線として〔点線で〕表現する。それからすでに示したように、それらの増加量と減少量を定める。柱礎の一番下の基準線よりもさらに下で、柱礎がその底面で得る増加量により、礎盤、すなわち方形台座の角から最初の礎盤のちょうど上まで二本の線が立ち上げられる。次に最初の礎盤の上の角から消失点へと二本の線を引いて、これらの線が下の礎盤から立ち上がる二本の線と交わるようにする。その場所がわずかに大きな礎盤の末端部の点となるので、これらを直線で結ぶ。次に観者から最も近い位置にある礎盤の角から柱礎の上の先端部の点まで、すべての部材の最後を締めくくる一本の線を引く。これは次のような方法になる。

　消失点から、隠れた線でつくられた柱礎の部材のあらゆる角まで線を引く。これらの線が、大きな礎盤の角から始まり、最初の柱礎の上部の線にまで至る線と交わるようにする。消失点から生じるこれらの線が、その線と接するところは、あらゆる部材の末端の点となり、それらはすべて増加するだろう。このように見られる方の角のあらゆる部材が形づくられ、それらがすべて消失点へと向かい、その柱礎に別の角

49

が現れるように作図する。増加する角についても同じ作業を行う。私が柱礎について説明したことは、コーニスについても同様に当てはまるものと理解される。

しかし読者諸氏よ、図[図2-20]で示されているように、あらゆる鉛直線が前述の消失点から発する線と交わることにはしっかりと注意しなければならない。文章で説明することはとても難しいので、テクストよりも図から多くのことが学べるだろう。けれども、この課をはじめて学習したときに、たとえ一回きりで理解できなかったからといって、諦めてはならない。なぜなら、それを何度も練習すれば、解法は見つかるにちがいないからである。このコーニスは、たとえ角が別の異なる部材であったとしても、つねに消失点へと向かう部位を描くことで、もっと高い位置や低い位置にあるコーニスにもすべて適用できる。

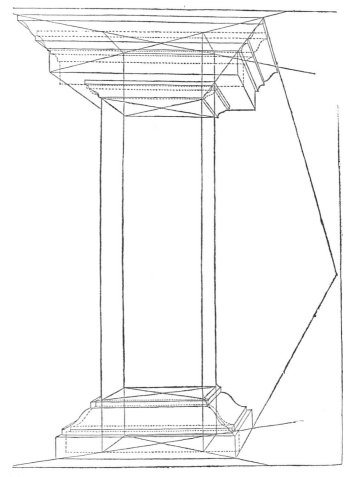

図2-20

|40v|〔図2-20〕

|41r|

ポルティコやアーチ、これらに類するものをつくるために、平面上に柱を次々と並べてゆくにはさまざまな方法があるけれども、最も簡単なものは次の方法である。冒頭で図示したように、最初にかなり多くの正方形で構成された格子状の平面図を、想像する上で最適と思われる距離点を設置してから、正方形の一辺の長さをたとえば2ブラッチョと定めて描く。同様に柱の幅については、柱の側面が左右両側の壁と連結されていて一面しか見えない場合もあるが、正方形の一辺の長さと同じにする。これらの最初の柱同士の〔内法〕幅は正方形八個分とし、柱の幅〔となる〕正方形も同様に消失点へと向かうように描く。

次に柱を最適と見られる高さまで立ち上げたらそこで終りにして、それらの頂上に半円を描く。この半円を最も好ましいと思われる数に等分して、それら〔の分割線〕がすべて半円の中心へと集まるように描く。この中心は、柱の上に点線で引かれた水平線の中点となる。そして、アーチ下輪の幅となる別の中心は、その下の水平線の中点となるだろう。このように最初のアーチの端〔となる円周上〕の点がすべて消

失点へと向かうように描かれれば、最初のアーチができあがるだろう〔図2-21〕。

さらに遠く離れた別の柱についても同様に、それらの柱同士の〔内法〕幅は正方形8個分とすべきである。こうすれば、柱間の距離はいずれの側でも〔等しく〕正方形となるだろう。これら〔第二〕の柱間についても第一の柱間を描いた方法に従い、さらに第三、第四の柱間についても同様に作図される。今のところは一つの課のなかで（読者に）過大な負担を与えないように、ここではアーチを透視図法で短縮させて描く方法まで説明するつもりはないけれども、のちにしかるべきところで必ず説明する予定である。

側面に設けられる二つの矩形の戸口については、一部が柱の背後に隠れてしまうものの、それらの開口幅は正方形四個分である。というのも、一方の柱〔の外側〕から戸口〔の開口部外側〕までが正方形二個分であり、反対側についても同じになるからである。それゆえ、戸口には正方形四個分が割り当てられるのである。アーチの上の

図2-21

小梁については几帳面に説明せずとも、容易に理解できるだろう。私は読者を混乱させないように、柱には柱礎や柱頭を取り付けなかったが、次頁ではすべてを図示しようと思う〔図2-22〕。

|41v|〔上記のフランス語訳〕

|42r|〔図2-21〕

|42v|

次のアーチは、柱礎や柱頭に適合させるべく、単純に描かれている〔図2-22〕。これらの部位をどのように増減すべきかについては、すでに二つの課で別々に説明したとおりであるが、この図に描かれているように、柱礎や柱頭を取り付ける前から十分に予習しておけるようにする。けれども実を言うと、もし面と向かって対話ができるのであれば、そのほうがずっとうまく、しかも容易に教えられるだろう。しかしながら、私が直接話すことができない人たちや将来の人々に正しく理解してもらうためには、文章や図版があったほうが、ずっと広い範囲で有効となるにちがいない。

さて、角の部分をいっそう明確に減少させるために（すなわち、実線上に置かれているそれらを隠れた線上に置くために）、私は正方形を使う方法とは異なった方法で距離点をかなり短く、消失点を低く設定して、柱を平面上に置いた。その方法とは次のようなものである。

第一の二本の柱を基準線上に置いたら、それらの幅は任意に定めてよい。なぜなら柱一本につき、単純

に二本の線を含むからであるが、それらの線を消失点まで引いてから、前述のように距離点を定める。次に両側にこの距離点を取ってから、右手の柱の外側の部分から左手の距離点まで線を引く。反対側についても同様の作業を行う。これら二本の対角線が柱の線を横断することで第一の柱の幅が定まり、平面上の隠れた線から見えるように、奥に置かれた他の二本の柱の面上に先端部となる点が見つかるだろう。

アーチ下面の厚さについてはすでに説明したように、右の図でも柱の上に形成された四本の点線で示されているが、アーチの中心はこれらの真ん中にくることになる。アーチの上にくぼんだ正方形を描く方法については、図にはっきりと示されているように、円筒ヴォールトや交差ヴォールトがないときに代用すればよいだろう。

図2-22

|43r| 〔上記のフランス語訳〕

|43v| 〔図2-22〕

|44r|

次の図［図2-23］は最終的な完成図のように見えるかもしれないが、〔実際の〕柱礎や柱頭にはもっと多くの部位がある。そこで図が完成に近づいたときに、さらによい結果が得られる方法を教えることにする。これらの描き方についてはすでに説明したけれども、人は習得し記憶しているものを思い出しながら判断するのが普通なので、経験が大いに役立つ。そして、「平面法」と呼ばれるこの最も簡潔な方法に従えば、実際の経験から多くのものが導き出せる。すなわち、よいものは優れた判断や素描に熟練した手から生まれるのだから、ここに示された正方形で区画されたアーチの下面のように、どのような課題でもこの方法ならつねにうまくいくはずだからである。

この方法に従えば、アーチ下面の正方形は次のように描かれる。このアーチが厚みをもつようにするためには、二つの中心が必要とされる。まずは〔七等分された〕アーチ下面〔の手前の部分〕を8部に分けて、たとえばその6部をくぼんだ正方形の幅とし、残り2部を〔その両側の〕境界部分とする。一方の中心から

52

アーチ下面〔の手前の部分〕を8部に分けたときと同様に、他方の中心からも小さくなるアーチ下面〔の奥の部分〕を8部に分ける必要がある。それからコンパスを狭めて、その一端を最初の中心よりも下に置いてから、〔正方形の〕上の帯を描く。さらにコンパスを狭めて、その一端を低い中心よりも上〔すなわち、最初の中心〕に置いてから、〔正方形の〕下の帯を描く。こうして帯を二重にすることでつくられた正方形の区画について、その深さは任意のものでよいので、低い中心よりもわずかに高い位置に定めた中心からつくられる。

この法則によって、さまざまな形の区画が導き出されるが、優れた判断力がつねに必要とされることはいうまでもない。それゆえ、訓練がしっかりと施された者であれば、最初の先端の点のみを描きさえすれば、残りは慣例に従えばよいので、このすべてが可能である。しかし、

図2-23

この技法に厳格な者であれば、私が採用したこうした自由気ままさを批判するかもしれない。こうした人たちには次のように反論するつもりである。私が間違っているところは修正すべきであるが、すでに説明されたことと実際のこととのあいだには、ほんのわずかな差しかないことに気づくだろうと。

|44v|〔上記のフランス語訳〕

|45r|〔図2-23〕

|45v|
　交差ヴォールト天井を〔透視図法で〕描くこの方法については、面と向かって教えるときですらいつも苦労するのだから、将来の世代に教えるために書き残すことはなおさら難しい。しかしながら、こうした作業はどうしても必要なものだから、できるだけ手際よく説明することに努めたいと思う。
　はじめにアーチの幅と高さを選択してから、あたかも平面上に正方形が四本の柱のあいだにあるように描く。次に大きなアーチを八等分したら、それらの分割線が消失点へと収斂するように、小さなアーチに至るまでそれらを延長する。それから、すでに説明した法則にしたがって、正方形内にこれらの分割した

53

部分とともに円を描き、基準線5、4、3、2、1の上にこれらの分割点を定める。これらの点は、さらに右の半円にも配置され[71]、半円のはじめから上に5、4、3、2、1の順となり、すべてが消失点へと至るように線が引かれる。

同様に、平面上の円から生じるすべての線を上まで垂直に立ち上げる。それから、この円を横断する各線に合わせて、左右両側〔の壁面〕にも半円が見えるように描く。こうして二つの半円が作図されたら、まずはそれらの頂点から番号を5と振り、そこから水平線を引く。この線と大きな円から下ろされる中心線との交点が、交差ヴォールト天井の中心となるだろう。

同様に、〔左右両側の〕二つの半円を形成するあらゆる点から水平線を引く。これらの線が、大きな半円を八等分する線と[72]交わるところが、交差ヴォールト天井〔の稜部〕をつくるために、隅から始まる二つの半円を形成する各点となるだろう。

図2-24

それゆえ、各点を結ぶように点線をフリーハンドで慎重に描けば、図〔図2-24〕に示されるような交差ヴォールト天井ができあがるだろう。もし距離点が消失点と同じ側にあるなら、同じように作図することができる。しかし、はじめにこの正面部をしっかりと記憶に留めておけば、距離点が別の側にある場合でも、それらを描くことはずっと容易になるだろう。

|46r|〔図2-24〕

|46v|

私はすでに交差ヴォールト天井で、透視図法によるアーチを輪郭線の形で示したので、今度は物体としてのアーチとそれらを透視図法で短縮する方法を示すことにしたい。しかしながら、これを説明することはかなり難しいので、その前にそれらのアーチを支える角柱(ピラストロ)[74]を示そうと思う。

これらの角柱は非常に明確に示されているので、それらを描く方法を記述することに懸命に努める必要はないだろう。私がこの図〔図2-25〕で正面や側面にアーチを描きたくなかったのは、他の部分が隠れないようにするためであり、側面にはアーチの輪郭線のみを単純に描いた。それらは正方形の配列からも確

認できるように、つねに正方形から生じる。けれども正面については、実際に他のいかなる部分も隠れる心配はないので、後方にアーチを描いた。

上に見られる円形は、〔普通の〕ドームや皿形ドーム(クーポラ カティーノ)を描くときに用いられる方法を示しており、幾分くぼんだ形になるときにも同様に用いられる。角柱のはじまる場所は二本の対角線によって完全に規定され、それぞれの角柱〔の断面〕は三つの正方形を組み合わせた形となる。〔三つの正方形のうちで〕角に置かれる正方形は〔平面全体の〕外の角に一致し、天井が正方形となるために、四つのアーチは、残る二つの正方形の上から立ち上げられる。

交差ヴォールト天井であろうと、ドームや皿形ドームであろうと、この正方形の内部には何を描いてもよい。これらの配列(オルディネ)(75)をもっと長く連続させたい場合にも、この規則はつねに守られる。テクストからはいささかわかりにくい箇所があったとしても、図を見れば明らかなので、もはや何も記述しなくても、少し頭を働かせば方法は見つかるだろう。

図2-25

|47r|〔図2-25〕

|47v|

読者諸氏よ、今こそこれらのアーチが透視図法で描かれるときに従うべき最もふさわしい方法がわかるだろう。固体からなる円形の立体をつくるために用いられるべき方法として、私はまず三つの円形の平面について詳細にわたって説明した。しかし、この図〔図2-26〕ではそれをもっと開放的な形で示すことにする。それゆえ、ここでは一番下にある円形の物体は二つのアーチを描くためのものと想像されるにちがいない。

それらが作図されたら、私が示したように、そして今はもっとはっきりと確認できるように、まずは消失点の上に透視図法で短縮されたアーチの迫元を描かなければならない。図からすぐにわかるように、迫元の線は、左右両側で奥へと進む物体の平面上にある中間〔の高さ〕から引かれる。これらの物体に見ら

55

れる二つの十印がアーチとなる円の中心であることに注意してほしい。

〔同様に底面の下にある二つの十印についてみると、〕下の十印は下の円の中心であり、同じく上の十印は上の円の中心である。実際、それらによってアーチの高さが決まり、固体としてのアーチがつくられる。しかしながら、連続線には外側の円〔すなわち輪郭線〕となるものもあるが、点線による隠れた線が内部を示していることには十分に注意しなければならない。こうして、アーチは各部をつなぎ合わせた透明なものとして見られるのである。

アーチの下側にあるそれらの部分から、さまざまな形に区画して描く方法が学べる。ひとたびこれらのアーチの描き方を十分に習得してしまえば、必ずしもこの手順に従わなくてもよいが、練習を重ねることによって、二本の主要な線を用いてこれらのアーチが作図できるようになるだろう。とりわけ正面にアーチを描くと、実際に透視図法で描かれたアーチは隠れてしまうため、ほとんど見えなくなってしまう。私がそれを描きたくなかったのも、透視図法で描かれた二つのアーチが隠れてしまうからである。前述のように、この円形の物体から多くのさまざまなものを描くことができる。

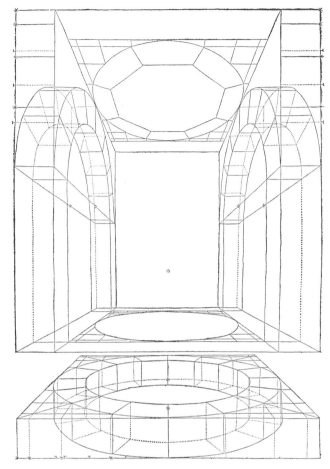

図2-26

|48r|〔図2-26〕

|48v|

平面の上に柱を設置することに関しては、その上のアーチも含めて、すでに十分に説明したと思う。むろん、私が正方形について述べたことは、円形についても同様に当てはまると理解してほしい。なぜなら、円形の柱礎や柱頭も含めた丸いものはすべて正方形から生じるからである。その物体に精通している人であれば、これらのものだけでなく、他のものにもそれを活用する方法は知っているだろう。

けれども、もしそれらをすべて証明しようとするなら、私が思い描いていた小論文ではなく、大著を執筆しなければならなくなる。すると、私がすでに約束していた他の巻を出版するには十分な時間が割けなくなってしまうだろう。というのも、建物に現れるあらゆる部位は、透視図法で表現される必要があるか

らである。しかし、さしあたっては建物の平面図から、正面と側面の立面図を立ち上げることにしよう。

　前述のように、最も簡潔で確実な方法は、多くの正方形からなる平面を描くことであり、それらにはピエーデやブラッチョ、その他の単位寸法が前提とされている。しかし、それぞれの正方形は、ここでは〔一辺の長さが〕2ピエーデで、正面側の柱間の幅は正方形四個分、柱の幅が正方形一個分である。同様に、図〔図2-27〕で示されているように、柱間の〔奥行き方向の〕距離もつねに正方形四個分になるだろう。

　柱が最適と思われる高さまで立ち上げられたら、それらに架けるアーチが描かれる。たとえアーチが後方で見えないとしても、これらを描く方法ははっきりと確認できる。とはいえ、一部が連続した実線として、一部が隠れた線〔すなわち点線〕として、それらの端が見えるように描こうと私は考えた。アーチの上部にはアーキトレーヴとフリーズとコーニスが描かれ、コーニスの突出についてはすでに示されたように、コーニスの突出部を二本の対角線が表現しているように作図される。同様に、その上の別のコーニスについても、中央にある別の角や対角線が描かれたところの上に見られるように、同じ規則にしたがって描かれる。

　ポルティコの下の戸口については、幅が正方形二個分、高さが正方形四個分である。ここでは正面の基準線に描かれた釘のような印は、コーニスの上にある正面を向いた窓の幅を表している。〔ここでは上部が途切れているが〕それが完全な形で描かれていたら、〔正方形〕四個分の高さとなっていただろう。また〔奥行き方向の〕柱間の平面上にも同じ釘印が描かれているが、それらは透視図法で短縮された窓の幅を示している。それらの高さも正方形四個分であるが、〔下部が〕コーニスで隠れてしまっている。

　平面図からわかるように、最も遠くにあるアーチの円弧は、このポルティコからは独立している。柱礎や柱頭を描くと、他のものがわかりにくくなって混乱を招くので省略したが、それらの描き方についてはすでに示したので、理解はできるだろう。のちに示されるように、この規則を用いることで、さまざまな種類の建物が平面図から立ち上げられる。アーチの中心はいずれも、正面を向いたアーチの最初の中心から始まり、消失点へと向かう直線上に確認できる。

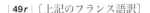

|49r|〔上記のフランス語訳〕

図2-27

|49v|〔図2-27〕

|50r|
　私はすでに柱やその他の部位で連結されたアーチからなるポルティコを描く方法を示した。そこで今度は家であれ、それに類する別の建物であれ、いかなるファサードでも平面図から簡単に立ち上げられる方法について説明したいと思う。
　まずは一辺の長さ2ピエーデの正方形が、かなりの長さにわたって連続する平面を描く。そして、一番手前にあるファサードのはじまりには、戸口が設けられる。その開口幅については、透視図法で短縮された側に二個と半分の正方形がとられているので、5ピエーデとなる。そしてその高さについては、基準線の長さに沿って五個の正方形がとられているので、10ピエーデとなる。
　扉枠(ピラストラータ)[77]の幅については、透視図法で短縮された側に半分の正方形がとられているので、1ピエーデとなる。その上のフリーズの幅も同じであり、コーニスについては下から見たときに〔その下のフリーズの〕ふくらんだ部分で隠されてしまうので、若干大きめにすべきであり、すでに示された規則にしたがって描かれることになる。バルコニー(ポッジョーロ)[78]、あるいは張り出し廊(ペルゴロ)[79]を支える持送りについては、それがどのようなものであっても、戸口の側柱の上に設けられる。戸口の上の真ん中には、小さな開口部が設けられ、その幅は2ピエーデとなる。この最初の建物の反対側の角には別の戸口が設けられ、その開口幅は6ピエーデとなる。こちらの開口部の形については、矩形でもアーチでも好きなほうでよい。
　さて、これらの寸法がすべて図［図2-28］からはっきりと確認できるように、逐一記述していたのでは、私も疲れてしまう。そこで、透視図法を学ぶ者には一つのことだけを再確認させるようにしなければならない。すなわち、あらゆるものは平面から生じるということであって、そこには長さ、幅、高さの三つが基本としてある。長さとは、非常に広いファサードの全体の間口のことである。幅とは、戸口や窓、店舗の正面部、それに類するものの〔水平方向の長

図2-28

58

さの〕ことである。そして高さとは、戸口、窓、バルコニー、コーニス、屋根、柱、その他の〔垂直方向の長さの〕ことである。

　ところが、これらの他に壁や柱、扉枠の厚さなども〔寸法に〕加わる。長さや幅については、透視図法で短縮された正方形から寸法が得られる。それゆえ前述のように、扉枠の類いも幅をそなえた部材である。高さについても、水平方向の正方形から寸法が得られる。たとえば、ここでは戸口の高さは10ピエーデであるが、この場合は、正面に一番近いところにある垂直線と呼ばれる線が始まる角から、それと同一の水平線上にある正方形から寸法が得られる。このように五個の正方形の寸法を測って、それを垂直方向に立ち上げれば、その寸法が高さとなるだろう。私が戸口について説明したことは、他のあらゆるものにも同様に当てはまると理解されたい。壁の厚さについては、正方形一個分がとられていることからはっきりと確認できるように、2ピエーデである。

　二番目の家の突出部の長さは、平面から測ると6ピエーデであり、正方形三個分を占めていることが見てとれるだろう。要するに、(すでに説明したように) 側面にあるこれらすべてのものが平面から生じるのである。私がエンタブラチュア、柱、あるいは他の装飾を描きたくなかったのは、そのほうがずっとわかりやすいからである。しかし、優れた判断力をそなえた想像力豊かな者であれば、これらの方法はすぐに理解できるだろうし、そこからよく考えられた美しい建物を、どのように配置すればよいかもただちにわかるだろう。もし私に十分な時間があったなら、おそらく本書の終りのあたりになるだろうけれども、そのような例も何か描いてみたいと思う。

|50v|〔上記のフランス語訳〕

|51r|〔図2-28〕

|51v|

　階段は建物には絶対に必要なものである。それゆえ、何種類かの階段を最も簡単なものから順に説明したいと思う。階段の一段についてみると、通常は〔蹴上げの〕高さが半ピエーデ、踏み面の幅が1ピエーデである。そこで、この床面は一辺が1ピエーデの正方形からなるものとして、高さが5ピエーデ、幅が3ピエーデの階段室を描いてみたい。

　まずは平面の一番手前にある水平線から幅の寸法をとり、その線から測った5ピエーデの長さを階段室の二つの角から垂直に立ち上げて、それらを10部に分ける。これら〔の頂点〕をA、Bとする。それから、すべての部分が消失点へと向かうように隠れた線を引く。その後で〔基準線から消失点へと向かって〕正方形九個分の長さを数え上げ、そこから垂直線を立ち上げると

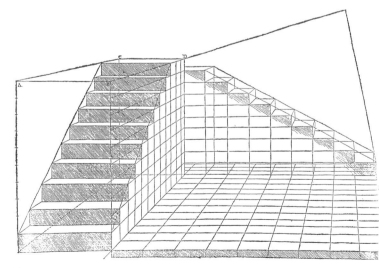

図2-29

59

ともに、Bから〔消失点へと向かう〕線を延長する。これらの交点が階段の最後の段の角となるだろう。この点から3ピエーデ四方の踊り場が設けられ、それらの〔奥行き方向の〕角をC、Dとする。

次に第一の段が作図され、その角から踊り場へと二本の直線が引かれる。そして、〔階段室の側面と接する床面の〕正方形からすべての線を垂直に立ち上げる。図からもはっきりと確認できるように、これらの線が第一の段から踊り場までの直線と交わる点が、それぞれの段の角となる。

透視図法で描かれたこの階段室〔図2-29〕は、側面に沿って設けられたものであるが、別の階段室についてはその側面が〔正面となるように〕描かれている。こちらでは一段少ないので、高さは4ピエーデ半であるが、階段の下の平面上で隠れた線が示しているように、幅は同じく3ピエーデである。この法則を用いれば、透視図法で短縮される方向であれ、高さ方向であれ、床面から寸法を測って好みの高さに階段室をいつでも描くことができ、真ん中に踊り場も設けられるのである。

|52r|〔図2-29〕

|52v|

側面が描かれたこの階段は非常に存在感があり、どのような場所にも実に容易に設置できる〔図2-30〕。むろん、設計という〔理論上の〕意味においてであるが、この階段はさまざまな場合に利用できるものである。実際の建物でも、ゆっくりと昇らなければならないところでは、こうした階段はきわめて使いやすく豪華でもあるので、見た目にも何らかの満足感を与えるだろう。

このような階段は、とりわけ公共施設に適している。というのも、階段は二つの部分からなるため、一方の側を上り専用、他方の側を下り専用にすれば、歩行者が階段上ですれ違うときに通行が妨げられることはなくなるからである。ここでは〔左右に〕二方向の階段しかないけれども、こうした工夫を凝らしてバリエーションを展開させれば、別の階段も考案することができるだろう。

この階段をどのように描くのか、そしていかなる方法を用いればその全体を容易に把握できるのかについては、もはや記述する必要はあるまい。なぜなら前述のように、各正方形の寸法はピエーデで共通しており、蹴上げの高さは半ピエーデ、踏み面の幅も1ピエーデで同じだからである。これらの階段の幅については、〔手前の〕第一の階段でも〔奥の〕第二の階段でも正方形五個分である。これらの消失点が非常に高い位置に設定されているのは、踏み面がよく見えるようにするためである。

ルスティカ式の戸口については、開口幅が3ピエーデ、高さが6ピエーデ前後とする。たとえそれが閉じて見えようとも、開かれた状態で、他のものを超えて奥へとつながっているように描くこともでき

図2-30

第二書

る。
　〔手前の〕階段を三段上って踊り場へと至る面では、本来であれば左右両隅の部分についても、その幅は階段の幅と同じように正方形五個分とすべきである。しかし、ここでは1ピエーデ分しか描かれていないのは、紙幅と版木の狭さが原因である。踊り場の上に垂直に立ち上げられた線は、支えるための鉄棒というよりは、欄干の手摺子を表現している。それらは夜に明かりがなくても、人が落ちないようにするための支持材として、ここでは側面に設置されているが、正面に設置してもよいだろう。けれども、私がそれらを正面に描かなかったのは、他のものと混ぜこぜにならないようにするためである。

|53r|〔図2-30〕

|53v|

　透視図法で描くことによって迫力を示すあらゆる部位のうちで、私は階段室が最も見栄えがするし、得られる効果も大きいと理解している。こうした理由で、私はこの180度折り返す階段を描きたかったのである。この階段は横から見た姿で描かれてはいるものの、踏み面も見えるように描かれている〔図2-31〕。
　〔手前の〕最初の階段についてみると、踊り場の下に〔点線で〕描かれた隠れた線からなる平面が示しているように、3ピエーデの高さまで上昇し、その幅も3ピエーデである。この踊り場には、反転する階段が奥に設けられるように、踊り場の幅〔正面からみれば奥行き〕は二倍にとらなければならない。このことは踊り場の下の平面に、6ピエーデで示されているとおりである。
　踊り場の上には小さな戸口が見られる。その開口幅は2ピエーデで、扉枠の幅は両側ともに半ピエーデであるため、間口の合計は3ピエーデとなり、踊り場の幅全体を占めることになる。
　踊り場の左手の垂直線は、それが鉄棒であるにせよ、あるいは手摺子であるにせよ、欄干の支えとなる部分を表現している。実際には、正面に見える階段の段ごとに同じ手摺子が設けられることになるが、図を混乱させないために省略した。その高さについては、手を載せるときにちょうどよい高さとして、2ピエーデ半と定めた。
　平面上に〔手前の〕第一の階段と〔奥の〕第二の階段を立ち上げる方法については、文章がなくても十分に理解できるだろうし、それを必要とするのは無能な人だけだから、もう何も記述しなくてもよいだろう。第二の踊り場の下にあるルスティカ式の戸口については、その下の平面で示されているように、階段の幅を越えてまで広げることはできない。
　第二の踊り場の上にある戸口のなかには、さらに上階へ行くための階段が正面から描かれているのが見える。もし

図2-31

61

これを完全に正確に描きたいのであれば、ルスティカ式戸口の下に3ピエーデの平面を奥に延長させたのち、すでに別の階段で示したように、その平面から階段を立ち上げればよいのである。

|54r|〔図2-31〕

|54v|

　この複雑な階段についても、特に両側から中央へと上る〔第一の〕階段については、説明文がなくてもわかるだろうと私は確信しているが、〔中央の踊り場から〕さらに立ち上げられる〔第二の〕階段についても同じことである。なぜなら、他のすべての階段と同様に、この階段も平面の上から立ち上げられるからである〔図2-32〕。

　この階段〔全体〕については、第一の階段の下にある開口幅が6ピエーデの四角い入口の平面に見られるように、その幅は実際に6ピエーデである。一方、第二の階段の下に設けられた二つのアーチについてみると、その壁厚は1ピエーデである。それゆえ、地下へと下りる階段の幅は4ピエーデとなり、ここでも階段は他の階段と同じように平面によって規定される。

　アーチよりも向こう側に見える階段については、その描き方がはっきりと示されている。同様に、右手前に見える二つの段を描く方法もわかっている。もし床面がさらに遠くにあったなら、それらの端部ももっとよく見えていただろう。

　ルスティカ式戸口のとなりにある最も遠い位置にある階段を平面から立ち上げる方法も、十分に理解できるだろう。この階段を上ると、まずは右奥の踊り場へと至り、そこから〔右に90度曲がり〕さらに上ってゆくと、手前に近づくように立ち上げられている。この階段も、他の階段と同様に平面から生じる。すなわち、蹴上げの高さは半ピエーデ、踏み面の幅が1ピエーデであるが、これほど小さな図では測定することが難しい。とはいえ、それをもっと大きく描くときに、このことを頭に入れておけば、作図もうまくできるだろう。そしてこの階段の下には、開口幅が5ピエーデの戸口が設けられる。

　優れた画家であれば、この床や階段の上に立ったり座ったり、あるいは透視図法で短縮された形で地面に寝そべったりするなどの、さまざまな姿勢をとる人物をあちこちに配置することで、場面設定がうまくできるだろう。その方法と寸法の取り方については次のようになる。

　人物はどこに配置されようと、水平線上に正方形五個分をとれば、その長さが人の背丈と等しくなる。なぜなら、それが普通の、つまり一般の人の身長にあたるからである。同じことが手前に近い場所でも、中間の場所でも、遠く離れた場所でも行われる。階段の上にいる人の場合は、その人が載っている段から十段の

図2-32

寸法をとって、5ピエーデと同じ高さになるようにする。寝そべっている人の場合も同じことを行う。もし地面に寝ている人を透視図法で短縮させた形で描きたいなら、正方形の短縮された〔奥行き〕方向の辺から寸法をとる。それから模型か、あるいは実際にその場で確かめてみれば、うまく行くだろう。

|55r|〔図2-32〕

|55v|

　私は何種類かの階段を示したが、（実は）他にも追加したいものがある。けれども、すでに説明したことを十分に教えられていない者には、これから説明しようとする二つの階段はほとんど、あるいはまるで理解できないだろう。これらのうちで最初のものは四角形の螺旋階段であり、この階段を描く方法を知っている者であれば、円形の螺旋階段も描くことができるだろう。なぜなら、実のところ両者は同じなので、私が円形の物体を描くために説明した法則を活用すればよいからである。

　図〔図2-33〕に記されたPは螺旋階段の平面図であるが、もっと小さな形なら容易に収納できる。この平面は透視図法で設置され、最初の平面は床面の上から半ピエーデの高さに想定される。それからすべての段について、角から垂直線が立ち上げられ、各線が最初の平面と同じ〔半ピエーデの〕高さまで立ち上げられたところで印をつける。正面に立ち上げられた五本の線は、いずれも最初の平面も含めた九段の高さまで引かれることになる。〔左右両端の〕これらの線〔の頂点〕から消失点へと線が引かれることで、左右両側に並ぶ垂直線の頂点が決定される。こうして正面の背後に並ぶ垂直線についても、両角の垂直線の高さに合わせて定められる。

　それゆえ、これらの垂直線上にすべての段の高さが定められるので、各段の一端が中心に集まる垂直線を立ち上げたら、その線を段の数に合わせて半ピエーデの高さごとに分割する。その高さは真ん中の最初の平面から導き出される。それから半ピエーデの高さで一段目を立ち上げ、中心の軸線でも同じようにしてから両者を二本の線で結ぶと、最初の段ができあがるだろう。

　二段目については、その端が右手の角にあるが、同じ作業をくり返して、二段目の角から消失点へと線を引く。すると三段目の端が導き出せるだろう。この端から半ピエーデの高さで三段目が立ち上がり、そこから中心軸へと至る二本の線を引くと、三段目の高さが定められるだろう。そして、三段目の角から消失点へと線を引くと、この線は四段目の端と交わる。そこから半ピエーデ

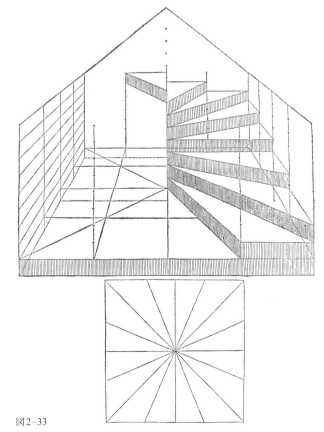

図2-33

の高さを立ち上げて、中心軸へと二本の線を引くと、四段目の高さが定められるだろう。同じ方法でその角から消失点へと線を引くと、この線から五段目の端が導き出せる。そこから半ピエーデの高さを立ち上げて、中心軸へと二本の線を引くと、五段目の高さが定められるだろう。その角から消失点へと線を引く。すると角にある六段目の端が導き出せるだろう。そこから半ピエーデの高さを立ち上げて、中心軸へと線を引くと、六段目の踏み面（レベル）が定められるだろう。

　しかし、その角から七段目の端へと線を引いても、これは水平線となるので、消失点には到達しない。なぜなら、この段は別の面上にあるからであり、同じことを次の段へと行う。この段を左側に回転させるためには、左側でもつねにこの絶対に確実な法則に従うことになる。

|**56r**|〔上記のフランス語訳〕

|**56v**|〔図2–33〕

|**57r**|

　つくることが可能なさまざまな種類の階段のうちでも、とりわけひんぱんに必要とされる階段はもれなく示すようにしているが、私は特に四方から立ち上がるこの階段について説明したかった。その平面図は中心の図［図2–34］に比べるとかなり小さめだけれども、左上に示されている。この階段は次のようにつくられる。

　一段の高さは半ピエーデで正方形平面から立ち上げられるが、立体としては透視図法で短縮されるため、横に広がった形の平面となる。この平面上に対角線を引いて、角の部分ではいずれも内側に1ピエーデの幅を設ける。その点から消失点へと隠れた線を引いて、この線が対角線と交わるところが二段目の角となるだろう。そして四つの角から、（すなわち一段目の踏み面の奥から）高さが半ピエーデの垂直線を立ち上げる。角から角へと線を引いて、遠くにある別の二つの角を見つけるために、消失点へと向かう別の二本の線も引く。こうした方法で二段目ができあがるだろう。

　三段目と四段目でも同じようにすれば、さらに高く上ることができるだろう。ここでは頁の余白を埋めるために、思いつきでたまたまピラミッド形を加えてみた。このような階段は戸口の正面で必要とされるときがあり、その場合はこれを半分にした階段が使われるが、法廷や祭壇、その他の同じような類いの場でも利用されるだろう。この作図法を用いれば、階段を円形や八角形、六角形にしても同じように描くことができる。これらの形の階段については、

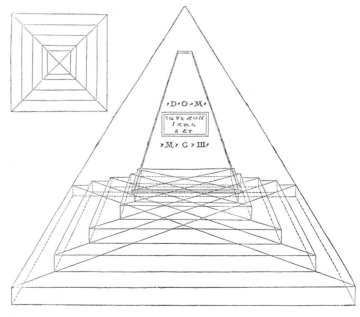

図2–34

64

|57v| 〔図2-34〕

|58r|

　私は透視図法を学ぶ者に、描きたいと思ういかなる建物でも透視図法で表現する方法を習得できるくらいまで教えると約束した。そこで、いくつかの基本的な方法として、たとえば単一あるいは二重の輪郭線からなる平面を描く方法や、そのような立体を立ち上げる方法を示すことを考えた。実際にはこれで十分なのだろうけれども、私はあるものから別のものへと次々に夢中になってしまい、おそらく自分の能力を超えて深海へと潜りすぎてしまったようである。さらに私がお世話になっている方から懇願されたこともあって、この書はもう終りにしようと一度は考えたものの、こうした理由で「歪んだ正方形」と呼ばれるさらに難しい作図法についても今から説明を始めることにする。
(89)

　基準線上に角が置かれた正方形の図が下に示されているように、これを作図するのは非常に難易度が高い理由は、この正方形は消失点にも距離点にも収斂するからである。なお、両側は等しく見られるので、Dまでの距離点も等しくなる。正方形を透視図法でもっと短縮させたければ、距離点は遠くへ移動されるように、正方形の周りをもっと広げたいなら、Aの角がCの角から遠くなるように辺の端を定めればよい。この正方形の各辺は距離点へと収斂するので、基準線に置かれる正方形の角〔から引かれる対角線〕を除いて、各辺はいずれも中心の消失点には到達しない〔図2-35〕。
(90)

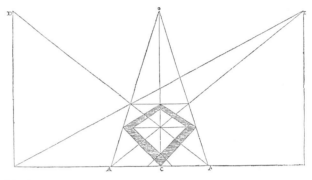

図2-35

|58v|

　透視図法で短縮された歪んだ正方形を平面に設置する方法についてはすでに示した。そこで今度は、その物体を同じ大きさで立ち上げる方法を示すことにしたい。この物体は空洞であるため、その底面が見えるように高さは低めに設定したけれども、最適と思われるどの高さに立ち上げてもよい。この物体がいかに多くのことに役に立つかは、図〔図2-36〕から理解できるだろう。その有用性の大小は、人の判断力の程度によって多少の違いはあるとしても、正方形の物体に関してはこれだけ説明すれば十分だろう。それでも、次はこの物体にモールディングを施す方法も示したいと思う。
(91)

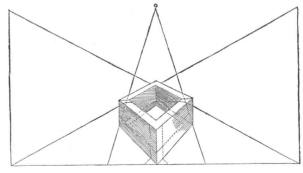

図2-36

|59r|

　この図〔図2-37〕は、前の図で定められた同じ消失点と同じ距離点で描かれてはいるものの、消失点と

65

距離点は若干低めに設定されている。この物体の頂部と底部の両方にモールディングを施したい場合、まずはモールディングの大きさを選ぶ必要がある。そこでこの物体の頂部と底部の両方に対角線を引いてから、最初に頂部のモールディングが突出する適切な長さを定める。次にその角から鉛直線を下の部分へ下ろす。これらの線は底部のモールディングが突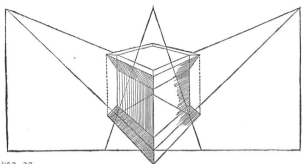

図2-37

出する先端部として設定される。(前述のように)底部のモールディングは距離点には到達しても、消失点には到達しない。このように物体の四つの角は正方形のなかに閉ざされていて見えないので、モールディングの頂部と底部は正方形から突出して見える。繁雑に見えないようにするため、ここではモールディングのみで他の部位は施されていない。ただし、他の部位については次に論じるつもりである。

| **59v** |

　モールディング以外の部位がない歪んだ正方形の物体についてはすでに論じたものの、そこで使用される部位については、何らかの教示が確かに必要であった。そこで今度は、すでに説明したモールディングに、それらの各部位を加えた形で、右の図［図2-38］に示した。この図は状況に応じて建築家の裁量にしたがって、別の様式で描かれることもある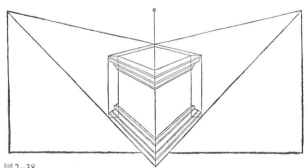

図2-38

し、すでに説明した部位の増減を伴う別のモールディングとなることもある。すでに別のモールディングについて説明したことは、この図からも理解できるだろう。

　建築家が部位を選択する作業にあたっては、できるだけ見栄えがすることを勘案しながら、つねにそれらを識別し判断すべきである。なぜなら、(実際に)コーニスの見える位置が非常に高いところにあるために、頂冠帯の下の部分が見えなくなることもあるからである。さらに眼の高さよりもかなり低い位置にあるために、見た目が醜くなるほど部位が大きくなるような柱礎もあるからである。それゆえ、この種の場合、部位はもっと小さくすべきである。また見た目をよくし、観者を満足させるためには、コローナの下の部位はもっと大きくすべきである。

| **60r** |

　前掲の四つの歪んだ正方形の図では、〔左右の〕距離点は等しく定められていた。すなわち、一方の側と他方の側が左右対称ということである。しかしながら、右の図［図2-39］では別の方法で、消失点が距離点と消失点の両方の役割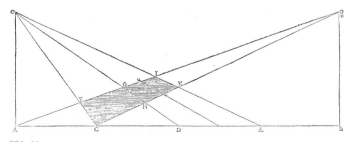

図2-39

66

を果たす。

　まずは基準線ABを引いて、それを四等分したら、それらの分割点を〔Aの側から順に〕C、D、Eとする。CとDから左側の消失点へと線を引き、AとCから右側の消失点へと線を引く。これらの線によって、一方の側に偏って見た透視図法による正方形が形成され、その角をF、G、H、Cとする。

　この正方形の長さをその半分だけ増やしたいなら、DEの部分を二等分し、その分割された点から左側の消失点へと線を引く。その線の末端〔すなわち、直線AOと交わる点〕に星印をつけると、これが正方形の半分の増加量を示すことになる。それからさらに正方形の半分を増加したい場合には、Eから左側の消失点へと線を引くと、元の正方形にさらに正方形が加わるので、この平面全体で正方形二個分となるだろう。この方法は才能豊かな建築家によって多くのものに活用されるだろうけれども、簡潔に済ませたいので、次に進むことにしたい。

|60v|

　右に示された立体は、前掲の平面から立ち上げられたものであり、同じ消失点に収斂するように描かれている〔図2-40〕。その長さは正方形二個分で、高さは正方形一個分である。というのも、平面上にCDと記された線の長さと、短めに描かれた側面のFCの長さは

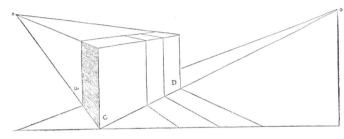

図2-40

実際には等しいからである。同様に、この立体の最初の角〔C〕からの高さは、それらの線上〔のDとF〕からの高さに等しい。したがって、この立体〔の右側正面〕は正方形が二倍となるが、私は長さについて言っているのであって、二倍の立方体という意味にとらえてはならない。

　前述のように、この立体はさまざまなことに役立つだろう。さらに多くの正方形が長辺の方向に見えるようにするには、その部分の数に応じて基準線を連続させれば、この問題の本質が判明するだろう。同様に、これらの立体にモールディングを施したければ、私がこれらの冒頭で示した方法に従えばよい。

|61r|

　しかし、もし一つの平面上に異なるものを描きたいのであれば、まずは右に示されたような床面を描くことである〔図2-41〕。それから、その平面上に正方形を用いて好きなものを描く作業を進めていけばよい。正方形が小さければ小さいほど、それらの精度が高まるため、それ

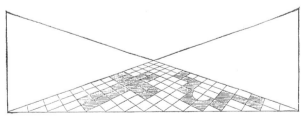

図2-41

らの上に描かれるものはいっそう正確になるだろう。この平面に描かれた十字形は、初学者にとっての単なる出発点に過ぎないが、キリスト教の慣習によれば、当代の聖堂〔の平面〕はそれに由来する形となるだろう。

　その近くに描かれた別の形態は、建物の基礎部分を示している。しかし、これらの物体の寸法はやがてすべて大きくなるため、多くの正方形を必要とする。さらにさまざまな形態による多くの装飾も伴うことにもなる。消失点の位置については、左右の正面のいずれかの側で多くのものが見えるようにするために、

67

ときには変更されることもあるが、その高さはつねに等しく保たれる。

|61*v*|

前掲のこうした平面の形態について、それらは物体としてどのように生じるのかを示すために、そしてそれらには同じ消失点が利用できることも示すために、平面図から描き起こしてみたかった。というのも、それらを描く経験をすることで、何かを発見することもあるからであ

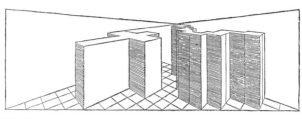
図2-42

る。実を言うと、これら歪んだ正方形の物体については、それらだけで本当に一巻の書が必要になる。とはいえ（前述のように）、私の最初の計画では三つか四つの図を描いたら、その続きはこうした問題に取り組む探究者自身に任せるつもりだった。けれども、今では全部で十点の図をそろえようと考え直すに至った。私よりも優れた眼を備えていて、さらにねばり強い人であれば、私が文章での説明を飛ばしたり、図を描かず省略したりしたものについても、多くのものを発見できるだろうと確信している。

|62*r*|

前述のように、歪んだ正方形からなるこれらの平面上には、どのような正方形でも描くことができる。しかし、ここでは一方に幅が正方形三個分で、長さが正方形十四個分を占める八角柱が描かれていることが確認できる。冒頭で示したように、この立体には八つ

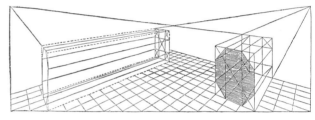
図2-43

の辺があるので、正方形に由来することは間違いない。この正方形は〔点線による〕隠れた線で描かれているのに対し、八角形の各辺は実線で描かれている［図2-43］。

しかし、この八角柱をそのまま見ると、側面ばかりが表現されることになる。そこで長さは短くなるが、その半分の7ピエーデからなる別の八角柱を消失点に近い場所に配置して、その底面が見えるように描いてみた。すると、その正面には八角形と、柱の透明な別の部分が見える。さらに、もしこの柱が平面上の右手の角に近い場所にあったなら、その底面はもっと正面から見ることができただろうが、完全な姿で示されることは決してない。というのも、それはつねに歪んだ正方形のなかにあるからである。

|62*v*|

下に見られるこれらの円柱は、前掲図の透明であった部分が固体に変わった点を除けば、残りは同じである［図2-44］。他にもアルブレヒト・デューラーが提示した布を上張りした骨組を用いた作図法や、「小戸」（と呼ばれる）作図法もあるけれども、この作図法に慣れている賢明な建築家であれば、別のものも発見でき

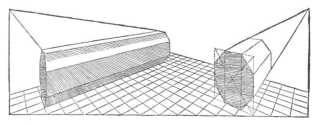
図2-44

るだろう。また、物体そのものの形から導き出される確実で優れた別の方法もある。しかし、これについては面と向かってでなければ、説明することは難しい。

こうした理由で、私はこの作図法を選択するに至ったが、実際にこれがすべてのうちで最も容易な方法なのである。もし私が本書の内容を絞り込もうと思わなかったなら、あるいはむしろもっと重要な別の課題に取り組むためには、本書が完成せずともやむをえまいと思っていたなら、この作図法でさまざまな物体や建物を描き起こしていただろう。（実際に）この方法は数年前に考えられていたほど難しいものではなくなっている。

しかしながら、喜劇用や悲劇用の舞台や背景が、とりわけ今日のイタリアでは通常どのように構成されるかについては手短に論じたいので、この歪んだ正方形による作図法についてはこれで終りにして、（前述のように）残りは研究や探究に熱心に取り組む者に任せることにする。というのも、そこから大きな恩恵を得る者もいると私は確信しているからである。

|63r|

次は舞台や劇場が、今日では一般にどのように配置されるかについて論じるつもりである。舞台の消失点がどこでどのように設置されるかを理解することは難しいだろう。というのも、すでに説明したように法則によって異なるからである。これが理由で、私ははじめにこの断面図を描きたかった〔図2–45〕。なぜなら、平面図と断面図がともにあれば、一方を他方と照合することで理解がしやすくなるからである。とはいえ、最もよいのは第一に平面図を検討することだろう。もし平面図に描かれているものがよくわからない場合は、断面図に戻ってみればずっと容易に理解できるだろう。

そこでまずは、Cと記された眼の高さにあって水平となる正面舞台から始めよう。BからAまでの舞台の床面については、Aの点で〔舞台正面から奥までの長さの〕1/9の高さに立ち上げられる。Mと記された厚みのある垂直部材は、ホールの天井にまで達する壁を表している。一方、Pと記された薄い垂直部材は舞台の壁、すなわちまさしく最後部の壁となるだろう。そして到達点であるOは消失点を表している。

LからOまでの水平線上にある点を結んだ線が、舞台の最後部の壁で終るところが消失点となる。しかし、それはこの壁のみのものであって、この線は舞台上に並んだ建物の正面とはつねに水平をなすだろう。一方、後退する舞台の建物の部分のために、それらの消失点はOと記された点よりもいっそう遠くに離れるだろう。舞台上の建物が二つの異なった方向から見られるように、実際に二つの側を備えているなら、それらが二つの消失点を有することは明らかである。これが舞台の断面図に関するすべてである。

さて、プロスカエニウムはDと記された部分である。地上面から半ピエーデ高くなったEの部分は、オルケストラを表している。最も重要な貴賓席はFと記されたところに見られる。Gと記された最初の階段席は、貴婦人用の席とすべきであり、これらよりも上の席は下位の貴婦人席となる。Hと記された幅の広

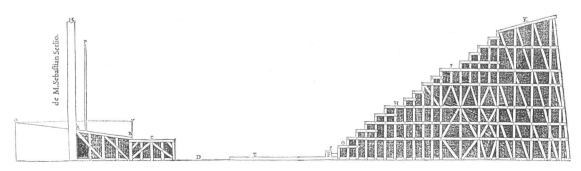

図2–45（原図から左へ90°回転）

いスペースは通路であり、同様にIの部分は別の通路となる。これらのあいだに設けられた階段席は、紳士用の席とすべきである。Kと記された大きなスペースは、場所の大きさに応じて広くも狭くもなるけれども、一般人用の席とすべきである。

　私がヴィチェンツァで建てた劇場〔の階段席〕⁽¹⁰⁶⁾と舞台は、多少なりともこの配列に従っている。この劇場の一方の角(つの)から他方の角(つの)までの長さは約80ピエーデ⁽¹⁰⁸⁾である。なぜなら、舞台はゆったりとした空間をそなえた広い中庭⁽¹⁰⁹⁾につくられ、その一面がロッジャに立てかけられていたからであった。足場の筋交や接合部は、下の図に示されたようにつくられた。この劇場〔の階段席〕には支持材の類いが何もないので、円形の壁の外側に（構造を強化するための）急斜面の壁を築くことに決定したのである。

｜**63v**｜〔上記のフランス語訳〕

｜**64r**｜〔図2−45〕

｜**64v**｜

舞台背景論

　人の手によって制作されるもののうちで、見れば眼福をもたらし、心を満足させるものとして、（私の意見では）露天に設置される舞台背景があげられる。舞台背景には、透視図の技法でつくられた小さな空間に、豪華な宮殿、巨大な聖堂、多岐にわたる建物、さまざまな建物で美しく飾り立てられた広い広場、長い直線の道路やそれと交差する道、凱旋門、とりわけ背の高い円柱、ピラミッド、オベリスク、そして場面に応じて大中小の無数の明かりで飾り立てられた、他にも数多くの美しいものが遠くにも近くにも確認できる。それらは非常に巧みに配置されているため、あたかもダイヤモンドやルビー、サファイア、エメラルドといったまばゆいばかりの宝石を散りばめたかのようである。

　ここでは光り輝く三日月がきわめてゆっくりと上昇し、すでに最高点にまで達したのが見られるが、注意して見ていなかったなら、その動きは観察されなかっただろう。別の舞台で上昇する太陽の進み具合については、やがて上演が終るときに日没に至ることが判明するが、実に巧みに行われたため、大半の観客が感嘆したのであった。⁽¹¹⁰⁾こうした工夫でもって、何か特別な目的のために、神が天から降臨する場面や、惑星が大気中を通り抜けて飛んでくる場面などが演出されるのである。

　それから舞台ではさまざまな幕間劇(インテルメディオ)⁽¹¹¹⁾が催され、こうしたときには上演者もたいそう豪華に飾り立てられる。すなわち、彼らはさまざまな種類の衣装を身にまとうため、なかにはムーア人〔の踊り子〕や演奏家用の異国風の服装も見られるのである。ときには奇妙な動物も見られるが、それらは着ぐるみで、大人や子供がなかに入っている。人目を惹く姿勢で、実にうまく飛び跳ねたり走ったりしているので、観客は完全にとりこにされるほどである。

　これらはすべて視覚的にも精神的にもこの上ない満悦をもたらすので、人工の材料でできたこれらよりも見事なものは何も想像できないほどである。ただし、我々は透視図の技法を題材として論じているので、これらについての説明は簡単に済ませることにしたい。私がこれから説明しようとしている透視図の方法は、今までの原則とは異なる。というのも、今までは平らな壁を対象として設計されていたのに対し、今度は実際の材料でできていて浮彫として表現されるからであるが、むろんそれに応じて異なった方針を選ぶことが正しい。

70

まずは舞台の床が、正面部では地面から眼の高さまで立ち上げられることについては、慣習として共通している。けれども、舞台の背面の高さについては、舞台の床全体を9部に分けてから、その1部を用いることによって1/9だけ高くつくられる。その舞台の床は、背面では消失点へと向かうにつれて高くなるようにすべきである。そして、ムーア人の〔踊り子がうまく演じられる〕ために、床面は完全に平らでしかも非常に頑丈でなければならない。

　私は個人的な体験から、この傾斜面が実にゆったりとしていて使いやすいことに気づいた。というのも私は、（イタリアのなかでは最も豊かで華麗な都市の一つである）ヴィチェンツァで劇場と木造の舞台を設計したが、偶然にも、というよりはむしろ疑いの余地なく、当時は最も大きな建造物だったからである。そこでは舞台の傾斜部分の前方を、幅が12ピエーデ、長さが60ピエーデの平らな床にしようと考えた。なぜなら、馬車、象、さまざまなムーア人の踊り子などが登場する並々ならぬ〔にぎやかな〕幕間劇が上演される計画だったからである。こうすればとても便利で、見た目も立派になることを私は認識したのであった。

　手前にあるこの舞台については、その床面が平らになっているので、消失点は考慮されていないものの、正方形の格子でできている。そして、斜面の始まるところで、すべての正方形は消失点へと収斂しはじめる。この斜面は、しかるべき距離点にしたがって透視図法で短縮される。それゆえ、舞台の背後の壁に消失点を設定した人もいるだろう。この場合、舞台上のあらゆる建物が集まって見えるように、消失点は壁が立ち上がる部分、すなわち舞台の床面に設定する必要がある。

　これが理由で、私は消失点が定められた壁を通り越すという考えを思いついたところ、何とかうまくできたので、こうしたものを制作して以来、私はずっとこの方針を選択している。それゆえ、私はこの技法から喜びを得たいと思う者には、劇場や舞台の断面図のところでもすでに論じたように、そして次頁でも示すように、この手順に従うことを推奨したい。

| **65r** | 〔上記のフランス語訳〕

| **65v**
コンメディア コミカ トラジカ サテュリリカ マニエラ
　舞台背景には、喜劇(116)、悲劇、サテュロス劇という三つの様式(117)があるので、私ははじめに喜劇の舞台背景について論じることにする。この場合、舞台の建物は個人の住宅(118)である。これらの舞台はたいてい広い部屋のなかに建てられるが、その先端部は俳優が休憩するための部屋とすべきである。すでに断面図を示しながら説明したように、舞台の床をこの場所に置く〔図2-46〕。ただし平面図については、のちに示す予定である。

　最初にCと記された部分は、舞台の床のレベルであり、正方形一辺の長さは2ピエーデと仮定しよう。同様に、Bと記された傾斜する舞台でも正方形は、いずれの側でも2ピエーデである。（すでに断面図のところで説明したように）私は消失点を舞台の一番後ろの壁に設定するのではなく、むしろ傾斜するBの舞台のはじめからホール末端の壁体までの長さと同じだけ、その壁体よりもさらに後ろに延長した場所に設定する。ここでは二本の点線がその壁体を表している(120)。それゆえ、舞台のあらゆる建物は他のものとともに、ずっときれいな形で短縮されるだろう。

　傾斜する舞台上のすべての正方形が消失点に向かって描かれ、それらの距離点にしたがって短縮されたら、平面図において厚みのある垂直線や水平線で描かれた舞台の建物は、その上に立ち上げられるべきである。私はこれらの舞台の建物をつくるときには、つねに布を上張りした骨組を利用しながら、状況に応じて建物の正面や透視図法で短縮された側面には戸口を設けた。私は低浮彫で木造の物体も制作した(121)。それは舞台背景の着色された部分の効果を大いに高めるものであるが、そのいくつかについては別のところ

で論じる予定である。
　骨組からAと記された壁までの全体の空間は俳優のためのものであり、俳優が舞台を横切るときに観客から見られないように、最後の壁は背後の壁体からつねに2ピエーデ離しておくべきである。それから、Bと記された舞台が始まる部分で、消失点の高さに至るまで立ち上げられた点は、それがいかに高い位置であってもLとなる。そこから消失点まで線を引くと、この線は水平となるはずであり、最後の壁につきあたったところが、その壁の消失点となる。これは他のいかなる骨組にも影響を及ぼすことはないだろう。しかし、その線は一定である。なぜなら、前面に設けられたあらゆる骨組のさまざまな部材の厚さを決定するのに役立つからである。

　けれども、最初の消失点は壁を越えて、透視図法で短縮された舞台上のあらゆる建物の消失点となるだろう。これを設置するためには、壁を破壊する必要があるが、それができないこともある。そこで、私はつねに寸法が正確に記された木や紙でできた小さな模型を制作することにしている。そうすれば個々の部位について、その模型から非常に正確な原寸大の模型へとスケールを拡大することは簡単にできる。おそらくこの課は難しいと感じる人もいるかもしれないが、模型をせっせとつくる経験を重ねることも必要であるにちがいない。なぜなら、こうした試行錯誤をくり返すことで、方法は見つかるものだからである。

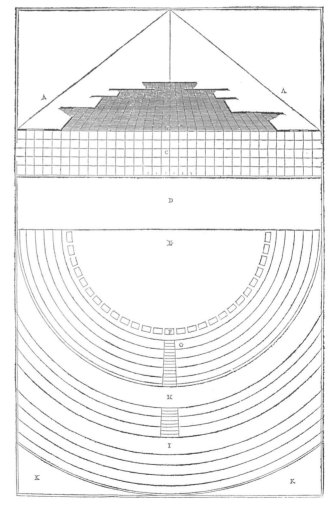

　ホールというのは、（たとえどれほど大きなものであっても、）劇場としては決して十分な大きさではない。それにもかかわらず、私は古代の人々に倣って、巨大なホールのなかにうまく収まる劇場の一部を建ててみたかったのである。それゆえ、Dと記された部分はプロスカエニウムとして使われる。円形のEの部分はオルケストラとなり、プロスカエニウムよりも一段高くなる。その周りには最も高貴な人々のための貴賓席が設けられ、これらはFと記される。

　最初の階段席であるGは、貴婦人用の席とすべきである。Hの部分は、Iの部分と同様に通路である。他の階段席は紳士用の席であり、これらの階段席のあいだに、上りやすくするための階段が設けられる。Kと記された広い場所は一般席となり、場所に応じてその大小が決定される。場所が広いほど、劇場はいっそう完璧な様相を呈するようになる。

|66r|〔上記のフランス語訳〕

|66v|〔図2-46〕　　　　図2-46

72

|67r|

喜劇の舞台背景

私はすでに舞台や劇場の設定に関して、その平面図については説明した。そこで今度は透視図法を用いた舞台背景について個別に論じようと思う。なぜなら、(前述のように)舞台は三つの様式で建てられ、喜劇を上演するためには喜劇用、悲劇を上演するためには悲劇用、サテュロス劇を上演するためにはサテュロス劇用の舞台が必要とされるからである。

最初はこの喜劇の舞台背景である[図2–47]。それらには個人の住宅、すなわち市民や法律家、商人、食客(パラサイト)(127)、これらに類する他の人々の住宅が含まれる。しかし、とりわけ売春宿や旅館(128)は欠かせないものであるし、また聖堂も絶対に必要なものである。「地面(スオーロ)」(129)と呼ばれる舞台床

図2–47

面上の建物の配列に関しては、すでにその方法を示した。すなわち、平面図から建物を立ち上げるように、どのように舞台の床面から建物を立ち上げるのか、そしてとりわけ消失点をどこにどのように設定すべきかについてである。

とはいえ、こうしたことを楽しみたいと思う者に少しでも手がかりが与えられるように、私は図を示しておいた。そうすれば舞台の建物の形は十分に理解できるだろう。しかし、この図は小さすぎるので、寸法のすべてを指示することはできなかった。それゆえ、舞台の上で実際に効果を発揮する建物を選ぶときに、参考になりそうな装置の概略を示すにとどめた。

たとえば、ここでは当代の様式によるアーチ(130)が使われた〔左手の〕最初の建物についてみると、この開放的なポルティコの後ろには別の建物が見える。また、張り出し廊(ペルゴロ)や手摺り(リンギエーラ)とも呼ばれるバルコニー(ポッジョーロ)(131)は、透視図法で短縮された側面ではたいそう見栄えがする。同様に、モールディングを備えたコーニスが角から外に突出していながら、その角の周りは切断されていて、他の着色されたコーニスと組み合わせられることでも実に大きな効果をもたらす。また、ここでは「月の館(オスタリア・デッラ・ルーナ)」(132)のように、家に大きな突出部が設けられているのもきわめて有効である。

ここでは売春宿が〔右〕手前に見えるように、小さな家を選んだら、それを前方に配置して、他の建物が後ろに隠れないようにすることが何よりも重要である。なお、売春宿の目印は鉄鉤(ランピーノ)、あるいは釣り針(アーモ)と呼ばれるものである(133)。このように奥にある建物の高さを高くすれば立派な印象を与え、舞台に建物を整然と並べられるが、建物の高さが奥に行くほど低くなる場合は、建物の高さを逓減させることはできなくなるだろう。

73

ここに描かれたものは、一方の側から単一の光源で照らされているが、中央から照らされたときのほうがずっと明るく見える。それゆえ、最も強い光源は舞台中央の上部から吊された形で設置すべきである。さらに、建物に見られる小さな円形や正方形の窓についてはいずれも、さまざまな半透明の色彩による人工の光である。私は本書の最後で、これらをつくる方法について説明するつもりである。正面に見える窓の背後に光源を設置する案はよい。けれども、窓についてはガラス、紙、あるいは着色された布のどれでつくっても、うまく行くだろう。しかし、これらに関する多くの注意をすべて書き留めていたら、くどいと感じられるかもしれない。それゆえ、あとはこうした問題に専念したい人たちの想像に任せることにしよう。

|**67v**|〔上記のフランス語訳〕

|**頁未記載おもて面**|(134)〔図2-47、裏面は白紙〕

|**68r**|

悲劇の舞台背景

　悲劇の舞台は悲劇を上演するためのものであり、その舞台の建物は身分の高い人々の邸宅とすべきである。なぜなら、不幸な情事、思いもよらぬ事件、そして猛烈で身の毛もよだつような死というのは（当代の悲劇はもとより古代の悲劇を読んでみても）、つねに貴族や公爵、名門の君主の家、あるいは王家ですら生じるものだからである。それゆえ（前述のように）、この類いの背景は次の図〔図2-48〕に示されるように、ある種の気品が感じられる建物のみで構成すべきである。

　しかしここでは（紙面が小さすぎたため）、本来なら広々とした場所

図2-48

に建てられるはずの王や貴族の立派な建物を図中に示すことはできなかった。とはいえ、これらの建物で透視図法の練習をしたいという建築家は、創意工夫を凝らすという点では小さな照明を設置する方法さえ覚えておけば、あとは場面設定や筋書きに合わせる方法を学ぶだけで十分である。さらに（喜劇のところでも説明したように）、小さな建物を大きな建物の前方に配置する道理にしたがって、建築家は観客にとって見栄えがすることをつねに念頭に置きながら、建物を選択しなければならない。

　私はいつでも骨組の上に舞台の建物を設置するようにしているけれども、必要に迫られて、木製の低浮彫を使用しなければ解決できないような困難な場合もときにはある。たとえば、右手に見られるような、

74

数段からなる基壇の上に列柱が載る建物がそうである。この場合、基壇が舞台の床の上に立ち上げられた形で、低浮彫で制作するのが最適である。

それから二つの骨組として、一方は正面方向のもの、他方は透視図法で短縮された方向のものをつくる。それらは、第一層のアーチのすぐ上にあるパラペットの頂部にまで至るようにすべきである。次に第二層のアーチを立ち上げるためには、パラペットの背後に隙間を残すようにして、前述の二つの骨組を後退させる。そうすれば、この建物は実に見栄えがするだろう。私がこの建物について説明したことは、上部が段状に後退する建物であれば、他の建物についても同じと理解されたい。とりわけ、舞台の前方にある建物についてはそのようになる。一方、もしこうした建物がずっと後方に配置されているなら、骨組は一つあれば十分であるが、すべての線ははっきりと目立つように描かれ、着色もしっかりと施される必要がある。

人工の照明に関するかぎりは、喜劇の舞台背景のところで十分に説明したと思う。屋根の上にあるあらゆる突出部については、たとえば煙突や鐘塔、その他のものは（ここには登場しないものの）、薄板から切り出されて、細部が強調されて鮮明に着色された形でつくられる。また、屋根の上にはブロンズ製や大理石製の彫像も同様に設置される。厚紙や薄板から切り出されたそれらの模造品には、強い陰影を加える効果がある。それらは適切な場所に配置されることになるが、観客に横から覗かれないようにするために、〔正面からは〕十分に遠く離れた場所に置くべきである。

このような舞台背景では、バルコニーや戸口にたたずんでいる女性のような、生きている人物を表現するために、あるいは動物ですら着色する者もいるけれども、私には感心できない。というのも、たとえ生き物を表現するという前提であっても、それらは動けないからである。その一方で、眠っている人や犬、あるいは他の動物については、動くことがないので着色してもよいかもしれない。これには大理石やその他の材質に似せて着色された彫像やその他の物体も含まれ、歴史や神話を題材とした壁画についても同様である。こうしたものであれば、私はつねに着色すべしと推奨している。動きを伴う生き物の表現に関しては、本書の最後でどのように制作すればよいかについて説明するつもりである。

|**68v**|〔上記のフランス語訳〕

|**69r**|〔図2-48〕

|**69v**|

サテュロス劇の舞台背景

サテュロス劇の舞台背景は、サテュロス劇を上演するためのものであり、この劇では放恣な生活を送る者はみな批判される（というよりも嘲笑される）。サテュロスは、古代には事実上、堕落した人や犯罪者と同一視されていた。しかしながら、この種の自由気ままさは、いわば田舎者の人柄を表すものとして容認されていたことがわかる。

こうした理由によりウィトルウィウスは、サテュロス劇の舞台背景について論じる際に、この類いの舞台背景は林や岩、丘、山、緑樹、花、泉で飾り立てられるべきであり、図［図2-49］に示された農家の典型であるような小屋がふさわしいと考えた。我々の時代にはサテュロス劇は一般に冬に上演されるので、木々に葉はなく、草木にも花はないため、それらの模造品を絹で制作するのは容易である。そして、実際

にそれらは本物よりもずっと高く評価されるだろう。というのも、喜劇や悲劇の舞台背景では、建物やその他の大道具は、まさに絵画の技巧(143)を駆使しながら、あたかも実物のように制作されるのと同様に、ここでは林や植物が本物に似せて作られるからである。

これらの舞台道具については、多くの費用がかけられているほど、いっそう高く評価されるだろう。なぜなら（実を言うと）、それらは浅ましい貪欲さとは相容れない、寛大で鷹揚で裕福な貴族にふさわしいものだからである。私はこれを一度自分の眼で見たことがあり、そのいくつかの場面は手練れの建築家ジローラモ・ジェンガによって、彼のパトロ(144)

図2-49

ンであるウルビーノ公フランチェスコ・マリア〔・デッラ・ローヴェレ〕の指示に従って設計された。それらの舞台背景には、今までに目にしたいかなる人工的な作品よりも、君主による自由さ、建築家による優れた判断力と技巧、そして作品の秀逸さが確認され、それはもう驚いたものである。

（おお不滅なる神よ、）要するにそこには数え切れぬほど多くの木々や果物、生い茂る青葉、いろいろな花々が、すべてさまざまな色彩の絹で実に繊細に作られていて、何とも壮観だったのである。土手や岩はさまざまな種類の貝殻で覆われており、岩には巻貝やその他の小さな貝、多色の珊瑚の枝、真珠貝、蟹が確認できる。そこにあるすばらしいものはまことに多岐にわたるため、それらをすべて記述していたのでは、この部分の説明はあまりに長くなってしまうだろう。

私はサテュロスやニンフ、セイレーン、さまざまな怪物ないしは奇妙な動物について説明するつもりはない。それらは大きさに応じて、大人や子供がうまくつくられた衣装を着て、生きている動物の姿を表している場合でも、それぞれの性質にしたがって演じているのである。もし説明が長くなってもかまわなかったなら、高価な金や絹の布でできていて、最高級の獣の革で裏打ちされた、羊飼いの見事な衣装についても詳述していただろう。それでも漁師の衣装については説明しておこう。漁師の衣服は他の衣服に劣らず高価であって、網は金の糸でつくられ、他の漁具にはすべて金メッキが施されている。羊飼いの女性やニンフの衣装には、金銭欲を軽蔑するものがあることにも触れておこう。

しかしながら、これらについては優れた判断力を備えた建築家の意向にすべて任せることにしよう。建築家は自分の要求にしたがって、思う存分に何でもつくることを許可し、寛大な援助の手を差し伸べるパトロンに出会えれば、こうしたものはいつでもつくれるだろう。(145)

|70r|〔上記のフランス語訳〕

|70v|〔図2-49〕

| 71r |

舞台の人工照明について

　私は前に舞台背景のところで、さまざまな色彩による透明の人工照明をつくる方法について説明すると約束した。そこでまずは青空の色について論じることにしたい。この色はサファイアのようにも見えるが、それよりもさらに美しい色である。アンモニウム塩の一塊を取ったら、床屋が使う洗面器か、またはその他の真鍮製のボウルを用意し、その底に少し溜まる程度に水を注ぐ。それからこのアンモニウム塩の塊が完全に溶けるまで、洗面器の底や側面に強くこすりつける。必要に応じてさらに水を加え、美しい色にするためには、アンモニウム塩の量も増やす。こうして、洗面器がこの液体でいっぱいになったら、フェルトを用いて別の洗面器に濾過する。そうすれば最高の空色ができあがるだろう。けれども、色を少し薄くしたい場合は、きれいな水を加えればよい。こうして、この一色から濃淡の好みに応じて他にも多くの色をいくらでもつくることができる。

　このサファイア色の液体からエメラルド色をつくりたい場合は、サフランを少量加えればよいが、その匙加減は濃淡の好みに応じて決まる。これらの物質の割合までは定められないけれども、経験を積むことで濃い色から薄い色までさまざまな種類のエメラルド色がつくれるようになるだろう。

　ルビー色をつくりたいときには、手元に濃い色の赤葡萄酒やキアレット[(146)]があるなら、暗い赤色や、明るい赤色すなわち鮮紅色はこれらから得られるだろう。もし葡萄酒がなかったなら、ブラジルスオウの木[(147)]を使って、それを細かく切断する。そして、それらを少量の明礬とともに、水をいっぱいにした鍋のなかに入れる。その液体が沸騰するまで加熱したら、フェルトを用いて濾過する。色を薄めにしたい場合は、水を少し加えればよい。バラスルビー色にしたいなら、薔薇色の葡萄酒、すなわち赤と白の葡萄酒[ヴィノ・ゴーロ]を混ぜ合わせればこの色ができあがる。同じように、白葡萄酒からはその濃淡に応じて、緑玉髄[クリソプレーズ]やトパーズの色がつくられる。

　さて、フェルトから濾過されたきれいな水からは、ダイヤモンドと似たような効果が得られる（ことに疑いの余地はない）。これらの照明をつくるときには、尖った形や平らな形の型枠のようなものを製作して、こうした形のビンをガラス用のかまどで焼き上げてから、水を入れて設置する必要がある。これらの半透明の色を準備する方法は、次のようになる。

　照明の色ごとに区分するために、穴を開けた薄い板を、照明を設置しようとする場所の、舞台の着色された部分の背後に設置する。水を満たしたビンを載せるため、その下には別の薄板を設置すべきである。それから、ビンの最も湾曲した部分を薄板の穴の部分に合わせて、ムーア人〔の踊り子〕たちが大騒ぎをしている最中であっても、ビンが落下しないように、しっかりと固定されているか確認する。ビンの背後には蠟燭か、あるいはむしろランプを設置して、光がつねに一定となるようにする。もしビンの照明に面した側が平らであるなら、あるいは凸型であるならさらに効果的であるが、光はいっそう明るさを増し、色もずっと透明に近くなるだろう。

　同様に、透視図法で短縮された方向に現れる円窓として使用できるようなビンも作る必要がある。けれども、大きな明るい照明が必要な機会がしばしば生じるなら、アルコールを含ませた松明を用いて、その後ろには新品の洗面器を置けばよい。その光の反射は、まさに太陽の光線のごとく壮麗になるだろう。アーモンド形やその他の形のある場所には、異なった色彩のガラス板を用いて、それらを背後の照明とともに設置する。しかし、これらの照明は舞台全体を明るくするものであってはならない。なぜなら、舞台の前面には数多くの松明が吊るされるはずだからである。舞台の上には松明に加えて燭台を設置してもよ

いし、燭台の上には樟脳を少し入れた水を満たしたボウルを置いてもよい。というのも、それが燃えると美しい光を放ち、芳香を漂わせるからである。

　ときには何かが燃えている場面を見せる必要に迫られる機会もあるだろう。（何が燃えているかはさておくとして、）その物体を〔アルコール度数が〕最も強い蒸留酒に浸してから、蠟燭とともに火をつければ、あっという間に燃えてしまうだろう。火について語りたいことは実にたくさんあるけれども、とりあえずはこれで十分だろう。それよりも、今からは観客を大いに楽しませることについて説明しよう。

　舞台の上に俳優が一人もいないときに、建築家は小さな人形を配置してもよい。それらの大きさは、|71v|人形がどこを歩いているのかによって決まる。人形は厚紙を切り抜いて作られ、着色されてから細長い木片の上に置かれる。そして、舞台を横断するアーチが架けられるところの、舞台の床上には蟻継ぎによる溝が設けられ、そのなかに前述の細長い木片が組み込まれる。このようにアーチの背後にいる人形は、ゆっくりと動いているように作られる。ときには楽器の演奏家や歌手を描いてもよいが、そのあいだは背景の後ろから音楽が低音で流れてくるようにすべきである。また大勢の人々が、歩いている人も、馬に乗った人も含めて、急いで通り過ぎる場面もあるかもしれない。こうしたときには、飛び交う声やかき消された大声、ドラムの鼓動、トランペットの音響は、観客をすこぶる愉快にさせる。

　もし惑星や、大気中を通り抜ける別の何かが見られる場面が要求されるときには、その物体は厚紙を切り抜いて、しっかりと着色された形で作られる。それから舞台の背後（すなわち舞台の最後列にある建物の前）を横切るように、とても細い鉄製の針金を渡して、同じ針金でつくられた小さな輪とともに紙の裏側を針金につけて、黒糸で紙に結びつける。そして、誰かが舞台の別の側から、惑星が観客に面した形を保つようにゆっくりと引っ張る。しかし、この方法では針金の存在が観客から見破られないようにするために、観客からは遠く離れたところに設置すべきである。

　ときには何らかの目的に応じて、雷鳴や稲妻、落雷も必要になるだろう。雷鳴は次のような方法で演出される。（前述のように、）舞台は必ずホールの先端部に建てられ、舞台の床はつねに高くなる。そこで、この上で大きな丸い石を転がすと、雷鳴の効果音は抜群である。

　稲妻は次のような方法で演出される。舞台の背後には、塗料の粉末を詰めた小さな箱と、たくさんの穴を開けた箱の蓋を手にもった人がいるようにする。そして、蓋の真ん中には火が灯された蠟燭が置かれる。この人が手を高く上げると、塗料の粉末が宙に舞い上がり、それらが燃える蠟燭の上に降りかかると、とりわけ見事な閃光を放つのである。

　落雷については次のようになる。舞台を横切るように長めの鉄製の針金を伸ばして、それを下に傾ける。そして、これに小さな石や、強く輝く金が塗られた車輪をくっつける。雷鳴が止んだら、雷が落ちると同時に稲光の点火がされると、その効果は申し分ないものとなるだろう。けれども、照明に関する多くの工夫をすべて論じていたのでは、あまりに長くなってしまうので、透視図法の問題についてはこれで終りにしよう。

|72r|〔上記のフランス語訳〕

|72v|〔同上〕

|73r|〔同上〕

　セバスティアーノ・セルリオ・ボロニェーゼによる幾何学と透視図法に関する二つの巻はこれで終わり。

| **73v** |

読者諸氏への注意

　親切な読者へ。私が幾何学に関する『第一書』の冒頭で約束したように、主なる神と国王陛下のおかげで鋭意執筆中の他の巻についても奮起して完成させなければならないという強い願いを優先させたため、透視図法に関する本書については、ほぼ強制的に終了せざるを得なくなりました。私がそれを未完のままにとどめておいたときですら、実に多くの考えが新たに思い浮かび、さらなる大著が執筆できるほどでした。しかし（たとえそれが神を喜ばせることになるとしても）、すでに約束したように、まずは現在執筆中の残りの三巻を仕上げることに邁進します。

　すなわち、その一巻は宗教建築に関するもので、今まさに刊行中です。そして、別の一巻はあらゆる階級の人々の住まいに関するものです。とりわけこの巻は有益で、誰にでも喜んでもらえると思いますが、すでにその三分の二は完成しています。また別の一巻は、〔建設にまつわるさまざまな〕状況に関するもので、（おそらく今までに類例のないものですが、）その構想の大部分はすでに固まっています。

　透視図法や建築のさまざまな発明については、これらの三巻のあと大型の上質紙に多く掲載すること_{カルタ・レアーレ}(148)にします。なぜなら、私がすでに『第二書』に描いた作品のなかには、（紙幅の都合によって）大きな図面が掲載できなかったものの、私の頭のなかでその拡大版が描かれているものも少なくないからです。

　さて、私の努力の成果はフランス人や他の国々の人々によってもかなり享受されたことがわかったので、私はこれらの二巻をフランス語に翻訳させて、イタリア語の原文とともに掲載したように、残りの巻についてもそうしようと考えています。私は（統一性を保つため）、古代建築に関する『第三書』と、建築の一般的な規則に関する『第四書』についても同じくフランス語に翻訳して一つの形式にまとめたいとは思っていますが、それらの図とテクストを改めるつもりはありません。というのも、ドイツではこれらの海賊版が出版されたという噂を耳にしたからですが、(149)その上私の名前も記載せずにフランス語の翻訳書が出版されることなど容赦できないからです。(150)もっとはっきりと言えば、王家の特許状の権威に従って告発することすら辞さないつもりでいます。(151)

| **74r** |　〔上記のフランス語訳〕

| 74v |

わたしたちではなく、主よ、わたしたちではなくあなたの御名こそ、栄え輝きますように[152]
あごひげの人でもなく、哲学者でもなく[153]
ジャン・バルベ印刷、1545年8月22日

第二書　註

註

1　『第一書』のときと同様に、最初の簡略化されたタイトルはイタリア語で、次にフランス語のタイトルが訳者名とともに示されている。

2　これは『第四書』5頁裏面（本書244頁）の「著者から読者諸氏へ」の冒頭で説明されていた章の番号、すなわち第2章であることを意味するが、第一版では省略されている。

3　la sottil arte della perspettiva. ペルスペッティーヴァ（perspettiva）は、現代のイタリア語ではプロスペッティーヴァ（prospettiva）となり、日本語訳としてはいずれも「透視画法」や「（線）遠近法」、「パースペクティヴ」の略語「建築パース」などがしばしば用いられる。ただし遠近法の場合は、たとえば遠景をぼかして描くことで遠近感を表現する空気遠近法のように、さまざまな種類がある。透視図法については多くの研究があるが、概説書としてはM. Kemp, *The Science of Art*, New Haven, 1990を主に参照。邦語文献としては、前川道郎・宮崎興二『図形と投象』朝倉書店、1979年などが挙げられる。

4　セルリオと透視図法に関する研究としては、本書『第二書』と『第一書』との関係について論じられたM. Lober, "I primi due libri di Sebastiano Serlio. Dalla struttura ipotetico-deduttiva alla struttura pragmatica", in *Sebastiano Serlio*, ed. by C. Thoenes, Milano, 1989, pp. 114-125とM. N. Rosenfeld, "From Bologna to Venice and Paris: The Evolution and Publication of Sebastiano Serlio's Books I and II, *On Geometry* and *On Perspective*, for Architects", in *The Treatise on Perspective: Published and Unpublished*, ed. by L. Massey, New Haven, 1997, pp. 283-321や、透視図の作図法について論じられたD. Gioseffi, "Introduzione alla prospettiva di Sebastiano Serlio", in *Sebastiano Serlio*, ed. by C. Thoenes, pp. 126-131とP. Roccasecca, "Sebastiano Serlio: placing perspective at the service of architects", in *Perspective, Projections & Design: Technologies of Architectural Representation*, ed. by M. Carpo & F. Lemerle, London, 2008, pp. 95-104、舞台背景について論じられたS. Frommel, "Sebastiano Serlio prospettico: stages in his artistic itinerary during the 1520s", in *ibid.*, pp. 77-94などが挙げられる。透視図法は建築家にとってのみならず画家にとっても必須の技法であって、アルベルティの著作では『建築論』よりもむしろ『絵画論』で説明されている。『絵画論』では、幾何学と透視図法はともに第一巻にまとめられている。アルベルティ『絵画論』三輪福松訳、中央公論美術出版、1971年、26–28頁を参照。

5　セルリオも含めてルネサンス期には、透視図法はエウクレイデス『オプティカ』の視覚上の原理（命題10、11）と一部混同されていたと考えられるが、両者は区別されるべきである。『エウクレイデス全集4：デドメナ／オプティカ／カトプトリカ』斎藤憲・高橋憲一訳、東京大学出版会、2010年、296–299、316–318頁を参照。なお、エウクレイデスの時代の『オプティカ』は視覚の理論であって、光学の理論ではない。また、『カトプトリカ』は「反射視学」と訳され、『オプティカ』の姉妹編にあたる。

6　scenographia. ウィトルウィウスは『建築十書』第一書第2章第2節で、図面の表現法として、平　面　図（イクノグラフィア）、立　面　図（オルトグラフィア）、そして背　景　図（スカエノグラフィア）の三つをあげている。また、これらの用語については、M. T. Bartoli, "Ortographia, Ichnographia, Scaenographia", *Studi e documenti di architettura*, vol. 8, 1978, pp. 197-208を参照。この綴りは、セルリオの建築書『第三書』5頁（本書96頁）や『第四書』5頁おもて面（本書242頁）の「著者から読者諸氏へ」ではsciographiaとなっていたが、『第二書』でscenographiaに変更されたのは、チェザリアーノ版『ウィトルウィウス』（コモ、1521年）の影響と考えられる。チェザリアーノ版については、Vitruvius, *De Architectura. Nachdruck der kommentieren ersten italienischen Ausgabe von Cesare Cesariano*, Como, 1521, ed. by C. H. Krinsky, München, 1969を主に参照。なおペレス゠ゴメスによれば、sciographiaは「断面図」を意味し、scenographiaは「平面図と立面図を含む図」、すなわち「舞台背景図」ないしは「透視図」を意味するという。A. Pérez-Gómez, "Chora: The Space of Architectural Representation", *Chora: Intervals in the Philosophy of Architecture*, vol. 1, 1994, pp. 1-34, in part. pp. 16-18を参照。

7　superfice. 『第一書』1頁おもて面（本書8頁）では、「面」は矩形のみに限定された定義となっているが、ここでは曲線状の図形なども含めた広い意味に解釈できる。

8　corpo. 一般には「体」や「物体」という意味であるが、ここでは「立体図形」を指す。後述するように透明の立体と物質をそなえた立体とは、死体の骸骨と生きている人の肉体にたとえられて区別される。なお、セルリオの建築書には、ほかにも「自然」と「人工」や、「適正」と「自由気まま」、「粗野」と「洗練」といったさまざまな対概念の共存がみられる。本書「論考2」を参照。この論考の初出は飛ヶ谷潤一郎「セル

81

リオの建築書『第四書』にみる対概念の共存」『地中海学研究』44号、2021年、49–82頁。

9 　ここではセルリオは、ウィトルウィウスによる次の説明に基づいて、透視図法は古代ローマ人が発明した
　　ものとみなしている。「背 景 図（スカエノグラフィア）とは、正面と後退する側面の概観を表現したものであり、側面のあらゆ
　　る線は一点に収斂する」。ウィトルウィウス『建築十書』第一書第2章第2節を参照。ルネサンス期のウィ
　　トルウィウスの注解者は、背景図を透視図法による表現と解釈することが多いけれども、一般には15世紀
　　にブルネレスキによって発明されたものと信じられている。前掲註3のM. Kemp, *The Science of Art*, pp.
　　9-21や、ロイ・ストロング『ルネサンスの祝祭』星和彦訳、平凡社、1986年、73–82、190頁、辻茂『遠
　　近法の誕生：ルネサンスの芸術家と科学』朝日新聞社、1995年を参照。

10 　linea piana. 英語ではground lineとなる。

11 　il vedere.「ヴェデーレ」は「見る」という意味の動詞の原形であるが、ここでは定冠詞つきの名詞とし
　　て「視線の到達点」と解釈できる。しかし、本書では同じ意味としては、むしろ名詞形の「ヴェドゥータ」
　　（veduta）のほうがよく使われている。後述の註22を参照。

12 　orizonte. 一般には「水平線」という意味であるが、セルリオはのちに舞台について論じるところで、消失
　　点を表す点Oを「オリゾンテ」と定めている。この曖昧さは翻訳にもよるが、個々の場合ごとに何を指し
　　ているのかを判断することで解決される。実際、消失点は水平線上に位置することもあれば、水平線が無数
　　の消失点を含むこともある。なお、アルベルティ『絵画論』では「消失点」は「中心点」（punto centrico）、
　　「水平線」は「中心線」（linea centrica）と呼ばれている。前掲註4のアルベルティ『絵画論』26–28頁を参
　　照。

13 　『第二書』26頁裏面（本書39頁）の図［図2-1］を例に説明すると、距離点Iは眼の位置を示し、AIは側面
　　から見たときの視線となる。そして点Aは、画布面となる垂直線HGでは点Bの高さに描かれる。

14 　casamento. 一般には「共同住宅」という意味であるが、ここでは個人の邸宅や公共施設も含めた都市型の
　　パラッツォ全般と見なすことができる。

15 　セルリオは、ヴェネツィアのアンドレア・オドーニ（Andrea Odoni 1488–1545年）の邸館で、ジョヴァン
　　ニ・デ・ブージ・カリアーニ・デル・コマンダドール（Giovanni de' Busi Cariani del Comandador 1485/90
　　–1548年）によるフレスコ画《トラヤヌス帝の生涯》で背景の建築を担当した。この絵は1523年以前に、
　　マルカントニオ・ミキエル（Marcantonio Michiel 1484–1552年）によって何度か確認されている。W.
　　Dinsmoor, "The Literary Remains of Sebastiano Serlio", *Art Bulletin*, vol. 24, 1942, p. 64. なお、アンド
　　レア・オドーニは古代遺物の収集家であり、ハンプトンコート所蔵のロレンツォ・ロット（Lorenzo Lotto
　　1480頃–1556年頃）による肖像画（1527年）を通じてよく知られている。

16 　commodo. この語の名詞形com[m]oditàは、「便利さ」や「快適さ」という意味になり、ウィトルウィウ
　　スの「用」（utilitas）に対応する。ウィトルウィウス『建築十書』第一書第3章第2節を参照。セルリオの
　　建築書では、『第四書』5頁裏面（本書243頁）や『第五書』19頁おもて面（本書414頁）などに頻出する。

17 　部屋の内観が透視図法で描かれる場合、観者は出入口の場所に位置することになり、部屋の奥行きが「距
　　離」にあたる。

18 　建物が通りの両側に並んでいて、一方の側から他方の側の建物を正面から見る場合、観者は建物と通りの
　　境界線、すなわち出入口の場所に位置することになり、通りの幅が「距離」にあたる。

19 　scortio. 現代のイタリア語では「スコルチョ」（scorcio）で、いずれも「短縮法」と訳されることが多いが、
　　セルリオはperspettivaとは特に区別せずに、両者ともひんぱんに使用している。註3を参照。

20 　描かれる対象の奥行きをいっそう短縮させたい場合、観者と対象との距離はいっそう遠ざかるので、距離
　　点は長くなる。

21 　historia. この語は聖書の物語や、ギリシア・ローマの神話画などにも用いられ、アルベルティ『絵画論』
　　では、とくに第二巻でしばしば言及されている。アルベルティ『絵画論』41、43、47–50頁を参照。歴史
　　画を描くためには、さまざまな教養が必要とされるので、19世紀に至るまで絵画のジャンルのなかでは最
　　高位に属するものとみなされていた。また、ウィトルウィウスによれば、建築家にとって歴史は必須の学
　　問の一つであるという。ウィトルウィウス『建築十書』第一書第1章第5節を参照。セルリオは『第三書』
　　60頁（本書128–129頁）で、歴史画の例としてトラヤヌス帝の記念柱について説明している。また、『第
　　四書』第11章69頁裏面（本書330頁）は、歴史画が犠牲や戦闘、伝説を題材とした絵画の文脈に位置づけ

られている。註15で述べたように、セルリオ自身はトラヤヌス帝の生涯をもとに舞台背景を制作している。

22　veduta. 本書では低所から高所を見上げるときに、この語が用いられることが多いが、高所から低所を見下
ろした都市鳥瞰図も同様に「ヴェドゥータ」と呼ばれる。註11を参照。

23　アンドレア・マンテーニャ（Andrea Mantegna 1431–1506年）はパドヴァやヴェローナ、マントヴァなど
で活動した画家。透視図法を駆使した代表的な絵画作品としては、マントヴァのパラッツォ・ドゥカーレの
婚 礼 の 間 の天井画や、ミラノのブレラ美術館所蔵の《死せるキリスト》などがある。また、マンテーニャ
は古代遺物にも造詣が深く、古代ローマ風の凱旋式を再現して描いたといわれる《カエサルの凱旋》（ハン
プトンコート所蔵）については、セルリオの建築書『第四書』第11章70頁おもて面（本書331頁）で詳細
に説明されている。

24　註4で述べたように、画家にとっても透視図法（遠近法）は第一に習得すべき技術であった。レオナルドは
遠近法の種類として、線的遠近法（透視図法）、色彩遠近法、消失遠近法、空気遠近法の四種をあげている。
『レオナルダ・ダ・ヴィンチの手記（上）』杉浦明平訳、岩波文庫、1954年、221、224–227頁を参照。

25　「古代風」建築の復興とブラマンテから始まる16世紀の建築家の説明については、パラーディオ『建築四
書』でも同様の表現がくり返されている。

　　「建築は、われわれの父親たちや祖父たちの時代になって、それまでの長いあいだ、いわば埋葬されてい
　　た暗黒のなかから抜け出し、ふたたび日の目を見るようになりはじめた。
　　というのは、教皇ユリウス2世の御代に、きわめて優れた人物で、古代建造物の観察者であったブラマン
　　テが、ローマでまことに美しい建物をつくったからである。そして、彼のあとに、ミケランジェロ・ブ
　　オナローティ、ヤコポ・サンソヴィーノ、バルダッサーレ・ダ・シエナ、アントニオ・ダ・サンガッロ、
　　ミケーレ・ダ・サンミケーリ、セバスティアーノ・セルリオ、ジョルジョ・ヴァザーリ、そして騎士レ
　　オーネが現れた」。

　　桐敷真次郎編著『パラーディオ「建築四書」注解』中央公論美術出版、1986年、第四書第17章382頁の日
　　本語訳は若干変更した。

26　accompagnata.「調和」を意味する美的概念であり、アルベルティのコンキニタス（concinnitas）に相当
するものと思われる。ハートとヒックスによるセルリオの建築書の英語版では"well-conceived"という意
訳になっているが、同書の用語集ではConceived(inteso)という項目で説明されている。Sebastiano Serlio
on Architecture, ed. by V. Hart & P. Hicks, New Haven, 1996, vol. 1, p. 457を参照。

27　ジョルジョ・ヴァザーリ「ラファエッロ・ダ・ウルビーノ」越川倫明・深田麻里亜訳『美術家列伝』森田義
之他監修、中央公論美術出版、2014年、第3巻、157–208頁を参照。セルリオがラファエロに言及すると
きは、おもにヴィッラ・マダマとそのフレスコ画についてである。『第三書』148頁（本書188頁）と『第
四書』第11章70頁おもて・裏面（本書332–333頁）を参照。

28　ペルッツィについては、ジョルジョ・ヴァザーリ「バルダッサーレ・ペルッツィ」飛ヶ谷潤一郎訳『美術
家列伝』第3巻、311–327頁を参照。セルリオはペルッツィにしばしば謝意を表しているが、実際に取り上
げている彼の作品はサン・ピエトロ大聖堂計画のみにとどまる。『第三書』38頁（本書115頁）を参照。ペ
ルッツィと透視図法については、Baldassarre Peruzzi: Pittura, Scena e Architettura nel Cinquecento, ed. by
M. Fagiolo, Roma, 1987を参照。

29　ウルビーノ公フランチェスコ・マリア・デッラ・ローヴェレ（Francesco Maria della Rovere 1490–1538年）
のことである。ジローラモ・ジェンガ（Girolamo Genga 1476頃–1551年）は公爵の結婚式の舞台装飾を担
当し、1523–25年にはウルビーノの公 爵 宮 殿の増築と装飾を手がけた。セルリオはほかに『第二書』69
頁裏面（本書76頁）、『第四書』3頁「エルコレ2世への献辞」（本書239頁）、『第四書』第5章10頁おもて
面（本書250頁）でもジェンガに言及している。またヴァザーリ『美術家列伝』では、息子バルトロメオと
娘婿ジョヴァンバッティスタ・サンマリーノと組み合わされた伝記となっている。ジョルジョ・ヴァザー
リ「ジローラモ・ジェンガとバルトロメオ・ジェンガ、およびジョヴァンバッティスタ・サン・マリーノ」
坂本篤史訳『美術家列伝』森田義之他監修、中央公論美術出版、2017年、第5巻、103–120頁を参照。

30　ジュリオ・ロマーノについては、ジョルジョ・ヴァザーリ「ジュリオ・ロマーノ」越川倫明・深田麻里亜
訳『美術家列伝』森田義之他監修、中央公論美術出版、2016年、第4巻、191–221頁を参照。セルリオは
ほかに『第三書』148頁（本書188頁）と『第四書』第5章13頁裏面（本書253頁）でもジュリオに言及し

ている。

31 「平面交差」の方法であり、エウクレイデス『オプティカ』命題10の写本図版にあたる。

32 テクストでは誤って、Iと記されている。

33 セルリオの距離点の「距離」は、眼と見る対象との水平距離ではなく、眼と画面との水平距離を指す。ここで垂直線HGは画面を側面から見た図となる。

34 正確にはBを含む水平線を指す。前掲註3のM. Kemp, *The Science of Art*, p. 66を参照。

35 「距離点」の方法であり、エウクレイデス『オプティカ』命題11の写本図版にあたる。

36 l'op[e]ra. 一般には「作品」や「建物」という意味であるが、ここでは描かれる対象としての正方形を指している。

37 見る距離はGKではなく、FI（PI）である。M. Kemp, *The Science of Art*, p. 66を参照。

38 透視図法による格子状の床面については、前掲註4のアルベルティ『絵画論』第一巻、27-28頁を参照。J. Orrell, *The Human Stage*, Cambridge, 1988, p. 253でも論じられている。

39 ここでセルリオは線を平面によって定義している。

40 セルリオはorizonteを「水平線」と「消失点」両方の意味で使っているが、ここでは「距離点」を指す。註12を参照。

41 面積に関しては、内側の正方形は外側の正方形の半分になり、その他の点についても両者は同じにはならない。

42 faccia. 一般には「顔」や「面」という意味であるが、ここでは「辺」を指している。セルリオは「面」という意味では、superficeを用いる。註7を参照。

43 真ん中で縦に並んで形成される三つの正方形のこと。

44 linee occulte. セルリオの建築書では『第一書』5頁おもて面（本書11頁）ではじめて登場し、とくに『第二書』では消失点へと向かう視線のかたちで頻出する。ここでは線は二本なので複数形となる。『第一書』註44、45も参照。

45 建物の内部と外部を同時に表現する方法として、セルリオよりも前の例では、ジュリアーノ・ダ・サンガッロ（Giuliano da Sangallo 1443/45–1516年）の『バルベリーニ手稿』（Cod. Barb. Lat. 4424）に古代建築の廃墟が多く掲載されている。

46 これは『第四書』5頁裏面（本書244頁）の「著者から読者諸氏へ」の冒頭で説明されていた章の番号、すなわち第3章であることを意味する。註2を参照。

47 il corpo solido. 後述の「透明な立体」（corpo transparente）の対概念である。註8を参照。

48 同語反復のような表現であるが、ここでは透明であったときには見えていた補助線が、物体に隠れて見えなくなったということ。

49 この一文については、G. Hersey, *Pythagorean Palaces*, Ithaca, N. Y., 1976, p. 84で論じられている。解剖学と透視図法については、M. Kemp, *The Science of Art*, pp. 51-52を参照。レオナルドは人体解剖に強い関心を抱き、機械と人体の類似性を証明しようと試みた。展覧会カタログ『ダ・ヴィンチとルネサンスの発明家たち展』日本科学未来館、2001年、232–239頁を参照。

50 rotondita. 一般には「円」や「丸」という意味であるが、円形を透視図法で描くと楕円形のような形になるので、ここでは「曲線」全般と解釈できる。

51 『第一書』は『第二書』の序論のような性格を備えている。前掲註4のM. Lober, "I primi due libri di Sebastiano Serlio"を参照。

52 coperte le linee occulte. 日本語として直訳すると、いささか奇妙な表現となるが、物体で覆われることによって補助線が隠れて見えなくなったということ。註44を参照。

53 canto della veduta de riguardanti. 直訳すると「観者の見る側の角」となるが、ここでは「手前の内側の角」を指している。

54 隠れた線は、必ずしも点線とはならず、連続線で描かれていることも多い。

55 透視図法による柱礎の平面図のこと。

56 この線は実際には前もって描かれている。

57 seguente lezione. 『第二書』では、おおむね透視図法で作図された一つの図とその説明文が、一つの課^{レッスン}に

対応しており、実用的な教科書としての特徴がうかがわれる。

58　レオナルド・ダ・ヴィンチに言及されていることから、ここでは絵画と彫刻の優越論が暗示されていると読み取ることもできるだろう。レオナルドによる絵画とその他の芸術との比較については、前掲註24の『レオナルダ・ダ・ヴィンチの手記（上）』194–209頁、特に絵画と彫刻の比較については205–209頁を参照。なお、セルリオは画家として修業し、ペルッツィに師事したので、彫刻よりも絵画を重視していたことは間違いない。このことは『第二書』25頁裏面（本書38頁）で、16世紀の偉大な建築家として名前があげられているブラマンテやラファエロ、ジュリオ・ロマーノ、ジローラモ・ジェンガはいずれも画家であったことからも確認できる。

59　ベンヴェヌート・チェッリーニ（Benvenuto Cellini 1500–71年）は、現在は失われたレオナルド・ダ・ヴィンチによる透視図法についての著作をセルリオは理解できた範囲で書き改めて出版したといくぶん見下すように記述している。B. Cellini, "Discorso dell'architettura", in *Opere*, ed. by G. G. Ferrero, Torino, 1971, pp. 819-820. さらにローバーは、レオナルドが所有していたエウクレイデス『原論』第1巻から第3巻と、セルリオの建築書『第一書』との関係を示唆している。前掲註4のM. Lober, "I primi due libri di Sebastiano Serlio", p. 114を参照。レオナルドの透視図法の未完成作としては、ウフィツィ美術館所蔵の《東方三博士の礼拝》（1481年）が有名である。フランソワ1世がレオナルドに依頼した作品については、L. Heydenreich, "Leonardo da Vinci, Architect of Francis I", *Burlington Magazine*, vol. 94, 1952, pp. 277-285 を参照。

60　『第四書』4頁（本書240頁）の「エルコレ2世への献辞」を参照。

61　この一文については、当時ギョーム・フィランデルを中心とするウィトルウィウス・アカデミーによって『第三書』17頁（本書104頁）が批判されたことを念頭に置く必要がある。それに対するセルリオの反論として、『第三書』の巻末には「読者諸氏へ」が加えられた。

62　「その角」（detti angoli）となっているが、高さが決定しているので、ここでは上の角を指している。

63　台座の角から柱身の底までの曲線のこと。

64　l'angolo verso la veduta. 註11を参照。

65　この図では柱の断面が正方形で、その一辺が側壁に接しているため、柱の正面幅も側面幅も2ピエーデとなる。

66　l'una distante dal'altra che faran un quadro per tutti i lati. 日本語として直訳すると奇妙な表現になるが、奥行き方向の柱間と間口方向のアーチの幅が等しい正方形のベイができるということ。

67　la via del piano. 前述の「平面交差」の方法である。註31を参照。

68　compartito. セルリオは面などを均等に分割するときに、しばしばこの語を使っている。アルベルティ『建築論』第一書第2章、第9章にも登場する。

69　licentia. 現代のイタリア語のリチェンツァ（licenza）には「自由」から転じて「許可」や「休暇」などの意味も含まれるが、形容詞形のリチェンツィオーゾ（licenzioso）は「自由気ままな」や「自分勝手な」といったもっぱら否定的な意味合いが強くなる。セルリオの建築書では、いずれの用語（後者の場合、当時の綴りはlicentioso）も、「適正」や「ふさわしさ」を意味するデコールム（decoro）の対概念として、主にウィトルウィウス『建築十書』や古代建築からの逸脱という否定的な意味合いで使われる。たとえば、『第三書』ではティトゥス帝の凱旋門のコーニスB（106頁［図3–85］）や、コンスタンティヌス帝の凱旋門のコーニスC（121頁［図3–96］）が批判の対象とされている。リチェンツィオーゾという概念については、M. Carpo, *La maschera e il modello*, Milano, 1993, pp. 13-19; J. Onians, *Bearers of Meaning: The Classical Orders in Antiquity, the Middle Ages, and the Renaissance*, Princeton, N. J., 1988, pp. 280-282（ジョン・オナイアンズ『建築オーダーの意味』日高健一郎監訳、中央公論美術出版、2004年）を参照。

70　15世紀の例としてはピエロ・デッラ・フランチェスカ『絵画の遠近法』（1475–77年頃）で、ヴォールト天井で覆われたベイが透視図法で表現されている。Piero della Francesca, *De prospectiva pingendi*, ed. by G. Nicco-Fasola, Firenze, 1984, fig. 43のほか、前掲註3のM. Kemp, *The Science of Art*, p. 29も参照。『絵画の遠近法』のルネサンスの建築家への影響については、M. Daly Davis, "Perspective, Vitruvius, and the Reconstruction of Ancient Architecture: The Role of Piero della Francesca's *De prospective pingendi*", in *The Treatise on Perspective*, ed. by L. Massey, New Haven, 2003, pp. 258-279を参照。

71 テクストでは誤って「左」（sinistra）となっている。これは木版を彫る段階で印刷が逆になることを見落として生じた誤りである。

72 テクストでは誤って「七」となっているが、図と照合すれば「八」になる。

73 veduta. テクストではこの箇所とそのすぐ下の箇所は、「ヴェドゥータ」となっている。註11を参照。

74 li pilastri. この語は英語の「ピラスター」（pilaster）に相当するが、「付柱」のみならず「角柱」という意味で用いられることも多い。ここではL字形断面の柱となっている。

75 questi ordini. ここではドーリス式などの建築オーダーではなく、柱とアーチや天井などで構成された1ベイの単位を示している。

76 compartimenti. 註68を参照。

77 pilastrata. 一般には「付柱の列」を意味するが、セルリオはこの語を扉枠や窓枠の場合にも使用しているため、水平方向の部材も部分的に含まれることになる。註74を参照。

78 セルリオの建築書『第四書』ではイオニア式オーダーのフリーズがふくらんだ形で描かれている。古代建築のイオニア式のフリーズには、そのような特徴はめったに見られなかったが、ラファエロが設計したローマのヴィッラ・マダマの庭園側ファサード［図2］で最初に用いられ、セルリオの建築書でも踏襲されて以降、ひんぱんに採用されるようになった。飛ヶ谷潤一郎「ふくらんだフリーズについて」『盛期ルネサンスの古代建築の解釈』中央公論美術出版、2007年、214–282頁を参照。

図2 ラファエロ他、ふくらんだフリーズ、ヴィッラ・マダマ庭園側ファサード、ローマ

79 il poggiolo, o pergolo. 前者はラテン語のポディウム（podium）やイタリア語のポディオ（podio）に由来し、元は「神殿の基壇」や「円形劇場の貴賓席」という意味で用いられた。一方、後者は現在では蔓性植物を育てるための「パーゴラ」という意味で使われることが多いが、ラテン語のペルグラ（pergula）やイタリア語のペルゴラ（pergola）に由来し、「劇場の桟敷席」や「説教壇」という意味でも用いられた。いずれも劇場に関連する用語であったことは確かであり、本書の舞台背景でものちに言及されている。

80 il sporto. 軒の突出する長さを指している。同様に、窓に設けられた小さな屋根が突出する長さは、平面から測ると正方形二個分を占めていることから4ピエーデである。

81 bene intesi. この語はハートとヒックスの英語訳では、well-conceivedという直訳になっている。註26を参照。

82 ルスティカ式がここでも他でも図示されているのは、外部階段はしばしばこのオーダーの構成部位とみなされるからである。

83 テクストでは誤って「左」（sinistra）となっている。註71も参照。

84 modello. ここでは「模型」に限らず、「図面」と解釈することもできる。アルベルティは模型制作を推奨している。アルベルティ『建築論』第二書第1章–第3章、第九書第8章を参照。ルネサンスの建築模型については、H. Klotz, *Filippo Brunelleschi*, London, 1990, pp. 90-95; H. A. Millon, "Models in Renaissance Architecture", in *The Renaissance from Brunelleschi to Michelangelo*, ed. by H. A. Millon & V. Magnago Lampugnani, New York, 1994, pp. 19-74; *Les maquettes d'architecture: fonction et évolution d'un instrument de conception et de réalisation*, ed. by S. Frommel, Paris, 2015を参照。セルリオの建築書では、『第三書』36頁（本書114頁）、『第五書』27頁裏面（本書420頁）でも言及されている。

85 平面図にPの文字は記入されていない。

86 primo piano alto mezzo piede dal pavimento. 一般にピアノは「平面」や「建物の階」を意味し、パヴィメントは「舗装された地面」や「床面」を意味する。しかし、ここでは何もない高さゼロの基準面が「パヴィメント」と呼ばれ、半ピエーデの高さの「第一の平面」ではまだ階段は始まっていない。

第二書　註

87　左側（あるいは右側）の垂直線と同様に、中央の垂直線についても最初の平面から順に立ち上げるということ。

88　テクストでは誤って「左」（sinistro）となっている。註71も参照。

89　「第三の点」を使用する作図法のこと。前掲註3のM. Kemp, *The Science of Art*, pp. 65-67も参照。

90　イタリア語のテクストでは曖昧に記されているが、フランス語のテクストから確認できるように、その端を基準線に沿ってAに近づけることによって、辺が広めに描かれることを指していると判断できる。

91　corniciar[e]. 字義どおりには「コーニスを施す」という意味であるが、その他の部位も含まれているので、英語訳にしたがった。

92　la veduta. この語は「消失点」という意味でも用いられている。註11を参照。

93　ここでも長さを定めるにあたって、その単位には平面が使われている。註39を参照。

94　両側が透視図法で短縮されているが、ここでは左側面を指す。

95　図を見ればわかるように、CDはCFの二倍となる。

96　セルリオは長さを定めるために正方形を単位としているので、二倍になるのが長さなのか、面積なのか、あるいは体積なのかがわからず、紛らわしい表現となる。註39を参照。

97　la linea piana. 一般には観者、あるいは紙面に対する一番下の水平線となるが、ここではCOを指している。

98　テクストでは誤って「左手」（sinistra）となっている。註71も参照。

99　come quella del telar o del portello. 現代のイタリア語ではtelar[o]はtelaioとなり、「織機」や「骨組」という意味。いずれも「布」や「織物」を意味するtelaに由来する。アルベルティ『絵画論』ではヴェール（velo）と呼ばれている。前掲註4のアルベルティ『絵画論』39–40頁を参照。一方、portelloは「小さな門」という意味であるが、マルタンのフランス語訳では、「製織工あるいは織物職人の仕事」（tellier ou mestier du tisserant）となっていて、ハートとヒックスの英語訳では「骨組のような〔方法〕、あるいはピンホールの方法」（like the flame, or what we call the pin-hole method）となっている。デューラーは『測定法教則』（ニュルンベルク、1527年）第四書の巻末で、ヴェールではなくガラス枠を用いる方法と、開閉可能な小戸（ein Thürlein）を用いる方法を図示しているが、セルリオは両者を混同している。アルブレヒト・デューラー『「測定法教則」注解』下村耕史訳、中央公論美術出版、2008年、第四書、172–175頁を参照。また、1538年版ではさらに二つの方法が追加されている。同書189–192頁を参照。デューラーやレオナルド・ダ・ヴィンチによるこれらの透視図法の器具については、M. Kemp, *The Science of Art*, pp. 167-188を参照。

100　この作図法は、デューラーが図示したリュートの描き方を指していると思われるが、これが「小戸」の方法に相当する。前掲註99のデューラー『「測定法教則」注解』174–175頁を参照。

101　profilo. 直訳すると「側面図」となり、絵画などの場合は真横から見た肖像画の意味で用いられることが多い。

102　セルリオの劇場の平面図と断面図の数学的な分析については、J. Orrell, *The Human Stage*, pp. 130-149、その視野についてはAppendix, pp. 253-257を参照。*The Renaissance Stage*, ed. by B. Hewitt, Miami, 1958, pp. 1-36; V. Hart & A. Day, "The Renaissance Theatre of Sebastiano Serlio, c. 1545", *Computers and the History of Art*, Courtauld Institute, vol. 5. i, 1995, pp. 41-52も参照。

103　古代劇場に関しては、ウィトルウィウス『建築十書』第五書第6章第2節、ならびにS. Serlio, ed. by V. Hart & P. Hicks, p. xxviiiを参照。

104　*Ibid.*

105　ウィトルウィウス『建築十書』第五書第6章第2節では、オルケストラには元老院議員席が設けられると説明されている。

106　lo Theatro, et la Scena. 一般に両者は別のものではないが、ここでのテアトロは断面図の右半分を占める階段席を指している。

107　1539年にヴィチェンツァのパラッツォ・ポルト゠コッレオーニ中庭に設置されたが、現存していない。

108　da l'un corno a l'altro. コルノは「角」ないしは「角状のもの」を指し、三日月が徐々に満ちてゆく状態に劇場がたとえられている。その幅はオルケストラの直径に両側の席の列を加えた値となる。

109　祝祭の場や劇場としての中庭の役割と、それがルネサンスのパラッツォに及ぼした建築的な影響について

は、A. Chastel, "Cortile et Théâtre", *Le lieu théâtrale à la Renaissance*, Paris, 1964, pp. 41-47を参照。

110 1539年にコジモ1世（Cosimo I de' Medici 1519–74年）とエレオノーラ・ディ・トレド（Eleonora di Toledo 1522–62年）の結婚を祝うために、フィレンツェの宮廷でアントニオ・ランディ（Antonio Landi 1506–69年）の喜劇『好都合』（*Il Commodo*）が上演された。このときに舞台装置を担当したアリストーティレ・ダ・サンガッロ（Aristotile da Sangallo 1481–1551年）は、日の出とともに上演が開始され、日没とともに終了するように演出すべく、照明器具に次のような工夫を凝らした。すなわち、水晶でできた球状の容器に蒸留水を満たしてから、それを二本の松明がなかで燃えているランプの前に設置したら、舞台を横断する大きなアーチのなかへ、巻揚げ機を用いてゆっくりと引いてきたのである。アリストーティレ・ダ・サンガッロについては、ジョルジョ・ヴァザーリ「バスティアーノ・ダ・サンガッロ、通称アリストーティレ・ダ・サンガッロ」飛ヶ谷潤一郎訳『美術家列伝』第5巻、175–197頁のほか、モノグラフ A. Ghisetti Giabarina, *Aristotile da Sangallo: Architettura, scenografia e pittura tra Roma e Firenze nella prima metà del Cinquecento*, Roma, 1990, pp. 45-47を参照。このときの一連の祝祭行事については、B. Mitchell, *Italian Civic Pageantry in the High Renaissance: A descriptive bibliography of triumphal entries and selected other festivals for state occasions*, Firenze, 1979, pp. 50-54に原典史料と先行研究がまとめて掲載されている。邦語文献としては、北田葉子『近世フィレンツェの政治と文化：コジモ1世の文化政策（1537–60）』刀水書房、2003年、163–191頁を参照。

111 この類いのルネサンス劇場については、前掲註9のストロング『ルネサンスの祝祭』89–93頁を参照。

112 スペイン・アラブ起源の踊りについては、すばやく激しい動きが特徴であることは、15世紀のイタリアではよく知られていた。

113 背面から正面までということ。

114 commoda. 註16を参照。

115 平面図が示しているように、ここでの幅とは背面から正面までの奥行きを指し、長さとは側面から側面までの幅を指している。

116 comedie. この語は英語のcomedyと同様に「喜劇」という意味でもよく使われるが、ここでは劇全般を指している。ちなみに、ダンテの『神曲』（*Divina Commedia*）は、いわゆる「喜劇」とは異なるが、幸せな結末で終わる。

117 la Comica, la Tragica, e la Satyrica. ウィトルウィウス『建築十書』第五書第6章第8節に従っている。

118 セルリオの舞台背景では、ウィトルウィウスの舞台背景はルネサンスの用語で表現されている。これらの舞台背景の発生については、R. Krautheimer, "The Tragic and Comic Scene of the Renaissance: The Baltimore and Urbino Panels", in *Studies in Early Christian, Medieval and Renaissance Art*, New York, 1969, pp. 345-360; Idem, "The Panels in Urbino, Baltimore and Berlin Reconsidered", in *The Renaissance from Brunelleschi to Michelangelo*, pp. 232-257を参照。ペルッツィによる舞台の素描はウフィツィ美術館素描版画室（U 291A*r*）に所蔵されている。A. Bartoli, *I monumenti antichi di Roma nei disegni degli Uffizi di Firenze*, 5 vols, Roma, 1914-22, vol. 2, fig. 327を参照。バスティアーノ・ダ・サンガッロによる舞台の素描については、M. Rosci & A. M. Brizio, *Il trattato di architettura di Sebastiano Serlio*, Milano, 1966, pp. 23-25を参照。ブラマンテの1501年頃の素描については、*Baldassarre Peruzzi*, ed. by M. Fagiolo, p. 328 fig. 8; M. W. Casotti, "Pittura e scenografia in Peruzzi: le fonti, le realizzazioni, gli sviluppi", in *ibid.*, pp. 339-361を参照。舞台背景と建築オーダーとの関係については、J. Onians, *Bearers of Meaning*, pp. 282-286を参照。

119 dicitore. 字義どおりには「朗詠者」となるが、ここでは台詞の語り手のみならず、舞台に登場する人物がすべて含まれると考えられる。

120 劇場の断面図［図2-45］では、壁体は連続線で描かれていて、視線LOが点線で描かれている。

121 telari, sopra li quali ho poi tirato telle. 註99を参照。

122 che saranno in maiesta. ここではmaiestaの意味がわかりにくく、マルタンのフランス語訳 "Qui seront de front" に従った。

123 この消失点Oを定めるということ。

124 ここでのモデッロは明らかに模型を指している。註84を参照。

第二書　註

125　ローマのマルケルス劇場のように、大規模な古代の劇場では半円形の階段席がそのまま表現されているが、セルリオは半円形の階段席を踏襲しながら、それを長方形の中庭という与条件に組み込むことを提案している。

126　長方形の中庭に収めるために半円形の階段席が一部切り取られたようになっているが、敷地の条件が整えば完全な半円形になるということ。

127　parasiti. ローマ喜劇ではお決まりの、軽蔑視される取り巻きのような役柄である。

128　casa della Rufiana. 直訳すると「女衒の家」で、"RVFIA［NA］"と記された図の右手前の建物を指している。

129　sopra lo piano, detto suolo. ここでは格子状の床面にあたる。

130　li archi del quale son di opera moderna. ゴシック様式の尖頭アーチのこと。セルリオは劇の種類による格付けを建築として明確に視覚化するために、悲劇では古代建築やルネサンス建築を採用する一方、喜劇ではゴシック建築を採用したと考えられる。また、左右非対称の入口もゴシック建築の特徴とみなしていた可能性が高い。飛ヶ谷潤一郎「セルリオの建築書における尖頭アーチの建築事例とゴシック様式の解釈」『日本建築学会大会学術講演梗概集：建築歴史・意匠』2021年、573–574頁を参照。

131　Li poggiuoli, altri li dicono pergoli: altri Renghiere. レンギエーラ（単数形）は現代のイタリア語ではリンギエーラ（ringhiera）で、「欄干」や「手摺り」という意味になるが、元は「演説する」という意味のラテン語のアリンゴ（aringo）やイタリア語のアッリンガーレ（arringare）に由来し、「演壇」という意味でも使われた。ポッジョーロとペルゴロの語源については、註79を参照。バルコニーは、ウィトルウィウスによって喜劇用の舞台背景の特徴の一つとみなされている。ウィトルウィウス『建築十書』第五書第6章第8節を参照。ただし、図の左から二番目の建物に見られるバルコニーは、ヴェローナのジュリエットの家として復元されたようなヴェネト地方の中世のパラッツォに見られるものとよく似ている。

132　l'hostaria della luna. 左側中ほどにある三日月状の張り出し看板が設けられた建物を指す。

133　li rampini, o vogliam dire hami. 右手前の建物の二階にある盾形紋章に描かれている。

134　第一版には頁が記載されていない。

135　悲劇としての死を想起させるモニュメントとして、画面の奥にピラミッドとオベリスクが描かれていることは注目に値する。このオベリスクの頂部には球状の装飾が設置されていることからヴァティカンのオベリスクを参照していることがわかる。それゆえ、そのそばにあるピラミッドはメタ・ロムリとなる。このロムルスのピラミッドは、1498年に教皇アレクサンデル6世がアレッサンドリーナ通り（現在のボルゴ・ヌオーヴォ）を開削するときに取り壊されたが、当時の絵画にはローマの象徴としてしばしば描かれるほど有名であった。N. Temple, *renovatio urbis: Architecture, Urbanism and Ceremony in the Rome of Julius II*, New York, 2021, p. 30を参照。

136　ウィトルウィウスの記述にしたがって、円柱や破風、彫像が設けられた王者にふさわしい建物が並んでいる。ウィトルウィウス『建築十書』第五書第6章第8節を参照。すなわち、建築様式としてはルネサンス、あるいは「古代風」であることが王者にふさわしく、庶民的な中世風の建物で構成されていた喜劇用の舞台背景とは明らかに区別されている。

137　テクストでは誤って「左」（sinistra）となっている。註71も参照。

138　註21を参照。セルリオは『第四書』第11章（本書330–333頁）で、建物内外の絵画形式の装飾について論じている。

139　ユウェナーリス『サトゥラェ：諷刺詩』藤井昇訳、日中出版、1995年を参照。この節は、J. Onians, *Bearers of Meaning*, p. 282でも論じられている。

140　licentia. 註69を参照。

141　「諷刺劇のスカエナは樹木や洞窟や山やその他庭師のつくる景色にかたどった田舎の風物で装飾される」。ウィトルウィウス『建築十書』第五書第6章第8節を参照。

142　ウィトルウィウスはこの箇所では、小屋の具体的な姿については何も言及していない。セルリオは、おそらくウィトルウィウス『建築十書』第二書第1章の記述を参考にしたのだろう。

143　l'artificio. この語は「自然」（natura）の対概念にあたり、絵画や彫刻のように写実性が要求される美術では、アルベルティやレオナルドなどによって自然を手本とすることが推奨されていることは容易に理解できる。それぞれ、前掲註4のアルベルティ『絵画論』43–45、49–50、68頁、前掲註24の『レオナルダ・

89

ダ・ヴィンチの手記（上）』214頁を参照。

一方、建築における「自然」という概念については、たとえば壁面仕上げの場合、十分に加工がされていない粗面仕上げは「自然」で、ていねいに仕上げられた滑面仕上げは「人工」であるとセルリオは考えている。しかし、『第四書』第5章14頁おもて面の出入口［図4-14］では、滑らかに仕上げられた柱身をルスティカ式の帯が横断しているように、両者を組み合わせて用いることもある。アルベルティ『建築書』における「自然」の概念については、L. B. Alberti, *On the Art of Building in Ten Books*, trans. by J. Rykwert *et al.*, Cambridge, Mass., 1988, p. 424を参照。ルネサンスにおいて人工と自然との関係は、都市と田園との関係にもなぞらえることができる。また、自然を手本とした円柱については、J. Onians, *Bearers of Meaning*, pp. 286-288を参照。

144 1513年にジェンガはウルビーノの宮廷で、ビッビエーナ枢機卿（ベルナルド・ドヴィーツィ）の劇『カランドリア』用の舞台装置を設計した。また、ペルッツィは1514年にローマで『カランドリア』が上演されたときに透視図法を駆使した舞台装置を設計した。註29も参照。

145 ルネサンスのこれらの祝祭については、前掲註9のストロング『ルネサンスの祝祭』89-93頁を参照。

146 chiaretti. この語にはピエモンテ地方などの北イタリア産の赤葡萄酒キアレットと、ボルドー産の赤葡萄酒クラレットの両方の意味があり、フランスにも滞在していたセルリオの場合はいずれの可能性もあるが、ここでは前者とした。

147 vergine. 現代イタリア語ではverzinoという綴りになる。マメ科の植物で、その茎は赤色の塗料として用いられた。

148 carta reale.

149 ピーテル・クック・ファン・アールスト（Pieter Coecke van Aelst 1502-1550年）が1542年に出版した『第四書』のこと。海賊版に対するセルリオの批判は、アルフォンソ・ダバロスへの献辞でも言及されている。しかしながら、クック・ファン・アールストによってネーデルラントにルネサンス様式がもたらされたことは確かである。彼によるその他の版については、J. B. Bury, "Serlio. Some Bibliographical Notes", in *Sebastiano Serlio*, ed. by C. Thoenes, pp. 92-101を参照。クック・ファン・アールストについては、M. N. Rosenfeld, *Sebastiano Serlio: On Domestic Architecture*, New York, 1978, pp. 35-41; J. Offerhaus, "Pieter Coecke et l'introduction de traités d'architecture aux Pays-Bas", in *Les traités d'architecture de la Renaissance*, ed. by J. Guillaume, Paris, 1988, pp. 443-452を参照。

150 『第四書』と『第三書』のフランス語訳は、それぞれ1545年と1550年に、いずれもクック・ファン・アールストによってアントウェルペンで出版された。

151 ジャン・マルタンのフランス語訳では、この警告はいっそう具体化されている。

「ドイツで海賊版が出版されてからも、さらに『第三書』と『第四書』をフランス語に翻訳している輩がいることを耳にしたが、私の許可も得ずにこれらを出版することは厳禁する。もし私の同意もなしに出版するなら、国王の特許状の権限にしたがって逮捕させ、裁判所へ連行させるつもりである」。

"Considéré que i'ay quelque advertisement que oultre celuy qui à esté imprimée en Allemaigne, aucuns se meflent de traduire en Francoys iceulx miens livres tiers et quart, et ie n'entens point quant a moy que celux la soient mis en lumiere soubz mon nom. Et s'ilz le sont a mon desceu, ie les feray saisir et mectre en mains de iustice, par vertu de mon privilege du Roy".

152 Non nobis, Domine, non nobis, sed nomini tuo da gloriam. 楕円形の紋章を取り囲むように、ウルガータ訳聖書の「詩篇」（Psalmi）113：9が引用されている。*Biblia sacra: iuxta Vulgatam versionem*, ed. by R. Weber, 5th ed., Stuttgart, 2007を参照。ただし、次の新共同訳聖書では「詩篇」115：1となり、日本語訳はこちらを使用した。『聖書：新共同訳』日本聖書協会編、1989年。

153 Nec barbae nec barbato. 楕円形のなかに古代遺跡とともに描かれているあごひげの人物は、出版者ジャン・バルベ（Jean Barbé）と考えられ、「あごひげ」はフランス語では「バルブ」（barbe）という。一方、ここでの「哲学者」（barbatus）とは著者セルリオを指していると思われ、実際にセルリオもひげを蓄えていたが、マキアヴェッリなどの他の著者の場合にも同じモットーが使用された。

第 三 書

セバスティアーノ・セルリオ・ボロニェーゼによる〔建築についての〕
第三書⁽¹⁾

本書ではローマやイタリアの各地、その他の遠く離れた場所にある古代建築の大半
について記述され、寸法を伴う図版も示される⁽²⁾

ローマがかつてどのようであったのかは、その廃墟が教えてくれる⁽³⁾

|2|

教皇庁とヴェネツィア共和国による十年間の認可証付

|3|

セバスティアーノ・セルリオから
国王陛下フランソワ〔1世〕へ⁽⁴⁾

　私自身、古代ローマの人々の偉大さや、建物に関する優れた判断力⁽⁵⁾についてはしばしば考えることがあります。というのも、ローマはもとより、イタリアの多くの場所でも外国でも、実にさまざまな種類の非常に多くの建物の廃墟が今でも見られるからです⁽⁶⁾。そこで私は、今までに手がけた他の建築書に加えて、それらの古代遺跡のすべてとはいわずとも、少なくとも主要なものは取り上げて、一巻分を充てることに決めました。そうすれば、建築に関心を抱く者は誰でも、どこにいようとも、本書を手に取って、古代ローマ建築の驚くべき廃墟をすべて見ることができるからです。

　もしこれらの遺跡がもはや存在していなかったなら、多くの建造物の驚異について語られた記述は、おそらく信じられなかったでしょう。美しさと有用性とを兼ね備えた当時の建築という技芸⁽⁷⁾は、ローマとギリシアの美術家の幸せな時代に頂点に達しました。そして、陛下が多分野の学問の理論と実践とに優れた才能をお持ちであるのみならず、建築の愛好家としても高い見識の持ち主であることは、偉大なる陛下の王国の至るところで陛下が命じられた数多くのまことに立派ですばらしい建物が何よりの証拠です。

　そこで私は、陛下のご庇護のもとであれば、この小著も格が上がるのではと期待しつつ、私が全力を注いだ本書を、まことに多岐にわたる陛下の知性のもとにお納めしたいと思いました。私と同じように取るに足らない作品を、かくも偉大なる陛下にあえて捧げることを、どうか自分勝手な思い上がりとはお思いにならないでください。というのも、昨年ロデーズ殿⁽⁸⁾が陛下に別の拙著をお贈りしたときに、陛下は私に思いを寄せてくださり、私が陛下に仕えることをご快諾いただいたからです。また、陛下は生来の寛大さでもって心^{アニモ}を動かされて、私が本書をまとめられるよう金300スクードを私に送るようにと、ひそかに命じられたからです。そのおかげで、私はこの仕事に取りかかる前よりもいっそう大きな熱意を傾けることができました。本書はまだ完成してはおりませんが、こうして今、私は本書を陛下に捧げるに至った次第です。

さて、私が未完成と申し上げましたのは、広大なフランス王国にある実に多くの見事な古代遺跡が漏れ
ているという意味です。陛下のフランス大使として、ここヴェネツィアに駐在中のド・モンペリエ殿は
私にこう語りました。フランスには非常に数多くの立派な古代遺跡があるので、それだけでも一巻分は必
要だろうと。古代の遺跡は、アントニヌス・ピウス帝の故郷であるたいそう古い都市ニームにも見られま
す。そこにある古代遺跡を見れば、ローマ人にとってそれらがどれほど大事なものであったかがわかりま
す。彼らがニームに建てたドーリス式の壮麗な円形闘技場では、きわめて質の高い建材が使用され、よく
考えられてつくられているため、今もなお完全な姿をとどめています。

　大理石でできた多くの彫像や、美しい文字で刻まれたラテン語やギリシア語の無数の碑文についてまで、
私は触れるつもりはありません。けれども、市壁に隣接する八角形でできた古代の二基の大塔は、今でも
見られる古代都市の防御法であり、それらについてまで沈黙を保つつもりはありません。さらに丘のふも
とにある、深くて水が満杯の泉についても黙って見過ごすわけにはいきません。あるいは泉というよりも
むしろ湖というべきかもしれませんが、その丘の上には女神ウェスタに捧げられた、うまく考案された優
雅なコリント式の神殿が今日でも見られます。その丘の上には、「大　塔」と呼ばれる大きな墓もありま
す。また、今もなお人が住めるほど優れた状態で保たれている端正なコリント式の宮殿を、私がどうして
省略することなどできるでしょうか。

　ニームからおおよそ4リーグ離れた場所には、ローマ人の度量の大きさが現れています。というのも、
前述の泉が絶えず満たされるように、丘から丘へと水路を通して、驚くべき水道橋を架設したからです。
その高さは周囲にある他のあらゆる建物を超えています。なぜなら、この水道橋はきわめて高い二つの丘
のあいだに架けられていて、その下には非常に急な流れの川があるからです。この水道橋を丘の頂上と同
じ高さに到達させるために、ルスティカ式のアーチが三層にわたって積み重ねられています。一番下に
ある第一層は五連アーチでつくられていますが、あまりに高いため、一本の角柱がまるで高い塔のように
見えるほどです。この第一層は粗く仕上げられたルスティカ式です。これら五連アーチの上に、さらに高
い十一連アーチが載ります。というのも、丘は互いに分岐しているからです。この層もルスティカ式です
が、表面は若干ていねいに仕上げられています。これら十一連アーチの上には三十六連アーチが載ります。
十一連の各アーチの上に、二つずつアーチが載りますが、実際には丘の高さが異なるため、最上層のアー
チはこの数でよいことがわかります。それらの上に、丘の高さとレベルが等しくなるように水道が設置さ
れ、それを通じてニームの中心部へと水が運ばれます。

　これに加えてサン・レミには、実に立派な三層構成の墓があります。第一層はイオニア・コンポジット
式で、その下には基壇も含まれます。そして〔この第一層の〕角には付柱が設けられています。すばらし
い浮彫の施された部分についてみると、一方の側では騎馬戦、もう一方の側では歩兵戦、第三の側では狩
猟の場面、第四の側では勝利と凱旋の場面が表現されています。この第一層の上にコリント式でできた別
の層が載り、角には円柱が設けられています。さらに窓も設けられていて、装飾がふんだんに施されてい
ます。その上には、縦溝が刻まれ、ほっそりとした十本のコリント式円柱で支えられたヴォールトという
よりも、むしろドームで覆われた円形神殿があります。この神殿の中央には、男性の身長よりも高い大理
石でできた二体の彫像があります。その一方は男性像で、もう一方は女性像ですが、｜**4**｜いずれの頭部も
失われており、他の四肢も時の経過や人為的ないたずらによって壊れた状態となっています。この反対側
には凱旋門があり、あらゆる類いの装飾がとても豊かに施されています。

　アルルの古代遺跡について、とりわけとても古い円形闘技場については、私が何か説明することなどあ
るでしょうか。あるいはフレジュスにある古代の宮殿や、その郊外にある円形闘技場についてもそうです
が、この都市にも見るべきすばらしいものがあります。アヴィニョン近郊のアザン・シャマントはまこ
とに見事な橋で、その両端には凱旋門のように見える大きな門があります。同様に、ヴィエンヌにはマグ

ダラのマリアに捧げられたコリント式の聖堂があります⁽³⁰⁾。

陛下の王国には他にも多くのものがありますが、ここではそれらについての議論は割愛させてください。なぜなら、私が直接それらの驚くべき古代遺跡をすべて訪れることができるように、陛下が喜んで私を遣わしてくださるときのために残しておきたいからです。というのも、私は今まで別の建物を実測して図面を描いてきましたので、残りの建物についても同様の作業に励むことで、ともに世に知らしめることができるからです。むろん、そのいくらかについては陛下のご好意とご支援なしには、完成には至らなかったでしょう。そこでひとまずは、どうかこの小著を快くお受け取りいただきますようお願い申し上げます。小著とはいえ、王室のご庇護の下にあれば、立派なものとみなされるでしょう。私は陛下にこの上ない敬意を表して恭しく跪き、陛下がお気に召されるなら、いつでも喜んで馳せ参じる心構えです。

|5|

第4章　古代建築について

ローマに見られるあらゆる古代の建物のうちで、パンテオンは単体の建物としては実際に最もすばらしく、まさに完璧で、きわめて入念に計画された建物であると、私は評価している⁽³¹⁾。パンテオンが他の建物よりもはるかに注目に値するのは、多くの部位から成り立っているにもかかわらず、各部位が全体と実にうまく釣り合っているため、それを見る者は誰もがこうした 調 和 に満足を感じるからである。パンテオンを考案した思慮深い建築家が最も完全な形態、すなわち円形を選択したのは、これが理由である⁽³³⁾。それゆえ、一般にはラ・ロトンダと呼ばれているのも、内部では高さと幅が等しいからである⁽³⁴⁾。

おそらくパンテオンの建築家は、あらゆるものは命令系統に従って進行するという原理、すなわち頭一つに下位の四肢が従属することを勘案しながら⁽³⁵⁾、この建物の頂部に開口部を設けることで、単一の光源から建物全体に光を均一に行きわたらせたいと思ったのだろう。これは実際に〔室内が〕光で照らされているように見えるということである。なぜなら、〔周囲の〕六つの礼拝堂は分厚い壁のなかにあるため暗いはずだが、それらですら礼拝堂の上部に設けられた第二の光源となる開口部から適度な採光が得られる上、さらに頂部にあるこの光源からも完璧な光が差し込むからである。したがって、たとえ頂部の開口部が小さくても、そこから光が差し込まない場所は存在しない。そして、そのようなすばらしい優雅さを備えているのは、建物の物質的で変化のない部分に限らず、室内に見られる人々についても同様であって、たとえ外 観や 姿 はごく普通であったとしても、どこかしら大きさや美しさを増しているのである⁽³⁷⁾。というのも、すべては天の光から生じるものであって、それが妨げられることは決してないからである。

ただし、優れた判断力なくしては、この効果は生み出されない⁽³⁸⁾。なぜなら、この神殿は古代には万の神々に捧げられたからであり、そのために多くの彫像が安置されたことは、多くの異なるタバーナクルやニッチなどのアルコーヴが何よりの証拠であり⁽³⁹⁾、いずれの彫像も必要に応じて光源が欠かせなかったからである。それゆえ、さまざまな類いの彫像やその他の浮彫を収集することを楽しむ者は、このような上からの採光が可能な部屋を必要とするはずである。なぜなら、展示物が光を求めて彷徨う必要はないが、どこに彫像が設置されようとも、完璧な姿で展示されるにちがいないからである。

このことは絵画についても、そのような光のなかで描かれたものであれば、かなりの程度当てはまるだろう。これは判断力に秀でた大半の画家が普通に行っていることである。すなわち、画家が作品の姿に力強く際立った印象を与えたいと思ったときには、上方から光を照らすのである。しかしながら、こうした方法で描かれた絵画は、眼の肥えた人物によって鑑賞されるべきである。なぜなら、もしそうでない人物

95

が見たところで、美術に無知な輩には強い陰影は鑑賞の妨げとなるため、たとえ称讃に値する作品であっても批判されかねないからである。偉大なるティツィアーノの絵画は、彼が探究したあらゆる光の条件下で描かれたにもかかわらず、きわめて甘美で色彩もうまく選ばれているため、まことに生き生きとした印象を与え、誰をも満足させるのである。

　さて元の主題に戻ると、私が今までに見たことのある建物、あるいは見ることのできるあらゆる建物のうちでは、パンテオンが最高であると考えられる。それゆえ、すべての建物の頭のごとく、本書では最初の建物として位置づけるのが適切であると思う[(42)]。というのも、とりわけパンテオンは宗教建築であり、教皇ボニファティウス〔4世〕によって聖堂[(44)]として奉献されたからである。この神殿の創建者は、プリニウスがいくつもの箇所で語っているようにマルクス・アグリッパ[(47)]であり、彼は志半ばにして亡くなったアウグストゥス・カエサルの願いを実現させた。この神殿はキリスト紀元14年に建てられ、世界の始まりから数えると、5203年くらいにあたる。（プリニウスが述べているように、）この神殿では柱頭はブロンズでつくられていた[(49)]。またこの著者によれば、アテナイの彫刻家ディオゲネスがそれらの円柱を女人像柱[(50)]としてつくったところ非常に高く評価され、ペディメントの上の彫像は高い位置に置かれたため決して有名にはならなかったものの、やはり大いに称讃されたという[(51)]。

　トラヤヌス帝[(52)]の在位12年目に、この神殿は落雷による火災に遭った。それはキリスト紀元113年、世界の始まりから5311年[(53)]のことである。ルキウス・セプティミウス・セウェルス帝とマルクス・アウレリウス・アントニヌス帝[(55)]が、その建物をすべての装飾も含めて修復したことは、ペディメントのアーキトレーヴに刻まれた碑文[(56)]に見られるとおりである。けれども、すべての装飾が再建されたものであるとは信じられない。なぜなら、前述のディオゲネスが制作した女人像柱は、別の方法で設置されたにちがいないからである。とはいえ、装飾を手がけた建築家が優れた判断力と思慮深さ[(57)]を備えていたことは真実といえる。なぜなら判断力については、各部位が建物全体に適合するように調和させる方法を心得ていたからであり、やたらと大量の彫刻装飾を施すことで建物を混乱させるのではなく、卓越した判断に従ってそれらを整理する方法をわきまえていたからである。これについては、のちほどしかるべきところで詳細に取り上げるつもりである。また思慮深さについては、建物全体にわたってコリント式オーダーのみを採用することで、他のオーダーとの混在を避けようとしたからである。さらにあらゆる部位の寸法についても、私が今までに見たことのある他のいかなる建物の場合よりもうまく考えられているからである。この神殿は、まさに建築の雛形[(エゼンピオ)]といってよいだろう。

　しかしながら歴史上のこうした逸話は、建築家にはさほど重要ではないのでさておくとして、あらゆる要素の個々の寸法から説明しよう。さらに、秩序正しい方法で古代建築についての説明を進めていくために、まずは平面図[(58)]、すなわちプラン、次に正面図、すなわち立面図[(59)]（これを断面図と呼ぶ人もいる）、そして最後に背景図[(60)]、すなわちどのようなものでも正面と側面をともに表現した図の順とする。

| 6 |

　次の図はパンテオンの平面図［図3-1］である。寸法は古代ローマのパルモで記されている。まずはポルティコについて説明すると、円柱〔底面〕の太さ[(61)]は6パルモ29ミヌートである。円柱とその隣の円柱との距離[(63)]は8パルモ9ミヌートである。戸口のある玄関[(ウェスティブルム)]の幅は40パルモである。ポルティコのピアの正面幅は、その前に並ぶ円柱の太さと同じである。ピアとピアとのあいだにあるニッチの幅は10パルモで、その両側からピアまで[(64)]は2パルモである。戸口の幅は26パルモ半である。神殿全体の幅、すなわち床面の壁から壁までの正味の幅は194パルモであり、高さ、すなわち床面から頂の開口部の縁までの高さもその幅に等しい。開口部の幅は36パルモ半である。壁体内に設けられた六つの礼拝堂の幅はそれぞれ26パルモ30ミヌートであり、奥行きはその半分であるが、角にある付柱の正面幅は含まれない。半円形の主礼

拝堂の幅は30パルモであるが、ここでも角にある付柱の正面幅は含まれない。すべての礼拝堂に設置された円柱の太さは、5パルモよりも3ミヌートだけ短い。同じ礼拝堂にある角の付柱の正面幅についても同様である。礼拝堂のあいだにあるタバーナクルに設置された円柱の太さは2パルモである。

　神殿を取り囲む壁の厚さは31パルモであるが、この壁体のなかには多くの空洞がある。というのも、礼拝堂でかなりの量の壁体が取り除かれているが、他にも礼拝堂とその隣の礼拝堂とのあいだにはいくつかの空洞があるからで、多くの人々が語るところによれば、それらは地震時の出口であるという(65)。けれども、むしろそれらの空洞は、建材を余分に使用するのを避けるためであったと私は信じたい。なぜなら、理由は何であれ、円形の建物はきわめて頑丈だからである。左側に見られる階段(66)は、玄関の上に昇るためのもの(67)で、これと同じ階段がかつて右側にもあったようである。そこから今でも存在する秘密の通路を通って、礼拝堂の上を周回することもできる。これを通り抜けると、大きな段々の外に出て、その周りにはいくつもの階段が設けられているので、それを使って建物の最上部へと昇ることができる。この建物の基礎はすべて堅固な塊でできていて、建物よりも広い敷地(スパティオ)(68)を占めていたと信じられている。これは付近の住民が建物をつくろうとしたときに、そのような基礎を発見したという言い伝えに基づいている。

　古代ローマの1パルモは12ディジットに等分され、1ディジットがさらに4ミヌートに等分される。この建物は詳細に至るまですべてこれらの寸法で測定されている。

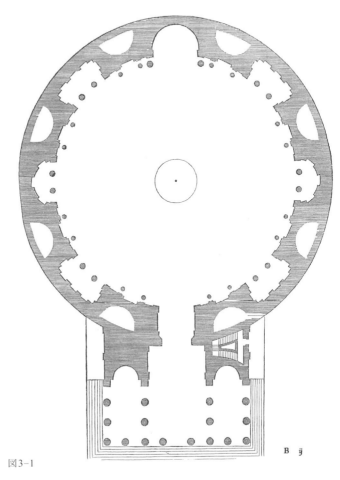

パンテオンの平面図

図3-1

〔長さ1パルモのスケールバー。原図から90度回転〕

|7|〔図3-1〕

97

パンテオンの外側の形態

次に示される図［図3-2］は、パンテオンの外側全体を正面から見たときの形を表している。今日では〔中に入るときには〕何段か下に降りていくことになるが、建設当初は地面から七段高く上げられていた。この古代の建物がなぜこれほど完全(インテグロ)であるのかについては、十分な理由がある。すなわち、基礎は安普請ではなく、それどころか基礎の周辺部が敷地全体にまで及ぶと信じられているからである。このことは、少なくとも付近に住む何人かが工事に携わったときに、これらの基礎のいくらかが最高の建材でつくられたことを認めているとおりである。

しかし、ここでは地上にある部分の個々の寸法について説明しよう。ポルティコの円柱の太さは6パルモ29ミヌートであると私はすでに述べた。一方、柱礎と柱頭とを除いた円柱の高さは54パルモ29ミヌートである。柱礎の高さは3パルモ19ミヌートである。柱頭の高さは7パルモ37ミヌートである。アーキトレーヴの高さは5パルモである。フリーズの高さは5パルモ13ミヌートである。コーニスの高さは4パルモ9ミヌートである。コーニス上端からペディメント頂までの高さは34パルモ39ミヌートである。

このペディメントの内側は銀の図像(スパティオ)で飾り立てられていたと信じられている。このことは文献上では確認できなかったものの、当時の皇帝の偉大さを勘案すれば、事実であったと思いたくなる。なぜなら、もしローマを何度も劫掠したゴート人やヴァンダル人などの民族がブロンズを欲しがっていたなら、アーキトレーヴやポルティコのその他の装飾には大量のブロンズが使用されているので、そこから好きなだけ奪っていけたはずだからである。たとえそうであったにせよ、金属製の像がかつてあったことを暗示するような痕跡が残されていることは確かである。一番上のコーニスからドーム頂まで昇って行くためには、頂上までの緩やかな階段が何箇所も設置されているので、それらを使えばよいことが図からも理解できるだろう。

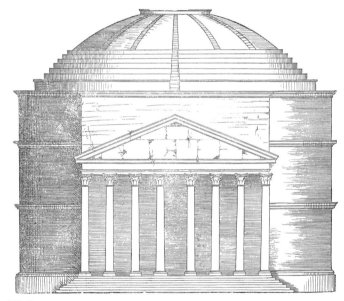

図3-2

神殿の内側

次の図［図3-3］はパンテオンの内観を示している。その形態は完璧な円からなる。というのも、壁から壁までの幅が、床面から開口部下端までの高さに等しいからである。前述のように、この直径は194パルモである。床面から一番上にあるコーニス上端までの距離は、このコーニスから開口部のあるヴォールト頂までの距離に等しい。ヴォールト、あるいは天井(チェーロ)といってもよいが、そこにある格間はすべて、真ん

中に一つだけ示されたような形となる。さらに、それらは薄い銀箔で飾り立てられていたと信じられている。なぜなら、残されたいくつかの部分には、今でもその存在が確認できるからである。もしこれらの装飾がブロンズ製であったなら、前述の理由によって、ポルティコに現存している別のブロンズの部分は略奪されていたはずだからである。

これらのものは透視図法に関係するが、たとえ短縮法（スコルティオ）[76]を使わずに格間の奥行きや表面が見えても驚いてはならない。なぜ

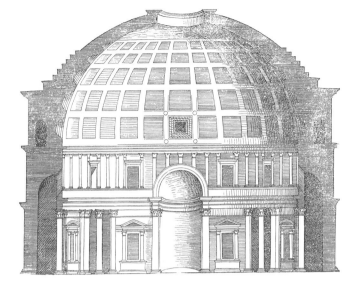

図3-3

なら、私は平面図からこれらを立ち上げて、高さのみを正しい縮尺で示すことで、短縮された側面で生じる歪みによって寸法が失われないようにしたかったからである。しかしながら、のちに透視図法に関する〔第二〕書では、この技法に関するすべてのものを対象として実際に短縮されたものを[77]、平面図形と立体図形と別々の方法に分けて、数々の多様なファサードを含めたさまざまな形態について、正確に示すつもりである。けれども、正しい寸法を表現するために、これらの古代建築を図示するときには、この技法は使用しないつもりである。私はここではコーニスよりも下にある各部位の寸法は記さないでおく。というのも、のちほど部分ごとにそれぞれの寸法を詳細に示すつもりだからである。

真ん中の礼拝堂についてみると、アーチが五本の円柱を分断しているのは[80]、古代の立派な慣習では決してありえないため、古代につくられたものではなく、キリスト教の聖堂となってから加えられたというのが大半の意見ではあるものの、建物の残りの部分全体とうまく合致している。実際にこの〔主〕礼拝堂には主祭壇を設置するために[81]、他の礼拝堂よりも広めにつくられていて、キリスト教の聖堂に適したつくりとなっている。

| 10 |

この小屋組（アルマメント）[82]は今でもパンテオンのポルティコの上に存在しており、全体はブロンズの板で図に示されたような方法でつくられている［図3-4］。半円の部分はもはや存在していないが、かつてはブロンズの板で入念に飾り立てられた円筒ヴォールトで覆われていた。ここにも銀でできた装飾が施されていたと多くの人々に信じられており、その理由についてはすでに説明したとおりである。けれども、半円の部分がどのような材料でつくられていたのかはわからない。確かであるのは、現状から推測する限り、それがきわめて立派なつくりであったにちがいないということである。

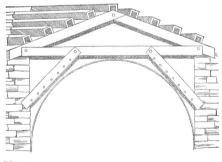

図3-4

99

右の図［図3-5］はポルティコの
内部を示している。ポルティコは異
なる種類の大理石で、玄関の外側は
もとより、側面も正面もしっかりと
飾り立てられている。しかしながら、
外側は長年にわたって外気にさらさ
れてきたため、すり減っている。四
本のピアには、右の図に見られるよ
うな方法で、同じ数の縦溝が刻ま
れている。円柱の上部は先細りに
なっているが、その上に載るアーキ
トレーヴの底面幅は円柱〔底面〕の
太さと等しくなるので、判断力に優
(83)

図3-5

戸口とポル
ティコ内側
の立面図

れた建築家は〔上部〕先細りしないピアをアーキトレーヴに適合させるために、アーキトレーヴの下方
を鉛直には下ろさない。その代わりに、円柱の逓減によって失われた幅に等しい何も支えない部分が両側
で生じるため、右に示された図からわかるように、円柱の逓減によって失われた幅だけアーキトレーヴを
外側に突出させる。そうすることで実にうまく調和している。戸口の寸法については、その開口幅は20パ
ルモ2ミヌートで、40パルモ4ミヌートである。次頁ではさらに詳細な寸法を大きな縮尺で取り上げるこ
とにする。
(84)

| 11 |

図3-6

この柱礎［図3-6］は、アンタエと
呼ばれるいくつかの平らな柱のもので、
第二層では装飾として扱われる。これ
らの柱礎は優れた判断力に従って彫ら
れる。というのも遠くから見たときに、
アストラガルが二つでは小さすぎて柱
礎がわかりにくくなりかねないので、
二つではなく一つしか設けていないからである。
(85)

この戸口［図3-7］の開口部の比例関係についてはす
でに説明したけれども、柱型の正面幅は開口幅の1/8と
なる。ウィトルウィウスは、ドーリス式戸口とイオニア
式戸口の柱型〔の正面幅〕について〔開口幅の〕約1/6と
定めてはいるものの、これはコリント式戸口であるた
め、1/8としたほうが好都合である。というのも、コリン
ト式円柱はドーリス式やイオニア式円柱よりもほっそり
としているからである。側面の幅を十分にとれば、柱型
の幅もいっそう広く見える。なぜなら、眼には一部のみ
ならず、別の一部も同時に入ってくることで、全体が視
界に取り込まれるため、このようにつくればよい結果を
(86)
(87)

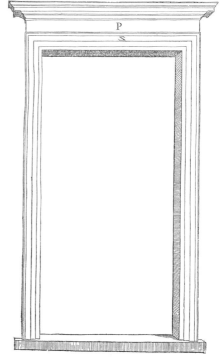

図3-7

100

もたらすからである。この扉枠、すなわち側面の柱型と上部のアーキトレーヴは、全体が単一の部材でつくられているといわれており、私自身接合部はまったく見つけられなかった。さらに詳細な寸法については、大きな縮尺で右に示されている。

このコーニスとフリーズとアーキトレーヴ［図3-8］は、パンテオンの戸口の上にある(88)。それぞれの寸法については、アーキトレーヴの高さは戸口の幅の1/8である。フリーズには彫刻が施されていないので、その高さはアーキトレーヴの高さよりも1/3だけ低い。コーニスの高さはアーキトレーヴの高さに等しい。個々の部位については、全体に合わせて比例関係が整えられるので、コンパスを使用すれば、すべての寸法は導き出せるだろう。

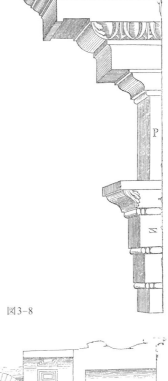

図3-8

|12|
このたいそう立派でうまく考えられた建物を隈なく示すためには、一方向から表現しただけでは不十分である。そこで私は、正面の外観がすべてわかる正面からまっすぐに見た図はすでに示したので、今度は側面から見たポルティコと玄関と入口の図を示すことにする［図3-9］(89)。それらの正確な寸法に関して、円柱と外側のピアの太さと高さや、それらの装飾についてはすでに述べたので、繰り返すつもりはない。それゆえ、各部位は原寸と比べてかなり小さな縮尺で描かれてはいるけれども、それらの配置さえわかれば十分であると思う。神殿の入口に設置された小さな円柱は、付柱として使用されている。それらの寸法はのちほど示すつもりであるが、それらは礼拝堂にも使用されるからである。ブロンズでできた円筒ヴォールトについてはすでに述べたが、その奥行きはこれら三つの柱間に等しい。

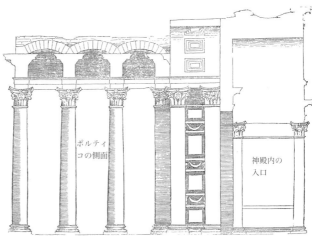

図3-9

|13|
パンテオンでは円柱の畦に多くの種類が見られるが、私はわざわざそれらをすべて記述したいとは思わない。しかしながら、正面口に面した大きな礼拝堂の円柱の畦に関しては、きわめて美しく巧みに彫られているため、それらの詳細をいくつか示しておきたかった［図3-10］。次のA印とB印の図は、円柱に彫られた畦を平面図と立面図で表現したものであり、図Aは円柱の立面図を、図Bは円柱の平面図を示している。畦の形態に限れば、これで十分に理解できるだろう。

それでも寸法については記しておく必要があるだろう。縦溝は24本あり、縦溝1本の幅は9ミヌート半

101

である。半円形の繰形と二本の平縁(91)〔の幅〕は4ミヌート半である。すなわち、半円形の繰形が3ミヌートで、残りが1ミヌート半である。これら1ミヌート半の幅は等分され、半円形の繰形に隣接する平縁の幅は3/4ミヌートである。この溝は、それを見る人にはとても好ましく思われるのか、フォルム・トランシトリウムのバシリカにも戸口の装飾として同様の溝が採用されている。

　C印の柱礎は、パンテオンのなかでは最大の礼拝堂にある、すでに述べた円柱から取り出したものである。その高さは2パルモ11ミヌート半であり、次のように分配される。礎盤に19ミヌート、下部のトルス(プリンス)に17ミヌート、その上にある平縁(クアドレット)に3ミヌート半、第一のスコティア、すなわちカヴェットに8ミヌートと1/3、玉縁(アストラガル)の下にある平縁に半ミヌート、玉縁の上にある平縁に1ミヌート、二つの玉縁に6ミヌート半、すなわちそれぞれの玉縁に3ミヌートと3/4、玉縁の上のスコティアに6ミヌート、上部のトルスの下にある平縁に1ミヌート、上部のトルスに7ミヌートと2/3、〔上部の〕トルスの上にある平縁に3ミヌートで、この平縁は円柱の部位の一つである。この柱礎の突出する長さは23ミヌートで、右に示された方法で整えられる。

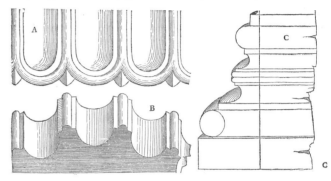

図3-10

| 14 |

　次の図〔図3-11〕はパンテオンの内観の一部、すなわち床面からコーニス頂部までを示している。このコーニスが上にあるヴォールトを支えるが、ここで私が言おうとしているのはドームのことである。この図では、コーニスよりも上に格間の始まる部分も描かれている。同様にこの図の下部には、六つある礼拝堂のうちの一つの幅も示されている。これらのうち二つは半円形〔平面〕で、四つは長方形〔に近い平面〕であるが、それらの正面については六つともすべて同じである。これらの礼拝堂にはそれぞれ二本の円柱が設置され、礼拝堂の両端に角柱が隣接していることは、前掲平面図や次の図からも確認できる。これは透視図で描かれていないため、礼拝堂背後の壁面が湾曲しているのか、またはまっすぐであるのかは識別できないものの、正確な寸法を保つために側面が後退しないように表現されている。ただしこの場合、実際には長方形となる。なぜなら、礼拝堂の壁面にはわずかな後退部(フェネストレッラ)が見てとれるからである。

　円柱の太さは5パルモよりも3ミヌートだけ短い。柱礎の高さは2パルモ21ミヌートである。柱頭〔と柱礎と〕を除いた円柱の高さは40パルモである。柱頭の高さは5パルモ30ミヌートである。したがって、柱頭と柱礎とを含めた円柱全体の高さはおよそ48パルモである。アーキトレーヴとフリーズとコーニスの高さは13パルモ半である。この高さ全体は10部に分けられる。すなわち、アーキトレーヴに3部、フリーズに3部、コーニスに4部が分配される。残りの部位については、私はこれ以上説明するつもりはない。なぜなら、P印のこの部分については、原寸を縮尺した形で〔大きく〕示されているからである。

　パンテオンの建築家が優れた判断力を備えていたことは、このコーニスを見ても確かに納得できる。彼が〔コーニスに〕軒持送りを加えたときに、彫刻の施された歯飾りを加えなかったのは、古代や今日の多くの建築家に共通する誤りを避けるためだった。私の言う誤りとは、軒持送りと歯飾りの両方を備えたコーニスはすべて間違いという意味であり、ウィトルウィウスも『建築十書』第四書第2章でこれを批判している。たとえこのコーニスに歯飾りのブロックがあるとしても、この場合は彫刻が施されていないため、批判されるべきではない。このコーニスの上には、高さ7パルモ6ミヌートのパラペットがある。こ

102

れは低浮彫でできている。なぜなら、〔その上の〕円柱も低浮彫でつくられているからである。アーキトレーヴとフリーズとコーニスも加えたそれらの高さは30パルモ36ミヌートである。この高さ全体は5部に分けられ、アーキトレーヴとフリーズとコーニスに1部が分配される。これら〔のエンタブラチェア〕はここではMと記され、原寸を縮尺した形で〔大きく〕示されている。

このコーニスとアーキトレーヴの部位は実にうまく分割されていて、一部には彫刻が施され、一部はそのままにされることで、全体の形として混乱が生じないようにつくられている。あるいはむしろ、こうした単純な塊からなる部位が、彫刻の施された部位に挟まれることで、並々ならぬ優雅なつくりに仕上がっている。礼拝堂の上にある窓は、礼拝堂に採光するためのものである。頂の開口部から光が垂直に差し込むため、この礼拝堂の窓は主たる光源にはなら

図3-11

ないとしても、礼拝堂に適度の明るさをもたらす。（前述のように）円柱は低浮彫でつくられ、それらのあいだと上のくぼんだ部分には上質のさまざまな石材が嵌め込まれている。第一層のエンタブラチュアのフリーズは最高級の斑岩(98)でできている。

|15|〔図3-11〕

|16|

この図〔図3-12〕は、礼拝堂のあいだにあるタバーナクル(99)の一つを示している。両側の柱は、礼拝堂の角柱である。ここには建築家の優れた判断力が見てとれる。というのも、アーキトレーヴとフリーズとコーニスを含めた〔エンタブラチュア〕全体の突出部が収まり、角柱を壁面からさほど突出しないようにするため、彫刻装飾としては正シーマ(100)のみを施し、残りの部位を単一のファスキア(101)に変更したからである。その結果、この壁面構成はきわめて優雅になり、オーダーともうまく釣り合っている。小さな二つの窓は採光をするためのものではなく、偶像(102)を設置するための場所と信じられている。タバーナクルの腰壁の高さは9パルモ12ミヌートである。円柱の太さは2パルモで、柱礎と柱頭とを除いた円柱の高さは16パルモである。柱礎の高さは1パルモで、柱頭の高さは2パルモ半である。アーキトレーヴの高さは1パルモ

図3-12　　　　　　　　　　　　　　　　図3-13

で、フリーズについても同様である。フリーズは神殿全体を取り囲み、すべて斑岩でできている。コーニスの高さは1パルモ半である。ペディメントの高さは5パルモである。タバーナクルを取り巻くアーキトレーヴの高さは1パルモと3/4である。他の寸法の詳細については、図に示されている。これらのタバーナクルのうち、三つは三角ペディメント、残り三つは曲線状のペディメント、すなわちおよそ四分円からなるペディメントを備えている。

|17|

　次の四つの図［図3-13］は、前掲のタバーナクルのA、B、C、Dに対応する部位であり、高さ方向の寸法については前述のとおりである。それでも建築家にとっては、すべてを原寸から部位ごとに比例関係に従って、この形に慎重に縮小するだけで十分だろう。おそらくこのコーニスはウィトルウィウス学者にとっては、アーキトレーヴやフリーズに比べてあまりに高く見えるかもしれないし、私自身もこれと同じような高さにすることはまずない。けれども、現地では非常に遠く離れた場所からこれを見ると、さほど高すぎず、うまく釣り合っているように見える。ただし柱頭に関しては、ウィトルウィウスの記述からはかなり懸け離れている。というのも、ウィトルウィウスの記述では柱頭にアバクスが含まれているが、この柱頭の場合は、アバクスがなくても十分に高いからである。

　しかしながら、ローマで最も見事な柱頭がこれらであるという意見は共通している。というのも、タ

104

第三書

バーナクルのこれらの柱頭はもとより、同じ種類の礼拝堂の柱頭のみならず、ポルティコの柱頭についても、冒頭で述べたように建築オーダーがこれほどしっかりと考え抜かれてつくられた建物は今まで見たことがない、といわざるを得ないからである。もし私がそこに見られるすばらしい事柄について、内部外部ともにすべて記録していったら、おそらくあまりに冗長になってしまうだろう。それゆえ、この驚くべき建物についてはこれで終わりとし、別の古代建築について説明を続けることにしたい。

|18|

このバッコス神殿は とても古く、ほぼ当時のままの状態に保たれている［図3-14］。彫刻装飾やさまざまな種類の見事な石材がふんだんに使用され、中心部の天井や周囲の円筒ヴォールト天井のみならず、床にも壁にもモザイク装飾が施されたコンポジット式の建物である。内部の壁から壁までの直径は100パルモである。円柱で囲まれた中心部〔の直径〕は50パルモである。ただし、それぞれの柱間にはかなりのバラツキがあることに私は気づいた。というのも、玄関の入口に面した真ん中の柱間は9パルモ30ミヌート、その反対側の柱間は9パルモ9ミヌート、大きなニッチに面した柱間は8パルモ31ミヌート、さらに残り四つの柱間については、7パルモ8ミヌートのものもあれば、7パルモ12ミヌートのものまであるからである。玄関の幅と、同じく反対側の祭室の幅は柱間に一致する。すなわち、二つの大きなニッチの幅に等しい。その他の小さなニッチの幅は7パルモ5ミヌートである。ポルティコの寸法は神殿の寸法によって決定される。このポルティコは円筒ヴォールト天井で覆われており、その前面にはかつて長さ588パルモ、幅140パルモの楕円形中庭が存在していた。右の図から確認できるように、遺構に見られる限りでは、多数の円柱で飾り立てられていたことがわかる。

|19|〔図3-14〕

|20|〔図3-15〕

私はすでに〔バッコス神殿の〕平面図を寸法とともに示したので、今度は内部立面図を示すことにしたい［図3-15］。というのも、外部に装飾は施されていないからである。床面から天井下面までの高さは86パルモである。円柱の太さは2パルモ14ミヌートで、高さは22パルモ11ミヌートである。柱礎の高さは1パルモ7ミヌートである。柱頭の高さは2パルモと1/4である。アーキトレーヴの高さは

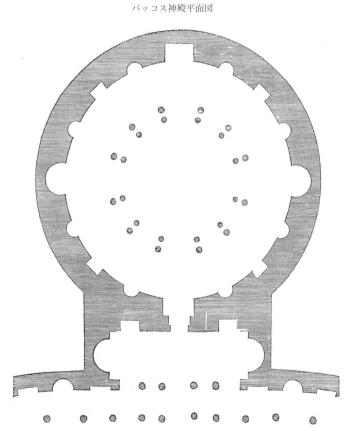

バッコス神殿平面図

図3-14

1パルモと1/4で、フリーズの高さもそれと同じである。コーニスの高さは2パルモ半である。さらに小さな部位の寸法については図に見られるとおりである。それらは原寸と比例するように縮小されている〔ので、私はそれらの寸法を示していない〕。この神殿はローマ市外にあり、〔のちに〕聖アグネスに捧げられた。

バッコス神殿〔内観図〕

図3-15

|21|
次の平面図［図3-16］は、バッコス神殿の前面にかつて存在していた〔楕円形〕中庭を示している。その周囲にはポルティコが設けられていて、はなはだ荒廃した遺構から識別できる限りではこのようになる。それぞれの柱間には小さな円柱で飾り立てられたニッチが設けられていた。その内部には彫像が安置されていたにちがいない。この中庭はきわめて細長い楕円形で、長さは588パルモ、幅は140パルモであった。

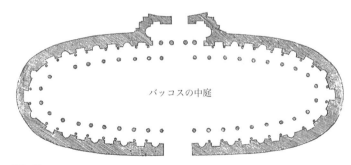

図3-16

（前述のように）バッコス神殿にはさまざまな装飾や、装飾で区画された部位がふんだんに見られる。けれども、私が示したいのはそれらすべてではなく、その一部のみである。この神殿には次の三つの図案があり、見事な石材でできたものもあれば、モザイクでできたものもある［図3-17］。

|22|
ウェスパシアヌス帝は、プ

図3-17

リニウスが絶讃したこの平和(114)の神殿をフォルム・ロマーヌ(115)ムのそばに建てさせた。この神殿は彫刻やストゥッコ装飾で広範にわたって飾り立てられた。神殿自体に施された装飾に加えて、ウェスパシアヌスはネロ(116)帝の死後、ネロ個人が各地から収集した少なからぬ数の大理石製とブロンズ製の彫像をすべてこの神殿に設置した。さらに、ウェスパシアヌスは彼自身の彫像とともに子供たちの彫像もここに設置した。それらはエチオピアで発見された玄武岩と呼(117)ばれる新種の鉄色の大理石でつくられたが、当時この石は非常に高価であった。この神殿の主祭室には、多くの部位からなる巨大な大理石製の彫像が置かれていた。残存するそれらの部位のうち、今はかなりの数がカンピドーリオにある。そのなかには巨大な足もあり、その爪先は非常に大きくて、そこにゆった

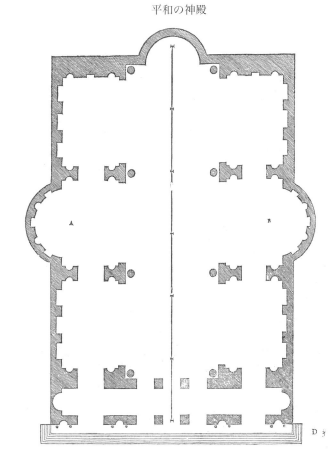

平和の神殿

図3-18

りと座ることができるほどである。この足から、立派な彫刻家の手でつくられた彫像全体の大きさが想像(118)できる。

|23|〔図3-18〕

|24|

　この神殿の寸法はブラッチョで測定されており、1ブラッチョは12オンチャに分けられる。平面図〔図3-18〕の真ん中に見られる線の長さは半ブラッチョである。まずポルティコの長さはおおむね122ブラッチョで、幅は15ブラッチョである。ポルティコの両端にあるニッチの幅は10ブラッチョである。入口にある角柱の太さは5ブラッチョで、それらの柱間は10ブラッチョである。両側の入口の開口幅については、神殿とポルティコの両方とも16ブラッチョである。神殿全体の長さはおおよそ170ブラッチョで、幅はおおよそ125ブラッチョである。中心部の長さは53ブラッチョである。ピアの正面幅は9ブラッチョ半で、(119)その正面には円柱が隣接する。それらの円柱の太さは4ブラッチョ4オンチャ半である。柱身には縦溝が刻まれ、それらは24本ある。縦溝の幅は5オンチャで、畦の幅は1オンチャ半である。

　主祭室の幅はおおよそ32ブラッチョで、半円形となっている。A、B印の側面の祭室の幅はおおよそ37ブラッチョで、奥行きの16ブラッチョが壁に組み込まれるため、〔壁の外へ張り出す部分は〕半円よりも小

さくなる。神殿の外壁の厚さは
おおむね12ブラッチョである。
ただし、アーチの下にある箇所
も多く存在するため、そこでは
壁はもっと薄くなる。同様に、
祭室周囲の壁の厚さはおおよそ
6ブラッチョとなる。ピアから
ピアまでの距離はおおよそ45
ブラッチョである。多くのニッ
チや窓、個々の部位については、
示されたスケールバーを使えば
導き出すことができる。なぜな
ら、図は原寸と比例するように
縮尺されているからである。平
面図に関してはこれがすべてで
ある。

図3–19

　立面図［図3–19］に関しては、遺構は地面に覆われているため、床面から頂までの高さを計測すること
はできなかった。それでも、平面図と遺構とを照合して理解できる範囲で、私はこの立面図を作製した。[120]
円柱の下には台座があるか否かについて、確証はできない。なぜなら、円柱の底部は見えないからである。
プリニウスはこの建物を大いに称讃してはいるものの、うまく適合していない要素も散見される。とりわ
け円柱の上にあるコーニスは、いかなる部位とも対応せず、それだけが完全に孤立してしまっている。

| 25 |

　この建物はテンプルム・ピエターティスと呼ばれ、トゥリウスの牢獄のそばにある。全体はトラヴァー[121]
ティンでできているが、表面はストゥッコで覆われている。かなり破壊された状態で、窓の痕跡はとどめ[122]
ていない。それでも私は、この平面図［図3–20］の最も適切と思われる箇所に窓をいくつか描き加えた。
この建物の寸法はブラッチョで測定されており、1ブラッチョは60ミヌートに等分される。この神殿の中
心に引かれた線は、1ブラッチョの1/3の長さである。まず円柱の太さは1ブラッチョ18ミヌートである。
柱間は3ブラッチョ14ミヌートである。戸口の幅は4ブラッチョ14ミヌート半である。壁の厚さは1ブ
ラッチョ20ミヌートである。神殿の長さは18ブラッチョ20ミヌートで、幅は8ブラッチョ30ミヌート
である。神殿の周囲のポルティコは格天井で覆われていた。しかしながら、神殿正面の広い柱間がどのよ
うな方法で覆われていたのかは定かでない。なぜなら、この部分は廃墟と化しているからである。この神
殿の円柱はトラヴァーティンでできているが、表面はストゥッコで覆われており、柱礎がなく、平縁すら
ない［図3–21］。神殿の正面と背面にはペディメントが設けられていた。

| 26 |

　柱頭を含めた円柱の高さは10ブラッチョよりも3ミヌートだけ低い。円柱底部の太さは1ブラッチョ18
ミヌートで、頂部の太さは1ブラッチョ15ミヌートである。玉縁と頸部とを含めた柱頭の高さは47ミヌー
トである。アーキトレーヴの高さは36ミヌートである。フリーズの高さは1ブラッチョ56ミヌートであ
る。コーニスの高さは1ブラッチョ8ミヌートである。ペディメント正味、すなわちキューマティウムの
レベルからコーニス下端まで〔の高さ〕は2ブラッチョ2ミヌートである。個々の部位はきわめて正確に測

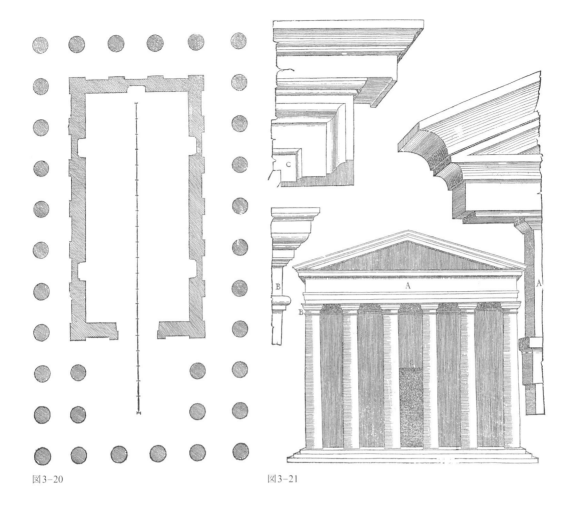

図3-20　　　　　　　　　　　　　　図3-21

定され、文字の記された箇所は大きな縮尺で描かれている。これらの部位は原寸と比例するように、細心の注意を払って縮尺されている。

|27|

　この神殿はティヴォリのアニエーネ川沿いにある。これをウェスタ神殿と呼ぶ者もいるが、大部分は破壊されている。精巧につくられたコリント式の建物で、正面では床面が地面から基壇の高さだけ上げられていることがわかる。ただし背面では、床面は高さ7ブラッチョの基壇よりも若干高く上げられている〔図3-22〕。

|28|

　前掲の神殿は、60ミヌートに等分されるブラッチョで測定された。まず円柱の太さは1ブラッチョ17ミヌートで、柱間は2ブラッチョ34ミヌートである。円柱と壁との距離は2ブラッチョ半である。壁の厚さは1ブラッチョ13ミヌートである。神殿内部の床面〔の直径〕は12ブラッチョ半である。A印の台座は、円柱とその装飾とを含めて神殿全体の秩序を整える役割を果たす。台座の基部の高さは45ミヌートである。台座正味〔の高さ〕は2ブラッチョ48ミヌートである。台座のコーニスの高さは37ミヌート半であ

109

る。柱礎の高さは38ミヌート半である。柱身の高さは10ブラッチョである。柱頭の高さは1ブラッチョ24ミヌートである。アーキトレーヴとフリーズとコーニスの高さは、おおよそ2ブラッチョ半である。

S印とY印の戸口の高さは9ブラッチョで、底部の開口幅は4ブラッチョ4ミヌート、頂部の開口幅は3ブラッチョ54ミヌートである[図3-23]。実際、これはウィトルウィウスの指定する逓減法に従っている。戸口の柱型の幅は52ミヌート半であるが、上部のアーキトレーヴの高さは51ミヌートである。フリーズの高さは30ミヌートである。コーニスの高さは42ミヌートである。T印とX印の窓の幅は1ブラッチョ46ミヌート半で、高さは5ブラッチョ3ミヌートであり、戸口のときと同様に開口幅が逓減される。窓枠の幅は31ミヌート半である。コーニスの高さもこれと同じである。個々の部位については、文字の記された部分にそれぞれ対応するように大きな縮尺で示されている。この窓は建物内外のいずれにも見られ、内部では彫り込まれた形となるが、外部では平らに仕上げられる(128)。

|29|[図3-23]

|30|
これはローマ市外にあるひどく破壊された神殿で、大部分は煉瓦(ピエトラ・コッタ)でつくられている。こ

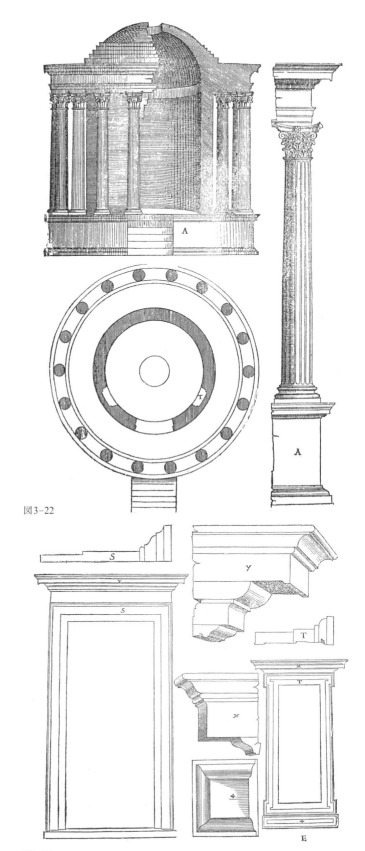

図3-22

図3-23

れらの装飾は何も残されてはいないものの、平面図から推測できる範囲で、それに比例した高さを導き出すと、図AとBのようになるはずである〔図3-24〕。寸法は平面図にしか記されていないが、立面図の寸法はそれから算出することができる。平面図は古代ローマのパルモで測定されており、パルモの長さについては〔『第三書』〕6頁〔本書97頁〕に示したとおりである。まず神殿の戸口の幅は22パルモで、神殿自体の直径は96パルモ半である。側面の二つのニッチの幅は戸口の幅に等しく、小神殿への入口の幅もそれらと同じである。同様に四つの祭室への入口の幅もすべて同じであるが、それらの内部では幅が広くなり、両側の壁面〔の延長線〕は神殿の中心に向かって収束する。平面図から理解できる限りでは、四つの祭室では側面から採光される。これが理由で、神殿

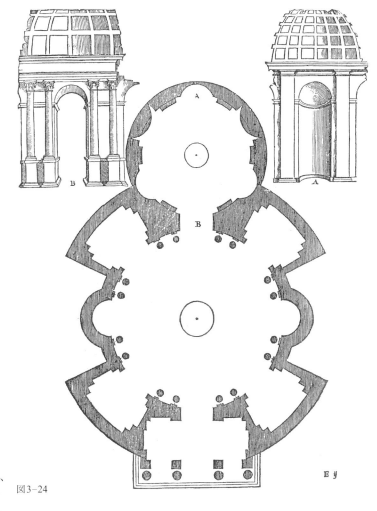

図3-24

周囲の壁についてみると、側面のAとBの部分が内側に引き込まれた形となるが、私はこの形が嫌いではない。

　小神殿の直径は63パルモである。小祭室の幅については、壁体内部にある〔四つの〕ものも、壁の外側に突出した〔二つの〕ものも、ともに15パルモである。突出した二つの祭室上部がどのように仕上げられていたのかは、私には想像ができない。なぜなら、立面の上部が確認できるほど十分な形で残されてはいないからであるが、確かにそのいくらかは地上に現れている。(前述のように)建物の外観を示す痕跡は地上には見あたらないけれども、私は自分なりの意見に基づいて立面図を再現してみたかった。それゆえ、左側にあるB印の部分は神殿本体の一部という印象を与えるが、右側にあるA印の部分は小神殿の一部を示している。

|31|〔図3-24〕

|32|
　次に示される神殿〔図3-25〕はローマ市外にある。あまり大きくはないが、かなり破壊されていて、大

図3-25　　　　　　　　　　　　　　　　図3-26

部分は煉瓦でつくられている。戸口やコーニスよりも上にある高窓以外からはどのように採光されていたのかを推測することはできない。その他のアルコーヴはすべて彫像や偶像のようなものを設置する場所であった。この神殿の寸法〔が記載されたもの〕は旅の途中で紛失したため、私は他の寸法を示すことはできないが、建築家であればこの 図　案(インヴェンティオーネ) はうまく利用できるだろう。それでも神殿内部では、平面図でも立面図(アルテッツァ)でも一個半の正方形でつくられることはよく覚えている。

| 33 |

　煉瓦でできたこの小神殿［図3-26］はとても小さく、古代ローマのパルモで測定された。ポルティコの長さはおおよそ40パルモで、幅は16パルモである。戸口の幅は10パルモである。ニッチの幅はすべて同じで、おおよそ16パルモである。ニッチとニッチとの隙間(スパティオ)は6パルモである。高さに関しては、床面からアーキトレーヴ下端までがおおよそ40パルモで、アーキトレーヴとフリーズとコーニスの高さはおおよそ9パルモと私は判断した。こうしてドームの高さがさらに加われば、全体の高さはおおむね70パルモとなるだろう。パルモの長さについては6頁〔本書97頁〕に示したとおりである。

112

第三書

| 34 |

　この神殿［図3-27］はローマ市外にある。一部は煉瓦で、一部は大理石でつくられているが、大部分は破壊されている。正方形平面でできていて、墓だったことがわかる。いずれの側についても、壁から壁までの長さはおおむね30パルモである。壁の厚さは2パルモ半である。祭室の幅は10パルモである。戸口の幅は5パルモである。柱礎と柱頭とを含めた円柱の高さは22パルモ半である。円柱の太さは2パルモよりもやや長い。アーキトレーヴとフリーズとコーニスの高さはおおよそ4パルモである。コーニスからヴォールト天井頂までの高さはおおよそ11パルモである。祭室のアーチの高さは20パルモである。

| 35 |

　次に示される神殿［図3-28］はティヴォリの川沿いにあるが、かなり破壊されている。正面にも背面にもペディメントを備え、側面では円柱が断面の半分にわずかに満たない長さで壁から突出している。神殿の壁から壁までの幅は11ブラッチョである。ここではテンプルム・ピエターティスのときに使用されたブラッチョで測定されてい〔て、その1/3の長さが25頁［図3-20］に示されてい〕る。神殿の長さはおおよそ18ブラッチョである。壁の厚さは1ブラッチョ11ミヌートである。ポルティコの円柱の太さは1ブラッチョと1/3である。柱礎と柱頭とを含めた円柱の高さはおおよそ12ブラッチョである。アーキトレーヴとフリーズとコーニスの高さはおおよそ3ブラッチョである。ペディメントについては、コーニスのレベルから頂までの高さが3ブラッチョである。地面から立ち上がる基壇の高さは3ブラッチョ半である。神殿の正面には戸口やニッチの痕跡は何も残されていない。なぜなら、神殿の大部分が破壊されているからであるが、確かにこのような装飾があったはずなので、私はそれを図のように示した。壁面についても、窓は側面にも背面にも見られな

図3-27

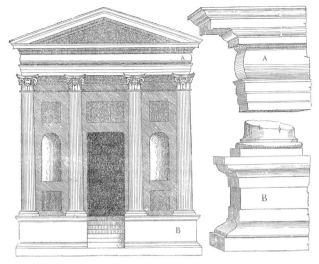

図3-28

113

いけれども、私が適当と思う場所に、平面図では窓も加えてみたかった。基壇やコーニスの部位の詳細については省略するが、それらは原寸に従って縮尺されており、今でもいくつかの断片が見られる。

|36|〔図3-29〕

私は本書の冒頭で古代建築のみを取り上げるとはいったものの、我々の時代に建てられた当代の建築について語る機会を逃したくはなかった。なぜなら、とりわけ我々の時代には建築の分野で優れた才能を賦与された卓越した人材がたくさんいたからである。たとえば、教皇ユリウス2世[139]の時代におけるウルビーノ公国のカステルドゥランテ[140]出身のブラマンテ[141]なる者は、建築にかけては偉大な才能の持ち主であった。彼はこの教皇の庇護と権威のもとで、古代から当時に至るまで地中に埋もれていた、いわゆる優れた建築を甦らせたのである。教皇ユリウスの在位中に、このブラマンテはローマのサン・ピエトロ大聖堂という驚くべき建物を着工した。しかしながら彼はまもなく亡くなったため、工事は未完に終わり、その模型[142]についてもある部分は不完全なまま残された[143]。

その結果、さまざまな天才たちがこの建設事業に携わり、なかでもラファエロ・ダ・ウルビーノ[144]は画家でありながら、建築にも精通していたため、ブラマンテが建てた既存の部分に

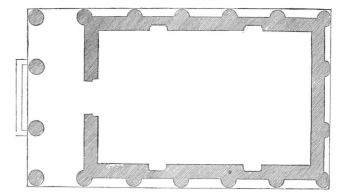

前述の神殿の平面図

図3-29

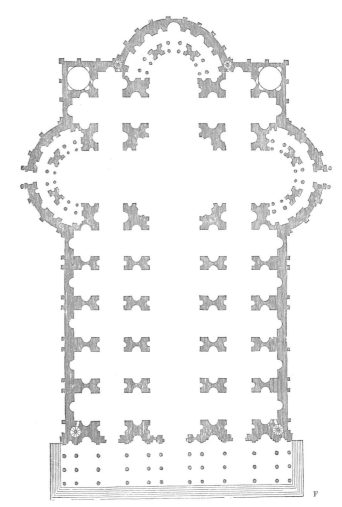

図3-30

したがって工事を継続しながら、この設計図(ディセーニョ)を提案した［図3–30］。私の判断によれば、この案は実にうまく構成されているので、聡明(インジェニオーソ)(145)な建築家であればこの案をさまざまな状況で活用することができると思った。私はこの大聖堂の各部位の寸法を記すつもりはない。というのも、この図面は均整のとれた形で描かれているため、寸法の一部から全体が導き出せるからである。この大聖堂は古代ローマのパルモで測定されてい〔て、パルモの長さについては6頁（本書97頁）に示したとおりであ〕る。中央の身廊(アンプラティオーネ)(146)の幅は92パルモで、側廊の幅はその半分である。それゆえ、これら二つの寸法から全体が算出できるだろう。

|37|〔図3–30〕

|38|

ユリウス2世の時代のローマにおいて、バルダッサーレ・ペルッツィ・ダ・シエナ(147)は偉大な画家であり、かつ建築の分野でもまことに優れた才能の持ち主であった。彼は次に示されるような方法で模型(モデッロ)を制作した。すなわち、ブラマンテによる既存の建物に従いながらも、聖堂に四つの入口を設け、主祭壇は真ん中に設置したいと考えたのである。四隅にはそれぞれ聖具室が設けられ(148)、それらの上には鐘塔が飾りとして建てられるはずであった。というのも、特に都市に面した正面部ではそのような効果が期待できるからである。ここでは聖堂は古代ローマのパルモで測定されている。まず中央のピアからピアまでの距離は104パルモである。中心のドームの直径は188パルモである。小ドームの直径は65パルモである。聖具室の床面正味の幅は100パルモである。中央の四本のピアが四つのアーチを形成することでドームが支えられ、それら四つのアーチはすでに架けられている。それらの高さは220パルモである。アーチの上にはドーム(トリビューン)が架けられ、数多くの円柱とその上のドームによって飾り立てられる。これはブラマンテが亡くなる前に着手したものであり、その平面図［図3–31］は右にある。

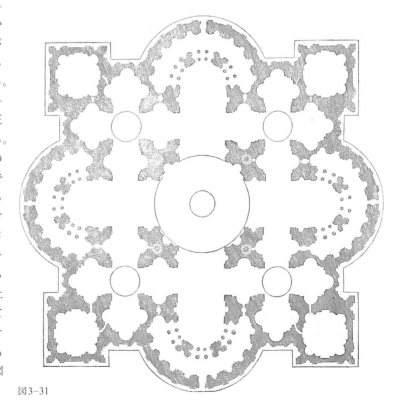

図3–31

|39|

前頁で述べたように、次頁の図は四つのアーチの上に載るドーム(トリビューン)の平面図［図3–32］である。この場合、ブラマンテは思慮深かった(コンシデラティーヴォ)というよりも、いかに性急であった(アニモーゾ)(149)かが、この図から理解できる。なぜなら、

これほど大規模で荷重の大きな建物では、建物を安定させるためには相当しっかりとした基礎が要求されるからである。しかもこれほど高い四つのアーチの上に築くのであれば、なおさらのことである。私の意見が正しいことを確認したければ、アーチとともにすでに建てられたピアを見ればよい。というのも、その上にはまだ荷重がかかっていないにもかかわらず、すでに何箇所もひび割れが生じているからである。

それでも私は、この図をここで掲載しておきたかった。というのも、構想は立派であり、美しく飾り立てられているので、建築家には大きな刺激を与えるにちがいないからである。ただし、すべての寸法を説明していったら、あまりに長くなってしまうので、いくつかの主要な寸法のみを記すことにしたい。残りの寸法は、図中に示されたパルモのスケールバーを使えば、判明するだろう。このスケールバーは五等分され、その真ん中の部分が示しているように、1部が10パルモに相当するので、全体として50パルモとなる。外側にある最初の円柱の太さは5パルモである。その内側にある次の円柱の太さは4パルモである。さらに内側にある第三の円柱の太さは3パルモと3/4である。ドーム内部正味の直径は188パルモである。中心にある採光塔の直径は36パルモである。残りの部分は、スケールバーから導き出せる。

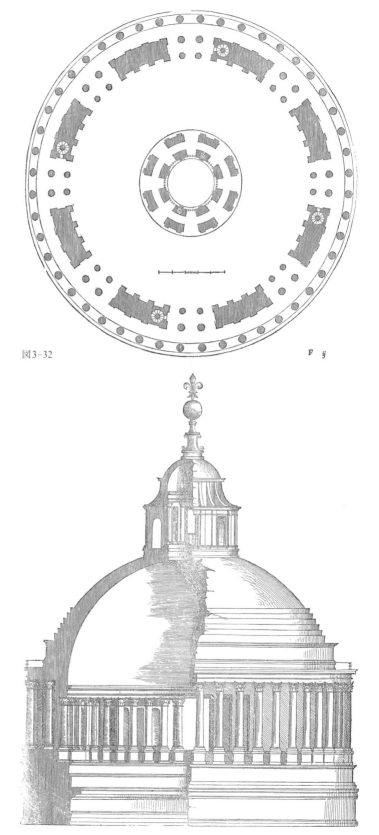

図3-32

図3-33

|40|

これは前掲平面図の建物の内側と外側の立面図である［図3-33］。この建物ではこれほど高い四本のピアの上に、いかに大きな建材の荷重がのしかかっているかが、この図からも理解できるだろう。(前述のように) これほど大きなドームの場合、分別のある建築家であれば、このような高所にではなく、地上に建てることを誰もが考えるはずである。それゆえ私が判断するには、建築家は性急であるよりも、むしろ臆病かつ迅速であるべきだった。なぜなら、もし彼が臆病であったなら、建物をもっと安全につくっていただろうし、また誇りが高すぎて他人に助言を求めないこともなかっただろう。このように工事を進めていれば、彼が過ちを犯すことはまずなかっただろう。しかしながら、彼はあまりに拙速に進めてしまい、他人に助言を求めなかったばかりか、自分の才能のみに頼ってしまったがために、彼が築き上げた部分は今後もひんぱんに崩壊することになるだろう。したがって、私は次のように結論を下したい。あまりの大胆さは臆測から生まれ、臆測は無知から生まれる。一方、謙虚とはほとんど知らない、あるいは何も知らないと自覚することであるが、そのほうが美徳といえる。この建物の寸法は、前掲のスケールバーからすべて判明する。

|41|

次に示される図［図3-34］は、ブラマンテが考案した平面図であるが、既存の建物と調和するように建てられる予定だった部分が実現することはなかった。B印の部分は、ローマ市の外れにあるサン・ピエトロ・イン・モントリオ聖堂である。A印の部分は、既存の修道院回廊である。それゆえ、ブラマンテは既存の建物と適合するように、真ん中に残された部分を着工したのである。C印の部分はロッジャを示しており、その四隅には小さな礼拝堂を伴う。Dの部分は中庭である。Eの部分は、前述のブラマンテが建てたテンピエットである。この寸法は次頁でさらに詳細に示される。この平面図の寸法についての説明はすべて割愛したい。というのも、ここでは建築家がこの平面図を活用できるように、計画案として掲載したに過ぎないからである。

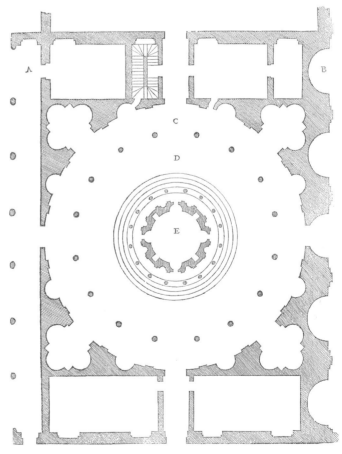

図3-34

|42|

私は前頁で、ブラマンテのテンピエットのさらなる詳細を示すと予告した。この建物はさほど大きくは

なく、単に使徒聖ペテロを記念するために建てられた。というのも、この使徒はまさにここで磔刑に処せられたからである。テンピエット［図3-35］は古代ローマのピエーデで測定されている。このピエーデは16ディジットにあたり、1ディジットは4ミヌートにあたる。この寸法は、〔6頁（本書97頁）で〕パンテオンをパルモで測定したときのスケールバーから確認できる。この聖堂の直径は25ピエーデ22ミヌートである。聖堂を取り巻くポルティコの幅は7ピエーデである。円柱の太さは1ピエーデ25ミヌートである。戸口の幅は3ピエーデ半である。ポルティコの内側に並んだ、内側に円を含む小さな四角形は、円柱の上にある天井の格間(ラクナーレ)(155)を示している。壁の厚さは5ピエーデである。残りの寸法は、最初の平面図から導き出せるだろう。

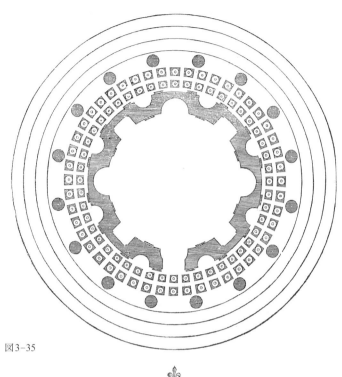

図3-35

| 43 |

　これが前掲平面図の聖堂の立面図で、外観を示している［図3-36］。この図から建物はすべてドーリス式でつくられていることがわかる。私は個々の寸法について詳しい説明はしない。というのも、この立面図は平面図から導き出されたため、縮尺が小さくなってはいるものの、大きな縮尺のときと比例するように、個々の寸法は縮小されて描かれているからである。

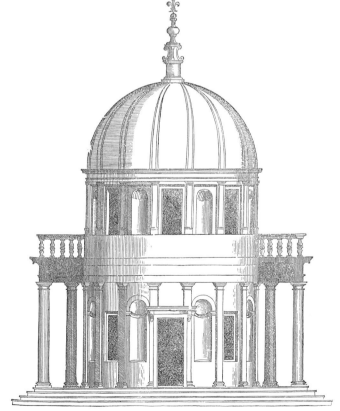

図3-36

118

| 44 |

　私は前頁で、サン・ピエトロ・イン・モントリオ聖堂にブラマンテが建てたテンピエットの外観を示した。そこで今度は内観を示すことにするが、（前述のように）建築家が平面図からすべての寸法を確認できるように、平面図のときと比例するように描かれている［図3-37］。この聖堂では高さが幅の二倍以上もあるため、垂直性が強調されているようにも見える。けれども、この建物には窓やニッチなどの開口部があることで視界が広がるため、この程度の高さでも見た目が損なわれることはない。それどころか、コーニスが二重に取り巻くことによって、かなりの高さが取り除かれるため、観者には実際の高さよりも聖堂は低く見えるのである。

| 45 |

　この建物はローマ市外のサン・セバスティアーノ聖堂のそばにあるが、特に周囲のロッジャは、礎石しか残らない程度にまで徹底的に破壊されている。しかしながら、中心の建物は煉瓦造でとても頑丈に建てられたため、全体的によく保存されているが、装飾は何も見あたらない。この建物〔の内部〕が暗いのは、戸口と四つのニッチに設けられたきわめて小さな窓のほかに開口部がないからである。この建物は古代ローマのパルモで測定されている［図3-38］。長さと幅はカンナで測定されており、1カンナは10パル

図3-37

図3-38

モである。まずA印のロッジャの長さは49カンナ3パルモである。ロッジャのもう一辺の長さは56カンナ3パルモである。ロッジャの幅は32パルモである。隅のピアの太さについては、それに付随する部分も含めて12パルモである。これらの寸法から残りの寸法も導き出せる。

　中心の建物に関しては、B印の部分は露天の部屋である。その長さは7カンナ6パルモで、幅は3カンナ4パルモである。Cの部分は屋根で覆われていて、一辺の長さが4カンナの正方形となっている。四本の大きなピアの太さは10パルモである。円形の建物を取り巻く壁の厚さは24パルモである。E印の部分は円筒ヴォールト天井で覆われている。このヴォールトを支える中心の構造体の真ん中には開口部がある。この中心の構造体はニッチで飾り立てられ、それぞれが周囲の壁のニッチと対応するように設けられている。高さの実測はできなかった。というのも、建物があまりに散らかっていて、しかも中には家畜が何頭も飼われていたからである。その上、この建築には美しさがまるで見出せないので、立面については言及しなかった。

| 46 |

　この劇場は、アウグストゥス帝が甥マルケルスの名義で建てさせたので、マルケルス劇場と呼ばれている。この劇場はローマにある。足元の一部、すなわち外側のポルティコは今も存在していることが確認できる。ポルティコは二つのオーダー、すなわちドーリス式とイオニア式のみからなるが、まことに称讃に値する建物である。ただし、ドーリス式円柱には柱礎がなく、環すらもない。円柱の下には何もなく、ポルティコの床面からそのまま立ち上がっているのである。

　この劇場の平面図に関しては、情報量があまりに少ない。しかしながら近年、ローマの名門であるマッシモ家が、この劇場の上部を敷地として家を構えたいと考え、類い稀なる建築家であるバルダッサーレ・セネーゼがその家の設計を手がけた。彼らがこの劇場の基礎を発掘したときには、さまざまなエンタブラチュアの装飾の残骸がたくさん出土し、平面図の痕跡も明らかになった。そこで、バルダッサーレは地中に埋もれていた部分から劇場全体の姿を推測しながら、細心の注意を払ってそれらを実測することによって、ここに見られる平面図［図3-39］を提示した。

　私は同じ時期にローマにいたので、それら多くの装飾部分を見て実測するのは容易であり、実際にそこでは私が今までに見てきた古代の遺跡にはなかった見事な形態に出会った。とりわけドーリス式柱頭とアーチの迫元は、まさしくウィトルウィウスの記述に一致すると私は思った。同様にフリーズやトリグリフ、メトープについてもかなり一致している。しかしながら、ドーリス式のコーニスについては、各部位にまことに豪華な装飾が施されてうまく仕上げられているにもかかわらず、ウィトルウィウスの原則からは遠く懸け離れていることに気づく。すなわち、各部位ははなはだ自由気ままにつくられていて、その高さはアーキトレーヴやフリーズの高さに比べるとかなり高いが、その2/3の高さもあれば十分だろう。

　けれども、当代の建築家がこのコーニスやその他の古代の自由気ままな建物を例に挙げて、別の建物でもそれらと同じ比例関係に従うと推測して、自由気ままな建物を実測してから自分の建物にも適用するような過ちを犯すべきではないと私は思う（なお、ここで私の言いたい「過ち」とは、ウィトルウィウスの規則に反するという意味である）。というのも、各部位が建物の残りの部位と釣り合っているかどうかも考慮せずに、古代の人々がそのようにつくったから、それに倣ったと言い訳をするだけでは不十分だからである。さらに、たとえ古代の建築家が自由気ままであったからといって、我々がそうであってもよいことにはなるまい。ウィトルウィウスの教えについては、その理由が説得力に欠けるものでない限り、我々はそれを信頼できる指針や規範とみなして従うべきである。なぜなら、輝かしい古代から我々の時代に至るまで、博識に裏打ちされた優れた建築書を著した者は、彼よりほかに見当たらないからである。

　もしあらゆる高貴な技芸において、それに関する意見が全幅の信頼を寄せるに値するほどのきわめて大

120

きな権威が与えられた創設者がいるとすれば、無謀で無知な人間でなければ、建築の分野ではウィトルウィウスがその最高位にあることを誰が否定できようか。あるいは彼の著作が（何か別の理由があって）神聖にして不可侵なものなのだろうか。あるいは我々は古代ローマの人々のいかなる建物よりも、ウィトルウィウスを信頼すべきなのだろうか。ローマ人はギリシア人から建築の真の秩序を学んだにもかかわらず、おそらく一部の輩はギリシア人の支配者のように自由気ままになったのだろう。確かに古代ギリシアの人々が建てた驚くべき作品を見る者は、たとえそれらの大半は時の経過と戦争による破壊でほとんど失われてしまったとしても、誰もがギリシアの建築のほうがローマの建築よりも格段に優れていると判断するだろう。それゆえ、有識者によってはるか昔から現在に至るまでずっと認められてきたウィトルウィウスに異議を唱え、彼の著作について、とりわけ私が論じているドーリス式オーダーのように明快な部分をも非難するような建築家は、異端の建築家であるにちがいない。

　こうした問題など今まで思いもよらなかったという人々のためにはしかるべき説明が必要であったが、それも終わったので、元の話に戻ることにしましょう。さて、この平面図は古代ローマのピエーデで測定された。まずA印の真ん中の部分はオルケストラと呼ばれ、半円の直径は194ピエーデである。角の一端からもう一端（いずれもHと記されている）までの長さは417ピエーデである。B印の部分はプロスカエニウムと呼ばれ、とても広々としている。文字Cのところには舞台のポルティコがあり、かつてはこの真ん中にプロスカエニウムの演壇が設けられていた。D印の部分は玄関であり、その両側には階段が設けられていて、そこから客間と呼ばれるEの場所へと至る。G印の両側のポルティコは側廊と呼ばれ、そのなかを歩き回るためのものであった。

　しかしそれらは、今では別の建物で覆い隠されてしまったため、もはやその痕跡を地上に確認することはできない。舞台や劇場の階段席のさらなる詳細な寸法についての説明は割愛したい。なぜならそれらについては、コロッセウムと呼ばれる円形闘技場のところで詳細に説明するつもりだからである。これらがどのようになっているのかは、そこから理解することができるだろう。ただし、劇場を取り巻く外部については、次頁で示すことにしたい。まずこの平面図はその上に示されている一般のブラッチョで測定された。1ブラッチョは十二等分され、その1部はオンチャと呼ばれる。1オンチャは5ミヌートにあたる。このスケールバーは1ブラッチョの1/3の長さである。

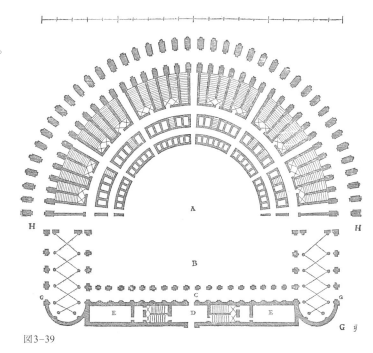

図3-39

次の図［図3-40］はマルケルス劇場の外部を表しており、前述のブラッチョで測定されている。まず第

121

一層の円柱〔底部〕の太さは1ブラッチョ43ミヌートで、柱頭の下にある円柱頂部の太さは1ブラッチョ16ミヌートである。柱頭の高さは円柱〔の太さ〕の半分、すなわち底部〔の太さ〕の半分である。この柱頭のさらなる詳細については、『第四書』〔第6章〕22頁のB印のドーリス式オーダーの図〔図4–33参照〕からも確認できる。B印の第一層のアーチ迫元の高さは、第一層の柱頭の高さと同じである。円柱両脇の柱型の幅は19ミヌートである。アーチの開口幅は7ブラッチョよりも9ミヌート短く、高さは11ブラッチョ16ミヌートである。アーキトレーヴの高さは49ミヌートである。フリーズの高さは1ブラッチョ8ミヌートである。コーニス全体の高さは1ブラッチョ40ミヌートである。(172) (173)

　第二層のアーチの開口部については、幅は下層のときと同じであるが、高さは10ブラッチョ48ミヌートである。円柱を高くするために第一層のコーニスの上に設置された台座の高さは1ブラッチョ4ミヌートである。〔第二層の〕円柱の太さは1ブラッチョ24ミヌートで、その高さ、すなわち柱礎と柱頭とを除いた柱身の高さは11ブラッチョ27ミヌートである。柱礎の高さは44ミヌートである。柱頭の高さ、すなわち柱身の上にあるアストラガル(トンディーノ)(174)の頸部からその頂部までの高さは36ミヌートである。ただし、アストラガルの下には、20ミヌート半の高さで渦巻が垂れ下がり、渦巻の下端からアバクス頂部までのアストラガルの高さは46ミヌート半となる。この柱頭のアバクスの幅は1ブラッチョ半であるが、渦巻の幅は2ブラッチョである。〔第二層の〕アーキトレーヴの高さは59ミヌートである。フリーズの高さは58ミヌートである。コーニスの高さは1ブラッチョ48ミヌートであるが、ウィトルウィウスの原則を信頼するのであれば、正当な値よりもその半分ほど高くなっている。(176)

　しかしながら節度のある読者諸氏よ、どうか私のことを差し出がましいとか頑固などとは思わず、また辛口評論家だとか古代建築の検閲官などとも呼ばないでほしい。というのも、私も古代建築からは実に多くのことを教えてもらったし、私の目的はうまく考えられた要素と間違って考えられた要素とを、私個人の判断によってではなく、ウィトルウィウスやすばらしい古代建築の権威、すなわちこの著者の教えとかなり一致する事例に基づいて識別することだからである。この第二層のイオニア式の柱礎やその下の台座、アーチの迫元、さらにアーキトレーヴとフリーズとコーニスは、〔『第四書』第7章〕40頁冒

図3–40

頭におけるイオニア式オーダーのT印の部分に見られる［図4-67参照］。イオニア式の柱頭についても同様に、39頁におけるこのオーダーのM印の部分に見られる［図4-63参照］。

|49|〔図3-40〕

|50|

　ダルマチアの海岸近くにある古代都市プーラには劇場があり、その大部分は丘の周囲にうまく適合するように才能ある建築家によって建てられた。すなわち、建築家は斜面を階段席として活用し、平らであることが要求されるオルケストラと舞台、その他の必要な施設を平地に建てたのである。実際にこの場所に見られる廃墟と化した遺跡や部材は、この劇場が最高の石材と彫刻技術とによってつくられたことを示している。この建物は何よりも多数の柱で構成されていて、そこには一本石の柱もあれば、複数の部材からなる柱もあり、角の部分ではすべて角柱と半円柱が接合されていて、いずれも精巧な彫刻が施されたコリント式でつくられている。なぜなら劇場全体は、内も外もすべてコリント式でつくられたからである。

　この建物は当代のピエーデで測定された。1ピエーデは12部に分けられ、その1部はオンチャと呼ばれる。ここではその半分の長さが右に示されている。

　次の図［図3-41］は、この劇場の平面図とともに側面図も表現している。その寸法は次のとおりである。半円形のオルケストラの幅、すなわち直径はおおよそ130ピエーデである。周囲の階段席の長さは、二本の通路の幅も含めて70ピエーデである。T印の通路は、十四番目の階段席にあるプロスカエニウムの演壇のレベルと等しくなる。劇場を取り囲むポルティコの幅は、おおよそ15ピエーデである。また、ホスピタリアに面したピアの正面幅は7ピエーデ半である。一方、ポルティコ周囲の円柱を伴うピアの正面幅はおおよそ5ピエーデで、ピアからピアまでの距離はおおよそ10ピエーデである。これが劇場の平面図に関するすべてである。

　O印の二つの大きな正方形の部屋はホスピタリアである。こ

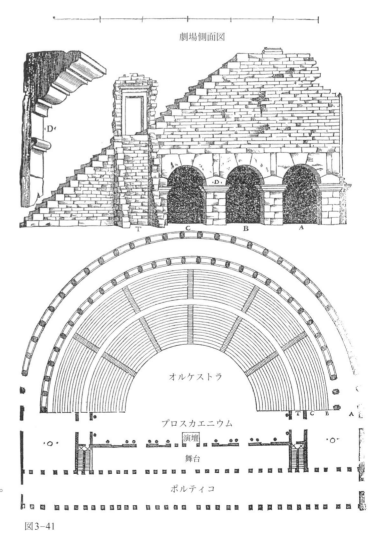

図3-41

れらから入口Tに入ると、そこから階段席の中段にある通路に出られることは、側面図のTの部分を見れば理解できるだろう。その下には入口の一部がある。ホスピタリアの一辺の長さはおおよそ45ピエーデである。舞台の幅はおおよそ21ピエーデである。ポルティコの幅はおおよそ27ピエーデで、長さは建物の長さに等しい。劇場の平面図の上にある建物は、この劇場の側面から見た姿を表している。A印のアーチはポルティコを示している。CとBの二つのアーチは階段席の下にある。コーニスDはアーチの迫元である。この劇場に昇り階段は必要ではなかった。なぜなら、この丘から階段席へと容易に行くことができたからである。また、階段席から劇場へと行くこともできた。なぜなら、舞台と階段席とはつながっていたからである。しかしながら、マルケルス劇場の場合、階段席は舞台から分離されていたため、階段が必要とされたのである。

|51|〔図3-41〕

|52|
（前述のように）この劇場にはすべてが活石できた装飾がふんだんに施され、コリント式の建物として実に見事で豪華につくられていた。この場所に散乱する残骸から判断する限り、舞台には多数の円柱が積み重ねられ、第一層と第二層の内外はともにさまざまな戸口や窓で飾り立てられていたことがわかる。建物の内部はかなり破壊されているため、それらの寸法についてはわずかな情報しか提供することができない。一方、外部についてはいくつかの寸法を示すことができる［図3-42］。円柱のないルスティカ式の第一層は、E印のコーニス全体も含めると、地面からおおよそ16ピエーデの高さで立ち上げられる。最初の台座の高さはおおよそ5ピエーデである。柱礎と柱頭とを含めた円柱の高さはおおよそ22ピエーデである。円柱を含めたピアの太さはおおよそ5ピエーデである。円柱の太さはおおよそ2ピエーデ半である。アーチの開口幅はおおよそ10ピエーデで、高さはおおよそ20ピエーデである。アーキトレーヴとフリーズとコーニスの高さはおおよそ5ピエーデである。

X印の第二層の台座の高さは

図3-42

おおよそ4ピエーデ半である。円柱の高さはおおよそ16ピエーデで、アーキトレーヴとフリーズとコーニスの高さはおおよそ4ピエーデである。私は個々の寸法についてまで語るつもりはないが、〔図の〕上に示されたスケールバーは原寸と比例するように縮小されているので、その図から導き出せるだろう。私は舞台やその他の内部の寸法については何も説明しなかったが、P印のこの舞台のポルティコの一部のみを下に示し、その上にはF印のコーニスとフリーズとアーキトレーヴを示した。S印の柱頭は、何本かの半円柱上部の内側にある。これらは角柱からは突出しており、実に巧みに彫刻が施されている。（すでに述べたように）これらはすべて高品質の石材と彫刻技術（アルティフィチョ）でつくられていて、ローマのものと比べても引けを取らなかっただろう。

A印のコーニスとフリーズとアーキトレーヴは、劇場の一番上にあった。B印のコーニスは第二層のアーチ迫元である。C印のアーキトレーヴとフリーズとコーニスは、第一層のアーチの上のエンタブラチュアである。D印の部分は第一層のアーチ迫元である。E印のコーニスは、ルスティカ式の基壇の上で建物全体を取り囲む。この建物はピエーデで測定されていて、前頁に示された直線はその半分である。読者諸氏よ、私がすべての寸法を詳細に示していないわりに自信たっぷりだからといって、驚いてはならない。というのも、プーラにおけるこれらのものは、寸法や数字に長けた者というよりも、優れた図面引きによって測定されたからである。

|53|〔図3-42〕

|54|

ヴィテルボ近郊にある非常に古い都市フェレントには、はなはだ荒廃した劇場の遺跡があるが、建物としてはあまり残っていない。したがって、遺跡を見た限りでは装飾の痕跡が確認できるような遺物もないのである。しかしながら、劇場のポルティコには角柱ときわめて単純な階段が存在していたことがわかる。ただし、それらは破壊されているため、どのように配置されていたのかはわかりにくくなっている。右の平面図にも示されているように、この劇場の舞台は他の劇場の場合とは大きく異なっている。すなわち、地上からは十分に高く立ち上げられていないため、舞台やプロスカエニウムの演壇がどのように配置されているのかがよくわからないのである。この平面図〔図3-43〕は古代のピエーデで測定された。

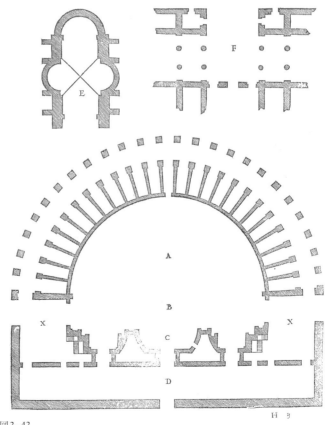

図3-43

まずはAのオルケストラから説明しよう。これは半円形でつくられ、その直径は141ピエーデ半である。劇場全体、すなわちポルティコ全体と角のピアを含めた楔部分の長さは35ピエーデである。角のピアの太さについては、いずれの側も5ピエーデである。舞台のそばにあるポルティコへの入口の幅は8ピエーデである。楔部分のみの長さは22ピエーデである。オルケストラの周りの壁厚は3ピエーデ半である。X印のホスピタリアについては、長さが40ピエーデ半で、幅が30ピエーデである。劇場を取り巻くポルティコの幅は11ピエーデである。ピアの太さについては、いずれの側も3ピエーデと1/3である。アーチの開口幅は9ピエーデである。Bの舞台〔の正面から背面まで〕の床幅はおおよそ20ピエーデで、Cのプロスカエニウムの演壇となる場所では、長さが40ピエーデ半、幅が12ピエーデ、戸口の幅が9ピエーデである。D印の場所には円柱の痕跡は何も見当たらないけれども、舞台背後のポルティコであったはずである。その代わりに、川岸に面した壁が存在していたと思われる。このポルティコの幅は19ピエーデ半である。

　この劇場付近の左手には、建物の遺構が二棟ある。ただし、それらはかなり破壊されているため、それらの境界線は何も確認することができない。けれども、建物Fについてみると、これは別のアパルタメントに取り囲まれていたことがわかる。Fの幅は31ピエーデである。二つの小部屋については、一辺の長さが8ピエーデ半で、もう一辺の長さが10ピエーデ半である。四本の円柱が設置された場所はロッジャと私はみなしているが、長さは27ピエーデと1/4で、幅は10ピエーデ半である。E印の建物の幅は、おおむね20ピエーデである。両側のニッチの幅は17ピエーデである。全体の長さは60ピエーデで、劇場からは141ピエーデ離れていて、別の建物からは76ピエーデ半離れている。

|55|〔図3-43〕

|56|

　A印の次の図〔図3-44〕は、フォンディとテッラチーナとのあいだにあり、私はそれを劇場の舞台と判断した。しかしながら、この劇場にはごくわずかな痕跡しか残されていないため、それらを実測することはできなかった。また、私がここで示した状態よりも実際にはもっと破壊されていて、劇場のこの部分も実測することができなかったため、馬上で考案した姿を描くにとどめた。

　B印の戸口はスポレートにあり、ドーリス式でつくられた古代の建物である。私はそれを実測したのではなく、馬上で考案し、その形態を描いたが、高さはおおよそ15ピエーデと判断した。

図3-44

第三書

　C印の戸口は、フォリーニョとローマとを結ぶ街道から外れた場所にある。この戸口ではアーチがアーキトレーヴやフリーズを分断しているため、かなり自由気ままにつくられたようにも見えるが、私はこのような案が嫌いではない。この戸口の幅は18ピエーデで、長さは21ピエーデ半であり、これら以外には何も採寸はしなかったが、小神殿か、または墓であったと判断した。しかし、それが何であろうと、見ていてとても心地の良いものである。

|57|

　この建物はポンペイウスのポルティコだったと言われているが、これをマリウスの家と呼ぶ人もいる。けれども、一般にはカカベリオと呼ばれている。この建物には居住部分は何も含まれていないため、商売のみを目的とした施設であったと考えられる。かつてはまことに立派な建物であったが、今日ではほぼ完全に破壊されている。一方で、この建物はかなりの敷地を占めており、その要素は多くの家の低層部に見ることができる。図中の線は、カンポ・デ・フィオーリからジュデア広場へと向かう現在の通りがある場所を示している。✚はサンタ・クローチェ〔・イン・ジェルザレンメ〕の家がある場所を指している。Gはジュデア広場のある場所である。Mは屠畜場のある場所である。Cはサン・サルヴァトーレ墓地のある場所である。€はチェンチの家の前である。したがって、この建物の巨大さはそれらからも推し量ることができる。三つの円形部分は昇り階段であった。残り二つの空洞の円形部分に関しては、階段の痕跡が見当たらないことから、露天の厠であったと推定される。なぜなら、こういったものは実際に必要だからである。

　この平面図［図3-45］は、マルケルス劇場が測定されたときと同じブラッチョで測定された。その寸法は後掲のオベリスクの脇に、半ブラッチョ、すなわち30ミヌートとして示されている。まずピアの太さは3ブラッチョ半である。円柱の太さは2ブラッチョである。柱間はいずれの方向でも9ブラッチョ半である。角のピアは、他のピアよりも外側に張り出す分だけ太くなる。実際にこれはまことに賢明な判断であった。なぜなら、このピアは強さと美しさを兼ね備えた建物の角全体を支えるからである。多

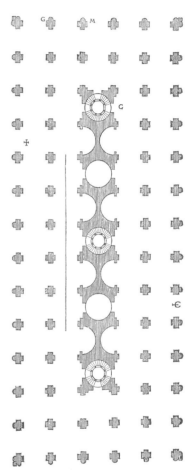

図3-45

くの建築家は、円柱と角柱とを束ねた角のピアをどのように建てれば、角の外側が円柱と一直線に並ぶかを、この例から学べるだろう。そうすれば、真ん中のピアと一直線に並ぶようにこの角を取り除いた場合よりもずっと強固になる。その理由は、それらの角、正確にはくぼんだ外隅の部分を対角線方向から見ると、そこに円柱が置かれている場合、こうした視点からは角が不完全のように見えるからである。それゆえ（前述のように）、この外側の角は特に四方から眺められるという点で、私はとても高く評価している。

|58|

　私はこの建物の平面図については十分に説明した。そこで今度は地上の形態についていくつかの情報を伝えるべきだろう。地上には多くの痕跡が残されていないため、基礎の部分しかわからず大半は隠されて

127

はいるものの、少なくとも外壁がどのように立ち上げられていたのかを理解することはできる。実際にこれは堅固な建物としては巧みな案であり、とりわけ第一層のドーリス式についてはそういえるだろう。そこにはアーキトレーヴやトリグリフ、コーニスが存在しないにもかかわらず、ドーリス式の形状を備えていて、熟練した技で建てられたことがわかる。すなわち、この建物はとても強靱であり、右の図でも確認できるように、活石の接合部も煉瓦の接合部も実に見事である［図3-46］。

　ピアや円柱の太さ、アーチの幅については、前述のとおりであるが、それらの高さについてはこれから説明しよう。柱礎と柱頭とを含めた円柱の高さは15ブラッチョである。アーチの高さは17ブラッチョである。迫石の高さ、というよりもアーチの上にある要石の高さは2ブラッチョである。アーキトレーヴの代用であるそれらの帯状部位の高さは、2ブラッチョよりもやや低い。その上にあるファスキアの高さについても同様である。第二層については、開口部の上にピアの石積みが載っていて、完全に道理に反しているため、いささか不適切であるように思われる。けれども、第一層はきわめて強固であり、アーチ頂部の楔石とその上の逆さになった楔石が上にある堅固なファスキアと一体化していて、アーチの迫台も非常に頑丈である。

　それゆえ、これらすべてが実に力強い印象を与えているため、実際にそのとおりであるが、アーチの上にピアが設置されていても、アーキトレーヴとフリーズとコーニスからなる単純なアーチのように、下のアーチを圧迫していないように見えるほどである。それゆえ、各部位がこのように配列されていることを理由に、私はこの案を批判するつもりはない。これらの上層のアーチの幅は4ブラッチョで、高さは9ブラッチョである。ピアの太さは2ブラッチョと1/3である。円柱の太さは1ブラッチョと1/6である。柱礎と柱頭とを含めたそれらの円柱の高さは11ブラッチョと1/8で、コリント式である。アーキトレーヴとフリーズとコーニスの高さは2ブラッチョと3/4である。ただし、このコーニスとフリーズとアーキトレーヴの部位の個々の寸法については伝えることができない。というのも、そういったものはもはや何も存在していないからである。それでもいくらかの壁だけは残されているので、コーニスとフリーズとアーキトレーヴの高さはそこから算出できる。

図3-46

|59|〔図3-46〕

|60|

　ローマにある多くのすばらしい古代遺跡には、歴史画のきわめて精巧な浮彫で完全に覆われた大理石製の記念柱が二基ある。一方は〔マルクス・アウレリウス・〕アントニヌス帝の記念柱と呼ばれ、もう一方はトラヤヌス帝の記念柱と呼ばれる。ただし、このトラヤヌスの記念柱の方が完成度は高いので、私はその詳細のいくつかについて説明したい［図3-47］。この記念柱はトラヤヌス帝が建てさせた（と言われてい

128

る）。全体は大理石のいくつもの部材でつくられているが、それらは実にうまく接合されているために、全体が一本石でつくられているように見えるほどである。個々の寸法を詳細に示すために、私は台座（バサメント）の下から順に説明を始めたい。

まず地面の上に載る段の高さは3パルモである。台座基部の台石（ゾッコ）の高さは1パルモ8ミヌートである。彫刻が施された基部の高さもそれと同じである。台座正味の高さは12パルモ6ミヌートである。彫刻が施されたコーニスの高さは1パルモ10ミヌート半である。花綱装飾が施された部分の高さは2パルモ10ミヌートである。円柱の柱礎全体の高さは6パルモ28ミヌートであり、これは次のように分配される。鷲の彫刻が施された礎盤（プリンス）の高さは3パルモ10ミヌートであり、鷲は四つの角に一羽ずついる。その上の大玉縁（トルス）の高さは3パルモ8ミヌートである。平縁（クアドレット）の高さは10ミヌートである。円柱の高さ、すなわち柱身のみの高さは118パルモ9ミヌートである。エキーヌスの下にある玉縁（オヴォロ）とその頸部を含めた高さは10ミヌートである。エキーヌスの高さは2パルモ2ミヌートである。エキーヌスの上にあるアバクス（プリンス）の高さは2パルモ11ミヌートである。

この円柱の上には円形のペデスタルが載り、螺旋階段を昇るとそこから外に出られる。また、ペデスタルの外側では床幅が2パルモ半も張り出しているので、楽に歩き回ることができる。このペデ

元老院
〔ならびに…〕

図3-47

スタルの高さは全体で11パルモとなるが、基部の高さが2パルモで、上のコーニスの高さが1パルモである。皿形ドーム（キェリカ）の高さは3パルモ半である。ペデスタルの幅は12パルモ10ミヌートである。円柱の太さは、頂部では14パルモで、底部では16パルモである。A印の円は円柱頂部の太さ、B印の円は円柱底部の太さを示している。螺旋階段の幅は3パルモで、階段の軸柱の太さは4パルモである。台座の幅は24パルモ6ミヌートである。この場所には二人の勝利の女神の彫刻が施され、碑文（エピタフィオ）も刻まれている。その下には多くの戦勝記念碑の彫刻が施されており、碑文は次のように記されている。

　　元老院ならびにローマ市民は、神君ネルウァの息子インペラトル・カエサル・ネルウァ・トラヤヌス・
　　アウグストゥス、ゲルマニアとダキアの征服者、最高神祇官、護民官職権行使17回、最高司令官歓呼
　　6回、執政官当選6回の祖国の父のために、いかに高い丘からなるこの場所が、更地とされたかを示す
　　べく〔これを捧ぐ〕。

（前述のように）この記念柱は、きわめて精巧に彫られた歴史画の浮彫で、蔓が巻きつくように完全に覆われている。ドーリス式のように柱身にはフルートが刻まれ、画像の表現された浮彫が円柱の形状を損なわないように、画像はフルートのなかに収められる。これらの画像のあいだに、いくつかの窓が設けられ

129

ることで、螺旋階段に光がもたらされる。ただし、それらの窓は秩序正しく配置されているため、44箇所もあるにもかかわらず、画像が妨げられることはない。記念柱の全体図は次に掲載されるが、ここではその部位を描き、詳細にわたって説明した。これらの寸法はすべて古代ローマのパルモで測定された。1パルモは12ディジットからなり、1ディジットは4ミヌートからなるので、全体として48ミヌートとなる。

|61|〔図3-47〕

|62|

　私はトラヤヌスの記念柱について、その個々の部位の寸法をかなりの詳細にわたって説明してきた。そこで今度は、記念柱の全体図を元の大きさと比例するように示そうと思う［図3-48］。私はもはや寸法についての説明は繰り返さないが、次のT印の円柱がトラヤヌスの記念柱を表している。
　オベリスクがどこからどのようにローマに運搬されて、もとは何のために使われていたのかについては、プリニウスが多岐にわたって説明しているので、私がここであえて説明する必要もないだろう。けれども、私がローマで見て実測したいくつかのオベリスクに関しては、その形態を示し、寸法も記すことにしたい。
　まずO印のオベリスクは、戦車競技場にあるカペナ門の外にある。このオベリスクには、エジプト特有の不思議な彫刻が随所に施されている。底部の太さは10パルモ半で、高さは80パルモである。このオベリスクは、〔6頁（本書97頁）に掲載された〕古代ローマのパルモで測定されたが、残りの三基は60ミヌートからなる当代のブラッチョで測定された。オベリスクの脇にある直線は、その半分の長さであり、30ミヌートに等分される。
　P印のオベリスクは、ヴァティカン、すなわちサン・ピエトロ大聖堂のそばにある。このオベリスクはエジプト産の石でつくられていて、その頂にはガイウス・〔ユリウス・〕カエサルの遺灰があると言われている。底部の太さは4ブラッチョ42ミヌートである。高さは42ブラッチョ半である。頂部の太さは3ブラッチョ4ミヌートである。底部には次の碑文が刻まれている。

図3-48

　　〔クラウディウス帝は〕神君ユリウスの息子、神君カエサル・アウグストゥスと、神君アウグストゥスの息子、ティベリウス・カエサル・アウグストゥスとにこれを捧ぐ。

130

Q印のオベリスクは、サン・ロッコ聖堂近くの道路の真ん中にあるが、三つに分断されている。これに付随するもう片方は、アウグストゥス帝の墓廟のそばの地中に埋まっていると言われている。底部の太さは2ブラッチョ24ミヌートで、高さは26ブラッチョ24ミヌートである。頂部の太さは1ブラッチョ35ミヌートである。台座は単一の部材でつくられている。R印のオベリスクは、アントニヌス・カラカラ帝の戦車競技場にあるが、図に示されているように破壊されている。底部の太さは2ブラッチョ25ミヌートで、高さは28ブラッチョ16ミヌートである。頂部の太さは1ブラッチョ33ミヌートである。台座はすべて元の大きさと比例するように描かれている。おそらくローマには私が実際に見たことのないオベリスクが他にも存在するが、実際に見て知っているものについて報告したかったのである。

|63|〔図3-48〕

|64|

一般の人々にはコロッセウムと呼ばれているローマの円形闘技場は、ウェスパシアヌス帝の命令によって、彼よりも前にアウグストゥスが計画していたように、都市の中心に建てられた。この建物は四層からなるので、建物の内部もすばらしい技術〔アルティフィチョ〕で建てられたことがよくわかるように、私はイクノグラフィア、すなわち平面図〔図3-49〕を四分割した。平面図は〔6頁（本書97頁）に掲載された〕古代ローマのパルモで測定されている。まずは外側から見ていこう。ピアの正面幅は10パルモ6ミヌートである。すなわち、円柱の太さが4パルモで、両側の柱型の太さがそれぞれ3パルモ3ミヌートである。ピアとピアとの開口幅は12パルモであるが、四つの主要口の幅は22パルモである。ピアの側面幅は12パルモである。最初のポルティコの幅は22パルモで、さらに内側のポルティコの幅は20パルモである。これらはともに円筒ヴォールト天井で覆われている。中心に近い側の残りの寸法については、混乱を生じる恐れがあるので説明は省略したい。しかし、外側から全体の寸法は容易に導き出せる。なぜなら、すべて実際の寸法と比例するように描かれているからである。第二の平面図の外側は、第一の平面図のときと同じであるが、ポルティコの幅は1パルモ広くなる。なぜなら、ピアの側面幅が短くなるからであり、ポルティコの内部は交差ヴォールト天井で覆われる。

ポルティコよりも内側には、X印の小さなヴォールト天井の部屋〔トリブネッタ〕がいくつかあり、その真ん中には四角い開口部が設けられる。それらは採光のために設けられたものであると私は思う。第三の平面図の外側は、第二の平面図のときと同じであるが、ピアの側面幅が短くなることに伴い、ポルティコの幅は広くなる。外側のポルティコの内部は交差ヴォールト天井で覆われ、内側のポルティコの内部は円筒ヴォールト天井で覆われる。V印の戸口はすべて階段の上にある。それによって、誰もが階級ごとに定められた座席へと容易に行くことができる。第四の平面図の外側も、他の平面図のときと同じであるが、アーチはない。円柱は平らであり、のちほど立面図で示されるように、外壁には窓が設けられる。

|65|

この第四の最上階の平面図について、二つのポルティコが占める場所〔スパティオ〕全体が屋根で覆われていたかどうかについては多くの議論を呼んだ。というのも、あまりに荒廃しているため、内部にはピアの痕跡は何も見あたらないからである。けれども外部についてみると、図で示されているように、長短の交差ヴォールトが壁に接続された形跡が実際に見られる。これから理解できるのは、壁に沿って設けられた階段で、いくつかの踊り場を経由して外の窓まで昇れたということである。このことは次頁の階段の側面図〔図3-50〕を見れば、もっとよくわかる。二つの矢印で挟まれた区画〔スパティオ〕には階段席が設けられていたが、ゆったり

131

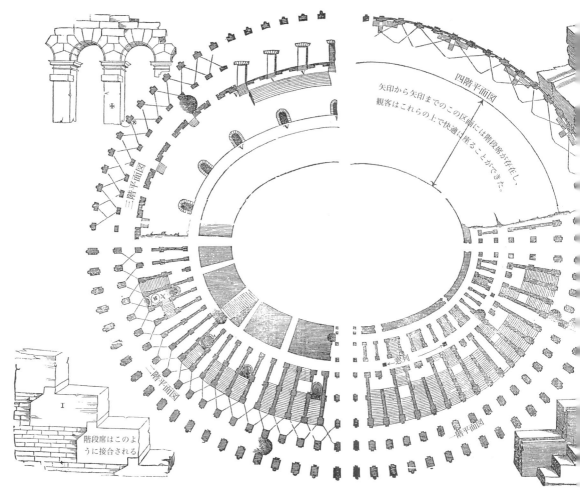

図3-49

と座ることができるように、とても広くつくられていたので、同じ段に沿って人が歩いても、他人の妨げにならなかったほどである。

　これらの階段席のあいだには多くのスペース(ルオーゴ)があり、図GとHで示されているように、そのいくつかには自分の座席へと楽に行けるように階段が設置されていた。これらの階段席には上から下まで雨水や小便を排水するための溝が刻まれていて、いずれも即座に下へと流れていくので、誰の迷惑にもならなかった。この例は図Hに見られる。これらの座席には雨水が溜まらないように、下に向かって十分に傾斜していた。図Iに示されているように、座席は互いにしっかりと結合されていた。

|66|

　私はローマのコロッセウムの平面図をすでに四通り示した。というのも、この建物は四層で構成されているからである。そこで今度は内部の大半も理解できるように、断面図(プロフィーロ)を示す必要がある。それゆえ次の図は、建物全体を真ん中で切断したときのように、地上にある部分を示している［図3-50］。この図からは、まず観客の座っていた階段席がすべてわかり、隠れた通路(アンブラティオーネ)がどのように配置されていたのかも見て

第三書

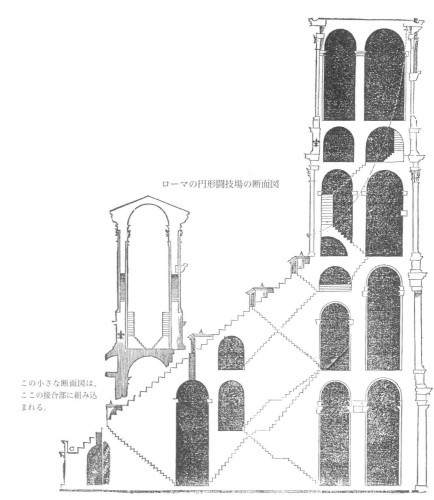

ローマの円形闘技場の断面図

この小さな断面図は、ここの接合部に組み込まれる。

図3-50

とれる。また、階段が何通りの方法でどのように立ち上げられていたのかも判明する。それらは実際、円形闘技場に数多くの観客を短時間で導き満員にし、またすべての観客が人混みで互いに妨げられることなく迅速に退場できるように、昇降に適した階段であった。また、外側の壁厚が、上層になるほど内側に引き込まれて薄くなっていることもわかる。この壁の引き込みによって、建物は非常に強固なものとなっている。これが真実であることは、建物内部はひどく荒廃しているにもかかわらず、外壁の表面は今もなお下から上まで完全であることによって証明される。（前述のように）これは壁〔の上部〕が中心に向かってピラミッド形となるように後退して薄くなり、荷重が減少することでもたらされる。

　しかしながら、この原則はヴェネツィアの一般的な建物ではほとんど守られていない。それどころか、むしろ正反対のことが行われており、外壁は垂直に立ち上がっているが、上に行くほど内部では壁厚が減少している。すなわちヴェネツィア人は、上階ほど室内を広くとるためにそうしているのである。けれども、これらの建物にとって大きな救いとなっているのは、そこには壁を外側へと押し出すアーチやヴォールトの類いが何もないことである。その上、壁に組み込まれた数多くの梁で、壁と梁は一体化されている。こうした方法でも木材が長持ちする限り、建物の耐久性は保たれるので、時折木材は交換される。とはいえ、こうした類いの建物は、コロッセオの外壁に見られるようなオーダーを備えた古代の建築ほど長持

133

ちはしない。

　そこで再びコロッセウムの話に戻ると、（すでに述べたように）内部はひどく破壊されているために、両端の矢印で挟まれた内部の区画については、何も見分けることができないほどである。さらに、最上階における階段席の最後から外側までの部分について、そこが二列のポルティコで完全に覆われていたのか、あるいは一列がポルティコで、もう一列が露天のままだったのかについては、実際に何の痕跡も確認できないため、私は二通りの方法を示しておいた。一方は断面図そのものに見られるように、建物全体に組み込まれた形で表現されている。もう一方は階段席の上に別に示されている。こちらを全体の断面図に組み込むときには、ペデスタルにある二つの百合の花同士を合わせればよいように描かれている。しかしながら第四の平面図で示されたように、今でも内側の壁と接合する形で交差ヴォールトの痕跡が見られるので、そこにあったポルティコは一列のみで、残りの部分は庶民用の立見席とするために露天のままであった、と私自身は判断する。こうすれば、ポルティコを二列でつくった場合よりも、いっそう多くの観客が収容できたはずである。

　今度は階段席の始まる部分に戻り、私が知っていることをすべて語るとすれば、広場、すなわち真ん中の場所は破壊されてバラバラになった部材で埋め尽くされているため、一番目の階段席が地上からどのように立ち上げられていたのかはわからないと言っておく。けれども、地面の部分を見たことのある人から得られた情報によれば、一番目の階段席は野獣や猛獣の類いが観客に被害を与えないくらいの高さに定められ、パラペットと呼ばれる腰壁が設けられていたという。図のCの部分に示されているように、そこには歩き回るのに十分な広さを備えた通路が設けられていた。大小二つのアーチには、その上方に採光用の開口部が設けられていた。階段席の上から立ち上げられ屋根で覆われたA印の部分は、外階段から闘技場へと観客を誘導するための開口部である。

|**67**|〔図3-50〕

|**68**|

　ローマのコロッセウム外壁は四つのオーダーからなる。地面の上にある第一層はドーリス式であるが、フリーズにはトリグリフもメトープもなく、アーキトレーヴにはグッタエもない。さらに頂冠帯の下には条痕もグッタエもないが、それでもやはりドーリス式であるといえる。第二層はイオニア式である。柱身には縦溝、すなわちフルートはないけれども、実際にはイオニア式であるといってよい。第三層はコリント式であるが、柱頭を除けば彫刻の施されていない質朴なつくりである。なぜなら、それらは地上から高い位置にあるため、あまりていねいに仕上げられていないからである。第四層はコンポジット式である。これはローマ人の発明であるため、ラテン式と呼ぶ人もいれば、イタリア式と呼ぶ人もいる。しかし、これが実際にコンポジット式と呼ばれるのは、単にフリーズには軒持送りがないからである。なぜなら、フリーズに軒持送りのあるオーダーは、コンポジット式以外にはないからである。

　なぜ、ローマ人はこの建物に四つのオーダーを採用し、ルスティカ式のみで建てられたヴェローナやプーラなどの他の円形闘技場のように単一のオーダーでつくらなかったのだろうかと、多くの人々が疑問を抱いている。これに対しては、次のように答えられるだろう。古代ローマの人々は全世界の支配者として、とりわけ三つのオーダーを発明した国々の人々に対する勝利者として、ローマ人が発明したコンポジット式をこれら三　種のオーダーの上に置くことで、自分たちの建物についても思うままにオーダーを並べたり、混ぜ合わせたりすることで、勝利者であることを示したかったからであると。しかし、この議論の当否についてはさておき、外側の寸法の説明に移るとしよう。

　この建物は地面よりも二段高く上げられている。二段目の幅は5パルモで、一段目の幅は2パルモであ

134

る。それらの高さはいずれも1パルモよりはやや低い。柱礎〔の高さ〕は2パルモ以下であり、ドーリス式とは似ていない。円柱の太さは4パルモ2ミヌートである。柱礎と柱頭とを含めた円柱の高さは38パルモ5ミヌートである。柱頭の高さはおおよそ2パルモである。円柱両脇の柱型の幅は3パルモ3ミヌートである。アーチの幅は20パルモで、高さは33パルモである。アーチの下輪からアーキトレーヴの下端までの高さは5パルモ6ミヌートである。アーキトレーヴの高さは2パルモ8ミヌートである。フリーズの高さは3パルモ2ミヌートで、コーニスの高さもこれに等しい。

第二層のイオニア式の台座の高さは8パルモ11ミヌートである。柱礎と柱頭とを含めた円柱の高さは35パルモである。太さは4パルモである。柱型とアーチの幅については、第一層のときと同じである。アーチの高さは30パルモである。アーチの下輪からアーキトレーヴの下端までの高さは5パルモ6ミヌートである。アーキトレーヴの高さは3パルモである。フリーズの高さは2パルモ9ミヌートである。コーニスの高さは3パルモ9ミヌートである。

コンポジット式と呼ばれる第四層の台座の高さは12パルモである。その上のプリンスの高さは4パルモである。柱礎と柱頭とを含めた円柱の高さは38パルモ6ミヌートである。アーキトレーヴとフリーズとコーニスの高さはおおよそ10パルモで、これが三つの部分に分けられる。すなわち、一部はコーニスに、一部は軒持送りを備えたフリーズに、残りの一部はアーキトレーヴにあてられる。なぜ建築家がフリーズに軒持送りを設けたのかという点については、その後あまり踏襲されなくなったようであるが、コンポジット式オーダーに関する『第四書』第9章の冒頭で私は自分の意見を述べた。この第四層のオーダーの円柱は平らな低浮彫となっているが、他の層ではすべて丸くなっていて、柱断面の2/3がピアの外側に突出している。

窓の上にある軒持送りは、コーニスの穴に差し込んだポールを支えるためである。そして、ポールには布製のテントが張られて円形闘技場の全周が覆われ、日光や突然の豪雨を防ぐことができる。なぜ円柱の太さがすべて同じで、上層になるにつれて細くならないのかについては、『第四書』〔第9章〕66頁の円柱に関する議論で私は自分の意見を述べた。それでもなお、逓減が必要な理由を示すべきで

図3–51

あるなら、第二層では第一層のときよりも1/4部減らすべき、とウィトルウィウスが述べているからである。個々の部位がすぐに理解できるように、コロッセウムの立面図上に各部位を識別するための文字を添えて、それらが元の寸法と比例するように脇に示した［図3-51］。
(235)
(236)

|69|〔図3-51〕

|70|

　ローマ周辺にある古代都市スペッロには、きわめて古い市門がある。この建物のフリーズにはトリグリフもメトープもなく、アーキトレーヴにはグッタエもないけれども、ドーリス式である。なぜなら、円柱についてみれば、柱礎も柱頭もドーリス式だからであり、この門は非常に古いので、古代の建築であると私は判断する。確かに両側の塔については、頂部の装飾に関する限り、当代の建築であるとも言われているが、それらの頂部を除いた塔の地面よりも上の部分は古代に建てられた可能性が高い。しかし何はともあれ、この門は古代の建築なのである。その平面図［図3-52］は上に示されており、立面図［図3-53］はその下にある。この平面図は古代のピエーデで測定され〔、その半分の長さが52頁［図3-42］に掲載され〕ている。一方の塔からもう一方の塔までの距離は70ピエーデである。中央口の幅は20ピエーデである。その両脇の入口の幅はいずれも10ピエーデである。それぞれの入口のあいだにあるピアの正面幅は10ピエーデである。私は高さまでは実測しなかったけれども、この門が気に入ったので、ひとまず図面として記録だけはしておいた。それらの壁はきわめて良質で、二基の塔は実にうまく建てられていて、塔の内部に設けられた螺旋階段もたいそう古いことから、（すでに述べたように）この塔は古代の建築であると私は信じている。塔の直径は30ピエーデで、その内部の螺旋階段の幅はおおよそ7ピエーデである。これらの塔の市内に面した側には、それぞれ部屋が設けられている。それらはいずれも長さがおおよそ25ピエーデで、幅がおおよそ12ピエーデ
(237)
(238)

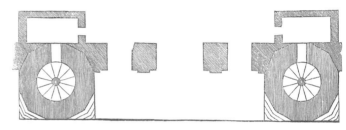

図3-52

図3-53

136

である。それらは別の建物とも接続されており、壁は十分に厚くつくられている。その一方は、オルランドの牢獄と一般に呼ばれている。
(239)

|71|〔図3-53〕

|72|〔図3-54〕

ヴェローナにある多くの見事な古代遺跡のなかでは、一般にアレーナと呼ばれているルスティカ式の
(240)
円形闘技場が挙げられる。これはその平面図である［図3-54］。また、断面図の一部も示されていて、階段
(241)
席がどのように配置されていたのかがわかる。階段席の上にある開口部は、小さな入口であった。それらの入口は観客を外階段から階段席へと誘導し、観客は開口部を通り抜けて、各自の身分や階級に応じて定められた座席へと案内される。

　A印の図は、それらの入口が階段席に実際にどのように組み込まれていたのかを示している。B印の図は、観客が各自の座席に着くために昇り降りする階段が、どのように階段席に設置されていたのかを表し

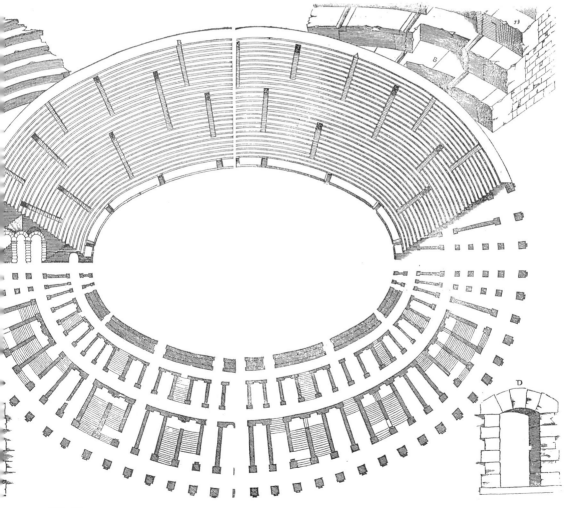

図3-54

ており、また階段がどのように固定されていたのかも見てとれる。そこに刻まれた溝は、雨水や観客の小便を流すためのものだったが、誰にも不快とならないようにつくられていた。また、階段席には雨水が溜まらないように、下に向かってわずかに傾斜していた。建物内部には、紙面の下に見られるような多くの小さな入口がある。

(242)
| 73 |

　また、全体がルスティカ式でつくられた別の種類の入口もある。プーラの劇場のときと同様に、この建物の平面図もピエーデで測定された。まずは外部から説明しよう。ピアの太さは8ピエーデと1/3である。平らな円柱の太さは3ピエーデと1/3である。アーチを支える柱型の太さは2ピエーデ半である。アーチの幅は11ピエーデ半であるが、四つの主要なアーチの場合は広めである。

　ピアの側面幅は6ピエーデである。円形闘技場を取り巻くポルティコについては、幅が13ピエーデで、円筒ヴォールト天井で覆われている。真ん中のポルティコについては、幅が9ピエーデ半で、これも円筒ヴォールト天井で覆われている。一番内側のポルティコについては、幅が8ピエーデ半で、やはり円筒ヴォールト天井で覆われている。ただし、平面図に見られるように、二つの入口には五列の広々としたポルティコがあり、ピアの上にはヴォールトが架けられている。前述のように、中央のポルティコは他のポルティコよりも広めにつくられている。残りの寸法は、判断力と知性を備えた者であれば、誰でも導き出せるだろう。

| 74 |

　前掲の円形闘技場の平面図に関して、私は主要な寸法と、立面図の一部については説明した。そこで今度は外部に関するいくつかの情報を提供することにしたい。この建物の外観はルスティカ式としか呼びようがない。私はすでに各部位の太さや幅については説明したので、それらを繰り返すつもりはない。けれども高さに関しては、できるかぎり説明することにしたい。まず、第一層のアーチの高さは23ピエーデである。円柱の高さは27ピエーデである。アーキトレーヴとフリーズとコーニスの高さは〔全体で〕6ピエーデである。その上にあるパラペットの高さは2ピエーデ半である。第二層のアーチの高さは24ピエーデで、幅は12ピエーデである。円柱の高さは27ピエーデ半である。アーキトレーヴとフリーズとコーニスの高さは〔全体で〕5ピエーデ半である。第三層のパラペットの高さは4ピエーデ半である。アーチの幅は9ピエーデと1/3で、高さは17ピエーデ半である。一番上にある幅の広い大きなピアの高さは20ピエーデ半である。それらの上にはかなり大きな彫像が設置されるという人もいる。第三の最後のコーニスの高さは5ピエーデである。私はコーニスの個々の部位の寸法について説明するつもりはない。なぜなら、それらは原寸と比例するように、細心の注意を払って縮小されているからである。それらは右に掲載されており［図3–55］、その次に円形闘技場外壁の断面図がある。

　その隣に続くのは、この円形闘技場外観の正面図の一部である。これはきわめて頑丈なヴェローナ産の石で建てられ、全体はルスティカ式で仕上げられている。しかしコーニスについては、ローマの円形闘技場のときとは異なり幾分ていねいに加工されていて、プーラの円形闘技場のコーニスと同じ形式（マニエラ）であるように見える。ヴェローナの円形闘技場の広場（ピアッツァ）の地面は、私も見たことはないが、この円形闘技場がアレーナと呼ばれるのは、異なる競技が行われるたびに、内部の地面に砂（レーナ）が撒かれていたことに由来する。けれども、ヴェローナの古くからの住民が私に語った話によれば、試合が終了した後でまだ観客がいるあいだに、何本もの水道管から放出される水で、今まで地面のあった場所が瞬く間に満たされて、全体があたかも湖のようになったからであるという。実際に木材の断片をかき集めると、そこには模擬海戦に使用されたと思しき小舟があったことがわかる。試合が終了し、木造の舟が退場した後で、いくつかの小さな水門

第三書

が開くと、その場からあっという間に排水されて、また元どおりの乾燥した状態になった。古代ローマの壮大さを勘案すれば、こうしたことも、さらにもっと驚くべきことですらも信じられなくはない。

　しかしながら、彼らの壮大さを語る上で欠かせないのは、ヴェローナには今でも古代の橋が二本、とても有名なアーディジェ川に架けられていることである。その川の橋のあいだでは、まことに立派なすばらしい催し物がかつて展開されていた。すなわち非常に多くの人々が、これらの橋に立ち並んで、川を舞台に行われる模擬海戦を観戦していたのである。この催し物は、かつて丘のふもとにある川岸に沿って行われていた。この丘を少し登ったところには劇場があり、その舞台背景は下で行われている催し物と関連づけられていた。というのも、（すでに述べたように）劇場は優れた技術(アルティフィチョ)でもって丘の中腹に建てられたからである。丘の頂上には、かつて壮大な建物があり、他のあらゆる建物を圧倒していた。しかしながら、これらの建物は時の経過によって、今では廃墟となったものが山ほどあるので、それらを建て直すには膨大な費用と時間がかかるだろう。実際、私自身が丘のいくつかの場所で見つけた部位については、元の姿を想像するだけで仰天してしまうものもあった。とはいえ、私はヴェローナを平地や丘、山、水辺を兼ね備えたイタリアでも屈指の景勝の地とみなしているので、ローマ人がこの場所にこれほどの建物をつくった理由も納得はできる。とりわけ、この都市の市民はまことに気前が良く、彼らとは会話もはずむのである。

図3-55

　これらのコーニスや台座(バサメント)、柱礎は古代の遺物である［図3-56］。A印のものは円柱の一部である。アーキトレーヴとフリーズとコーニスの上に台座が載り、これら全体が単一の部材でつくられている。高さは古代の11ピエーデで、このような比率で配分されている。これはローマ郊外の、テヴェローネとも呼ばれるアニエーネ川のそばにあるヌメンターノ橋にあったものである。B印のコーニスはサン・ピエトロ大聖堂の基礎のあいだにあったもので、ブラマンテはそれを同じ場所に埋めた。すべての部位は単一の

139

部材からなり、その高さは古代の6ピエーデである。これは元の寸法と比例するように描かれている。C印の柱礎はサン・マルコ聖堂にある。これにはコリント式の彫刻がしっかりと刻まれているが、あまり大きくはないので、高さは1ピエーデ半くらいだろう。ただし、これも元の寸法と比例するように描かれている。D印の台座はカプラニカ広場(250)で発見され、解体されたものである。しかし、これにも実に見事な彫刻装飾が施されていた。台石(ゾッコ)を除いた基部の高さはおおよそ2パルモで、すべての部位が比例に従っている。E印の柱礎はさほど大きくはないが、どこかの遺跡で発見されたものである。この上部のトルスの上には玉縁(アストラガル)があるので、コンポジット式と私は判断する(251)。私はすべての部位に関する情報を提供はできないかもしれないが、それらは比例にしたがって縮小された形式で描かれている。

図3-56

| 77 |

　この円形闘技場は、ダルマチアの都市プーラの中心にあり、今もなおその大部分が完全な状態を保っている(252)［図3-57］。この建物は主たる周囲の柱列のみからなり、四箇所に扶壁としてピアが三本ずつ設けられていることがわかる。扶壁は補強材として建てられたと私は信じている。なぜなら、周りの柱列を支えるものは他に何もなかったからである。ただし、その外観は見る者を楽しませてくれる。というのも、A印の壁以外に建物は何も建てられなかったからである。しかしながら、壁の内側にあるいくつかの穴から推測すると、祝祭や競技が行われるときには、そこに木造の階段席が設置されたのだろう。けれども私の意見としては、見栄えのする図となるように、階段席がある状態の内観を描いてみたかった。この円形闘技場は当代のピエーデで測定され、その半分の長さが平面図の下に示されている。アーチの幅は9ピエーデ2オンチャであるが、主たる四つのアーチの幅は15ピエーデ4オンチャである。ピアの正面幅は4ピエーデ2オンチャである。円柱の太さは2ピエーデ2オンチャである。両側の柱型の幅はそれぞれ1ピエーデである。ピアの側面幅は5ピエーデ3オンチャである。扶壁のピアとピアとの距離は3ピエーデ4オンチャである。

| 78 |

　プーラの円形闘技場の平面図についてはすでに語り尽くしたので、今度は立面図について説明する必要がある。底部から順に始めると、この円形闘技場は丘の中腹に建てられていて、腰壁(バサメント)の高さがそろっていないため、その寸法は一定ではない。実際に斜面に埋め込まれているのは台座(ペデスタル)のみならず、アーチや上部のコーニスも含めた第一層全体が斜面に隠れているので、丘の高さは第二層の高さに等しい。こうした理由で、私は腰壁の寸法については何も伝えることができないが、腰壁の下から上の順に説明していこう［図3-58］。

　円柱の下にある台座の高さは2ピエーデ半である。柱頭を含めた円柱の高さはおおよそ16ピエーデである。アーチの高さは17ピエーデ半である。アーキトレーヴの高さ

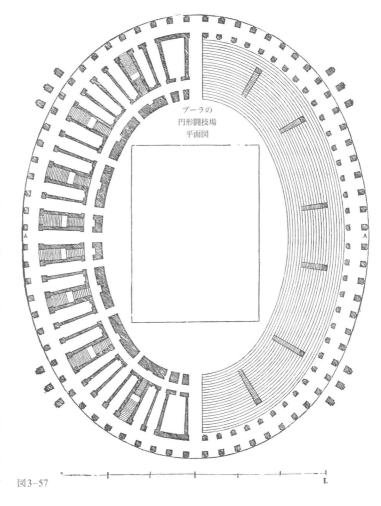

図3-57

は1ピエーデ9オンチャである。フリーズの高さは9オンチャである。コーニスの高さは1ピエーデ10オンチャである。コーニスの上にあるパラペットの高さは、コーニスの高さに等しい。柱頭を含めた円柱の高さは21ピエーデ9オンチャである。アーチの高さは18ピエーデ1オンチャである。アーチを支える柱型の幅は1ピエーデ9オンチャである。アーキトレーヴとフリーズとコーニスの高さは、下層のときと同じである。X印の腰壁の高さは4ピエーデ4オンチャである。腰壁頂部からコーニス下端までの高さは19ピエーデである。コーニスの高さは1ピエーデ半である。これが円形闘技場の立面図についてのすべてであり、次頁のP印の図面である。(254)

　この円形闘技場では、(平面図のところで説明したように)何本かのピアが四方に設置されていて、壁を補強するための扶壁を形成しているが、この壁を内側から補強するものは何もないので、私はそれらがどのように配置されたのかを示したかった。それゆえ、Q印の図は扶壁の側面を示している。H印の図はピアで、I印の部分は円形闘技場の壁の断面を表している。ピアHと壁Iとのあいだには幅3ピエーデと1/3の通路があり、二人の男性の肩がぶつかることなく、楽にすれ違えるくらいの十分な幅となっている。これらの扶壁の各層には、人が立っていられるくらいの床が設けられている。ただし、そこには階段もなく、階段の痕跡も何も見当たらない。とはいえ、窓の正面部にある雷文が施された石材が示しているように、それらがもっぱら高貴な人々のために使用されていたことは間違いない。

ここで私はこの建物の扶壁のそばに、理解しやすくなるように、やや大きめの縮尺でコーニスを描いた。そうすれば、あらゆる部位を測って確認することができるだろう。なぜなら、元の状態はまさにそのような感じだからである。図からもわかるように、エンタブラチュアのこれらの部分の形式(マニエラ)は、ローマの場合とは大きく異なっている。ローマの円形闘技場のようなコーニスを自分の作品に採用することは、私自身は決してしないつもりであるが、プーラの劇場のようなコーニスは実際に利用したいと思っている。なぜなら、そのほうが形式として優れていて、うまく考えられているからである。ローマの円形闘技場の建築家はプーラの円形闘技場の建築家とはまったくの別人であったと、私は確信している。という

図3-58

のも、コロッセウムのコーニスにはドイツ様式の特徴が多少なりともうかがえるからであるが、これはたまたまドイツ人が手がけたのだろう。

|79|〔図3-58〕

|80|

　ローマのモンテ・カヴァッロには、プラクシテレスとフェイディアス作の馬の彫像が現存しており、堂々たる宮殿の遺構も残されている。その一部は丘の上にあったが、次頁の断面図からも確認できるように、階段室を含む部分は丘に面して設けられていた。この建物の平面図［図3-59］はブラッチョで測定され、その1/3の長さが下に示されている。まずニッチTとNにはかつてテヴェレとナイルの河神像が設置されていたが、現在はベルヴェデーレの中庭にある。Aの場所は通路(ストラーダ)で、その幅は10ブラッチョである。Bの部分は、長さが12ブラッチョ四方の部屋である。Cの部分は、長さが36ブラッチョで、幅が18ブラッチョの部屋である。中庭Dの一辺の長さは36ブラッチョで、その周囲のロッジャの幅は4ブラッチョである。〔この中庭を挟んだ〕CとBの反対側の部分についても寸法は同じである。四つの階段の幅はそれぞれ4ブラッチョである。Eの場所は二つとも中庭であり、いずれも長さは114ブラッチョで、幅は

62ブラッチョ半である。ロッジャFの幅は13ブラッチョである。地面から宮殿の地上階へと昇るための大きな階段の幅は11ブラッチョである。角のそばにあるKの部分については、幅が12ブラッチョ半で、長さが16ブラッチョである。Hの部分は階段を補強するための扶壁である。Gの部分は宮殿内部に光を採り入れるための中庭である。二つの開口部Iは階段室への入口であり、建物は階段が〔扶壁で〕支えられているところから始まる。建物の真ん中にあるまことに立派なペディメントの幅は、中庭を除きロッジャを含めた建物中央部の幅に等しい。下に別々に示された図Kと図✝については、一方が建物の角の部分で、もう一方が中央中庭の隅の部分であり、いずれも同じ縮尺で描かれている。(261)

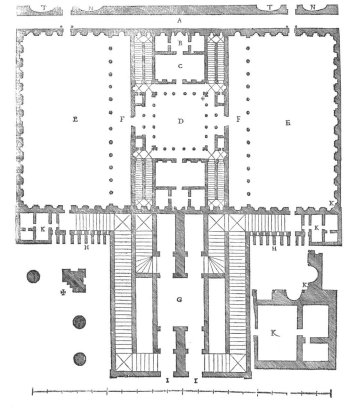

図3-59

|81|

次の三つの図［図3-60］は、前掲の宮殿の各部である。小さな縮尺で描かれた一番下の図は、宮殿正面部、すなわち階段の断面図を表している。このとても壮大でゆったりとした階段を昇っていくと、丘の上にある建物の地上階へと至る。

丘の上にある部分、すなわちF印の円柱のある部分は、真ん中にある建物の側面にあたり、建物本体の外側にあるロッジャを示している。ここでは大きな縮尺のF印の柱は、正面部のペディメントの端部を支える角の四角い柱であるが、他の柱はすべて円柱である。というのも、角に円柱を配置すると、円柱の上にはアーキトレーヴやその上にある他の部位が載るが、その角は柱で〔十分に〕支えられないため不都合だからである。角柱底部の太さは3ブラッチョで、頂部の太さは2ブラッチョと2/3である。柱礎と柱頭とを含めた角柱の高さは29ブラッチョであり、下から上までフルートが刻まれている。アーキトレーヴの高さは2ブラッチョ半である。フリーズの高さもそれと同じであるが、そこには高浮彫の施されたすばらしい帯状面が設けられる。側面に沿って設置されるコーニス全体の高さは2ブラッチョと1/8である。すべての部位は元のエンタブラチュア（コルニチョーネ）と比例するように描かれており、そのうちのフリーズの長さは100ブラッチョである。ペディメントを備えた大きなコーニスは、三つの軒持送りで支えられた範囲も含めて、全体が一枚の大理石でできている。ペディメント中央部の高さは、その幅の1/6である。(266)

143

図3-60　　　　　　　　　　　　　　　　　　　　　　　　　図3-61

| 82 |

　大きな物をさまざまな形でつくるのはローマ人の習慣であったが、それらのいくつかはひどく破壊されているため、どのような目的で使用されたのかはわからない。このことは、とりわけセウェルス帝のセプティゾニウム[267]と呼ばれる建物に当てはまる。今でもこの建物の一角は存在しており、三層で構成されているが、すべてコリント式オーダーである。しかし、この建物は別の建物からの転用材（スポリア）[268]で建てられていることがわかる。なぜなら、柱身にはフルートが刻まれたものもあれば、滑らかなままのものもあり、柱頭やその他についてもすべてが同じ形式（マニエラ）[269]には統一されていないからである。私はこの建物の高さまでは実測をしなかったが、平面図と各部位の太さについては実測した［図3-61］。私が理解しているのは、ウィトルウィウスが劇場のところで語っているように[270]、上の層になるほど寸法が1/4ずつ減少することである。

　図の左側は建物の平面図と、円柱の上にある格天井を表しており、プーラの劇場が測定されたときと同じピエーデで測定されている。まず壁の厚さは3ピエーデ半である。壁と壁との距離は4ピエーデ半である。壁と円柱との距離は5ピエーデと3/4で、柱間についてもそれと同じである。円柱の太さは2ピエーデと1/4である。この建物にはいかなる居室（アビタティオーネ）の類いもなく、上の階へと昇るための階段の痕跡すら何も見当たらない。けれども、かつてはかなりの高さまで続いていたことは明らかであるため、階段室や居住部

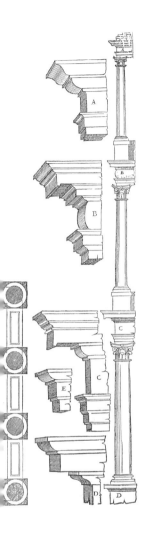
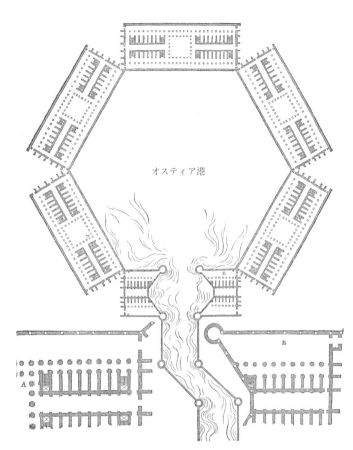

図3-62

分は別の場所にあったはずである。この建物が完成したときの存在感は圧倒的であったにちがいない。なぜなら、そこには数多くの円柱や高価な装飾がふんだんに施されていたからである。

|83|
　古代ローマの人々は度量の大きさゆえに、あらゆる行動によって自分たちが海でも陸でもいかに強く寛大であるかを示すものをつくろうとつねに励んでいた。それゆえ彼らは、ローマに利益をもたらすように、オスティアにこのすばらしい港をつくった。その有用性と建物の壮大さ、とりわけ耐久性は、まさに驚異といえるだろう。この港は六角形である。すなわち六つの面を備えていて、それぞれの面の長さは116カンナ（1カンナは10パルモにあたる）である。これらの主要な寸法から全体の大きさが算出できる。各面には周囲をロッジャで囲まれた広大な中庭と、ロッジャで囲まれた店舗の並びが四棟あり、真ん中には歩廊が設けられている。岸に沿った水辺には、船を係留するための上部が切断された柱が列をなし、港の入口には、必要に応じて敵を防ぐための大塔がいくつも存在していた。店舗の部分は、このように小さな図では理解しにくいので、大きな図を下に分けて描いた［図3-62］。

| 84 |

　ローマの古代遺跡のなかには、かつては何だったのかわからないものがたくさんある。その一方で、時の経過によって〔地面が上昇したため〕遺跡が低くなったことで、古代ローマの壮大さが確認できるものもある。それゆえ、次の古代建築は今も見ることができるため、とてもよく知られていて、フォルム・トランシトリウムのバシリカと呼ばれる。その大きさについては、円柱の上にはコーニスがなく、そのそばにあるこの建物と思しき部分にもコーニスは見られないので、頂部は確認できないけれども、円柱の高さから類推することはできる。この遺跡は、60ミヌートに分割される当代のブラッチョで測定され、その半分の長さは〔63頁［図3-48］の〕オベリスクの脇に示されている。

　これらの円柱は、地面から七段昇った十分な高さに設置された。C印の円柱底部の太さは3ブラッチョで、柱頭の下にある頂部の太さは2ブラッチョ40ミヌートである。柱礎と柱頭とを除いた円柱の高さは24ブラッチョ55ミヌートである。柱礎の高さは1ブラッチョ半である。柱頭の高さは3ブラッチョ26ミヌートである。アーキトレーヴの高さは2ブラッチョ23ミヌートである。円柱とそれに対応する壁側の付柱とのあいだのコーニスについては、これにDと印をつけると、その高さは1ブラッチョ48ミヌートである。（すでに述べたように）上部のコーニスは存在していない。壁側の付柱は平らであるが、円柱と同じ比率で、太さの逓減についても同様である。柱頭はパンテオンにある柱頭の一つと似ている。C印の柱礎については、元の寸法と比例するように大きな形で脇に並べた。同様にD印のコーニスについても、大きな形で示されている。

　私は大きな円柱の寸法については詳述したので、今度はB印の小さな円柱について説明しよう。その下には高さがおおむね6ブラッチョのたいそう見事な基壇を備えている。円柱〔底部〕の太さは1ブラッチョと1/3で、前述の円柱と同じ比率にしたがって逓減される。柱礎と柱頭とを含めた円柱の高さは13ブラッチョと2/3である。柱礎の高さは円柱の太さの半分で、柱礎の各部位の構成や比率は、大きな円柱のときと同じである。柱頭の高さは1ブラッチョ半であり、実に巧みに加工されている。これをさらに大きくした詳細図は、私の『第四書』のコンポジット式オーダーに関する章の冒頭に掲載されている。この円柱は非常に硬い礫岩でつくられていて、図［図3-63］に見

図3-63

146

られるような方法で、畦が設けられている。それに対応する壁側の付柱は同じ形でつくられているが、低浮彫が施されている。円柱の上にあるアーキトレーヴとフリーズとコーニス〔の高さ〕は、おおよそ4ブラッチョである。コーニスは歯飾りのない軒持送りを備えており、パンテオンのコーニスの一つと似ている。私が理解している限りでは、これらの小さな円柱はバシリカの戸口の装飾として使用された。

|85|〔図3-63〕

(276)
|87|

　ローマには、古代ローマの人々によって架けられた多くの橋があり、これはローマ市外やイタリア各地のさまざまな場所についても同様である。私はそれらを取り上げるつもりはないが、ここでは単に四つの案(インヴェンティオーネ)を示すことにしたい(277)。それらの案から古代の人々の橋のつくり方は理解できるだろう。最初の橋はサンタンジェロ橋と呼ばれる。というのも、この橋はサンタンジェロ城近くのテヴェレ川に架けられているからである。この城はかつてハドリアヌス帝の墓廟であったが、最近要塞に転用された(278)。この橋は古代には、アエリウス・ハドリアヌスの名にちなんでアエリウス橋と呼ばれていた(279)〔図3-64〕。

図3-64

　次の図の橋は、かつてタルペイウス橋と呼ばれていたが、ファブリキウス橋と呼ぶ人もいた。我々の時代にはクアットロ・カーピ橋と呼ばれている(280)〔図3-65〕。

図3-65

|86|

　この橋は、かつてセナトーリ橋と呼ばれていたが、パラティーノ橋と呼ぶ人もいた。しかしながら、今日ではサンタ・マリア橋、またはシスト橋と呼ばれている(281)〔図3-66〕。

図3-66

　この橋はミルウィウス橋と呼ばれているが、一般にはモッレ橋と呼ばれている(282)〔図3-67〕。

147

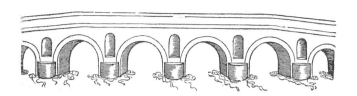

図3-67

|88|

　ローマにあるすべての浴場のうちで、個人的にはアントニヌス帝の浴場(283)がどの浴場よりもうまく計画(284)されていると思う。確かに大きさではディオクレティアヌスの浴場のほうが勝っているが、あらゆる部分が調和したまことに立派な浴場はアントニヌスの浴場以外には見あたらないと思うからである。またBCの広場(285)では、あらゆる類いのすばらしい競技や凱旋式が、何からも邪魔されずに行えるからである。むろん、浴場(テルメ)は本来さまざまな競技の場として使用されるものではなく、あくまでも浴室(バーニ)(286)が中心の施設として建てられるので、建物の背面にはA印の貯水槽がある。浴場からの要求に応じて、水が満杯になるまで水道から絶えず供給されていたのである。

|89|

　この平面図［図3-68］は当代のブラッチョで測定された。ここではその1/3の長さが建物の側面に示さ

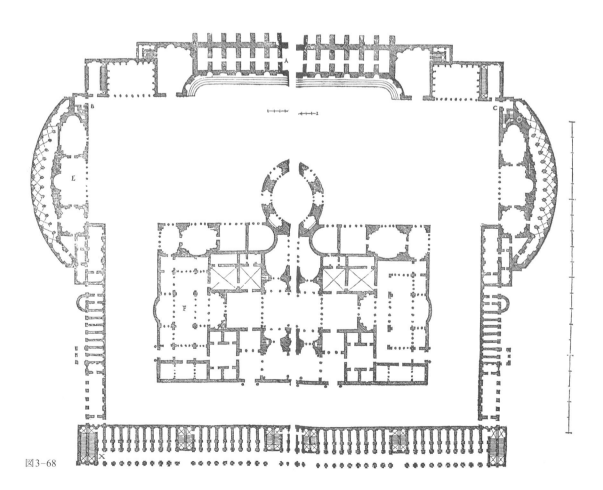

図3-68

れている。広場の真ん中にある線の長さは100ブラッチョにあたり、これを使えば、ほぼすべての寸法が導き出せる。あまり冗長にならないようにするため、私はすべてを記述するつもりはないが、いくつかの主要な寸法については触れておきたい。まずは貯水槽内部の各部屋については、長さが30ブラッチョで、幅が16ブラッチョである。X印の部分については、長さが81ブラッチョで、幅が44ブラッチョである。D印の円形の建物の直径は68ブラッチョである。BCの広場の長さはおおよそ700ブラッチョである。真ん中にあるG印の部分については、長さがおおよそ105ブラッチョで、幅がおおよそ60ブラッチョである。

|90|

前掲平面図では縮尺が小さくて個々の部位は識別しにくかったので、これらの見開き頁［図3-69, 70］でいくつかの部位を詳細に至るまで別々に示そうと思った。というのも、才能ある建築家であれば、それらを全体平面図の記号と照合して確認するはずだからである。

|91|

次の図［図3-69, 70］では、いくつかの異なった部分が現状とは別の配列で並んでいるが、勘の鋭い建築家であれば、それらが前掲の浴場の一部であることに気づくだろう。というのも、それらの図中の記号

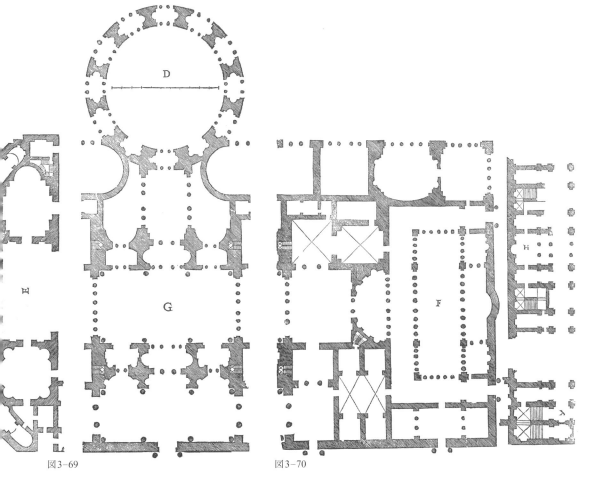

図3-69　　　　　　図3-70

を全体平面図の記号と照合すれば、それらがどの部分を指しているのかがわかるからである。H印とX印の部分は、F印の部分から離れた場所にあることに注意し、三つの部分は分けられていると理解してほしい。というのも、これらが互いに隣接しているのは、印刷上の都合に過ぎないからである。なぜこうしたのかといえば、部位〔の詳細〕がすぐにわかり、認識しやすくするためである。私がそれらの個々の寸法を書き留めなかったのは、建築家にとっては寸法よりも構 想(インヴェンティオーネ)を知ることのほうがはるかに有意義だからである。

|92|

ティトゥス帝の浴場(289)は他の浴場よりも小さいので、一般には小浴場と呼ばれてはいるけれども、うまく配列されていると私は思う。この浴場の平面図［図3-71］は古代のパルモで測定されてい〔て、その長さは後で110頁［図3-88参照］に示される(290)〕。まずA印の円形部分については、直径がおおよそ150パルモである。Bの部分の長さはおおよそ80パルモで、幅はおおよそ51パルモである。Cの部分の長さは80パルモで、幅は60パルモである。Dの部分の直径はおおよそ100パルモで、玄関(ウェスティブルム)E〔の奥行き〕はおおよそ50パルモである。Fの部分の長さはおおよそ120パルモで、幅はおおよそ70パルモである。Gの部分は八角形で、〔その直径は〕おおよそ100パルモである。円形のHの部分の直径はおおよそ150パルモである。Iの部分は一辺の長さが100ピエーデ前後の正方形二つからなる。(291)二つのKの部分については、各辺の長さが30パルモである。Lの部分の長さはおおよそ125パルモで、幅は30パルモである。円形の部屋Mの直径はおおよそ120パルモである。Nの部分の長さはおおよそ148パルモで、

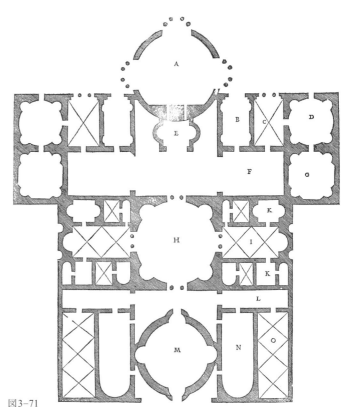

図3-71

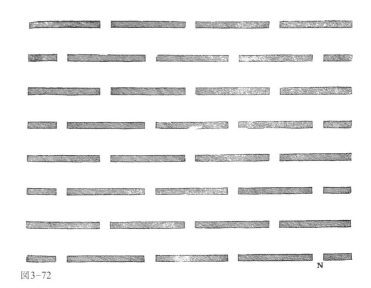

図3-72

150

幅は57パルモである。Oの部分についても同様である。次に貯水槽が示されている［図3-72］。

|93|

　ティトゥス帝の浴場の貯水槽は、優れた技術を駆使して建てられたものとして称讚に値する。というのも貯水槽のアーチ〔の戸口〕は、人がその真ん中に立ったときに、すべてが一直線に見えるように並べられているからである。これは一般に七つの広間と呼ばれる場所である。なぜなら、これらの部屋は実際に七つあり、同様に戸口も〔各広間に〕合計で七つずつ設けられているからである。壁の厚さは4ピエーデ半である。アーチの幅は6ピエーデである。アーチとアーチとの距離は27ピエーデである。壁と壁との幅はおおよそ15ピエーデであり、円筒ヴォールトが適切な高さに架けられている。壁やヴォールトの表面は非常に耐久性の強い材料で仕上げられている。

|94|

　カイロから約7マイル離れた場所にはピラミッドがある［図3-73］。私はその形態と寸法を、ヴェネツィアの都市貴族マルコ・グリマーニ殿から得られた情報の範囲で提示したいと思う。彼は〔かつて〕アクイレイア総大主教で〔、現在は枢機卿で〕あるが、自分でピラミッドに登り、中に入って実測もしたのである。このピラミッドはヴァルコで測定された。1ヴァルコは標準的な歩幅にあたり、古代の3パルモよりも若干長くなる。ピラミッドの底部はいずれの側についても長さが約270ヴァルコの正方形である。全体はきわめて頑丈な活石でつくられている。個々の石はかなり大きく、頂上まで昇ることができるように積み重ねられているが、これはたいへんな苦労を伴う。というのも、それぞれの石の高さはだいたい3パルモ半であるが、踏み面には楽に足を載せられるほど十分な幅がないからである。石の総数は下から上まででおおむね210個あり、すべてが同じ高さである。結果として、全体の高さと底部の長さも同じになっている。

図3-73

　このピラミッドは墳墓だったと信じられている。なぜなら、内部には部屋があり、その中心には巨大な石があるからである。それゆえ、その上にはかつて貴重な石棺があったと推測される。この部屋に入ることははなはだ困難である。なぜなら、入口の左側にはピラミッドに入るための石でできた階段があるが、その真ん中には直面する者を誰でも萎縮させるような途轍もない断崖絶壁が迫っているからである。この階段を昇っていけば、前述の部屋へと至る。ピラミッドを半分の高さほど登ったところには別の入口があるものの、そこからは中に入れないように閉ざされている。ピラミッドの頂上は、各面の長さがおおよそ8ヴァルコの広めの床となっている。その床はピラミッドが完成したときにつくられたもので、元々ピラミッドの頂部は尖っていなかったことが判明する。いくつかの石が取り除かれたとはいえ、今でもピラ

ミッドは当時の姿を完全に保っている。

　ピラミッドからさほど離れていない場所に、活石でできた胸部も含む頭像がある。これは単一の石からなり、顔の部分はおおよそ10ヴァルコである。この像は醜くて、見るに堪えない。この中にはエジプトの文字が刻まれた洞窟(グロッタ)がいくつかあり、それによってこれらの洞窟が墓だったことがわかる。

|95|

　エルサレムの非常に硬い岩山の中には、図に示されたような方法で、金属製の石切器を用いてきわめて精巧に掘られたかなり大きな建物がある［図3-74］。中心となる部屋はあまりに広いので、天井が崩落しないようにするため、大きなピアが真ん中に二本、中くらいのピアがその両側に二本、小さなピアが前方に二本設置されている。これらのピアは、（前述のように）鑿(スカルペッロ)を用いてかなり粗く仕上げられたヴォールト天井を支えている。最初の入口部分には四つの小さな祭室がある。そして中心部には十八の小さな祭室がある。さらに一番奥の部分には、二つの小さな祭室と閉ざされた戸口があり、かつては

図3-74

もっと奥まで進めたということを暗示している。これらの小さな祭室は、エルサレムの王を埋葬する場所だった。これはすべて〔当時〕アクイレイアの総大主教〔で、今は枢機卿〕によるこの建物の情報と、彼が自ら描いて私に下さった素描に基づいている。彼は寸法までは覚えていなかったけれども、一番小さな祭室の幅は男性の背丈を下回らない程度だったという。これから建物全体の大きさも導き出せるだろう。丘の中腹に掘られた祭室は、図AとBに示されている。この場所には光の入る隙間が全然なく、かなり大きな丘の下にあるため、しばらくは誰もその存在を知らなかったのである。

|96|

　ディオクレティアヌス帝の浴場は、現在も地上に見られる遺跡から判断する限り、まことに豪華な建物である。今も残されている装飾がふんだんに施された巨大な施設(アパルタメント)はさまざまな形からなる上に、中規模の円柱が無数にあることは、この浴場のかつての壮麗さを示す立派な証拠となっている。才能ある建築家であれば、確かにこの平面図［図3-75］に区画(コンパルティメント)として見られるさまざまな形態から有益な着想が得られるだろう。しかしながらここには、我々の時代には適していないような調和に欠ける要素(ディスコルダンティア)が散見されることも否定できない。私はかくも偉大な皇帝や、当時の多数の建築家による過ちを正そうとしてこのように語っているのではない。たとえ当時は、他の時代と比べると、高い見識を備えた有能な人材が多くは

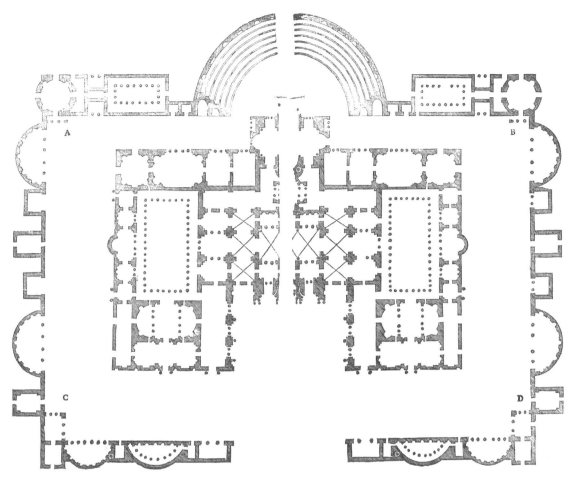

図3-75

いなかったとしても、私の著書を読むのを嫌がらない〔現在の〕人たちにはおおむね有益と思ってのことに過ぎない。というのも、私は古代の人々には多大な敬意を抱いているので、自分の意見をそのまま述べているだけだからである。

　建物における最も美しい要素は各部位の調和(コリスポンデンティア)にあり、建物にはいかなる目障りなものもあってはならないという意見は実際に正しい。したがって、もし道路AとBの幅が道路CとDの幅と同じであったなら、真ん中の建物は外周の敷地内にもっとうまく収まっていただろう、と私は言いたい。そうなれば、すべての道は完全に自由になり、何も妨げるものはなくなるだろう。それゆえ、A印の建物［図3-76］の一部が劇場の方向に張り出していようとも、通りの妨げにはならないだろう。ところが、この建物と劇場とのあいだは、実際の劇場ではプロスカエニウムと呼ばれる場所として確保される。こうすれば周囲の道はすべて広々とするので、その結果として建物全体ももっとうまく対応するようになるだろう。道路AとCは不釣り合いで、道路BとDも不釣り合いであることから、外周の建物と形態が調和していないことについて、私は議論するつもりはない。なぜなら、理解力の優れた建築家であれば、いかに不調和が生じているのかを、自分で認識できるはずだからである。それにもかかわらず、すでに述べたように、ここには実に見事な施設の設計案(インヴェンティオーネ)がたくさんあるので、判断力に秀でた建築家には少なからぬ有益さをもたらすだろう。けれども、古代建築の支持者や擁護者である読者諸氏には、もし私が話しているあいだに機嫌を損

ねてしまったとしたら、どうか許してほしい。それでも、私は優れた知識を備えた人の判断にいつでも信頼を置いている。

|97|

　この平面図は古代のパルモで測定された。しかしながら、私はこの平面図では何よりも新たな創意工夫(インヴェンティオーネ)に着目してきたので、個々の寸法を記録するつもりはないが、実際には語るべきことはたくさんある。その代わりに、勤勉な建築家が各要素の寸法をかなり正確に把握できるように、私は半円形の部分に十等分されたスケールバーを描くことで、元の大きさに比例する縮尺図を細心の注意を払ってこのように表現した。このスケールバーの一目盛は10パルモにあたるので、全体の長さは100パルモとなる。それゆえ、コンパスを手に取れば、この建物のいくつかの寸法は導き出せるだろう。ただし立面図に関しては、私は次の三つの理由から描かないことに決めた。第一に、建物の大部分が破壊されているために、完全な状態はほとんど認識できないからである。第二に、この建物を実測することは難しいからである。第三に、この建物を見て判断する限り、称讃に値する建築家たちが活躍していた幸福な世紀に建てられたものではないからである。それどころか、豪華絢爛な装飾が施されているにもかかわらず、むしろ不調和や無秩序な部分がかなり目立っている。このように小さな縮尺の平面図では各部の形態を示すことは不可能であるため、中心の建物については次の図で詳細に示すことにしたい。

|98|

　（前述のように）ディオクレティアヌス帝の浴場平面図はかなり小さな縮尺で表現されていて、部位ごとの特徴が容易にとらえられなかったので、私は少なくともその一部を大きな形で示すことに決めた。それが次の図面である［図3-76］。A印で示されているように、これは中央の部分である。真ん中のスケールバーの長さは100パルモであり、勤勉な建築家であれば、コンパスを手に取って、そこからほぼすべての寸法が算出できるだろう。

|99|

　（すでに述べたように）ディオクレティアヌス帝の浴場は、さまざまな公共の娯楽を目的に使用されたが、とりわけ浴場として使用される際には大量の水を必要とした。そのため、かつては遠方から水道で水が引かれて、いくつもの大容量の貯水槽に溜められた。ディオクレティアヌス帝の浴場の貯水槽では、次に示されるような方法で大きなピアが配置され、それらの上には交差ヴォールト天井が架けら

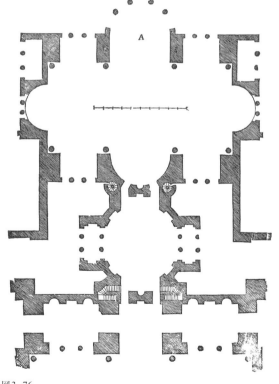

図3-76

れた。そして周囲の壁面は、ヴォールトの天井面と床面とともに、きわめて高品質の耐久性を備えた材料で仕上げられたため、この貯水槽は今もなお存在している［図3-77］。ピアの太さはいずれの側でも4ピ

154

エーデで、ピアとピアとの距離は12ピエーデであるが、これらは古代ローマのピエーデである。浴場自体はパルモで測定されたにもかかわらず、この貯水槽はピエーデで測定されたのである。ここ〔で図の上〕に示されているのは、古代ローマのピエーデの半分の長さである。

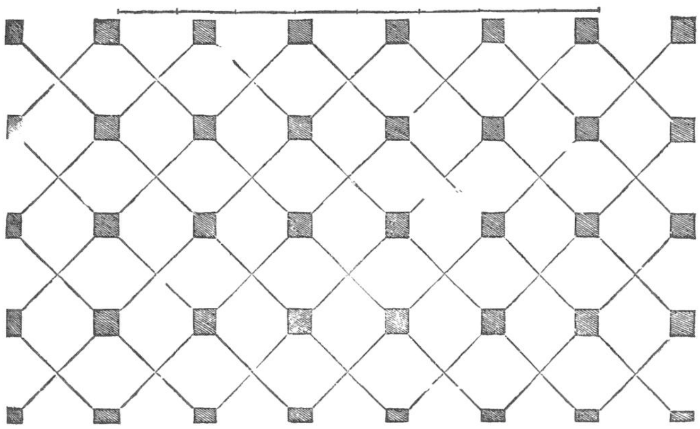

図3-77

| 100 |

　我々の教師であるウィトルウィウスやその他のさまざまな著作家が証言しているように、ギリシア人はすばらしい建築の創始者であった。それにもかかわらず、人々は激しい戦争によって多くの支配者や国々に征服されたため、土地は蹂躙されて、もはやギリシアの地上には目ぼしい建築がほとんど残っていないほどである。けれども、何人かの人たちが私に語った話から判断する限りでは、百本もの円柱で構成された建物の遺跡が現存しているという。それらの高さは、剛腕の男性が小石を投げても円柱の頂上には届かないほどであるという。と(301)いうのも、何本かの円柱は今も立ち続けているからである。また円柱の太さは、男性二人が両腕を広げても囲えないほどであった。それぞれの角には四本の円柱で囲まれた単純な建物が見られるものの、地面よりも上の部分ははなはだ荒廃していて、あまり残っていない。これらは建物の上に昇るための階段室であったと推定される。この建物にはポルティコがあったと考えられ、さまざまな祝祭が催されたときに、そこでは人々が誰でも気軽に観覧ができるように計画されていたのだろう。この建物の平面図は下に示されるとおりである［図3-78］。

図3-78

| 101 |

　（前述のように）この建物の地面よりも上の部分は、数本の円柱を除けば、ほとんど何も残っていない。

その上、私が個々の寸法に関する情報を得たわけでも、自分の眼で各部位を確認したわけでもないのだけれども、私はこの建物の図を、たとえ建てられた当時の姿のように正確ではなくても、少なくとも自分が理解できる範囲で描いてみたかったのである［図3-79］。たとえこの建物がかつてこのように建てられたことは決してなかったとしても、別の人がこのような建物を広々とした場所に地面よりも少し高く上げて建てたとすれば、四隅にオベリスクがそびえ立つ姿はとりわけ瞠目に値する、と私は思う。

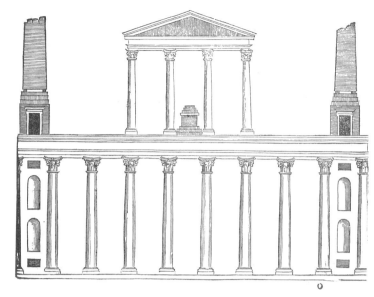

図3-79

第一層の円柱の太さは少なくとも5パルモはあり、柱礎と柱頭とを含めた円柱の高さはおおよそ53パルモあった、と私は想像する。アーキトレーヴとフリーズとコーニスの高さは10パルモくらいだろう。観者が下から見上げたときに、第二層の円柱の柱礎がコーニスによって隠れないようにするためには、透視図法の原理を勘案しながら、基壇を何段か設置する必要が生じるだろう。第二層の高さは、第一層の高さよりも1/4部低くするのが良いと私は考えているが、このことは『第四書』の至る箇所で説明したとおりである。私はこの建物を実際に見たことがないので、かつて存在していたと断言はできないという理由で、この建物の存在を認めない人には、夢や幻(キメラ)に過ぎないと受け止められても当然かもしれない。しかしながら、ギリシアにはかつて百本の円柱からなるポルティコがあったことは事実であって、そのうちの何本かはパンテオンのポルティコの円柱に転用されていると主張する人もいるくらいである。

|102|

ローマには古代の凱旋門がたくさんある。そのなかからここで取り上げる建物は、かつて商人の交易の場としてのポルティコだったことが知られてはいるものの、大半の人々には凱旋門の一種とみなされている。今日でも大都市には商人のための施設が離れた場所にあるのと同じように、むろん隔離されているわけではないが、建設に関与したのはおそらく一国のみである。フォルム・ボアリウムにあったこのポルティコを、古代の人々はヤヌス神殿と呼んでいた。この建物は古代のパルモで計測された。図で示されているように、四つの開口部がある［図3-80］。ピアからピアまでの距離は22パルモである。このポルティコの周りには48個のニッチがあるが、彫像を安置するためのものはそのうちの16個に過ぎない。すなわち、残りすべては壁の表面をほんのわずかに彫り込んでつくった、いわば見せかけのニッチである。これらのニッチは低浮彫でできた小さな円柱で飾り立てられ、それらはイオニア式オーダーであったが、遺構からはこれらの装飾が完全に取り外されたことが判明する。

建物の平面図

| 103 |

　アーチの開口高は44パルモである（308）［図3-81］。下にE印のついた基部(ベース)の高さは1パルモと1/3である。コーニスのように角が張り出した帯状面(ファスキア)Dの高さもそれと同じである。下部のコーニスの出っ張りが商人の邪魔にならないように配慮したこの建築家の判断に私は大いに感心した。私はそれ以外のコーニスの高さまでは測定しなかったが、それらの形態をていねいに描いておいたので、次頁で示すことにしたい。

| 104 |

　次に示されるエンタブラチュアの五つの断片は、前掲のポルティコの繰形装飾である［図3-82］。前述のように、柱礎Eとファスキアdについては実測したので、元の大きさから小さな縮尺に変えて表現している。残りの断片は高い位置にあるので、水準器(トラグアルド)(309)を用いて描かれているが、高さと部位の構成についてはいずれも差はほとんどない。図Aに見られるように、フリーズはふくらんでいる。C印の図は、第一のニッチの下を水平に走る細い帯状の部材と考えられる。

　次の門はティトゥス帝の凱旋門である(310)。以下にその平面図があり、古代のピエーデで測定されている［図3-83］。アーチの幅は18ピエーデ17ミヌートである。円柱の太さは1ピエーデ26ミヌート半である。ここ

図3-80

図3-81

では1ピエーデが64ミヌートであることに注意してほしい。その半分の長さはここに〔も99頁[図3-77]にも〕掲載されている。(311)

| 105 |

ティトゥス帝の凱旋門の幅と太さについてはすでに述べたので、今度は高さについて説明しよう。まずアーチの開口高は幅の二倍である。台座(ペデスタル)の基部(ベース)の高さは2ピエーデよりも4ミヌート低い。台座のコーニスの高さは35ミヌートである。円柱の柱礎の高さは、その下にある台石(ゾッコ)の高さも含めると、おおむね1ピエーデである。柱頭も含めたこれらの部位は、比例に従ったそれぞれの寸法とともに、私の『第四書』のコンポジット式オーダーに関する章の冒頭にすべて掲載されている。(312)台座正味の高さは4ピエーデ半である。柱礎と柱頭とを除いた円柱の高さは17ピエーデ13ミヌートである。柱頭の高さは1ピエーデ27ミヌートである。アーキトレーヴの高さは1ピエーデ19ミヌートである。フリーズの高さは1ピエーデ17ミヌートである。コーニスの高さは2ピエーデ6ミヌートである。碑文の刻まれた部位を載せたポディウム(エピタフィオ)の高さはフリーズの高さと同じである。(313)碑文の刻まれた部位の高さは9ピエーデ12ミヌートである。その幅は23ピエーデである。これらの部位には印がつけられ、次頁でもっとくわしく説明される[図3-84]。

　　　元老院ならびにローマ市民は、
　　　神君ウェスパシアヌスの息子、
　　　神君ティトゥス・ウェスパシア

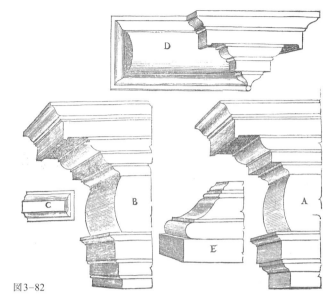

図3-82

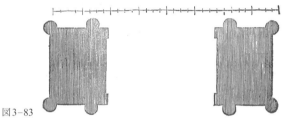

図3-83

図3-84

ヌス・アウグストゥスに〔これを捧ぐ〕。
(314)

　このアーチの下面には、十五列からなる精巧な格間装飾が施されている。中心の格間は少し大きめで、そこにはユピテルの彫刻が見られる。
(315)

| 106 |

　もし私が装飾の施されたあらゆる部位について、個々の寸法を詳細に至るまですべて列挙していったら、著者自身まったくうんざりするし、混乱もするので、ましてや読者諸氏には願い下げだろう。というのも、それらはピエーデとミヌートのみならず、ミヌートもさらに分割されているからであるが、その代わりに私はかなりの労力を費やして、すべての部位を元の寸法から、ここで示された小さな縮尺図としてていねいに描くことで、思慮深い読者諸氏がコンパスを手に取れば、それらの比例関係がすべてわかるようにした。しかしながら、ローマの記念門に見られる装飾の大半は、ウィトルウィウスの記述からかなり懸け離れていることも確かである。私が思うに、その原因はそれらの記念門が別の建物の部材を転用して建てられたことに由来するのだろう。また、建築家もおそらく自由気ままで、規則に従う余裕などなかったのだろう。なぜなら、凱旋式に使用されるとすれば、急いで短期間に建てられたかもしれないからである。
(316)

　（前述のように、）図［図3-85］のA印の部分は碑文の刻まれた部位の基部である。B印の部分は、一番上のコーニスとフリーズとアーキトレーヴである。私はこのコーニスは自由気ままであると考えており、その理由をいくつか挙げておきたい。第一に、アーキトレーヴの高さと比べてあまりに高い。その上、構成される部位の数も多すぎて、特に軒持送りや歯飾りが同じ一つのコーニスに設置されることは、ウィトルウィウスも批判している。ただし、殊に上部のキューマティウムは実に精巧に彫られている。もし私がこのようなコーニスをつくる必要に迫られたとしたら、この規則に従う。つまり私だったら、キューマティウムは小さめ、頂冠帯は大きめで、軒持送りはそのままの大きさでつくるだろう。ただし、歯飾りのブロックは取り除き、その代わりにキューマティウムを採用する。私はこのアー
(317)
(318)

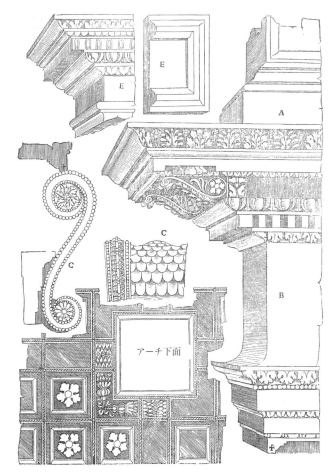

図3-85

キトレーヴはたいへん気に入っている。

C印の二つの部位は、アーチの上にある渦巻持送りの正面と側面とを表している。E印の部位の一方はアーチの迫元を示しており、もう一方は円柱から円柱までを水平に走るファスキアを示している。E印のアーチ迫元では構成部位が盛りだくさんである。実際に装飾部位であふれかえっていて、それぞれの部位が隣接する部位と混乱を招きかねないほどである。もしある部位には彫刻が施されるが、それと隣接する部位には彫刻がないといった具合に、各部位がうまく配分されていたなら、私はもっと高く評価していただろう。この点で、パンテオンの修復を手がけた建築家はまことに賢明であった。なぜなら装飾に関しては、そのような混乱が何も見られないからである。このアーチ下面の要素については、非常にうまく区画が分けられた形で彫られているため、混乱はしていない。格間の配分は巧みで、彫刻装飾も豊かに施されている。

おそらく古代ローマの建築に完全に夢中な人にとっては、私が古代建築をこき下ろしたいがために、あまりに調子に乗っているようにも思われるだろう。なぜなら、それらを建てたのは、物知りである古代ローマの人々だからである。けれどもこの場合、読者諸氏は私の言葉を正しく受け止めてくれるはずである。なぜなら、私の意図はいずれも知識のない人や、私の言うことには聞く価値があると思う人に教えることだからである。というのも、古代のものを正確に模倣することと、ウィトルウィウスの権威に従って、いかに美しいものを選択し、醜く悪い考えを拒否するかは別のことだからである。建築家の心得るべき最高の資質とは、多くの建築家がそうであるように、自分の判断を誤らないことであるにちがいない。しかし頑迷固陋な建築家は、異説を唱えることなど一切せずに、ローマで見たものをそのままつくって、これらは古代人が建てたものだからと主張して自己正当化をする。また、ウィトルウィウスは普通の人間に過ぎなかったし、創意工夫を凝らして新しいものを創造することなら自分にも自信はある、という人もいる。こうした輩は、ウィトルウィウスが当時と過去の文献を渉猟し、他人の作品を観察することによって、多くの識者から学んだと告白している事実を蔑ろにしている。

| 107 |〔図3-85〕

| 108 |
　ここに示した建物はサン・ジョルジョ・イン・ヴェラブロ聖堂のそば
(319)
にある［図3-86］。これはルキウス・セプティミウス・セウェルスとマル

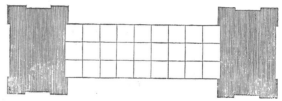

図3-86

クス・アウレリウス・アントニヌスの時代に、銀を扱う商人である銀行家と牛商人とによって建てられた。この建物はコンポジット式で、いずれの側もさまざまな彫刻で豪華に飾り立てられている。この銘板がフリーズとアーキトレーヴの場所を占めていることに驚いてはならない。なぜなら、長文の碑文が必要とされたものの、フリーズにはそれほど多くの文字を刻む余裕がなかったからである。それゆえ、建築家はこのような方法でつくることになったが、そのせいで建築の秩序を乱すまでには至らなかった。というのも、両端部は完璧な形に残しておいたからである。

　私はこの建物の寸法を隈なく記すつもりはない。なぜなら、慎重に実測したにもかかわらず、図面を描いた後で寸法が狂ってしまったからである。けれども次のことははっきりと覚えている。ピアとピアとの開口幅はおおよそ古代の12ピエーデで、開口部の高さはおおよそ20ピエーデである。平らな付柱もすべて含めたピアの側面幅は、おおよそ4ピエーデ半である。アーキトレーヴとフリーズとコーニス〔の高さ〕も同じになる。これが前掲の建物の平面図で、その天井には27個の格間が鮮明に彫られる。

|109|

　次に示される要素は、前掲の建物の装飾部である［図3-87］。実際にこれはローマにある建物のなかでは最も豊かに飾り立てられている。というのも、隙間もないほど彫刻で埋め尽されているからである。とはいえ、彫刻はきわめて巧みに仕上げられていて、すべての要素がまことにうまく調和している。ただし、上部のコーニスだけは別であり、そこは彫刻であふれかえっているため、はなはだ混乱している。また、下方のオヴォロにも欠点があり、その理由は次の二つである。一つはオヴォロと歯飾りとのあいだに境界となる帯状の部材がないことである。一方と他方とを隔てる何らかの要素は絶対に必要であり、とりわけすべての部位に彫刻が施されているときにはそうすべきである。もう一つはもっと深刻な誤りで、歯飾りの下に同じ性質の要素が二つ存在し、しかも彫刻の形も一致していることである。私だったらこのようにはつくらないし、こうした類いのものは不適切であるため、絶対につくっ

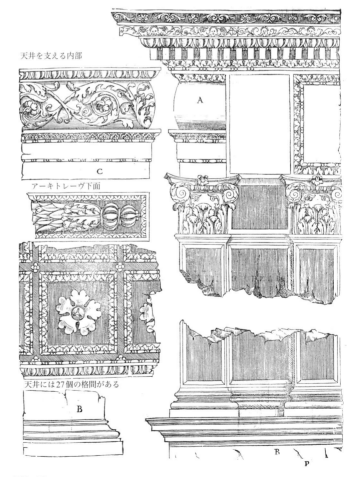

図3-87

てはならないと断言できる。

|110|

　この凱旋門はカンピドーリオ広場の下にあり、その碑文からルキウス・セプティミウス・セウェルス帝の時代に彼の命令で建てられたことが判明する(323)［図3-88］。この凱旋門は、見た限りでは他の建物からの転用材で建てられた。正面や側面はもとより、背面もすばらしい彫刻で豪華に飾り立てられている。これは12ディジットからなる古代ローマのパルモで測定された。1ディジットは4ミヌートにあたるので、1パルモは48ミヌートとなる。中央のアーチの幅は22パルモ15ミヌート半である。両側のアーチの幅は9パルモ30ミヌートである。アーチ側面の幅は23パルモ25ミヌートである。アーチの内側にある補助口の幅は7パルモ30ミヌートである。円柱も含めたピアの太さは8パルモ7ミヌートである。円柱の太さは2パルモ30ミヌートである。平らな付柱の太さは28ミヌートである。この凱旋門は現在、台座頂部の高さまで土に埋まっているが、実測をするために一部が掘り起こされた。けれども、台座の基部を測定することはできなかった。というのも、その周りには多くの遺跡が埋まっていたために、それらは取り除けなかったからである。

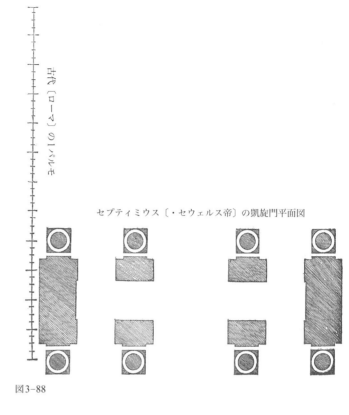

セプティミウス〔・セウェルス帝〕の凱旋門平面図

図3-88

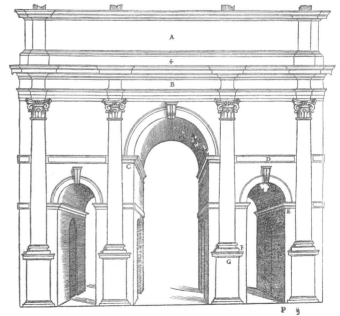

図3-89

|111|

　私はこの凱旋門の平面図の寸法はすべて、すなわち幅や太さについてはすでに詳しく説明したので、今

162

度は高さについて説明しよう。中央のアーチの高さは45パルモ3ミヌートである。両側のアーチの高さは25パルモである。台座の高さはおおよそ10パルモである。（前述のように）円柱の太さは2パルモ31ミ
ヌート[(324)]であるが、これは底部の太さであり、頂部の太さは2パルモ16ミヌートである。円柱の高さは23パルモ25ミヌートである。アーキトレーヴの高さは1パルモ30ミヌートである。フリーズの高さは1パルモ3ミヌートである。コーニスの高さは2パルモ14ミヌートである。＋印のある台石の高さは29ミヌートである。その上にある基部〔の高さ〕は半パルモである。最後のコーニス〔の高さ〕は1パルモ2ミヌートである。ここで取り上げられた個々の部位は、次頁では大きな縮尺でいっそう正確に示されるので、もっと鮮明に見えるだろう〔図3–89〕。

　　　　マルクスの息子インペラトル・カエサル・ルキウス・セプティミウス・セウェルス・ピウス・ペルティナクス・アウグストゥス、祖国の父、パルティアとアラビアの征服者にして、アディアベネ征服者、最高神祇官、護民官職権行使11回、最高司令官歓呼11回、執政官当選3回、プロコンスルに、及びルキウスの息子インペラトル・カエサル・マルクス・アウレリウス・アントニウス・アウグストゥス・ピウス・フェリクス、護民官職権行使6回、執政官、プロコンスル、祖国の父に、そして最高最強国家の第一人者たちに。国内外で徳を示すことにより帝国を再建し、ローマの領土を拡張したため、元老院ならびにローマ市民〔はこれを捧ぐ〕[(325)]

| 112 |

　私は前頁でルキウス・セプティミウス・セウェルスの凱旋門の高さや幅や太さについてはすべて説明したので、今度は個々の部位について説明しよう。前述のように、台座の基部の寸法は示さなかったけれども、台座のコーニスと同じ大きさであることから導き出せるだろう。すなわち、台座の高さがおおよそ10パルモで、上にあるコーニスの高さが1パルモであるから、基部の高さもこれと同じになるだろう。これらの部位の形態は、G印のついた一番下の真ん中の図に示されている。そのそばにはF印の円柱の柱礎があり、礎盤[(プリンス)]のほかに下には台石も設置されている[(326)]。これはおそらく円柱の高さが要求された高さに達していなかったためで、建築家は台石を下に置くことで高さを補ったのだろう。私がここに柱頭の図を掲載しなかったのは、この凱旋門はコンポジット式でつくられていて、これとよく似たC印の柱頭が、『第四書』のコンポジット式オーダーに関する章の冒頭〔63頁おもて面［図4–107参照］〕に示されているからである。
　アーキトレーヴの高さは1パルモ30ミヌートである。フリーズの高さは1パルモ3ミヌートである。このフリーズには彫刻が完全に施されている点を勘案すると、ウィトルウィウスの権威に従えば、むしろアーキトレーヴの高さよりも1/4ほど高くなるはずなので、これではかなり低い[(327)]。コーニスの高さは2パルモ14ミヌートである。これは他の部位との釣り合いを考えると実際に高すぎであり、さらに水平方向にはこの高さよりも長く張り出しているため、いっそう高く見えてしまうのである。それゆえ、各部位の関係に食い違いが見られることから、この凱旋門はさまざまな転用材の寄せ集めであると考えられる。このアーキトレーヴと〔フリーズと〕コーニスの形は、B印の下の図に示されている[(328)]。このコーニスの上にある基部の高さは半パルモである。一番上のコーニスの高さは1パルモ2ミヌートで、水平方向に相当大きく張り出している。そのような〔高い〕場所であれば、私はこのコーニスを批判するつもりはなく、むしろ優れた判断力に従ってつくられたと称讃したいくらいである[(329)]。なぜなら、建物を下から見上げたときには、コーニスが大きく張り出すことで、コーニスも一段と立派に見えるからであり、またコーニスとして使用されている材料も少ないので、建物への荷重も減らせるからである。優れた判断力を備えた建築家であれば、この例が活用できるだろう。なぜなら、もしコーニスをかなり高い位置に設置する必要に迫られたにもかかわらず、建物の荷重を増やしたくないような状況が生じた場合、あるいはおそらくコーニスと

163

して必要な厚さを満たす石材が調達できなかった場合、大きく張り出せば乗り切ることができるからである。

　このコーニスはA印の右の図［図3-90］に示されている。大きなアーチを支えるコーニスはC印の図である。このような場所のコーニスであれば、大きく張り出すことには感心できない。それどころか、同様の配列であれば、コーニスが張り出すことでアーチの外観が損なわれないようにするために、私なら張り出す長さを〔それと同じ高さの〕正方形(330)よりも短くするだろう。D印の要素は、二つの小さなアーチの上で、円柱と円柱とのあいだを水平に走るファスキアであり、コーニスCと対応する関係にある。E印のコーニスは小さなアーチを支える。このコーニスは突出して、アーチの妨げとなっている(331)ので、私なら絶対にこのようにつくりはしない。なぜなら、頂冠帯の張り出しが不適切なコーニスは、はなはだ体裁が悪いに決まっているからである。最も美しいコーニスの条件とは、頂冠帯の高さが十分にあり、かつ水平方向へ張り出す長さも適切であることに尽きる。一般的な規則として、頂冠帯の高さはシーマ、すなわち正シーマ（ゴーラ・ドリッタ）の高さよりも高くすべきである。同様に、少なくとも頂冠帯の張り出す長さが高さと同じであれば(332)、学識のある人々からはつねに良いとみなされるだろう。こうした約束事を知らない人たちに情報を提供するために、私はこの問題を取り上げたかったのである。

図3-90

〔図3-90〕

　ナポリ王国、すなわちローマとナポリとのあいだの一帯には多くの古代遺跡がある。なぜなら、古代ローマの人々はその地域で大いに繁栄を享受したからである。しかしながら、この凱旋門はきわめて有名で、完成度も高く、見た目も立派であるため、ローマ人によって建てられた凱旋門に分類してもよいと私は思う(333)。というのも、この凱旋門はナポリよりもこちら側のベネヴェント(334)に存在するからである。当代のブラッチョで測定されていて、その1/3の長さが次に示されている。

　その下の図はこの凱旋門の平面図であり［図3-91］、次頁に記されたその碑文から、誰のために建てられたのかがわかる。アーチの幅は8ブラッチョである。円柱の太さは1ブラッチョである。アーチの柱型の幅もそれと同じである。円柱から円柱までの幅は3ブラッチョである。アーチの開口部の高さは、開口幅の

ほぼ二倍である［図3-92］。台座の基部の高さは、台石の高さも含めて1ブラッチョ10オンチャ6ミヌートである。台座正味の高さは2ブラッチョ10オンチャ6ミヌートである。台座のコーニスの高さは9オンチャである。円柱の柱礎の高さは7オンチャである。円柱の高さは、柱礎と柱頭とを除いて、9ブラッチョ4オンチャである。円柱底部の太さは1ブラッチョで、頂部ではその1/6ほど短くなる。柱頭の高さは1ブラッチョ5オンチャ半である。アーキトレーヴの高さは15オンチャである。フリーズの高さは17オンチャである。コーニスの高さは1ブラッチョ3オンチャ半である。このコーニスの上にある台石の高さは19オンチャと1/4である。その上にある基部の高さは11オンチャである。碑文の刻まれた部位の高さは4ブラッチョ2オンチャである。最後のコーニスの高さは1ブラッチョ3オンチャである。アーチ迫元の高さは半ブラッチョである。

この凱旋門が測定されたときに用いられたブラッチョは12オンチャに分けられ、1オンチャは5ミヌートにあたる。すなわち、1ブラッチョは60ミヌートに等しい。ここに示されているのは1ブラッチョの1/3の長さである。

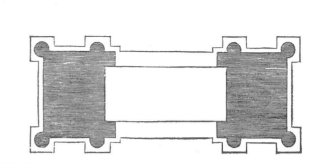

図3-91

図3-92

| 115 |

神君ネルウァの息子インペラトル・カエサル・ネルウァ・トラヤヌス、最高のアウグストゥス、ゲルマニア〔とダキア〕征服者にして、最高神祇官、護民官職権行使18回、最高司令官歓呼7回、執政官当選6回、祖国の父、いとも強き君主に、元老院ならびにローマ市民〔はこれを捧ぐ〕

165

| 116 |

　私が前頁で示したベネヴェントの凱旋門の装飾部位は、元の大きさと比例した形で次に示される。台座(ペデスタル)の基部(ベース)とコーニスはともに、F印の図［図3-93］である。これら二つの部位はまことにすばらしい形式と見事な装飾で構成されている。台座の基部の高さは、下にある台石の高さも含めて1ブラッチョ10オンチャ6ミヌートである。台座のコーニスの高さは9オンチャである。円柱の柱礎(ゾッコ)の高さは7オンチャである。純粋なコリント式で、円柱とは実にうまく釣り合っている。これはE印の図である。私がここで柱頭の図を示さなかったのは、（前述のように）この凱旋門はコンポジット式で、『第四書』のコンポジット式オーダーに関する章の冒頭〔63頁おもて面［図4-107］〕に同じような柱頭が掲載されているからである。

　円柱の上にあるアーキトレーヴとフリーズとコーニスは、C印の図である。これらの部位は、建物の残り全体とは非常にきれいに釣り合っている。コーニスに関しては、ウィトルウィウスの記述よりも若干高めではあるけれども、コーニスの各部位はうまく釣り合いがとれていて、他のコーニスにしばしば見られるような欠点はない。すなわち、（私が別のところで何度も述べてきたように）軒持送りと歯飾りをいっしょにすることは大きな誤りであるが、ここではそのようにはなっていない。それどころか、この建築家はまことに賢明であった。なぜなら、たとえ彼が歯飾りのブロックをコーニスに設置していたとしても、この誤りを避けるべく、歯飾りにまで彫刻を施そうとは思わなかったからである。パンテオンを修復した建築家が、神殿内部を取り巻く礼拝堂の上にある一番目のコーニスで意図していたことは、まさにこれと同じ考えである。それゆえ、建築家はこうした過ちを犯さぬよう慎重になるべきであって、自由気ままな建築家のすることを判断の基準にして、古代人がそうしたのだから、私だって同じようにやっていいはずだなどと言い訳をしてはならない。しかし次のように言う人はいるかもしれない。イタリアも含めた世界の多くの場所には、実際にさまざまな建築家がたくさんいるのだから、コーニスに軒持送りと歯飾り彫刻とをいっしょにすることはあるし、この習慣がいつしか伝統や規則となったこともあるはずだと。それでも、私の建物ではそんな間違いを繰り返すつもりはないし、他人にもそんな誤りには同調しないようにと助言しておきたい。

　コーニスの上にある碑文が刻まれた部位の基部の台石はB印の図で、〔その高さは〕19オンチャ半である。基部の高さは11オンチャである。碑文の刻まれた部位の高さは4ブラッチョ2オンチャである。コーニスの高さは1ブラッチョ3オンチャである。下の基部はこのような短い張り出しでもうまくつくられているのは、それが下から見上げられるからである。ただし、私が説明しているコーニスの高さは、碑文の刻まれた部位の大きさに比べると高すぎる。もしこのコーニスがもっと

図3-93

低くて、頂冠帯がもっと大きめで長く張り出していれば、この建物はいっそう良くなっていただろうと私は思う。さらに、これほどたくさんの彫刻で飾り立てるのではなく、各部位を彫刻の施されたものと、そのまま平らに残しておくものとで区分けされていたなら、私はこの建物をもっと高く評価していただろう。
　しかしながらとりわけ今日では、一般の人々に気に入られようとしたり、よく考えずに計画された建築のうわべを取り繕おうとしたりして、大量の彫刻で飾り立てることでかえって混乱を生じさせ、建築自体の美観を損なわせているような建築家もたくさんいる。もししばらくのあいだ、純粋で均質な要素が判断力の秀でた人物によって高く評価されてきたとしたら、それはこの現代にもある。D印の図はアーチ迫元を表現しており、この類いの部位としてはうまく考えられている。図に示されているように、そのコーニスはそれから凱旋門の周囲を取り巻くファスキアへと変わる。その高さは半ブラッチョである。このアーチの迫元には何も彫刻が表示されていない。けれども、実際には彫刻が施されているのに、私が図を描くときに忘れてしまっただけである。

|117|〔図3-93〕

|118|

　一般の人々からはコロッセウムと呼ばれているローマの円形闘技場のそばには、実に見事な凱旋門があり、歴史を題材とするさまざまな種類の装飾や彫像で豊かに飾り立てられている。この凱旋門はコンスタンティヌス帝に捧げられたもので、一般にはトラージ門と呼ばれている。現在、このすばらしい凱旋門の大部分は廃墟と土の堆積で埋もれているにもかかわらず、非常に高くそびえ立っている。その開口部は正方形二つ分の高さを上回るほどであり、特に両側のアーチがそうである。（前述のように）この凱旋門は見た目がすばらしく、彫刻装飾もふんだんに施されている。しかし装飾部分に関しては、次頁でも議論するつもりだが、彫刻で満ち溢れてはいるものの、実際には特別優れた形式でもないといったほうが正確なところである。
　この凱旋門は古代ローマのパルモで測定されている。その長さは〔110頁〔図3-88〕に示されているように〕パルモとミヌートからなる。平面図

コンスタンティヌスの凱旋門平面図

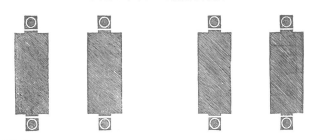

図3-94

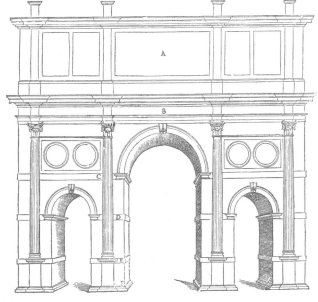

図3-95

はすでに示されている［図3-94］。大きなアーチの幅は22パルモ24ミヌートである。小さなアーチの幅は11パルモ11ミヌート半である。ピアの幅は9パルモ4ミヌートである。凱旋門の側面幅は22パルモ半であり、それによって大きなアーチの内部はほぼ正方形となる。台座の幅は3パルモ29ミヌートである。円柱の太さは2パルモ26ミヌートである。これらの円柱〔の柱身〕には上から下までフルートが刻まれる。円柱自体は完全な円形のまま設置されるが、それぞれに対応する付柱が設置される。

| **119** |

この凱旋門の幅や太さについて、必要な寸法はすでに述べたので、今度は高さについて説明しよう［図3-95］。まず台石を含めた台座基部の高さは1パルモ13ミヌートである。台座正味の高さは7パルモ5ミヌートである。台座のコーニスの高さは42ミヌートである。柱礎の下にある台石の高さは32ミヌートである。柱礎の高さは60ミヌートである。柱礎と柱頭とを除いた円柱の高さは26パルモ25ミヌートである。柱頭はコンポジット式で、その高さは2パルモ35ミヌートである。アーキトレーヴの高さは1パルモ11ミヌートである。一方、フリーズには彫刻が施されているにもかかわらず、アーキトレーヴよりもかなり低めである。コーニスの高さは1パルモ21ミヌートである。上部のオーダーの下にある台石の高さは3パルモ9ミヌートである。この台石から上部のコーニス上端までの高さは12パルモであるが、コーニス自体(345)の高さは33ミヌートである。このコーニスの上にある台座は測定されていないが、その上にはかつて彫像が設置されていた。同様にB印のコーニスの上についても、四本の台座の上には彫像が設置されていたが、それらは凱旋式を祝う際の捕虜を表現したものであった。以下の文章は、凱旋門のA印の区画に刻まれた碑文であるが、ほかにも多くの碑文がさまざまな箇所に刻まれている。

インペラトル・カエサル・フラウィウス・コンスタンティヌス、偉大で敬虔にして幸運なるアウグストゥスに、元老院ならびにローマ市民は、神の霊感と精神の偉大さにより、軍隊とその正義の力を行使して、僭主とそのあらゆる派閥から国家を一気に取り戻した功績を称え、勝利の象徴で飾り立てら(346)れたこの凱旋門〔を捧ぐ〕。

| **120** |

私は、コンスタンティヌス帝の凱旋門の大きさや寸法についてはすでに議論したので、今度は装飾の(347)個々の部分やそれらの寸法について説明しよう［図3-96］。F印の基部はこの凱旋門の台座の一部であり、その高さは1パルモ30ミヌートである。この基部の下にある台座の高さは28ミヌートである。残り〔の高さ〕は基部の部位として、実際の建物と同様に均等に分割される。E印の基部の下にある台座のコーニスの高さは42ミヌートであり、図に示されたように比例関係が定められる。柱礎の下にある台石の高さは(348)32ミヌートであり、円柱を高く上げるためには、そこに台石を設置するのがよいと私は思う。基部全体の高さは53ミヌートである。円柱の高さについてはすでに説明したとおりで、柱頭についても同様であるが、その形態がここで示されていないのは、『第四書』のコンポジット式オーダーに関する章にそれと類似する柱頭の図が掲載されているからである。

アーキトレーヴとフリーズとコーニスの高さについてもすでに説明した。コーニスはきわめて控えめであり、そこには自由気ままな要素は何も見られず、この凱旋門の中央のアーチ迫元に見られるようなC印の別のコーニスとは大きく異なる。このC印のコーニスは、上部の主たるコーニスよりも大きく、多くの部位で構成されているが、部位同士は混乱している。とりわけ歯飾りと軒持送りのような部位が上下に積み重なっているのははなはだ不適切であり、たとえ歯飾りがなかったとしても、凱旋門にこのようなコーニスを設置するのは真っ当なやり方ではないだろう。この点でマルケルス劇場の建築家は周到であった。

その劇場におけるアーチ迫元は、私が今までに見たなかでは最も見事で実によく考えられていた。迫元のような部位をどのようにつくるべきかについては、これらから学ぶことができる。
(349)

D印の小さなアーチ迫元の高さは1パルモ23ミヌート半である。もし上部の玉縁（アストラガル）下部のオヴォロとのあいだにある二本の平らな帯が単一の帯に変更されて、アバクス（プリンス）として使用されるか、または頂冠帯として使用されて、それに必要な長さが突出していれば、この迫元はもっとよくなるだろう。A印の第二のオーダーの下にある柱礎の高さは16ミヌートである。最後のコーニスの高さは43ミヌートである。もしこのコーニスが力強く張り出していなかったなら、そのような距離では実に短く見えるだろう。というのも、下から見上げたときには、たいそう背が高く見えるからである。それゆえ、こうした場合に限り、私もこのコーニスを非常に高く評価する。実際にいずれのコーニスでも、その頂冠帯についてみたときに、正方形〔の一辺にあたる高
(351)
さ〕よりも〔水平方向に〕大きく張り出しているほうがいつでもうまくいく。とい

図3-96

うのも、コーニスは石でつくられるものの、さほど厚くはないので、建物に及ぼす荷重は軽減されるからであるが、むろん突出部はあまりに自由気ままとなってはならない。しかしながら、これについてはウィトルウィウスが明確な指示を与えているので、イオニア式とドーリス式の頂冠帯に関する彼の記述を読んでほしい。
(352)

|121|〔図3-96〕

|122|

アンコーナ市外の港には海へと伸びる防波堤の腕部があり、これは東方の海から迫りくる艦隊を防ぐ
(353)
ために膨大な費用をかけて築かれたものである。その端部の海上には、全体が大理石でできた凱旋門が
(354)
ある。この凱旋門は純粋なコリント式で、柱頭以外に彫刻は何もないが、実によく考えられている。この建物はまことに優美（ヴェヌスタ）で均整がとれていて、各部が全体ととてもよく調和しているので、この〔建築という〕技芸には門外漢であっても、少なくともその美しさは堪能できるだろう。しかしながら、この技芸に精通していない者は、そのような調和を見て満足するばかりでなく、この称讚に値する建築家に感謝もすべきだろう。なぜなら、この建築家は我々の時代にこの美しく熟慮された建物から学び、恩恵を受ける機

169

会を与えてくれたからである。装飾という点でこのコリント式オーダーは、現存するどの凱旋門よりも注目に値することは間違いない。また、彫刻はしっかりと接合されているため、引き剥がされてしまった多くの装飾部分は別としても、いまだ完全な形をとどめている。

　見た目から判断するかぎり、このすばらしい凱旋門はネルウァ・トラヤヌス帝によって建てられた。この凱旋門の上には、かつて彼の騎馬像が設置されていた（といわれている）。この騎馬像は、彼が征服した人々に向かって、反乱を起こすようなことはさせまいと、威嚇するような姿勢で立っていた。この騎馬像はブロンズ製で、最高の職人芸でつくられた。円柱のあいだのE印のコーニスの上に、かつては何体かの彫像が設置されていた。このことは碑文に示されている。また、いくつかの穴が痕跡として今も残されていて、そこにはブロンズでできた花綱飾りやそれに類する他の装飾があったことがわかる。けれども、それらは我々に敵対するゴート人やヴァンダル人、その他の民族によってすっかり略奪されてしまった。この凱旋門は古代のピエーデで測定され〔、その半分の長さは『第三書』99頁［図3-77］に示され〕ている[(355)]。この凱旋門の平面図［図3-97］は以下にある。

　アーチの開口幅は10ピエーデである［図3-98］。その内側の奥行きは9ピエーデ2ミヌートである。円柱の太さは2ピエーデ11ミヌートである。円柱と円柱との隙間は7ピエーデ5ミヌートである。円柱はピアから1ピエーデ11ミヌート突出する。アーチの開口高は25ピエーデと1/3である。この高さは正方形二つ分より高いけれども[(356)]、全体として見たときに気に障るものではない。台座の高さは、そのコーニスもすべて含めて5ピエーデである。幅は3ピエーデ15ミヌート半である。基部(ゾッコ)の高さは、下にある台石も含めて1ピエーデ36ミヌートである。円柱の高さは柱頭下端までで19ピエーデ22ミヌート半である。円柱頭下部の太さは1ピエーデ56ミヌートである。柱頭の高さはアバクスも含めて2ピエーデ24ミヌート

アンコーナの凱旋門平面図

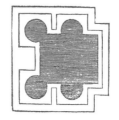

図3-97

図3-98

で、アバクスの高さは10ミヌートである。この柱頭の図は、『第四書』のコリント式オーダーに関する章の冒頭に掲載されている。アーキトレーヴの高さは1ピエーデ12ミヌートである。フリーズの高さは1ピエーデ18ミヌートである。コーニスの高さは1ピエーデ22ミヌートである。コーニスの上にある台石の高さは1ピエーデ6ミヌート半である。この台石の上にある柱礎の高さは30ミヌートである。碑文の刻まれた部位のコーニス下端までの高さは6ピエーデ22ミヌートである。その上のコーニスは実測されなかった。

| 123 |

〔立面図の上の〕両側にあるこれらの文字は、実際には円柱のあいだに刻まれていて、一方は左側に、もう一方は右側にある。

〔左側〕アウグストゥスの配偶者プロティナ・アウグスタへ

〔中央〕神君ネルウァの息子インペラトル・カエサル・ネルウァ・トラヤヌス、最高のアウグストゥス、ゲルマニアとダキアの征服者にして、最高神祇官、護民官職権行使18回、最高司令官歓呼9回、執政官当選6回、祖国の父、いとも賢明なる君主に対し、元老院ならびにローマ市民は、〔トラヤヌスが〕イタリアへ安全に入港できるように回復し、資金を費やしてこの港も拡大した〔ことを称えてこれを捧ぐ〕

〔右側〕アウグストゥスの姉、神君マルキアーナ・アウグスタへ

| 124 |

アンコーナの凱旋門の寸法については、私は十分に説明したと思う。それでも装飾部位（コルニチャメント）については、もっとわかりやすくなるように、以下ではそれらを示すことにしたい［図3–99］。まずは下の部分から始めよう。というのも、地上にはそれらが最初に建てられるからである。G印の台座の高さは、コーニスまですべて含めて5ピエーデである。台座の基部の台石（ゾッコ）の高さは18ミヌートである。台石の上にある基部の高さは19ミヌートと1/3である。台座のコーニスの高さは20ミヌートと1/3である。柱礎の下にあるF印の台石の高さもこれと同じである。これは円柱を高く上げるために建てられたが、結果的には悪くなっていないと私は思う。それどころか、柱礎はその周りの小さなファスキア（オペレッタ）で飾り立てられているため、純粋なコリント式（プリンス）でできた柱礎の礎盤からは分離されていて、とても見事であるというのが私の意見である。頸部を含めた柱礎の高さ、あるいは円柱の帯（チンタ）の高さは43ミヌートである。柱礎の突出する長さは16ミヌート半である。台座の幅は3ピエーデ11ミヌート半である。円柱の太さは2ピエーデ11ミヌートである。円柱の柱身から突出するフルートの数は13本である。フルートの幅は7ミヌート半である。それらを分離する小さな帯〔の幅〕は2ミヌート半である。

柱頭の高さ、すなわちアバクスを除いた高さは円柱底部の太さに等しい。この柱頭はたいへん美しい形をしているため、我々はウィトルウィウスのテクストが間違っていると信じたくなるかもしれない。すなわち、ウィトルウィウスはアバクスを含めないと考えていたのではないだろうか。なぜなら、私が実際に見て測定した柱頭の大半は、この高さか、あるいはアバクスなしでも円柱の太さよりはもっと長いことがわかったからである。とりわけ、パンテオンの柱頭がそうであり、この柱頭の一つは本書の冒頭〔で17頁［図3–13〕の図B〕に示されている。円柱の上にあるアーキトレーヴの高さは1ピエーデ12ミヌートである。フリーズの高さは1ピエーデ18ミヌートで、コーニスの高さは1ピエーデ22ミヌートである。フリーズにはAの印がついている。コーニスの上にある台石の高さは1ピエーデ6ミヌート半である。その上に

171

ある基部の高さは30ミヌートで、十印のついた碑文の刻まれる部分の高さは6ピエーデ22ミヌートである。

D印のアーチ迫元の高さは1ピエーデ15ミヌートである。一番上のコーニスは実測されなかった。アーチの上にある持送り、すなわち渦巻装飾の高さは3ピエーデ30ミヌートである。そして上部では壁面から1ピエーデ14ミヌート、下部では1ピエーデ突出する。これはB印の図である。円柱のあいだにあり、コーニスを伴う四つの横長の四角形の上には、胸像が設置されていたと推測できる。これらはE印の図であり、そのそばにある断面図は、それらがどのように彫られるかを示している。というのも、それらは真ん中まで彫刻で満たされているからである。上にあるコーニスの高さは32ミヌートである。私は部位ごとの高さや突出する長さに

図3-99

ついては記述しなかったが、元の大きさからこの形に慎重に縮小した。それらは古代ローマのピエーデで測定され〔、その半分の長さは『第三書』99頁［図3-76］に示され〕ている。

|125|〔図3-99〕

|126|

ダルマチアの海岸にある都市プーラは、多くの古代遺跡に恵まれている。すでに説明した劇場や円形闘技場のほかにも、私がここでは説明を割愛せざるを得ない建物がまだたくさんあるが、コリント式の凱旋門は取り上げておきたい。この凱旋門では装飾がとても豊かであり、それらには人物像や葉飾りはもとより、風変りなその他の装飾も含まれるが、正面や側面のみならず、内側やアーチ下側についても同様に、台座よりも上に彫刻装飾が施されていない箇所はない。そこには実に多くのさまざまな彫刻があるため、それらをすべて示そうとすると、かなりの紙幅が必要になるだろう。それゆえ、私は建築家にとって関係のある設計案や寸法のみを示すことにしたい。この凱旋門の平面図は次に示されるとおりであり［図3-100］、当代のピエーデで測定された。その半分の長さもともに示されている。

アーチの開口幅は12ピエーデ半で、高さはおおよそ21ピエーデである［図3-101］。柱台の側面幅は内側では4ピエーデである。円柱の太さは1ピエーデ9オンチャ半である。円柱同士の隙間は1ピエーデ3

オンチャ半である。アーチの両側の柱型の幅は1ピエーデ2オンチャである。台座の基部の下にある台石の高さは1ピエーデで、基部の高さは4オンチャである。台座正味の高さは3ピエーデで、そのコーニスの高さは4オンチャである。柱礎の下にある台石の高さは4オンチャである。柱礎の高さは10オンチャと1/4である。円柱の高さは16ピエーデ1オンチャと3/4である。柱頭の高さは2ピエーデ1オンチャである。アーキトレーヴの高さは1ピエーデ1オンチャである。フリーズの高さは1ピエーデ2オンチャである。コーニスの高さは1ピエーデ10オンチャである。コーニスの上にある台石の高さは1ピエーデ2オンチャである。台座の基部の高さは、その上にある台石も含めて1ピエーデ2オンチャである。ただし基部の高さ、すなわち基部のみの高さは10オンチャである。この台座の高さ、すなわち台座正味の高さは2ピエーデ1オンチャである。そのコーニスの高さは6オンチャである。その上にあるカヴェットの高さは5オンチャであり、これはウィトルウィウスがコローナ・リシスと呼んでいるものであると私は思う。これがプーラの凱旋門の寸法に関するすべてである。

|127|

この凱旋門の寸法はすでに記されている。次頁では個々の部位が大きな図で示され、詳細に説明される。次の大文字の文章は、Y印のフリーズに刻まれている。

下にある線は半ピエーデの長さにあたる。1ピエーデは12オンチャに等分される。これは6オンチャであるため、半ピエーデである。

プーラの凱旋門平面図

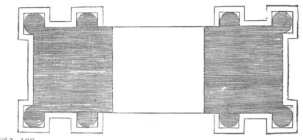

図3-100

図3-101

サルウィア・ポストゥマ・セルギウスの出資で〔これを建てり〕。[371]

下の大文字の文章は、それぞれX、H、A印の台座に記されている。⁽³⁷²⁾

〔X〕ルキウス・セルギウス、カイウスの息子、按察官、二人組行政官

〔H〕ルキウス・セルギウス・レピドゥスの息子、按察官、第29軍団司令官

〔A〕クナエウス・セルギウス、カイウスの息子、按察官、五年の二人組行政官

| 128 |

　私は前頁でプーラの凱旋門の寸法の概要について記し、さらにその形態を示しながら、非常に美しい装飾の一部についても説明した。そこで今度は、この凱旋門の寸法についてくわしく説明しよう。まずは下の部分から始めよう[図3-102]。というのも、地上に最初に建てられるのはその部分だからである。台座の基部の下にある台石の高さは1ピエーデである。ただし、この下にはもっと背の高い別の部位があるが、地中に埋まっている。この上にあるキューマティウムの高さは、アストラガルも含めて4オンチャである。⁽³⁷³⁾台座正味の高さは3ピエーデである。その上にあるキューマティウムの高さは4オンチャである。柱礎の下にある台石の高さは4オンチャである。柱礎の高さは10オンチャであり、彫刻はきわめて見事に仕上げられている。その形態はドーリス式でありながらも、繊細な彫刻が施されることでコリント式のようにつくられている。柱身には下から上まで縦溝が刻まれ、下の〔平面〕図に示された分だけから表面から突出する。

　アバクスも含めた柱頭の高さは2ピエーデ1オンチャである。この柱頭の高さは、円柱の太さよりも寸法が大きくつくられているが、次頁の図に見られるように、たいそう優雅で、見た目としても実にうまく調和していて、彫刻も非常に豊かに施されている。もしこのコリント式柱頭を円柱全体と比べたときに、アバクスも含めたこのコリント式柱頭の高さが、円柱の太さと等しくなるようにつくられていたなら、見た目はもっと良くなっていただろうと私は思う。さらにこれはウィトルウィウスがコリント式柱頭について述べていることではあるけれども、⁽³⁷⁴⁾（前述のようにいくつかの箇所で）⁽³⁷⁵⁾テクストが改変された可能性がある。すなわち自然であること_{ナトゥラリタ}⁽³⁷⁶⁾を勘案すると、（ウィトルウィウスが述べているように）コリント式柱頭が乙女の頭部に基づいてつくられたのであれば、⁽³⁷⁷⁾均整のとれた乙女の顔が縦長になることは確実だからである。さらに果物籠の一番上に（アバクスで表現される）瓦が載せられれば、柱頭はいっそう縦長になるにちがいない。それゆえ、こうした理由により、またさまざまな場所で古代の多くの事例が今でも確認できるという理由により、私はこの比例関係を推奨したい。

　アーキトレーヴの高さは1ブラッチョ1オンチャである。フリーズの高さは1ブラッチョ2オンチャである。コーニスの高さは1ブラッチョ2オンチャである。彫刻がふんだんに施されているという点で、このコーニスははなはだ自由気ままである。というのも、このような豪華さが混乱を招いているようにも見えるからである。けれども、最大の誤りはキューマティウムの上にあるオヴォロであって、実際にかなり目障りなものがある。さらに批判されるべき点は、オヴォロの上部にはそれを覆う部位が何もないことであり、これでは雨水で浸食されて溝ができてしまうのは免れない。しかしながら、自由気ままな建築家というのはいつでもいるものであって、我々の時代でもそうであるように、一般の人々を喜ばせようと思って自分の作品にかなりの彫刻装飾を施しながらも、オーダーの質についての配慮にはまるで無頓着である。荘重さや堅固さが要求されるドーリス式の建物にも、繊細さゆえにそれとは異なった装飾が必要とされるコリント式の建物に施されるような大量の彫刻を彼らは施したがるのである。それに対し、理解力や判断力に秀でた建築家であれば、必ずやデコールムの理論に従うはずである。⁽³⁷⁸⁾もしドーリス式の建物にする

のであれば、ウィトルウィウスの原則に一致するドーリス式で建てられた古代の優れた例に倣うべきである。同様に、もしコリント式の建物をつくるのであれば、コリント式オーダーに求められる装飾で飾り立てるようにすべきである。私がこのことをデコールムについて無知な輩に助言したかったのは、そうでない人に私の意見は必要ではないからである。

さて本題に戻ると、このコーニスの上には三つの台座を含むポディウムがある。ポ(379)ディウムを下から見上げると、コーニスの突出部によって基部が隠れてしまうので、その下に高さ１ピエーデの台石を設置して、ポディウムの基部が見えるようにすべきである。この上には基部があり、その高さは10オンチャである。ポディウム正味の高さは２ピエーデ１オンチャである。その上のコーニスの高さは半ピエーデである。このコーニスは優雅であり、その部位は容易に区別することができる。というのも、彫刻が施された二つの部位のあいだに、彫刻のない部位が挟まれているからである。このコーニスの上には、私が理解している限りではウィトルウィウスがコローナ・リシスと呼んでいる部位があ(380)り、その高さは５オンチャである。この上に

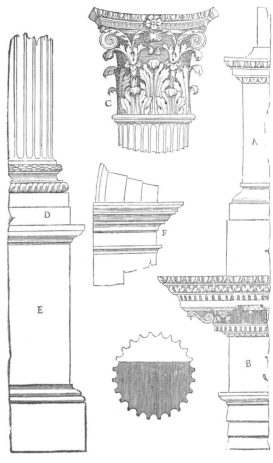

図3-102

は、工事が中断されたままの石材がいくつか設けられているが、それらの上には別の部位が存在していた可能性が高い。これらの石材の高さは10オンチャである。アーチ迫元の高さは10オンチャである。ただし、これについては自由気ままに彫刻が施されている。迫元の三つの部位は互いに異なる形で積み重ねられているとはいえ、突出部がいささか単調であるため、建物としては十分な効果を生み出していない。アーチの上にある各部位は、それぞれの文字によって識別される。

|129|〔図3-102〕

|130|

きわめて古い歴史のあるヴェローナという都市には多くの記念門があり、なかでもカステルヴェッキオ〔のそば〕にある記念門は実際に優れた形態と比例関係でつくられている。以下に示されるこの記念門(381)の平面図について、私は一方の側からしか描かなかったけれども、残された部分から今日でも確認できる限りでは、正面と同様に背面や入口の両側面にも装飾が施されていたことがわかる。この記念門は、前掲のプーラの凱旋門のときと同じピエーデで測定された。この記念門の開口幅は10ピエーデ半である［図3-103］。円柱の太さは２ピエーデ２オンチャである。円柱と円柱との隙間は４ピエーデ３オンチャである。アーチの両側の柱型の幅は２ピエーデ２オンチャである。アーチ内側の側面幅は４ピエーデ半である。円柱

と円柱とのあいだにあるタバーナクルの幅は２ピエーデ10オンチャである。これがこの記念門の幅と厚さに関する寸法のすべてである。

また、高さについて説明すると、円柱の台座の基部の高さは、台石も含めて１ピエーデ３オンチャである。台座正味の高さは４ピエーデ３オンチャ半で、そのコーニスの高さは10オンチャ半である。柱礎の高さは１ピエーデである。柱礎と柱頭とを除いた円柱の高さは17ピエーデ３オンチャである。柱頭の高さは２ピエーデ４オンチャ半である。アーキトレーヴの高さは１ピエーデ半である。フリーズの高さは１ピエーデ７オンチャ半である。コーニスの高さは１ピエーデ10オンチャである。立面図にはペディメントが描かれているが、最初のコーニスよりも上には何も見られない。しかしながら、時の経過によって壁が浸食したとしても、今も残された部分からそこにはかつてペディメントが存在していたことがわかる。

一番上のコーニスは実際には存在していないため、古代の遺構から採寸はできないだろう。けれども、上部の要素では下部の要素よりも寸法が1/4ずつ逓減するという一般的な規則に従って、(382) 私はその形態と寸法を示した。それゆえ、このコーニスは下のコーニスよりも寸法が1/4部小さくなっていて、次のように分配される。まず全体の高さは４部半に分けられる。1/2部が頸部を伴うトンディーノに、１部がフリーズに、１部が頂冠帯よりも下の部位、すなわち歯飾りまたはオヴォロのブロックに、１部が頂冠帯とその帯に、最後の１部が正シーマと呼ばれるキューマティウムに分配される。コーニスの突出する長さは高さと等しくすべきである。前述の規則を適用すれば、上部のコーニスはこのようにつくられることになる。

これは記念門の平面図である。

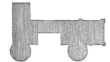

図3-103

円柱と円柱とのあいだにはタバーナクルがあり、そこにはかつて彫像が設置されていた。タバーナクルの幅は２ピエーデ10オンチャで、高さは７ピエーデで、壁に対する奥行きは１ピエーデ10オンチャである。それぞれのポディウムの高さは、基部とシーマも含めて４ピエーデである。両側の小円柱の太さは半ピエーデである。アーキトレーヴの高さは５オンチャ半である。フリーズの高さは６オンチャである。キューマティウムを除いたコーニスの高さは４オンチャである。ペディメント正味の高さは８オンチャである。

このタバーナクルの上には銘板があり、その上にはコーニスが設置される。銘板の幅は２ピエーデで、高さは１ピエーデである。こ

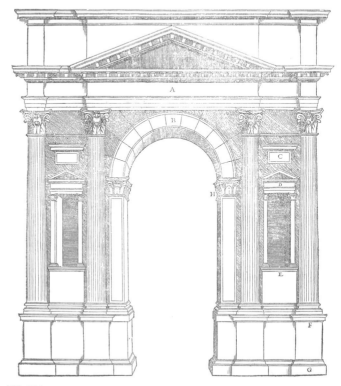

図3-104

のコーニスの高さは11オンチャである。遺構から判断する限りでは、この上にはかつて胸像が設置されていた。アーチの開口高については、一部が地中に埋もれてはいるものの、開口幅の二倍以上はある。というのも、幅は10ピエーデと1/4で、〔地上に見える部分の〕高さはおおよそ25ピエーデ半だからである。アーチ両脇の柱型の幅についてはすでに説明したが、柱頭の高さもそれに等しく、あらゆる面が正方形となる。この記念門はコンポジット式でつくられ、装飾のない部分から判断する限り、かつてはブロンズ製や大理石製の彫像で豊かに飾り立てられていたことがわかる。

| 131 |

ヴェローナにあるカステルヴェッキオの記念門[384]の形は、次の図［図3-104］のように示される。フリーズよりも上の部分に装飾の痕跡は何も残されてはいないものの、このような姿であったはずである。上の部位は小さすぎて理解しにくいだろうから、それらは次頁で大きく描いて、くわしく説明する。この凱旋門[385]に見られる碑文にしたがって、ウィトルウィウスがこれを建てたという人はいるかもしれないが、私がそうとは信じられないのは、次の二つの理由による。第一に、この碑文はウィトルウィウス・ポリオ[386]のことを指しているのではなく、おそらく別人のウィトルウィウスが建てたと考えられる。第二にもっと有力な証拠として、ウィトルウィウス・ポリオは『建築十書』で、軒持送りと歯飾りを同じコーニス[387]に設置することを非難しているにもかかわらず、この記念門にはそのようなコーニスが見られるからである。それゆえこの凱旋門は、私が「偉大な建築家」と呼んでいるウィトルウィウスが建てたものではないと断言できる。しかしそうはいっても、この記念門が見事な形態であることに変わりはない。

次の文章はタバーナクルの下にある台座[388]に刻まれている。

　　カイウス・ガウィウス・ストラボン、カイウスの息子へ[389]

次の文章は内側のアーチ側面に刻まれている。

　　ルキウス・ウィトルウィウス・チルド、ルキウスの解放奴隷、建築工匠[390]

次の文章は、この下のタバーナクルの下にある台座に刻まれている。

　　マルクス・ガウィウス・マクロ、カイウスの息子へ[391]

| 132 |

私は前述の記念門における各部位の個々の寸法については十分に説明しなかったし、容易に理解できるような大きさで各部位の図も描かなかったので、次にそれらを元の大きさから縮小した形を示す［図3-105］。まずは台座の高さについて説明しよう。G印の台石の高さは1ピエーデ3オンチャである。その上にある基部の高さは6オンチャである。F印の台座正味の高さは4ピエーデ3オンチャ半である。その上にあるコーニスの高さは10オンチャ半である。柱礎の高さは1ピエーデであり、その礎盤はコローナ・リシス[392]に変更されている。私はこれがとても気に入っている。なぜなら、こうした形態からなるギリシアの台座をいくつか見たことがあるからである。柱身には縦溝、すなわちフルートが下から上まで刻まれている。

この円柱の柱頭の高さは1ピエーデ4オンチャ半である。ただし、その形態はここには示されていない。というのも、『第四書』のコンポジット式に関する章〔63頁おもて面［図4-17］〕の冒頭に同じような図が

177

見られるからである。記念門全体としてはコリント式といえるかもしれないが、実際に柱頭はコンポジット式であり、同書の〔頁では〕C印の柱頭にあたる。このアーチ迫元の柱頭の図も同じ箇所に掲載されており、D印の柱頭にあたる。ただし、円柱と円柱とのあいだにあるタバーナクルの柱頭は、ここでは下にあるH印の図にあたる。E印の基部を伴うコーニスは、タバーナクルの下にあるコーニスである。図Cはそのタバーナクルの上にある銘板(タベッラ)である。D印の部位はタバーナクルのペディメントのアーキトレーヴとフリーズとコーニスである。B印の要素はアーチを形成する。A印のコーニスはこのアーチの上にある主要なコーニスである。これは実際に精巧に彫られていて、見る人をとても喜ばせる。

とはいえ、私がすでに別のところで指摘した欠点には悩まされる。すなわち、ウィトルウィウスが確かな論拠を示して非難した(393)、軒持送りと歯飾りを同一のコーニスに設置することである。しかしながらこの一文については、多くの人々から反対の叫びが上がるだろう。すなわち、ウィトルウィウスよりものちに多くの建築家が、イタリア全土のみならず外国でも軒持送りと歯飾りを同一のコーニスに設置しているが、今まで何も破綻は生じていないのだから、むしろ自分たちの建物にも古代の建物に見られるものを何でも採用することは誰にでも認められるはずだと。そのような輩に対してはこう答えられるだろう。もしその規則が間違っているというのであれば、あらゆる論拠を打ち負かすことはできるだろう。しかしながら、もし大半の人々が認めているように、ウィトルウィウスが見識の高い建築家であったことに同意し、良識(シエンティフィコ)(394)に従ってウィトルウィウスを読めば、自らの口で非難されることに気づくだろうと。

図3-105

|133|〔図3-105〕

|134|

ヴェローナにはレオーニ門という二つの入口を備えた古代の門(アルコ)(395)が存在する。これは私が今までに他の場所では見たことのないものであり、むろん三つのアーチからなる門はよくあるけれども、二つのアーチからなる門はこれがはじめてである。この門には六つの窓があったにもかかわらず、それらは開口部となることも、壁に深く掘り込まれることもなかった。このことから、それらの場所にはかつて浮彫の彫像が設置されていたと推測される。真ん中の第一のコーニスよりも上にはニッチのような窪みがあるものの、かなり浅くて壁の奥まではえぐられていない。けれども、コーニスが張り出しているため、凱旋式が催されるときには人々がそこに立ち、何らかの役割(ウフィチョ)は演じられただろう。しかしながら、こういったことは建築家にはさほど重要ではないので、それよりも下に見られる個々の形態や寸法について説明したい。

178

第三書

　まずアーチの開口部については、幅が11ピエーデで、高さが18ピエーデである。台座の台石の高さは1ピエーデである。台座基部の高さは3オンチャである。台座正味の高さは2ピエーデ1オンチャである。台座のコーニスの高さは3オンチャである。柱礎の高さは8オンチャ半である。柱礎と柱頭とを除いた円柱の高さは12ピエーデと1/3である。円柱の太さは1ピエーデ4オンチャである。柱頭の高さは1ピエーデ8オンチャである。アーキトレーヴの高さは1ピエーデ5オンチャである。フリーズの高さは1ピエーデ8オンチャで、コーニスの高さもそれに等しい。コーニスから第二のオーダーまでの高さは3ピエーデ半である。このコーニスの上には軒持送りの類いがあり、その上にはかつて彫像が設置されていたといわれている。そこには低浮彫の施された七本の付柱が設けられ、それらの彫像は付柱に面して取り付けられていた。これらの付柱のあいだには低浮彫で飾り立てられた円柱を伴う小さな窓がある。窓の幅は2ピエーデ2オンチャである。高さは4ピエーデ3オンチャである。大きな円柱の高さについては、柱礎と柱頭とを含めて5ピエーデと4オンチャである。それらは低浮彫の施された平なな付柱となっている。

　第二のアーキトレーヴの高さは6オンチャ半である。フリーズの高さは1ピエーデ半である。コーニスの高さは10オンチャ半である。コーニスの上にあるコローナ・リシスの高さは10オンチャである。第二の台座基部の高さは1ピエーデである。台座正味の高さは3ピエーデ7オンチャ半である。第二の円柱の柱礎の高さは8オンチャである。円柱の高さは8ピエーデ3オンチャ半で、太さは10オンチャ半である。柱頭の高さは1ピエーデ1オンチャ半である。アーキトレーヴの高さは1ピエーデ1オンチャである。フリーズの高さは1ピエーデ2オンチャである。コーニスの高さは1ピエーデである。その上にはいまだに壁がいくらか残されてはいるものの、それが何であったのかは全くわからない。

　この記念門の壁はあまり厚くはなく、装飾が施された別の側面は見ることができない。なぜなら、この門で隠された別の門をのちに示して言及するように、この門の背後には別の建物(397)が近接していて、両者のあいだを通り抜けることが困難なほどだからである。この門の窓は実際にはこのような配列とはなっておらず、いささか不規則になっている。すなわち、窓はペディメントの頂とは中心が一致せず、むしろ片側にずれているが、それでははなはだ見た目が悪い。私にはそのような不一致は耐えられなかったので、それらを規則正しく配置し直した。図を示して説明するように［図

図3-106

179

3-106]、この門にはコンポジット式の柱頭もあれば、コリント式の柱頭もある。

下の碑文は、この門のアーキトレーヴ右側に刻まれている。

T. FLAVIVS P. F. NORICVS. IIII. VIR. ID. V. F. BAVIA. [V.] Q. L. [F.] / PRIMA SIBI, ET POLICLITO SIVE SERVO, SIVE LIBERTO MEO, / ET L. CALPVRNIO VEGETO.⁽³⁹⁸⁾

|135|〔図3-106〕⁽³⁹⁹⁾

|136|

　前掲の門のおおむねの寸法についてはすでに議論し、元の大きさから縮尺した形態も示した。しかし、個々の部位の詳細はあまりに小さくて十分に示すことができなかったので、次にはそれらを取り上げることにしたい[図3-107]。というのも、この門には実際に多くのさまざまな装飾が存在するからである。高さと厚さについてはすでに記したので繰り返すつもりはなく、どのようなものであるのかについてのみ説明しよう。G印の図は最初の台座である。その上には柱礎があり、縦溝の刻まれた円柱が設けられることも示している。すべての部位は元の大きさに比例する。上にアーキトレーヴを伴うE印の柱頭は、縦溝が示しているように、第一層の円柱の柱頭を表している。D印の図はアーキトレーヴとフリーズとコーニスであり、第一層のオーダーであるこの円柱の上に載せられる。思慮深い読者であれば、私が今までに示した多くの場所に見られる事例や権威に基づいて、このコーニスが正しいか誤りであるかは見分けられるだろう。F印の柱頭は、角柱の上のアーチを支えるものである。⁽⁴⁰⁰⁾これら二つの柱頭はコンポジット式できわめて美しく、前掲のカステルヴェッキオの記念門(ポルタ)の柱頭と実によく似ている。前述のように、寸法についてはすでに説明したので、繰り返すつもりはない。しかし、これらの図は元の大きさと比例するように描かれている。

図3-107

|137|〔図3-107〕

(すでに述べたように)前掲の凱旋門にはふんだんに装飾が施されているが、現存しているそれらの多くの装飾については、実にうまく考えられたものもあれば、間違っているものもある。実際にこの門には、D印のコーニス以外に私を苛立たせるようなものは何も見当たらないが、その理由についてはすでに述べたとおりである。すでに説明した残りの部位については、彫刻もコーニスもすべて優れた形式でつくられている。それらの部位は地面からすぐ上にある第一層のオーダーにあたる。

　次に説明するのは第二層のオーダーについてである[図3-108]。H印の軒持送りは、ペディメントの上にある第二層の始まる部分に設置されている。これらの軒持送りの上には、(前述のように)平らな付柱を背にして彫像が載せられていた。I印の窓は六つの窓のうちの一つを表しており、その上にコーニスを備えている。これらは実際の建物から精確に測定され表現されている。その窓にはK印の柱頭と柱礎が設けられるが、各部位をわかりやすくするために、大きな縮尺で表現されている。L印の柱頭と柱礎は、平らな付柱と窓とのあいだにある小さな円柱を表している。これらの柱礎についてみると、確かにこの建築家はまことに賢明であった。すなわち、大きな円柱を小さな円柱と接合させて、このように見事な方法で調和させることで、それぞれが分裂することなく、大小それぞれの円柱に適合する柱礎が設けられるように配慮したのである。この点については、私はとても高く評価している。C印のアーキトレーヴとフリーズとコーニスは第二層のオーダーを表している。このコーニスはとても控えめである。というのも、彫刻で特に混乱することもなく、うまく区画されているからである。

　B印の台座は最上層のオーダーであり、M印の柱礎はその上に載せられる。同様に、その上にある柱頭は柱礎と組になるもので、純粋なコリント式である。その姿は、形態についても細身のプロポーションについても実際の建物と一致しており、非常に優雅であると私は思う。A印のアーキトレーヴとフリーズとコーニスは最上層の軒下部を表している。このアーキトレーヴにファスキアが二本しかないのは誤りではない。それどころか、地上から遠く離れているからといって、ファスキアを三本も設置していたら、むしろはなはだ混乱を招いていただろう。それよりもむしろ軒持送りはあっても歯飾りのないこのま

図3-108

まのコーニスのほうが、各部位もきれいに区画されているので、私にとってはずっと好ましい。このコーニスは彫刻で秩序が乱されることもなく、突出する長さについてみても、高さよりも若干長めに張り出していて上品である。

|139|〔図3-108〕

|140|
　この凱旋門は前掲の門よりも先に建てられた。というのも、前者は後者で覆い隠されたからである。両者のあいだには人が入って辛うじて各要素を実測できるような隙間があり、それらの要素は図に示されているような姿で今もなお存在している［図3-109］。このことについて私は次のように考えている。この凱旋門は都市の一等地にあるが、別の皇帝が凱旋式を挙行しようと思ったときに、もはや適当な場所が見つからなかったために、既存の凱旋門に重ねて彼を記念する別の凱旋門を建てたことで、この凱旋門が保存されたのだろうと。この凱旋門はもう一方の凱旋門のときと同じ単位で測定されている。

　アーチの開口幅は11ピエーデで、高さは17ピエーデである。アーチの柱型の太さは1ピエーデ8オンチャである。柱型と柱型との幅は5ピエーデ4オンチャである。外側の角の幅は、両側ともに3ピエーデである。C印のキューマティウムはアーキトレーヴとして使用され、その高さは6オンチャ半である。フリーズの高さは1ピエーデ7オンチャ半である。フリーズの上にある帯の高さは2オンチャである。歯飾りの下にあるキューマティウムの高さは4オンチャと1/4で、歯飾りの上にあるキューマティウムの高さは1オンチャ半である。アストラガルの高さは1オンチャである。頂冠帯の下にあるキューマティウムの高さは1オンチャと3/4である。頂冠帯の高さは3オンチャ半で、そのキューマティウムの高さは2オンチャと1/4である。シーマの高さは3ミヌート半で、その帯の高さは2オンチャである。突出部の長さ全体はその高さに等しい。

　このコーニスの上にある台座の高さは1ピエーデ1オンチャ半である。縦溝が刻まれた円柱の太さは1ピエーデ3オンチャである。柱頭を除いたその円柱の高さは7ピエーデ1オンチャ半である。柱頭の高さは10オンチャである。この円柱には柱礎がなく、底部には頸部すらもなく、単にゾッコの上に直接載せられている。最初の窓列のあいだには、円柱の代わりに人像柱が設置されていた。一番上のコーニスは、壁で囲まれているため見ることができない。

図3-109

|141|

B印の図［図3-110］は前述の門〔の第二層〕にあるアーキトレーヴとフリーズとコーニスを表しており、細部に至るまで測定された。アーキトレーヴの第一のファスキアの高さは8オンチャと3/4である。第二のファスキアの高さは9オンチャ半である。クアドレットと呼ばれる紐状部位(タエニア)の高さは3オンチャである。フリーズの高さは1ピエーデ4オンチャである。トリグリフの幅は1ピエーデである。トリグリフの上にある帯の高さは3/4オンチャである。

その上にある帯の高さは1オンチャと1/4である。歯飾りの下にあるキューマティウムの高さは2オンチャと1/4である。歯飾りの高さは4オンチャと3/4である。その上にあるカヴェットの高さは1オンチャである。アストラガルの高さは3/4オンチャであ

図3-110

る。それらの上にあるキューマティウムの高さは1オンチャと1/4である。頂冠帯の高さは4オンチャで、そのキューマティウムの高さは2オンチャである。シーマの高さは4オンチャで、その帯の高さは2オンチャ半である。突出部全体の長さは、その高さに等しい。この門は全体としてドーリス式といえるが、いささか自由気ままなアストラガルの彫刻は別である。しかし、それは建築家が思いついた気まぐれ(カプリッチョ)であった。私はヴェローナにある他にも多くの古代遺跡について議論するつもりはない。なぜなら、かなり自由気ままなものも存在するからであり、とりわけボルサリ門と呼ばれる凱旋門はそうである。その門ははなはだ野蛮であるため、うまく計画された見事な建築と同類とはみなしたくなかったからである。

|142|

私は今まで多くの古代建築について説明し、それらを図面として可視化してきたので、いくつかの当代の建築についても議論し、図面を示すのが理に適っている。ただし、特に建築家ブラマンテの作品については、すでに宗教建築として取り上げたときにも省略せず、すばらしいサン・ピエトロ大聖堂やその他の建築図面は示しておいた。実際、彼は教皇ユリウス2世に触発されたからではあるが、良き建築を甦らせたといえるだろう。その証拠は、彼がローマでつくった多くの見事な作品が示すとおりであり、次の図

［図3-111］はその一つである。

これは教皇庭園のベルヴェデーレに建てられたロッジャであり、優れた二つの特徴を有する。一つは耐久性を備えた強さであり、ピアは非常に幅が広く厚みもある。もう一つは美しく調和のとれた多くの要素できれいに飾り立てられていることである。こうした見事な案(インヴェンティオーネ)はもとより、このロッジャは実に均整がとれている。この建物は古代のパルモ、

図3-111

すなわちパルモとミヌートで測定されている。アーチの幅は18パルモで、ピアの幅と同じである。すなわち、壁体と柱間の比が等しい。ピアの正面部は11部に分けられる。1部がアーチを支える柱型の幅（合計で2部）に、2部が円柱の太さ（合計で4部）に、2部がニッチの柱型の幅に、3部がニッチの幅になる。このようにして11部が割り当てられる。

台座の高さはピアの幅の半分となる。台座の基部の高さはアーチの柱型の幅に等しくなる。台座のコーニスの高さは基部の高さよりも1/9部低くなる。柱礎と柱頭とを含めた円柱の高さは円柱の太さの九倍に1/7部を加えた値となる。柱礎の高さは円柱の太さの半分となる。柱頭の高さについては、円柱の太さにアバクスの分として1/7部が加わる。アーキトレーヴとフリーズとコーニスの高さは、台座からその基部を除いた高さに等しい。この高さは11部に分けられる。すなわち、4部がアーキトレーヴとなり、フリーズには彫刻がないので3部がフリーズとなり、残りの4部がコーニスとなる。それゆえ、ピアの幅に等しい〔直径の〕半円をアーチとして描けば、その柱間の高さは幅の二倍となるだろう。さらにアーチの迫元をその場所に描いたら、迫元の高さは円柱の幅の半分となるので、ニッチとそれらの上にある四角形のパネルの比例関係も定まるだろう。

前掲のロッジャの図はあまりに小さくて、そのすべての部位を詳細に至るまで示すことができなかったので、今度はもっと大きな縮尺で示したいと思う［図3-112］。C印の部分はロッジャの台座を示しており、その上には円柱の柱礎が載る。これらはいずれも建物全体と釣り合っている。B印の図はアーキヴォルトを伴うアーチの迫元と、そのすべての部位を表している。A印の図は円柱の上にあるアー

図3-112

キトレーヴとフリーズとコーニスを示している。ここから上の高さに関して大まかな寸法は説明したので、それらを繰り返すつもりはないが、すべての部位は実際の建物とうまく釣り合っている。ところで、このコーニスで建築家は優れた判断を示した。というのも、頂冠帯全体を途切れることなく水平に設置し、その下にある別の部位も張り出すようにしたからである。その結果きわめて優雅となり、また頂冠帯も一段と立派になり、建物全体を雨水から防ぐこともできるようになった。この案は、思慮深い建築家にはさまざまな状況でとても役に立つだろう。なぜなら、コーニスの張り出しが必ずしもうまくいくわけではなく、ある場所で成功したからといって、別の場所では失敗することもあるからである。実際に円柱の両側に半円柱がないときには、こうした張り出しは適切ではない。ただし、このような張り出しや付柱については、私は『第四書』〔第9章〕66頁の円柱に関する議論で詳細に説明した。

| **144** |

　前頁では建築家ブラマンテの作品を示した。同様に次頁でもこの建築家が建てた、前掲の作品に劣らず見事な別の作品を示すことにしたい。というのも、この作品では装飾が多様であるため、賢明な建築家であればそこから大きな恩恵が得られるにちがいないからである。このロッジャで建築家は三つのオーダー、すなわちドーリス式、イオニア式、コリント式を積み重ねて示したいと考えた。実際にこれらのオーダーは見事につくられていて、非常にうまく装飾が施され、調和もとれている。しかしながら、第一層のドーリス式のピアはあまりに貧弱であった。というのも、ピアの太さに比べてアーチの開口幅が広すぎることに加えて、その上のイオニア式の層では壁面が大きな割合を占めていたために、時の経過とともにこの建物には亀裂が生じるようになったからである。

　けれども、類い稀なる力量を備えた見識の高い建築家であるバルダッサーレ・セネーゼは、このピアの両側に柱型を加えることで破損した箇所を修理し、下にあるアーチとも実にうまく調和させた。賢明な建築家であればこの建物から教訓が得られるだろうと私が述べたのは、こうした理由による。要するに、うまく計画された美しい建物を手本にするばかりでなく、誤りに備えることや、下部の要素がどれだけ大きな荷重に耐えられるかをつねに念頭に置くことも学ぶべきであって、建築家は大胆であるよりもつねづね控えめであるべきと私は言いたい。なぜなら、もし控えめであれば、自分より下の立場の人々からの意見も採り入れながら、つねに用心深く慎重に物事を進めるようになり、実際にこうした人々から多くのことを学べるからである。それとは逆に、あまりに性急で自分の知識のみに頼りすぎる者は、他人の助言に耳を傾けることはしない。すると、しばしば過ちを犯すことになり、悪い結果を招くだろう。

　さて、私が議論しているロッジャの話に戻り、比例に関するいくつかの規則について説明しよう。アーチの幅、すなわち開口幅は8部に分けられ、そのうちの3部がピアの正面幅に割り当てられる。アーチの高さは16部となる。ピアの正面幅は4部に分けられ、アーチの柱型に1部ずつ、円柱の太さに2部があてられる。台座の高さはアーチの幅の半分となる。柱礎と柱頭とを含めた円柱の高さは太さの八倍となる。アーキトレーヴとフリーズとコーニスの高さは円柱の高さの1/4となる。第二層の高さは第一層の高さよりも1/4低くなる。すなわち、第一層の床面からコーニス頂部までの高さは4部に分けられ、そのうちの3部がイオニア式の層全体の高さとなる。同様に、あらゆる部位の高さもそれぞれ1/4ずつ低くなり、コリント式の第三層についても同じ扱いとなる。

　しかしながら、印刷された頁には十分な紙幅がなかったため、ここでは第三層上部の図はない〔図3-113〕。けれども、読者諸氏を当惑させないために、〔大きな〕柱間の中央にある二本の小さな円柱の頂部がどのように完成するのかについては、私の『第四書』34頁〔おもて面〔図4-52〕〕に掲載された、これと類似するドーリス式オーダーの設計案から確認できるだろう。また、たとえこの円柱がイオニア式であったとしても、コリント式でつくることはできるだろう。〔読者である〕建築家がこの建物の各部位やエンタ

ブラチュアの部分をいっそう理解しやすいように、私はそれらを元の大きさと比例するように大きな図で描いた。ただし、私が言っているのは第一層のことであって、他の層までは実測する機会がなかったからである。なお、ドーリス式のコーニスに関しては、私は誤ってトリグリフの上、オヴォロの下にあるはずの⁽⁴²²⁾ムトゥルス⁽⁴²³⁾を描き忘れてしまったことに注意してほしい。それでも、アーチの上にある小さな図では⁽⁴²⁴⁾はっきりと示されている。

|145| 〔図3-113〕

|146|

教皇庭園端部のベルヴェデーレの中庭には、すでに示したロッジャの他に、実にすばらしい階段もある。というのも、この敷地は斜

図3-113

面にあるため、この階段を昇ることで劇場の形態からなるこのレベルへと至るからである。平面図［図3-114］は以下に示されているが、理解しやすくするために立面図も追加して、両者の対応関係が記号で確認できるようにした。ここでは寸法は記載しなかった。というのも、単にこの階段の創意工夫と半円形からなる姿を示したかったからである。この半円部分は、教皇宮殿に面した第一の庭園の地面よりも実際に高く上げられており、半円の背後には見事なアパルタメントと心地よい庭園とを備えた広大なテラスが存在する。これらの場所へと移動するためには、半円部分の両脇に見られる二つの戸口から入っていく。この場所には多くの美しい彫像があり、ラオコーンをはじめ、アポロ、テヴェレ河神、クレオパトラ、ヴィーナス、まことにすばらしいヘラクレスのトルソなどが挙げられるが、他にも注目に値する多くのものがある。

|147|

次の図は、前掲平面図のディリット立面図［図3-115］である。（すでに述べたように）私はここでも寸法について議論するつもりはなく、私に関心があるのはその創意工夫のみである。ここでは両端に対をなす付柱を備えたピアしか示されていないが、実際にはそれらの両側に私がすでに説明したロッジャが連続する。このことは、対をなす付柱のオーダーと、そのあいだにあるニッチ、その上のパネルからも確認できる。ベル

ヴェデーレと呼ばれるこの場所には他にもまだたくさんのものがあるため、もうこれ以上示すつもりはないが、それらのうちでは水が満杯の井戸を一番下に備えた螺旋階段が最高の出来栄えである。この階段室の内部は、四つのオーダー、すなわちトスカーナ式、ドーリス式、イオニア式、コリント式、コンポジット式からなる円柱で完全に取り囲まれている。しかし、最も称讃に値する技巧を極めた特徴は、各オーダーのあいだには仲介となるものが何も存在せず、ドーリス式からイオニア式へ、イオニア式からコリント式へ、コリント式からコンポジット式へと連続していることである。すなわち、一つのオーダーがどこで終わって、次のオーダーがどこから始まるのかが、誰にも気づかれないほどうまくつながっているのである。こうした手法から判断すれば、ブラマンテ自身も今までにこれほど見事で巧みな建築をつくったことはなかっただろう。

|148|

ローマから少し離れたモンテ・マリオには、娯楽の場所として要求されるあらゆる要素を備えたとてもすばらしい土地がある。ここでは個々の要素について中途半端に語るよりは、むしろ何も語らない方がよいくらいである。それゆえ、神のごときラファエロ・ダ・ウルビーノが計画したロッジャとそのファサードを示しながら触れる

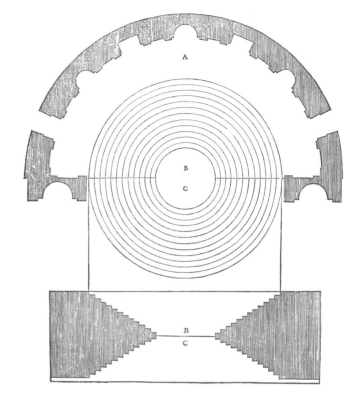

図3-114

図3-115

187

のみにとどめておくが、むろん彼はこれとは別のアパルタメントもつくり、他の部分を着工する際にも大きな役割を果たしている。

中庭と呼ばれるこの部分は実際に正方形平面であるにもかかわらず、基礎部分からわかる範囲では、彼はこの中庭を円形平面で計画していた。A印の玄関と、BとCの二つの部屋は、実際にはこの図[図3–116]で示された形にはなっていないが、調和のとれた平面図となるように、私はそれらをこのように左右対称に配置した。事実、

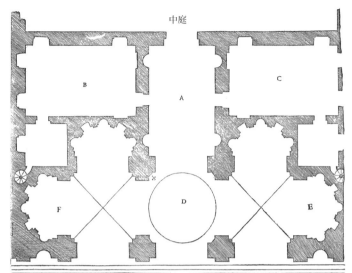

図3–116

ロッジャの一端をなすEの部分と同様に、Cの部分も〔それぞれの外壁は〕丘の中腹に面している。また、ロッジャのもう一端をなすFの部分も、実際には半円形平面になっていない。これはアパルタメントなどの床面積を圧迫しないためであったが、調和のとれたロッジャとすべく、私はそのように配置したのである。このロッジャのオーダーはきわめて美しい。その天井は部分ごとに最も適した形で変化する。というのも、中心部はドーム、両側は交差ヴォールトで覆われているからである。

この天井と壁面において、我々の時代における類い稀なる、事実唯一無二のジョヴァンニ・ダ・ウーディネは、ストゥッコ装飾や、さまざまな動物やその他の奇妙なものからなる多色のグロテスク装飾の面で、自分の才能を発揮しようと尽力した。これほどすべてがうまく計画された建築で、〔内部は〕ストゥッコや絵画で飾り立てられ、さらに古代の彫像も展示されているのだから、このロッジャの美しさは並々ならぬものといえるだろう。建築家〔ラファエロ〕は、半円形ではない反対側の壁面に装飾が施されないことは望まなかったため、その壁面には彼の優秀な弟子ジュリオ・ロマーノに、多くのサテュロスに取り巻かれた巨人ポリュフェモスを描かせた。これは確かにたいへんすばらしい絵画である。

これらの作品はいずれも、のちに教皇クレメンス〔7世〕となった枢機卿〔ジュリオ・〕デ・メディチがつくらせたものである。私は建築家がこのロッジャの設計案を知ることができれば十分と考えているので、その寸法を記すつもりはないが、すべての要素は元の大きさと比例するように描かれている。次の図[図3–117]は、このロッジャのファサード立面図を示している。ただし、両端に描かれたニッチは実際には存在しておらず、私はそれらを装飾として描き加えたのである。

次のB印とA印の部分から前述のロッジャ全体の天井がわかる。その美しさは十印のある角の部分にすべて存在する。これは中央のドームを支える上で非常に釣り合いがとれていて、ピアの各面における対をなす付柱に対応している。というのも、頂冠帯は途切れずに連続するため、付柱が存在するからといってピアが弱々しく見えることはないからである。それどころか、ピアがこのようにうまく分割されることで、二本の付柱が優雅に見えるのである。しかしそれでもこの中断部は、ピアの構造体の範囲内にとどまる。なぜなら、ピアの基部もこれと同様に分割されるからである。図[図3–117]では、ピアには平らな付柱が一本と別の付柱の一部しか描かれていないが、ロッジャ内側におけるピアの各面は3部に分けられると

言えば理解しやすいだろう。すなわち、2部が角にある平らな付柱に、1部が二本の円柱の分割に割り当てられるのである。(前述のように)たとえそれらが二本の平らな付柱とその柱間となっても、結果的には一本のピアとなり、これはピアの装飾をいっそう優美に見せるためである。

|149|〔図3-117〕

|150|

イタリアのあらゆる都市のなかで、ナポリが高貴な都市と呼ばれるのは、まことに礼儀正しい風習に(447)したがって、偉大な男爵、城主、伯爵、無数の貴紳や大貴族がいるからだけでなく、イタリアのどの地域よりも庭園や心地の良い場所に恵まれているからでもある。アルフォンソ王は都市郊(448)外にある多くの快適で魅力的な場所のなかでも、ポッ

図3-117

ジョ・レアーレと呼ばれる土地に、かつてイタリアが統一されていて幸福であった時代の娯楽を享受すべ(449)く離宮を建てたが、今のイタリアは争いが続いているため不幸な状態にある。この離宮は当代の建物とし(450)てはたいそう美しい形態からなり、実にうまく区画されている。というのも、それぞれの角の部分は貴紳や家臣が居住できる形式となっていて、六つの大きな部屋が設けられているからである。ただし、そこに(451)は地下室や秘密の小部屋は含まれていない。

この建物の立面図と平面図の形態は次に示される〔図3-118〕。私が寸法を記さなかったのは、その(452)創　案のみを示したかったからである。それでも察しのよい建築家であれば、好みに応じて部屋の大きさは自分で決められるだろう。というのも、部屋の大きさはいずれも同じであるため、一つの部屋の寸法が決定すれば、建物の残りの部分の寸法もそこからすべて導き出せるからである。(前述のように)この建物は、このまことに気高い王が娯楽のためにかつて使用していたものである。というのも、夏季の特に猛(453)暑の時期には田舎の場所で過ごすのが習慣だからであり、この離宮では中庭を取り囲むように、ロッジャが積み重ねられている。中庭の中心部であるE印〔の周り〕には、煉瓦で舗装された見事な床へと降りていくための階段が何段も設置されていた。この場所では、王とは非常に親しい諸侯が供として付き添っ(454)

た。そして、食卓にさまざまな料理が並べられると、食事が始まった。王はときどきはしゃいでみたいと思ったときに、秘密の場所を開けることで、一瞬にしてその場所を水びたしにさせたため、諸侯はみなびしょ濡れになったのである。ただし、王は十分に満足すると、ただちにその場所を乾燥させて、着替え用のさまざまな衣装や、休みたい人のために豪華な長椅子を準備する配慮も欠かさなかった。

ああイタリアの喜びよ、イタリアは不和がきっかけで、どんなに駄目になってしまったことか。この離宮には、さまざまな形に区画されたたいそう美しい整形式庭園、台所の裏庭、あらゆる種類の豊富な果物、淡水魚のいる池や川、狩猟用の大小の鳥小屋、さまざまな種類の馬が大量に飼われている厩舎、その他にも見事なものがたくさんある。けれどもこれらについては、この都市〔ヴェネツィア〕の立派な貴族で、建築にも非常に精通したマルカントニオ・ミキエル殿が、友人の一人に宛てたラテン語の書簡(455)でかなり長く説明しているので、私が付け加えることは何もないだろう。彼は多くのものを見ているので、私がこの離宮やその他に関する多くの知識を得られたのも彼のおかげである。(456)

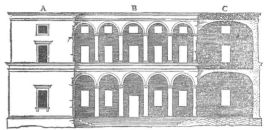

ナポリのポッジョ・レアーレ平面図

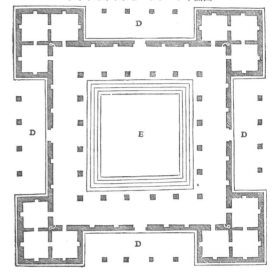

図3-118

さて離宮の話題に戻ると、これは正方形平面でできている。内部はロッジャで取り囲まれ、二層にわたって積み重ねられている。これらの角の壁体内部には、上階へと昇るための螺旋階段がある。上の階の平面図は下の階の平面図と全く同じである。外側にあるD印の四つのロッジャは実際には存在していないが、それによって建物には便利さと華々しさが大いに増すため、重要な役割を果たすことになるだろう。ロッジャの両端には頑丈な壁体があるため、非常に強固である。しかしだからといって、部屋に必要とされる光が奪われることはなく、ロッジャの側面も風や太陽から保護されるだろう。

|151|

この〔立面〕図で私は外観と内観を示したかった。A印の部分は外側を、B印の部分は内側のロッジャを、C印の部分は部屋の内観を表している。この図で建物の屋根を描かなかったのは、個人的にはこのような露天の建物の方が好きだからであり、田園風景を眺めて楽しむにも好都合だからである。

|152|

私がポッジョ・レアーレというすばらしい建物に思いを巡らせていたとき、この姿を基本としながら、アパルタメントの形態が異なる別の建物を示そうという考えが思い浮かんだ。(457)というのも、前者では部屋の大きさがすべて同じであったため、不便な点も見られたが、後者では部屋にメリハリがあり、実際に主要な部屋は副次的な部屋よりも大きくつくられるので、おそらくこちらのほうがはるかに便利だからであ

る。私はこの建物の内部に中庭
や露天の場所はつくらなかった。
なぜなら、この家はヴィラで
あり、いずれの側にも妨げとな
るものはないので、四方から採
光することはきわめて容易だか
らである。けれども、四つの部
屋を伴う広間（サーラ）については、ロッ
ジャからの間接光でしか採光は
できないので暗いと言う人はい
るかもしれない。これに対する
回答は次のようになるだろう。
この建物は猛暑の時期に使用さ
れることを前提としているので、
真ん中に中庭は設けられていな
いが、そのため広間と四つの続
き部屋ではいつでも涼しさが保

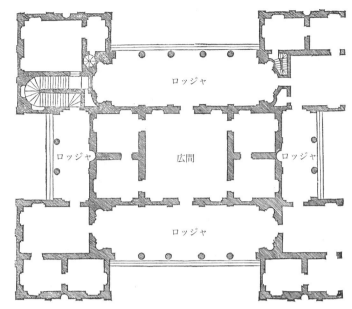

図3-119

たれ、直射日光が入らないようになっていると。これらのアパルタメントはたいへん優れていて、日中で
もとても快適に過ごせる。たとえ他の部屋に入り込むような直接光は得られなくても、必要なだけの光は
確保できるだろう。これは似たようなポルティコを備えた都市ボローニャにも見られる。ボローニャには
内部にロッジャを備えた中庭が設けられた家も確かにあるけれども、中庭がない家の部屋にも人は住み続
けている。

　この建物は、角の壁に十分な厚みがあれば、残りの部分もすべてかなり頑丈になるように設計されてい
る。たとえ壁厚が中程度であっても、壁が互いにしっかりと支え合っているので、この建物に作用する力
は完全に一体化されるだろう。寸法についての説明は省略したい。なぜなら、全体が比例するように描か
れているので、経験豊富な建築家であれば家主の要望に応じて一つの部屋の大きさをピエーデやその他の
単位による寸法で定めて計画することで、建物の残りの部分についてもすべての寸法が導き出せるからで
ある。最も重要な点は、敷地に余裕がある場合、この建物は日の出の方向が角にあたるように配置されて
いることである。そうすれば、建物の隅々まで日光が降り注ぐことになる。けれども、もし日の出の方向
に向けた一面と、日の入りの方向に向けた一面と、南中の方向に向けた一面とする場合、北側に配置され
たロッジャからは採光ができないため、不衛生な結果となってしまうだろう。

(458)
| 153 |

前掲平面図［図3-119］の建物は、異なる様式（モード）やオーダーでつくることもできるだろう。しかしながら、
これは娯楽を目的とした場所であるため、コリント式でつくるといっそう魅力的に見えると私は思う。そ
れでも高さなどの寸法について議論することに大きな労力を費やしたくはない。というのも、私の『第四
書』47頁裏面〔本書299頁〕のコリント式に関する〔第8〕章を参照すれば、建築家自身の優れた判断力と
ともに、これらの寸法についても説明されているからである。この正面部［図3-120］には、ロッジャと平
らな壁面とを見分けられるような後退（スコルティオ）する壁面が一切ないので、私は文章で説明することにしたい。高く
立ち上げられた両脇の翼部は、下から上まで低浮彫が施された平らな付柱で構成されていることがわかる。
それらよりも低めの中央部では、ロッジャが二層にわたって積み重ねられていることがわかるが、ロッ

(459)

(460)

191

ジャは円柱で構成され、側面〔と背面〕のロッジャでも同様となる。上層のロッジャ床面には優れた石を敷き詰めるか、または舗装して最高品質のストゥッコ^{サリカート(461)}で雨水にも耐えられるように仕上げて、第一層のコーニスをパラペットとして使用することができる。こうすれば第二層の中央広間と四つの部屋には、下の部屋よりも多くの光が差し込むだろう。⁽⁴⁶³⁾

私が第一層の大きな窓の上に小さな窓を設置したことには、二つの理由がある。一つは、人が座りながら外を眺めやすいように窓を低い位置に設けると、この第一層の窓か

図3-120

ら部屋の天井までのあいだに高い壁が残されて、部屋が暗くなってしまうからである。そこで小さな窓を設けると、広間には多くの光が入るようになる。もう一つの理由は、広間に隣接する部屋では、広間と同じ高さの天井にする必要はなく、その半分の高さで十分だからである。したがって、小さな窓は中二階の部屋で使用されることになる。他にも議論すべき多くの点があるが、これらは建築家の裁量に委ねられる。なぜなら、本書では設計案の概略のみを取り上げたかったからである。ただし、詳細については、住居に関する『第六書』でじっくりと議論することにしたい。

|154|

エジプトの驚異についての論稿

我々の眼には古代ローマの建物は確かにすばらしく見える。しかしながら、ギリシアの建物を見たことがある者は、たとえ今日ではそれらのほとんどが消え去り、大半が戦利品^{スポリア(464)}となってローマやヴェネツィアを飾り立てているとしても、誰もがたぶんローマの建物より勝ると言うだろう。けれども、現実の建物というよりは夢や幻にも見えるようなまことに並外れたエジプトの遺跡について、我々は何といえばよいのだろうか。それでもディオドロス・シクロス⁽⁴⁶⁶⁾は、エジプトの遺跡をいくつも見たと告白しているのだから、実際に存在していたと信じられる。彼は他にオシュマンデュアス〔ラメセス2世〕⁽⁴⁶⁷⁾と呼ばれるエジプト王の墓⁽⁴⁶⁸⁾の驚異についても語っているが、この王の偉業と寛大さについては右に出る者がいなかったという。それゆえ、この墓は今までに建てられた王の墓としては最も壮大かつ驚くべきものであった。

その大きさは10スタディオン⁽⁴⁶⁹⁾であり、これは我々の寸法に換算すると、1マイルと1/4に相当する。まず戸口についてみると、さまざまな美しい石材で飾り立てられている。その中には長さ2ユゲルム、すな

192

わち320ブラッチョ、高さ45キュービットの通路がある。この通路の終点にはペリステュリウム、すな
わち周囲をロッジャで囲まれた正方形の中庭があり、ロッジャの長さはそれぞれ4ユゲルム、すなわち
640ブラッチョである。これらのロッジャには円柱の代わりに、高さ16ブラッチョの一本石からつくられ
た動物の彫像が設置された。円柱の上のアーキトレーヴに相当する場所には幅2パッソの石材が載せら
れ、〔その天井面は〕群青色の星で飾り立てられた。

　最初の通路と似たような別の通路もあるが、こちらではいっそう多くの彫刻装飾が施されていて、その
入口にはメノン作による三体の巨大な大理石製の彫像が置かれた。そのうちの一体は座像で、足の寸法は
7ブラッチョを超える。それゆえ、これはエジプト中のあらゆる彫像に勝る大きさである。そのそばには
別の立像が二体あるが、これらの高さは最初の座像の膝の高さにも達しない。一方はオシュマンデュアス
の娘に、もう一方は母に捧げられた。この作品が称讃に値するとみなされているのは、その巨大さのみな
らず、彫刻の超絶技巧と多様な種類の石材の使用という点で傑出していることにもよる。なぜなら、巨大
な石の塊にはひび割れの類いが一つも見られず、シミすらどこにも見られなかったからである。その碑文
は次のように読める。「余は諸王の王オシュマンデュアスなり。余が如何に偉大であり、今何処に寝ぬるを
知りたくば、余の造りし如何なるものよりも壮大たるべし」。そこには一本石からつくられたオシュマン
デュアスの母の別の彫像もあった。その高さは20ブラッチョで、頭の上には王家の三つの象徴が設置され
ていて、彼女が王の娘で、妻で、母でもあったことを示している。

　戸口を通り抜けると別のペリステュリウムがあるが、そこにはさまざまな彫刻があるため、最初のペリ
ステュリウムよりも立派である。そのなかにはバクトリア人の反乱をオシュマンデュアスが制圧した戦争
の場面が見られ、以降バクトリアは王の息子たちが統治することになった。王は反乱に対し400万人の歩
兵と2万人の騎兵からなる軍隊を率いて、これらを四つの部隊に分けた。第一部では、川に接した側から
都市を包囲したのち、王が飼いならしていたライオンの助けを得て、敵の一部との戦闘に加わる場面が彫
刻で表現されている。しかし王は戦いの始めに、敵を逃がしてしまったのである。第二部では、手や生殖
器を切断された捕虜たちが王によって連行されるのが見られるが、これは彼らが肉体的に弱く、精神的に
も臆病だったことを暗示したかったのだろう。第三部では、生け贄の儀式や征服した敵に対する王の凱旋
式が、さまざまな浮彫や優雅な絵画として描写されている。それから中央部には二つの大きな破損されて
いない彫像が見られ、いずれも高さは26ブラッチョである。三本の通路がこれらからペリステュリウム
へと導かれる。

　これらの像のそばには円柱の上に建てられた家があり、基部の長さはいずれの側も2ユゲルム、すなわ
ち320ブラッチョであった。その内部にはたくさんの木像があり、それらは法律上の争いによって、不確
かな問題で意見が対立したため、裁判で判決を下す人の意見を待っている人たちを表している。そのうち
の30人についてみると、彼らの真ん中には審判を下す君主が座り、首からは眼を閉じた真理の表徴が垂れ
下がっていた。そして、その周囲には大量の巻物が置かれていた。これらの図像には、法廷は公正であり、
法務官は真実のみから判断すべきという意味が込められていると推測される。この場所から去ると、この
家には広間も見つかった。広間のどの側にも多くの部屋が隣接していて、そこにはさまざまな種類の食物
が表現されていた。ここにはどの彫刻よりもはるかに卓越して、さまざまな色で装飾された彫刻があった。
そこでは王が毎年税金として徴収したすべての金と銀を神への贈り物として捧げている場面が表現されて
いる。その合計額は銀に換算して、320万ミナとの碑文が記された。

　この後には図書館が続く。そこにはANIMI MEDICAMENTVMと碑文が記されており、これは「精神
の治療所」を意味する。それから、エジプトのあらゆる神々の像が続き、それぞれの神に最も喜ばれる捧
げ物が納められている。少し先に進むと、オシリス神とエジプトを支配した別の王が見られるが、それは
神への捧げ物を教えたり、人間同士の正義を守ったりと、人間の生活に恩恵をもたらしているからである。

193

この家の最奥部には王家の建物があり、ユピテルとユノに捧げられた20台の神聖な寝台があった。この上部にはオシュマンデュアス王の彫像があり、彼の遺骸はそこに葬られたのである。この建物の周囲には多くの小部屋があり、そこには犠牲に適したエジプトのあらゆる動物が描かれているのが見られた。これらの部屋はすべて王の墓に向かって傾斜しており、墓の周囲は円周が365ブラッチョ、幅が1ブラッチョからなる巨大な金環で囲まれた。この金環では、1ブラッチョごとに一年間の各日や、星座の出入りとエジプトの学識に基づいたそれらの意味が刻まれている。カンビュセス〔2世〕とペルシア人がエジプトを征服したときに、この金環は略奪されたといわれている。この偉大なるオシュマンデュアス王の墓は、他のいかなる墓よりも豪華であるのみならず、技巧の面でも優れている。エジプト王モイリスがメンフィスの北に建てたプロピュライアは、他のあらゆる建物よりも傑出していたが、それはオシュマンデュアス王の墓よりもずっと後のことである。

メンフィス郊外の1マイルを少し過ぎたあたりに、まことに有益な湖を開削したのは、まさにこのモイリス王であった。これは信じられないような規模の事業であった。というのも、大きさは3,600スタディオン、すなわち450マイルで、多くの地点では深さが50ウルナ、すなわち人が両腕を伸ばしたときの長さの50倍もあるからである。この湖がエジプト全土にもたらした恩恵とその巨大さや深さ、また王の知恵などを考えれば、誰もが想像しうるようなあらゆる称讃の言葉をもってしても、十分に称讃しきれないほど並外れたものであった。さてモイリス王は、ナイル川の水位の低下が予測しにくく不定期であることや、この水位の低下が土地の豊作や不作にも影響することに着目し、ナイル川の洪水の受け皿として湖、というよりは貯水池を掘った。こうして水位が異常に高くなったときにも、土地から水が通常よりも早く捌けて、王国が不毛の地とならないようにしたのである。また、水不足によって作物が枯れることもないように、王は川から湖へと長さが85スタディオン、すなわち10マイル半で、幅が160ブラッチョの運河を引いた。川の水の増減はこの運河で調整される。すなわち、運河の入口にある水門によって、土地は肥沃になり、豊かさが保たれるのである。しかし、この水門に膨大な費用がかかることは避けられず、その開閉には50タラントンを要した。この貯水池はディオドロス・シクロスの時代にはすでに存在し、創設者であるモイリスの名にちなんでモイリス湖と呼ばれていた。王は貯水池の真ん中に水位よりも高い土地を残して、その上に高さ1スタディオンの二基のピラミッドを載せた墓を建て、一方は彼自身の墓に、もう一方は妻の墓とした。王はそれらの頂に玉座についた二体の石像を設置した。というのも、王はこうした事業によって、自分の徳を不滅の記念として後世に残そうと考えたからである。

メンデス、またはマロスはそれよりもずっとのちのエジプト王であった。彼は記念碑を建て、それを迷宮と呼んだ。この建物はその大きさはもとより、まねのしようがない巧妙さという点でも瞠目に値する。なぜなら、そこに足を踏み入れた者は誰でも、優れた案内人なしにそこから脱出することは容易ではないからである。この建物に感銘を受けたダイダロスは、エジプトから帰国した後、その形に似せた同じものをクレタ島でミノス王のためにつくった。しかしながら、人の悪意によるものか、あるいは時の経過のためなのか、我々の時代には廃墟と化してしまった。それでもエジプトの迷宮は今日に至るまで完全に残っている。それから七代の王を経たのち、ケムニス〔クフ〕がメンフィスを支配した。世界七不思議の一つに数えられる大きなピラミッドを建設したのは彼であった。これはメンフィスからリビアの方角で120スタディオン、すなわち15マイル、またナイルから45スタディオン、すなわち5マイル半の地にある。この建物の技巧性と巨大さゆえに、それを見た者は言葉を失う。このピラミッドは正方形平面でつくられている。その基部の大きさは、いずれの側も長さが7ユゲルム、すなわち1,170ブラッチョで、高さが6ユゲルム、すなわち960ブラッチョである。頂部の長さは65ブラッチョである。ピラミッドの構造はきわめて堅固な石材からなる。この石は加工するのに非常に苦労する反面、永久に長持ちする。この石はアラビアから運搬され、土塁の上に設置されたといわれている。というのも、当時はまだ建設用の器機が発明さ

第三書

れていなかったからである。

　この建物は砂漠地帯の真ん中にあるという点でもはなはだ異例の存在であり、そこには土塁の形跡もきれいに切断されなかった石材の残骸も見られない。それゆえ、これほど巨大な塊は、人間よりもむしろ神々によってつくり上げられたように思われるほどである。この建物全体をつくるために36万人が動員され、完成にはほぼ20年を要したといわれている。これらの労働者を養うために、彼らの食事であったキャベツなどの野菜にデナリウス銀貨1,600タラントンが費やされた。第二のピラミッドの創建者はエジプト王ケフレン〔カフラー〕である。このピラミッドは第一のピラミッドのときと同じ形式と材料でつくられたが、それほど大きくはない。なぜなら、いずれの側も1スタディオンに満たず、通路と戸口はその一面にしか設けられなかったからである。

　ケフレンののちに、ミュケリヌス〔メンカウラー〕が|155|エジプトを支配した。彼はケキノとも呼ばれ、第三のピラミッドは彼によって着工された。ただし彼がピラミッドを計画したのは、死が介在するためではなかった。基部の各面の長さは3ユゲルム、すなわち480ブラッチョであり、創建者ミュケリヌスの名が北側に刻まれている。これら三基のピラミッドに加えて、形式と堅固さでは同等のピラミッドがさらに三基存在するが、大きさは異なり、いずれの長さも2ユゲルム、すなわち320ブラッチョに満たない。これらのうち第一のピラミッドはアルマイオス、第二のピラミッドはアモシス、第三のピラミッドはマソによって建てられたもので、彼らはいずれもエジプト王であった。

　エジプト王サバコ〔シャバカ〕の時代に、12人の支配者は15年ものあいだ心を一つにして、王権と一致して国を治めてきたが、王が生前に唯一の意志と平等な名誉でもってエジプトを治めてきたように、王の死後も一人の墓で栄光が皆に共有されるべく、彼のために共同の墓を建てることを勅令で命じた。それゆえ、彼らは昔の王の建物を凌駕することにたいへんな苦労をした。この墓はきわめて膨大な費用をかけて豪華に建てられたため、もし彼らの意見が対立する前に完成していたなら、その壮大さは他の王家の記念碑にも勝っていただろう。しかし、たとえこれらがすべて驚嘆に値することであっても、実際には無意味な浪費に過ぎず、むしろ有害で無益なことであるため、私には全く感心できない。私は誰にでも、家や邸館、それらに類する人間が使用する建物を、それぞれにふさわしい形式や装飾を備えたかたちでつくることを推奨したい。なぜなら、実際に建物の便利さと美しさは住人にとっての有益さと満足感を、都市には誇りと美観を、それらを眺める人には楽しさや喜びをもたらすからである。実際、まことに称讃されるべき、大きな実用性を備えていたのは、エジプトに利益をもたらすためにモイリス王がつくらせた巨大な湖であった。

読者諸氏へ

　まことに親切な読者諸氏よ、私の熱意は神の慈愛によって賦与されたささやかな才能をいつも隠し通すことではなく、むしろこれらの作業を共有したいと願うすべての人々のために実りあるものとして発揮することに注がれる。こうした理由で、私は三年前に建築の規則に関する書を出版し、その際に残りの六書も近いうちに出版されると約束した。けれども、その約束を果たせない事態が生じてしまったため、このことを知っている方々の好意に甘えていたわけではないが、どうか私が直接弁明する機会のなかった人たちに、私の言い分を伝えてほしい。というのも、本書の冒頭に掲載された書簡からわかるように、私はその作業に取りかかったものの、私の貧弱な力では実際にかなり大きな負荷となったため、仕事に集中できるように寛大な王フランソワのもとへ支援を求めに行ったからである。陛下は私に援助を確約してくださっ

たので、私は建築を嗜む人々のために、陛下の名のもとで本書を出版することを決意したのである。

　しかしながら、たとえ残りの五書の出版が遅れたとしても、どうか私を責めないでほしい。なぜなら、それは私にとっても巨万の富を施す君主にとっても不幸なことであり、その原因の多くはご存知のように、むしろ大臣たちにあるからである。

　ああまことに寛大なマエケナス⁽⁵¹¹⁾よ、貴殿の名が永久に不滅でありますように。というのも、貴殿は主人の資金をふさわしい者に分配することによって、永遠の名声をもたらしたからである。今日では貴殿を手本とする人がどこにいるだろうか。私はこの分野における経験豊富な見識者たちから情報を得られたとはいえ、これらの偉大で驚異的な建物のいくつかを個人的には実際に見ていないため、不当な扱いをしてしまったことは十分に自覚している。それゆえ、いくつかの箇所で形態や寸法に誤りが見つかったとしても、その欠点は私に帰するのではなく、原図を描いた人に帰すると思ってほしい。もし私が非常に有名な何らかの古代遺跡について、幾分大胆に物申したり、判断を下したりすることがあったとしても、それは鑑定家や評論家としてではなく、尊敬すべきウィトルウィウスの単なる模倣者として発言したまでである。私は何も知らない人たちに、もし古代の遺物を活用したいと思うなら、完璧でよく考えられたものを選び、あまりに自由気ままなものは拒否する方法を知ってもらおうと教示すべく、自分の意見を強く主張したのである。

　もし誰かが私を批判するために、信頼に値するウィトルウィウスの愛読者となるよりも、古代ローマ建築の廃墟に酔いしれるなら、建築界の第一人者として立派な判断力を備え、正しい原則を熟知した当代の人々が、武器を手に取って私を弁護してくれるだろう。こうした人々としてヴェネツィアには、自由気ままなものに対しては非常に厳しい批判者である偉大なガブリエーレ・ヴェンドラミン⁽⁵¹²⁾や、古代遺物の専門家であるマルカントニオ・ミキエル殿⁽⁵¹³⁾がいる。また、私の故郷であるボローニャには、騎士ボッキ⁽⁵¹⁴⁾や、優れた判断力を備えたアレッサンドロ・マンズオーリ殿⁽⁵¹⁵⁾、ロンバルディア出身のチェーザレ・チェザリアーノ⁽⁵¹⁶⁾などもいる。経験が豊富で、反論する余地のないウィトルウィウスの教えを熟知したこれらの人々がみな私を弁護してくれるだろう。ああヴァレリオ・ポルカーロ・ロマーノ⁽⁵¹⁷⁾とその弟よ、もし誰かが私を攻撃しても、建築家の総元締め^{グラン・マエストロ(518)}のあらゆる秘密に精通したあなたがたの骨が必ずや私を守ってくれるだろう。たとえさらなる批評家がフランスにまでやって来たとしても、ここでもまことに学識の高いバイフ師⁽⁵¹⁹⁾、碩学ロデーズ師⁽⁵²⁰⁾、博学のド・モンペリエ師⁽⁵²¹⁾、そしてなかんずくこの真理を完璧に理解している我らの強大な王によって、私が守られていることがわかるだろう。偉大なるウィトルウィウスの真の教えや、私に反論しようとする者は誰でもフランス王の影にすら恐れをなす。私自身、全身全霊を傾けてウィトルウィウスに従ってきたように、これから建築をつくろうとする人たちにも、同じく善と美との完全な調和に満ちた建物を建てるように推奨する次第である。

神にこそ誉れと栄光あれ

これが真実なり

真実は時の娘なり[522]

ABCDEFGHIKLMNOPQRSTV[523]

1枚重ね折りのAを除いて、残りすべては2枚重ね折り[524]

フランチェスコ・マルコリーノ・ダ・フォルリにより
ヴェネツィアのサンタ・トリニタ聖堂のそばで
我らの主の紀元1540年
3月に刊行

註

1 原著のタイトルは、*Il terzo libro di Sabastiano Serlio Bolognese, nel qual si figurano, e descrivono le antiquità di Roma, e le altre che sono in Italia, e fuori d'Italia* と長いので、以下では『第三書』と表記する。『第三書』に関する研究としては、H. -C. Dittschied, "Serlio, Roma e Vitruvio", in *Sebastiano Serlio*, ed. by C. Thoenes, Milano, 1989, pp. 132-148; A. Monetti, "Sebastiano Serlio e il *Barocco* antico. A proposito di un edificio raffigurato nel Terzo Libro", in *ibid.*, pp. 149-153; A. Jelmini, *Sebastiano Serlio. Il trattato d'architettura*, Locarno, 1986を主に参照。

2 『第三書』に頻出する長さの単位としては、以下のものが挙げられる。まず足の長さを基準としたピエーデ（piede）は尺に相当し、地域や時代によっても差はあるがおおむね30cmとなる。そして、腕の長さを基準としたブラッチョ（braccio）はピエーデの約二倍となる。なお、古代の寸法であるキュービット（cubito）は「腕尺」とも訳されるように、肘から中指の先までの長さを基準としたもので43–53cmとなるが、『第三書』では154頁（本書193頁）に一度しか登場しない。またパルモ（palmo）は「掌尺」とも訳されるように、親指の先から小指の先までの長さを基準とした寸法で、おおむね25cmとなる。基本的な寸法は、以上のピエーデ、ブラッチョ、パルモの三つであるが、種類が統一されていないのは、対象の建築の地域や時代が多岐にわたるとともに、セルリオが他人の描いた図面を多く利用しているからでもある。次に短めの寸法として、オンチャ（oncia）は寸に相当し28.4–28.7mmとなるが、指一本の太さを基準とした古代のディギトゥスに由来するディジット（dito）がおおむね18.5mmとなる。また、さらに短い寸法として、ミヌート（minuto）が分に相当する。後述の106頁（本書159頁）からは、セルリオ自身もこれらの寸法の複雑さには苦労していたことが読みとれ、寸法の相互関係にはしばしば不一致が見られる。寸法の相互関係については、W. B. Parsons, *Engineers and Engineering in the Renaissance*, Cambridge, Mass., 1968, Appendix B, pp. 625-634の表にまとめられている。最後に長めの寸法として、ペルティカ（pertica）は間に相当する。カンナ（canna）についても同様であるが、地域により2–3mとかなりのバラツキがある。イタリア・ルネサンスの寸法については、ヴォルフガング・ロッツ『イタリア・ルネサンス建築研究』飛ヶ谷潤一郎訳、中央公論美術出版、2008年、391–406頁を主に参照。

3 ROMA QVANTA FVIT IPSA RVINA DOCET. この碑文は、扉絵の廃墟となった古代建築のフリーズに刻まれている。同じ碑文は、フランチェスコ・デッリ・アルベルティーニ『新たな都市ローマの驚異についての小著』（Francisci Albertini, *Opusculum de mirabilibus novae urbis Romae*, Roma, 1519）第三書の冒頭にも見られる。これについては、J. Onians, *Bearers of Meaning*, Princeton, N. J., 1988, p. 303 も参照。なお、扉絵の古代建築のニッチには、建築家の持物であるコンパス、曲尺、ポールを手にした立像が安置されている。

4 フランソワ1世（在位1494–1547年）を指す。フランスにルネサンスをもたらした芸術のパトロンとしての役割については、ルネ・ゲルダン『フランソワ1世：フランス・ルネサンスの王』辻谷泰志訳、国書刊行会、2014年を参照。フランソワ1世の宮廷におけるセルリオの活動については、ハートとヒックスによるセルリオの建築書の英語版Sebastiano Serlio, *On Architecture*, ed. by V. Hart & P. Hicks, New Haven, 1996, vol. 1, p. xiiiを参照。この献辞は、1540年の第一版と1544年の第二版に掲載されている。

5 il loro alto giudicio. 「判断（力）」はセルリオの建築書全体におけるキーワードの一つであり、当時の建築家はウィトルウィウスの記述と古代ローマの遺跡とが一致しないときにどちらが正しいのか判断に迷うことがしばしばあった。F. P. Fiore, "Il *giudizio* in Sebastiano Serlio", in *Studi in onore di Renato Cevese*, ed. by G. Beltramini *et al.*, Vicenza, 2000, pp. 237-249のほか、本書「論考2」を参照。

6 古代ローマ建築に関する文献は膨大にあるが、本書に登場するローマ市内の古代建築については主に次の事典を参照し、項目として記載されたラテン語名を併記する。E. Nash, *Pictorial Dictionary of Ancient Rome*, 2 vols, London, 1961-62. また、ローマ以外の各地の古代建築については、*Enciclopedia dell'arte antica, classica e orientale*, ed. by G. Pugliese Carratelli *et al.*, Roma, 1958-94を主に参照した。このイタリア語の古代美術事典は、AからZまでの各項目として7巻、1970年と1973年に追加された項目（Supplemento）として2巻、美術と建築オーダーの地図帳（Atlante dei complessi figurati e degli Ordini architettonici）として1巻、ここまでの索引（Indici）として1巻からなる大著であり、さらに1971-94年に追加された項目として5巻、陶器の形態の地図帳（Atlante dlle forme ceramiche）として2巻が加わった。

それゆえ、項目が多岐にわたり、索引を調べるだけでもかなりの苦労を伴うので、前掲註4のハートとヒックスの英語版で言及されている頁を確認するにとどめたが、現在はオンラインでも利用できる。

7　la bella, & util'arte. それぞれウィトルウィウスの三原則の「美」と「用」に由来する。ウィトルウィウス『建築十書』第一書第3章第2節を参照。とりわけ「用」については、後述のローマの水道が暗示されているように思われる。

8　ロデーズ殿ことジョルジュ・ダルマニャック（Georges d'Armagnac 1501–85年）はフランスの人文主義者で、芸術のパトロンでもあり、イタリア戦争とフランスの宗教戦争に深く巻き込まれた。『第三書』巻末の「読者諸氏へ」でも言及されている。

9　フランスの古代ローマ建築については、ジェラール・クーロン、ジャン=クロード・ゴルヴァン『絵で旅するローマ帝国時代のガリア：古代の建築・文化・暮らし』瀧本みわ・長谷川敬訳、マール社、2019年を主に参照。この書では挿絵が中心でありながらも、フランス語の原著では版を重ねるたびに最新の研究成果が反映されていて、内容は高度である。

10　oratore.「雄弁家」を意味し、古代の場合は主に「弁護士」を指すが、雄弁であることは「大使」にも必要とされる。

11　ギョーム・ペリシエ（Guillaume Pellicier de Montpellier 1490頃–1568年）はフランスの司祭、外交官。『第三書』巻末の「読者諸氏へ」でも言及されている。

12　アントニヌス・ピウス帝（Antoninus Pius 在位138–161年）は、実際にはローマ近郊のラヌウィウム（Lanuvium）で86年に生まれたが、彼の一族はニームの出身で、彼の祖父と父は執政官を務めた。皇帝としてハドリアヌスの後を継いだとき、元老院はアントニヌスに「ピウス」（敬虔な人）の称号を与えた。また、雄弁家アエリウス・アリスティデスは、アントニヌスを徳の高い統治と敬虔さの象徴として讃えた。アントニヌスの死後、カンプス・マルティウス（現在のコロンナ広場）に記念柱が建てられ、フォルム・ロマーヌムにはアントニヌスと妻ファウスティナに捧げられた神殿が建てられた。古代ローマの人名について以下では、ダイアナ・バウダー編『古代ローマ人名事典』小田謙爾他訳、原書房、1994年を主に参照する。

13　ニームの円形闘技場［図3］は1世紀末に建てられた。これと後述のアルルの円形闘技場については、前掲註6の *Enciclopedia dell'arte antica, classica e orientale*, vol. 1, p. 378 a-b を参照。

図3　円形闘技場、ニーム

14　i due torroni antichi di otto faccie collegati con le mura de la città. ニームでは市門の両側に大塔が設けられた例として、アウグストゥス門などが知られているが、塔の部分は失われている。

15　カヴァリエの丘（Mont Cavalier）のふもとにあるこの泉は、古代から聖なる泉として信仰された。18世紀にはフォンテーヌ庭園（Jardin de la Fontaine）［図4］として造成され、現在に至っている。

16　130年頃に建てられた通称ディアナ神殿と思われるが、コリント式ではなくコンポジット式である。パラーディオもこの神殿の図面を『建築四書』に掲載しているが、ウェスタ神殿という言い伝えには否定的である。桐敷真次郎編著『パラーディオ「建築四書」注解』中央公論美術出版、1986年、第四書第29章を参照。またディアナ神殿の中世以降については、

図4　フォンテーヌ庭園、ニーム

S. Bonde, "Renaissance and Real Estate: The Medieval Afterlife of the 'Temple of Diana' in Nîmes", in *Antiquity and its Interpreters*, ed. by A. Payne *et al.*, Cambridge, 2000, pp. 57-69を参照。

17　八角形平面のこの塔は、カヴァリエの丘の頂上に市壁と接続されたかたちでそびえ立つ。フランス語ではトゥール・マーニュ（Tour Magne）［図5］となる。

18　メゾン・カレ（Maison Carrée）［図6］を指している。ローマ帝国の版図のなかでも保存状態のよい神殿遺構の一つであり、紀元前16年頃に建てられ、その後マルクス・ウィプサニウス・アグリッパによって再建された。かつてのフォルムに位置し、正面に六本の円柱が並ぶ擬周翼式平面である。4世紀にはキリスト教の聖堂に転用され、15世紀からは住居として使用されていた。メゾン・カレについては、パラーディオ『建築四書』第四書第28章でも図面とともに説明されている。アグリッパについては、後述の註47を参照。

19　l'animo generoso. 古代ローマ人の度量の大きさについては、後述の註271を参照。

20　ポン・デュ・ガール（Pont du Gard）は、南フランスのガルドン川に架かる水道橋。ユゼス（Uzès）からニームまでの50kmにわたる水路

図5　トゥール・マーニュ、ニーム

図6　メゾン・カレ、ニーム

の途中にあり、後述のように三層のアーケードで構成される。紀元前19年頃にアグリッパが建てたといわれてきたが、完成したのは1世紀半ばと考えられる。古代ローマの水道橋については、今井宏著訳『古代ローマの水道：フロンティヌスの『水道書』とその世界』原書房、1987年を主に参照。この書に掲載されているフロンティヌス『水道書』は、次のローブ古典叢書の英語訳からの重訳であるが、解説は充実している。Frontinus, *Stratagems/ The Aqueducts of Rome*, ed. by C. E. Bennett *et al.*, London, 1925.

21　ルスティカ式は、セルリオの『第四書』第5章で取り上げられているように、トスカーナ式に分類される。

22　ユゼスの水源からニームへと運ばれた水の終点となる集水場の遺構（Castellum）は今も残されている。

23　サン=レミ=ド=プロヴァンス（Saint-Rémy-de-Provence）郊外のグラヌムにある墓廟（Mausolée de Glanum）を指している。最上層がドームで覆われた円形平面となる三層構成の塔型記念碑で、前30–前20年に建てられた。第一層の浮彫について後述されているように、装飾などの保存状態も非常に優れている。

24　il primo ordine, oltre un basamento ch'egli ha sotto; è di opera Ionica Composita, et ha le colonne piane su gli angoli. この一文はわかりにくいが、第一層の角には付柱が設けられ、第二層はコリント式と説明されていることから、ここでの「第一層」とは浮彫が施された層を指しているのだろう。セルリオは『第四書』で五つの建築オーダーを取り上げたが、建築オーダーに関する研究としては、前掲註3のJ. Onians, *Bearers of Meaning* のほか、ジョン・サマーソン『古典主義建築の系譜』鈴木博之訳、中央公論美術出版、1989年を主に参照。

25　i spatii. 英語のspaceに相当するが、セルリオやその他のルネサンスの建築書では、三次元的な「空間」という意味で使用されることはほとんどない。アルベルティ『建築論』の用例としては、飛ヶ谷潤一郎「アルベルティ『建築論』における「スパティウム」の用法」『空間史学叢書』第1号、2013年、141–157頁を参照。

26　テクストでは「球形神殿」（un tempio spherico）となっている。

27 この円形闘技場［図7］は90年に建てられた。立面は二層構成で、上部に突出した塔は、中世に城塞に改築されたときに増築されたものである。長軸の長さは136m、短軸の長さは109mで、観客収容数は2万人以上である。アルルには他にも紀元前1世紀末の劇場や、コンスタンティヌス帝の浴場などの古代遺跡が現存している。

図7　円形闘技場、アルル

28 カンヌ近郊のフレジュス（Fréjus）の名は、古代都市フォルム・ユリイ（Forum Julii）に由来する。現在は内陸にあるが、かつて海港であり、古代ローマの遺跡がかなり残されている。ただし、210年に建てられた郊外の円形闘技場については、アルルやニームの円形闘技場に比べると保存状態はあまり良くない。フレジュスについては、ジェラール・クーロン、ジャン＝クロード・ゴルヴァン『古代ローマ軍の土木技術』大清水裕訳、マール社、2022年、40-42頁を参照。

29 南仏の古代遺跡に関するこれらの情報は、すべてセルリオが枢機卿ギョーム・ペリシエから聞いて得られたものであったため、有名なアヴィニョンの橋（サン・ベネゼ橋）［図8］について「たいそう魅力的」（assez charmant）といわれたときに、橋の名前「アザン・シャマント」（Asan chamante）と誤解したのだろう。ただし、この橋は1177–85年に架設されたもので、かつては二十二連の石造アーチで構成されていたが、現在は四つのアーチとその上のサン・ニコラ礼拝堂のみが残されている。

図8　サン・ベネゼ橋、アヴィニョン

ギョーム・ペリシエについては、註11と後述の註521を参照。

30 ヴィエンヌ（Vienne）の古代名はウィエンナ・セナトリア（Vienna Senatoria）で、ローヌ川をリヨンから南に下った近郊にある。ここでセルリオが言及しているのは、41年頃に建てられたアウグストゥスとリウィアのコリント式の神殿のことであり、のちにキリスト教の聖堂に転用された。

31 セルリオの友人であるピエトロ・アレティーノ（Piretro Aretino 1492–1556年）は、1537年6月のスペローネ・スペローニ宛書簡でパンテオンについて同様の記述をしている。*Lettere sull'arte di Pietro Aretino*, ed. by F. Pertile & C. Cordile, Milano, 1957-58, vol. 1, pp. 49-50を参照。このことはオナイアンズによっても論じられている。前掲註3のJ. Onians, *Bearers of Meanings*, p. 300を参照。ルネサンスにおける古代建築の例としてのパンテオンについては、P. Davies *et al*., "The Pantheon: Triumph of Rome or Triumph of Compromise?", *Art History*, vol. 10, 1987, pp. 133-136を、ルネサンスにおけるパンテオンの評価については、A. Nesselrath, "Impression of the Pantheon in the Renaissance", in *The Pantheon from Antiquity to the Present*, ed. by T. M. Marder & M. Wilson Jones, Cambridge, 2015, pp. 231-254を参照。

32 corrispondentia.

33 prudente. この言葉は「慎重な」や「賢明な」と訳することもできる。セルリオがこれを建築家にとって重要な性質とみなしていたことは、後述のブラマンテによる数々の工事の失敗が念頭にあったのだろう。註149を参照。

34 同じ呼び名をもつ円堂の建築としては、ほかにパラーディオのラ・ロトンダが有名である。これについては膨大な先行研究があるが、R. Assunto *et al*., *Andrea Palladio: La Rotonda*, Milano, 1988を主に参照。

35 これは点を源とみなすエウクレイデスの理論や、キリストを「頭」、聖堂を「身体」とみなす聖パウロの概念を反映している。『コリントの信徒への手紙一』12章12節–19節、『コロサイの信徒への手紙』1章18節（『聖書：新共同訳』共同訳聖書実行委員会編、日本聖書協会、1998年所収）を参照。また、セルリオは『第五書』の序文でも直接聖パウロに言及している。

36 una gratia. 前掲註4のS. Serlio, ed. by V. Hart & P. Hicks, vol. 1, p. 457を参照。

37 venusta. ウィトルウィウスの三原則の一つである美（ウェヌスタス）のイタリア語訳である。

38 註5を参照。

39 sede diversi tabernacoli, nicchi, e finestrelle. 最後のフィネストレッラは「小さな窓」という意味であるが、彫像が安置される場所として意訳した。

40 ティツィアーノ・ヴェチェッリオ（Tiziano Vecellio 1488/90頃–1576年）のこと。フォルトゥニオ・スピーラ（Fortunio Spira 1559年没）とともに、ティツィアーノもセルリオも1534年におけるヴェネツィアのサン・フランチェスコ・デッラ・ヴィーニャ聖堂改築に関するフランチェスコ・ジョルジの『覚書』に名を連ねている。前掲註4のS. Serlio, ed. by V. Hart & P. Hicks, vol. 1, p. xxviiを参照。のちにセルリオとティツィアーノはいずれもアルフォンソ・ダバロス（Alfonso d'Avalos 1502–46年）をパトロンとすることになり、『第四書』第二版の序文として、彼への献辞が掲載された。本書「付録1」を参照。セルリオがティツィアーノに与えた影響については、J. Onians, *Bearers of Meaning*, pp. 287-309を参照。

41 dolcezza. この言葉は、絵画の分野では女性や子供などの人物を形容する際にしばしば使用されるが、建築に使用されることはあまりない。ただし、「優美さ」や「上品さ」を意味する類義語のグラツィア（grazia）は、建築にもしばしば使用される。註36も参照。

42 『第三書』でパンテオンが最初に取り上げられているように、『第五書』でも円形平面の聖堂から始まる。

43 tempio sacro. 直訳では「聖なる神殿」となるが、ここでは宗教建築全般を指す。

44 教皇ボニファティウス4世（在位608–615年）は、ビザンティン帝国フォカス帝（在位602–610年）からパンテオンを寄進され、これを「聖母とすべての殉教聖人たち」に捧げ、サンクタ・マリア・アド・マルテュレスという聖堂に転用して、610年5月13日に献堂式を行った。中世のパンテオンについては、T. Buddensieg, "Criticism and praise of the Pantheon in the Middle Ages and the Renaissance", in *Classical Influences on European Culture A. D. 500-1500*, ed. by R. R. Bolgar, Cambridge, 1971, pp. 259-267; E. Thunø, "The Pantheon in the Middle Ages", in *The Pantheon*, ed. by T. M. Marder & M. Wilson Jones, pp. 231-254を参照。

45 culto divino. 直訳では「神への崇拝」となるが、ここではキリスト教の聖堂を指す。

46 プリニウス（Gaius Plinius Secundus 23–79年）は、古代ローマの博物学者、政治家、軍人で、大著『博物誌』の著者。一般には大プリニウスと呼ばれる。プリニウス『博物誌』については、羅伊対訳版Gaio Plinio Secondo, *Storia naturale*, 6 vols, Torino, 1982-88と、日本語訳『プリニウスの博物誌〔縮刷版〕』中野定雄他訳、全6巻、雄山閣出版、2012–13年を主に参照した。パンテオンについては、プリニウス『博物誌』第34巻第13項、第36巻第38項を参照。また、第9巻第121項では、クレオパトラの真珠の逸話とともに言及されている。

47 マルクス・ウィプサニウス・アグリッパ（Marcus Vipsanius Agrippa 前63–前12年）は古代ローマの軍人、政治家、アウグストゥス帝の腹心で、のちに彼の娘婿となる。ユリウス・カエサルに見出され、軍略の弱いアウグストゥスの補佐的役割を果たした。パンテオンのほかにも、前述のポン・デュ・ガールなど多くの建築を建てた。

48 このパンテオンの建設年代は、アンドレア・フルヴィオ（Andrea Fulvio 1470頃–1527年）の記述に従っている。A. Fulvio, *De Urbis Romae Antiquitatibus*, 2nd ed., Roma, 1545, Liber IV, fol. 358を参照。すなわち、アウグストゥス帝の死と同時代であることから、アウグストゥス帝の「黄金時代」の建築であり、ウィトルウィウスとも同時代の例として確固たる位置づけがなされたのである。しかし実際には、ハドリアヌス帝によって118–28年頃に建てられた。

49 プリニウスは「シュラクサイのブロンズ」（Syracusano）と述べている。プリニウス『博物誌』第34巻第13項を参照。

50 カリアティードの起源については、ウィトルウィウス『建築十書』第一書第1章第5節で説明されている。これについては、H. Plommer, "Vitruvius and the Origin of Caryatids", *Journal of Hellenic Studies*, vol. 99, 1979, pp. 97-102が基本文献である。

51 プリニウス『博物誌』第36巻第38項を参照。

52 トラヤヌス（Marcus Ulpius Nerva Traianus Augustus 在位98–117年）は、対外面ではダキア、パルティア

第三書　註

で功績をあげ、ローマ帝国史上最大の版図を現出した。

53　紀元113年が世界の始まりから5311年とすると、前述の紀元14年が世界の始まりから5203年くらいであることと正確には一致しない。

54　ルキウス・セプティミウス・セウェルス（Lucius Septimius Severus 在位193–211年）は、セウェルス朝の創始者でカルタゴ生まれの皇帝。

55　マルクス・アウレリウス・アントニヌス（Marcus Aurelius Antoninus 在位161–180年）は、第16代ローマ皇帝で五賢帝最後の皇帝。軍事よりも学問を好み、『自省録』を著した。『マルクス・アウレーリウス 自省録』神谷美恵子訳、岩波文庫、1956年を参照。

56　フリーズには次の碑文が刻まれている。「ルキウスの息子マルクス・アグリッパが三度目の執政官のときにこれを建てり」（M［arcus］. Agrippa L［ucii］. f［ilius］ co［n］s［ul］ tertium fecit.）。

57　giudicioso e riservato.

58　ウィトルウィウス『建築十書』第一書第2章第2節を参照。1519年のラファエロによる教皇レオ10世宛書簡には、ローマの古代遺跡を平面図・立面図・断面図からなる三種類の建築図面で表現したいと記されている。小佐野重利編『ラファエッロと古代ローマ建築：教皇レオ10世宛書簡に関する研究を中心に』中央公論美術出版、1993年、18頁を参照。デューラー『築城論』（ニュルンベルク、1527年）でもこれら三種類の建築図面が一貫して採用された。下村耕史編著『アルブレヒト・デューラー「築城論」注解』中央公論美術出版、2013年を参照。C. L. Frommel & N. Adams, *The Architectural Drawings of Antonio da Sangallo the Younger and his Circle*, 2 vols, Cambridge, Mass., 1993-2000, vol. 1, pp. 30-31 も参照。

59　セルリオは、次のウィトルウィウスの記述にしたがって「立面図」（il dritto）と定義した。「立面図とは正面部を垂直に見たときの姿である」（Orthographia autem est erecta frontis imago.）。

60　ウィトルウィウスの背景図（scaenographia）を、セルリオは『第二書』25頁おもて面（本書37頁）で透視図と解釈し、背景図（scenografia）と呼んだ。このバリエーションは、セルリオがフラ・ジョコンドやチェザリアーノなどのさまざまな文献を参照していることを示している。実際にパンテオンの場合、セルリオは断面図で表現している。ペルッツィと背景図との関係については、*Baldassare Peruzzi: Pittura, scena e architettura nel Cinquecento*, ed. by M. Fagiolo & M. L. Madonna, Roma, 1987, pp. 311 ff.を参照。

61　セルリオは比例関係を調整して、上下二つのペディメントのうちの上部を省略したファサードを描いている。前掲註31のP. Davies *et al*., "The Pantheon", pp. 133-153を参照。セルリオの平面図は、ウフィツィ美術館素描版画室所蔵のペルッツィによる寸法入りの平面図（U 462Ar）に従って描かれている。A. Bartoli, *I monumenti antichi di Roma nei disegni degli Uffizi di Firenze*, 5 vols, Roma, 1914-22, vol. 2, fig. 308を参照。パンテオンに関してセルリオがペルッツィに多くを負っていることについては、H. Burns, "Peruzzi Drawings in Ferrara", *Mitteilungen des Kunsthistorischen Institutes in Florenz*, vols. 11-12, 1966, pp. 245-270を参照。

62　古典建築における円柱の太さは、原則として円柱底面の太さを指す。これがモドゥルスとして定められ、あらゆる寸法の基準となる。ウィトルウィウス『建築十書』第三書第3章第7節などを参照。

63　「空間」のイタリア語であるスパティオ（spatio）は、セルリオの建築書にしばしば登場するにもかかわらず、近代的な三次元空間という意味の使用例はほとんどない。註25を参照。

64　i membri da le bande.

65　風通しのこと。地震は地中の可燃物が風にあおられて、発火することで発生する、と古代には一般に考えられていた。プリニウス『博物誌』第2巻第191項–第200項、第207項–第209項、ルクレーティウス『物の本質について』第六巻、535–607節（樋口勝彦訳、岩波文庫、1961年、289–291頁）を参照。

66　図は右側の階段を示しており、木版を彫る過程で印刷とは逆方向になったため、テクストとは一致していない。

67　この平面図については、W. B. Dinsmoor, "The Literary Remains of Sebastiano Serlio", *Art Bulletin*, vol. 24, 1942, p. 63を参照。

68　gran spacio di fuori.

69　段数を奇数にすることは、ウィトルウィウス『建築十書』第三書第4章第4節でも定められており、またセルリオの建築書『第五書』5頁おもて面（本書402頁）における助言とも一致している。

203

70　integro.

71　altrettanto di spatio di terreno ne fusse occupato. 前述のように、パンテオンの基礎は周囲の家の境界線までのびている。註68も参照。

72　Lo spatio di questo frontespicio.

73　figure di argento. パンテオンの屋根は金属板で覆われていたと考えられていた。ブロンズ製の屋根であったことは、パウルス・ディアコヌス『ランゴバルドの歴史』（Paulus Diaconus, *Historia Langobardorum*）や『教皇の書』（*Liber Pontificalis*, ed. by L. Duchesne, Paris, 1886-92, vol. 1, p. 246）で言及されている。前者については、パウルス・ディアコヌス『ランゴバルドの歴史』日向太郎訳、知泉書館、2016年、第五巻第11章、153頁を参照。しかしながら、この屋根葺き材はアンドレア・フルヴィオ（A. Fulvio, *De Urbis Romae Antiquitatibus*, Liber V, fols 360-361）やポンポニオ・レート（Pomponio Leto, *Excerpta a Pomponio dum inter ambulandum cuidam domino ultramontano reliquias ac ruinas urbis ostenderet*, MS Venezia, Biblioteca Marciana, classe lat. X, 195 ff. 15-31; *De vetustate urbis*, Roma, 1510, 1515, 1523）、フランチェスコ・デッリ・アルベルティーニ（Francesco degli Albertini, *Opusculum de mirabilibus*, Roma, 1510）によれば銀であるという。セルリオも銀を好みブロンズの装飾を否定するこうした伝統を受け継いでいる。

74　彫像はブロンズ製ではなかった。なぜならブロンズであればゴート人やヴァンダル人に奪われたはずであるが、上部の銀も含めた他の金属は残っているからである。アルベルティは「アグリッパのポルティコには長さ40ピエーデのブロンズ製の梁でできた小屋組が現在も残されている」と述べている。アルベルティ『建築論』第六書第11章を参照。これらの梁は、教皇ウルバヌス8世（在位1623–44年）の時代に木製の梁に交換された。

75　essa volta, o vogliam dire in cielo. ドーム天井はしばしば天空になぞらえられるように、チエーロは「空」を意味する。K. Lehmann, "The Dome of Heaven", *Art Bulletin*, vol. 27, 1945, pp. 1-27を参照。

76　scortio. 短縮法については、『第二書』25頁おもて面（本書38頁）を参照。

77　アルベルティは建築を図面で表現する際に、寸法の正確な再現を阻害するものとして、透視図法の使用に注意を呼びかけている。『建築論』第二書第1章を参照。このことはラファエロの教皇レオ10世宛書簡の一方のA版（旧シピオーネ・マッフェイ所蔵の伝存しない写本）でも繰り返されている。しかし現在の校訂版の底本としては一般的な、もう一方のB版（バイエルン州立図書館所蔵の写本cod. It. 37b）では状況に応じて透視図法の使用が容認されている。Raffaello, "Lettere a Leone X", ed. by R. Bonelli, in *Scritti rinascimentali di architettura*, ed. by A. Bruschi *et al.*, Milano, 1978, pp. 459-484を参照。

78　『第二書』は、『第三書』が出版された5年後の1545年に出版された。

79　セルリオはパンテオンの内観を断面図として描いているが、ここでのニッチも含めて、実際に『第三書』では一貫して透視図で表現している。

80　建物全体は断面図として表現されているが、礼拝堂と頂の開口部のみ透視図で表現されている。

81　集中式聖堂では、主祭壇は全体の中心か、あるいは一番奥に設置されるのが一般的である。前者の例としてはフィレンツェ大聖堂やサン・ピエトロ大聖堂、後者の例としてはパンテオンが挙げられる。集中式聖堂における主祭壇の設置場所については、R. Wittkower, *Architectural Principles in the Age of Humanism*, 6th ed., New York, 1998, pp. 20-22を参照。

82　armamento. 建築用語としては、こうした「小屋組」のほかに、建設工事用の足場、ヴォールトやドームを架設するときの型枠を指すこともある。

83　10頁の図［図3–5］の四本のピアに縦溝は表現されていない。

84　ウィトルウィウス『建築十書』第三書第5章第9節の記述に従っている。

85　ante. 付柱の類いで、一般には神殿のポルティコの突出する壁の端に設置される。『第四書』第8章47頁裏面（本書301頁）でも言及されている

86　『第四書』第8章50頁裏面（本書307頁）でも言及されていて、ここに描かれた図［図4–87参照］と同じ図が掲載されている。

87　ウィトルウィウス『建築十書』第四書第6章第3節では、5/28と定められているので、約1/6となる。

88　このペルッツィの素描（U 591A）については、前掲註61のA. Bartoli, *op. cit.*, vol. 2, fig. 300を参照。

89　lo portico, et il vestibulo e l'entrata. 玄関と入口の違いはわかりにくいが、ここではそれぞれ外から内の順

に並んでいる。

90　le striature. 円柱に縦溝が刻まれるときに、特に円柱底部の畦には工夫が施されることを意味する。

91　il tondino con i due quadretti.

92　おそらくネルヴァ帝のフォルム（Forum Nervae）のミネルヴァ神殿を指している。なお、別名のフォルム・トランシトリウム（Forum Transitorium）は、フォルム・ロマーヌムとスブッラ地区とを結ぶ大通りとして使われたことに由来する。この神殿には装飾が豊かに施されていたため、後述の『第三書』84頁（本書146頁）と『第四書』第9章62頁裏面（本書321–322頁）でも言及されているが、1606年に教皇パウルス5世（在位1605–21年）によって破壊された。ネルヴァ帝のフォルムについては、E. Nash, *Pictorial Dictionary of Ancient Rome*, vol. 1, pp. 433-438を参照。

93　ペルッツィによるこの柱礎の素描（U 533A）については、前掲註61のA. Bartoli, *op. cit.*, vol. 2, fig. 271を参照。

94　トリビューン（tribuna）は一般に「演壇」を指し、聖堂内では主祭壇の設置される「後陣」や、側廊上の階を指すが、以降はヴォールトやドームという意味でもしばしば使用されている。

95　テクストでは誤ってBとなっている。

96　すでに『第四書』第8章48頁裏面（本書304頁）でも議論されている。

97　schietti.

98　紫色の斑岩が使用されており、帝政期からはローマ皇帝などの高貴な人物の石棺にもしばしば使用された。古代ローマ建築に使用された大理石については、R. Gnoli, *Marmora romana*, Roma, 1971とM. Borghini, *Marmi antichi*, Roma, 1998を主に参照。

99　ペルッツィによるこの素描（U 630A）については、A. Bartoli, *op. cit.*, vol. 2, fig. 299を参照。

100　A印のエンタブラチュアが、両端の付柱よりも張り出さないようにすること。

101　la gola dritta.

102　Idoli. 異教の神々の像を意味する。

103　D印の部分。

104　ウィトルウィウス・アカデミーは、既存のアカデミア・デッラ・ヴィルトゥ（Accademia della Virtù）を母体として、のちに教皇マルケルス2世（在位1555年）となった枢機卿マルチェッロ・チェルヴィーニ（Marcello Cervini）とベルナルディーノ・マッフェイ（Bernardino Maffei 1514–53年）の主催のもと、クラウディオ・トロメイ（Claudio Tolomei 1492–1556年）、パオロ・ムニチオ（Paolo Municio）、フランシスコ・デ・オランダ（Francisco de Holanda 1517–84年）、ギョーム・フィランドリエ（フィランデル）が加わり、1540年にローマで創設された。この団体が創設されたすぐ後の成果物は、フィランドリエ版『ウィトルウィウス』（*In decem libros M. Vitruvii Pollionis de architectura annotations*, Roma, 1544）である。1545年にパリで出版された第二版では、フィランドリエはセルリオを個人教師（praeceptore）として言及している（III. iii. p. 81）。ただし、セルリオの『第三書』が「ウィトルウィウス学者」には不評であったことも、同書132–133頁で次のように述べられている。

　　「古代の記念碑に関する『第三書』は、出鱈目とまでは言わないが、好ましいものではなかった。というのも、ローマには見られず、イタリアでも知られていなかった建物もあったため、修正が十分にされないまま人の手に渡ってしまった図面もあるからである。もしこの著者〔セルリオ〕が出版を急がせることなく、自分で見た建物についてもっと詳しく記述し、他人が描いた建物の情報は記録しなかったなら、建築や絵画の技芸にはまるで無知な輩が、掲載された資料の不具合を厳しく批判することもなかっただろう。彼の出版の意図は称讃に値する。なぜなら、彼は人の役に立つことを目的として出版したからである。彼の誤りは看過できず、こうした問題に精通した者が指摘しなければならなかったとはいえ、この善人に対してはもっと穏やかに対応すべきであった（Restabat tertius qui est de antiquorum monimentis, cui tum nostram operam praestare non potuimus, nondum visa urbe peragrataque Italia, venit in manus hominum non satis emendatus, ne dicam mendacem, atque; utinam non fuisset coactus auctor aeditionem praecipitare, aut ea tantum scripsisset, quae viderat, ac non potius quae ab aliis dimensa acceperat, non arripuissent occasionem acerbius in eum invechendi, graphydos atque adeo architecturae omnis ignari prorsus homines. Laudandi errant eius conatus, quod prodesse voluerit, et si dissimulandi errores non

fuerunt, at certe a peritis indicari oportuit, et moderatius cum viro bono agendum.）」。
『第三書』に対するトレッロ・サライーナ（1540年）の批判については、後述の註240を参照。『第三書』への批判に対するセルリオの反論については、巻末に掲載された「読者諸氏へ」を参照。これらの論争については、H. Günther, "Porticus Pompei", *Zeitschrift für Kunstgeschichte*, vol. 44, 1981, pp. 396-397; D. Wiebenson, "Guillaume Philander's Annotationes to Vitruvius", in *Les traités d'architecture de la Renaissance*, ed. by J. Guillaume, Paris, 1988, pp. 67-74を参照。西洋の美術アカデミーについては、ニコラウス・ペヴスナー『美術アカデミーの歴史』中森義宗他訳、中央大学出版部、1974年を、ウィトルウィウス・アカデミーについては、D. Wiebenson, *Architectural Theory and Practice from Alberti to Ledoux*, Chicago, 1982を、16世紀半ばのウィトルウィウス・アカデミーという背景におけるセルリオの評価については、M. Rosci & A. M. Brizio, *Il trattato di architettura di Sebastiano Serlio*, Milano, 1966, pp. 82-83を、フランスにおけるアカデミーと建築教育についてはA. Griffin, *The Rise of Academic Architectural Education*, London, 2021を参照。

105　『第三書』128頁（本書174頁）でも言及されている。

106　320年頃に建てられたサンタ・コスタンツァの墓廟を指しており、ルネサンスの建築家によく知られていた初期キリスト教時代の円堂の一例である。元々はコンスタンティヌスの娘であるコスタンツァとエレナの墓廟であったが、のちに洗礼堂に転用され、さらに13世紀には聖堂に改築された。周歩廊のヴォールト天井には、葡萄の収穫と酒の神バッコスのモティーフを描いた4世紀のモザイク画［図9］が残されていることから、セルリオを含めた当時の人々はこの聖堂をバッコス神殿とみなしていた。ルネサンスにおけるこの聖堂の影響については、M. Wilson-Jones, "Tempietto and the Roots of Coincidence", *Architectural History*, vol. 33, 1990, pp. 1-28のほか、R. Krautheimer, *Studies in Early Christian, Medieval and Renaissance Art*, New York, 1969も参照。

図9　周歩廊ヴォールト天井のモザイク画、サンタ・コスタンツァの墓廟、ローマ

107　i spatii da colonna a colonna.

108　lo spatio di mezo a l'entrata del vestibulo.

109　このあたりの文章はつじつまが合わない。通常であれば、セルリオは寸法の詳細についてまでは示さないと説明する。

110　サンタ・コスタンツァの墓廟のそばには、サンタニェーゼのバシリカの巨大な廃墟が、4世紀の同名のカタコンベと同様に今でも見られる。このバシリカもコスタンツァによって建てられた。なお、このそばに現存する小さめのサンタニェーゼ・フオーリ・レ・ムーラ聖堂は、7世紀に教皇ホノリウス1世（在位625-638年）によって建てられたものである。ローマ市内の同名の聖堂としては、他にもフランチェスコ・ボッロミーニが設計したナヴォナ広場西側のサンタニェーゼ・イン・アゴーネ聖堂が有名である。こちらは聖アグネスが殉教した場所に、1652年にジローラモ・ライナルディ（Girolamo Rainaldi 1570-1655年）と息子カルロ・ライナルディ（Carlo Rainaldi 1611-91年）の設計で着工され、のちにボッロミーニも関与した。

111　これらの装飾は、『第四書』第12章72頁裏面［図4-117］などでも木造の平天井の区画として採用されている。

112　le tre inventioni. この用語の意味は多岐にわたるが、建築の場合は「設計案」や「設計図」などを意味することが多い。前掲註4のS. Serlio, ed. by V. Hart & P. Hicks, vol. 1, p. 457を参照。

113　ティトゥス・フラウィウス・ウェスパシアヌス（Titus Flavius Vespasianus 在位69-79年）は、自らの血統に基づくフラウィウス朝を創始したローマ皇帝。

114　プリニウス『博物誌』第36巻第58項、第102項を参照。

115　平和の神殿（Templum Pacis）は古代に完全に破壊され、ルネサンス期に「平和の神殿」と呼ばれていたの

は、実際にはマクセンティウス（またはコンスタンティヌス）のバシリカのことである。このバシリカについては、C. Giavarini, *The Basilica of Maxentius: Monument, Materials, Constructions and Stability*, Roma, 2005 を主に参照。このバシリカは306–312年にマクセンティウス帝（Marcus Aurelius Valerius Maxentius 在位278–312年）によって着工され、コンスタンティヌス帝（Gaius Flavius Valerius Constantinus 在位306–337年）によって完成した。ルネサンス期には、ソロモン神殿から略奪された財宝の保管場所とみなされていた。J. Rykwert & R. Tavernor, "Sant'Andrea in Mantua", *Architects' Journal*, vol. 183, n. 21, 1986, pp. 36-57 を参照。また、マントヴァのサンタンドレア聖堂やローマのサン・ピエトロ大聖堂のような大規模な聖堂建築の設計においてしばしば手本とされた。飛ヶ谷潤一郎「ルネサンスにおける「平和の神殿」という古典建築」『建築と古典主義』日本建築学会建築歴史・意匠委員会、2022年、67–74頁を参照。ペルッツィが描いた平面図のスケッチ（U 156A, U 543A*v*）と寸法入りの平面図（U 3978A）については、それぞれ前掲註61のA. Bartoli, *op. cit.*, vol. 2, figs. 244, 262, 303 を参照。

116 ネロ（Nero Claudius Caesar Augustus Germanicus 在位54–68年）は第5代ローマ皇帝。

117 Bassalto. このあたりの記述はプリニウスに従っており、原文では硬砂岩（basanite）となっているが、誤って玄武岩と呼ばれていた。また、産地もエチオピアではなく、エジプトのモンス・バサニテス（現在のワディ・ハママット）であり、ベヘン石（Pietra Bekhen）とも呼ばれる。プリニウス『博物誌』第36巻第58項を参照。硬砂岩（ベヘン石）については、前掲註98のR. Gnoli, *Marmora romana*, pp. 111-117; M. Borghini, *Marmi antichi*, pp. 266-267 を参照。

118 コンスタンティヌス帝の巨像の頭部と手足の断片は、1487年にマクセンティウスのバシリカの西側アプシスで発見された。それらは現在、パラッツォ・デイ・コンセルヴァトーリ（カピトリーニ美術館）の中庭に展示されている。

119 テクストでは「身体」（corpo）ではなく、誤って「頭」（capo）となっているが、一般に聖堂の身廊と後陣は、それぞれ人間の身体と頭にたとえられる。こうした聖堂と人体との関係については、『第五書』28頁裏面（本書421頁）を参照。

120 これは東西の長軸方向の断面図である。ペルッツィが描いた断面図の小さなスケッチ（U 539A*v*）については、A. Bartoli, *op. cit.*, vol. 2, fig. 276 を参照。

121 テンプルム・ピエターティス（Templum Pietatis）、通称「ドーリス式のテンピエット」は、サン・ニコラ・イン・カルチェレ聖堂周辺のフォルム・ホリトリウムに存在していた。この聖堂の南側壁には神殿の列柱の痕跡が今も見られ、ここには三棟の小さな神殿が並んで建てられた。トゥリウスの牢獄（マメルティヌスの牢獄）は、実際にはカピトリヌスの丘北東側の斜面に位置するが、中世には「ドーリス式のテンピエット」の隣のフォルム・ボアリウムにあったビザンツ期の牢獄と混同された。ペルッツィによる「ドーリス式のテンピエット」の素描（U 563A*r-v*, U 543A*v*）については、それぞれA. Bartoli, *op. cit.*, vol. 2, figs. 234, 235, 351 を参照。

122 白い石灰岩が加熱されてできた多孔質の石で、ラテン語では「ティヴォリ産の石」（tiburtinus lapis）という意味。

123 アニエーネ川（古代名アニオ川）は、フィレッティーノ（フロジノーネ）の山中に源を発し、スビアーコ、ヴィコヴァーロ、ティヴォリを経て、ローマ旧市街の北側、サラリオ橋付近でテヴェレ川に合流する。

124 通称ティヴォリのウェスタ神殿は、紀元前1世紀に建てられた。ウェスタ神殿とティヴォリについては、それぞれ *Enciclopedia dell'arte antica, classica e orientale*, vol. 3, p. 695 a, vol. 7, pp. 887-892 を参照。

125 図面からは確認できないが、傾斜地に建てられていることを意味する。また、円形神殿の内外を断面図で同時に表現する方法には、ジュリアーノ・ダ・サンガッロの『バルベリーニ手稿』（Cod. Barb. Lat. 4424, f. 37*r*）の影響が見られ、右側の断面部分はきれいに切断され、正面のドーム部分は廃墟のように描かれている。こうした表現は新旧の建物のいずれにも採用されており、『第三書』40頁ではサン・ピエトロ大聖堂ドーム立断面図［図3–33］も同様に描かれている。C. Brothers, *Giuliano da Sangallo and the Ruins of Rome*, Princeton, N. J., 2022, pp. 184-185 を参照。

126 これと同じ図が『第四書』第8章50頁裏面［図4–87］でも議論されている。

127 ウィトルウィウス『建築十書』第四書第6章第1節のドーリス式戸口に関する記述を参照。セルリオは『第四書』第8章50頁裏面（本書307頁）で、「この戸口では、頂部〔の幅〕が〔底部の幅よりも〕1/18逓減さ

れていて、その高さは二つの〔一辺が底部の幅と同じ〕正方形を二つ並べてできた長方形〔の高さ〕よりも高くなる」と述べている。

128　la parte dentro è inzancata ma la parte di fuori è diritta.

129　この建物については不明である。

130　ルネサンスの建築理論に従えば、平面図はいわば建築の出発点にあたる。すなわち、比例関係の概略を具体的に表現し、設計の全体を支配するものであるため、最も重要な建築図面とみなされる。

131　神殿本体の内壁ではなく、隣接する小神殿の入口がA、その奥のニッチがBとなっている。

132　この建物については不明である。

133　250年頃に建てられたカルヴェンティの墳墓（Sepolcro dei Calventi）で、ローマのアッピア・ピニャテッリ通り5番（Via Appia Pignatelli, 5）にある。この墳墓のそばにある後述のチェルチェンニの墳墓（Sepolcro dei Cercenni）も同時期に建てられたもので、両者の地下にはプレテスタートのカタコンベ（Catacombe di Pretestato）が広がっている。ペルッツィによるこれらの墳墓の素描（U 426A, U 1651A）については、それぞれA. Bartoli, *op. cit.*, vol. 2, figs. 223, 302を参照。*Enciclopedia dell'arte antica, classica e orientale*, vol. 6, p. 872 a-bも参照。

134　直径はポルティコの長さに等しく、おおよそ40パルモであり、ドーム自体の高さがその半分の20パルモとなるので、全体の高さは40＋9＋20＝69となるが、コーニスの突出によりドームの底部が隠れることを考慮して1パルモを加えることで、全体の高さはおおむね70パルモとなる。

135　註133を参照。

136　ティヴォリのシビュラ神殿であり、前述のウェスタ神殿のそばにある。*Enciclopedia dell'arte antica, classica e orientale*, vol. 7, p. 704 aを参照。

137　テクストでは誤って「15頁」となっている。

138　ルネサンス建築と古代建築との関係については膨大な先行研究があり、それらは次の書にまとめられている。飛ヶ谷潤一郎『盛期ルネサンスの古代建築の解釈』中央公論美術出版、2007年、19–24頁を参照。以降の新しい研究としては、前掲註16のルネサンスにおける古代建築の解釈に関する論文集*Antiquity and its Interpreters*, ed. by A. Payne *et al.*や、パラーディオと古代建築との関係に関するP. Gros, *Palladio e l'antico*, Venezia, 2006、プリニウス『博物誌』とルネサンス建築との関係に関するP. Fane-Saunders, *Pliny the Elder and the Emergence of Renaissance Architecture*, Cambridge, 2016、ヨーロッパ各地における古代の発見に関する論文集*Local Antiquities, Local Identities: Art, Literature and Antiquarianism in Europe, C. 1400-1700*, ed. by K. Christian & B. de Divitiis, Manchester, 2018、ブルネレスキからミケランジェロまでの主要な建築家の作品と古代建築との関係に関するD. Hemsoll, *Emulating Antiquity: Renaissance Buildings from Brunelleschi to Michelangelo*, New Haven, 2019、ジュリアーノ・ダ・サンガッロの古代建築素描に関する前掲註125のC. Brothers, *Giuliano da Sangallo and the Ruins of Rome*などが挙げられる。なお、セルリオが同時代の美術家に言及する場合は、16世紀初期に画家兼建築家としてローマで活躍したブラマンテ以降の人物が多く、15世紀の美術家が取り上げられることは少ない。本書論考2を参照。

139　教皇ユリウス2世（在位 1503–13年）は盛期ルネサンスのローマにおける最大のパトロンであり、1506年4月にブラマンテの設計による新たなサン・ピエトロ大聖堂を着工させた。芸術のパトロンとしてのユリウス2世については、ブラマンテやラファエロ、ミケランジェロに関する研究でしばしば言及されているが、ほかにはデッラ・ローヴェレ家の教皇シクストゥス4世とユリウス2世に関する論文集*Sisto IV e Giulio II: mecenati e promotori di cultura*, ed. by S. Bottaro *et al.*, Savona, 1985や、あえて前述の三人以外に焦点を当てたD. Frapiccini, *L'età aurea di Giulio II: Arti, cantieri e maestranze prima di Raffaello*, Roma, 2013などが挙げられる。

140　1636年まではカステルドゥランテ（Casteldurante）と呼ばれていたが、市と教区に昇格したのち、教皇ウルバヌス8世（在位 1623–44年）に敬意を表してウルバニア（Urbania）に改名した。

141　ドナート・ブラマンテ（Donato Bramante 1444–1514年）の作品と生涯については、ジョルジョ・ヴァザーリ「ブラマンテ」飛ヶ谷潤一郎訳『美術家列伝』森田義之他監修、第3巻、2014年、83–96頁、ブラマンテに関する研究としては、A. Bruschi, *Bramante architetto*, Bari, 1969（邦訳書、アルナルド・ブルスキ『建築家ブラマンテ』稲川直樹訳、中央公論美術出版、2002年）などを参照。ユリウス2世の依頼によるヴァ

ティカン宮殿ベルヴェデーレの中庭も『第三書』142–147頁（本書183–187頁）で取り上げられている。

142　ここでの「模型」(modello) は、二次元の「設計図」を意味する可能性もある。というのも、ルネサンス期にはひんぱんに建築模型が制作されたとはいえ、建設の初期段階でブラマンテによる模型が制作されたことを示す証拠はないからである。のちにアントニオ・ダ・サンガッロ・イル・ジョーヴァネが制作した木製の巨大な模型は、ブラマンテの案とは異なっている。アルベルティは模型の制作を推奨している。アルベルティ『建築論』第二書第1章–第3章、第九書第8章を参照。ルネサンスの建築模型については、H. Klotz, *Filippo Brunelleschi*, London, 1990, pp. 90-95; H. A. Millon, "Models in Renaissance Architecture", in *The Renaissance from Brunelleschi to Michelangelo*, ed. by H. A. Millon & V. Magnago Lampugnani, New York, 1994, pp. 19-74を参照。また、建築と模型について広く論じられた日本語文献として、次の論文集が挙げられる。建築と模型［若手奨励］特別研究委員会編『建築と模型』日本建築学会、2022年。アントニオ・ダ・サンガッロ・イル・ジョーヴァネについては、ジョルジョ・ヴァザーリ「アントニオ・ダ・サンガッロ・イル・ジョーヴァネ」飛ヶ谷潤一郎訳『美術家列伝』森田義之他監修、中央公論美術出版、2016年、第4巻、167–190頁を参照。

143　ブラマンテの監督下では未完のままであった部分とは、交差部から遠く離れた部分、すなわち周歩廊や鐘塔、四隅の聖具室、ファサードなどを指す。この段階では集中式平面とバシリカ式平面のいずれにするかもまだ決定していなかったにちがいない。ブラマンテに始まる盛期ルネサンスのサン・ピエトロ大聖堂計画については、*San Pietro che non c'è*, ed. by C. Tessari, Milano, 1996を参照。

144　ラファエロについてはジョルジョ・ヴァザーリ「ラファエッロ・ダ・ウルビーノ」越川倫明・深田麻里亜訳『美術家列伝』森田義之他監修、中央公論美術出版、2014年、第3巻、157–208頁を、建築家ラファエロについてはC. L. Frommel *et al.*, *Raffaello architetto*, Milano, 1984; *Raffaello nato architetto*, ed. by G. Beltramini *et al.*, Roma, 2023を主に参照。

145　lo ingegnioso.

146　l'ambulatione. 一般には周歩廊を意味するが、ここでは集中式平面の身廊を指す。

147　ペルッツィについては、論文集*Baldassarre Peruzzi 1481-1536*, ed. by C. L. Frommel *et al.*, Venezia, 2003のほか、ヴァザーリ「バルダッサーレ・ペルッツィ」飛ヶ谷潤一郎訳『美術家列伝』第3巻、311–327頁を主に参照。

148　ペルッツィによるサン・ピエトロ大聖堂計画とその円柱（U 11A*r-v*, U 108A*r-v*）については、それぞれ前掲註61のA. Bartoli, *op. cit.*, vol. 2, figs. 293-294, 295-296を参照。セルリオによる平面図は、おそらくヤコポ・サンソヴィーノの案を反映している。というのもヴァザーリは、サンソヴィーノによる1518年のローマのサン・ジョヴァンニ・デイ・フィオレンティーニ聖堂計画について、「すべての案に目を通した教皇は、最良の作として、サンソヴィーノの案を推した。その理由は、なかんずく、セバスティアーノ・セルリオがその『建築論』の第二書で示した平面図に似て」と述べているからである。ジョルジョ・ヴァザーリ「ヤコポ・サンソヴィーノの作品の記述」森田義之・越川倫明訳『美術家列伝』森田義之他監修、中央公論美術出版、2022年、第6巻、232頁を参照。ヴァザーリは「第三書」を「第二書」と間違えているが、サンソヴィーノの平面図はこの記述に最も近いものである。前掲註4のS. Serlio, ed. by V. Hart & P. Hicks, vol. 1, p. xiv も参照。

149　più animoso che considerativo. アニモーゾには「大胆な」や「勇敢な」という意味もあり、否定的な場合のみに使用されるわけではないが、セルリオはブラマンテがしばしば工事に失敗したことを知っていたからであるにちがいない。建設工事に関する「破壊業者」ブラマンテの悪評については、J. S. Ackerman, "Notes on Bramante's Bad Reputation", in *Studi bramanteschi*, Roma, 1974, pp. 339-349を参照。

150　サン・ピエトロ大聖堂ドームとそれを支える四本のピアの構造補強については、前掲註2のW. B. Parsons, *Engineers and Engineering in the Renaissance*, pp. 611-617を参照。

151　più presto alquanto timido che troppo animoso. ブラマンテについての同じ文章が、のちのベルヴェデーレの中庭に関する記述でも繰り返されている。144頁（本書185頁）を参照。

152　テンピエットは聖堂正面に向かって右側の回廊に位置するので、この平面図は印刷時に左右が逆になっている。聖堂本体については、F. Cantatore, *San Pietro in Montorio: La chiesa dei Re cattolici a Roma*, Roma, 2007を参照。

209

153 テンピエットを取り囲む円形平面の回廊は実現しなかった。ブラマンテのテンピエットについては膨大な研究があり、前掲註141のA. Bruschi, *Bramante architetto* が基本文献であるが、他に近年のモノグラフ J. Freiburg, *Bramante's Tempietto, the Roman Renaissance, and the Spanish Crown*, Cambridge, 2014 などを参照。テンピエットの寸法については前掲註106のM. Wilson-Jones, "Tempietto and the Roots of Coincidence" を、セルリオの『第三書』におけるテンピエットの図面表現についてはH. Günther, "Bramantes Hofprojekt um den Tempietto und seine Darstellung in Serlios dritten Buch", in *Studi bramanteschi*, pp. 483-501を参照。

154 聖ペテロはネロの時代に殉教したが、中世にはその場所として現在のサン・ピエトロ大聖堂のほかに、テンピエットのあるジャニコロの丘という説も認められていた。J. M. Huskinson, "The Crucifixion of St. Peter: A Fifteenth-Century Topographical Problem" *Journal of the Warburg and Courtauld Institutes*, vol. 32, 1969, pp. 135-161を参照。

155 lacunari.

156 アッピア街道（Via Appia Antica）にあるロムルスの墓廟（Mausoleo di Romolo）のことで、そばにはマクセンティウスの競技場（Circo di Massenzio）がある。中心となる円堂には明らかにブラマンテのテンピエットとの類似性が見られる。ペルッツィが描いたこの円堂の寸法入りの平面図（U 488Av）については、A. Bartoli, *op. cit.*, vol. 2, fig. 284を参照。ジュリアーノ・ダ・サンガッロと古代建築との関係については、S. Borsi, *Giuliano da Sangallo: I disegni di architettura e dell'antico*, Roma, 1985 とC. Brothers, *Giuliano da Sangallo and the Ruins of Rome*を主に参照。また、彼が描いた古代建築の素描については、C. Hülsen, *Il libro di Giuliano da Sangallo: Codice vaticano barberiniano latino 4424*, Leipzig, 1910, fol. 8, a., p. 15を参照。アッピア街道については、前掲註6の *Enciclopedia dell'arte antica, classica e orientale*, vol. 6, pp. 873b-874aを参照。

157 テクストでは誤ってBとなっている。

158 パラーディオ『建築四書』第四書第22章でもこの墓廟の平面図のみが掲載され、立面図が省略されているのは、装飾が残っていないからであった。

159 マルクス・クラウディウス・マルケルス（Marcus Claudius Marcellus 前42–前23年）はアウグストゥスの姉の息子であり、かつアウグストゥスの娘ユリアの婿でもあり、後継者として期待されていたが、20歳で早世した。

160 マルケルス劇場（Theatrum Marcelli）は紀元前23–前13年に建てられたローマで最初の常設劇場である。*Enciclopedia dell'arte antica, classica e orientale*, vol. 6, p. 837 a とE. Nash, *Pictorial Dictionary of Ancient Rome*, vol. 2, pp. 418-422を参照。

161 『第四書』第6章19頁おもて面（本書260頁）でも言及されている。

162 i Massimi patritii Romani. マッシモ家は古代ローマにさかのぼる名門の貴族であるが、実際にはサヴェッリ家の邸宅であることはセルリオも知っていたはずである。なお、マッシモ家の邸宅はナヴォナ広場の南にあり、同じくペルッツィの設計で1532–36年に建てられた。このパラッツォ・マッシモ・アッレ・コロンネはドミティアヌス帝の音楽堂の上に建てられたため、同じく曲線状のファサードとなった。このパラッツォについては、次の二つのモノグラフを主に参照。H. Wurm, *Der Palazzo Massimo alle Colonne*, Berlin, 1965; V. Cafà, *Palazzo Massimo alle Colonne di Baldassarre Peruzzi: Storia di una famiglia romana e del suo palazzo in rione Parione*, Venezia, 2007.

163 1519年にペルッツィがマルケルス劇場に増築する形で設計したパラッツォ・サヴェッリのことである。C. Tessari, *Baldassarre Peruzzi: Il progetto dell'antico*, Milano, 1995, pp. 123-136を主に参照。サヴェッリ家はアウェンティヌスの丘とそのふもとのテヴェレ川岸、マルケルス劇場を含むリーパ地区を支配していた。R. Krautheimer, *Rome, Profile of a City, 312-1308*, Princeton, N. J., 1980, p. 157を参照。

164 ペルッツィが描いたマルケルス劇場の平面図の一部（U 478Av & U 631Ar）については、A. Bartoli, *op. cit.*, vol. 2, fig. 320を参照。この図面は、前掲註60の *Baldassarre Peruzzi: Pittura, scena e architettura nel Cinquecento*, p. 406 fig. 3にも掲載されている。また、各部の寸法入り詳細図（U 527A）、ペルッツィの改築部分を伴う断面詳細図（U 603A, U 604A）については、それぞれA. Bartoli, *op. cit.*, vol. 2, figs. 266, 305, 306を参照。

第三書　註

165　ウィトルウィウス『建築十書』第四書第3章を参照。

166　セルリオによるウィトルウィウスの弁護については、M. Tafuri, *Venezia e il Rinascimento*, Torino, 1985, p. 111を参照。また『第三書』106頁（本書159–160頁）や、前掲註4のS. Serlio, ed. by V. Hart & P. Hicks, vol. 1, pp. xxi-xxiiも参照。

167　『第二書』63頁おもて面（本書70頁）を参照。

168　il pulpito. ウィトルウィウスの「プロスカエニウムの演壇」（proscaenii pulpitum）をセルリオは「説教壇」（pulpito）と呼んでおり、後述のプーラの劇場平面図［図3–41］では、確かに説教壇のように描かれている。劇場のこれらの部分に関する記述については、ウィトルウィウス『建築十書』第五書第6章、アルベルティ『建築論』第八書第7章を参照。

169　hospitalia. ウィトルウィウス『建築十書』第五書第6章第3節を参照。

170　versurae. 同上。

171　セルリオの階段席（auditorium）については、『第二書』63頁おもて面（本書70頁）を参照。

172　『第四書』22頁おもて面（本書265頁）を参照。

173　ここではキューマティウムの高さも含まれる。

174　dal quadretto del tondino.

175　la sommità del cimatio minuti.

176　アーキトレーヴ中段のファスキアの高さを1としたとき、アーキトレーヴとフリーズとコーニスの高さの比は、それぞれ4：3：25/8で、フリーズとコーニスの高さはおおむね等しくなる。ウィトルウィウス『建築十書』第三書第5章第11節を参照。

177　『第四書』40頁おもて面（本書292頁）を参照。

178　『第四書』38頁裏面（本書289頁）を参照。

179　現在のクロアチアの都市プーラは、セルリオの時代はヴェネツィア共和国に所属し、ポーラ（Pola）と呼ばれていた。この都市には多くの古代建築が残されており、パラーディオ『建築四書』第四書第27章ではアウグストゥス神殿と通称ディアナ神殿が取り上げられている。前者は今でも優れた保存状態で残されているが、後者は市庁舎の一部に取り込まれた形で改築された。なお、ヴェネツィアの聖堂ファサードなどでしばしば使用されている白色のイストリア石の大半は、この都市から運搬された。

180　この劇場については、前掲註6の*Enciclopedia dell'arte antica, classica e orientale*, vol. 7, p. 647aを参照。

181　le ruine, e le spoglie. ここでのスポリアとは、地面に各部位が散乱している状態を示しているものと思われる。

182　後述の『第三書』126頁［図3–100］のスケールバーでも1ピエーデが12オンチャに相当すると説明されているが、24頁（本書107頁）や114頁（本書165頁）では1ブラッチョが12オンチャに相当すると説明されていて、寸法の相互関係に混乱がうかがえる。

183　最前列の席の正面から最後列の席の背後にある通路までの幅のこと。

184　『第四書』第9章66頁裏面（本書326頁）を参照。

185　テクストでは「コーニス」となっている。

186　セルリオが描いたプーラやヴェローナの古代遺跡の図面と寸法が、ジョヴァンニ・マリア・ファルコネット（Giovanni Maria Falconetto 1468–1535年）による同じ遺跡の図面に基づいている可能性については、前掲註2のロッツ『イタリア・ルネサンス建築研究』333–344、391–406頁を参照。

187　古代エトルリアの都市フェレンティウム（Ferentium）の廃墟であるフェレント（Fèrento）については、*Enciclopedia dell'arte antica, classica e orientale*, vol. 7, p. 647aを参照。

188　一般の建築用語としてはアーチを構成する楔形の迫石を意味するが、ここでは平面図からも推測できるように、アーチ状に並んだ階段席についてみると、最前列の席の正面から最後列の席の背後にある通路までの幅を意味する。

189　テクストでは誤って「オルケストラ」となっている。

190　ウィトルウィウス『建築十書』第五書第9章第1節–第5節を参照。

191　フォンディ（Fondi）とテッラチーナ（Terracina）はラツィオ州南部の都市であるが、この建物は破壊された。

211

192 ne tolsi solamente in disegno la inventione. ここで取り上げられた古代建築は、いずれも大部分が破壊され ているため、セルリオが描いたのは復元図とみなすことができる。

193 この建物は破壊された。後述のように、スポレートはフォリーニョとローマとを結ぶ街道にある。ペルッ ツィの素描（U 634A*r*）については、前掲註 61 の A. Bartoli, *op. cit.*, vol. 2, fig. 315 を参照。

194 この建物は破壊された。

195 ブロークン・ペディメント（broken pediment）の一種であり、ここでは底部が分断されたタイプである。な お、頂部が分断されたものはオープン・ペディメント（open pediment）として区別されることもあり、バ ロック建築では頻出するようになるが、ペトラのエル・カズネ（宝物殿）やエド・ディル（修道院）のよ うに、頂部と底部の両方が分断されたタイプも古代から存在している。

196 クリュプタ・バルビ（Crypta Balbi）は、ポンペイウスのポルティコ（Portico di Pompeo）とも呼ばれる が、セルリオの説明ではサンタ・マリア・デ・カルデラーリ通り 23 番（Via di Santa Maria de' Calderari, 23）にあったバルブス劇場の東に隣接する回廊にあたる。しかしながら、現在はボッテーゲ・オスクーレ通 り 13 番（Via delle Botteghe Oscure, 13）にあったことが確認されている。G. Gatti, "Dove erano situati il teatro di Balbo e il circo Flaminio?", *Capitolium*, vol. 39, 1960, 7, pp. 3-8 や、前掲註 6 の E. Nash, *Pictorial Dictionary of Ancient Rome*, vol. 1, pp. 297-300 を参照。ルネサンスの建築家にとってクリュプタ・バルビ は、二層構成のオーダーを備えた古代建築として類い稀なる存在であり、ブラマンテによってミラノのサ ンタンブロージョ修道院回廊やローマのサンタ・マリア・デッラ・パーチェ修道院回廊などに応用された。 ペルッツィによるこの古代建築の素描（U 484A*r*）については、A. Bartoli, *op. cit.*, vol. 2, fig. 232 を、ジュ リアーノ・ダ・サンガッロによる素描については、前掲註 156 の C. Hülsen, *Il libro di Giuliano da Sangallo*, fol. 4*v* を参照。セルリオとポンペイウスのポルティコについては、前掲註 104 の H. Günther, "Porticus Pompei", pp. 358-398 を参照。

197 このあたりはユダヤ人の居住地区であり、近くにはシナゴーグが存在する。ジュデア広場（Piazza Giudea） は、ムッソリーニの時代に現在のチンクエ・スコーレ広場（Piazza delle Cinque Scole）へと大きく改造さ れ、噴水のみが当時の姿をとどめている。またセルリオの時代には、この広場とカンポ・デ・フィオーリは 直線道路のペーラ・マンテッリ通り（Via Pela Mantelli）で結ばれていたことが、レオナルド・ブファリー ニの『ローマ地図』（Leonardo Bufalini, *La pianta di Roma*, Roma, 1551）から確認できる。

198 サンタ・クローチェ・イン・ジェルザレンメ聖堂の歴史は初期キリスト教時代にまで遡り、この場所から 遠く離れたローマの東端に位置する。宗教団体の所有する家屋については、前掲註 163 の R. Krautheimer, *Rome*, pp. 232, 289-310, 312 を参照。

199 la commodita del pisciare.

200 実際には 63 頁［図 3-48］に示されている。

201 このことは平面図にもはっきりと示されている。

202 註 184 を参照。

203 第二層の柱間を第一層の柱間の半分にすると、こうした構造上の問題が生じるが、実際には古代にもルネ サンスにも多くの例が見られる。註 196 を参照。

204 ここでは楔石と煉瓦が交互に使用されている。こうした古代ローマの壁面構成については、P. N. Pagliara, "Materiali, tecniche e strutture in architettura del primo Cinquecento", in *Storia dell'architettura italiana: Il primo Cinquecento*, ed. by A. Bruschi, Milano, 2002, pp. 522-545 を参照。

205 istoriate. ここでは浮彫としての歴史画であるが、壁画としての歴史画については、『第四書』第 11 章 69 頁 裏面（本書 330 頁）を参照。

206 マルクス・アウレリウス・アントニヌス帝の記念柱（Columna Marci Aurelii Antonini）は、トラヤヌスの 記念柱を手本としてつくられ、193 年に完成した。ドーリス式円柱本体の高さは古代ローマの 100 ピエーデ （約 29.6m）で、台座も加えた高さは約 42m である。柱身を螺旋状に覆う浮彫は、166 年からマルクス・ア ウレリウス帝の死の直前まで行われたマルコマンニ戦争を題材としたもので、記念柱の下半分にはマルコ マンニ人とクアディ人に対する遠征、上半分にはサルマタイ人との戦いの勝利が表現されている。1589 年 の教皇シクストゥス 5 世（在位 1585-90 年）による修復のときに、頂部に聖パウロのブロンズ像が設置さ れた。E. Nash, *Pictorial Dictionary of Ancient Rome*, vol. 1, pp. 276-279 を参照。

207　トラヤヌス帝の記念柱（Columna Traiani）はトラヤヌス帝のフォルムに113年に建てられた。連続的なレリーフは下から上まで円柱の表面を回りながら続いている。螺旋状の浮彫としては、トラヤヌス帝が勝利した二度のダキア遠征が題材とされていて、下半分には1回目の遠征（101–102年）、上半分には2回目の遠征（105–106年）が表現されている。マルクス・アウレリウス・アントニヌス帝の記念柱の修復時と同様に、頂部には聖ペテロのブロンズ像が設置された。ウィーンのカールスキルヘ正面にそびえ立つ二基の記念柱も、トラヤヌス帝の記念柱から着想を得たといわれている。前掲註6の*Enciclopedia dell'arte antica, classica e orientale*, vol. 2, pp. 756-760; *Atlante dei complessi figurati e degli ordini architettonici*, Roma, 1973, Tav. 75-107や、E. Nash, *Pictorial Dictionary of Ancient Rome*, vol. 1, pp. 283-286を参照。

208　ペルッツィによるこのコーニスの素描（U 388A*r*, U 412A）と、基部の側面図（U 482A, U 484A*v*）については、それぞれ前掲註61のA. Bartoli, *op. cit.*, vol. 2, figs. 206, 227, 285, 324を参照。

209　ペデスタルは一般に円柱の下に置かれるため、この記念柱の各部位の名称を記述する際には混乱を招きやすくなる。

210　la chierica. 本来は「聖職者の剃髪」を意味する。

211　SENATVS POPVLVS QVE ROMANVS / IMPERATO. CÆSARI DIVI NERVÆ. F. NERVÆ / TRAIANO AVG. GERM. DACICO PONTIF. / MAXIMO TRIB. POT. X̄V̄ĪĪ. IMP. V̄Ī. COS. V̄Ī. PP. / AD DECLARANDVM QVANTÆ ALTITVDINIS / MONS ET LOCVS TANTVM [OPER]IBVS SIT ÆGESTVS.

212　オベリスクは、古代エジプトで太陽神ラーに捧げられた記念碑である。上方へと徐々に窄まった四角柱の一本石で、頂部にはピラミディオンと呼ばれる四角錐が載る。たいていは花崗岩でつくられ、側面には王の名や神への讃辞がヒエログリフで刻まれる。しかし、ローマ帝国の支配下に置かれると、オベリスクはしばしば戦利品として略奪されるようになった。現存する古代のオベリスク三十基のうち、ローマには十三基、エジプトには七基があり、近代にはパリやロンドン、ニューヨークなどの主要都市の広場や公園にも設置されるようになった。オベリスクについては、ラビブ・ハバシュ『エジプトのオベリスク』吉村作治訳、六興出版、1985年を、ヒエログリフについては、村治笙子他『古代エジプト人の世界』岩波新書、2004年と、近藤二郎『ヒエログリフを愉しむ』集英社新書、2004年を主に参照。

213　プリニウス『博物誌』第36巻、第64項–第74項を参照。

214　紀元前10年にアウグストゥス帝によってローマに運搬された二基のオベリスクのうち一基は、カンプス・マルティウスに設置された。このオベリスクについては、後述の註220を参照。ここで説明されているのは、キルクス・マクシムスの中央分離帯に設置されたもう一基のほうである。こちらはのちに中央分離帯の東側に移設されたが、教皇シクストゥス5世によるローマの都市計画の一環として、1589年にドメニコ・フォンターナ（Domenico Fontana 1543–1607年）によってポポロ広場に移設された。この計画については、ジークフリート・ギーディオン『空間・時間・建築』太田實訳、全2巻、丸善、1969年、第1巻112–147頁のほか、T. Magnuson, *Rome in the Age of Bernini*, Stockholm, 1982-86, vol. 1, pp. 16-25を参照。このオベリスク（Obeliscus Augusti in Circo Maximo）については、E. Nash, *Pictorial Dictionary of Ancient Rome*, vol. 2, pp. 137-138を、オベリスクの運搬については、アンミアヌス・マルケリヌス『ローマ帝国の歴史』山沢孝至訳、京都大学出版会、2017年、第十七書第4章（202–213頁）を参照。また、アルベルティ『建築論』第六書第6章では、プリニウス『博物誌』やアンミアヌス・マルケリヌス『ローマ帝国の歴史』に言及され、巨石の運搬について説明されている。

215　このオベリスク（Obeliscus Vaticanus）はカリグラ帝（在位37–41年）の時代に、現在のカイロ近郊にあった古代都市ヘリオポリスから運搬され、彼のキルクス（のちのネロのキルクス）の中央分離帯に設置されたもので、当時はサン・ピエトロ大聖堂の南側にあった。1586年に教皇シクストゥス5世は、そこから大聖堂の西側正面に移動することを命じ、同年9月18日にフォンターナによって現在の場所に設置し直された。そして、このときに頂部の球体も十字架に変更された。D. Fontana, *Della trasportatione dell'obelisco Vaticano et delle fabriche di Nostro Signore Papa Sisto V*, Roma, 1991を参照。このオベリスクについては、E. Nash, *Pictorial Dictionary of Ancient Rome*, vol. 2, pp. 161-162を参照。ペルッツィによるこのオベリスクとキルクス・マクシムスのオベリスクの素描（U 631A*v*）については、A. Bartoli, *op. cit.*, vol. 2, fig. 319を参照。

216 　赤色の花崗岩でつくられている。

217 　DIVO CÆSARI. DIVI IVLII. F. AVGVSTO. TI. / CÆSARI. DIVI AVGVSTI. F. AVGVSTO SACRVM.

218 　サン・ロッコ聖堂の創設は1499年と比較的遅く、隣接する病院の礼拝堂として1509年頃に建てられた。現在の古代神殿風のファサードは、1834年にジュゼッペ・ヴァラディエール（Giuseppe Valadier 1762−1839年）の設計によって着工されたもので、ヴェネツィアのサン・ジョルジョ・マッジョーレ聖堂の影響が見られる。

219 　アウグストゥス帝の墓廟正面にはかつて二基のオベリスクがあり、それらはともに1527年よりも少し前にサン・ロッコ聖堂の付近で発見された。Andrea Fulvio, *Antiquitates Urbis*, Roma, 1527, Liber IV, fol. 71*v*を参照。セルリオが描いた一方のオベリスクは、現在のリペッタ通りの聖堂正面に寝かされて放置されたままであったが、1586年に教皇シクストゥス5世の命令でエスクイリーノ広場（Piazza dell'Esquilino）へと移設され、フォンターナによってサンタ・マリア・マッジョーレ聖堂アプシスの正面に建て直された。もう一方のオベリスクはサン・ロッコ聖堂の背後に埋められたが、1782年に発掘されて、クイリナーレ広場に建て直された。これらのオベリスク（Obelisci Mausolei Augusti）については、E. Nash, *Pictorial Dictionary of Ancient Rome*, vol. 2, pp. 155-156を参照。ペルッツィによるこれらのオベリスクの一方の素描（U 436A*v*, U 631A*v*）については、A. Bartoli, *op. cit.*, vol. 2, figs. 241, 319を参照。

220 　このオベリスク（Obelisci Augusti in Campo Martio）はプサムテク2世（在位 前595−前589年）に捧げられ、のちにアウグストゥス帝の日時計の針とされた。プリニウス『博物誌』第36巻、第63項−第73項を参照。1792年に現在のモンテチトリオ広場（Piazza di Montecitorio）に移設された。このオベリスクについては、E. Nash, *Pictorial Dictionary of Ancient Rome*, vol. 2, pp. 134-136を参照。ペルッツィによるこれらのオベリスクの一方の素描（U 631A*v*）については、A. Bartoli, *op. cit.*, vol. 2, fig. 319を参照。

221 　フラウィウス朝の円形闘技場（Amphitheatrum Flavium）、通称コロッセウムはウェスパシアヌス帝によって70年に着工され、ティトゥス帝によって80年に完成された。楕円形平面で長軸の長さは187.5m、短軸の長さは156.5mである。E. Nash, *Pictorial Dictionary of Ancient Rome*, vol. 1, pp. 17-25 を参照。セルリオはアンドレア・フルヴィオの記述に従って、パンテオンのときと同様に、この古代建築の原型はアウグストゥス帝にはじまるとみなしている。A. Fulvio, *De Urbis Romae Antiquitatibus*, Liber IV, fol. 52*v*を参照。

222 　テクストでは誤って「2ミヌート」となっている。後述の68頁では正しい寸法が記されている。

223 　in poco spatio di tempo. スパティオという言葉は、このように時間の長短にまで使用される。

224 　la piazza cioè il spatio di mezzo.

225 　li due archi il minore et il maggiore, che hanno quella apertura di sopra, erano alcuni spiracoli per dargli luce. 直訳では、「上に開口部のある大小二つのアーチは、採光用の明かり取りであった」となる。

226 　コンポジット式オーダーの最初の例として知られているのは、81年頃にローマに建てられたティトゥス帝の凱旋門であり、後述の105頁［図3−84］にも掲載されている。ハドリアヌス帝の時代（在位117−138年）以降に普及したため、ウィトルウィウスの『建築十書』には掲載されていなかったこのオーダーを、セルリオが『第四書』で五つのオーダーの一つとして体系化したことは重要であった。

227 　アルベルティ『建築論』第七書第6章では、コンポジット式は「イタリア式」と呼ばれている。また、リミニのテンピオ・マラテスティアーノのファサードでも使用している。アルベルティのコンポジット式オーダーについては、C. Syndikus, *Leon Battista Alberti: Das Bauornament*, Münster, 1996, pp. 71-89を参照。前掲註104のフィランドリエ版『ウィトルウィウス』第一版では、「コンポジット式あるいはイタリア式の一連の部位と名称」（Compositi sive Italici generis partium nomina et series.）と注解が施されている（III. p. 92）。

228 　ヴェローナとプーラの円形闘技場の立面図は、それぞれ後述の75頁［図3−55］と79頁［図3−58］に掲載されている。

229 　mescolandole.「混淆」（mescolanza）は、セルリオの建築書におけるキーワードの一つであり、とりわけ『第四書』ではオーダーの組み合わせに関する議論が頻出する。

230 　エンタブラチュアについては、アーキトレーヴやフリーズ、コローナがドーリス式ではないように、柱礎についても同様である。

231 　テクストでは誤って「第三層」となっているが、実際には「第四層」を指しており、第三層に関する議論

は省略されている。

232　テクストでは誤って「第8章」となっている。

233　このような布製のテントの折り畳みは、船の帆と同じ原理であることから、ミセヌムの艦隊から派遣された水兵が操作していた。そして、コロッセオの外周に設置された石柱に綱が結びつけられ、構造全体が地面に固定されていたことが、現在の遺跡からも読みとれる。ニームやオランジュでも使用されたことについては、F. Sear, *Roman Architecture*, London, 1982, pp. 143-144 fig. 83 を参照。

234　『第四書』65頁裏面（本書324-325頁）を参照。

235　ウィトルウィウス『建築十書』第五書第6章第6節を参照。

236　柱頭や柱礎、エンタブラチュアなどの詳細図を同一の四面に並べて表現する方法は、コロッセウムと同様にヴェローナやプーラの円形闘技場立面図［図3-55,58］でも採用されている。こうした表現法には、ジュリアーノ・ダ・サンガッロの『バルベリーニ手稿』(Cod. Barb. Lat. 4424, ff. 9v, 10r) の影響が見られる。C. Brothers, *Giuliano da Sangallo and the Ruins of Rome*, pp. 162-163 を参照。なお、ペルッツィによる同様の立・断面図（U 480A）については、前掲註61のA. Bartoli, *op. cit.*, vol. 2, fig. 286や、前掲註60の *Baldassare Peruzzi: Pittura, scena e architettura nel Cinquecento*, p. 415を参照。

237　この市門は17世紀以降、付近で発掘された神殿との関係からウェヌス門（Porta Venere）［図10］と呼ばれている。スペッロとその市門については、前掲註6の *Enciclopedia dell'arte antica, classica e orientale*, vol. 5, p. 263a , vol. 7, pp. 438b-439a を参照。市門の塔は部外者の出入りと商売を点検するための施設である。アウグストゥスの時代や帝政期に建てられた同様の市門は、オスティアやミラノにもあった。ペルッツィによるこの市門の素描（U 634Av）については、A. Bartoli, *op. cit.*, vol. 2, fig. 316や、前掲註104のM. Rosci & A. M. Brizio, *Il trattato di architettura di Sebastiano Serlio*, p. 17を参照。

図10　ウェヌス門、スペッロ

238　この頁に登場するのは実際には「当代のピエーデ」であり、「古代のピエーデ」は99頁［図3-77］に掲載されている。

239　オルランドという名前からは、ルドヴィーコ・アリオスト『狂えるオルランド』が想起される。というのも、アリオストのパトロンはフェッラーラの枢機卿イッポーリト・デステ（Ippolito d'Este 1479-1520年）であり、セルリオはフランス移住後に彼の甥イッポーリト2世（1509-72年）の邸宅をフォンテーヌブローに設計しているからである。芸術のパトロンとしてのイッポーリト2世・デステについては、*Ippolito d'Este: cardinale, principe, mecenate*, ed. by M. Cogotti & F. P. Fiore, Roma, 2013を主に参照。

240　ヴェローナのアレーナは100年頃に建設された。*Enciclopedia dell'arte antica, classica e orientale*, vol. 1, p. 383b, 581a, vol. 6, pp. 959aを参照。ジョヴァンニ・カロートによるこの木版画は、引き続きトレッロ・サライーナの『ヴェローナ市の起源と発展について』(Torello Sarayna, *De origine et amplitudine civitatis Veronae*, Verona, 1540, fols. 11r-16r) でも使用された。この書では読者への注意喚起として、セルリオが実際にヴェローナを訪れず、他人が描いた不正確な古代建築の図面をそのまま使用したと批判されている。フィランドリエによる批判については、註104のほか、前掲註4のS. Serlio, ed. by V. Hart & P. Hicks, vol. 1, p. xxix も参照。

241　ペルッツィによるアレーナの平面図（Biblioteca Ariostea Comunale, Ferrara MS. Classe I, n. 217）と断面図（U 605A）については、前掲註61のH. Burns, "Peruzzi Drawings in Ferrara" を参照。

242　第一版では誤って頁番号がアラビア数字で階段席に記されていた。

243　模擬海戦については、ロイ・ストロング『ルネサンスの祝祭：王権と芸術』星和彦訳、平凡社、1987年、下巻、98-100頁を参照。

244　セルリオの時代に現存していた古代の橋は、ピエトラ橋（Ponte della Pietra）のみであるが、その南隣に

は古代のポストゥミア橋（Pons Postumia）がかつて存在し、ヴェローナを東西に横断するポストゥミア街道とつながっていた。さらに南にあるヌオーヴォ橋は、1529年にミケーレ・サンミケーリ（Michele Sanmicheli 1487頃–1559年）の設計で架設されたため、セルリオも知っていたと思われるが、現在の鉄筋コンクリート造の橋は1946年に架設されたものである。古代ローマの橋については、C. O'Connor, *Roman Bridges*, Cambridge, 1993を主に参照。

245　前掲註6の *Enciclopedia dell'arte antica, classica e orientale*, vol. 1, pp. 383b, 581a, vol. 6, pp. 959aを参照。

246　註123を参照。

247　古代ローマのノメンターノ橋（Pons Nomentanus）は552年に再建された。

248　ペルッツィによる素描（U 1699A）については、A. Bartoli, *op. cit.*, vol. 2, fig. 301を参照。

249　ペルッツィによる素描（U 633Ar）については、*ibid.*, fig. 318を参照。サン・マルコ聖堂は、336年に教皇マルクス（在位 336年1月–10月）によって創建され、現在は15世紀のパラッツォ・ヴェネツィアに包摂されている。

250　ペルッツィによる素描（U 633Av）については、A. Bartoli, *op. cit.*, vol. 2, fig. 317を参照。カプラニカ広場（Piazza Capranica）は、モンテチトリオ広場とパンテオンとのあいだに位置する。この場所にはハドリアヌス帝が義母のサロニナ・マティディアを神格化して捧げたマティディア神殿（Templum Matidiae）があったと推定される。前掲註6のE. Nash, *Pictorial Dictionary of Ancient Rome*, vol. 2, p. 36を参照。

251　『第四書』第9章63頁おもて面［図4–107］のY印の柱礎を参照。

252　プーラの円形闘技場は、おそらくアウグストゥス帝によって1世紀初めに建てられ、79年頃からウェスパシアヌス帝のもとで現在の状態に改築された。前掲註6の *Enciclopedia dell'arte antica, classica e orientale*, vol. 6, p. 263a-bを参照。しかし、中世には内部で使用されていたイストリア石が全面的に取り外され、その大半はヴェネツィアへと運搬された。

253　l'ala.　一般には「翼」という意味で用いられ、『第四書』第8章54頁おもて面［図4–93］の聖堂ファサードでは両脇の四分円の部材を指す。

254　第一版と第二版の図にはP、Q、Iが記されていない。

255　69頁［図3–51］のコロッセウムの詳細と比較されたい。

256　ゴシック様式のことであり、『第五書』30頁裏面（本書423頁）でも言及されている。このドイツ様式は、ラファエロの「教皇レオ10世宛書簡」や、ヴァザーリ『美術家列伝』の序文でも批判されている。セルリオのゴシック様式の評価については、M. N. Rosenfeld, "Sebastiano Serlio's Late Style in the Avery Library Version of the Sixth Book on Domestic Architecture," *Journal of the Society of Architectural Historians*, vol. 28, 1969, p. 170; Idem, *Sebastiano Serlio: On Domestic Architecture*, New York, 1978, pp. 66-68; M. Carpo, "The Architectural Principles of Temperate Classicism. Merchant Dwellings in Sebastiano Serlio's Sixth Book", *Res*, vol. 22, 1993, pp. 135-151を参照。ルネサンスにおけるゴシックに対する一般的な見方としては、R. Bernheimer, "Gothic Survival and Revival in Bologna", *Art Bulletin*, vol. 36, 1954, pp. 263-284や、アーウィン・パノフスキー『視覚芸術の意味』中森義宗他訳、岩崎美術社、1971年、173–226頁を参照。

257　これらの古代の彫像は長いあいだ「調教師」や「ディオスクロイ」、「アレクサンドロスとブケパロス」などと呼ばれ、クイリナリスの丘（現在のクイリナーレ広場）は中世やルネサンス期にはモンテ・カヴァッロ（馬の丘）と呼ばれた。D. Coffin, *The Villa in the Life of Renaissance Rome*, Princeton, N. J., 1979, pp. 181-213や、*Enciclopedia dell'arte antica, classica e orientale*, vol. 2, p. 444を参照。フェイディアス（前5世紀）とプラクシテレス（前4世紀）は、ともに古代ギリシアの有名な彫刻家であり、それぞれの台座にOPVS FIDIAEと OPVS PRAXITELISの碑文が刻まれている。ディオスクロイや、その他のルネサンスにおける古代彫刻の収集と受容については、F. Haskell & N. Penny, *Taste and the Antique*, New Haven, 1981, pp. 136-141 cat. no. 3; P. P. Bober & R. Rubinstein, *Renaissance Artists and Antique Sculpture: A Handbook of Sources*, Oxford, 1986, pp. 158-160 cat. no. 120; L. Barkan, *Unearthing the Past: Archaeology and Aesthetics in the Making of Renaissance Culture*, New Haven, 1999, pp. 113-115, 124-125を主に参照。前者二つには、作品ごとのカタログも掲載されている。また、次の文献では15世紀を中心としたローマにおける古代彫刻の収集が対象とされ、アルベリーニ家からデッラ・ヴァッレ家までの名家ごとのカタログも掲載されている。ディオスクロイについては、K. Wren Chritian, *Empire without End: Antiquities Collections in Renaissance Rome, c. 1350-1527*, New Haven, 2010, pp. 37-63, in part. 57-58を参照。

258　この建物はのちに建てられたパラッツォ・コロンナ（Palazzo Colonna）と教皇庁立グレゴリアン大学（Pontificia Università Gregoriana）とのあいだに挟まれて、現在はわずかな痕跡しかとどめていない。この建物には宮殿のみならず、神殿としてもさまざまな名称があり、16世紀初期には太陽神殿（Templum Solis）と呼ばれることが多かった。たとえば、A. Fulvio, *De Urbis Romae Antiquitatibus*, Liber II, fols. 22*v*-23*r*を参照。パラッツォ・コロンナについては、L. Finocchi Ghersi, "Le residenze dei Colonna ai Santi Apostoli", in *Alle origini della nuova Roma: Martino V*, ed. by M. Chiabò, Roma, 1992, pp. 61-75を参照。また、後述のナイルとテヴェレの河神像との関係からしばしばセラピス神殿（Templum Serapis）ともみなされ、実際に1962年刊行のE. Nash, *Pictorial Dictionary of Ancient Rome*, vol. 2, pp. 376-383でも、「セラピス神殿」という項目で掲載されている。しかし現在は捧げられた神々の名称が確定したため、近年の地名事典の類では、「ヘラクレス・ディオニュソス神殿」という項目で掲載されるようになった。L. Richardson, *A New Topographical Dictionary of Ancient Rome*, Baltimore, 1992, p. 361; *Lexicon topographicum urbis Romae*, ed. by E. M. Steinby, 6 vols, Roma, 1993, vol. 3, pp. 25-26を参照。なお、パラーディオはこの神殿をユピテル神殿とみなしていた。パラーディオ『建築四書』第四書第12章を参照。

259　フランチェスコ・ダ・サンガッロ（U 1681A）やジュリアーノ・ダ・サンガッロ、ペルッツィによる素描が残されている。ペルッツィによる階段の平面図と断面図（U 564A）やコーニス詳細図（U 444A*v*）については、それぞれA. Bartoli, *op. cit.*, vol. 2, figs. 304, 225を参照。

260　ベルヴェデーレの中庭に展示されたナイルとテヴェレの河神像は、カンプス・マルティウスのイシス・セラピス神殿から出土したもので、前者は現在もヴァティカン美術館にあるが、後者はルーヴル美術館にある。それぞれF. Haskell & N. Penny, *Taste and the Antique*, pp. 272-273 cat. no. 65 & pp. 310-311 cat. no. 79を参照。モンテカヴァッロに存在していたナイルとテヴェレ（実際にはティグリス）の河神像は、現在はカンピドーリオ広場に面したパラッツォ・セナトリオの正面階段に設置されている。前掲註6のE. Nash, *Pictorial Dictionary of Ancient Rome*, vol. 2, pp. 446-447や、前掲註257のP. P. Bober & R. Rubinstein, *Renaissance Artists and Antique Sculpture*, pp. 99-10 nos. 64-67を参照。

261　テクストでは「ロッジャを除き」（senza le loggie）となっているが、図では明らかにF印のコリント式円柱の上にペディメントが載せられ、ロッジャが形成されている。

262　角柱の場合はその上のアーキトレーヴの角と一致するが、円柱の場合は支えられない隙間が生じることを意味する。アーチが円柱で支えられる場合については、『第四書』第6章28頁裏面（本書273頁）を参照。

263　テクストではこの箇所と以降は「フリーズ」（fregio）となっているが、X印のフリーズは平らに仕上げられているので、ここではその下部を指している。

264　テクストでは、「3ブラッチョと1/8」となっているが、図とは明らかに一致しない。

265　cornicione. 正確には「大きなコーニス」となるが、ここでは文脈から「エンタブラチュア」（corniciamento）を指していると読みとれる。

266　テクストでは誤って「高さ」となっている。『第四書』第6章26頁裏面（本書270頁）を参照。

267　セプティゾニウム（Septizonium）は、203年頃にセプティミウス・セウェルス帝によってパラティヌスの丘南側に三層構成の列柱廊として建てられた。コロッセウムと同様にオーダーの積み重ねが用いられた例として、ルネサンスの建築家にはしばしば手本とされたが、1588–89年に教皇シクストゥス5世によって破壊された。E. Nash, *Pictorial Dictionary of Ancient Rome*, vol. 2, pp. 302-305を参照。

268　部材の転用については多くの研究があるが、スポリア（スポリア）の概念についてはD. Kinney, "The Concept of Spolia", in *A Companion to Medieval Art: Romanesque and Gothic in Northern Europe*, ed. by C. Rudolph, Oxford, 2006, pp. 233–52を主に参照。また、次の邦語文献では特にリノベーションとの関係からスポリアにも言及されている。伊藤喜彦他『リノベーションから見る西洋建築史』彰国社、2020年。

269　マニエラ（maniera）はルネサンス美術史における頻出用語の一つであり、セルリオの建築書『第四書』の題名では、オーダーという意味で使用されている。

270　ウィトルウィウス『建築十書』第五書第6章第6節を参照。

271　アリストテレス『ニコマコス倫理学』第二巻第7章、第四巻第3章によれば、矜持（メガロプシュキア）とは哲学者としての指導者にとって究極の美徳の一つである。アリストテレス『ニコマコス倫理学』髙田三郎訳、全2巻、岩

波文庫、1971–73年を参照。ここでセルリオが述べている「寛大さ」や「度量の大きさ」（grandezza dell' animo）の概念については、『第三書』や『第四書』の「著者から読者諸氏へ」を参照。アルベルティはプラトンの『国家』に倣って、国の政体を魂の性質になぞらえて分類した。アルベルティ『建築論』第四書第1章を参照。

272　*Enciclopedia dell'arte antica, classica e orientale*, vol. 1, pp. 479a, 685b, vol. 3, p. 738b, vol. 5, p. 792b, vol. 7, p. 508bを参照。

273　六角形の建築は多くはないが、セルリオが知っていた建築としては、他にもヴェネツィアのサン・ミケーレ・イン・イーゾラ聖堂ファサードに隣接するエミリアーニ礼拝堂［図56参照］が挙げられる。

274　註92でも述べたように、おそらくネルウァ帝のフォルムのミネルウァ神殿を指している。この神殿には装飾が豊かに施されていたが、パウルス5世によって破壊された。M. Rosci & A. M. Brizio, *Il trattato di architettura di Sebastiano Serlio*, pp. 17-18 n. 18を参照。この立面図はペルッツィの図面（U 632A）に基づいているが、ペルッツィによる別の素描（U 398Av）も残されている。それぞれA. Bartoli, *op. cit.*, vol. 2, figs. 317, 212を参照。この立面図の神殿はかつてアウグストゥス帝のフォルムのマルス・ウルトル神殿とも考えられていたが、円柱とその背後の壁面に対応する付柱の存在により、ネルウァ帝のフォルムのミネルウァ神殿であることが確認されている。

275　コンポジット式柱頭の両端の渦巻きがペガサスに置き換えられた形式である。『第四書』第9章63頁おもて面［図4-107］を参照。

276　第一版と第二版では頁の順番が逆になっている。

277　セルリオはここでローマ橋の平面図は省略し、立面図のみを示している。しかし、川の流れに対面する正面側には、一般に扶壁のような水切り石が突出することから、86頁［図3-64, 65］では正面側、87頁［図3-66, 67］では背面側が描かれていることがわかる。

278　すでに403年にホノリウス帝（在位393–423年）がローマの市壁に組み込むことで要塞化されたが、13世紀に教皇ニコラウス3世（在位1277–80年）がヴァティカン宮殿と結ぶ通路を設けたことで、教皇庁の要塞としての性格が決定づけられた。ここでは教皇アレクサンデル6世（在位1492–1503年）による要塞の近代化を指していると思われ、1527年のローマ劫掠における包囲戦でその防御力を発揮した。

279　アエリウス橋（Pons Aelius）のこと。この橋はハドリアヌス帝によって134年に建てられた。E. Nash, *Pictorial Dictionary of Ancient Rome*, vol. 2, pp. 178-181を参照。ペルッツィによるこの橋の素描（U 590A）については、A. Bartoli, *op. cit.*, vol. 2, fig. 328を参照。

280　タルペイウス橋（Pons Tarpeius）、別名ファブリキウス橋（Pons Fabricius）は、ティベリーナ島とテヴェレ川左岸のカンプス・マルティウスを結ぶ橋で、現在名は後者のイタリア語読みのファブリチョ橋（Ponte Fabricio）である。現存最古の古代ローマの石造アーチ橋で、紀元前62年に道路長官ルキウス・ファブリキウスによって架設された。クアットロ・カーピ橋（Ponte dei Quattro Capi）という名称は、ブロンズでできた欄干の両端に四面の頭部を持つヘルメス柱が四本建てられていたことに由来する。E. Nash, *Pictorial Dictionary of Ancient Rome*, vol. 2, pp. 189-190や、前掲註6の*Enciclopedia dell'arte antica, classica e orientale*, vol. 6, p. 805 fig. 924を参照。

281　アエミリウス橋（Pons Aemilius）のことで、かつてはフォルム・ボアリウムとトラステヴェレを結んでいた古代ローマの石造アーチ橋。テヴェレ川に架けられた最初の石造の橋で、橋脚は紀元前179年にまで遡り、アーチは紀元前142年に監察官マルクス・フルウィウス・ノビリオルとマルクス・アエミリウス・レピドゥスによって建設された。しかし、ローマ帝国崩壊後は何度も洪水で被害を受け、1598年以降、橋としての役割は放棄された。現在はテヴェレ川の中州にアーチが一つ残るのみであることから「壊れた橋」という意味で、ポンテ・ロット（Ponte Rotto）と呼ばれる。パラティーノ橋（Ponte Palatino）という名称については、現在はアエミリウス橋の南隣に1887年に架設された新しい橋を指す。また、サンタ・マリア橋（Ponte Santa Maria）という名称は、この橋に建てられた小さな礼拝堂に描かれていた聖母像に由来する。一方、シスト橋（Ponte Sisto）という名称については、現在はカンプス・マルティウスのペッティナーリ通り（Via dei Pettinari）とトラステヴェレのトリルッサ広場（Piazza Trilussa）を結ぶ別の橋を指す。この橋は教皇シクストゥス4世（在位1471–84年）がバッチョ・ポンテッリ（Baccio Pontelli 1450頃–92年）に命じて、1473年から1479年に架設させたもので、中世初期に破壊された古代ローマのアントニヌス

橋（Pons Antoninus）の基礎部分を再利用してつくられた。E. Nash, *Pictorial Dictionary of Ancient Rome*, vol. 2, pp. 182-183 を参照。

282　ミルウィウス橋（Pons Milvius）またはムルウィウス橋（Pons Mulvius）は、109年に監察官マルクス・アエミリウス・スカウルスによって架設された。フラミニア街道をつなぐ橋として、ローマ市北の主要口にあたる。14世紀からはモッレ橋とも呼ばれるようになった。E. Nash, *Pictorial Dictionary of Ancient Rome*, vol. 2, pp. 191-192 を参照。

283　Fra l'altre Therme che sono in Roma. 古代ローマの浴場は複合施設であるにもかかわらず、セルリオの説明が簡略化されているのは、浴場の各施設を再現することよりも、むしろ別の用途に応用することを重視していたためだろう。実際に後述の90頁［図3–69］のGは冷浴室（フリギダリウム）に相当するが、マクセンティウスのバシリカとも似ており、マントヴァのサンタンドレア聖堂やサン・ピエトロ大聖堂などの大規模な宗教建築にしばしば応用された。前掲註138の飛ヶ谷潤一郎『盛期ルネサンスの古代建築の解釈』157–177頁を参照。

284　カラカラ帝の浴場（Thermae Antoninianae）は212–216年に建設された。E. Nash, *Pictorial Dictionary of Ancient Rome*, vol. 2, pp. 434-441 や、*Enciclopedia dell'arte antica, classica e orientale*, vol. 1, p. 546a, vol. 2, p. 125a, vol. 3, p. 438b, vol. 6, pp. 792a, 841b, vol. 7, p. 718b を参照。ペルッツィによる素描（U 476Ar）については、A. Bartoli, *op. cit.*, vol. 2, fig. 315 を参照。

285　la piazza B. C. 広場Bと広場Cが二つあるのではなく、長さがBからCまでの巨大な広場が一つあるという意味である。

286　帝政期の複合施設としての大公衆浴場はテルマエと呼ばれ、浴場（terme）と浴室（bagni）は区別される。一方、共和政期の公衆浴場は単一の用途であったため、両者はいずれもバルネアと呼ばれていた。両者の違いについては、I. Nielsen, *Thermae et Balnea: The Architecture and Cultural History of Roman Public Bathes*, 2 vols, Aarhus, 1990 を参照。

287　このD印の建物は、次頁の平面図を見るとどの部分を指しているのかがわかるが、第一版の全体平面図には印が示されていなかった。

288　このG印の建物は、次頁の平面図を見るとどの部分を指しているのかがわかるが、第一版の全体平面図には印が示されていなかった。

289　ティトゥス帝の浴場（Thermae Titi）はオッピウスの丘に80年頃に建設された。セルリオの復元平面図が現在の遺構やパラーディオの復元平面図とは幾分異なっているのは、おそらく誤ってコンスタンティヌス帝の浴場（Thermae Constantinianae）の遺構をもとに制作したためだろう。H. Dittscheid, "Serlio, Roma e Vitruvio", in *Sebastiano Serlio*, ed. by C. Thoenes, pp. 132-148, in part. p. 141 を参照。ティトゥス帝の浴場の浴場については、E. Nash, *Pictorial Dictionary of Ancient Rome*, vol. 2, pp. 469-471 や、*Enciclopedia dell'arte antica, classica e orientale*, vol. 1, p. 478a, vol. 3, p. 438b, vol. 4, pp. 791a, 841a, 907b を参照。一方コンスタンティヌス帝の浴場については、E. Nash, *Pictorial Dictionary of Ancient Rome*, vol. 2, pp. 442-447 を参照。

290　第二版から「後で110頁」と付記されたが、テクストでは誤って「前の90頁」となっている。

291　なぜここだけがパルモではなく、ピエーデとなっているのかは不明である。

292　この貯水槽は、ティトゥス帝の浴場完成から約20年後に建てられた大規模なトラヤヌス帝の浴場の一部であり、ペルッツィによる円形平面の迷宮の素描（U 477Av）の隣に小さく描かれている。A. Bartoli, *op. cit.*, vol. 2, fig. 322 を参照。

293　ギザのピラミッドの一つである。プリニウス『博物誌』第36巻第76項、第78項–第82項を参照。

294　ヴェネツィアの名門貴族マルコ・グリマーニ（Marco Grimani 1494–1544年）は、統領アントニオ・グリマーニ（Antonio Grimani 在位1521–23年）の甥で、枢機卿ドメニコ・グリマーニ（Domenico Grimani 1461–1523年）の甥でもある。マルコは1527年のローマ劫掠直前にローマに滞在していたため、セルリオとはそのときに出会ったにちがいない。マルコは1529年に兄のマリーノ（Marino Grimani 1488頃–1546年）からアクイレイア総大主教の地位を受け継ぎ、エルサレムには1531年と1534年に二度訪れている。マルコの古代遺物への関心は、おそらくおじのドメニコの影響によるものであり、彼が1523年に亡くなるときに、収集していた古代ローマの彫刻を遺贈された。これらは現在ヴェネツィアのパラッツォ・グリマー

219

ニ美術館に所蔵されている。グリマーニ家とアクイレイア総大主教については、P. J. Laven, "The *Casa Grimani* and its Political Overtones", *Journal of Religious History*, vol. 4, 1966-67, pp. 184-205 を参照。セルリオの建築書『第八書』におけるセルリオとグリマーニの会話については、A. Jelmini, *Sebastiano Serlio*, pp. 51-52 を参照。「現在は枢機卿」という一文は第二版以降に加筆された。

295 『第四書』第9章66頁裏面（本書328頁）を参照。

296 エジプトのピラミッドよりは明らかに急勾配に描かれていて、ローマのカイウス・ケスティウスのピラミッドなどが参考にされたと思われる。

297 英語版の註では、スフィンクスである可能性が指摘されている。前掲註4のS. Serlio, ed. by V. Hart & P. Hicks, vol. 1, p. 442 n. 236 を参照。スフィンクスは本来エジプト神話の聖獣であり、王家の象徴としてピラミッドのそばにもしばしば設置された。また、スフィンクスは非常に古くからギリシア神話にも取り入れられたが、むしろ怪物として扱われた。

298 セルリオによる以下の記述によれば、これはイスラエル王の墓の一つを表しているという。ただし、これがエルサレム南東端の古代都市の墓であるのか、あるいはケデロンの谷のモニュメンタルな墓（この場所にはヨシャファトやアブサロム、ゼカリヤなどの墓がある）であるのかは定かでない。

299 ディオクレティアヌスの共同皇帝であるマクシミアヌスによって298年に着工され、305–306年頃に両者の名のもとに献じられた。前掲註6のE. Nash, *Pictorial Dictionary of Ancient Rome*, vol. 2, pp. 448-453 や、*Enciclopedia dell'arte antica, classica e orientale*, vol. 1, pp. 478a, 587b, vol. 2, pp. 125a, 976b, vol. 3, p. 438a-b を参照。ペルッツィによるこの浴場の素描として、左半分の全体平面図（U 476A*v*）、中央部の詳細平面図（U 622A）、周辺部の詳細平面図（U 574A）が残されている。それぞれA. Bartoli, *op. cit.*, vol. 2, figs. 316, 307, 287 を参照。

300 di buona grandezza.

301 これは紀元前5世紀初期にアテナイのアゴラに建てられたブーレウテリオン（会議所）と考えられ、セルリオが取り上げた唯一のギリシア建築である。G. L. Hersey, *Pythagorean Palaces*, Ithaca, N. Y., 1976, pp. 57-58 を参照。ジェルミニによれば、このテクストはパウサニアス『ギリシア案内記』（I, xviii, 9）におけるハドリアヌスの図書館に関する記述を参照したものであるという。パウサニアスのテクストには記されていないが、この図書館もブーレウテリオンと同様に百本の円柱で構成されている。A. Jelmini, *Sebastiano Serlio*, p. 35、およびパウサニアス『ギリシア案内記』馬場恵二訳、岩波文庫、1991–92年、上巻、88–89頁を参照。

302 セルリオは、おそらくブラマンテによるサン・ピエトロ大聖堂計画に刺激されて、『第四書』では聖堂の四隅にオベリスクを設置した図面を掲載している。『第四書』第8章58頁おもて面［図4–100］を参照。

303 『第四書』第6章30頁裏面（本書273–274頁）を参照。

304 古代ローマ期にはしばしば円柱の再利用が行われた。たとえば、未完であったアテナイのユピテル神殿からスッラが円柱を運搬し、カピトリヌスの丘の神殿で使用したことをプリニウスは記録している。プリニウス『博物誌』第36巻第45項を参照。既存の円柱を何らかの状況に適合させることは、セルリオが『第四書』15頁裏面（本書255–256頁）や44頁裏面（本書297頁）などで助言している問題の一つである。パンテオンの円柱に関する問題については、前掲註31のP. Davies *et al.*, "The Pantheon", pp. 133-135 を参照。

305 凱旋門を含めた古代ローマの記念門については、渡辺道治『古代ローマの記念門』中央公論美術出版、1997年を参照。

306 un portico, come un ridutto di mercanti. このヤヌスの四面門（Janus Quadrifrons）はフォルム・ボアリウムで営業していた銀行家のための建物であったと考えられ、そのそばには108頁（本書160–162頁）で後述されるアルジェンターリ門が現存している。

307 ヤヌスの四面門は、フォルム・ボアリウムの地下を通過するクロアカ・マクシマの上にあり、4世紀前半に建設された。E. Nash, *Pictorial Dictionary of Ancient Rome*, vol. 1, pp. 504-505 を参照。ペルッツィによるこの門の素描（U 565A*r*）については、A. Bartoli, *op. cit.*, vol. 2, fig. 290 を参照。

308 後述のティトゥス帝の凱旋門でもアーチの高さが幅の二倍になっている。

309 ルネサンスの測量器全般については、M. Kemp, *The Science of Art*, New Haven, 1990, pp. 167 ff. を参照。

310 ティトゥス帝の凱旋門は、パラティヌスの丘とオッピウスの丘の境界となるウィア・サクラの頂上に81

年に建設された。ウィア・サクラはフォルム・ロマーヌムの目抜き通りにあたり、伝統的に凱旋式のルートであった。この凱旋門は、コンポジット式オーダーの最初の例として知られている。E. Nash, *Pictorial Dictionary of Ancient Rome*, vol. 1, pp. 133-135や、*Enciclopedia dell'arte antica, classica e orientale*, vol. 6, pp. 826a-b, 828a-bを参照。ペルッツィによる寸法入り立面図（U 532A*r*, U 478A*r*）については、それぞれA. Bartoli, *op. cit.*, vol. 2, figs. 281, 319を参照。

311 テクストでは誤って、「110頁」となっている。

312 『第四書』第9章61頁裏面（本書320–321頁）を参照。円柱の柱礎を基準とした場合、テクストに記載されている台座の高さや柱頭の高さは、明らかに図版とは一致しない。

313 epitaffio. 現在は、エピタフィオの両脇に屋階が連続する形で復元されている［図44参照］。

314 屋階東面の碑文は次のように刻まれている。

SENATVS / POPVLVSQVE ROMANVS / DIVO TITO DIVI VESPA / SIANI. F. VESPASIANO / AVGVSTO.

315 実際に「神君ティトゥス」という神格化が表現されている。

316 ペルッツィによるエンタブラチュアの素描（U 381A, U 393A*v*）については、それぞれA. Bartoli, *op. cit.*, vol. 2, figs. 195, 196を参照。

317 ペルッツィによるこの凱旋門の碑文（U 539A*v*）については、A. Bartoli, *op. cit.*, vol. 2, fig. 276を参照。

318 『第三書』14頁（本書102頁）と『第四書』第8章48頁裏面（本書304頁）を参照。

319 この聖堂はローマの歴史の始まりの場所に建てられたという。なぜならローマの建国伝説によれば、牝狼がロムルスとレムスの双子を見つけたのはこの近くだからである。

320 アルジェンターリ門（Arcus Argentariorum）は204年に建てられ、セプティミウス・セウェルス帝に捧げられた。ボアリオ門（Arco Boario）とも呼ばれる。E. Nash, *Pictorial Dictionary of Ancient Rome*, vol. 1, pp. 88-91や、*Enciclopedia dell'arte antica, classica e orientale*, vol. 6, pp. 829b, 830a-bを参照。ペルッツィによるこの門の寸法入りの図面（U 442A*r*, U 565A*r*）については、それぞれA. Bartoli, *op. cit.*, vol. 2, figs. 265, 290を参照。

321 第一版と第二版では「15個」となっている。

322 「饅頭繰形」とも訳されるが、一般にはエキーヌスと呼ばれる。

323 セプティミウス・セウェルス帝の凱旋門は、カピトリヌスの丘下のフォルム・ロマーヌム西端に203年に建設された。E. Nash, *Pictorial Dictionary of Ancient Rome*, vol. 1, pp. 126-130や、*Enciclopedia dell'arte antica, classica e orientale*, vol. 6, pp. 828b, 829a-bを参照。ペルッツィによる寸法入り立面図（U 487A*r*, U 630A）については、それぞれA. Bartoli, *op. cit.*, vol. 2, figs. 232, 299を参照。

324 110頁の平面図に関する説明では、2パルモ30ミヌートと記されていた。

325 屋階の碑文は両面とも同じで、次のように刻まれている。

IMP. CÆS. LVCIO SEPTIMIO M. FIL. SEVERO PIO PERTINACI AVG. / PATRI PATRIAE PARTHICO ARABICO ET PARTHICO ADIABENICO / PONTIFIC. MAX. TRIBVNIC. POTEST. XI IMP. XI COS. III PRO / COS. ET IMP. CÆS. M. AVRELIO L. FIL. ANTONINO AVG. / PIO FELICI TRIBVNIC. POTEST. VI COS. PROCOS. *P. P.* / *OPTIMIS FORTISSIMISQVE PRINCIPIBVS* / OB REM PVBLICAM RESTITVTAM IMPERIVMQVE POPVLI ROMANI PRO- / PAGATVM INSIGNIBVS VIRTVTIBVS EORVM DOMI FORISQ. S. P. Q. R.

ただし、イタリック部分はカラカラ帝の弟で共同皇帝であったゲタが暗殺されたのちに、記 憶 の 破 壊 として書き換えられたもので、元の文は「ルキウスの息子ププリウス・セプティミウス・ゲタ、いとも高貴なカエサルに」（P. SEPTIMIO L. F. GETAE NOB. CAES.）であった。

326 la qual base ha un zocco sotto, oltra il suo plintho. 一般にゾッコとプリンスは同じ形状の部材であるが、前者は柱礎の下に設置され、後者は柱礎の一番下の部材となり、それぞれ「台石」と「礎盤」と訳し分けた。ペルッツィによるこの柱礎の素描（U 487A*v*）については、それぞれA. Bartoli, *op. cit.*, vol. 2, fig. 233を参照。

327 ウィトルウィウス『建築十書』第三書第5章第10節を参照。

328 テクストでは「フリーズ」という言葉が抜け落ちている。

329 sotto in su. 透視図法の分野における頻出語句の一つであり、「仰視法」と翻訳される。

330 トスカーナ式のペデスタルに関する記述については、『第四書』第5章8頁おもて面（本書247–248頁）を参照。

331 la qual cornice ha de la scima, cioè del mozzo. 直訳では、「このコーニスはシーマを備えていて、すなわち〔アーチを〕切断している」となる。

332 第一版と第二版のテクストでは「もし」という言葉が抜け落ちている。

333 ベネヴェントのトラヤヌス帝の凱旋門は、115年にダマスカスのアポロドロスの設計で建設された。*Enciclopedia dell'arte antica, classica e orientale*, vol. 3, p. 814a-b, vol. 6, pp. 305b, 589aを参照。ペルッツィによる寸法入り立面図（U 487A*r*, U 630A）については、それぞれA. Bartoli, *op. cit.*, vol. 2, figs. 232, 299を参照。

334 ベネヴェントがローマとナポリとのあいだに位置することを意味し、実際に古代ローマ建築の他にも、ランゴバルド王国時代（568–774年）のサンタ・ソフィア聖堂が残されている。

335 当代のブラッチョについては、同じ頁で「1オンチャは5ミヌートにあたる」と後述されているので、「1ブラッチョ10オンチャ6ミヌート」という値は異例であり、「1ブラッチョ11オンチャ1ミヌート」となるはずである。同様に、後述の台座正味の高さも「2ブラッチョ11オンチャ1ミヌート」となる。

336 屋階の碑文は両面とも同じで、次のように刻まれている。
　　IMP. CÆSAR. DIVI NERVÆ FILIO / NERVÆ TRAIANO OPTIMO AVG. / GERMANICO〔DACICO〕PONTIF. MAX. TRIB. / POTEST. XVIII IMP. VII COS. VI P. P. / FORTISSIMO PRINCIPI S. P. Q. R.

337 belli membri di corniciamenti. ここでのコルニチャメントはエンタブラチュアではなく、台座の上下部分を指す。

338 テクストでは誤って「72頁」となっている。

339 ウィトルウィウス『建築十書』第三書第5章第11節では次のように記述されている。「キューマティウムを含めたコローナの高さは、シーマを除いて、エピステュリウム中段のファスキアと同じ高さに」（Corona cum suo cymatio, praeter simam, quantum media fascia epistylii.）。

340 註318を参照。

341 14頁（本書102–103頁）を参照。

342 トラージ門とは「通り抜ける門」という意味で、312–15年に建設されたコンスタンティヌス帝の凱旋門（Arcus Constantini）を指す。ただし、彫刻や浮彫装飾はトラヤヌスやハドリアヌス、マルクス・アウレリウスの時代の建築から転用された。この凱旋門については、E. Nash, *Pictorial Dictionary of Ancient Rome*, vol. 1, pp. 104-112や、*Enciclopedia dell'arte antica, classica e orientale*, vol. 6, pp. 830b, 987, fig. 1084を、日本語文献としては、フェデリコ・ゼーリ『ローマの遺産〈コンスタンティヌス凱旋門〉を読む』大橋喜之訳、八坂書房、2010年を主に参照。この凱旋門におけるハドリアヌスの円形浮彫（Tondi Adrianei）については、M. Taliaferro Boatwright, *Hadrian and the City of Rome*, Princeton, N. J., 1987, pp. 190-202を、ペルッツィによるこの凱旋門の平面図（U 487A*r*）については、A. Bartoli, *op. cit.*, vol. 2, fig. 232を参照。

343 ここでは高さを定めるための比例関係が誤って使用されている。

344 テクストでは誤って「90頁」となっている。

345 テクストでは誤って「ピエーデ」となっている。

346 屋階の碑文は両面とも同じで、次のように刻まれている。
　　IMP. CÆS. FL. CONSTANTINO MAX. P. F. AVGVSTO S. P. Q. R. / QVOD INSTINCTV DIVINITATIS MENTIS MAGNITVDINE CVM EXER- / CITV SVO TAM DE TYRANNO, QVAM DE OMNI EIVS FACTIONE VNO TEMPORE IVSTIS REM PVBLICAM VLTVS EST ARMIS ARCVM / TRIVMPHIS INSIGNEM DICAVIT.

347 i corniciamenti particulari. 註337を参照。

348 これらの円柱はおそらく転用材（スポリア）で、高さが不十分であった。

349 セルリオによるマルケルス劇場の称讃については、46頁（本書120頁）を参照。

350 註329を参照。

351 註330を参照。

第三書　註

352　イオニア式については、ウィトルウィウス『建築十書』第三書第5章第11節、ドーリス式については、第四書第3章第6節を参照。

353　アドリア海を指す。

354　アンコーナのトラヤヌス帝の凱旋門は、115年にダマスカスのアポロドロスによって建設された。*Enciclopedia dell'arte antica, classica e orientale*, vol. 1, pp. 354b, 355a fig. 497を参照。この凱旋門については、前掲註3のJ. Onians, *Bearers of Meanings*, p. 277を参照。

355　テクストでは誤って「102頁」となっている。

356　ここでは高さを定めるための比例関係が誤って使用されている。

357　『第四書』第8章49頁裏面［図4–84］を参照。

358　テクストでは文末の「高さ」（in altezza）が余分である。

359　屋階の碑文は両面とも同じで、左側から順に次のように刻まれている。

　　　PLOTINÆ / AVG. / CONIVGI AVG.
　　　IMP. CÆSARI DIVI NERVÆ F. NERVÆ / TRAIANO OPTIMO AVG. GERMANIC. / DACICO PONT. MAX. TRI. POT. XVIII IMP. IX / COS. VI. P. P. PROVIDENTISSIMO PRINCIPI. / S. P. Q. R. QVOD ACCESSVM / ITALIÆ HOC ETIAM ADDITO EX PECVNIA SVA / PORTV TVTIOREM NAVIGANTIBVS REDDIDERIT.
　　　DIVÆ / MARCIANÆ / AVG. / SORORI AVG.

360　anzi per essere adornato d'una operetta intorno, la quale divide quello del plintho de la base, che è Corinthia pura.

361　「3ピエーデ15ミヌート半」とすでに記されていた。

362　i canali de la colonna, che son fuori del vivo. 直訳では「柱身の外にある溝」となるが、フルートは柱身断面の畦ではなく、溝を指す。

363　ウィトルウィウス『建築十書』第四書第1章第11節を参照。セルリオはこのことを128頁（本書174頁）でも議論している。

364　e'l spacio, dove sono scritte le lettere.

365　テクストでは誤って「103頁」となっている。

366　un'arco triomphale di opera Corinthia. セルギウス家の記念門（Arco dei Sergi）は、アクティウムの戦いに参加し、のちに前27年に制圧された第29軍団司令官であったルキウス・セルギウス・レピドゥスとその親族を記念して、妻サルヴィア・ポストゥマが自費で建てたもので、建設年代は前25–前10年とされている。屋階の中央にはルキウス・セルギウス・レピドゥスの像、両側にはその親族の像が設置されていたと考えられる。*Enciclopedia dell'arte antica, classica e orientale*, vol. 6, p. 263a figs. 271, 274を参照。前述のプーラの劇場については50–53頁（本書123–125頁）を、円形闘技場については77–79頁（本書140–142頁）を参照。

367　ne le grossezze interior. 凱旋門内側の壁面を指す。

368　spatio che non sia intagliato.

369　la grossezza dei pilastri per fianco ne la parte interiore. ピラストロは一般には角柱や付柱を指すが、ここではおおむねペデスタル（台座）に相当する。ただしこの凱旋門の平面図を見ると、内側以外の三面には円柱ないしは半円柱が突出しており、それらの部分がペデスタルと区別されている。

370　キューマティウムよりも下にあるコーニス上部を指す。ウィトルウィウス『建築十書』第三書第5章第11節では、コーニス自体は頂冠帯と呼ばれる。

371　SALVIA. POSTVMA. SERGI. DE SVA PECVNIA.

372　屋階の碑文は両面とも同じで、左側から順に次のように刻まれている。

　　　L. SERGIVS C. F. / AED. II. VIR.
　　　L. SERGIVS F. LEPIDVS AED. / TRIB. MIL. LEG. XXIX.
　　　C. SERGIVS C. F. / AED. II. VIR. QVINQ.

373　ペデスタルの基部はアストラガルを備えたシーマの形態をとるが、新たに考案された。

374　ウィトルウィウス『建築十書』第四書第1章第1節を参照。

375　一例として、124頁（本書171頁）を参照。
376　ここでは人体と円柱との関係が暗示されている。
377　ウィトルウィウス『建築十書』第四書第1章第9節によれば、コリント式柱頭の形態と比例関係は、ある乙女が好んで所持していた、果物ではなく金の盃を詰めた籠に基づいているという。しかし、もしコリント式オーダーがウィトルウィウスの述べるような「乙女の優雅さ」を表現するものであるなら、柱頭は頭部を表すという意味が込められている。『第四書』第8章47頁裏面（本書302頁）を参照。コリント式オーダーの神話については、J. Rykwert, "The Corinthian Order", in Idem, *The Necessity of Artifice*, London, 1982, pp. 32-42を参照。
378　il decoro. デコル（デコールム）は「適正」や「ふさわしさ」を意味し、『第四書』の「著者から読者諸氏へ」でも説明されているように（本書242–243頁）、宗教建築の場合は捧げられる神々や聖人などの性質に対応したオーダーの選択として適用される。同様に住宅建築の場合も、家主の地位などに対応してオーダーが選択される。セルリオの建築書全般における重要語句の一つであり、リチェンティア（licentia）の対概念にあたる。デコルについては、ウィトルウィウス『建築十書』第一書第2章第5節–第7節を参照。
379　un basamento, che fa tre piedestali. 一般の凱旋門の場合、ここには碑文の刻まれる屋階が設置される。
380　註370を参照。
381　ヴェローナのガウィウス家の門は、ガウィウス家を称えて1世紀に建設されたが、1805年にナポレオンによって取り壊され、1932年に再建された。*Enciclopedia dell'arte antica, classica e orientale*, vol. 1, p. 595a, vol. 5, p. 196b, vol. 7, p. 1143aを参照。ペルッツィによるこの凱旋門の平面図（U 478A*r*）については、A. Bartoli, *op. cit.*, vol. 2, fig. 319を参照。ジョヴァンニ・カロートによるこの門の木版画については、T. Sarayna, *De origine et amplitudine civitatis Veronae*, fols. 20*v*-22*r*を参照。
382　古代劇場に関しては、ウィトルウィウス『建築十書』第五書第6章第6節を参照。
383　正方形二つ分の比例関係を指す。
384　カステルヴェッキオは、ヴェローナの君主であるカングランデ2世デッラ・スカーラ（1332–59年）により、古代の城塞の跡地にアーディジェ川に架かる橋とともに、1354年に着工された。1957–73年にカルロ・スカルパ（1906–78年）が修復を手がけ、現在は市立美術館となっている。後述の記念門はこの城の東側に位置する。
385　テクストでは「凱旋門」となっているが、正確にはこの記念門は凱旋門ではない。
386　この門の建築家については、前掲註61のH. Burns, "Peruzzi Drawings in Ferrara", p. 258 n. 33を参照。アントニオ・ダ・サンガッロとジョバンニ・バッティスタ・ダ・サンガッロはともに、ウィトルウィウスがこの門を設計したと考えている。それぞれU 815AとU 1382Aを参照。
387　註318を参照。
388　Queste lettere sono sotto il tabernacolo nel piedestalo. 直訳したが、右側の碑文の説明と同じ意味。
389　C. GAVIO. C. F. STRABONI.
390　L. VITRVVIVS. L. L. CERDO ARCHITECTVS.
391　M. GAVIO. C. F. MACRO.
392　註370を参照。
393　14頁（本書102頁）を参照。
394　テクストでは「学問的」（scientifico）となっている。
395　レオーニ門（Porta dei Leoni）はローマ時代の市門の一つであり、紀元前1世紀に建設され、紀元後1世紀に改修された。*Enciclopedia dell'arte antica, classica e orientale*, vol. 5, p. 263a-b, vol. 7, p. 1143bを参照。この門の名称は、門の外側にある墓地で二頭のライオンが横たわる古代の墓碑の蓋［図11］が見つかったことに由来する。この蓋は今でも、ナー

図11　古代の墓碑の蓋、ヴェローナ

224

ヴィ橋 (Ponte delle Navi) の近くに建てられたウンベルト1世の記念碑の裏側に存在している。E. Buchi, "Porta Leoni e la fondazione di Verona romana", *Museum Patavinum*, vol. 5, n. 2, 1987, pp. 13-45を参照。ジョヴァンニ・カロートによるこの門の木版画については、T. Sarayna, *De origine et amplitudine civitatis Veronae*, fols. 30v-31rを参照。

396　註370を参照。

397　この門では、共和政時代の煉瓦造による構造体と、帝政時代の石造による構造体とのあいだに隙間が残されていることが今でも確認できる [図12]。前者の構造体中央のスパンドレルには、次の碑文が刻まれた銘板があり、市壁と門、下水道をつくったヴェローナの四人組行政官（ウァレリウス、カエキリウス、セルウィリウス、コルネリウス）の名が刻まれた銘板が発見されている。この銘板は後述のセルリオの立面図 [図3-109] にも確認できるが、碑文までは記されていない

　　P. VALERIVS P. [F.] / Q. CAECILIVS [Q. F.] / Q. SERVILI VS [F.] / P. CORNELIVS [F.] / IIII VIR MVRVM PORTA[S] / CLVACAS D. D. [FECERVNT] / P. VALERIVS P. [F.] / Q. CAELILIVS Q. [F. PROBARVNT].

図12　レオーニ門側面に見られる隙間、ヴェローナ

398　実際には左側のアーキトレーヴに、T[itus] Flavius P[ubli] F[ilius] Noricus IIII vir i[ure] d[icundo]までの碑文が刻まれている。これはこの門の装飾を依頼したヴェローナの四人組行政官（quattuorviri）の一人で、ノリクム属州出身のプブリウスの息子ティトゥス・フラウィウスを示している。ただし以降の碑文は、前述の石棺の蓋に刻まれたものであって、内容的にもレオーニ門と直接の関係はない。

　　クイントゥス・ルキウスの生存中に、その長女ガウィアは生存中に自分自身のために、奴隷または私の解放奴隷であるポリクリトゥスのために、そして元気なルキウス・カルプルニウスのためにこれを造れり。V[iva] f[ecit] Gavia [vivi] Q[uinti] L[ucii] [filia] prima sibi, et Policlito sive servo, sive liberto meo, et L[ucio] Calpurnio vegeto.

　　なお、サライーナも述べているように、BAVIAはGAVIAとなっている。T. Sarayna, *De origine et amplitudine civitatis Veronae*, fol. 46vを参照。

399　第一版では誤って「138頁」となっている。

400　歯飾りと軒持送りを同じコーニスに設置する誤りについては、註318を参照。

401　第一版では誤って「135頁」となっている。

402　14頁（本書102頁）を参照。

403　この門は煉瓦造であることがわかるが、セルリオの第一版と第二版では誤って第一層の上にあるポディウムにC印が記されている。この門はジョヴァンニ・カロートの木版画にも登場する。T. Sarayna, *De origine et amplitudine civitatis Veronae*, fols. 32v-33rを参照。

404　この図ではC印の位置は誤った箇所に記されているが、次頁の図 [図3-110] では正しい。

405　『第四書』第6章19頁おもて面（本書260頁）を参照。

406　註369を参照。

407　ここでは中央部にのみ描かれているように、胸像を支える柱礎の下方が先細りとなること。他には『第四書』扉絵（本書236頁）にも示されている。

408　ムトゥルスのこと。

409　ボルサリ門（Porta dei Borsari）は碑文の265年よりも前に建設された [図22参照]。この門については、*Enciclopedia dell'arte antica, classica e orientale*, vol. 6, p. 263b, vol. 7, pp. 1143b-1144a fig. 1276を参照。ピーテル・クック・ファン・アールストはフラマン語の海賊版『第三書』（アントウェルペン、1546年）の巻末で、この門の図をジョヴァンニ・カロートの木版画から写して、エジプトの古代建築の代わりに示

した。T. Sarayna, *De origine et amplitudine civitatis Veronae*, fols. 24*v*-25*r*を参照。この図面はロベルト・ピークによって、この版の英語訳である1611年版でも再び使用された。前掲註4のS. Serlio, ed. by V. Hart & P. Hicks, vol. 1, p. xxxiiiを参照。

410 セルリオにとって図面は、建築を視覚化できる重要な手段の一つであり、文献に精通していない建築家にも理解できる建築書を著すことが主な目的でもあった。

411 サン・ピエトロ大聖堂ドーム計画とテンピエットの図面については、それぞれ39-40頁［図3-32, 33］と41-44頁［図3-34, 35, 36, 37］を参照。

412 教皇ユリウス2世の依頼によりブラマンテが設計したヴァティカン宮殿ベルヴェデーレの上部中庭は、1505年に着工された。J. S. Ackerman, "The Belvedere as a Classical Villa", in *Distance Points*, Cambridge, Mass., 1991, pp. 325-359; A. Bruschi, *Bramante architetto*, pp. 291-434; D. Coffin, *The Villa in the Life of Renaissance Rome*, p. 85を参照。

413 la qual cosa torna gratiosa, e la corona viene ad essere più forte. ここでは美しさと強さを兼ね備えている点が強調されている。

414 diversi accidenti. これは『第七書』のテーマとして扱われる。

415 di queste resalti, o lasene. ここでのlaseneはレゼーネ（lesene）と思われるが、柱頭などを伴わない簡略化された付柱や柱型を指し、円柱を角柱や付柱に変形したピラストロ（pilastro）とは区別される。

416 65頁裏面（本書322-323頁）を参照。

417 同じくヴァティカン宮殿ベルヴェデーレの下部中庭を指す。1520年頃のこの素描と関連するものとして、作者不詳の素描（U 1735A）が挙げられる。前掲註104のM. Rosci & A. M. Brizio, *Il trattato di architettura di Sebastiano Serlio*, pp. 20-21を参照。

418 ペルッツィを指す。

419 これらの補強部分は1535-41年に煉瓦でつくられた。J. S. Ackerman, "The Belvedere as a Classical Villa", p. 330を参照。アントニオ・ダ・サンガッロ工房に由来する1541年頃のこの素描については、U 1355AとU 1408Aを参照。

420 ウィトルウィウス『建築十書』第六書第8章第10節を参照。建築家と施工者との違いについては、アルベルティ『建築論』序文を参照。建築家の工事現場での役割については、『第四書』第11章69頁裏面（本書330頁）と70頁裏面（本書332頁）で言及されている。

421 ウィトルウィウス『建築十書』第五書第6章第6節を参照。

422 テクストでは「上に」となっている。

423 部位の名称としては「軒持送り」であるが、ドーリス式の場合は平らな形状をとり、コリント式の場合の渦巻型とは区別される。

424 図3-113では右上の詳細図で描き忘れたが、左の立面図で描いたことを意味する。

425 una planicie. ここでは小さな半円形の床面を指す。

426 una planicie molto grande. ここではベルヴェデーレの彫像の中庭を指す。J. S. Ackerman, "The Belvedere as a Classical Villa"; D. Coffin, *The Villa in the Life of Renaissance Rome*, pp. 82-85を参照。

427 《ラオコーン像》の作者は、プリニウス『博物誌』第36巻第37項によれば、ロドス島のハゲサンドロス、ポリュドロス、アテノドロスの三人であるという。制作年代は前40-前20年頃と考えられ、当時のオリジナル作品とみなされている。《ラオコーン像》が有名になったのは、1506年のドムス・アウレアにおける発見以降である。この発掘の現場にはミケランジェロやジュリアーノ・ダ・サンガッロも立ち会い、ルネサンスの芸術家に大きな影響を与えた。《ラオコーン像》は教皇ユリウス2世が入手し、ベルヴェデーレの中庭に移設された。1799年のナポレオン侵攻によりルーヴル美術館に移送されたが、ナポレオン没落後の1816年に返還されて現在もヴァティカン美術館にある。F. Haskell & N. Penny, *Taste and the Antique*, pp. 243-247 cat. no. 72; P. P. Bober & R. Rubinstein, *Renaissance Artists and Antique Sculpture*, pp. 151-155 cat. no. 122; L. Barkan, *Unearthing the Past*, pp. 2-11を参照。なお、ラオコーンについては膨大な研究があるが、古代とルネサンス以降の両面については、サルヴァトーレ・セッティス『ラオコーン：名声と様式』芳賀京子・日向太郎訳、三元社、2006年が最も充実している。

428 有名な《ベルヴェデーレのアポロ》のことである。大理石製のこの彫像は、かつては紀元前4世紀の古代ギ

リシアのブロンズ像をローマ時代に模刻したものと考えられていたが、現在はハドリアヌス帝の時代のオリジナル作品とみなされている。《アポロ》が発見されたのは1489年であり、枢機卿ジュリアーノ・デッラ・ローヴェレが所有していたが、ベルヴェデーレの中庭に移設されたのは、彼が教皇ユリウス2世として選出されてからである。F. Haskell & N. Penny, *Taste and the Antique*, pp. 148-151 cat. no. 8; D. Brown, "The Apollo Belvedere and the Garden of Giuliano della Rovere at SS. Apostoli", *Journal of the Warburg and Courtauld Institutes*, vol. 49, 1986, pp. 235–238; P. P. Bober & R. Rubinstein, *Renaissance Artists and Antique Sculpture*, pp. 71-72 cat. no. 28を参照。

429　註260を参照。

430　この臥像は、紀元前2世紀のヘレニズム時代のペルガモン派のブロンズ像を、2世紀のローマ時代に忠実に模刻したものと考えられる。蛇の腕輪をしていることから、18世紀のヴィンケルマンもクレオパトラとみなしていたが、実際には「眠るアリアドネ」を表している。発見された場所と時代は不明であるが、1512年に教皇ユリウス2世がベルヴェデーレの中庭北東隅の噴水彫刻として設置するために購入した。F. Haskell & N. Penny, *Taste and the Antique*, pp. 184-187 cat. no. 24; P. P. Bober & R. Rubinstein, *Renaissance Artists and Antique Sculpture*, pp. 78-79 cat. no. 79; L. Barkan, *Unearthing the Past*, pp. 233-248を参照。

431　1509年にサンタ・クローチェ・イン・ジェルザレンメ聖堂の近くで発見され、ベルヴェデーレの中庭に移設されたウェヌス・フェリックス（Venus Felix）と思われる。プラクシテレス作のクニドスのアフロディーテが手本にされているが、左手に持った衣服のそばにあった壺はエロスに変更されている。F. Haskell & N. Penny, *Taste and the Antique*, pp. 323-325 cat. no.87; P. P. Bober & R. Rubinstein, *Renaissance Artists and Antique Sculpture*, pp. 61-62 cat. no. 16を参照。

432　このトルソは、かつてはヘラクレスと呼ばれてきたが、現在はテラモンの息子で自殺しようと考えているアイアースとみなされている。また、台座の前面には「アテナイ人ネストルの息子アポロニオス」とギリシア語碑文が刻まれているが、紀元前2世紀初頭のブロンズ像のオリジナル作品を紀元前1世紀に模刻したものと考えられる。このトルソは、1430年代には芸術のパトロンとして名高いモンテカヴァッロの枢機卿プロスペロ・コロンナ（Prospero Colonna 1410頃–63年）が所有していたことが知られている。しかし、ベルヴェデーレの中庭に移設されたのは1530年代と考えられ、セルリオもここで列挙した彫刻群の最後に記している。F. Haskell & N. Penny, *Taste and the Antique*, pp. 311-314 cat. no. 80; P. P. Bober & R. Rubinstein, *Renaissance Artists and Antique Sculpture*, pp. 166-168 cat. no. 132; L. Barkan, *Unearthing the Past*, pp. 189-197を参照。

433　il diritto. 実際には透視図で表現されていて、壁面と床面がともに描かれている。しかし、両側のピアのあいだのニッチについては、セルリオのいつもの表現とは異なり床面が描かれていない。

434　142頁の立面図［図3–111］を指す。ただし、ニッチの上のパネルのプロポーションは異なっている。

435　この螺旋階段は、1511年に彫像の中庭に直接アプローチできる円形の階段の背後に建てられた。A. Bruschi, *Bramante architetto*, pp. 417-434を参照。

436　テクストでは、実際の建物には含まれていないコリント式が誤って加えられている。この螺旋階段は、進行する順序に従って建築オーダーを垂直方向に積み重ねた、古代以来の最初の例である。前掲註3のJ. Onians, *Bearers of Meanings*, p. 229-231を参照。

437　テクストではトスカーナ式が省略されて、コリント式が誤って加えられている。

438　この螺旋階段は、ヴァザーリ『美術家列伝』でも大いに称讃されているが、ドーリス式、イオニア式、コリント式と誤って説明されている。ヴァザーリ「ブラマンテ」『美術家列伝』第3巻、88頁を参照。

439　ヴィッラ・マダマは、1516年に枢機卿ジュリオ・デ・メディチ（のちの教皇クレメンス7世）のために建てられた。モンテ・マリオにおけるラファエロの仕事は、『第四書』第5章10頁おもて面（本書250頁）でも言及されている。このヴィッラの建築については、D. Coffin, *The Villa in the Life of Renaissance Rome*, pp. 245-257; G. Dewez, *Villa Madama: A memoir relating to Raphael's project*, London, 1993; Y. Elet, *Architectural Invention in Renaissance Rome: Artists, humanists, and the planning of Raphael's Villa Madama*, Cambridge, 2017などを参照。ただし、内部装飾はラファエロの死後に弟子たちによって描かれたものであるため、ヴァザーリも「ラファエッロ・ダ・ウルビーノ伝」ではその建築についてしか言及していない。ヴァザーリ「ラファエッロ・ダ・ウルビーノ」越川倫明・深田麻里亜訳『美術家列伝』第3巻、

186頁を参照。

440 現存する建物では、円形中庭の北半分のみが建てられた時点で工事は中断された。

441 tribuna tonda.

442 ラファエロの弟子ジョヴァンニ・ナンニ（Giovanni Nanni 1487頃–1564年）を指す。ジョルジョ・ヴァザーリ「ジョヴァンニ・ダ・ウーディネ」深田麻里亜訳『美術家列伝』森田義之他監修、中央公論美術出版、2017年、第5巻、289–307頁を参照。この作品については、D. Coffin, *The Villa in the Life of Renaissance Rome*, pp. 249-252を参照。グロテスク装飾については、『第四書』第11章70頁おもて面（本書332頁）を参照。

443 ジュリオ・ロマーノ（Giulio Romano 1499-1546年）はラファエロの弟子で、1514年にヴァティカンでともに仕事をした。ヴァザーリが称讃しているこのポリュフェモスの壁画は、ロッジャ北東側壁面ルネッタに見られるが、保存状態は悪い。それぞれヴァザーリ「ジュリオ・ロマーノ」越川倫明・深田麻里亜訳『美術家列伝』第4巻、194–196頁と、深田麻里亜『ヴィラ・マダマのロッジャ装飾』中央公論美術出版、2015年、196–213頁を参照。ジュリオは1524年にマントヴァに移住したのちも、パラッツォ・テで同様の題材による壁画を描いており、セルリオも『第四書』第5章13頁裏面（本書253頁）でパラッツォ・テに言及している。建築家ジュリオ・ロマーノとパラッツォ・テについては、それぞれE. H. Gombrich *et al.*, *Giulio Romano*, Milano, 1989とU. Bazzotti, *Palazzo Te: Giulio Romano's Masterwork in Mantua*, London, 2013を主に参照。

444 クレメンス7世（在位1532–34年）はジュリアーノ・デ・メディチの息子である。

445 第一版と第二版では、実際の平面図に従っている。立面図［図3–117］は次頁の詳細図の下に掲載されている。

446 ne la figura qui avanti. 149頁［図3–117］では上にロッジャ内部の詳細図、下に立面図が描かれていて、テクストは記されていない。なお、148頁の平面図［図3–116］でもピアの表現は簡略化されている。

447 gentilissime creanze.

448 当時はカラブリア公で、のちにナポリ王となったアルフォンソ2世（Alfonso II 在位1494–95年）を指す。彼は軍人であるとともに、人文主義者のジョヴァンニ・ポンターノ（Giovanni Pontano 1426–1503年）を家庭教師として学んだ芸術のパトロンでもあった。しかし、1495年にフランス王シャルル8世（在位1483–98年）がナポリ王国の継承権を主張してナポリに攻めてきたために、アルフォンソ2世は王位を息子のフェルディナンド2世（在位1495–96年）に譲り、シチリアに逃れたのちに亡くなった。

449 ロレンツォ・デ・メディチの助言に基づいて、1487年にジュリアーノ・ダ・マイアーノ（Giuliano da Maiano 1432–90年）が設計したが、19世紀に取り壊された。建設に携わった建築家としては、他にもフランチェスコ・ディ・ジョルジョやフラ・ジョコンドが挙げられる。この案は、1509–11年にペルッツィがローマのヴィラ・ファルネジーナで活用し、1541–50年にセルリオがアントワーヌ・ド・クレルモン＝トンネールのために設計したブルゴーニュ地方のアンシー゠ル゠フランの城館にも直接の影響を及ぼした。後者については、ミュンヘン手稿の『第六書』（fols. 16*v*-17*r*）にも図面が掲載されている。セルリオによるポッジョレアーレ平面図については、D. Coffin, *The Villa in the Life of Renaissance Rome*, pp. 44-45のほか、G. L. Hersey, *Alfonso II and the Artistic Renewal of Naples 1485-1495*, New Haven, 1969, Idem, "Poggioreale: Notes on a reconstruction, and an early replication", *Architectura*, vol. 1, 1973, pp. 13-21; P. Modesti, *Le delizie ritrovate: Poggioreale e la villa del Rinascimento nella Napoli Aragonese*, Firenze, 2014などを参照。

450 15世紀末から16世紀半ばにかけて、イタリアを戦場として行われたフランスと神聖ローマ帝国との戦争を指す。イタリア戦争の発端は前述のシャルル8世によるナポリ遠征であるが、セルリオにとっては1527年のローマ劫掠のほうが記憶に新しかっただろう。もっともセルリオによれば、ローマ劫掠はローマを解放するために生じたというが、彼が当時この都市にいたことはオリヴァートが疑問視している。L. Olivato, "Con il Serlio tra i 'dilettanti di architettura' veneziani della prima metà del Cinquecento. Il ruolo di Marcantonio Michiel", in *Les traités d'architecture de la Renaissance*, ed. by J. Guillaume, Paris, 1988, pp. 247-254を参照。ローマ劫掠については、アンドレ・シャステル『ローマ劫掠：一五二七年、聖都の悲劇』越川倫明他訳、筑摩書房、2006年が基本文献である。

第三書　註

451　平面図では角にはそれぞれ三つの部屋しか描かれていないが、一階と二階を合わせれば六つとなる。

452　ペルッツィ（U 614A）とレオナルド（Cod. Atlantico 231r-b）による同様の平面図については、前掲註104のM. Rosci & A. M. Brizio, *Il trattato di architettura di Sebastiano Serlio*, p. 22を参照。

453　i luoghi di villa.

454　madame e baroni.

455　この書簡は失われた。セルリオは『第四書』3頁（本書239頁）の「エルコレ2世への献辞」では、ミキエルを天才の一人と述べ、『第三書』155頁（本書196頁）の「読者諸氏へ」では、セルリオの擁護者の一人と評価している。セルリオとミキエルとの初期の交流や、セルリオによるポッジョレアーレ平面図がミキエルに多くを負っていることについては、L. Olivato, "Con il Serlio.... Il ruolo di Marcantonio Michiel" を参照。ミキエルのセルリオへの言及については、M. Michiel, *Notizia d'opere di disegno*, ed. by G. Frizzoni, Wien, 1884, pp. 160-161を参照。

456　この記述からは、セルリオは実際にナポリを訪れていないことが読みとれる。15世紀ナポリのルネサンス建築としては、他にもカステルヌオーヴォのアルフォンソ王の凱旋門（1443–79年）などが有名である。R. Pane, *Il Rinascimento nell'Italia meridionale*, 2 vols, Milano, 1977; D. Del Pesco, "Architettura feudale in Campania (1443-1500)", in *Storia e civiltà della Campania: Il Rinascimento e l'Età Barocca*, ed. by G. Pugliese Carratelli, Milano, 1994, pp. 91-142; A. Beyer, "Napoli", in *Storia dell'architettura italiana: Il primo Cinquecento*, ed. by F. P. Fiore, Milano, 1998, pp. 434-459; *Art and Architecture in Naples, 1266-1713: New Approaches*, ed. by C. Warr & J. Elliot, Oxford, 2010を主に参照。

457　セルリオがこの図面を加えたことについては、前掲註4のS. Serlio, ed. by V. Hart & P. Hicks, vol. 1, p. xxixを参照。

458　第一版では誤って「152頁」となっている。

459　テクストでは誤って「56頁」となっている。

460　ロッジャの積み重ねについては、『第四書』第8章55頁おもて面［図4–95］を参照。

461　un lastregato, o salegiato.

462　ストゥッコは一般に壁や天井に用いられるため、ここではおそらくモルタルを意味する。『第四書』第8章54頁裏面（本書312頁）も参照。

463　これらの部屋では十分な採光が確保できる。というのも、それらの屋根は中央広間からわずかに張り出しているだけで、第一層を取り巻くロッジャは屋根で覆われていないため、かなりの表面が必要とされるからである。

464　戦利品としての建築については、ローマでは帝政期にエジプトからいくつものオベリスクが運搬されて戦車競技場などに設置されたため、現存する大半のオベリスクはローマにある。しかし、ローマ市内の古代建築に使用されていた高価な石材は、中世以降の建築にしばしば再利用された。一方ヴェネツィアの場合は、特に1202–04年の第四回十字軍のときにコンスタンティノープルから運搬されてきたブロンズ製の四頭の馬や、紫斑岩製の四皇帝像などが有名であり、前者はサン・マルコ聖堂付属美術館に保管されている。

465　sogni e chimere.

466　エジプトに関するセルリオのテクストの大部分は、ディオドロス・シクロスの記述に従っていることがわかる。ディオドロス『神代地誌』第一巻、第47項–第52項、第61項–第66項（邦訳書：ディオドロス『神代地誌』飯尾都人訳、龍渓書舎、1999年、69–75、85–92頁）を参照。ただし、セルリオはギリシア語のテクストを翻訳することはできなかったので、ポッジョ・ブラッチョリーニ（Poggio Bracciolini 1380–1459年）によるラテン語訳（*Diodori Siculi Bibliotheca seu Historiarum priscae libri VI e graeco in Latinum traducti per Fr. Poggium*, Bologna, 1472）を参照したことは、ギリシア語原著にはないラテン語訳の「メノン作」（Mennonis opus）（f. 123*v*）などの引用文からも確認できる。エジプトの記念建造物については、プリニウス『博物誌』第36巻第64項–第70項、第75項–第89項でも言及されている。

467　ラメセス2世は古代エジプト新王国第19王朝のファラオ（在位 前1279–前1213年頃）で、オシュマンデュアスはギリシア語名である。エジプト国内では歴代ファラオの中でも稀にみる在位の長さを誇り、後述のヒッタイトとの戦いを含む数々の遠征に加えて、ラムセウムやカルナック神殿、アブ・シンベル神殿など多くの大規模な建設事業を手がけた。古代エジプトの人物については、マイケル・ライス『古代エジプト

229

人名事典』大城道則監訳、柊風舎、2022年を主に参照した。しかしながら、この事典の人名表記は最新の研究成果に基づいている反面、一般の読者にはかえってわかりにくいため、従来の表記に従った。ラムセウム、カルナック神殿、アブ・シンベル神殿神殿については、それぞれリチャード・ウィルキンソン『古代エジプト神殿大百科』内田杉彦訳、東洋書林、2002年、182–186、154–165、223–229頁を主に参照。

468 古代都市テバイ（現在名ルクソール）のナイル川西岸にラメセス2世が建てた葬祭神殿ラメセウムを指し、当時は東岸が生者の町、西岸が死者の町とみなされていた。ただし、ディオドロスの記述は、考古学調査の結果とは必ずしも対応していない。ディオドロス『神代地誌』第一巻、第47項–第52項のほか、K. H. Dannenfeldt, "Egyptian Antiquities in the Renaissance", *Studies in the Renaissance*, vol. 6, 1959, pp. 7-27 を参照。

469 ここでセルリオはブラッチョリーニのラテン語訳を誤訳している。王の墓は最も近い王家の谷から10スタディオンの距離にある、とディオドロスは述べている。

470 1ユゲルムは160ブラッチョに等しい。第一版では「CCXX」となっており、Cが一つ抜け落ちている。

471 セルリオが長さの単位としてキュービットを使用するのはきわめて稀である。キュービットは肘から中指の先までの長さで、43–53cmにあたるが、『第三書』のみならず建築書全体についてみても、ここにしか登場しない。

472 テクストでは誤って「440ブラッチョ」となっている。

473 第二中庭にあるこれらの柱は、オシリス神の彫像が角柱の前面に結合されたオシリス柱であり、一本石ではない。

474 larghe due passa. 直訳すると「二歩の幅」となるが、もともとパッススは「二歩の幅」という意味であるため、ここでは四歩の幅で約280cmとなる。

475 花崗岩でできたこの巨大な座像の高さは20m以上あったが、現在は倒壊した状態で第二中庭にある。

476 紀元前1288年のカデシュの戦いのことで、ラメセス2世のヒッタイトに対する軍事行動を指す。カデシュの戦いの浮彫は、第一塔門と第二塔門の両方に見られる。

477 quattro battaglie. 国や時代によっても異なるが、大隊（battaglione）の単位はおおむね500人から600人であり、「400万人の歩兵と2万人の騎兵」というのは明らかに誇張された数字である。おそらく全体が約2万人の軍団で、アモン、ラー、プタハ、セトと神の名がつけられた各師団が5,000人程度と考えられる。

478 ブラッチョリーニのラテン語訳では「27」（septem & viginti）となっている。

479 ディオドロスのテクストでは「音楽堂」となっていたが、一般には屋根がないことから、ブラッチョリーニのラテン語訳では「家」（domus）に変更されたのだろう。

480 テクストでは誤って「330ブラッチョ」となっている。

481 この箇所はディオドロス『神代地誌』第一巻、第48項に従っており、プルタルコスの次の著書にも同様の記述が見られる。プルタルコス『エジプト神イシスとオシリスの伝説について』柳沼重剛訳、岩波文庫、1996年、第10項を参照。

482 アルベルティはディオドロス『神代地誌』を参照して、『建築論』第七書第16章でも同様の意見を述べている。

483 la medicina del'animo. ここでの「精神」は、古代エジプトではカーにあたり、両腕を上げた姿で表現される。カーは供物を受け取り、永遠の生を育むために必須の聖なる力をつくるものであった。吉村作治編『古代エジプトを知る事典』東京堂出版、2005年、63頁を参照。

484 オシリスはイシスとともにエジプト神話における主要な神々である。冥界の神であるオシリスは、王の復活に関わる重要な神として、エジプトの墓にはしばしば彼の肖像が描かれ、名前が記されるようになった。一方、豊饒の女神であるイシスはオシリスの妹であり、配偶者でもある。のちに広まるオシリス信仰の代表的な神話については、前掲註481のプルタルコス『エジプト神イシスとオシリスの伝説について』が最古の文献であり、唯一の信頼できる典拠でもある。

485 ディオドロスのテクストでは、「環」ではなく「丸天井」となり、「幅」ではなく「厚さ」となっている。ディオドロス『神代地誌』第一巻、第49項を参照。

486 カンビュセス2世はアケメネス朝ペルシアの王（在位 前530–前522年）。前525年にエジプトを征服し、オリエント世界の統一を実現した。

第三書　註

487　モイリスとは、古代エジプト第12王朝のファラオであるアメネムヘト3世（在位 前1842–前1797年頃）を指し、ラムセス2世よりも前の時代に属する。アメネムヘト3世はダハシュールとハワラに二基のピラミッドを建てたが、一人の王が複数のピラミッドを築くのは古王国時代のスネフェル王以来のことであった。特にハワラのピラミッドの前方に建設された巨大な葬祭神殿は、ミノス王の迷宮の起源とみなされるほど有名であった。前掲註467のライス『古代エジプト人名事典』427–429頁を参照。この葬祭神殿については、ウィルキンソン『古代エジプト神殿大百科』134頁を参照。

488　メンフィス北門を指す。

489　ナイル渓谷西にあり、現在はカールーン湖（Birket el-Qârûn）と呼ばれている。

490　ここでは「周囲の長さ」を意味する。

491　ウルナはファゾムのことで、日本語では「尋」と訳され、水深の単位としてよく用いられる。ここでは1ウルナを1.8mとすれば、水深は約90mとなる。

492　セルリオは「深さ」（profonda）と訳しているが、1ブラッチョを60cmとすれば、水深は約96mとなり、運河にしては極端な深さである。実際にブラッチョリーニのラテン語訳では「幅は1ユゲルム」となっている。

493　タラントンは、古代地中海世界における重さや通貨の単位を表すが、ここでは明確に示されていない。

494　si chiamava Miride da lo autor Miris.

495　ここではメンデスとマロスは同一人物として扱われており、前述の古代エジプト王アメネムヘト3世を指す。註487を参照。

496　セルリオはディオドロスのテクストを参照しているので、ここでは「ディオドロスの時代に」という意味。

497　この迷宮は廃墟と化し、ほとんど残っていない。

498　クフ（別名ケオプス）は古王国第4王朝の古代エジプト王（在位 前2589–前2566年頃）で、自分の墓としてギザの大ピラミッドを建てたことで有名である。ライス『古代エジプト人名事典』193–194頁を参照。

499　ヘロドトス『歴史』松平千秋訳、全3巻、岩波文庫、1971年、巻二、124節を参照。

500　古代の世界七不思議としては、他にバビロンの空中庭園、エフェソスのアルテミス神殿、オリュンピアのゼウス像、ロドス島の巨像、アレクサンドリアの灯台、ハリカルナッソスの墓廟（マウソレウム）があるが、現存しているのはギザの大ピラミッドのみである。なお、これらのうちでハリカルナッソスの墓廟については、ウィトルウィウス『建築十書』第二書第8章でも詳しく説明されている。古代の世界七不思議については、ジョン・ローマー、エリザベス・ローマー『世界の七不思議』安原和見訳、河出書房新社、1997年や、I. Rodríguez-Moya & V. Mínguez, *The Seven Ancient Wonders in the Early Modern World*, London, 2019を主に参照。

501　ピラミッド頂上の平らな部分の一辺の長さを指す。

502　実際には近くの採石場から運搬された石灰岩が大半を占めているが、一部の花崗岩が東方砂漠からナイル川を経由して運搬されたと考えられる。

503　ヘロドトスによれば、古代エジプトのピラミッド労働者の食事として、野菜では大根、玉葱、大蒜などが支給されていたという。ヘロドトス『歴史』巻二、125節を参照。なお、キャベツが一般に食べられるようになったのはプトレマイオス朝以降であり、ディオドロスの時代とは矛盾しない。

504　カフラー（別名ケフレン）は古王国第4王朝の古代エジプト王（在位 前2558–前2532年頃）。前掲註467のライス『古代エジプト人名事典』185–186頁を参照。

505　メンカウラー（別名ミュケリヌス）も古王国第4王朝の古代エジプト王（在位 前2532–前2503年頃）。同書、433頁を参照。

506　ディオドロスの原著では、三人の名はそれぞれアルマイオス、アモシス、イナロス〔2世〕である。彼らは三大ピラミッドの創建者たちよりも、はるかのちの時代に属する。アルマイオスはホルエムヘブ（在位 前1324–前1295年）を指し、古代エジプト新王国第18王朝最後のファラオ。アモシスはイアフメス1世（在位 前1570–前1546年）を指し、同王朝の初代ファラオ。イナロス2世はファラオではなく、実際にはリビアの首長である。彼は当時エジプトを支配していたアケメネス朝ペルシアに対し、紀元前460年に反乱を起こしたが失敗に終わり、前454年に処刑された。

507　シャバカ（サバコ）は第25王朝初代の古代エジプト王（在位 前712–前700年頃）。

508　ヘロドトスは誤って、十二人の王（総督）が迷宮とモイリス湖をつくったと述べている。ヘロドトス『歴

史』巻二、147–150節を参照。

509 アルベルティ『建築論』第六書第3章などにも同様の記述が見られるが、セルリオがアルベルティの影響を受けたというよりも、ルネサンスの建築家に共通した価値観と考えられる。

510 以下の弁明は、『第三書』の第一版が出版されるよりも前であることがわかる。セルリオのその他の典拠に対する批判については、註104、240を参照。『第三書』と『第四書』における読者への呼びかけについては、S. Wilinski, "Sebastiano Serlio ai lettori del III e IV libro sull'Architettura", *Bollettino del Centro Internazionale di Studi di Architettura Andrea Palladio*, vol. 3, 1961, pp. 57-69を参照。

511 マエケナス（Gaius Cilnius Maecenas 前70–前8年）はアウグストゥス帝の親友で、助言者で、外交官でもあった。また、ウェルギリウスやホラティウスを支援したことから、ルネサンス期にはパトロンの鏡として称讃された。シエナの銀行家アゴスティーノ・キージ（Agostino Chigi 1466–1520年）のような富豪は、マエケナスのような人物になりたかったのだろう。

512 ガブリエーレ・ヴェンドラミン（Gabriele Vendramin 1552年没）はヴェネツィアの貴族であり、彼が所有していた家や古代の美術品は有名である。特に「骨董品展示室」(camerino delle anticaglie) は有名で、ミキエルやサンソヴィーノを含む文人や美術家などがそれを見るためにしばしば彼のもとを訪れた。ヴェンドラミンはとりわけジョルジョーネの絵画の依頼主として重要である。L. Franzoni, "Antiquari e collezionisti nel 500", in *Storia Cultura Veneta*, vol. 3, 1981, pp. 216-220; D. Battilotti & M. T. Franco, "Regesti di committenti e dei primi collezionisti di Giorgione", *Antichità viva*, vol. 17, 1978, pp. 58-86を参照。セルリオとヴェンドラミンとの関係については、M. Tafuri, *Venezia e il Rinascimento*, p. 111を参照。セルリオによるヴェンドラミンへのさらなる言及については、『第四書』3頁（本書239頁）の「エルコレ2世への献辞」を参照。

513 註455を参照。

514 アキーレ・ボッキ（Achile Bocchi 1488–1562年）は人文主義者、教師、歴史家である。1520年にパラティヌス伯となり、騎士団の一員に任命された。彼がピエリオ・ヴァレリアーノ（Pierio Valeriano 1477–1558年）と親しかったことは、ヴァレリアーノの著書『ヒエログリフィカ』（ヴェネツィア、1604年）冒頭の献辞にも記されている。いわゆる「ボッキの取り巻き」とは、新プラトン主義という洗練された宗教上の信仰心に固く結ばれた団体を指し、そのなかにはセルリオやジュリオ・カミッロ、通称デルミニオ（Giulio Camillo detto Delminio 1480–1544年）、マルカントニオ・フラミニオ（Marcantonio Flaminio 1498–1550年）、アレッサンドロ・マンズオーリ（Alessandro Manzuoli）が含まれた。ボッキはパラッツォ・ボッキの建築主であり、1546年にヴィニョーラの設計で建てられた。これがセルリオの設計や「ボッキの取り巻き」の議論に従っている可能性については、M. Tafuri, *Venezia e il Rinascimento*, pp. 99-101を参照。さらなる詳細については、A. M. Ghisalberti & F. Bartoccini, *Dizionario Biografico degli Italiani*, vol. 11, 1960, pp. 67-70; M. Tafuri, "Ipotesi sulla religiosità di Sebastiano Serlio", in *Sebastiano Serlio*, ed. by C. Thoenes, p. 62を参照。

515 アレッサンドロ・マンズオーリ（アレッサンドロ・ディ・ジャコモ・スフォルツァ）は、ボローニャにおける教皇パウルス3世の出納係で、彼の孫の家庭教師であった。前述のように、彼は「ボッキの取り巻き」やクラウディオ・トロメイのアカデミア・デッラ・ヴィルトゥの一員であった。M. Tafuri, "Ipotesi sulla religiosità di Sebastiano Serlio", p. 62を参照。

516 チェーザレ・チェザリアーノ（Cesare Cesariano 1476/78–1543年）は最初の俗語版『ウィトルウィウス』（コモ、1521年）の編訳者である。ヴァザーリ『美術家列伝』では、「ブラマンテ伝」と「ヤコポ・サンソヴィーノ伝」で言及されている。それぞれ、第3巻85頁、第6巻227頁を参照。チェザリアーノについては、J. Rykwert, "On the Oral Transmission of Architectural Theory", in *Les traités d'architecture de la Renaissance*, ed. by J. Guillaume, pp. 31-48を参照。

517 アントニオとカミッロのポルカーロ兄弟はローマの同時代人のあいだでは有名であり、ビッビエーナ枢機卿の演劇『カランドリア』（1513年）ではパロディの対象とされるほどであった。二人はバルダッサーレ・カスティリオーネ『宮廷人』にも登場する。それぞれ、カスティリオーネ『宮廷人』清水純一他訳、東海大学出版会、1987年、第二の書62章、65章を参照。

518 gran maestro de gli Architetti. ウィトルウィウスを指すが、用語としては中世の工匠長も想起させる。

第三書 註

519 ラザール・ド・バイフ（Lazare de Baïf 1547年没）は、1529–34年に駐ヴェネツィア大使を務めたフランス人である。彼は後述のロデーズ司教の後を継いだ。

520 ロデーズ司教ことジョルジュ・ダルマニャックは、1536年から駐ヴェネツィア大使を務めた。ダルマニャックの秘書はセルリオの弟子でもあったギョーム・フィランドリエである。註8も参照。

521 枢機卿ギョーム・ペリシエ・ド・モンペリエは、1539–42年に駐ヴェネツィア大使を務めたフランス人である。

522 これら三つの文章は上から順にSOLI DEO HONOR ET GLORIA / VERITASと記されており、最後のVERITAS FILIA TEMPORISはメダイヨンの縁に記されている。

523 AからVまでは後述の折丁記号である。

524 1枚重ね折りの場合は計4頁になるので、折丁記号AはA、Ai、Aii、Aiiiと続き、次頁からBが始まるが、原著ではAiとAiiiは記されていない。同様に2枚重ね折りの場合は計8頁、3枚重ね折りの場合は計12頁となる。

233

第 四 書

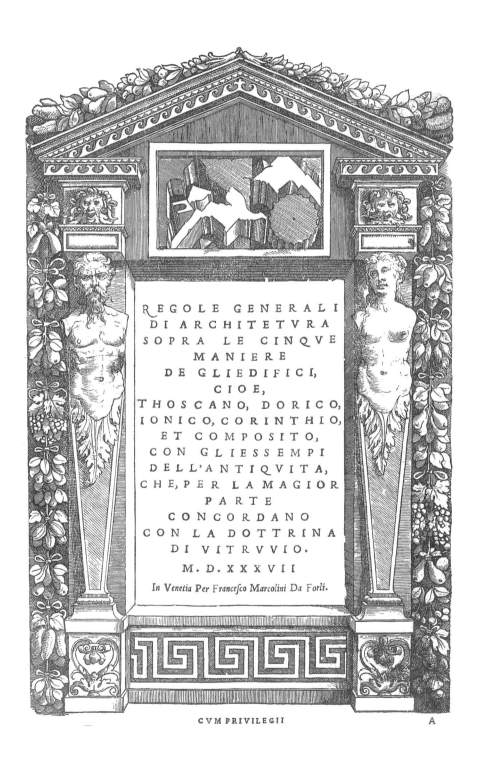

|1|

建物の五つの様式に関する建築の一般的な規則[(1)][(2)]
すなわちトスカーナ式、ドーリス式、イオニア式、コリント式、コンポジット式のことで、ウィトルウィウスの理論と一致する古代建築の多くの事例が含まれる
1537年

フランチェスコ・マルコリーニ・ダ・フォルリによりヴェネツィアで刊行[(3)]

認可証付[(4)]

|2|

ピエトロ・アレティーノ殿からフランチェスコ・マルコリーニへ[(5)]

　私の書簡集はすぐに出版されるものと期待していたのですが、そうならなかったからといって、少しも残念に思ってはいません[(6)]。貴殿には私の親友セルリオが成し遂げた分厚くて、美しく、しかも有益な建築書を出版する仕事があったために、私の期待に背いてでも〔私の書簡集の出版を〕遅らせなければなかったのでしょう。私はその建築書のあらゆる部分に目を通し、熟読してみたところ、見た目は実に優雅で、挿絵もうまく描かれていて、寸法の比例についても完璧であり、構想も明快なので、加筆や削除をすべき点[(7)]など何もない[(8)]、と断言できます。

　この著者〔セルリオ〕はつねづね遠慮がちにふるまってはいますが、作図と執筆にはかなりの精力を注ぎ込んだのですから、セルリオ自身の立場や作品の評判が貶められるようなことがあってはならず、その書を捧げるにふさわしい高貴な人物としては、フェッラーラ公エルコレ〔2世・デステ〕以外には考えられませんでした[(9)]。というのも、公爵は思慮深く裕福であり、先祖代々の申し分のない土地にお生まれになられたからです[(10)]。〔フェッラーラ市街の〕更地部分には〔彼の祖父エルコレ1世によって〕幅の広い直線道路が新設されたように[(11)]、公爵もセバスティアーノ〔・セルリオ〕の著作に掲載された瞠目すべき建築を手本[(12)]にして、必ずや実際に建ててみたくなることでしょう。建設という行為から得られる非常に大きな喜びや、快適に暮らすことで感じられる心地よさ[(13)]、便利さ[(14)]についてはさておき、さまざまな事業はあらゆる人々に益をもたらします。そして、建設に携わる者が獲得する不朽の名声は、自分自身のためだけでなく、自分の都市のためにもなります。

　立派に統治せんとする君主[(15)]は、すべからく万物の創造者を手本とすべきです。主は自ら思うがままに雛形を拵える力[(16)]をそなえておられ[(17)]、天使のためには天国を、人々のためには世界を創建されました。あたかも天空という大建造物のファサードを紋章で飾り立てるかのごとく、自然という驚くべき絵筆で塗られた広大で鮮やかな青い画面に、黄金の太陽とともに無数の星や銀の月を描き込まれたのです。この世に生まれし者は誰もが、目が見えるようになり物事をわきまえるようになると直ちに、空を見て驚き、また地を見ても驚き、これらをお創りになられた神に感謝を捧げるものです。同様に殿下のご子孫も、殿下によっ

237

て着工され完成された建物の壮麗さに感銘を受けて、自分たちの祖先の度量の大きさや先見の明を称讃することでしょう。

それゆえ、古代ローマの壮麗なる廃墟を見る者が、劇場や円形闘技場に刻み込まれた古代の人々の精神を称讃することはいうまでもありません。その驚異は、世界の支配者たちがかつてそこで生活していたことを証明しています。時の経過によって打ち捨てられてしまった〔古代の〕円柱や彫像、大理石の残骸からは、今もなお熟練性の凄まじさが確認できますが、もはやその面影が見られないとしたら、たとえ古代の作家たちが紙面上で繰り返し訴えかけてきたとしても、私もそれらを信用できたかどうかは疑問に思います。それゆえ、もし公爵殿下がボローニャ出身のこの人物〔セルリオ〕の力作を、諸手を広げてお受け取りいただけないとしたら、殿下の称号の威厳を失墜させることになるでしょう。セルリオによるウィトルウィウスの註解〔の秀逸さ〕と古代の美に関する博識は、彼の敬虔さと善良さに劣らず立派なものだからです。

1537年9月10日[20]、ヴェネツィアにて

|3|

いとも高名なる貴紳エルコレ2世、第4代フェッラーラ公爵殿下へ[21]
セバスティアーノ・セルリオ・ダ・ボローニャ

いかなる分野であれ、何らかの有用な技芸に従事する者の多くは、とりわけその技芸にたしなみのある当代の君主に自分の作品を捧げることが慣例となっています。その理由は、こうした君主に仕えてみたいという願望や敬意の現れに加えて、庇護者や支持者となってくれるかもしれないからでしょう。そこで、建築[22]という技芸に携わるこの私もそのように心を決めて、当代の建築家の末席を汚す身の程であること[23]は承知の上で、いとも高名なる貴紳であらせられる殿下に本書を献呈することにいたしました。

私はローマでは教皇パウルス3世[24]に仕え、もちろん庇護を受けてはいましたが、アントニオ・ダ・サンガッロ〔・イル・ジョーヴァネ〕[25]や、フェッラーラ出身のヤコポ・メレギーノ殿[26]には及びませんでした。サンガッロは豊かな経験を通じて、建築はもとより他の分野にも熟練しており、彼の見識の高さ[27]はローマ市内の多くの見事な建設事業が示すとおりです。とりわけ壮大で立派な教皇聖下の邸宅[28]は、パウルス3世がまだ枢機卿だったときに着工され、教皇に選出された後に完成したものです。また、メレギーノもこの〔建築という〕技芸に大層熟達していました。

私はヴェネツィアでは人々からも神からも可能なかぎりのあらゆる恩恵を享受しましたが、ヴェネツィア共和国元首アンドレア・グリッティ殿[29]は、いくら称讃されても十分でないほどです。というのも、彼が誉れ高き共和国に、以下に述べるような傑出した人々を登用したからこそ、高貴で巧みな建物でもってこの驚くべき都市がつくられたからです。それはまるで土地の性質にしたがって、神がお創りになられたかのごとく瞠目すべきものでした。アントニオ・アッボンディ[30]は、この都市で用いられている建築様式[31]にしたがっているという点で有用な人物です。ヤコポ・サンソヴィーノ[32]は有名な彫刻家であり、建築家でもあります。

ミケーレ・サンミケーリ[33]は、平和なときには快適で美しく飾り立てられた建物を設計していますが、戦争のときには軍事施設に携わる専門家としても卓越しています。彼の故郷ヴェローナがその何よりの証拠であって、この都市は彼が手がけた聖堂や住宅などの建築で美しく飾り立てられているのみならず、いとも高名なるウルビーノ公爵殿下[34]の命令で建てられたさまざまな軍事施設によって要塞化されています。

238

ウルビーノ公はこの偉大な〔ヴェネツィア〕共和国の軍事指揮官として筆頭の地位にあり、軍事というこの技術で彼に勝る人物は、いかなるキリスト教国にも見あたりません。この公爵の命令にしたがってサンミケーリは、市民の住居もそなえた難攻不落の要塞であるレニャーゴの他に、イタリア各地はもとより、イタリア以外にも多くの要塞をつくりましたが、これらについても語らなくてはならないでしょう。

騎士ティツィアーノについていえば、自然という新たな概念は彼の鮮やかな手並みによって建築の栄光とともに活性化され、建築は彼の完璧な判断という壮麗さによって飾り立てられます。ヴェットール・ファウスト殿については、私は何と申し上げたらよいでしょうか。鋭敏で洗練された知性をそなえた彼は、建築のみならず、他の学問や言語にも精通しています。このことは、教養と知性をそなえた数多くの若者たちが、博識な彼の指導によって門下から輩出されたことからも納得できます。もちろん彼は手作業も得意でして、このことは復元された五段櫂船が示すとおりです。というのも、使われなくなってから700年も経つような船を復元したことなど、誰にも信じられないかもしれませんが、それによって彼は故国に偉大な栄誉と名声をもたらしたからです。

この〔建築という〕技芸について単なる好事家のレベルではなく、高度な専門家と同じくらいに精通している、以下の錚々たる貴紳たちについても説明した方がよいでしょう。ガブリエーレ・ヴェンドラミン殿、マルカントニオ・ミキエル殿、フランチェスコ・ゼン殿、その他の多くの貴紳たちは自分自身のために役立てるにとどまらず、この〔ヴェネツィアという〕地をあまねく美しく飾り立てるためにも、勤勉な芸術家を個別に雇っています。また、自らが偉大な建築家であり、かつあらゆる建築家たちの擁護者としても偉大なアルヴィーゼ・コルナーロ殿もいます。この好例としてパドヴァにある彼の邸宅を取り囲む見事なロッジャが挙げられますが、それはこの都市を美しく飾り立てる、まさにパドヴァ全体の誇りともなっています。

私はここでフィレンツェ人アレッサンドロ・ストロッツィ殿についても語らずにはいられません。もっとも彼はここヴェネツィアに長年暮らしていたので、ヴェネツィア人というべきかもしれませんが。彼は控えめな性格であるため、多くを語ることはありませんが、この〔建築という〕技芸に精通していることには驚かされます。ヴェネツィアには彼の他にも建築の愛好家として博識の者はいますが、それでも彼は類い稀な並々ならぬ判断力を備えている、と私は断言できます。

フィレンツェにはミケランジェロ・ブオナローティがいます。彼の栄光はトスカーナ地方のみならず、ラテンの国々にまで輝き渡っています。彼の手によって生み出された絵画や彫刻は、古代の栄光をも彷彿とさせるものです。ウルビーノ公国には、私が仕えてきた比類なき君主フランチェスコ・マリア公爵殿下のもとにジローラモ・ジェンガがいます。建築というこの技芸とその他のあらゆる技芸において、ジェンガは理論と実践の両面で実にすぐれた判断力を備えています。彼は建築家であり、かつ画家でもあり、このことは彼が手がけたこの国にある数多くの高い評価を得られた作品に見られるとおりです。

また、いかなる分野の逸材に対しても資金を援助し報酬を惜しまない、寛大で実に気前のよいマントヴァ公フェデリーコ・ゴンザーガ殿下の庇護下には、まことに優れた才能をもつジュリオ・ロマーノがいます。彼は絵画と建築のいずれにおいても、神のごときラファエロ・ダ・ウルビーノの弟子にして正統な後継者です。というのも〔ジュリオの作品は〕、完璧な素描、発明の才、優美さ、構成における優れた判断力、そして正確な色彩感覚に精通した者にとって、まことに残念だったラファエロの夭折を想起させるにちがいないからです。

|**4**|またバッティスタ〔・ダ・サンガッロ〕についても、彼はすでに建設業者としてよく知られていましたが、理論と実践の両面に秀でているため、今日では建築家としても大いに称讃されています。イタリア各地には、他にも並外れた才能をもつ知性あふれる建築家がたくさんいることはいうまでもありません。もし彼らが偉大な君主のために、世界中に響き渡るほどの見事な成功を収め、大きな栄誉をもたらした重要

な事業に携わっていなかったなら、彼らがこれほど有名になることはなかったでしょう。ウィトルウィウスは『建築十書』第三書の冒頭で、このことに不満を抱き嘆いています。

それゆえ、これらの偉大な才能の持ち主のあいだに、私自身や他の者たちを位置づけるとすれば、それはあたかも光輝く多くの星のあいだの目立たない影のような存在に過ぎないのですから、殿下のご支援や後ろ盾がなければ、私に光が当てられることはなかったでしょう。というのも、光輝く太陽の本質が光線を発することによって恵みをもたらすことであるかのごとく、殿下もまた言葉に言い表せないような気前の良さを示されるからですが、私ごときは頑丈な地面の上に誇り高くそびえ立つ宮殿の高価な大理石や美しく飾り立てられた円柱の上に建てられた、まるで粗末でみすぼらしいわら葺小屋のようなものだからです。

私は殿下に申し上げます。おおエルコレ２世殿下よ、殿下は太陽の名にふさわしく、いとも高貴なるエステ家は代々、あらゆる高貴な技芸に秀でた非常に多くの人物を召しかかえてこられましたし、今もなおそうではありますが、建築もこれらの技芸のなかに含まれています。とりわけその理論に秀でた人物としては、例えばチェリオ・カルカニーニ殿が挙げられます。彼はあらゆる学問について優れた能力をそなえているのみならず、ことにこの〔建築という〕技芸に関する博識という点で彼の右に出る者はいません。ジュリアーノ・ナセッロ殿は、彼が構想した建築が偉大であることをさりげなく示したがっていましたが、確かに彼がフェッラーラにつくらせた一軒の建物は、彼の博識を証明するものです。

フェッラーラは他にも多くの作家や学者に恵まれています。しかしながら、実用的な建物に関するかぎり、多くの先達が亡くなった現在〔のこの都市で〕、建築に携わる者はそれほど多くないと思います。それゆえすでに申し上げましたように、取るに足りない身分の私があえて殿下に本書を献呈することを決意した次第ですが、畏れながら殿下には私の努力をお認めいただき、一蹴されることなく、本書とともに私を温かい御心の庇護下に置いてくださいますよう、お願い申し上げます。太陽である殿下は微弱な光である私に、偉大なる美徳の精神にふさわしい寛大さでもってお力添えくださり、ご威光でもって輝きを与えてくださることでしょう。

私が本書で何を語ろうとしているのかを知りたいという人もいるでしょう。本書は、私が出版しようと計画している七巻からなる建築書の第四巻にあたります。私がこの第四書から着手したことを怪訝に思わないでください。なぜなら、七つの惑星のうちの第四番目が、まさしく殿下の名である太陽にあたるからです。すなわち、私が殿下のご庇護に与るからには、この第四書から始めるのが適切であろうと考えた上で、実際にそのようにしたのです。もし私の望みどおりに、慈愛あふれる殿下という惑星が、無名で浅才の私をも温かく見守りご支援いただけるのであれば、殿下に残りの六巻もすべて献呈することを約束いたしましょう。すでにそれらの構想はできあがっており、ほぼ半ばまでは完成しています。

実際、私が本書を執筆した理由は僭越さからではなく、神から授けられた恩寵に対するささやかな恩返しをしたかったからに過ぎません。もし仮に、私が神の寛大さによって途轍もないほど豊かな才能に恵まれていたとしても、やはり同じ理由で執筆していたことでしょう。私は天賦の才能の譬え話については、いとも神聖なる福音の教えに従いたいと考えています。というのもその譬え話によれば、神から降り注がれる力の大小は、私たちの魂の大小に応じて決まるものだそうだからです。このことから私たちもまたすべての魂が等しい価値をそなえているのでないことは理解できます。なぜなら、各々の適性にしたがって恩寵が多く与えられる人もいれば、少ししか与えられない人もいるからです。

私の才能などは高が知れていますが、建築の分野で今世紀に彩りを添えてきた多くの者たちの力量は相当なものです。私は浅才の身ではありますが、多くの優れた才能をそなえた者でも修練に励むのは当然のことですから、私もこの〔建築という〕技芸の修練に勤しんできました。私の才能は自らの功績によるものではなく、神のご加護によって私に授けられたものですが、私はこの恩寵を無駄にして自宅の庭の奥

240

深くに埋め隠してしまうようなことは決してしませんでした。それどころか、私は建築というこの高尚な技芸において習得できたことを、何でもすべて日の目を見るようにしたかったのですが、それは称讃を得るためではありません。たとえ仮にそのような目論見があったとしても、得られるのはほんのわずかな称讃に過ぎないでしょう。

むしろ私の意図は、計り知れない恩寵を与えられた者たちの精神を鼓舞することにあります。むろん、彼らが怠けてばかりで、貴重な才能を秘蔵してしまうようなことがなければの話ですが、私はこの世に光彩をもたらす偉大な才能を備えた者たちに教えたいと考えています。もしたった一つの才能という恩寵からでも何らかの有益なものが得られるとしたら、多くの才能をもつ者からは、いかに多くのすばらしいものがもたらされるでしょうか。

私が申し上げたいのは、わが師バルダッサーレ〔・ペルッツィ〕・ダ・シエナを通じて、神のご加護によって私に授けられたわずかなきらめきからですらも何らかの光明が生じるとしたら、この当代を明るく照らす他の者たちからは、多くの太陽から生じたかのような無数の光明が期待できるのではないかということです。とりわけ、これらの卓越した建築家たちは立派な天賦の才のみならず、気立てのよい高貴な君主のご援助やご好意によっても多くの能力を最大限に発揮することができるからです。それゆえ、殿下は快活で寛大なお気持ちで、どうかこの小さな成果物を、殿下という熱烈な太陽が広範囲に照らし出すご威光の下にお納めくださいますようお願い申し上げます。殿下のご推奨とご厚情の下で、それはいつの日か大きく立派に成長することでしょう。

| **5r** |

著者から読者諸氏へ⁽⁶⁶⁾

善良なる読者よ、建築という技芸への関心の程度にもよりますが、私は高尚な才知をそなえた人々はもとより、ごく普通の人々にも理解できるという前提で、建築におけるいくつかの規則を系統的に整理してみました。これらの規則は七つの書のいたるところに登場します。これらの書についてはすぐ後に説明する予定ですが、〔建築の規則という〕主題と内容が一致するように、私はこの第四書から出版したいと思い立ちました。というのも、建物のさまざまな様式やそれらの装飾を理解するには、これらの規則〔を学ぶこと〕が何よりも理に適っており、必要不可欠だからです。

本書にすばらしいと感じるものを見つけることができたなら、それは何であれ、私の功績ではなく、わが師であるバルダッサーレ・ペルッツィ・ダ・シエナの功績として称讃すべきものです。というのも、彼はこの〔建築という〕技芸の理論と実践の両面にきわめて精通しているのみならず、建築に関心を抱く者には誰にでも懇切丁寧に教えてくれたからであり、ことに私は彼から最大限の恩恵を被ったからです。私が知っているものは、ほとんどすべて彼が親切に教えてくれたものです。私も彼が示す手本を使わせてもらいますので、私から習うことを軽蔑しなくてもよいでしょう。それによって誰もがこの技芸について何らかの知識を得ることができるようになり、建築がつくられるのを見るときには目の保養になるよう、建築がどのようにつくられるのかを考えるときには心が弾むでしょう。

この技芸は今世紀には、すでに例証したような有名で卓越した才能の持ち主の偉業によって隆盛をきわめ、あたかもユリウス・カエサルやキケローの時代にラテン語がさかんであったのと同じ状況を呈しています。それゆえ、たとえ本書が期待にそぐわない結果になったとしても、機嫌を損ねることなく、どうか優しい気持ちでお受け取りください。私もこれだけは大きな自信をもって言えますが、少なくとも私が

241

本書で読者を満足させようと努めた熱意だけはお認めください。本書は微力な私にとっては荷が重かったと見抜かれるかもしれませんが、どうか私の重荷をさらに強靱な精神でもって支え、私には欠けていたものを埋めてくださるようお願いする次第です。

　第一書では幾何学の原理や、さまざまな線の分割法について論じますが、これらは建築家がつくるあらゆるものを正しく理解するためのものです。

　第二書では、挿絵と文章を用いて透視図法について説明しますが、これは建築家が自分の着想を表現するにあたって、図面として視覚化するために必要なものです。

　第三書ではローマ、イタリア、ならびに諸外国にある〔有名な〕建物の大部分を、イコノグラフィア、つまり平面図[71]、オルトグラフィア、つまり正射影による立・断面図[72]、シェノグラフィア、つまり透視図[73]で表現された形でお見せします。図面の建物はすべて入念に実測されたものであり、それらの建築名と所在地名が書き加えられています。

　第四書すなわち本書では、トスカーナ式、ドーリス式、イオニア式、コリント式、コンポジット式という五つの建物の様式とそれらの装飾について論じられています。これらとは異なる様式を識別する際にも、この五つを押さえておけばほぼ完全に事足ります。

　第五書では、円形、四角形、六角形、八角形、楕円形、十字形といったさまざまな形の平面で設計された多くの宗教建築の類型について、正確な寸法が示された平面図や立面図、透視図を用いながら論じる予定です。

　第六書では、今日用いられている住居の形式全般について論じるつもりです。それは最下層の粗末なあばら屋、ないしは掘っ建て小屋の類いから始まり、階級が上がるに応じて、最高のものとしては豪華に飾り立てられた君主の宮殿にまで至るものですが、後者には郊外型のヴィラと都市型のパラッツォのいずれもが含まれます。

　最後の第七書では、建築家がさまざまな場所や特殊な形状の敷地で遭遇する多くの付随的な制約条件について論じ、全体を締めくくるつもりです。また、家の修復や改築[74]といった場合もありますが、そのためには同じ種類の建物はもとより、かつては別の用途であった建物を、いかに転用するのかといった条件も課されます。

　それでは論理的な方法にしたがって話を進めてゆくために、最も頑丈[75]であり、装飾が最も少ない順[76]に始めましょう。すなわちトスカーナ式のことですが、これは最も素朴[77]であり、かつ強固である一方、洗練さや優雅さには最も縁のないものです。

　古代の人々は建物を神々に捧げるにあたって、頑丈さや繊細さといった神々の性質にしたがって整理しました。例えば、ドーリス式[78]の神殿がユピテルやマルス、ヘラクレスに捧げられる理由は、ドーリス式は男性の身体に由来する形態[79]だからです。また、イオニア式の神殿はディアナやアポロ、バッコスに捧げられる理由は、イオニア式は婦人の身体に由来する形態であり、頑丈さと繊細さを兼ね備えているからです。ディアナについてみれば、女性としての柔和さを備えていますが、狩りにも励んでいるように、逞しさも備えているからです。同様にアポロについても、彼の長所は穏健さにありますが、同時に男性としての強靱さも備えているからです。バッコスについても同じことがいえます。

　また、古代の人々は乙女の身体に由来するコリント式の神殿を、乙女の守護神であるウェスタに捧げる必要がありました。現在ではこのような考え方とはだいぶ違うのかもしれませんが、だからといって、古代の人々の考え方とはまったく無縁になってしまったとも思えません。私が言いたいのは、キリスト教徒の習慣にしたがって神や聖人たちに宗教建築を捧げる際には、それぞれに応じた特性を考慮すべきであり、

世俗建築の場合には公共建築であれ個人の建築であれ、それらの依頼主の地位や職業を考慮すべきだということです。[80]

それゆえ、トスカーナ式[81]は軍事施設[82]に適している[83]と思います。|5v|例えば、市門、山上の砦、城、宝物庫、軍需品や武器の倉庫、牢獄、海港、その他戦争で使用される同じ類いの施設です。確かに古代の人々は、ルスティカ式の建物にしばしばドーリス式のみならず、ときにはイオニア式やコリント式を併用することもありました。なおルスティカ式というのは、〔表面が〕粗く仕上げられたさまざまな石材による組石術のことですが、彫刻家の好みにしたがって、若干ていねいに仕上げられる場合もあります。それでもやはり、実際にトスカーナ式は他の様式に比べて、最も素朴であり、装飾も少ないので、ルスティカ仕上げの建物にはトスカーナ式が最もふさわしいと思います。

この様式はトスカーナ人たちによって遵守されてきたことが、彼らの最大の首都フィレンツェとその郊外のヴィッラにはっきりと見て取れます。そこ〔フィレンツェ公国〕には、残りのキリスト教国全土に存在するのと同じくらい多くのルスティカ式の見事な建物や、豪華な軍事施設が見られます。それらの建物では、粗野さと繊細さが組み合わされていることによって建築家の興味をかき立てるのですから、ルスティカ仕上げは何よりもトスカーナ式にふさわしいといえるでしょう。

それゆえ、古代の実例と当代の実例をともにいくつか採集しながら、トスカーナ式で都市や要塞の門を建てるためのさまざまな方法をお教えしましょう。また、公共建築や個人の住宅、ファサード、ロッジャ、ポルティコ、窓、ニッチ、橋、水道橋、そしてさまざまな装飾についても同様に、これらはいずれも著名な建築家が設計するに値するものです。

気まぐれな要求を満たすべく、ルスティカ仕上げをドーリス式、さらにはイオニア式やコリント式と併用することも確かに可能ですし、実際に古代の人々もそのように建てることがなかったわけではありません。けれども、こうした規則からの逸脱は理知的というよりも、自由気ままなものといえるでしょう。なぜなら、建築家はきわめて控えめ、かつ慎重に仕事を進めるべきであり、とりわけ公共建築や威厳のある建築に関しては、適正さ[84]を尊重することが称讃に値するからです。

私は本書の執筆をはじめるにあたって、古代の喜劇作家たちの慣習に倣おうと考えました。すなわち、彼らは喜劇を上演する前に使いを立てて、観客たちにその喜劇で語られることのすべてを簡潔な言葉で伝えるのを通例としていました。そこで、私は本書で建物の五つの様式、すなわちトスカーナ式、ドーリス式、イオニア式、コリント式、コンポジット式について説明する前に、まずはこれら五種類の形態をすべてここに示しておこうと思います[85][図4–1]。

円柱とそれらの装飾については、主要な比例と寸法しか記載されていませんが、それらは一般的な規則を提示するためですので、それぞれの詳細については後に個別の項目で説明することをお約束します。けれども、すでに述べましたように、この図は一目で規則の概略がわかるようにするためのものに過ぎません。誰もができるだけ正確に理解できるように、それぞれのオーダーの冒頭には、今日イタリア中で共通して用いられているウィトルウィウスの用語が添えてあります。

はじめにトスカーナ式の台座[86]についてみると、正確にはその腰板の部分のみを指しますが、完全な四角形[87]になります。ドーリス式の台座は、正方形の底辺にある一方の角から対角線を引いた後、その角を中心として対角線を垂直の位置まで回転させてできた長方形[88]になります。イオニア式の台座は、正方形とその半分の長方形を合わせてできた長方形[89]になります。コリント式の台座は、正方形とその2/3の長方形を合わせてできた長方形[90]になります。コンポジット式の台座は、二つの正方形を合わせてできた長方形[91]になります。これらもすべて腰板の部分のみを指しており、その上下の部材を省いて説明しています。[92]

〔序文の〕次の章が第1章から始まるという期待に反して、いきなり第5章から始まることに驚かないで

243

ください。というのも、幾何学に関する第一書に一つの章、透視図法に関する第二書に二つの章、古代建築に関する第三書に一つの章で、合計四つの章が含まれる予定だからです。こうした理由により、次章は第5章となります。

|6r|

建築の五つの様式［図4-1］

図4-1

| **6v** |

第5章　トスカーナ式の建物とその装飾について⁽⁹³⁾

ウィトルウィウスの『建築十書』第四書第7章には、この〔トスカーナ式についての〕記述が見られる。⁽⁹⁴⁾柱礎と柱頭を含めたトスカーナ式円柱の高さは、柱身底部の幅を1部と定めたときには7部とすべきである⁽⁹⁵⁾〔図4-2〕。柱礎の高さは、柱身底部の幅の半分とすべきである。これが〔上下〕二つの部分に分割されると、一方〔の下半分〕はゾッコ〔L〕となり、他方〔の上半分〕はさらに〔上下に〕三分割される。後者については、〔下の〕2部がバストーネ〔K〕になり、〔上の〕残り1部が帯〔I〕となる。柱礎の突出部については、次のようになる。はじめに、柱身底部の幅を直径とする円〔N〕を描き、それに外接する正方形を描く。描かれた正方形の四つの頂点に外接するように円〔M〕を描くと、これが柱礎の突出部となる。トスカーナ式以外の柱礎ではいずれも礎盤は正方形となるが、ウィトルウィウスの記述に従うなら、トスカーナ式の礎盤だけは円形でなければならない。⁽¹⁰¹⁾

柱頭自体の高さは、柱礎自体の高さと同じにすべきであり、やはり三分割される。すなわち、一つはアバクス〔A〕に、もう一つはさらに〔上下に〕四分割され、その三つがオヴォロ⁽¹⁰²⁾〔B〕に、残りがリステッロ〔C〕となる。最後の第三の部分はフリーズ⁽¹⁰⁵⁾〔D〕となり、トンディーノ〔E〕とその頸部〔F〕によってその半分が占められる。ただし、これは三分割され、トンディーノと頸部は2:1の比に分配される。頸部は、その高さと同じ分だけ突出するものの、柱の一部である柱頭に組み込まれる。柱身の頂部の幅は、その底部の幅よりも1/4ほど細くなっているので、柱身よりも上部にある柱頭の幅が、柱身よりも下部にある柱礎の幅より太くなることはないだろう。

柱の太さを減少させる方法は、次のようになる。⁽¹⁰⁸⁾柱身を〔上下で〕三つの部分に分けて、下部1/3については〔柱の輪郭線が地面と〕垂直、すなわち鉛直となるようにする。残り〔の上部〕2/3については、望むままの自由な数〔ここでは四つ〕に分けてよい。それから柱身下部1/3の上に、その幅が直径となるような半円を描き、柱頭の外縁から鉛直に線を下す。柱頭の外縁から内側に、〔円の直径の幅の〕1/8を狭めると、全体で1/4が狭められる。頸部の下から、二本の鉛直線が半円にいたるまで下げられる。そして、この一方の鉛直線〔と半円との交点〕から柱身の端にいたるまでの円弧については、柱身上部2/3を分割した数と同じ数〔ここでは四つ〕に分割される。

このように左右両側とも同じように分割して、半円〔と鉛直線との交点〕の両端を横切る水平線を結んで、それぞれの線に上から順に1から番号をふる。⁽¹¹⁰⁾続けて、円柱を分割した水平線についても同様に、上から順に1から番号をふる。すると確かに、半円の一番目の線は頸部下の線と〔長さが〕一致する。こうして、半円の二番目の線から円柱の二番目の線が、半円の三番目の線から円柱の三番目の線が、そして半円の四番目の線から円柱の四番目の線が導き出される。このようにしたら、半円の底辺から円柱の四番目の線へ一本の直線を引き、それから円柱の四番目の線から三番目の線へ一本の直線を引く。円柱の三番目の線から二番目の線へ一本の直線を引き、それから円柱の二番目の線から一番目の線へ一本の直線を引く。

こうした説明にしたがって円柱の両側に作図された線は、いずれも直線で構成されているが、勤勉な職人であれば、線が交わってできる角張った部分を手作業ですべて滑らかに連続するように仕上げるので、⁽¹¹¹⁾曲線状に整形される。柱身頂部の幅を底部の幅よりも1/4ほど細くするこの規則は、トスカーナ式円柱に⁽¹¹²⁾適用すべく定められたものであるが、他のあらゆる類の円柱にも適用することができよう。円柱を分割する数が多くなるほど、円柱とそれに伴う半円の分割も、ともにいっそう小刻みに減少してゆくであろう。

|7r|

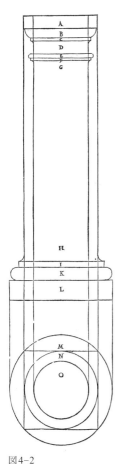

A 礎盤、アバクス、またはチマーザ⁽¹¹³⁾
B エキーヌス、いわゆるオヴォロ⁽¹¹⁴⁾
C 環、いわゆるクアドレット、またはレーゴロ⁽¹¹⁵⁾
D 柱頸、いわゆるフリーズ⁽¹¹⁶⁾
E 玉縁、いわゆるトンディーノ⁽¹¹⁷⁾
F 平縁、いわゆる頸部⁽¹¹⁸⁾
G 柱身の頂部、すなわち円柱頂部の幅⁽¹¹⁹⁾
H 柱身の底部、すなわち円柱底部の幅⁽¹²⁰⁾
I 平縁、いわゆるグラデット、または小縁や帯ともいう⁽¹²¹⁾
K トルス、いわゆるバストーネ、他にもさまざまな名で呼ばれる⁽¹²²⁾
L 礎盤、いわゆるゾッコ⁽¹²³⁾

〔平面図〕
M 柱礎の突出部、いわゆるスポルトの投影図⁽¹²⁴⁾
N 柱身の底部、すなわち円柱最低部の幅⁽¹²⁵⁾
O 柱身の頂部、すなわち円柱最高部の幅⁽¹²⁶⁾

図4-2

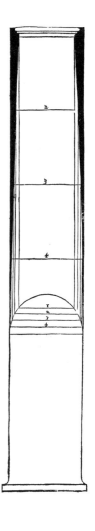

|7v|

　柱礎と柱頭をそなえた円柱ができあがれば、その上にはアーキトレーヴとフリーズとコーニスが〔順に〕設置される。アーキトレーヴ〔自体〕の高さは柱頭〔自体〕の高さと同じになるようにする。フリーズ〔自体〕の高さも同じであり、帯状面〔自体〕の高さはこの1/6となる。同様にコーニスとそれに付随する部材も同じ高さとなり、〔上下に〕四等分される。すなわち、1部がオヴォロに、2部が頂冠帯に、そして残り1部がその下の帯状面にあてられる。コーニス全体が〔水平方向へ〕突出する長さは、少なくともコーニス〔自体〕の高さと等しくなるようにし、頂冠帯の底面には何本かの細い溝が彫り込まれるが、その数は建物の大小に応じて、建築家の裁量にしたがって判断される。

　しかし、この〔トスカーナ式という〕建物はきわめて堅固であり、それぞれの部材は単純なので、建築類型にふさわしい何らかの〔装飾〕部材を建築家が随意に加えてもよいと私は思う。これについては、いっそう優雅な建物が望まれるときには、次の図［図4-3］の右半分に示されたようにするとよい。

　さらに私は、頂冠帯が正方形よりも突出することを推奨するが、むろん頂冠帯をなす石材が建物全体でしっかりと支えられていることが条件になる。というのも、こうした類いの持送りを突出させることで、建物には便利さとともに貫禄も備わるからである。すなわち、突出部の上に周歩廊が設けられれば〔床面

246

第四書

積は〕いっそう広くなり、さらに雨水から建物が保護されるという便利さに加えて、適切な距離から眺めると建物はずっと大きく見えるので貫禄がつくのである。というのも、〔頂冠帯の〕石材自体は繊細であるため目立つことはないが、立派な〔コーニスの〕突出部が建物全体を大きく見せる役割を果たすからである。

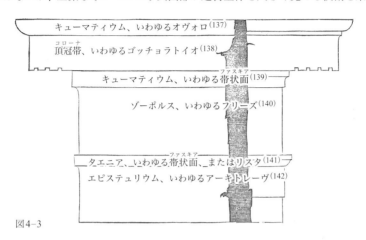

図4-3

キューマティウム、いわゆるオヴォロ(137)
頂冠帯(コローナ)、いわゆるゴッチョラトイオ(138)
キューマティウム、いわゆる帯状面(ファスキア)(139)
ゾーポルス、いわゆるフリーズ(140)
タエニア、いわゆる帯状面(ファスキア)、またはリスタ(141)
エピステュリウム、いわゆるアーキトレーヴ(142)

図4-4

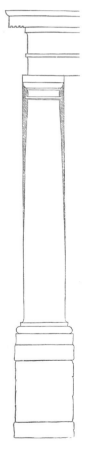

私はウィトルウィウスの文章にしたがって、トスカーナ式円柱が柱礎と柱頭を含めた7部から成り立つとすでに説明した。この比例関係と形態については確かによいものとみなされて、実際に受け入れられてはいるものの、一番目の〔トスカーナ式〕円柱は6部からなるべきであると私は考える。この寸法は人間の足の長さを基準にしたものであり、身長の1/6の長さにあたる(143)。なぜなら、古代の人々はさらに長さを1部加えて高くすることで、〔二番目の〕ドーリス式円柱が7部からなるように定めたのだから、こうした権威に従うなら、この〔トスカーナ式〕円柱をいっそう頑丈な仕様(144)にするためには、ドーリス式円柱よりも短くするのが妥当だからである。それゆえ私の意見によれば、トスカーナ式の円柱は柱礎と柱頭とを含めた6部からなるようにすべきである。

さらに、すでに述べたトスカーナ式円柱とその装飾の残りの寸法について検討してみても、これはすべて一般的な規則として定められるべきである。私が知っている限り、ウィトルウィウスも他のいかなる建築家も、台座(スタイロベート)、いわゆるペデスタル(145)の規則には何も言及していない。さらに古代〔建築〕に見られる限り、これらの要素は建築家の要請や、円柱を立ち上げるためか、ポルティコに到達するまでの階段を設けるためか、あるいはポルティコに付随する他の何らかの部材を設けるため、といった状況にしたがってつくられたものである。それゆえペデスタルは、必要性に束縛されない限り、何らかの確かな理論に基づいて、それぞれの円柱の様式に対応するもの、と私は判断したい。

少なくともペデスタルが正方形(クアドラート)となるのは実に明らかなことで

247

あるが、私はここでは底部も頂部も除いた正味の部分を指して言っている。トスカーナ式円柱は、あらゆる円柱のうちで最も堅固なので、そのペデスタルは完璧な正方形となるべきである。すなわち、その正面は円柱の柱礎の礎盤と同じ幅となり、その高さは4部に分けられる。その1部は柱礎の礎盤として加えられ、同じくもう1部は頂部として加えられる。これらの部材にはいかなる彫刻装飾も必要ではない。円柱が6部に分けられるように、ペデスタル自体も円柱に対応して6部に分けられる。

|8v|

私は本書〔『第四書』〕で、さまざまな様式の建物とそれらの装飾についてのみ記述することを約束した。それゆえ、市壁の門や要塞の門をいかに設置すればよいのかについては、それらの側堡や大砲の設置、その他の防御施設も含めて、ここでは一切言及するつもりはなく、こうした敷地の選定や起こりうる災難への備えといった仕事は、軍事技術者に任せることにする。しかしながら、市壁や要塞に門が設置されれば、それらには装飾が施されるのが当然と私は考えるので、それらの方法についてはいくつかの図を示しながら論じることにする。いかなる都市の門にも非常口、あるいはポルティチェッラとも呼ばれる小さな入口が、一つは設けられていなければならない。しかし左右対称にするため、つまり比例関係を保つためには、偽の入口をもう一つ設ける必要が生じる〔図4-5〕。

この門の寸法は、次のように定められる。開口部の幅がいかなる広さであれ、この広さとさらにその半分が加えられた長さが開口部の高さとなる。開口部の高さは6部に分けられ、その1部ずつが〔アーチの〕左右両脇の柱型〔の正面幅〕として割り当てられる。〔四本の〕付柱の正面幅は中央入口の幅の1/3とすべきであり、柱頭と柱礎を含めた付柱の高さとして、5部が割り当てられる。柱礎の高さと、同じく柱頭の高さについては、最初の円柱に適用された規則に従うなら、付柱の〔正面幅の〕1/3とすべきである。アーキトレーヴとフリーズとコーニス〔それぞれ〕の高さについては、最初の〔トスカーナ式〕オーダーに与えられた規則にしたがって、付柱の正面幅と等しくすべきである。小さな入口は付柱のあいだに設けられ、その

図4-5

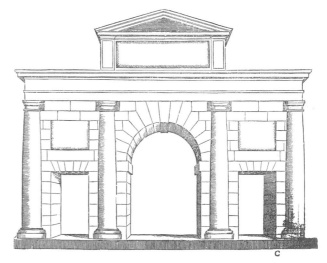

図4-6

248

開口幅は付柱の正面幅と等しく、その高さは開口幅の二倍とすべきである。〔小さな入口両脇の〕柱型〔の正面幅〕は、〔小さな〕入口の開口幅の1/3となる。門の上部立面については、建築家の裁量に委ねられるが、ペディメントとも呼ばれる切妻破風の比例関係は、のちほどドーリス式オーダーによる方法で二つ図示するつもりである。

|9r|

　建築家は、自分自身と他人とを満足させるために多くの構想(インヴェンティオーネ)を抱いているはずなので、市壁の門であれ要塞の門であれ、次のような規則に従いながら、さまざまな方法でそれらを飾り立てることができる。入口の開口幅がいかなる広さであろうとも、その高さはセスクイアルテラ、すなわち幅と高さが2：3の比となるようにすべきである。〔開口部両脇の〕柱型の正面幅は開口幅の1/8とし、円柱の正面幅はその1/4とすべきである。しかしながら、円柱〔断面〕の1/3は壁の内側に組み込まれ、壁をなす他の石材によって固定されるため、円柱は重量を支える構造材としてではなく、化粧材として設置される。それゆえ、円柱の高さは7部としてつくられたほうがよく、いっそう優雅に見える門にしたいと建築家が望むのであれば、8部にすることも許容されるだろう。

　両脇の小さな入口の開口幅は、中央入口の開口幅の半分となり、小さな入口両脇の柱型についても中央入口の柱型と同じようにつくられる。それらの高さについては、アーチを支えるファスキアがそれらの入口上枠(スーペルキリウム)、言い換えればアーキトレーヴとなるようにすべきである。もしこうした部材のために必要とされる一本石が調達できないなら、図［図4-6］に示されているように迫石(クネオ)を組んだ形でつくればよい。すると、それらの開口部の比例関係は「スーペルビパルティエンス・テルティアス」、すなわち幅と高さが3：5の比となるだろう。ここではアーチに15個の迫石が使われている。柱礎、柱頭、アーキトレーヴ、フリーズ、コーニスについては、最初の〔トスカーナ式〕円柱に与えられた規則に従うべきである。中央の上方に突出した部分については、すでに別の箇所で述べたように、建築家の裁量に任される。こうした建物は粗々しく仕上げられるほど、いっそう要塞としての品格(デコル)が増すだろう。

|9v|

　市壁の門や城塞の門は、下の図［図4-7］に見られるような別の方法で、もっと簡単に、かつ頑丈に建てることもできる。その比例関係については、入口の開口幅が、ヴォールトを支えるファスキアまでの高さと等しくなるようにすべきである。ファスキアよりも上の高さは半円〔アーチ〕と等しくなるようにすべきであるが、とりわけ条件が束縛される場合は、建築家の裁量にしたがって、多かれ少なかれ必要に応じて変更されてもかまわない。

　さらに、すでに別の箇所で述べたように、左右両脇には二つの小さな入口が設けられる。それらの開口幅は中央入口の開口幅の半分となり、中央入口と二つの小さな入口とのあいだには、小さな入口の開口幅と同じ幅の堅固な壁が築かれる。それらの壁の高さは壁幅の二倍となる。それゆえアーチを支えるファスキアは、

図4-7

それらの〔両脇の〕入口の迫石も支えることになるだろう。また、ファスキアは小さな入口のスーペルキリウムと一致する形で、アーキトレーヴとなるように設置されることもある。すでに述べたように、この開口部は建築家の匙加減で大きくも小さくもなりうるが、与えられた形態から大きく逸脱しない範囲内であることはいうまでもない。

|10r|

　創意工夫にはさまざまなものがあるが、建築家は必要に迫られた結果、普段ではおそらく想像すらできないようなものも、ときには発明してしまうことがある。こうした例として下の図は、建築家が状況に応じて、建物をさらに便利で有益なものに工夫できることを示している。すなわち、要塞の壁体が十分な厚みをもつ場合は、壁の内部を部屋として活用できるというものである。こうした状況が生じた際に、それは第一に防御に適した覆いとなるロッジャとして役に立つばかりか、その上に幅の広い周歩廊を設けることもできる。さらに砲撃の最中にはいっそうの安全性を確保するために、それらの開口部をすべて土で埋めてしまうこともできよう。

　建築家には丘のそばの敷地に建てなければならないときがあるかもしれない。こうした状況では、その丘からひっきりなしに流れ落ちてくる雨水が、建物の基礎部分の土を洗い流してしまうことを防ぐために、図〔図4-8〕のように土台を丘に面した形で設置してから、その上に建物を築かなければならない。こうすれば、建物をそのような脅威から守る上でも、建物の装飾としても立派なものになるだろう。

図4-8

　ローマから少し離れた地にあるモンテ・マリオという丘の教皇クレメンス7世のヴィッラ〔・マダマ〕で、その着工時には彼はまだ枢機卿だったが、ラファエロ・ダ・ウルビーノはこれと似たような工夫を施した。またジローラモ・ジェンガは、ペーザロ近郊のインペリアーレという丘で、彼のパトロンが快適に暮らせるように、実に見事な建物を築き上げた。この建物には斜面状の敷地に対して井戸の部分を支えるべく、同様の工夫が施されていたが、そこにはきわめて繊細な煉瓦細工も施されていた。

|10v|

　次の図〔図4-9〕に示されているように、古代の人々はこのルスティカ式の建物にさまざまな方法による接合部を用いた。建築家は状況に応じて、この創意工夫をいろいろなものに適用することができる。その寸法については、開口部を正方形とし、開口部のあいだをなす固い壁では、その幅が開口部の幅よりも1/4だけ狭くなる。スーペルキリウムはアーキトレーヴとも呼ばれるが、〔その高さは〕開口幅の1/4とし、〔円の〕中心に収斂する奇数個の迫石によって構成される。同様にして、その上部〔のアーチ〕では半円形が九等分され、迫石同士が接合する線がすべて円の中心に収斂するように描かれる。そして、それらのあいだには三つの石材が上部でファスキアを支えるように挿入される。このような方法によって、建物は実に頑丈になり永久に持ちこたえるようになるだろう。

250

第四書

しかしながら、アーキトレーヴの迫石をいっそう不動なものとするためには、〔アーチの〕半円形内部を煉瓦積み、つまりテラコッタで充填する必要があろう。さらに装飾性を増すためには、古代の人々が用いたように網目積みでつくることもできよう。これと同じような接合面は、ローマのサンティ・コスマ・エ・ダミアーノ聖堂に見られ、この聖堂はきわめて古いにもかかわらず、今もなお非常に優れた耐久性をそなえている。

図4-9

|11r|

冒頭で述べたように、才能あふれる建築家であれば、この門は要塞以外にもさまざまな場所で使用できるだろう。というのも、この入口あるいはウェスティブルムは、大砲や防御用の大きな兵器を操作するには〔狭くて〕適していないからである。けれども、その外観に限れば、いかなる門にも適用することができよう。その比例関係については次のようになる。開口部については、その高さを幅の二倍とすべきである。〔アーチの〕半円形をなす迫石は九個からなり、迫石同士が接合する線がすべて円の中心に向かうように描かれる〔図4-10〕。

図4-10

アーチを支える水平部材のファスキア〔自体の高さ〕は、開口幅の1/7となる。ファスキアから床までの高さが7部半に割り当てられ、石材が六層にわたって積み重ねられる。そのうち三つの層については、石材一層分の高さがそれぞれ1部半で、残り三つの層については、石材一層分の高さがそれぞれ1部となり、このように〔両方の石材が交互に積み重ねられることで〕7部半の長さが分配される。中央の要石〔自体〕の高さは、開口幅の半分とすべきである。迫石の上を水平に走るファスキア〔自体の高さ〕については、迫石の足の部分〔つまり起供石〕の高さと等しくなるが、中央の要石については他の迫石よりも1/4だけ幅広くすべきである。

|11v|

次の門〔図4-11〕は、冒頭で挙げられたあらゆる建物に使用できるだろう。この門はルスティカ式であるため、とりわけ郊外のヴィッラに適している。イタリアでは街道沿いの多くの場所に見られ、ことに貴

251

族の館の正面では、中庭へと至る外囲いの門となっている。というのも、これと似たような門を設けることで、そのような場所は存在感を増すようになるからである。その比例関係については、次のようにすべきである。〔床から〕アーチ内輪の頂点にまでいたる開口部の高さは、その幅の二倍となる。〔アーチを支える〕柱型〔の正面幅〕は開口幅の1/5とし、アーチ〔をなす迫石自体の長さ〕についても同じようにすべきである。付柱の正面幅は柱型の正面幅の二倍とし、その高さについては正面幅の六倍とすべきである。柱礎の高さは付柱の正面幅の1/4とし、柱頭の高さは付柱の正面幅の1/3となる。

アーキトレーヴの代わりとして滑らかに仕上げられたファスキア〔自体の高さ〕については、柱頭〔自体〕の高さと等しくなり、フリーズやコーニス〔自体〕の高さについても同じようになる。しかしながら個々

図4-11

の部材、すなわち柱礎、柱頭、そしてコーニスについては、最初の〔トスカーナ式〕オーダーに与えられた規則に従うべきである。アーチを支える迫元〔自体の高さ〕については、柱頭〔自体〕の高さと等しくなり、まさしく最初の規則にしたがって分割される。しかしながら他の部材、すなわち図に見られるような迫石や他の石材に関しては、コンパスが一つあれば、その跡を簡単にたどることができる。また、さらに装飾性を増すためにペディメントを設けたいのであれば、実際にペディメントは見事な装飾部材となりうるが、ドーリス式オーダーに関する章で二つの方法を示すことにする。

|12r|〔図4-11〕

|12v|

たとえ次の図の門［図4-12］が、他の門の形とは大きく異なっていようとも、私はこの門をトスカーナ式に適用してみたい。なぜなら私の意見によれば、古代にはトラヤヌス帝

図4-12

252

の時代のローマにかつてこうした一例が存在していたからであるが、現在ではそれも廃墟となっていてわずかしか見ることができない。左右両側の二つのニッチは、本来とはちがった場所にあるが、こうした建物にふさわしいと思われる異なった種類のニッチを示すために、私はそれらをここに設置することにした。なぜなら賢明な建築家であれば、これらを活用し、正しい場所に設置し直すことができるからである。比例関係についても、それらを用いようとする建築家は冒頭で与えられた規則に従えば、容易に計算できるだろう。私はこの門にいかなる寸法も示すつもりはないが、コンパス一つを動かせば、それらの寸法は簡単に導き出せるだろう。

| 13r |

櫛形アーチの開口部でできたこの門は、円周の1/6を円弧の長さとした非常に耐久性に優れた建物である［図4-13］。この門では、迫石が他の石材の接合部とは完全に一致していないので、他の連続する接合部からは独立するようにつくるのが適切である。それゆえ、こうした建物をつくりたい場合は、壁を煉瓦造に〔して迫石と区別〕するのが適切である。私はその比例関係について、くわしく説明はしない。なぜならコンパスが一つあれば、その図から容易に寸法を得られるからである。

しかしながら、空いた部分を有効に活用するために、建築家は自分の裁量にしたがって、両脇に設置されたニッチを最も適切な場所に配置換えすることができる。それらはニッチとしてのみならず、窓として用いることもできよう。もし彫像を設置するための場所としてニッチが利用されるのであれば、ニッチの高さがその幅の二倍以上の比例関係となっていれば、立像はいつでもその中にうまく納まるだろう。このことはつねに建築家の判断に任される。

図4-13

| 13v |

古代ローマの人々は、ルスティカ式をドーリス式のみならず、イオニア式やコリント式と混ぜて使用しても差し支えないとすら考えていた。それゆえ、ルスティカ式を他の様式といっしょにしたものが誤りというわけではない。すなわち、それは自然の産物である一方で、人工的な作品でもあることを意味している。ルスティカ式の石材が帯状に積み重ねられた円柱はもとより、迫石によって分断されたアーキトレーヴやフリーズも自然の産物であることを示しているが、柱頭や円柱の部分、そしてペディメントをそなえたコーニスは人の手による作品であることを示している。こうした混淆は実に目を楽しませるものであって、それ自体が大きな力を表現していると私は思う。それゆえ、これは何よりも要塞に適していると、私は判断したい。

とはいえ、この門［図4-14］はルスティカ式の建物であれば、どの場所に設置してもつねにうまくいくだろう。こうした混淆によって人を楽しませる才能にかけては、ジュリオ・ロマーノの右に出る者はいない。それはローマの多くの場所や、マントヴァの市街地から少し離れたところにあるパラッツォ・テという実に見事な邸館が何よりの証拠であり、この邸館は我々の時代における建築と絵画のまさしく手本とな

る作品である。

　この門の比例関係は、次のように定められる。開口部は「二倍の比例関係」、すなわち〔床面から〕アーチ内輪の頂上までの高さが開口幅の二倍となる。その幅は7部に分けられ、1部が柱型〔の正面幅〕となる。円柱については、その正面幅が〔柱型の正面幅の〕二倍となり、〔柱礎から〕柱頭までを含む高さは8部となる。柱頭、アーキトレーヴ、フリーズ、コーニス〔それぞれの高さ〕については、最初に定められたようにすべきである。同様にペディメントについてもすでに説明したように、後にドーリス式オーダーについての章で論じるつもりである。

　アーチの半円部分は13部に分けられ、これらが迫石を形成する。しかしながら、中央の要石は若干大きめとなり、さらに建築家はこの要石を他の迫石よりもアーチの内側に若干突出させてもかまわない。アーチ

図4-14

を支えるファスキア〔自体の高さ〕は円柱〔底部〕の太さの半分とすべきである。そこから床下までの長さは9部に分けられるが、円柱の最下層に2部が割り当てられ、残りの7部は円柱を接合する石材と横切る石材とで均等に分けられる。この門は粗々しく仕上げられるほど、こうしたオーダーの特性にいっそうふさわしいものとなるだろう。けれども、とりわけ円柱部材を含む石材や迫石の石材を切り出すときには、相当に熟練した技術を必要とする。

|14r|〔図4-14〕

|14v|

　建物はとにかく非常に頑丈でありさえすればよいというものではなく、同時に目を楽しませるものであり、かつうまく工夫されていなければならない。こうした条件を満たすべく石材を接合するときには、この方法であれば非常に強いという点に加えて、見る者を楽しませるという点でも有効であるため、この案は建築家には多くの点で使い勝手が良いだろう。その寸法については、開口部の高さが幅の一倍半となるようにすべきである。

　迫石の数は、次のように算定される。〔アーチの〕半円部分は11と1/4部からなり、中央の迫石〔下端の幅〕のみ他の迫石〔下端の幅〕よりも1/4部ほど広めにし、残り〔十個の迫石下端の幅〕についてはすべて1部ずつ割り当てられる。中央の迫石の長さは、開口幅の半分とすべきである。アーチを支える水平なファスキア〔自体の高さ〕は開口幅の1/7を占め、そこから下の大きな支柱は七層に分けられる。迫石の上に置

254

かれるファスキア〔自体〕の高さは中央の要石下端の幅に等しく、要石のその幅1/8が〔アーチ内輪よりも〕下方に突出して垂れ下っていてもよい。迫石と他の石材との接合部に関しては、図[図4-15]にはっきりと示されているとおりである。

|15r|

美術上の効果や建築主の裕福さまでも表現するために、快適さ〔コモディタ〕よりも装飾に重点が置かれることで、ときにはこうした装飾が必要以上のもの

図4-15

になることもある。しかし、この門は便利さ、耐久性、品格〔デコル〕にしたがって考案されている。すなわち、便利さについては開口部がどこにあるかという点で、耐久性については開口部が頑丈であり、互いにしっかりと結合しているという点で、品格については装飾が豊かであるという点に基づいている。賢明な建築家は、さまざまな要求に応じて、この工夫をどのように適合させればよいのかを熟知している。

その比例関係については、壁〔の正面〕幅が開口幅とほぼ等しくなるようにすべきであり、開口部の高さは幅の二倍となる。柱型〔の正面幅〕は開口幅の1/8とし、円柱〔の太さ〕は開口幅の1/4とする。〔対の〕円柱同士の隙間については、その幅が円柱一本分の〔底面の幅〕と等しくなるようにし、柱礎と柱頭も含めた円柱の高さは8部からなるようにする。アーキトレーヴ、フリーズ、コーニス、柱礎、柱頭〔それぞれの高さ〕については、与えられた規則に従う。迫石と他の石材との接合部については、図[図4-16]に見られるとおりである。また、円柱〔底面の幅〕が規則によって定められた寸法の二倍を超えていたとしても、円柱同士が互いに接近しすぎているために、円柱が壁に埋め込まれて〔壁から突出して見える幅が短くなり〕、建物を支える構造材よりも、むしろ装飾材となっていることもある。このような場合は、多くの古代の建物の権威に従えばよい。

図4-16

|15v|

建築家は、工事にあたって生じうるさまざまな状況にうまく対処できるためにも、創造性が豊かであることが望ましい。その理由は、たとえば建物に必要とされる円柱〔の寸法〕が短くて要求を満たせないにもかかわらず、かなりの在庫があるようなときに、建築家がそれらを活用できる方法を知らなければ、(189)それらは無駄になってしまうからである。それゆえ、たとえ円柱の寸法が、このロッジャのヴォールト天井を支えるファスキアの高さには届かなかったとしても、迫石を〔ファスキアの〕下に配置するこの方法に

第四書

255

よって、円柱を必要な高さに届くようにすることはできる。〔円柱よりも〕上の重さに関しては、こうした
(190)
配列の左右両側にあるスパンドレルが、控壁（バットレス）としてきわめて有効に作用するため非常に強く、何も問題はない。

ロッジャがヴォールト天井で覆われている場合、ブロンズや鉄でできたしっかりとした連結材（タイバー）(191)がなければ、確かに安全とはいえない。しかしながら、ヴォールト〔の柱間〕を一枚岩か、もしくは良質の唐松や楢、松などによる一本梁が届く幅にすれば、このロッジャはいっそう安全なものとなるだろう。いかなる種類の木材も永久に持ちこたえることはないにせよ、壁に埋め込まれる梁の両端の表面を焼いて焦がすか、鉛板で覆うか、あるいは瀝青を塗りつけることなどによって、それらが注意深く設置されるかぎり、少なくともかなりの年月は使用に耐えられるだろう。

この建物の比例関係については、ヴォールトをそなえた開口部の幅が円柱〔底部〕の太さの四倍となり、開口部の高さがその幅の二倍となるようにすべきである。小さな開口部については、その幅を円柱〔底部〕の太さの三倍とし、高さを円柱〔底部〕の太さの六倍となるようにすべきである。こうして、あらゆる開口部は二つの正方形からなる。円柱は非常に重い荷重を支えるため、最初に定めた寸法とすべきである。迫石やその他の接合部については図［図4-17］を見れば明解であるが、柱礎や柱頭については最初の円柱のところではっきりと述べたとおりである。

図4-17

| 16r |

このようにアーチを配列する方法は非常に頑丈であることに加えて、接合部が巧みでしっかりとしていて、さらに目を楽しませるものでもある。この方法はロッジャやポルティコのみならず、河川や急流に架ける橋にも用いることができ、一方の丘から他方の丘へと水を運搬する目的にも使用できるため、長距離の水道橋としても有効である［図4-18］。

その比例関係は、一方の支柱（ピア）(192)から他方の支柱までの内法幅が、アーチを支えるファスキア底面までの
(193)

図4-18

高さに等しい。ファスキア〔自体の高さ〕は開口幅の1/7となり、そこから下の床上までの長さは六等分される。〔アーチの〕半円部は9と1/4部に分けられる。なぜなら、中央の要石のみ他の迫石よりも1/4だけ大きいからである。手元にあるコンパスを動かしてみれば、他の寸法もすべて導き出すことができる。

| 16v |

　ときには建物に連続した壁面がつくられ、さらにその建物を便利に使うことができるように、壁面には多くの開口部が必要とされることもある。そのような場合に、この建物は非常に強固であり、あらゆる種類の重い荷重に耐えるのに適している。もしこれほど多くの開口部が必要でないなら、開口部を煉瓦積みか何かで充填させればよいので、その指示に従うことも容易である。こうした場合の比例関係については、開口部の幅が〔隣接する〕壁の〔正面〕幅と同じで、高さがその幅の二倍となるようにすべきである。これらのものは、慎重な建築家の要求や意見にしたがって大きくも小さくもなるにせよ、きわめて古いのみならず今日にいたっても優れた耐久性を保ち続けているローマのサンティ・コスマ・エ・ダミアーノ聖堂で、同じような開口部を今もなお見ることができる［図4-19］。

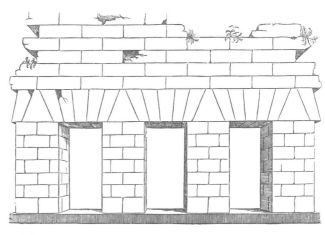

図4-19

| 17r |

　おそらく実際に目にするまでは存在するとは思ってもいなかったようなさまざまな創意工夫を見ることは、しばしばものづくりに刺激を与える。なぜなら、開口部が一つもない壁面でできた建物を、庭園や中庭、その他の場所で目にすることもあるからだが、そのような場合にはルスティカ式で豊かに装飾が施される必要がある［図4-20］。賢明な建築家であれば、こうした工夫をうまく利用するために、それらの場所には彫像やその他の古代の遺物を設置するにちがいない。私はその比例関係や寸法についてまで議論を展開させるつもりはない。なぜなら、建築家の裁量にしたがって、状況に応じて幅も高さも自由に増やせるからである。

図4-20

| 17v |

　建物や店の出入口の上に設置された形で、開口幅を横断するスーペルキリウム、またはアーキトレーヴの大半についてみると、十分な厚みをもつ石材が使用されていなければ、実際に多くの場所で目にするように、時が経過するにつれて、自重に耐えきれずに破砕してしまう。それゆえ、複数の部材からなるこう

した開口部については、右の図［図4-21］に示された二つの方法で、帯状の部材両端がしっかりと固定⁽¹⁹⁵⁾されていれば、広い幅の開口部にも使用することができる。なぜなら、こうした建物が非常に強固であることに疑いの余地はないからであり、上にかかる荷重が重くなるほど、建物はいっそう長持ちするだろう。

|18r|

ウィトルウィウスの文章や挿絵⁽¹⁹⁶⁾では、古代の人々が主要な部屋を暖めるために、どのように火を用いていたのかには触れられていないし、また古代の遺跡に暖炉や煙の排出口の痕跡を見出すこともできない⁽¹⁹⁷⁾。こうした暖房装置の実態について、私は経験の豊富な建築家の誰からも教わったことはないけれども、人々が快適に過ごせるように広間や各部屋に暖炉を設けて、そのような場所にさまざまな装飾を施すことは、今日にいたるまで大昔からの習慣となっている。

私は本書〔『第四書』〕では、建築家に要求される建物のあらゆる装飾について論じ、イタリアでは一般に俗語でカミーノと呼ばれる暖炉のいくつかの形態についても忘れずに明示するつもりである。これらの形態や方式は、トスカーナ式オーダーに類する建物で暖炉が必要とされる場合、暖炉にもこのオーダーが適している。壁から突出する洗練されたトスカーナ式でつくられたものもあれば、壁の中にすべて埋め込まれてルスティカ式でつくられたものもある［図4-22］。⁽¹⁹⁸⁾

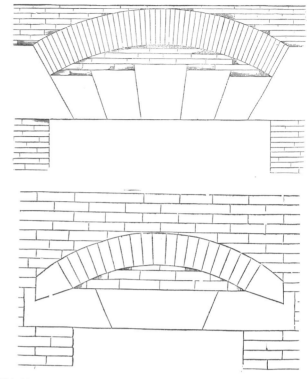

図4-21

図4-22

| 18v |

最初のルスティカ式の石積みは、次のような方法で仕上げられる。すなわち、石材自体は粗く削られたままであるが、それらの接合部はきわめてていねいに仕上げられる［図4-23］。

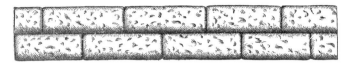
図4-23

続いてもう少し繊細に、壁面上の接合部が長方形で区画されるように、実にていねいに仕上げられる。さらに、石材の縁は装飾として鋭く仕上げられる。また次のように、ダイヤモンドのカットに似せて、角を鋭く仕上げようとする建築家もいる［図4-24］。

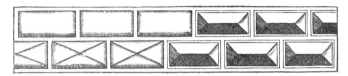
図4-24

それゆえ、時代の変遷にしたがって、こうした仕上げは絶えずさまざまに変化してゆく。下図［図4-25］に示されているように、平らな面をもつダイヤモンドのカットに似せたものもあれば、浮彫のようなものもある。

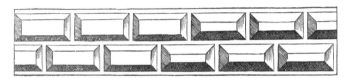
図4-25

さらに繊細でいっそう整然と区画された仕上げを好む建築家もいる。こうした仕上げは「ダイヤモンドの尖端」と一般に呼ばれているけれども、いずれもルスティカ式に由来する［図4-26］。

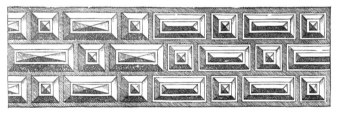
図4-26

トスカーナ式オーダーとルスティカ式オーダーについての説明はこれで終わったので、次はドーリス式オーダーについての説明を始める。

| 19r |

第6章　ドーリス式オーダーについて

古代の人々はこのドーリス式の建物を、ユピテルやマルス、ヘラクレス、その他の強い神々に捧げていた。しかしながら救世主の顕現以降、我々キリスト教徒は別の秩序に従わねばならなくなった。すなわち、我々が救世主イエス・キリスト、聖パウロ、聖ペテロ、聖ゲオルギウス、あるいは他にも似たような

聖人たちに捧げられた聖堂を建てる必要に迫られたときには、この類いの聖人たちにもドーリス式の建物がふさわしいということである。なぜなら、彼らの天職は戦士だったからという理由のみならず、キリストの信仰に生命を捧げることにおいても雄々しく猛々しかったからである。

　しかし、ドーリス式は神や聖人たちにのみふさわしいというわけではない。もし公共建築であれ、個人の建築であれ、それが軍人や強い人物のために建てられるものであるなら、階級が高かろうが、中間であろうが、低かろうが、ドーリス式がふさわしい。というのも、強い人物であるほど、その建物もいっそう頑丈であるほうが適しているからである。一方、もしこの人物が軍人のようでありながら、繊細な面も兼ねそなえているとしたら、本章でのちほど説明するように、この建物には何らかの繊細な装飾が施されてもよいだろう。

　それでは、ドーリス式の細部と比例関係の説明から始めよう。ウィトルウィウスは、『建築十書』第四書第3章でドーリス式について論じているが、すでに同書第三書でも円柱の柱礎については説明していた。[203]しかしこの柱礎は、実際にはコリント式やイオニア式の円柱底部に設置したかたちで使用されるのだから、コリント式柱礎であるという意見もある。[204]古代の多くの建物を参照したかぎり、ドーリス式には柱礎がなかったという意見の人もいる。たとえば、ローマのマルケルス劇場についてみると、この建物の下半分はドーリス式でつくられていて、実に見事である。しかし、柱身が基壇の上に載ってはいるものの、さらなる部材は確認できないことから、この劇場のドーリス式円柱に柱礎はないといえる。[205]さらに、〔ローマの〕トゥリアヌムの牢獄にはドーリス式神殿の遺構が残されているが、その円柱にも柱礎はない。[206]また、ヴェローナにはドーリス式の凱旋門が見られるが、ここでも円柱に柱礎はない。[207]

　しかしながら、本章でのちほど示すように、古代ローマの人々は別の方法でコリント式柱礎をつくっていたので、ウィトルウィウスが第三書で説明しているアッティカ式柱礎とはドーリス式柱礎のことを指している、と私は考える。[208]このことは、ローマで建築家ブラマンテがつくった建物にも確認できる。[209]なぜならブラマンテは、古代から彼が生きていた時代、すなわち教皇ユリウス2世の時代にいたるまで、[211]ずっと埋もれていた優れた真の建築に光を当てて、それを甦らせたので、[212]大いに信用するに値するからである。

　それゆえ、ドーリス式柱礎については、その高さを円柱〔底面〕の太さの半分とし、ゾッコと呼ばれる礎盤〔の高さ〕は、柱礎の高さの1/3とすべきである。残りは〔上下に〕4部に分けて、1部をトンディーノと呼ばれるトルスに、残りの3部をさらに二等分する。その一方をバストーネと呼ばれる下部のトルスとし、もう一方をトロキルスまたはスコティアにあてるが、これをカヴェットと呼ぶ人もいる。しかしながら、トロキルスがさらに7部に分けられたら、1部は上部の平縁に、もう1部は下部の平縁にあてるべきである。スポルトと呼ばれる柱礎の突出部の長さは、柱礎の高さの半分とすべきである。こうして、礎盤の幅はそれぞれ円柱〔底面〕の太さの一倍半となるだろう。

　もし柱礎が視線よりも低い位置にあるなら、上部トルスの下にある平縁はそれによって目立たなくなってしまうので、もう一方の平縁よりも若干大きめにすべきである。逆に、もし柱礎が視線よりも高い位置にあるなら、下部トルスの上にある平縁はそれによって目立たなくなってしまうので、もう一方の平縁よりも大きめにすべきである。こうした場合はスコティアも同様に、トルスによって目立たなくなってしまうので、定められた寸法よりも大きめにすべきである。こうした状況のもとで、建築家は慎重かつ入念に対処しなければならない。なぜなら、ウィトルウィウスの著作を研究する者であれば、彼自身が主張しているように、さまざまな状況に応じて機敏な対処を必要とする数学の分野にも精通していなければならないからである。[213]

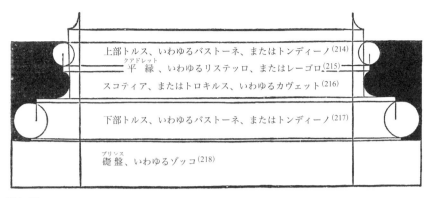

図4-27

〔図4-28〕

図4-28

ウィトルウィウスは、このドーリス式オーダーについてモデュールという観点から、円柱〔底面〕の太さを2モデュールとし、柱礎と柱頭を含めた円柱の高さを14モデュールとする比例関係を定めた。すなわち、柱礎に1モデュール、柱身に12モデュール、柱頭に1モデュールをあてることにより、全体の高さを14モデュールにするのである。柱頭の高さは3部に分けられる。これらのうち1部はアバクスと呼ばれる礎盤にあてられるが、キューマティウムはこれに含まれるものと理解できる。そして、もう1部はアーヌルスを含むエキーヌスに、三番目のもう1部は柱頸にあてられるべきである。この柱頸の太さは、円柱底面の太さよりも1/6ほど小さくなる。そして柱頭上部の幅については、それぞれの正面を2と1/6モデュールとすべきである。ウィトルウィウスのテクストに記されているかぎりでは、このようになる。しかしながら、スポルトと呼ばれる突出部に関するかぎり、私はウィトルウィウスのテクストの誤りではないかと思いたくなる。というのも、現存している古代建築と比べてみると、〔ウィトルウィウスが定めた長さでは〕スポルトの効果は実に貧弱だからである。

それゆえ、私はこの柱頭の代替案を、その個々の寸法に至るまで詳細に示したいと思う。なぜなら、ウィトルウィウスは個々の部位の寸法を指示せずに、簡単に済ませてしまっているからである。そこですでに述べたように、この柱頭も〔上下に〕3部からなり、その1部である礎盤がさらに〔上下に〕3部に分けられるように定める。さらに礎盤の1部は、レーゴロをそなえたキューマティウム〔の高さ〕にあてられる。この部分もさらに3部に分けられ、そのうちの1部がレーゴロに、2部がキューマティウム自体にあてられる。柱頭の中段にはエキーヌスが設けられ、これも同様に〔上下に〕3部に分けられる。そのうちの2/3がエキーヌス自体にあてられ、残りの1部はレーゴロと呼ばれるアーヌルスにあてられるが、これは三段からなる。柱頸については、すでに述べられたものと同じようにすべきである。それぞれの部位が突出する長さは、その〔部位自体の〕高さに等しくする。なぜなら、そのようにすることが理論的にも正しく、観者の目を楽しませるようにもなるからである。

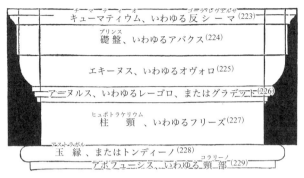

図4-29

|20v|

柱頭の上には、アーキトレーヴと呼ばれるエピステュリウム(230)が設置される。その高さは1モデュールで〔上下に〕7部に分けられ、〔一番下の〕1部がタエニアとなる。タエニアの下にはレーゴロをそなえたグッタエが設けられ、〔その高さは〕1モデュールの1/6とすべきである。これは〔上下に〕4部に分けられ、3部がグッタエに、1部がレーゴロにあてられる。そこでは六つのグッタエがトリグリフの下から垂れ下がる(231)ようにする。トリグリフ自体の高さは1モデュール半、その幅は1モデュールとすべきである。これを〔縦に〕12部に分けてから、両端の1部ずつを半分の縦溝にあてて、残り10部のうち、6部をトリグリフの平らな部分(232)、そして4部を真ん中二つの縦溝にあてる。

トリグリフ同士の間隔は1モデュールとし、その隙間は正方形をなす。これらの隙間は、ウィトルウィウスによってメトープと名づけられている(233)。もし上品さが重視されて、この隙間に装飾が要求されるなら、次の図〔図4-30〕のBで示されているように、正方形の内部に円形の装飾や、牡牛の頭部が彫り込まれてもよい。というのも、これらの装飾には歴とした意味があり、円形の装飾は古代の人々が牡牛を犠牲に捧げるときに用いた皿を表していて(234)、聖なる神殿の周囲の場所には、このようなものを設置することを誉れとする習慣があったからである。トリグリフの上には、それらの頂部が設けられ、それらの高さは(235)1/6モデュールとすべきである。

トリグリフの上には二つのキューマティウムをそなえた頂冠帯が設置され、一方は頂冠帯の上に、もう一方は頂冠帯の下に置かれる。全体は〔上下に〕5部に分けられ、3部が頂冠帯に、2部がキューマティウムにあてられる。ただし、全体の高さは半モデュールとすべきである。頂冠帯の上部にはシーマが設置され、シーマ〔自体〕の高さは半モデュールとなるが、その1/8が平縁として上部に加えられる。頂冠帯が突出する長さは、2/3モデュールであり、その下の面には頂冠帯から垂れ下がった形の図に示されているように、トリグリフの上には低浮彫のグッタエが刻み込まれる。

同様にトリグリフ同士の隙間は、平らなままにしておくか、雷文が刻まれるべきである(236)。シーマが突出する長さは、〔シーマ自体の〕高さと同じにする。頂冠帯を除いた残りすべての部位については、各部位の突出する長さが〔各部位自体の〕高さとつねに等しくなるようにすべきである。しかしながら頂冠帯に関するかぎり、突出部を長くしたほうが威厳を増すようにも見えるが、石材がその突出部を支えられるという条件内であることはいうまでもない。本章でのちほど寸法を添えた図とともに示すつもりであるが、これは古代ローマの人々によって遵守されてきたことがわかる。

第四書

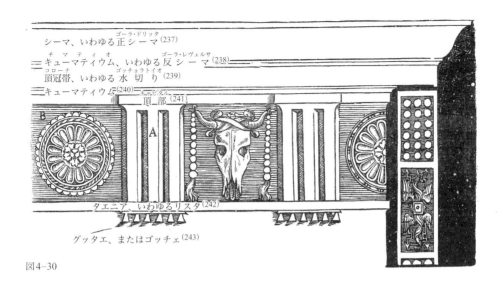

シーマ、いわゆる正シーマ(237)
キューマティオ、いわゆる反シーマ(238)
頂冠帯、いわゆる水切り(239)
キューマティウム(240) 頂部(241)
タエニア、いわゆるリスタ(242)
グッタエ、またはゴッチェ(243)

図4-30

| 21r |

図4-31

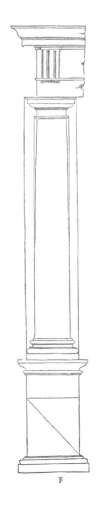

　もし柱身にも同様に線が入っていなければならないとしたら、つまり縦溝が刻まれていなければならないとしたら、その縦溝は20本とすべきである。それらは次のような方法で刻まれる。ある畦からその隣の畦まで直線を引いて、この線を一辺とする正方形を描く。この正方形の中心にコンパスの一方の針を置いて、もう一方の針がその一辺の端から端まで円弧を描くように回転させると正確なくぼみができる。つまりこの円弧は四分円となる。この例は、円柱の足元に描かれた図に示されている。

　もし円柱を高くするため、または別の理由によって、ペデスタルと呼ばれる台座(245)が必要とされるなら、この台座の幅は柱礎の礎盤の幅と同じになる。というのも、それは台座の高さの高低とはまったく関係なしに定められるからである。台座の高さ、正確には台座正味の高さについては、次のようになる。台座の幅を一辺とする正方形を描き、一つの角から対角線を引く。この線がいかなる長さであっても、これが台座の高さとなる。次にそれを5部に分けてから、1部をキューマティウムと他の部位として〔上に〕加え、もう1部をその基部として〔下に〕加える。それゆえ、このペデスタルは7部からなり、円柱の場合と同じように高さの比例関係が定められる。

　ここでは台座の頂部の突出部については、台座基部の礎盤の突出部と同じ鉛直線上にあるという点で、ウィトルウィウスの記述とは随分と懸け離れてはいるものの、こうした案を試してみたい

263

と思う人にも役に立つように、それを図で示しておいたほうがよいと私は思う。というのも、私はこの類いの古代の例をいくつも見たことがあるし、自分の作品でも試してみたことがあるからである。ウィトルウィウスを盲目的に研究するばかりで、古代のものとは異なった方法などは思いもよらぬような学者であれば、こうした意見は一蹴するのかもしれないが、もし彼らがコリント式柱頭のアバクスと照らし合わせて、その突出部が柱礎の礎盤と同じ垂直線上にあることに気づけば、こうした突出部が誤りであると直ちに批判するようなこともなくなるだろう。
⁽²⁵⁰⁾

| **21v** |

私はローマの建物やイタリアの他の場所にある建物と、ウィトルウィウスの記述とのあいだには大きな違いがあることに気づいたので、〔古代の〕建物に今もなお見られるいくつかの要素について、建築家を十分に納得させるような形で示すことにしたい。それらは縮尺が小さいので、数値や寸法が記入されてはいないものの、元の建物を縮小するにあたっては、それらの比例関係について慎重な配慮がされている［図4-32］。

Rの柱頭はローマ郊外のテヴェレ川に架けられた橋に見られる。Vの柱頭はヴェローナの凱旋門に見られる。Tの柱頭はローマのトゥリアヌムの牢獄にあるドーリス式神殿のものである。Pの柱頭はペーザロに見られるもので、そこでは他にも多くの称讃に値するものが見られる。その突出部は大きめかもしれないが、それを見る者は感心するにちがいない。
(251)
(252)

Aの台座、柱礎、柱頭はローマのフォルム・ボアリウムにある。Bのコーニス、柱頭、アーチの迫元はマルケルス劇場にある［図4-33］。Aのコーニス、フリーズ、アーキトレーヴはローマのフォルム・ボアリウムにある。建築家がドーリス式オーダーを使うときには、最も適切なものを選択することができるように、私はこれらをすべて示すことにしたい。それではこの種類について、建築家に必要とされるいくつかの詳細な寸法を加えながら説明を続けよう。
(253)

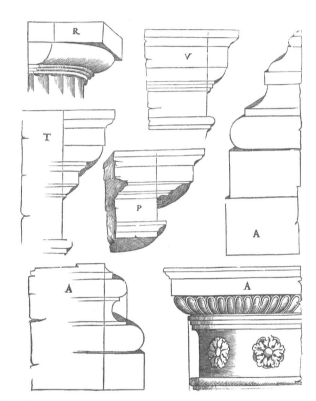

図4-32

図4-33

|22r|〔図4-33〕

|22v|

　このドーリス式オーダーでは、トリグリフとメトープの配置はきわめて重要であり、かつ難しい問題でもあるので、私は可能なかぎり、これを明らかにするように努力したい。第一に、ウィトルウィウスのテクストでは六柱式の神殿、すなわちポルティコ〔のある正面〕に六本の円柱が並んだ神殿について、そのような配置では〔フリーズの全長は〕35モデュールにすべきであると記されている。しかしながら、〔フリーズの〕区　画 はそれでは成り立たないことに私は気づいた。なぜなら、もし中央の柱間に四つ、他の柱間に三つずつのメトープを設けようとすると、ウィトルウィウスが指定した数とは一致しないからである。右に示された図〔図4-34〕を見ながら数えてみればわかるように、私の考えでは42モデュールになるはずである。

　また四柱式の神殿、すなわち〔ポルティコのある正面に〕四本の円柱が並んだ神殿についても、ウィトルウィウスのテクストでは、神殿の正面部全体は23部に分けられると説明されている。けれども、もし中 央 の 柱 間 に四つ、その両側の柱間に三つずつのメトープが設けられるなら、このような数にはなりえない。右に示された図〔図4-35〕でも同じように、27モデュールになるはずというのが私の意見である。したがって、もし神殿の正面部が27モデュールに配分されるなら、円柱〔底面〕の幅が2モデュール、中央の柱間が8モデュール、そしてその両側の柱間がそれぞれ5モデュール半

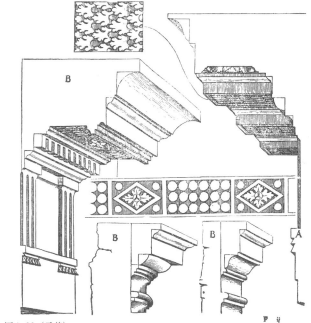

図4-33（承前）

図4-34

図4-35

となるようにすべきである。こうすれば、27モデュールがうまく配分されることになる。それぞれの円柱上部にトリグリフが設置され、このオーダーについての章の冒頭で示されたような方法でトリグリフとメトープが設けられたら、中央の柱間には四つ、その両側の柱間にはそれぞれ三つのメトープが配分される。柱身、柱礎、柱頭、そして他の部位の高さに関しては、最初に定められた規則にしたがうべきである。

しかしながらペディメントの高さについては、ペディメント下部に記された文字Aから頂冠帯の上のキューマティウム下面までの寸法をとることによって、頂冠帯の上にあるキューマティウムの長さの1/9とすべきである。ここで私が説明しているのは、頂冠帯の下の一つのことである。ペディメントの上にある短い角柱と呼ばれるアクロテリオン〔自体の高さ〕は、ペディメント正味の高さの半分とすべきであり、それらの正面部は円柱の頂部と同じようになる。中央のアクロテリオン〔自体の高さ〕は両側のアクロテリオン〔自体の高さ〕よりも、1/8ほど高くすべきである。

このドーリス式の戸口を完全に理解することは実に難しいので、私が理解している範囲で記述し、図を示したいと思う。ウィトルウィウスのテクストによれば、床から格間までの高さ、すなわちポルティコの床面から文字Aの下にある天井面までの高さは3部半に分けられ、このうちの2部が開口部の内法高になると説明されているが、これについては私も同じ意見である。しかしながら、戸口の個々の寸法は、このように小さな図ではうまく表現することができないので、のちほどもっと大きな図を用いながら、詳細を示すことにしたい。

|23r|〔図4-34, 4-35〕

|23v|

さて、戸口の寸法についてはすでに述べたように、3部半を床面から格間の下面までの高さとして、2部を開口部の内法高として割り当てるべきである。この開口部の内法高は12部に分けられ、1部が柱型とも呼ばれる額縁の正面幅に、5部半は開口部の内法幅となる。もし開口部の内法高が16ピエーデ、もしくはそれ以下であるなら、上部の内法幅は柱型の幅1/3ほど小さくされ、柱型自体の上部の幅も1/14ほど小さくすべきである。

当然のことながら、アーキトレーヴと呼ばれる横縁自体の高さもこれと同じになる。このなかには、玉縁をそなえたレスボス風のキューマティウムが刻み込まれ、このキューマティウム〔自体の高さ〕は柱型の幅1/6とすべきである。レスボス風の玉縁とは、図〔図4-36〕のAに示されたようなものと私は解釈している。さらにウィトルウィウスのテクス

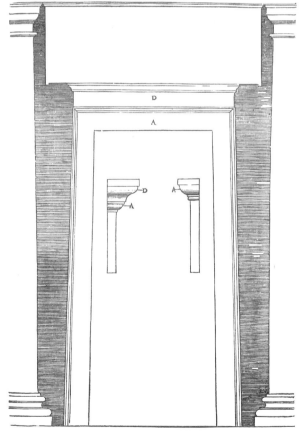

図4-36

第四書

トでは、キューマティウムは横縁の上にのみ設けられると指示されているが、私が古代建築を見たかぎりでは、キューマティウムは柱型の周りを囲むようにつくったほうがよいと思う。横縁の上のフリーズが設けられるところには、その代わりにヒュペルテュルムがフリーズと同じ高さで設置されるべきである。ウィトルウィウスのテクストによれば、そこにはシーマの彫刻として、ドーリス式キューマティウムとレスボス風の玉縁が彫り込まれるという。

　この一文はとても混乱しているので、おそらくテクストが間違っていて、「シーマの彫刻（Sima Sculptura）」は「彫刻はなし（sine Sculptura）」の誤りではないか、と私は疑いたくなる。すなわち、ドーリス式キューマティウムとレスボス風の玉縁に彫刻はなく、その形と比例関係については図のDとAのようになるのではなかろうか。〔ウィトルウィウスの〕本文では、平らな頂冠帯のキューマティウムの高さは、柱頭頂部の高さに一致させると指示されているように思われる。しかし、もしそうであるなら、頂冠帯はかなり大きめになる。〔ウィトルウィウスの〕本文に記されているように、私はこの突出部の長さと横縁〔自体〕の高さが等しくなるように定めた。私は今までいかなる建物にも、そのような頂冠帯を採用したことは一度もないけれども、装飾について論述するにあたって、これに関する個人的な見解を述べるとともに、その外観も図示しておきたかったのである。

|24r|〔図4-36〕

|24v|

　古代の人々が戸口の上部を狭めるようにつくっていた習慣は、我々の時代には廃れてしまったというのは正しいとしても、私は多くの理由により、この習慣が否定されるべきであるとは思わない。なぜなら、人々の大半から好まれないようなものでも敢えてつくる賢明な建築家も何人かはいるからである。それゆえ、もし建築家がほとんど装飾のない単純なドーリス式戸口を強いてつくりたければ、右の図［図4-37］の配列や比例関係に従えばよいだろう。

　その開口部については、内法高が内法幅の二倍となるようにすべきである。柱型の幅は、開口幅の1/6とすべきである。この周囲に沿って平縁を伴うオヴォロの低浮彫が設けられ、その幅は柱型の幅の1/5となる。前述の戸口では、これを1/6と定めたけれども、古代の中規模の戸口には1/5とした例が見られるので、私はこのような方法でつくりたかったのである。このオヴォロは前述のような四分円ではなく、さらにその半分〔の八分円〕とすべきである。ウィトルウィウスはこの部位について、古代の実例と文献とを比較

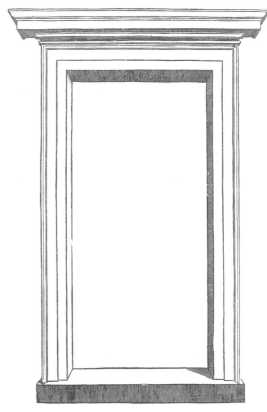

図4-37

267

して判断した結果、これをレスボス風のキューマティウム[274]と呼んでいる。

柱型の残りの部分は9部に分けられ、5部が〔外側の〕大きい方のファスキアに、4部が〔内側の〕小さい方のファスキアにあてられる。柱型の上にはコーニスが設置され、コーニス〔自体〕の高さは柱型〔自体〕の幅と等しくなる。これは三等分され、〔下から〕一番目のものは玉縁と平縁（トンディーノクアドレット）をそなえた反シーマ（ゴーラ・レヴェルサ）と呼ばれるキューマティウム（チマティオ）に、二番目のものは小さなキューマティウムをそなえた水切り（ゴッチョラトイオ）と呼ばれる頂冠帯に、三番目のものは正シーマ（ゴーラ・ドリッタ）と呼ばれるキューマティウム（シーマ）にあてられるが、これはさらに1/8部だけ大きめになる。スポルトと呼ばれる〔コーニスの〕突出部に関しては、このオーダー〔についての章〕の冒頭で示された規則にしたがうべきである。

|**25*r***|〔図4–37〕

|**25*v***|

ウィトルウィウスは、ドーリス式オーダーの戸口については一種類しか言及していないけれども、すでに説明してきたように、このことが戸口の作り方をいっそうわかりにくくさせている、というのが私の意見である。私が思うに、戸口には一種類のみならず、いくつもの方法を採用することによって、建物に多様性をもたらし、さまざまな必要性にも対応できるようにしたほうが有益である[275]。それゆえ、もし戸口にある種の威厳が求められる場合は、この規則に従いながら、次のような方法でつくってもよいだろう［図4–39］。

すなわち、開口部の内法高は内法幅の二倍とし、その縦縁（ピラストラータ）の幅は開口部の内法幅の1/8、円柱〔底面〕の太さは開口部の内法幅の1/4とすべきである。この円柱はかなり縦長になるが、その理由は一部が壁に埋め込まれるからであり、与えられた寸法より大きくなったとしても誤りではない。また、古代の円柱と比べてみても、同様の使用例ではさらに細身になる場合がいくつもあるからである。

円柱の上にはアーキトレーヴが設置され、アーキトレーヴ〔自体〕の高さは縦縁の幅と同じにすべきである。フリーズ〔自体〕の幅は、円柱の太さの3/4とすべきである。それぞれの円柱の上部にはトリグリフが設置され、それらのトリグリフのあいだには四つのトリグリフが五つの隙間と交互に配分される。その他の個々の部位、すなわち柱礎、柱頭、フリーズ、トリグリフ、コーニスについては、〔本章の〕冒頭で示された規則にしたがうべきである。

神殿の正面に設置されるペディメントと呼ばれる

図4–38

図4–39

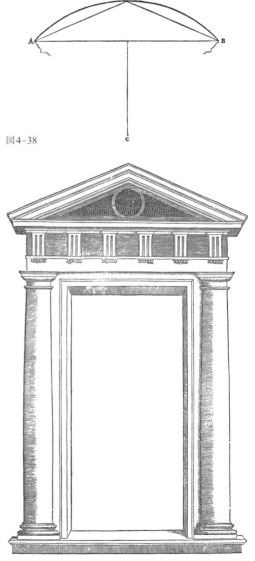

第四書

破風(ファスティギオ)(276)の三角形については、ウィトルウィウスの記述する破風の場合よりも勾配が急になるので、それらに関する規則は次のようになる［図4-38］。コーニスを描くにあたっては、まず点Aから点Bへと横に線を引いて、その中間点をとる。この中間点から〔線分ABの長さの半分に等しい長さまで〕垂線を下ろして、点Cを定める。それからコンパスの針の一端を点Cに置き、もう一端の針をコーニスの点Aに置き、点Bまで回転させてアーチを描く。この曲線の頂点がペディメントとして求められる高さになる。櫛形ペディメントもこうした規則によって作図される。(278)

|26r|〔図4-39〕

|26v|

ある種に固有な性質という混じりけのない単純さ(ナトゥーラ)(279)よりも、何かと何かを混ぜ合わせる方法によって多様性(280)を生み出したほうが、見る者の心をとらえることがある。このような点から見ると、単一の性質からなる各部位をいろいろと組み合わせながら、均整のとれた姿に完成された人体はきわめて称讃に値する。このことは右の図［図4-40］にも見られるように〔建築についても当てはまり〕、そこではトリグリフと軒持送り(ムトゥルス)が一体化された形式(オルディネ)(281)となっている。

実際にこのような例は、古代の建物でも文献上でも確認はできなかったけれども、古代建築に精通したバルダッサーレ・ダ・シエナがおそらくこうした手法の痕跡か何かを見つけたのか、あるいは賢明な判断に基づいて、このような変種を考案したのだろう。(282)開口部の上にはいきなりトリグリフが設置されているが、それらにかかる荷重は小さいので、柱型(ピラストラータ)さえしっかりとつくられていれば、その上にある軒持送り(ムトゥルス)(283)と、ペディメント全体の荷重のみを支えることができればよいからである。私の意見としては、これは適正さ(デコル)という原則にしたがっていて、見た目にも心地よいので、クレメンス7世(284)からも大いに称讃されたが、彼が高貴な技芸全般にわたって、まことに優れた審美眼の持ち主であったことはいうまでもない。

この戸口の比例関係については、開口部が「二倍の比例関係」となるようにすべきである。すなわち、柱型(ピラストラータ)の正面幅はその高さの1/7とし、さらにその半分を横縁〔自体の高さ〕とする。軒持送りとトリグリフの幅は横縁の高さの半分とし、それらの高さは幅の二倍となる。こうしてさらに、それぞれの柱型の上に二つずつ持送りが設けられたら、開口部の上には四つのトリグリフが等間隔の隙間をおいて配分され、これら

図4-40

の隙間は正方形となる。

　軒持送りとトリグリフの上には、それぞれ頂部が設置される。これはアバクスのことを指しているが、ドーリス式のコーニスの場合、それらはときにはムトゥルスと呼ばれることもある。それらの高さはトリグリフの正面〔幅〕よりも1/4ほど短くし、キューマティウムの高さはその〔トリグリフ正面幅の〕1/3とすべきである。キューマティウムをそなえた頂冠帯〔自体〕の高さは、トリグリフの正面〔幅〕に等しく、正シーマと呼ばれるキューマティウム〔自体の高さ〕についても同様にすべきである。(285)

　頂冠帯が正面に突出する長さについては、その下面におけるトリグリフ同士の隙間が正方形をなすように定められるが、頂冠帯が左右に突出する長さは正面に突出する長さの半分となる。シーマとキューマティウムの突出する長さは、いずれもそれぞれの高さと等しくすべきである。ペディメントの高さについては、その頂部では次のようになる。すなわち、一方のシーマから他方のシーマを結ぶ直線を引いてからそれを5部に分け、その1部をペディメントの高さにあてるのである。建築家は状況に応じて、この案を戸口のみならず、さまざまな装飾にも用いることができる。(286)

|27r|〔図4-40〕

|27v|

　ドーリス式オーダーでは、確かにいくつもの手法による戸口をつくることができるし、従来あまり用いられることのなかった新しい戸口も、大多数の人々にいつでも喜ばれ、今日では受け入れられているというのも事実である。この戸口のように、ここでは何かと何かが混ぜ合わされてはいながらも、実は同じ言語として統一されていることが、とりわけ大きな魅力となっているのである。この戸口では、円柱やフリーズ、その他のあらゆる部位が途切れ途切れになっていて、〔部分的には〕ルスティカ式で仕上げられているにもかかわらず、全体としてはすべてが比例関係に基づいて、一貫した形をなしているように見える。

　これらについては、戸口の開口部が「二倍の比例関係」となるようにすべきである。すなわち、開口部の内法幅は6部半に分けられ、1部がそのまわりの柱型の幅として与えられ、円柱〔底面の太さ〕はこの幅の二倍となる。〔本章の〕冒頭で与えられた寸法にしたがって、柱頭をそなえた前述の円柱〔の高さ〕は14モデュールとなり、柱頭よりも下〔の柱身の高さ〕は13部半に分けられる。円柱を取り巻くルスティカ式のそれぞれの帯〔自体の高さ〕については、柱礎を覆う一番下の帯は2部と定められるが、残りの帯はすべて1部半となる。しかし、円柱の柱身が露わになった五箇所ではそれぞれの高さは1部となり、このようにして13部半が割り当てられる。(287)

図4-41

冒頭で示された規則にしたがうことによって、円柱の上にはアーキトレーヴとフリーズとコーニスがペディメントとともに設置される［図4-41］。これらの部位は七つの迫石で覆われ、〔迫石同士の接合部の延長線が〕中心に収斂するように配置すべきである。建築家は自分の裁量によって、迫石を用いる代わりに、前掲8頁の戸口で示された方法にしたがって〔フリーズに〕トリグリフとメトープを配列してもよい。ルスティカ式は要塞に適していると私は述べたけれども、多様性をもたらすという意味では、要塞の外部ではなく内部にルスティカ式を薦めたい。なぜなら外部では、高浮彫は銃火器による被害を受けやすいからである。私の意見では、この戸口は兵舎には非常に適しており、それは都市にあっても郊外にあってもかまわない。

|28r|〔図4-41〕

|28v|
私は当初、第四書では五つの建物の様式の装飾についてのみ取り上げる予定であった。すなわち、円柱、台座、アーキトレーヴ、フリーズ、コーニス、そしていくつかの戸口、窓、壁龕、その他の関連する個々の部位についてである。そして、建物全体とそれらのオーダーについては別の書に回して、それぞれの箇所で取り上げようと考えていた。しかしながら後で私は、神殿、住宅、宮殿といったさまざまな建物のファサードを示すつもりであり、そのほうがこの類いの建物についてはいっそう大きな成果が期待できるので、本書〔『第四書』〕の内容をもっと充実させようとの結論にいたった。

私は〔本書の〕冒頭で、円柱は建物の一階床面に直接置かれるほうが、それらが台座の上に置かれたときよりも、いっそう立派に見えると述べた。けれども、ときには建築家が必要とする長さの円柱を調達できない事態が生じることもあるので、そのときには台座を設置してから円柱をそれらの上に置く必要があるだろう。建築家がさまざまな装飾を用いるときに役に立つ次のオーダーを私がつくったのはこのためである。

比例関係については、開口部の〔アーチ下端頂点までの〕高さがその〔内法〕幅の二倍となるようにすべきである。そして、付柱とアーチの〔部材の〕幅は開口〔部の内法〕幅の1/12とし、円柱〔底面〕の太さは開口〔部の内法〕幅の1/6とすべきである。円柱同士の間隔は、開口〔部の内法〕幅の半分となる。ニッチの幅は円柱の太さの二倍となり、ニッチの〔底部からアーチ下端頂点までの〕高さはその幅の二倍となる。台座の高さは、円柱の太さの三倍となる。台座の幅と他の部材については、このオーダーについて〔の章〕の冒頭で述べられたとおりである。柱礎と柱頭をそなえた円柱については、定められた規則に従えば、9部の高さとなる。

アーキトレーヴ〔自体の高さ〕は円柱

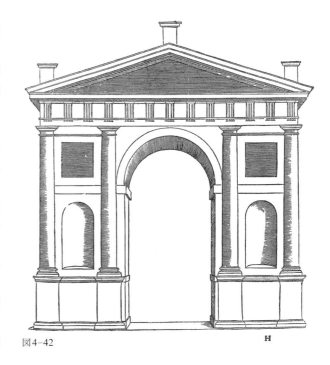

図4-42

の太さの半分とすべきである。トリグリフの正面についても同様であるが、頂部も含めたその高さがその幅の二倍となるようにすべきである。それゆえ、円柱と同じ垂直線上にトリグリフが置かれるときには、二つのトリグリフが両脇の柱間の上に、また五つのトリグリフが中央の開口部の上にいずれも等間隔に置かれ、トリグリフ同士の隙間はすべて正方形となる。頂冠帯と他の部位については、冒頭で述べられたようにすべきである。

　ペディメント〔自体〕の高さについては、ウィトルウィウスが規定した数値からはかなり逸脱しているが、古代の建物にはこのような例や、さらにもっと細身の例があるのを見たことがあるからである。ペディメントの高さ、すなわち頂冠帯とその上のキューマティウムからペディメント頂部までの高さは、コーニスの一端からもう一端へと引いた直線を6部に分けた、そのうちの1部と等しくなるようにする。ペディメントの上の小さな角柱とも呼ばれるアクロテリオンの正面幅は、前述の円柱の太さに等しくし、コーニス部を除いたアクロテリオンの〔一番長い部分の〕高さについても同様にすべきである。ただし、中央のアクロテリオンの高さは1/6部ほど高くすべきである。円柱の高さが9部となることは誤りではない。なぜなら、円柱の一部は建物〔の壁〕に埋め込まれ、他の石材と結合しているからである〔図4-42〕。

|29r|〔図4-42〕

|29v|

図4-43

　次の図〔図4-44〕は、判断力に秀でた建築家であれば、生じた状況に応じて、元の案をさまざまに変更できることを示している。とりわけこの例は、今日イタリアの多くの場所で慣習となっている祭壇画を飾り立てる場合に適しているが、中央の腰板部分を取り払えば、凱旋門にも応用することができる。同様に、開口部両脇の翼部を取り払った形で戸口を飾り立てることもできるし、また翼部がある場合でも窓やニッチ、聖龕、その他同類のものに装飾を施してもよいだろう。

　その比例関係については、開口部の〔内法〕幅を5部に分け、その1部を円柱〔底面〕の太さとすべきである。ファスキアの幅、あるいは開口部まわりの両側と上下の〔部材の〕幅は、円柱の太さの半分とすべきである。開口部の高さについては、円柱〔の柱身〕の高さを7部とすると、柱礎と柱頭〔の高さ〕を合わせた8部の高さに等しくなるだろう。台座の高さは円柱の太さの三倍とし、台座の正面幅は円柱の礎盤の幅と同じにすべきである。また、側面の円柱同士の隙間は円柱

図4-44

272

の太さに等しくし、側面の隅では円柱の1/4となる〔すなわち円柱断面の四分円が壁から突出する〕ようにすべきである。

ニッチが設けられる翼部〔全体〕の幅は、円柱の太さの一倍半となるが、ニッチの幅は円柱〔底面〕の幅と等しくし、ニッチの高さはその三倍とすべきである。アーキトレーヴ〔自体〕の高さは、トリグリフの正面幅と同様に、円柱の太さの半分とすべきである。一方トリグリフの高さについては、頂部を除いて、〔一辺の長さがトリグリフの正面幅に等しい〕正方形にその2/3の正方形を足してできた〔長方形の長辺の〕長さとすべきである。トリグリフを右側、または左側から円柱〔の軸線〕と一致するように設置し、これらのトリグリフのあいだに五つのメトープと四つのトリグリフを交互に配列するならば、正しい配分となるだろう。すなわち、トリグリフの隙間であるメトープは正方形となるのである。

頂冠帯、ペディメント、その他のあらゆる部位は、上にあろうと下にあろうと、〔本章の〕冒頭で定められたようにつくられる。(293) ただし、両脇のトリグリフについては、私は古代の建物にそのような例をいくつか見たとはいえ、ウィトルウィウスの記述からはかなり逸脱しているので、それらをつくるか否かについては建築家の裁量に任せるべきであると考える。私は当初、この第四書に平面図を掲載するつもりはまるでなかった。というのも、平面図については他の書で取り上げる予定だったからであるが、平面図がないとわかりにくいこともあるし、平面図があったほうがいっそう明確になるような場合は、読者にも喜ばれるので、平面図〔図4-43〕を掲載するつもりである。

|30r|〔図4-44〕

|30v|

古代の建築に見られるかぎり、古代の人々は円柱の上にアーキトレーヴを設置したら、その上にはペディメントの他に、〔第一層のオーダーとは〕別のオーダー〔による上階〕を設けることはなかったが、こうしたペディメントが使用されるのは神殿のみに限られていて、他の建物で使用されることはなかった。しかしだからといって、私は家にはアーチを使わなくてよい、すなわち〔第一層のオーダーとは〕別のオーダーによる〔二階建て以上の〕家はつくらなくてよいとまでは思わない。なぜなら、 角 柱 で支えられた(294)(295)アーチによる家をつくりたい場合もあれば、さらに装飾を豊かにすべく、その角柱に円柱が添えられることもあるが、アーチと角柱でできた光あふれる明るいポルティコが必要とされる場合もあるからである。しかし、もし一対の円柱の上から直接アーチを架けようとするなら、それはひどい誤りとなるだろう。(296)なぜなら、円柱の上ではアーチの四つ角が、柱頭との接合面からはみ出してしまうからである。(297)

それゆえ、この〔ドーリス式〕オーダーについてのみならず、他のオーダーについても、アーチのない家や他の建物をいくつか例としてつくってみせるつもりである。それについては次のようになる。広い柱間については、その〔内法〕幅が円柱〔底面の〕四本分の太さに等しく、狭い柱間については、その〔内法〕幅が円柱一本半分の太さに等しくすべきである。柱頭と柱礎を含めた円柱の高さは9部とすべきである。アーキトレーヴ、フリーズ、コーニス、その他の部位は、〔本章の〕冒頭で説明されたようにつくられる。窓の開口幅は円柱二本分の太さに等しくし、開口高については、〔一辺の長さが開口幅に等しい〕正方形にその2/3の正方形を足してできた〔長方形の長辺の〕長さとすべきである。それらの窓枠の幅は開口幅の1/6とし、その上にくるコーニスが円柱の柱頭と対応するようにすべきである〔図4-45〕。

中央の戸口については、その開口幅が円柱三本分の太さに等しく、〔床からアーチ内輪頂点までの〕開口高が円柱七本分の太さに等しくすべきである。このようにすれば、窓や戸口の開口部〔上端〕がすべて同じレベルとなるだろう。トリグリフとメトープは図で示されたように区画されれば、正しい配分となるだろう。第二層では第一層よりも階高が1/4ほど小さくなるので、アーキトレーヴとフリーズとコーニス〔の寸

273

法〕もそれに応じて1/4ずつ減少す
る。この第二層の窓の開口幅は、第
一層の窓の窓枠まですべて含めた幅
と同じになる。装飾としてのニッチ
は、円柱〔の軸線〕と平行になるよう
に設置される。すると、ニッチの開
口幅は円柱同士の隙間と等しくなる
だろう。ニッチの〔底面からアーチ
内輪頂点までの〕開口高については、
〔一辺の長さが開口幅に等しい〕正方
形二つ半を並べてできた〔長方形の
長辺の〕長さとすべきである［図4-
46］。

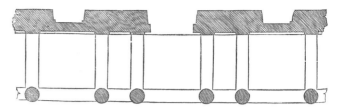

図4-45〔一階平面図〕

　第三の最上層では第二層よりも
階高が1/4ほど小さくなり、同様に
アーキトレーヴとフリーズとコーニ
スについても、各部〔の寸法〕は小
さくなる。それが3部に分けられた
ら、1部はアーキトレーヴに、もう1
部は軒持送りをそなえたフリーズに、
そして最後の1部はコーニスにあて
られる。ただし、この個々の寸法は、
コンポジット式オーダーにも見られ
るものである。窓については下層
の窓と同じ幅になるが、ニッチに
ついては中央の〔第二〕層のニッチよ
りも〔縦縁も含めた〕幅が1/4ほど小

図4-46

さくなり、それらの高さは〔一辺の長さがニッチの幅に等しい〕正方形二つ半を足してできた〔長方形の長辺の〕長さとなる。残りの装飾〔の寸法〕については、コンパス一つを手にとれば、容易に導き出せるだろう。

|31r|〔図4-46〕

|31v|

　私は15頁裏面［図4-17参照］のトスカーナ式オーダーのところで、これと似たようなルスティカ式の案を示したけれども、これはルスティカ式とはかなり異なったものである。なぜならこのロッジャは、あるいはポルティコと呼んだほうがよいかもしれないが、円筒ヴォールト天井で覆われていなければならないからである。しかしながら、次の平面図［図4-47］に見られるように、アーチが設けられる場所では、交差ヴォールト天井で覆われる必要に迫られるときもあるだろう。けれども、円筒ヴォールトや交差ヴォールトの両側面からつねに外へと押し出す推力を円柱だけでは抑えきれないので、円筒ヴォールトの側面に設置された円柱の上にそれぞれタイバーを加える必要があり、これはブロンズ製よりも鉄製のほうがいっ

そう長持ちするだろう。ただし鉄製のタイバーにするときには、錆止めの処置として、エナメルを塗装してから焼き付けるとよい。さらに、壁に挿入されるタイバーの両端部を鉛か銅の薄板で包むなら、耐久性を増す上で大いに有効となるだろう。

　このファサードの比例関係については、広い柱間ではその〔内法〕幅が円柱〔底面の〕四本分の太さに等しく、狭い柱間ではその〔内法〕幅が円柱二本分の太さに等しくなるようにすべきである。柱頭と柱礎を含めた円柱の高さは7部となる。アーキトレーヴ〔自体の高さ〕は円柱の太さの3/4となり、その上には半円アーチが設けられる。アーチ正面の〔内輪から外輪までの〕幅は、円柱頂部の幅の半分となる。アーチの上にはコーニスが設置され、コーニス〔自体〕の高さはアーキトレーヴ〔自体〕の高さと同じにすべきである。アーチ同士のあいだ〔すなわちスパンドレル〕には窓を設けるべきである。窓の幅はその下の〔狭い〕柱間〔芯々の幅〕に等しくし、窓枠の幅はアーチ正面の〔内輪から外輪までの〕幅に等しくする。コーニスの部位である窓の上のカヴェットとオヴォロは、装飾として窓よりも外側にいくらか突出させるべきである。

　戸口の〔開口〕幅については、円柱二本分の太さに、さらに1/4本分を加えた長さにすべきである。その柱型の幅は、開口幅の1/6とすべきである。戸口の開口高については、柱型の上に横縁を設置したときに、それが柱頭の玉縁の底部と同じレベルになるように定めるべきである。こうすれば、これらの柱頭の形が戸口のコーニスにも、またその両側の窓のコーニスにも対応するようになるだろう。これらの窓については、開口幅が円柱二本分の太さと等しくなるようにすべきである。これらの開口高を定める場合は、底部からの寸法ではなく、頂部からの寸法をとることによって、〔一辺の長さが開口幅に等しい〕正方形一つとその半分を並べてできた〔長方形の長辺の〕長さにすると、ニッチ〔の底部〕もこれと同じレベルに定められるだろう。

　上層では下層よりも階高が1/4ほど低く、次のように〔各部位が〕割り当てられる。〔第一層の〕コーニスの上の胸壁〔の頂部と底部を除いた正味の高さ〕は、第一層の円柱一本半分の太さに等しくすべきである。残りは5部に分けられ、その1部はアー

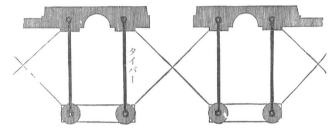

図4-47 〔一階平面図〕

図4-48

キトレーヴとフリーズとコーニス〔を合わせた高さ〕にあてられる。〔円柱〕装飾をそなえたニッチについては、アーチのあいだ〔のスパンドレル〕にある窓と鉛直線が一致するようにすべきである。〔両脇の円柱も含めた〕ニッチの幅を5部に分けると、円柱の太さとして2部があてられ、その余りがニッチの〔内法〕幅と付柱の幅にあてられる。これらのニッチの上にあるコーニス〔自体の高さ〕は、〔ニッチ両脇の〕円柱一本分の太さとし、それらの柱礎〔自体の高さ〕は円柱の太さの半分とすべきである。

　ニッチのあいだにある窓の開口幅は、戸口の開口幅よりも1/4ほど小さい「二倍の比例関係」とすべきである。こうした建物ではいくつかの様式が混ぜられているが、残りの装飾についてはイオニア式やコリント式の建物で、いっそう明確な形で見出すことができるだろう。ここではトリグリフの構成に関して、それらの隙間〔のメトープ〕を正方形にすることはできない。なぜなら、図［図4-48〕でもはっきりと確認できるように、私はトリグリフが窓とニッチの上部にそれぞれ三つずつ設置されるように配慮したからである。残りの部位の他の寸法については、冒頭で定められた規則をつねに参照すればよい。

|32r|〔図4-48〕

|32v|

　アーチの下で建物に採り入れられる光が奪われてしまわないように、ときにはポルティコやロッジャをつくりたいと考える人はいる。けれども、本章の31頁で説明したように、円柱の上にアーチを載せるのはまずいので、次の図［図4-49〕に示されるように、柱頭と柱礎をそなえた角柱でつくることはできる。この図では、家全体がこれら三連のアーチからなるように描かれてはいるものの、これでは実際には小さくて、一軒の家としては不十分であるようにも見える。しかしながら、これは狭い土地しか所有していない者のためにつくられた場合であって、広い土地がある場合は、ファサードが五連のアーチや、ときには七連のアーチで構成されるほど大きなものであってもよい。なぜなら、この三連アーチの家と同じようにつくっても、つねにうまくいくからである。

　このファサードの壁面分割については、次のようになる［図4-50〕。柱〔底面の〕四本分の太さが柱間一つの内法幅に等しく、柱頭と柱礎をそなえた柱の高さは6部となる。柱の上からはアーチが架けられ、アーチの〔内輪から外輪までの〕正面幅は柱の太さの半分となる。こうしてできた開口部については、「二倍の比例関係」となるだろう。

　アーチの上にはアーキトレーヴとフリーズとコーニスが設置されるべきであり、それらの部材全体の高さは、柱二本分の太さに等しくなる。これがさらに3部半に分けられると、1部はアーキトレーヴ、1部半はフリーズ、そして残りの1部はコーニスとして、それぞれの高さが割り当てられる。他の部位については、〔本章の冒頭で〕定められた規則にしたがうべきである。戸口の開口幅は柱二本分の太さに等しくし、柱型の幅は開口幅の1/6とすべきである。〔戸口の〕コーニスについては、柱頭と同じレベルに設置し、かつ同じ部位でつくられる。窓の〔コーニス〕についても、これに合わせてつくられるだろう。窓の開口幅は柱一本半分の太さに等しくし、開口高については「対角線の比例関係」とすべきである。

　建物の角にくる柱については、幅は他の柱の幅と同じでよいが、高さは8部半とすべきである。この柱の上の第二層では第一層よりも階高が1/4部ほど低くなる。それゆえ、角にくる柱、アーキトレーヴとフリーズとコーニスについても、それぞれの高さは減少するが、アーチの上にくる窓の幅は、下の窓の幅と同じにする。ただし、窓の高さは〔一辺の長さが開口幅に等しい〕正方形二つを並べてできた〔長方形の長辺の〕長さとし、窓枠〔の幅〕については別の箇所で説明したときと同じようにすべきである。窓枠の上のフリーズ〔自体の高さ〕については、コーニス〔自体の高さ〕と同様に、窓枠の幅と同じになる。

　その上の小さな窓は、二つの目的によってつくられるものである。一つは、部屋の天井高が外側に見ら

れる階高と一致する場合は、部屋の天井や部屋そのものがいっそう明るく照らされるためである。もう一つは、利便性を増すために部屋を上下で半分に〔して床を増設〕した場合に、上の階にも光をもたらすためである。

第三層では第二層よりも階高が1/4部ほど低くなる。それから、この階高を5部に分けると、アーキトレーヴとフリーズとコーニス〔を合わせた高さ〕に1部があてられる。これをさらに3部に分けると、1部はアーキトレーヴ、1部はフリーズ、そして最後の1部はコーニスにあてられる。フリーズには軒持送り(モディリオン)が、図で示されたように配分される。窓の開口幅は他の窓の開口幅と同じになるが、開口高は〔第二層の下側の窓の開口高よりも〕1/12ほど高くすべきである。なぜなら、上層の窓ほど〔地上の〕観者からは遠ざかって見えるからである。窓枠〔の幅〕については、フリーズやコーニスのような他の部位〔の幅〕と同じになる。三角形のペディメントと櫛形のペディメントについては、ドーリス式戸口について説明したときと同じようになる。(303)

ファサード頂部には装飾として、また他の要素と連続させるために、このようなアクロテリオン(ピラストレッロ)が設けられる場合、正面ではこのように配分される。これらの箇所では、煙を排出させるための煙突にしてもよいし、そうすればさらに有益である。窓の

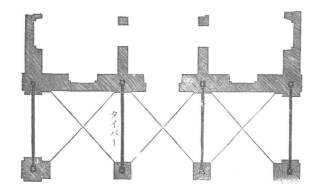

図4-49 〔一階平面図〕

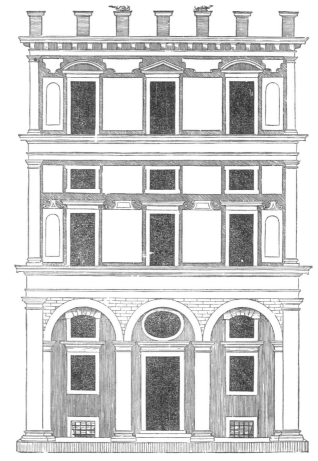

図4-50

あいだの壁については、建築家の裁量や建築主の願望に応じて、壁画が設けられることもあるので、空白のまま残しておく。建物の安全性を増すためには、すでに述べたように、ポルティコを横切る形で交差ヴォールト天井の側面にタイバーを入れておけば、まず問題はないだろう。

|33r|〔図4-50〕

| 33v |

　このいとも高貴な都市ヴェネツィアでは、イタリアの他のいずれの都市と比べても、建設の方法は慣例として大きく異なっている(304)。なぜなら、この都市では人口が非常に増加した結果、当然のことながら敷地は狭くなり、きわめて慎重に土地を区画(305)しなければならなくなったからである。とはいえ、敷地が不十分であるため、建物には広い中庭や多くの庭を設けられるほど十分な余裕はない。すなわち、一般に個人の邸館(パラッツォ)には中庭も庭も見られないといってよいのだが、仮に広い敷地が確保できた場合に、各居室の開口部を大きくしても、〔ヴェネツィアでは〕カンポと呼ばれる広場(ピアッツァ)、ないしは運河や通りに面したファサード両脇(ストラーダ)(306)については、それらの大半が窮屈で狭苦しいために圧迫されてしまうからである。これについては十分に承知の上であるが、それでもなおこれらのファサードで開口部をふんだんに設けることは可能である、と私は主張したい。

　ここで示されたような古代の建設法(307)にしたがうなら、アーチの開口幅は2部半に分けられ、ピアの正面幅に1部があてられる〔図4-51〕。ピアの側面幅はその半分とし、〔ピアと結合した〕円柱〔底面〕の太さもそれと同じになる。アーチの開口高は、開口幅にその2/3を加えた長さ、すなわち〔一辺の長さが開口幅に等しい〕正方形一つとその2/3を並べてできた〔長方形の長辺の〕長さとすべきである。または円柱を幾分細めにつくり、アーチ〔の外輪〕をアーキトレーヴの下面〔に接する〕まで上げることによって、二つの正方形に変更してもよい。柱礎と柱頭については、〔本章の〕冒頭で説明されたようにつくられる。

　アーチの迫元〔自体の高さ〕については、すでに示されたマルケルス劇場の部材(309)を参考にして、円柱の太さの半分とすべきである。ポルティコの下にある戸口の開口幅は円柱三本分の太さとなる。開口高についてはアーチの比例関係に応じて、〔一辺の長さが開口幅に等しい〕正方形一つとその1/3を並べてでき

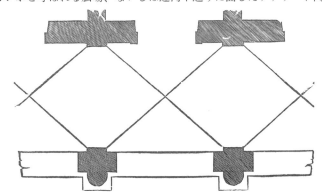

図4-51 〔一階平面図〕

図4-52

278

た〔長方形の長辺の〕長さとすべきである。また、柱型〔の幅〕は開口幅の1/8となる。頂冠帯は柱頭と同じレベルに設置され、そこには正シーマが加えられる。ペディメントについては、その上にくる開口部は建物の必要に応じて大きくも小さくもなるが、すでに説明された方法でつくるべきである。広場や人通りの多い場所に建てられる場合には、次頁の図〔図4-52〕に示されているように、建物に店舗(310)を組み込んでもよいが、その部分が残りの部分と調和するようにすべきである。

　円柱の上にはアーキトレーヴが置かれ、そ〔れ自体〕の高さは円柱の太さの半分となる。トリグリフの正面〔幅〕もそれと同じようにすべきであるが、それら〔自体〕の高さについては図に示されているように、トリグリフ同士の隙間が正方形となるように配分される。それらの上にはコーニスが設置され、〔それ自体の高さは〕アーキトレーヴ〔自体の高さ〕よりも1/6ほど長くなる。個々の部位に関しては、定められた規則にしたがうべきである。

　上層では下層よりも階高が1/4ほど低くなるが、円柱の下には礎盤が設けられる。礎盤の高さは、コーニスの突出部として用いられた長さと同じにすべきである。〔階高の〕残りは5部に分けられ、アーキトレーヴとフリーズとコーニス〔を合わせた高さ〕に1部があてられる。これをさらに3部に分けると、1部はアーキトレーヴ、1部は軒持送り〔をそなえたフリーズ〕、そして最後の1部はコーニスにあてられる。アーキトレーヴを支える〔大きな〕円柱の高さは9部となる。中央のアーチを支える小さな円柱の太さは、大きな円柱の太さよりも1/3ほど小さくなる。こうして小さな半円柱が大きな円柱〔の両脇〕にもたれかかるように設置されると、アーチのある中央の柱間〔内法幅〕は、その両脇の柱間〔内法幅〕の二倍となるだろう。

　それから、アーチを支えるコーニスを円柱の上に置いたら、アーチの外輪がその上のアーキトレーヴ底面に接するように半円を描く。さらに、アーチの両脇に円窓を加えると、ファサードには大量の光がもたらされ、適正の原則(311)にも適うだろう。〔セルリアーナによる〕このオーダーが〔横に〕連続(312)するところでは、その内部が居室として割り当てられるように想定されているが、そこでは中央の〔アーチによる〕開口部を壁で閉ざして、両脇の二つを窓として使ってもよいだろう。このような変更を加えても、この層の外観の秩序が乱されることはなく、内部の秩序が破綻することもないだろう。なぜなら、壁で閉じたところは暖炉として用いられるからである。暖炉が一般に二つの窓のあいだに設けられるのは、人の顔を表現するためといわれている。つまり、窓が光を採り入れる目であるなら、暖炉はつねに匂いを吸い込む鼻だからである。

|34r| 〔図4-52〕

|34v|

　次のファサードを分割するには、〔第二層についていえば、〕その幅を24部(313)に分けてから、1部を柱〔底面〕(314)の太さにあてるべきである。〔小さな〕円柱で構成された中央の〔大きな柱同士の〕柱間〔内法幅〕は、〔大きな〕柱六本分の太さとなる。〔その両脇の大きな柱同士の〕他の柱間〔内法幅〕は、それぞれ柱三本分の太さとなる。窓の〔開口〕幅は柱一本半分の太さとし、窓の〔開口部の〕高さは〔一辺の長さが開口幅に等しい〕正方形二つとその半分を並べてできた〔長方形の長辺の〕長さとすべきである。窓枠の幅は、窓の開口幅の1/6とすべきである。

　第一層の窓の開口幅についても〔第二層の窓の開口幅と〕同じになる(315)。第一層では、地上階の部屋に設けられる下側の窓は正方形となるが、メザニンと呼ばれる中二階の部屋に設けられる上側の窓は、正方形一つとその半分〔を並べてできた長方形〕となる。

　戸口については、その幅が柱〔底面〕の幅五本分に等しく、〔第一層の壁面は上層の〕柱列を支えるしっかりとした土台となるように石積みで築かれる。戸口の〔床からアーチ内輪の頂部までの〕高さは、〔一辺の

長さが開口幅に等しい〕正方形一つとその2/3を並べてできた〔長方形の長辺の〕長さとすべきである。迫石と他の切石との接合部については、図面に示されているようにつくられるが、それらの寸法は図面を測ってみればよい。戸口のアーチ内輪〔の頂部〕から第一層のファスキア頂部までの高さは、柱〔底面〕の幅2本分に等しくなる。

　上の層ではその下の層よりも、いずれも高さが1/4ずつ減少する。しかしこの場合は、下にある〔第一層の〕石積みよりも先に、〔第二層の〕柱の分割について説明しようと私は思う。なぜなら、第二層の階高は第一層の階高とまったく同じだからである。その理由は、ルスティカ式による第一層ではドーリス式による中間の〔第二〕層よりも階高を1/4高くして、第三層では第二層よりも階高を1/4低くすると、第三層の階高はあまりに低くなりすぎ、また第一層の階高はあまりに高くなりすぎるからである。

　それゆえ、第一層がファスキアの高さまでできあがったら、その上にはパラペットと呼ばれるポディウムを設置し、その高さは柱〔底面〕の幅一本半分とすべきである。その上には、前述の指示にしたがって柱が設置される［図4-53］。階高については、第二層は第一層と同じようにすべきである。ポディウムを除いた残りの階高は5部に分けられ、そのうち4部が柱〔自体の高さ〕に、1部がアーキトレーヴとフリーズとコーニス〔を合わせた高さ〕にあてられる。最初の規則に従えば、これらは図で示されたように配分される。こうして柱には正しい比例関係がもたらされよう。

　中央の柱間についてみると、小さな円柱〔底面〕の太さは大きな柱〔底面〕の太さの半分となり、中央の〔小さな円柱で支えられたアーチの〕開口幅が、その両脇の開口幅の二倍となるように配分される。これら〔両脇〕の開口部については、〔大きな柱間に設けられた〕他の窓の開口部とレベルが等しくなるようにすべきである。さらに、採光をよくするために、それらの窓の上には図［図4-54］に見られるような円窓が設けられる。中央の〔小さな円柱で支えられたアーチ両脇の〕二つの小さな開口部の上には、建物に見られる何か別のものをもってくるか、あるいはいっそう統一性が増すように、再び円窓を同

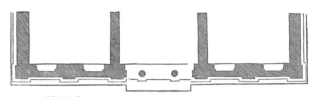

図4-53　〔二階平面図〕

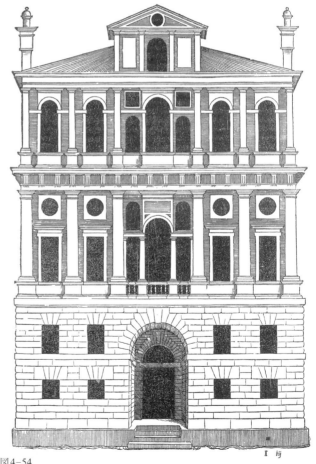

図4-54

じレベルに設置してもよい。残された他の個々の部位については、最初の規則をつねに参照すべきである。

第三層では第二層に比べて、1/4ほど階高が減少する。すなわち、それに応じてすべての部位の高さが1/4ずつ減少することになる。(318) けれども窓については、幅も高さも下の層の場合とすべて同じであるため、(319) コンパスでていねいに測れば、他の部位の寸法も導き出せるだろう。

中央に高くそびえ立つ部分については、ペディメントを除いた階高が、第三層の階高の半分となるようにすべきである。(320) 残りの部位に関してはすでに述べたように、才能あふれる建築家であれば、状況に応じて拡大することも縮小することも、いつでも自分の思いのままにできるだろう。このファサードはヴェネツィア風につくられた。(321)

| 35r | 〔図4-54〕

| 35v |

ヴェネツィア風の家を建てる方法として、私はすでに二つのファサードを図で例示してみた。しかし、ヴェネツィアの人々はこれらのファサードに、この都市ではペルゴロと呼ばれる、窓から張り出したバル(322) コニーをいくつか設けたがる傾向がある。というのも、家の大半ではファサードが運河に面しているために、これをつくることによって、運河の水とともに涼しさもいっそう容易に得られるからである。

さらに、このいとも幸福な都市ではしばしば船による凱旋式や祝祭が運河で催されるが、バルコニーは(323) それらを観覧するときの特等席になり、建物自体を立派に飾り立てることにもなる。しかしながら、バルコニーの便利さや装飾性はよいとしても、バルコニーには〔構造上の〕欠点があることも確かである。なぜなら、それらはあたかも宙に浮いているかのように外部に設置されているにもかかわらず、軒持送りで(モディリオン)しか支えられていないからである。さらに古代の人々が、コーニス自体が突出する場合や、コーニスが軒持送りによって支えられる場合を除いて、壁の外側に張り出すいかなる部材も想定はしていなかったように、部材自体にしっかりとした固定装置がないものは、壁に被害を及ぼすことになるからである。

もしこうした建物で、同じようなものを正しい方法でつくりたいと思うなら、第一層の壁にはそれなりの厚みがなければならない、と私は主張したい。すなわち、第二層の壁を室内へと後退させることによって、そこにバルコニーの床を設置できるようにするためである。次の平面図〔図4-55〕で示されているように、中央部では壁を外側に若干突出させなければならない。というのも、中央のバルコニーは両脇のバルコニーよりも大きいからである。けれども、この中央部の壁をさほど厚くつくりたくないという場合は、その代わりに中央部をしっかりと支える頑丈なアーチを室内に設置してもよいが、これは完全に中空で荷重も小さいものにしなければならない。(324) この平面図はルスティカ式のファスキアの上から切断された図(デ コール)であることがわかるが、この様式は水上の建物には実にふさわしいものとなる。

それゆえ、図〔図4-56〕に示された方法で第一層がつくられたら、その上の層における正面の分割については次のようになる。もし中央部の幅が3部であるなら、両脇の幅は3部半となるが、私はここでは室内の〔内法幅の〕ことを指して言っている。第二層の階高は第一層の階高と同じになるが、その理由は前頁で説明したときと同じである。最初にパラペットと呼ばれるポディウムを設置し、その高さは寄りかかるのに快適なものとすべきである。〔ポディウムを除いた〕残りの階高は5部に分けられ、〔本章の〕冒頭で説明されたように、1部がアーキトレーヴとフリーズとコーニス〔を合わせた高さ〕にあてられる。

上部が半円形になった中央の開口幅は、その両脇の開口幅の二倍となり、中央の開口高は二つの正方形を合わせた長さとなるように配分される。アーチを支える円柱の上にアーキトレーヴを設置したら、〔第二層の下側の〕窓の高さについては、すべてそれと同じレベルに達するようにすべきである。採光を増すためにも、また正面の装飾としても、図に示されたような円形や四角形の窓を設けるべきである。装飾は大

理石やその他の石材でつくられることが多いが、もし予算上の都合により、それらを調達することができなければ、本物の石材をうまく模した壁画で代替してもよい。

第三層では第二層に比べて、1/4ほど階高が減少する。すでに説明された部位についても定められた規則に従えば、階高に応じてあらゆる部位の高さが1/4ずつ減少することになる。イオニア式はこのドーリス式の上に載せられるが、古代の人々は比例関係や寸法について、イオニア式オーダーに見られるものを、他の多くの建物にも適用したのであった。

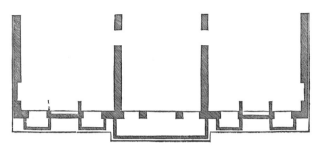

図4-55〔二階平面図〕

|36r|〔図4-56〕

|36v|

賢明な建築家であれば、今まで見てきたドーリス式の建物には多くの新しい工夫(インヴェンティオーネ)が施されていたことは理解できたと思うので、暖炉をドーリス式でつくることが要求されても、このオーダーを装飾部分としてさまざまに適用することはできるだろう。私はこのオーダーによる暖炉として二つの例を示すことにするが、一つはかなり大きな部屋に必要とされるもので、スタンティア(325)壁から突出したモディリオン(326)持送りをそなえた形につくられる。

もう一つは、中くらいの部屋か小さな部屋に必要とされるもので(327)、壁のなかに完全に埋め込まれた形式

図4-56

でつくられる。なぜなら、中くらいの部屋や小さな部屋では、持送りをそなえた暖炉は場所をとりすぎてしまいがちだからである。さらに第二の暖炉については、暖炉の上〔の階〕に別の暖炉を積み重ねて、二つの暖炉が同じ煙突を共用できるようにすることもあるので、そのときには下〔の階〕の暖炉は壁のなかに完全に埋め込まれる必要があるからである。

それゆえ、ドーリス式の暖炉をつくるときには、暖炉の開口高は部屋の天井高に応じるとともに、建築家の判断にしたがって決定される。この高さは4部半に配分されるが、縦縁の正面幅に1部、ピラストラータ横縁〔のアーキトレーヴ幅〕に1/2部があてられる。暖炉の額縁全体を取り囲む平縁、またはレーゴロ〔の幅〕は1/7部とし、このクアドレット

282

ように他の箇所に施される平縁についてもすべて同じ幅とすべきである。軒持送りとトリグリフの正面幅は、アーキトレーヴ〔の幅〕の半分となる。しかし、それらの高さは次のように定められる。

部屋の必要に応じて暖炉の幅が決定され、図［図4-57］に示された方法で縦縁の上に軒持送りが設置されたら、トリグリフ同士の隙間〔つまりメトープの幅〕がアーキトレーヴ〔の幅〕と等しく、それらの隙間の高さも幅と等しくなるように区画されるべきである。このようにすると、それらの隙間は正方形となるので好都合であり、トリグリフは「二倍の比例関係」、すなわち二つの正方形〔を並べた長方形〕となるだろう。しかし、軒持送り同士の両端の隙間は正方形にはなりえない。

トリグリフの頂部と、ムトゥルスと呼ばれる軒持送りの頂部の高さは、軒持送りの〔幅の〕半分とすべきである。シーマとキューマティウムをそなえた頂冠帯〔自体の〕高さは、アーキトレーヴ〔自体の高さ〕と同じになる。これを2部に分けて、1部を頂冠帯とすべきである。残りをさらに3部に分けると、1部がキューマティウムとその平縁にあてられる。シーマとその平縁も含めた頂冠帯の突出する長さについては、その下面がトリグリフ同士の隙間の正方形〔の一辺の長さ〕と等しくなるようにすべきである。このようにすることで、その下面に何かを彫り込みたいという場合は、こうした〔メトープの上の〕隙間をあてることができよう。シーマやキューマティウムの突出する長さ、すなわちスポルトはそれらの部位の高さに等しくなる。

コーニスの上の装飾については建築家の裁量に任されるので、あってもなくてもかまわない。中くらいの部屋か大きな部屋の暖炉であれば、ここで与えられた寸法でうまく行くだろう。しかしながら、小さな部屋に小さな暖炉をつくる場合は、縦縁の正面幅を開口高の1/7にすべきであり、他のあらゆる部位についても、すでに定められた規則にしたがって比例関係が整えられることになるだろう。

|37r|〔図4-57〕　　　　　　　　図4-57

|37v|

壁から突出するこの暖炉は、次のような方法でつくられる。まずは部屋の容積に応じて、適切な高さと幅が定められる。床面からアーキトレーヴ下面までの高さを測り、それを4部に分けてから、1部はアーキトレーヴとフリーズとコーニス〔を合わせた高さ〕に1部をあてる。これらの部位は〔本章の〕冒頭で定められた規則にしたがって配分されるべきである。この図［図4-58］は非常に低い視点から描かれているため、こうした仰視法で暖炉を見上げると、実際に与えられた寸法よりも目では大きく感じるのである。

持送りの正面幅は、その高さの1/7とすべきである。持送りの頂部〔の高さ〕はその正面幅の半分とし、

283

ドーリス式の柱頭(キャピタル)について説明されたときと同じように配分される。この持送りの下部では、その幅が1/4ほど狭くなるものもある。というのも、足の部分がその1/4ほど横に広がることもあるので、足の下の台石(ゾッコ)も、持送りの上部と同じ幅にすると都合がよいからである。

けれども、もし〔上から下まで〕すべて同じ幅の持送りにしたいのであれば、私は大きな暖炉にすることを薦める。なぜなら、その部分は壁の方へと後退して、視線から遠ざかるために、実際の寸法よりも小さく見えるからである。内部から煙を吸い込むピラミッド形の部分は、背が高くなると、見た目があまりよくない。それゆえ、この部分(オルディネ)は最初のコーニスの上に設置されてもよいし、建築家の判断や部屋の天井高にしたがって、その高さが幾分調整されることがあってもよい。これらの要素はすべて大きな暖炉の場合に当てはまる。

しかしながら、中くらいの暖炉や小さな暖炉にせざるを得ない場合には、床面からアーキトレーヴ〔下面〕までの高さを5部に分けてから、前述の同じ規則にしたがって、アーキトレーヴとフリーズとコーニス〔を合わせた高さ〕に1部を割り当てるべきである。同様に、持送りの正面幅は1/9部(331)とし、頂部〔の高さ〕はその半分とすべきである。このようにすると、中くらいの暖炉や小さな暖炉のほうがいっそう優雅になる。私はこれを経験から語っている。なぜなら、小さな暖炉が第一の規則にしたがった〔大きな〕部屋(カメラ)(332)に設置されると、あまりにぎこちなくなるからである。しかし、第二の規則にしたがった部屋に設置するなら、小さな暖炉のほうがいっそう好ましく繊細に見えるだろう。

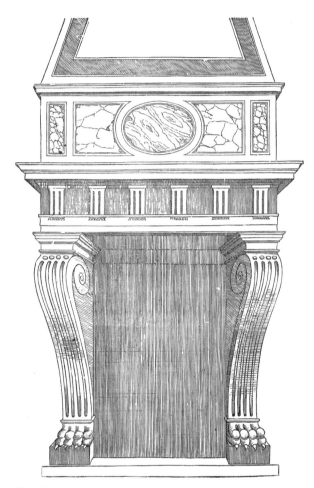

|36br|(333)〔図4-58〕　　　　　　図4-58

|36bv|

第7章　イオニア式オーダーとその装飾について

ウィトルウィウスはこのイオニア式の建物については、『建築十書』第四書第1章で論じている。(334)古代の人々は、婦人の身体をもとにこの種(ジェネラティオーネ)(335)の形態を編み出し、(336)本書の冒頭で述べたように、イオニア式による神殿をアポロやディアナ、バッコスに捧げた。(337)しかしながら、我々キリスト教徒がこのオーダー

284

第四書

を用いて聖堂を建てる場合は、勇壮であり、かつ柔和な人生を歩んだ聖人に聖堂を捧げることになるだろう。このことは婦人としての人生を歩んだ聖女の場合でも同様である。公共の建築であれ、個人の建築であれ、強靭さと繊細さとを兼ねそなえた文士や、平穏な(338)生活を営む者のためにそれらを設計するのであれば、彼らにはこのイオニア式オーダーがふさわしい。また、このオーダーを婦人のための建物で使用するなら、いかなる建物にも適合するであろう。

　それでは、このオーダーの寸法と比例関係の説明から始めよう。一般的な規則として、イオニア式円柱スペティエ(339)〔の高さ〕については、柱礎から柱頭までを含めて8部となるようにすべきである。これについてウィトルウィウスは8部半であると説明しており、敷地や建物の構成に応じて、ときには9部またはそれ以上に(340)なることもあるのかもしれないが、すでに述べたように、私はこれを8部にすべきであると思う。これらのうち1部は柱身底部の太さにあてられ、その半分が柱礎のグロッセッツァ(341)高さとなるようにすべきである。

　この柱礎について、ウィトルウィウスは第三書第3章で、次のようにていねいに説明している。(342)この柱礎〔の高さ〕は柱身〔底面の太さ〕の半分とし、礎盤プリンス〔の高さ〕はその〔柱身底面の太さの〕1/3とすべきである。礎盤を除いた残り〔柱礎の高さ〕は、7部に分けられる。これらのうち3部はトルス〔の高さ〕としてあてられ、残りの4部は二つのスコティア〔の高さ〕と、それらの玉縁とクアドレット〔の高さ〕としてあてられる。この4部はさらに二等分され、それぞれがクアドレットとともに玉縁をそなえた形にすべきである。玉縁〔の高さ〕は1/8部とし、クアドレット〔の高さ〕は玉縁〔の高さ〕の半分とすべきである。

　二つのスコティアについてはいずれも同じ高さとなるが、下にあるスコティアのほうが、長く突出しているために大きく見えるだろう。スポルトと呼ばれるこの突出部については、いずれの側にも上では1/8部の長さに、下では1/8部に1/16部を足した長さにすべきである。こうして礎盤〔の幅〕は、その〔円柱底面の〕太さに、さらにいずれの側にも1/4部と1/8部を足した長さとなる。〔トルス下のクアドレットは、トルス自体の大きな厚みによって隠されてしまうので、〕(343)すでに説明したドーリス式柱礎の別の選択肢にしたがって、他のクアドレットの二倍の高さにすべきだと私は思う。

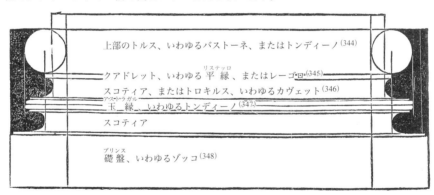

上部のトルス、いわゆるバストーネ、またはトンディーノ(344)
クアドレット、いわゆる平縁リステッロ、またはレーゴロ(345)
スコティア、またはトロキルス、いわゆるカヴェット(346)
玉縁アストラガル、いわゆるトンディーノ(347)
スコティア
礎盤プリンス、いわゆるゾッコ(348)

図4-59

(349)
|37br|

　ウィトルウィウスが説明したイオニア式柱礎は、大半の人々には納得のできるものではない。なぜなら、それについてしばしば議論する多くの学者たちの意見によれば、トルスがきわめて大きいわりに、こうした大きな部材の下にある玉縁アストラガルがあまりに小さすぎるからである。(350)それゆえ、私は多くの先達に深甚なる敬意を払いながらも、自分の意見にしたがって別の形を示すことにする。

　そこで、他の柱礎〔つまりドーリス柱礎〕について説明したときと同様に、礎盤プリンスをつくったら、柱礎の残りの部分は〔上下に〕3部に分けられるべきである。〔最初の〕1部はトルスにあてられる。トルスの下

285

にあるもう1部は、さらに6部に分けられる。その1部は玉縁〔の高さ〕となり、玉縁〔上〕のクアドレット〔の高さ〕は、この玉縁〔の高さ〕の半分となる。トルス下のクアドレット〔の高さ〕は、玉縁〔の高さ〕と同様にすべきである。残りは、トロキルスあるいはカヴェットと呼ばれるスコティア〔の高さ〕にあてられる。

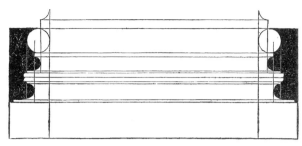

図4-60

　第三の最後に残された1部は、さらに6部に分けられる。その1部は玉縁〔の高さ〕となり、玉縁〔下〕のクアドレット〔の高さ〕は、この玉縁〔の高さ〕の半分となる。礎盤の上にある、〔スコティア〕下のクアドレット〔の高さ〕についても同じようにすべきである。残りは、下部のスコティア〔の高さ〕にあてられる。突出部については、他の柱礎〔つまりドーリス柱礎〕について説明したときと同様に、上の図に示されているような輪郭線にしたがってつくられるべきである。

　イオニア式柱頭は、次のような方法でつくられる。その高さは、円柱〔底面〕の太さの1/3とすべきである。アバクスの正面〔幅〕は、柱身底部の幅と同じにすべきであるが、それを18部に分けてから、その1部を両端に加える。すなわち、両側に半部ずつ増えることによって、全体の幅は19部となる。アバクスの両端から、内側にそれぞれ1部半ずつ引っ込んだ点から、カテトゥスと呼ばれる垂線を下ろす。これは9部半からなり、柱頭の幅の半分と同じになる。これを9部半に分けたとき、1部半をアバクス〔の高さ〕にあてるべきである。

　アバクスの形に関して、図の右側と左側のいずれを選ぶかについては、古代にはいずれの形も用いられていたのだから、建築家の意見にしたがえばよい。アバクスの下の〔残りの〕8部は渦巻〔の高さ〕とすべきである。これはトスカーナの人々には「葡萄の蔓」と呼ばれているが、一般には「巻軸」と呼ばれている。下の図は小さすぎて、とくに渦巻の眼の部分に数値を記入することは難しいので、それをどのようにつくるかについては、次頁の文章と挿絵でもっと明確に示すことにする。

　また、円柱の縦溝の刻み方、すなわちフルートについても示しておく。これについては、〔次頁の〕柱頭の脇に描かれた図を見てほしい。しかしながら、もし円柱の高さが15ピエーデか、それ以下であるなら、トスカーナ式オーダーに定められた規則にしたがって、すべての円柱の〔柱身〕上部の6部を先細りにすべきである。もし円柱の高さが15から40ピエーデであるなら、これについてはウィトルウィウスが『建築十書』第三書第2章で詳細に説明しているので、この章を読めばよい。

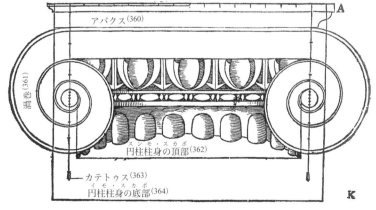

図4-61

| 37b v |

　私が示したとおりにイオニア式柱頭をつくったら、渦巻は次のようにつくられる。カテトゥスと呼ばれるアバクスの下の線については、アバクスよりも下の部分は8部に分けられ、そのうちの4部に分けられたところ〔つまり中点〕から下に、渦巻の眼として1部をあてるべきである。
　眼の部分は6部に分けられ、図〔図4-62〕で示されたように数値が記入される。コンパスの一端の針を数字の1に固定し、もう一端の針をアバクスの下面に置いてから、カテトゥスにいたるまでアーチを下に描くように回転させ、そこでコンパスの針を一旦止める。〔次に数字の1に固定されていた〕コンパスの針を数字の2に固定し直し、〔カテトゥスで止めておいた〕もう一端の針をカテトゥスにいたるまでアーチを上に描くように回転させ、そこでコンパスの針を一旦止める。〔次に数字の2に固定されていた〕コンパスの針を数字の3に固定し直し、〔カテトゥスで止めていた〕もう一端の針をカテトゥ

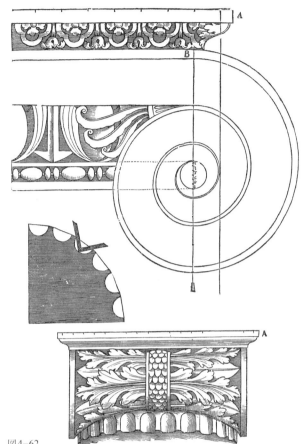

図4-62

スにいたるまでアーチを下に描くように回転させ、そこでコンパスの針を一旦止める。〔次に数字の3に固定されていた〕コンパスの針を数字の4に固定し直し、〔カテトゥスで止めていた〕もう一端の針をカテトゥスにいたるまでアーチを上に描くように回転させ、そこでコンパスの針を一旦止める。〔次に数字の4に固定されていた〕コンパスの針を数字の5に固定し直し、〔カテトゥスで止めていた〕もう一端の針をカテトゥスにいたるまでアーチを下に描くように回転させ、そこでコンパスの針を一旦止める。〔最後に数字の5に固定されていた〕コンパスの針を数字の6に固定し直し、〔カテトゥスで止めていた〕もう一端の針をカテトゥスにいたるまでアーチを上に描くように回転させる。こうして、眼となる円の曲線はカテトゥスによって縦断されることになる。左右両側に渦巻が形づくられたら、〔渦巻の眼のなかには〕小さな薔薇の低浮彫が装飾として施される。

　〔以下、第二版での追加〕しかし、ここで読者諸氏には、理論的に示すのは難しいものもたくさんあることに注意してほしい。たとえ分別のある熟練した建築家ではなくても、あくまでも理論は出発点と見なすべきである。それゆえ、私は理論にしたがって渦巻の作図法を示してはみたけれども〔図4-62〕、Bと記入された帯模様の描き方と、渦巻の大きさに応じてそれを先細りにする方法がまだ残されている。この帯模様の描き方については、次のようになる。
　アバクスの下にある前述の帯模様、すなわちBの部分の幅は、眼の幅の1/3とすべきである。コンパスの一端の針を数字の1と3の中間に固定し、もう一端の針を帯模様の下線部に置いてから、下方のカテトゥ

スにいたるまでアーチを描くように回転させ、そこでコンパスの針を一旦止める。〔次に数字の1と3の中間に固定されていた〕コンパスの針を数字の2と4の中間に固定し直し、〔カテトゥスで止めていた〕もう一端の針を上方のカテトゥスにいたるまでアーチを描くように回転させ、そこでコンパスの針を一旦止める。〔次に数字の2と4の中間に固定されていた〕コンパスの針を数字の1よりも上の点に固定し直し、〔カテトゥスで止めていた〕もう一端の針を下方のカテトゥスにいたるまでアーチを描くように回転させ、そこでコンパスの針を一旦止める。〔次に数字の1よりも上の点に固定されていた〕コンパスの針を数字の4よりも上の点に固定し直し、〔カテトゥスで止めていた〕もう一端の針を上方のカテトゥスにいたるまでアーチを描くように回転させ、そこでコンパスの針を一旦止める。〔次に数字の4よりも上の点に固定されていた〕コンパスの針を数字の5よりも上の点に固定し直し、〔カテトゥスで止めていた〕もう一端の針を下方のカテトゥスにいたるまでアーチを描くように回転させ、そこでコンパスの針を一旦止める。〔最後に数字の5よりも上の点に固定されていた〕コンパスの針を数字の6よりも上の点に固定し直し、〔カテトゥスで止めていた〕もう一端の針を上方のカテトゥスにいたるまでアーチを描くように回転させることによって、その曲線は眼の頂点で出会うことになる。

　（すでに述べたように）この問題は、〔理論的な〕技術においてよりも、むしろ実践において生じるものである。なぜなら、帯模様をどの程度先細りにさせるかは、コンパスの針を少し高めか、または少し低めに固定するかの問題であって、それを決定するのは建築家だからである。この帯模様〔末端の〕の太さは、必ずしも同じにすべきではない。もし柱頭がかなり大きめなら、帯模様〔末端の太さ〕は眼の幅の1/4がよいことに気づくだろう。また、もし柱頭が中くらいの大きさなら、帯模様〔末端の太さ〕は眼の幅の1/3がよいことに気づくだろう。もし柱頭が小さめなら、帯模様〔末端の太さ〕は眼の幅の1/2になることもありうるだろう。これについてはつねに、判断力に優れた建築家の裁量に任されるべきである。なぜなら、私が古代の建物を見たかぎりでは、すべての渦巻は大きさと彫刻のいずれにおいてもさまざまであったからである。〔追加ここまで。〕

　他の個々の寸法については、コンパス一つを手にとれば、容易に導き出し、測ることができる。[(369)]
　円柱の縦溝、すなわちフルートは24本とすべきである。それらの一部分〔つまり1本分〕は5部に分けられ、[(370)]4部が溝に、1部が平らな面（つまり畦）にあてられる。[(371)]こうして一つの平らな面から、〔その隣の〕もう一つの平らな面に直線が引かれると、その中点がフルートの中心となるだろう。けれども、もしほっそりとした円柱を太めに見えるようにしたいなら、縦溝を28本にすればよい。というのは、溝の数が増えることによって横に広がり、物体を実際よりも大きく見せる効果が得られるからである。

　この柱頭のアバクスについては、すでに述べたように、側面の幅が正面の幅に等しい。側面図のアバクスの一方にはＡと記入されていて、〔同じ紙面に描かれた上の正面図のＡとではなく〕前頁の正面図のＡとは、寸法と比例関係が対応するようになっている。

　思慮深い読者であれば、この渦巻の作図法は、私の乏しい才能を振り絞って導き出した結果であることを了解してほしい。というのも、ウィトルウィウスのテクストを理解することは難しく、なかんずくこの著者は、最後の書でこの渦巻の形については他の見事な装飾といっしょにまとめて説明する、と約束していたにもかかわらず、そのような書は見つからないからである。[(372)]

　〔以下、第二版での追加〕これについては多くの意見が錯綜している。私たちの時代には、知識よりも財産のほうを多く蓄えている建築家がいるのだから、ウィトルウィウスの時代にだって無知な建築家はいただろう、という人は多い。なぜなら、大半の無知な輩のあいだでは、無知の姉〔妹〕ともいうべき僭越さが非常に強い力をもっているため、賢者はつねに愚者に圧迫されて、低い地位にとどめ置かれるほどだっ

たからである。こうした理由により、ウィトルウィウスはライバルには教えたくなかったために、これらの図面を公開することを望まなかったという。また、これらの図面は実にすばらしく、見る者を喜ばせるものであったため、ウィトルウィウスの書を所有していた者が図面も大事に保管していたという人もいる。さらに、渦巻の形については文章で記述することも、挿絵で示すことも難しいために、この著者ウィトルウィウスが図面を加えることを控えたと主張した人もいる。しかしながら、私はこの最後の理由にはまったく同意できない。なぜなら、ウィトルウィウスの著作が証明しているように、彼はきわめて博学であったため、自分自身理解できなかったことや、他人に教えることができなかったことについては、いかなることも記そうとはしなかったからである。〔追加ここまで。〕

|38r|〔図4-62〕

|38v|

私は自分が理解できる範囲で、ウィトルウィウスのテクストにしたがったイオニア式柱頭の作図法をこのように示した。そこで次は、古代ローマの人々によってつくられたいくつかの例を示すことにして、今でもマルケルス劇場に存在

図4-63

しているMの柱頭について、概略の寸法をいくつか説明しよう。アバクス正面〔の幅〕[373]は、円柱底部〔の太さ〕と同じである。渦巻については、アバクスの幅の1/6の長さが外側に突出し[374]、その幅の半分の長さが垂れ下がる。柱頭〔自体〕の高さは、円柱底部の太さの1/3に等しい。このような柱頭では装飾性に乏しいと考えた建築家は、柱頭〔自体〕の高さを円柱底部の太さの2/3に等しくして、Pの柱頭に示されたフリーズを加えている。この柱頭は、これとは異なる他の多くの柱頭と同様に、今日でもローマで見ることができる。

イオニア式の円柱を用いて、四角形の回廊や邸館の中庭をつくることが建築家に要求されたときに、四隅の円柱に配慮しなかったがために、渦巻の正面が中庭に面した柱頭と、渦巻の側面が中庭に面した柱頭の両方を生じさせてしまった人は、当代の建築家でも何人もいる。それゆえ、こうした失敗が生じないようにするためには、四隅の柱頭を右の平面図〔図4-64〕

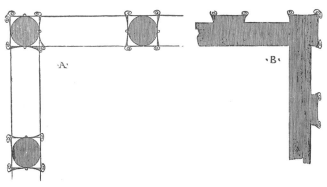

図4-64

Aのような形につくる必要があるだろう。けれども、ローマで発見されたこの類いの柱頭は、多くの議論を巻き起こした。というのも、いかなる目的でこのような形につくられたのかがわからなかったからであり、その結果、混乱を招く柱頭[375]と呼ばれてしまった。これについては引き続き多くの議論が生じたものの、結論としてはすでに述べたように、この柱頭が建物内側の列柱廊の四隅で用いられたことによる。もしこ

289

れが建物外側の四つ角で、平らな柱として用いられる場合は、平面図Bで示されたように、建物の〔角を挟んだ〕両面に渦巻の正面が見える形につくればよいだろう。

| **39*r*** |

アーキトレーヴと呼ばれるエピステュリウムは、次のようにつくられる。もし円柱の高さが12から15ピエーデであるなら、アーキトレーヴ〔自体〕の高さは円柱底部の太さの半分と等しくなる。一方、もし円柱の高さが15から20ピエーデであるなら、円柱〔の高さ〕は13部に分けられ、その1部がアーキトレーヴ〔自体〕の高さにあてられるべきである。また、もし円柱の高さが20から25ピエーデであるなら、円柱〔の高さ〕は12部半に分けられ、その1部がアーキトレーヴ〔自体〕の高さにあてられるべきである。さらに、もし円柱の高さが25から30ピエーデであるなら、アーキトレーヴ〔自体の〕の高さは円柱の高さの1/12となるだろう。

このように円柱の高さが増すにつれて、それに比例してアーキトレーヴ〔自体〕の高さも増すようになる。なぜなら、物体がこのように視界から遠のいてゆくと、物体を取り巻く空気〔の効果〕によって、実際の寸法よりも小さく見えるようになるからである。それゆえ、アーキトレーヴがしかるべき高さにつくられたときは、7部に分けられるべきである。1部が反シーマと呼ばれるキューマティウムにあてられ、その突出部の長さは高さと同じにすべきである。

〔アーキトレーヴの〕残りは12部に分けられ、〔下から上の順に〕3部が第一のファスキア、4部が第二のファスキア、5部が第三のファスキアに配分される。アーキトレーヴ下側の幅は、円柱柱身の頂部の太さと同じになるが、アーキトレーヴ上側の幅は、円柱柱身の底部の太さと同じになる。

フリーズと呼ばれるゾーポルス〔自体の高さ〕については、そこに何らかの彫刻が施されることが多いので、アーキトレーヴ〔自体の高さ〕よりも1/4ほど高くすべきである。しかしながら、ゾーポルスが平らなままで、そこに何も彫刻が施されない場合、ゾーポルス〔自体の高さ〕はむしろアーキトレーヴ〔自体の高さ〕よりも1/4ほど低くすべきである。

フリーズの上にはキューマティウムが設置され、そ〔れ自体〕の高さはフリーズの高さの1/7となる。また、キューマティウムが突出する長さも、そ〔れ自体〕の高さと同じにすべきである。キューマティウムの上には、歯飾りと呼ばれる凹凸装飾が設置される。歯飾りの高さは中央の〔第二の〕ファスキアの高さに等しく、歯飾りが突出する長さも、その高さに等しくすべきである。歯飾りの正面については、高さが幅の二倍となり、歯飾り同士の隙間については、その幅が歯飾りの幅よりも1/3ほど狭くなるようにすべきである。

歯飾りの上のキューマティウムについては、そ〔れ自体〕の高さは歯飾りの高さの1/6となる。頂冠帯については、その上にくるシーマを除いたキューマティウムのみを合わせた高さが、中央の〔第二の〕ファスキアの高さと等しくなるようにすべきである。頂冠帯が突出する長さは、歯飾りが突出する長さも含めて、フリーズとその〔上の〕キューマティウムを合わせた高さと同じになる。

正シーマとも呼ばれるシーマの高さは、頂冠帯〔自体〕の高さにその1/8を加えた高さと同じにすべきである。そのクアドレットの高さは、シーマの高さの1/6となる。また、クアドレットが突出する長さも、その高さと同じにすべきである。このようにコーニスのあらゆる部位についてみると、頂冠帯を除いて、それぞれの突出する長さをそれぞれの高さと同じにすれば、つねにうまくいくことがわかるだろう。

第四書

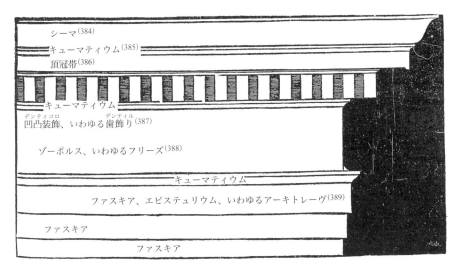

図4-65

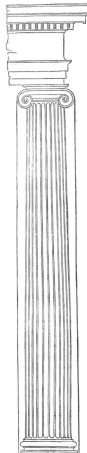

図4-66

|39v|

　円柱の上に設けられるアーキトレーヴとフリーズとコーニスについて、ローマのもの〔つまり古代遺跡に見られるエンタブラチュア〕はウィトルウィウスの記述とは大きく異なっているので、私は別の案を提示してみたい。〔エンタブラチュア〕全体の高さは、円柱の高さの1/4となり、10部に分けられるべきである。そのうち3部がアーキトレーヴにあてられ、その各部は前述の方法によって配分される。次に3部がふくらんだ凸型のフリーズ(390)にあてられる。そして、最後の4部がコーニスとなり、これは6部に分けられるべきである。そのうち1部が歯飾りに、1部が軒持送りを支えるキューマティウムに、2部が軒持送りに、1部が頂冠帯に、そして最後の1部がシーマにあてられる。各部位が突出する長さについては、少なくともそれぞれの高さとすべて同じにすべきである。これと同じようなコーニスは、ローマのサンタ・サビーナ聖堂のイオニア式オーダーに見られる。(391)

　もし円柱の底上げをする必要が生じたとしても、それに付随する要素と調和させる必要に縛られることはない。それゆえ、台座の比例関係については、〔頂部と底部を除いた〕台座の正味の鉛直線が礎盤正面の鉛直線と一致し、台座の正味の高さが正方形とその半分〔を足した長方形〕からなるようにすべきである。これは6部に分けられ、1部をその下に底部として加え、もう1部を上に頂部として加えることによって、台座の全体は8部となる。(392)こうして、この台座は円柱と同様に、8部の比例関係となるだろう。全体についてはつねに一般的な規則と照らし

291

合わせながら判断されるが、多くの事柄がたいていは分別のある建築家の裁量に委ねられる。

|40r|

　私がローマの建物で見たものと、ウィトルウィウスの記述とは大きく異なっているので、今もなおローマの建物に見られ、そのなかでもよく知られている〔エンタブラチュアの〕例をいくつか示してみたいと思った［図4-67］。〔一番左の〕Tと記されたコーニスとフリーズとアーキトレーヴは、マルケルス劇場のドーリス式オーダーの上に設けられたイオニア式オーダーのものである。〔左から二番目の〕Tと記された柱礎を上にそなえた台座（ピラストレッロ）は、同じイオニア式オーダーの円柱の下にある。〔左から三番目の〕Tと記された、アーチの迫元としてのコーニスも、同じくマルケルス劇場にあるもので、イオニア式オーダーの〔層にある〕アーチを支えている。

図4-67

　Aと記された、軒持送りをそなえたコーニスは、ローマのサント・アドリアーノ聖堂とサン・ロレンツォ〔・イン・ミランダ〕聖堂とのあいだに見られたものである。Fと記されたアーキトレーヴは、フリウリのオデルツォに見られたものである。このアーキトレーヴには三つのファスキアがあるが、玉縁（アストラガル）がないので、私はこれをイオニア式のアーキトレーヴであると判断した。私はこれらの部位の寸法については、他には何も記していない。なぜならこれらの図面は、私が細心の注意を払ってそれぞれの建物から実測し、縮尺して描いたものであるため、コンパス一つを用いれば、それらの寸法はいつでも導き出せるからである。

|40v|

　私に言わせれば、ウィトルウィウスの記述によるイオニア式戸口は、建物の要求する比例関係に対応してはいないけれども、私が理解できる範囲で説明することにしたい。ウィトルウィウスのテクストによれば、イオニア式戸口の開口部の高さは、ドーリス式戸口の場合と同じであるという。すなわち、床面から〔天井面の〕格間までの高さが3部半からなるようにすべきであり、〔ペディメントに〕十印が記入されたあたりに格間、すなわち天井が設けられることを意味しているが、2部が戸口の開口部の高さとしてあてられることになる。そして、ドーリス式戸口の場合のように、この開口部の上は巨大な頂冠帯で終わる。

　しかし、そこには別の誤りが続く。ウィトルウィウスのテクストで述べられているように、もし戸口下部の開口幅が3部、開口高が5部からなり、ドーリス式戸口の場合と同様に開口幅が上に行くにつれて狭められるとすると、この場合の開口幅は中央の柱間〔内法幅〕よりも広くなることに私は気づいた。『建築十書』第三書では、この寸法による四柱式の神殿について説明されているので、私は次の図［図4-68］でこの戸口が神殿に対応するような形に描いてみた。

292

私の考えでは、ドーリス式オーダーの場合、円柱の高さはイオニア式の場合よりも低くなるので、もしドーリス式戸口の開口高が正方形二つ〔を合わせた長方形の長さ〕よりも少しだけ高いとすると、これとは一致しない。イオニア式円柱はドーリス式円柱よりも背が高いので、当然のことながら、イオニア式戸口の開口高はドーリス式のそれよりも高くなるはず、と私は主張したい。それでもあえてテクストにしたがうなら、戸口の開口高が5部、戸口下部の開口幅が3部からなるので、ドーリス式戸口の開口高よりも低くなってしまう。それにもかかわらず、この著者に深い敬意を払うように、〔テクストについても〕すべて尊重すべきなのかもしれない。

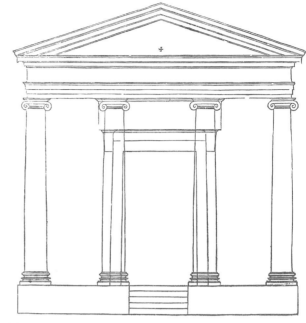

図4-68

　しかしながら、ウィトルウィウスのテクストどおりに、それらの部分を取り上げる場合は、戸口上部の開口幅を狭めないものも、〔別の選択肢として〕脇につくることにしたい。けれども、単純に人を喜ばせるという目的で、戸口上部の開口幅を狭めたほうがよいという人は、ドーリス式戸口の規則にしたがうべきである。

|41r|

　この戸口の開口部については、〔長方形の短辺を間口幅、長辺を高さとしたときに〕二つの正方形〔を縦に並べた長方形の長辺〕よりは少なくとも高くすべきである。柱型の幅〔あるいは横縁の高さ〕は開口高の1/12とし、イオニア式のアーキトレーヴについて説明したときと同じ方法でつくられる。〔左側の〕Fの図に示されているように、ファスキアには玉縁が加えられる。この上にあるフリーズ〔自体〕の高さについては、もしそこに何か彫刻を施したいのであれば、柱型の幅よりも1/4ほど高くすべきである。しかし、平らなままにしておくのであれば、それよりも1/4ほど低くすべきである。頂冠帯と他の部位の高さについては、柱型の幅と等しくし、Fの図に見られるように配分すべきである。

図4-69

293

アンコンまたはプロティリデス(405)は、渦巻持送り(406)ともカルテッラ(407)とも呼ばれるが、その正面幅は柱型の幅と同じにすべきである。アンコンの一番下は戸口の開口部一番上と同じレベルに位置するが、図［図4-69］に見られるように、アンコン下部(408)の幅については1/4ほど狭くし、そこから葉形が垂れ下がるようにすべきである。

　戸口の上にある円弧の部分は、櫛形ペディメント(レメナート)(409)と呼ばれ、その高さは次のように定められる。コンパスの両端の針を、それぞれシーマ頂部の両側に置き、それぞれ一方を固定し、もう一方を下に回転させてできた曲線の交点に〔図のような〕+印をつける。今度はこの交点にコンパスの一端の針を固定し、もう一端の針をシーマ頂部の一端に置いてから、そのもう一端へとアーチを描くように回転させると、このように櫛形ペディメントの高さが導き出せる。それをつくるか否かは、つねに建築家の判断に任される。このペディメントは、窓や他の装飾にも用いられる。

|41v|
　次の戸口の開口部については「二倍の比例関係」(410)、すなわち二つの正方形〔を縦に並べた長方形〕とし、柱型(ピラストラータ)(411)の正面幅は開口幅の1/8とすべきである。円柱については、底部の太さが柱型の正面幅の二倍で(412)、頂部の太さは底部の太さよりも1/6ほど小さくなる。柱礎から柱頭までを含めた円柱の高さは9部に分けられ、〔本章の〕冒頭で述べたそれらの寸法にしたがう［図4-70］。

　円柱の高さについては、与えられた規則のそれよりも1部増しにはなるものの、それによって不都合が生じるわけではない。なぜなら、ここでは円柱〔断面の直径〕の2/3のみが壁から突出することになるが、ペディメントの自重のみを支えることができればよいからである。それどころか、仮にこれらの円柱の高さが9部を超えたとしても、単なる装飾として設けられた場合や、壁と結合された場合は、批判されるには値しないだろう(413)。

　アーキトレーヴの高さは、柱型〔の幅〕と同じにすべきである。フリーズ〔の高さ〕については、それに彫刻が施されるか、平らなままであるかにもよるが、いずれにしても別の箇所で説明されたようにつくられる。コーニスの高さは、アーキトレーヴの高さと同じになる。他の部位については、〔本章の〕冒頭で述べたようにつくられる。

　ドーリス式オーダーに定められた規則の一つにしたがって、ペディメントの高さを高くするか、低くするかについては、建築家の判断に委ねられるべきである。思慮深い建築家であれば、この創意工夫(414)を他にも多くのものに適用することができる。さらに何かの必要に迫られた場合や、他のものと調和させる場合に、開口部は一つの正方形とその半分〔の長方形を並べてできた縦長の長方形〕でつくられることもあれば、一つの正方形とその2/3〔の長方形を並べてできた縦長の長方形〕でつくられることもある。とはいえ、もし建築家がいか

図4-70

294

なる必要性にも束縛されないなら、私はこの比例関係を推奨するだろう。

|42r|〔図4-70〕

|42v|
　私はこのルスティカ式をトスカーナ式に分類することで、トスカーナ式オーダーのさまざまな箇所にルスティカ式を応用しただけではなく、戸口の場合はそれをドーリス式と組み合わせることも試みた。そ(415)こで、ルスティカ式をイオニア式と組み合わせることも考えてはみたものの、やはり真っ当な理由がないかぎり、イオニア式の建物には見境もなしにルスティカ式を使用すべきではない。たとえば、このようなオーダーが田舎の建物(ヴィッラ)に用いられる場合は、非難される謂れはないだろう。また、都市の建物であっても、文士や商人のような堅実な生活を送る者にはふさわしいのかもしれない。

図4-71

　けれども、このルスティカ式がいかなる場所に建てられようとも、その上にバルコニーとして用いられる別のオーダーを設けたいのであれば、右の平面図〔図4-71〕に示されているように、バルコニーは壁から張り出す必要があるので、下の階の壁厚によってバルコニーの床〔面積〕も決定される。この建物の比例関係については、〔床から〕アーチの下〔つまり迫元〕までの開口部が二つの正方形〔を縦に並べた長方形〕となり、円柱の脇の柱型の幅が開口幅の1/8、(416)そして円柱の太さが開口幅の1/4となるようにすべきである。しかし、柱礎から柱頭までを含めた円柱の高さは、9部とすべきである。半円アーチは、13と1/4部に分けられるべきである。すなわち、中央の要石に1と1/4部があてられ、残りの12部が12の迫石に均等に配分されるのである。
　アーキトレーヴとフリーズとコーニスを合わせた高さは、円柱の高さの1/5とすべきである。これは11部に分けられ、4部がアーキトレーヴ、3部がフリーズ、4部がコーニスと

図4-72

して割り当てられる。バルコニーの擁壁の高さは、戸口の幅の半分とすべきであり、その個々の部位の寸法は、このオーダーの台座からもたらされる。柱礎、柱頭、アーキトレーヴ、フリーズ、コーニスといった個々の部位は、冒頭で述べたような方法でつくられる。しかし、中心に収束する迫石や、円柱を押さえつける切石は、図［図4-72］に示されたような方法でつくられることになる。

| **43r** | 〔図4-72〕

| **43v** |

　これらのアーチの〔迫元までの〕高さは、私が今までに示した大半の例とは異なり、「二倍の比例関係」になってはいない。けれども、これは誤りというわけではなく、むしろ工夫が凝らされた結果である。なぜなら、壁面を分割する際に、要求された高さに合わせる必要が生じることはよくあるし、奇数個のアーチ（417）をつくる際にも、つねにこのようにすべきだからである。すなわち、中央に主要な戸口を設ける場合、開口部が「二倍の比例関係」であるなら、アーチの〔迫元までの〕高さには到達しないからである。しかしながら、もしいかなる条件にも束縛されないなら、開口部の高さがその幅の二倍となる比例関係を、他の何よりもつねに私は推奨するだろう。

　それから、支柱のあいだの開口部については、その幅を3部、その高さを5部とすべきである。しかしながら、幅を5部に配分したときには、支柱の正面幅を2部、円柱の太さを1部とすべきである。それゆえ、円柱両脇の柱型と呼ばれる側柱については、その正面幅が円柱の太さの半分となり、アーチの〔外輪から内輪までの〕幅についてもそれと同じになる。アーチを支える迫元〔自体〕の高さはアーチの幅に等しく、Tと記されたマルケルス劇場の迫元と同じようにつくられる［図4-67参照〕。柱礎から柱頭までを含めた円柱の高さは9部とすべきであり、本章の冒頭で定められた規則にしたがってつくられる。

　中央の戸口の開口幅は、ピア同士の内法幅の半分となり、開口高については次のように定められる。まずは柱型の幅を開口幅の1/6とし、戸口上部のコーニスとアーチの迫元が水平線上に置かれるようにレベルをそろえる。それから、フリーズの上に正シーマを加えた形で、フリーズ〔自体〕の高さを付柱の幅よりも1/4ほど短くして〔コーニスの下に〕設置する。すると、〔その下の〕開口部の高さは、二つの正方形〔を縦に並べた長方形の長さ〕よりも若干低めとなる。ペディメントは、ドーリス式オーダーについての章で説明された規則の一つにしたがってつくられる。

　アーキトレーヴとフリーズとコーニスを合わせた高さは、すでに説明された規則にしたがってつくられた円柱の高さの1/4とすべきである。上層のオーダー、つまり第二層立面の高さは、第一層のそれよりも1/4ほど低くなる。同様に、第二層のアーキトレーヴとフリーズとコーニスを合わせた高さは、第一層のそれらの1/5とし、第二層の円柱の高さの1/4とすべきである。しかしながら、個々の部位の分割に関しては、コンポジット式オーダーについての章でさらに詳しく説明されるだろう。

　アーチによって形成される窓の〔開口〕幅は、戸口の〔開口〕幅と同じになる。このことは、柱型〔の幅〕やアーチ〔の外輪から内輪までの幅〕についても当てはまる。しかし、〔開口部底面からアーチ頂点までの〕窓の高さについては、二つの正方形とその半分〔の長方形並べた縦長の長方形の長さ〕となる。これは部屋に多くの光がもたらされるようにするためである。コリント式の柱は平らな付柱とすべきであり、すでに述べたように、その高さは下にあるイオニア式円柱の高さよりも1/4ほど低くすべきである。付柱とアーチとのあいだに設けられるニッチの幅は付柱の幅の一倍半とし、ニッチの高さは付柱の幅の四倍とすべきである。

　もし他にもいくつか残された部位があるなら、それらのオーダーの最初の規則に立ち戻るのが常套手段であるかもしれないが、ここではコリント式の柱なので、コリント式オーダーについての章を読めば、そ

296

れらの寸法も見つけられるだろう。このオーダーによる階の上に、屋上として遊歩場をつくりたいと考える人もいるかもしれないが、そのためには床石を注意深く正確に敷き詰めて、雨水からしっかりと保護されるようにしなければならない。屋上階のパラペットの高さについては、それに寄りかかったときに心地よいと感じるような高さにすべきである。こうしたものはファサードの装飾として大いに有効であり、かつ居住者にも実に役立つものとなるだろう。

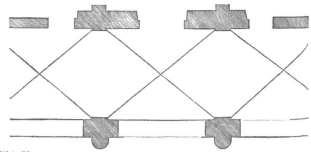

図4-73

|44r|〔図4-74〕

|44v|

私がすでに述べたように、建築家は円柱の各数値を考慮しなければならないが、たとえば調達できた円柱が短くて、必要な長さの部材が調達できなかったような場合は、つくろうとする建物の必要に応じて、部材をつくりかえて応用することができなければならないだろう。たとえば、調達できた円柱ではポルティコの高さには到達しないような場合は、正面中央にアーチを一つ設けて、円柱の上部にあるアーキトレーヴで残りの壁を支えることで、この問題は解決できるだろう。このアーキトレーヴは、〔ポルティコと水平に架けられる〕円筒ヴォールト天井の迫元となるが、アーチとなるところ〔の背面〕には交差ヴォールト天井が架けられ

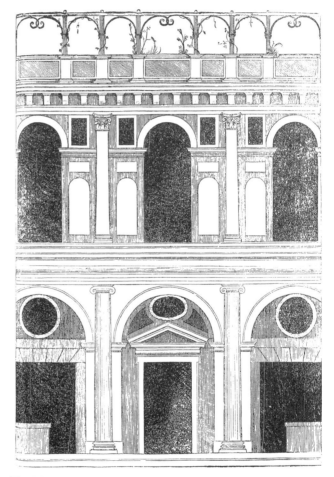

図4-74

るべきである。このヴォールト天井を強固にするためには、これと似たような内容をドーリス式オーダーの章で述べたときと同じ方法で、各円柱の上部に鉄やブロンズでできたタイバーを配置すべきである。
さて、この正面壁の分割法については、中央の柱間が円柱〔底面の〕六本分の太さとなり、柱礎から柱頭までを含めた円柱の高さが8部となるようにすべきである。アーキトレーヴ〔自体〕の高さは円柱頂部の太さと等しくすべきであり、アーチ〔の外輪から内輪までの幅〕についても同様にすべきである。アーチの上部にはコーニスが設けられ、トンディーノとクアドレットを除いたコーニス〔自体〕の高さは、アー

キトレーヴ〔自体〕の高さよりも1/4ほど高くすべきである。このコーニス〔の一部〕に、円柱の上にそれと同じ幅で積み重ねられた付柱の柱頭が一致するようにすべきである。アーチの両脇に並んだ円柱同士の柱間については、円柱三本分の太さとすべきである。

　戸口の高さについては、円筒ヴォールト天井を支えるアーキトレーヴが、戸口のコーニスを形成するようにすべきである。そのためには図で示されているように、いくつかの部位を変えることになる。すなわち、コーニスの下にフリーズを設置し、その高さをアーキトレーヴの高さよりも1/4ほど低くする。扉枠〔の横縁〕の高さはそれに等しくし、戸口の開口幅を、扉枠〔の横縁下端〕から踏み段までの長さの半分と(426)なるようにする。すると、この戸口の開口部は二つの正方形〔を縦に並べた長方形〕となるだろう。窓の高さについては、戸口の高さと〔頂部の〕レベルがそろえられ、窓の幅は円柱二本分の太さに等しくなる。窓の開口高については、対角線の比例関係とすべきである。(427)

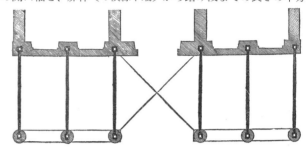

図4-75

　第二層では第一層よりも立面の高さが1/4ほど低くなる。パラペットの高さについては、〔それに寄りかかったときに〕心地よいと感じるような高さにすべきである。残りは5部に分けられるが、このオーダーに与えられた寸法にしたがって、その4部が円柱の高さに、最後の1部がアーキトレーヴとフリーズとコーニスを合わせた高さに割り当てられる。中央の窓については、その両脇の窓枠も含めた幅が、戸口の開口幅と等しくなるようにすべきである。つまり、窓の高さはその幅の二倍となる。

　窓の上部の装飾については、戸口に関して与えられた同じ規則にしたがうべきである。両脇に並んだ窓の開口幅は、下層のそれらの幅と等しくすべきであり、窓の〔底面からアーチ頂点までの〕高さについては、〔同じ層の〕中央の窓の高さとレベルがそろうようにすべきである。この第二層の上に突出している中央部の立面の高さは、第二層のそれよりも1/4ほど低くなり、個々の部位もその比例関係にしたがって小さくなる。

図4-76

298

この層の開口部については、第一層の秩序が保たれ同様の配列となる。しかしながら、この第三層をつくるか否かは、建築家の裁量に任される。

|45r|〔図4-76〕

|45v|

　私が本書の冒頭で述べたように、イオニア式の形態は婦人の身体に由来するので、そのようなオーダーで暖炉を設ける必要が生じた場合にも、適正さを保ちながらイオニア式オーダーの範囲内にとどめておくためには、できるだけこの種を手本にすることが望ましい。図の暖炉［図4-77］の比例関係については、次のようにすべきである。まず、暖炉の開口部として適切な高さが構成されるためには、床面からアーキトレーヴまでの高さは8部に分けられる。これはイオニア式円柱を手本としているためである。イオニア式円柱から、このような奇怪な形態、ないしは混淆形態が得られる〔のは意外かもしれない〕が、こうした方法で持送りとしての役割を担う部材が形づくられるのである。

　アーキトレーヴとフリーズとコーニスを合わせた高さは、持送りの高さの1/4となり、冒頭で述べられた方法によって分けられる。これらの部位については、実際の寸法よりも背が高く表現されているように見えるけれども、別の箇所でも述べたように、部材の二つの部分が捉えられるようにしたため、すなわち持送りの正面と側面の両方が見えるように視点を低く定めたためである。

　アーキトレーヴとフリーズを覆い隠す、柱頭の上にある石板は、古代の人々によっても用いられた。私が思うに、それは文字を刻み込むために広いスペースが必要だったからか、または斬新さを大いに楽しみたかったからなのだろう。この石版をつくるか、または省くかについては、つねに建築家の裁量次第である。海豚の装飾が設けられた第二の部位がつくられるのは、二つの理由による。一つは煙の排出口をもっと広げるためであり、もう一つは十分な天井高のない部屋では、暖炉の咽喉を形成するピラミッド形の部分を取り除くためである。これらのものを大きくするか、小さくするかはつねに建築家の自由に任されていて、ときにはつくらずに済ませてもよいのである。

図4-77

|46r|〔図4-77〕

|46v|

　この種の暖炉［図4-78］は、狭い場所では大いに役立つ。というのも、視覚をはなはだ損なう危険のあ

る火によって目に害がもたらされないように、暖炉は通常人の顔よりも低い位置に設置されるからであり、さらに起立した状態であれば、とりわけ顔以外の肢体はすべて温めることができるからである。

　この暖炉の開口部は完全な正方形をなす。開口部の額縁の幅は、開口幅の1/6とすべきである。キューマティウムの幅は、さらにその1/7となる。残りは12部からなり、そのうち3部が第一のファスキア、4部が第二のファスキア、そして5部が残された第三のファスキアに配分される。装飾性を増すために、図の片隅に示されているように、玉縁(アストラガル)がつくられてもよい。

　渦巻の高さは、キューマティウムを除いた三つのファスキアを合わせた幅〔あるいは高さ〕と同じにし、3部からなるようにすべきである。そのうち1部は縦溝が施されたフリーズに、次の1部はトンディーノと小さな帯模様(ピアネット)をそなえたオヴォロに、そして第三の1部は渦巻にあてられる。この渦巻は、キューマティウム〔の底面〕にいたる高さまで両側から垂れ下がり、さらにそこからアーキトレーヴ底面の高さまで、葉形が垂れ下がるようにすべきである。

　二つのキューマティウムと一つのシーマをそなえた頂冠帯(コローナ)の高さは、キューマティウムを含めた第二のファスキアと第三のファスキアを合わせた高さと同じにすべきである。頂冠帯の突出する長さは、コーニス全体の高さに等しくなるのに対し、シーマとキューマティウムの突出する長さは、つねにそれらの高さに等しくなる。私がこのような形で暖炉をつくってみたところ、誰にとっても実に好ましく、見た目も立派なものとなった。

　しかしながら、この比例関係に基づいた暖炉は両側にかなり広がるため、それによって広い場所を占めることになるのであれば、開口部の額縁の幅を開口幅の1/8として、同じ比例関係を適用してもよい。すると、すべての部位は小さめになり、暖炉全体の比例関係としては、ずっと細身になるだろう。暖炉の上に装飾として設けられる部分については、建築家は自分の好みに応じてつくることができる。なぜなら、この暖炉は壁体の内部にすっぽりと収まるように設置されるからである。この装飾は、このオーダーの戸口や窓にもふさわしいものとなるだろう。

図4-78

　　これでイオニア式についての章は終わり、コリント式の章へと続く。

|47r|〔図4-78〕

300

第8章　コリント式オーダーとその装飾について

　ウィトルウィウスはコリント式に関しては、第四書第1章で柱頭についてしか論じていない。まるでイオニア式円柱の柱頭のみを交換したものがコリント式になる、とほのめかしているかのようである。続く第2章でも、頂冠帯の下の軒持送り（モディリオン）の起源について語ってはいるものの、コリント式の規則や他の部位の寸法については何も説明していない。しかしながら、このコリント式オーダーは古代ローマの人々にはとても好まれていたので、むろん他のオーダーについてもそうではあったけれど、とりわけこの柱礎は多くの部位で構成された形でふんだんに飾り立てられたのである。そこで、これらの柱礎に関するいくつかの規則を提示するために、その一例としてローマで最も見事な建物であるラ・ロトンダと呼ばれるパンテオンの柱礎を選んで、すべての寸法について順に説明することにしたい。

　一般的な規則として、コリント式円柱の高さは柱礎から柱頭までを含めて9部とすべきである。柱頭〔自体〕の高さは、円柱底部の太さに等しくなる。しかし、柱礎〔自体〕の高さはその半分となる。これを〔上下に〕4部で分けられるようにつくり、ゾッコと呼ばれる礎盤に1部があてられるようにすべきである。残りの3部は、さらに〔上下に〕5部に分けられ、1部が上部のトルスとなるが、下部のトルスはそれよりも1/4ほど高くすべきである。残りは〔上下に〕二等分され、その一方は玉縁と二つのクアドレットをそなえた下部のスコティアにあてられる。ただし、玉縁〔の高さ〕はスコティア〔の高さ〕の1/6、クアドレット〔の高さ〕はそれぞれ玉縁〔の高さ〕の半分となる。下部のトルスの上にあるクアドレット〔の高さ〕は、玉縁〔の高さ〕の2/3とすべきである。こうして他の部分については、玉縁〔の高さ〕が全体〔の高さ〕の1/6となり、クアドレット〔の高さ〕がその玉縁〔の高さ〕の半分となるように分けられる。そして、下部のトルスの下にあるクアドレット〔の高さ〕は、上にあるクアドレット〔の高さ〕よりも1/3ほど高くすべきである。

　スポルトと呼ばれる突出部については、もし柱礎が他の円柱列による層の上に置かれるなら、イオニア式の突出部のようにすべきである。しかしながら、もし柱礎が最下層に置かれるなら、ドーリス式の突出部のように、柱礎の〔高さの〕半分とすべきである。けれども、どこに柱礎を置くべきかについては、建築家は細心の注意を払う必要がある。なぜなら、柱礎が人の視線よりも下にあるときにはこれらの寸法でもよいのだが、柱礎が人の視線よりも上にあるときには、それらの部位がいずれも他の部位によって妨げられて見えにくくなるからである。それゆえこうした場合は、定められた寸法よりも幾分大きめにつくる必要があるだろう。さらに、柱礎が非常に高い位置に設けられる場合は、部位の数を少なくして、いっそう均整のとれた形（フォルモーゾ）にすべきである。このように機転を利かせるという点で、ロトンダを設計した建築家はさすがであった。実際、彼は室内の第一層よりも上では平らな柱を使って、それらの柱礎には二つのスコティアを設けたが、玉縁についてはここで示したように二つではなく、一つのみとしたのである。

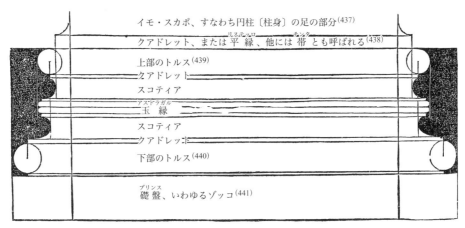

図4-79

　コリント式柱頭〔の形〕はコリントの乙女〔の逸話〕に由来し、その起源については、ウィトルウィウスが第四書第1章で語っているので、私はさらなる説明に労力を費やすつもりはない。とはいえ、もしこのオーダーを用いて聖堂を建てるのであれば、我らの救い主イエス・キリストの母なる処女マリアにそれを捧げるべきである、とだけは言っておこう。なぜなら、聖母マリアは懐胎する以前はもとより、懐胎中も、出産後もつねに処女だったからである。それゆえ、このオーダーは童貞として生涯を送った男女すべての聖人にも同様にふさわしいものである。また〔男子〕修道院や、神への崇拝に身を捧げた処女たちを閉じ込めておく回廊〔をそなえた女子修道院〕も、このオーダーにしたがって建てられるべきである。一方|**48r**|、住宅については公私を問わず、また墓についても、それらが高潔で慎み深い人物のためにつくられるものであれば、適正という原則にしたがって、この方法による装飾が採用されるだろう。

　コリント式柱頭〔自体〕の高さは、円柱底部の太さと同じにすべきであり、アバクスは〔柱頭〕全体の高さの1/7となる[図4-80]。残りの部分は3部に分けられる。すなわち、1部は一番下の葉飾りの層に、次の一部は中間の葉飾りの層に、そして最後の1部については茎状部、あるいは渦巻と呼ぶほうがよいのかもしれないが、この層にあてられるべきである。しかし、これらの渦巻と中間の葉飾りとのあいだには、小さな葉飾りが設けられるだけの隙間を残しておくべきであり、茎状部はそこから発芽したように跳ね上がる。Bと記されたむき出しの柱頭については、その底部の幅が円柱頂部の幅と同じになるようにすべきである。アバクスの下には帯、またはコッレッジャが設けられ、その高さはアバクスの高さの半分になる。それからアバクスは3部に分けられるが、1部はクアドレットをそなえたキューマティウムに、残りの2部はアバクス〔本体〕にあてられるべきである。

　アバクスの四つ角の下には、大きな茎状部が設けられる。アバクスの中央にはそれと同じ高さの花飾りが施され、その下には小さな茎状部が設けられる。大きな茎状部の下と、同じく小さな茎状部の下にも、中間の葉飾りが設けられる。これらのあいだから小さな葉飾りが生え出て、そして小さな葉飾りからは茎状部が生え出るようにする。中間の葉飾りは八つで、同じく一番下の葉飾りも八つであり、下の図Cで示されたように配置される。アバクスの対角線をなす角から角までの長さは、円柱底部の直径の二倍とすべきである。円柱の底面が正方形に内接するように設置してから、その正方形の角に外接するさらに大きな円を描く。そして、その円に外接するようにさらに大きな正方形を描き、対角線によって分割する。すると、この対角線〔の長さ〕はウィトルウィウスのテクストで述べられているように、円柱二本分〔の太さ〕と同じになるだろう。

　しかしながら、点Bと点Cからそれぞれ点Xへと直線を描いて正三角形をつくると、その点Xを中心と

したアバクスの曲線、すなわちその窪みとなる円弧を描くことができるだろう。大きな円と小さな円とのあいだにある部分は4部に分けられる。1部はAの字よりも上に残されるが、あとの3部は次のように取り除かれるべきである。すなわち、コンパスの一端を点Xに、もう一端を点Aに置いて、点Bから点Cまで円弧を描くと、その曲線は三角形の二辺を横断するので、その部分が柱頭の角の先端部となるのである。この例は図Dに示されている。このようにしてアバクスは、柱礎の礎盤とともに鉛直線上に存在し、偶然にできてしまったような線は一つも存在しないことになるが、むしろすべての線は幾何学的な理論にしたがって導き出されたことが納得できるだろう。

|48v|

　本章の冒頭で述べたように、ウィトルウィウスはコリント式のアーキトレーヴとフリーズとコーニスについて、それらの寸法には何も触れていない。それでも、いずれのオーダーのコーニスにも用いられる軒持送りの起源については、古代から見られるものとして言及はしている。そこで、ウィトルウィウスのテクストから大きく逸脱することなく、説明を慎重に進めていくために、私はアーキトレーヴに玉縁を加え、頂冠帯の下にオヴォロを加えることによって、コリント式柱頭の上部にイオニア式の装飾を設置することを試してみたが、この程度であれば並みのローマの建築家でもときどき試した手法であった。

　イオニア式オーダーの章で説明したように、アーキトレーヴがつくられるときには、玉縁は中央のファスキアの下に、ファスキアの高さの1/8となるようにつくられ、別の

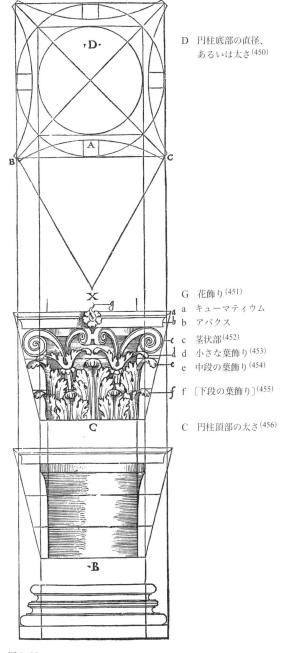

D 円柱底部の直径、あるいは太さ[450]

G 花飾り[451]
a キューマティウム
b アバクス
c 茎状部[452]
d 小さな葉飾り[453]
e 中段の葉飾り[454]
f 〔下段の葉飾り〕[455]

C 円柱頂部の太さ[456]

図4-80

玉縁は上部のファスキアの下に、ファスキアの高さの1/8となるようにつくられ、いずれも図〔図4-81〕に示されたように細工される、と再び言っておこう。それからキューマティウムをそなえたフリーズと、キューマティウムをそなえた歯飾りが設置されたら、オヴォロはその上に、最初の〔上部の〕ファスキアと同じ高さで設置される。このファスキアについては、突出部も長く、彫刻も施されているために、中央のファスキアよりも大きく見える。イオニア式オーダーの章で説明したように、オヴォロの上部には、頂

303

冠帯と、キューマティウムをそなえたシーマが設置されるべきである。

　古代ローマの建築家のなかには、歯飾りの上のオヴォロについてのみならず、同じコーニスにある軒持送りや歯飾りについても、自由気ままにつくる人はいた。こうした手法を、ウィトルウィウスは『建築十書』第四書第2章で厳しく批判している。というのも歯飾りは、彼がアッセルと呼ぶ小梁の先端部を表しているからである。また、軒持送りについても、同じく彼がカンテリウスと呼ぶ他の垂木の先端部を模してつくられるからである。二種類の垂木が、同じ場所で一方が他方の上から立ち上がることはない。私自身についていえば、同じコーニスのなかで軒持送りと歯飾りをいっしょにするようなことは決してしないけれども、ローマや他のイタリアのさまざまな場所で、こうした例が数多く見られるのもまた事実である。

　しかしながら、このオーダーでは論述をていねいに続けていくため、私は一般的な規則を採用することにしたい。すなわち、柱礎から柱頭までを含めた円柱の高さが4部に分けられ、これらの1部がアーキトレーヴとフリーズとコーニス〔を合わせた高さ〕にあてられると、前述の高さに一致することになる。これらの部材は円柱の高さの1/4であるという点で、ドーリス式の建物のときとも同じになる。この1/4の部分は、それからさらに10部に分けられる。すでに説明されたような方法で、それらのうち3部はアーキトレーヴ〔の高さ〕に、また3部はフリーズ〔の高さ〕にあてられ、残りの4部で次のようなコーニスがつくられるべきである。

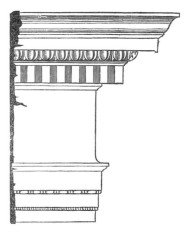

図4-81

図4-82

　この4部はさらに9部に分けられ、1部はフリーズの上のキューマティウム〔の高さ〕に、2部はクアドレットをもつオヴォロ〔の高さ〕に、他の2部はキューマティウムをもつ軒持送り〔の高さ〕に、さらに2部が頂冠帯〔の高さ〕にあてられる。残りの2部はキューマティウムをそなえたシーマ〔の高さ〕とすべきであり、このキューマティウム〔の高さ〕はシーマ〔の高さ〕の1/4となる。部材の突出部については、いずれもすでに説明されたようにつくられるべきである。ウィトルウィウスが『建築十書』第四書第7章で劇場について述べているように、このアーキトレーヴとフリーズとコーニス〔を合わせた高さ〕を、円柱の高さの1/5にすることもできる。

|49r|

　コリント式円柱の先細りについては、その高さに応じて、他の円柱について説明されたときと同じ方法で算出されるべきである。しかしながら、もし高さが16ピエーデないしはそれ以下であるなら、トスカーナ式オーダーについての章の冒頭で示された規則の数値よりも1/6減らされる。もし円柱に細い縦溝、すなわちフルートが刻み込まれるのであれば、これはイオニア式のときと同じようにつくるべきであるが、左側の図に見られるように、円柱の高さの下から1/3までにフルートがしっかりと彫り込まれる。

　この図のアーキトレーヴとフリーズとコーニスは軒持送りがない場合であるが、その有無による寸法

第四書

図4-83

の違いを示すためである。アーキトレーヴ〔の高さ〕は円柱の太さの半分であり、フリーズには彫刻が施されるので、アーキトレーヴ〔の高さ〕よりも1/4高くなる。フリーズ〔頂部〕のキューマティウムを除いたコーニスの高さは、アーキトレーヴの高さと同じになる。〔アーキトレーヴとフリーズとコーニスを合わせた〕全体の高さは、円柱の高さの1/5には満たなくなるけれども、頂冠帯を大胆に突出させれば、実際よりも背が高く見え、建物に及ぼす荷重も小さくなるだろう。

　分別をそなえた建築家であれば、ウィトルウィウスの記述や、その著者の記述から確認できる古代遺物の好例から大きく逸脱しないかぎりは、いつでも自分にとって最も都合のよい部分を選択してかまわない。たとえ何らかの理由によって、コリント式円柱にその比例関係に基づいた台座が必要とされたところで、その部位に他の要素による影響が及ぶことはまったくないが、その比例関係については、柱礎の幅が3部に分けられるべきである。それから、これらに2部が加えられることで高さが定められるが、この高さとは頂部のコーニス〔と底部の基礎〕を除いた台座正味の高さを指している。

　この高さを7部に分けてから、これらの1部がその基礎として加えられ、もう1部がその頂部として加えられると、合計で9部となるだろう。それゆえこの台座は、同じく9部からなる円柱に応じて比例関係が定められるだろう。けれども、基礎とコーニスの各部位については、私はここでいくつかの古代建築の例を示し、そこから最適となる寸法を導き出せるようにするつもりである。(464)

| 49v |

　イタリアに見られる古代のあらゆるコリント式の建物のなかでは、私はローマのパンテオン(465)とアンコーナの港にある凱旋門(466)が最も美しく最高のものと考えられているように思う。Aと記された次の柱頭の図〔図4-84〕は、この凱旋門の実物大の寸法と釣り合うように、きわめて入念に縮小されたものである。その高さについては、ウィトルウィウスの記述とは大きく異なっているにもかかわらず、非常に均整がとれている。おそらくウィトルウィウスは、アバクスを除いたコリント式柱頭の高さが円柱〔底部〕の太さから取られていたことを知っていたのだろう。しかし、この部分についてみれば、ウィトルウィウスの記述のほうが間違っている。なぜなら私は、アバクスを除いた柱頭の高さが円柱の太さと同じという比例関係にしたがった柱頭については、ここで示したこの柱頭にとどまらず、他にも多く存在していることを確認したからである。この凱旋門の円柱には、〔柱頭の図の〕下に示されたような方法で縦溝が刻まれ、柱身の断面が〔それらの幅の〕半分よりもわずかに大きく突出している。台座とその上の柱礎も同じ凱旋門の部材であって、比例関係にしたがって縮小されている。(467)(468)

　続く紙面に描かれたコーニスは、ローマのフォルム・トランシトリウム(469)に見られるものである〔図4-

305

85〕。Aと記されたそのコーニスは、コリント式としては非常に簡素で、軒持送りのないものである。Bと記された部位が、いささか破格のものとなっているのは、同じ性質をもつ部位〔反シーマ〕が二つ存在するからである。しかし、Cと記された部位はいっそう破格のものとなっている。というのも、頂冠帯から下の二重の部位ははなはだ体裁が悪く、頂冠帯がこれほど大きなコーニスの上に載せられているにもかかわらず、頂冠帯はほんのわずかしか突出していないからである。私の意見としては、Dと記された台座の基礎は、Eと記された台石(バサメント)と同様に、実に見事なものである。この台石は、建物に連続的に張り巡らされたものと私は考えている。これらの部位はすべてコリント式の建物に加えることができるが、イオニア式にも同じように採用されているのを私は見たことがある。

　Vと記されたアーキトレーヴは、ヴェローナの凱旋門に見られるものである。そのファスキアはウィトルウィウスの記述とは逆の効果を生み出してはいるものの、ここで私は違いを示すために、そのアーキトレーヴを並べてみたいと考えた。

|50r|〔図4-85〕

|50v|

　ウィトルウィウスは、コリント式戸口については何も論じてはいないものの、今でも見ることができる古代の例には触れておきたい〔図4-86〕。SとYと記された次の戸口は、アニエーネ川沿いのティヴォリにあるコリント式の円形神殿に見ら

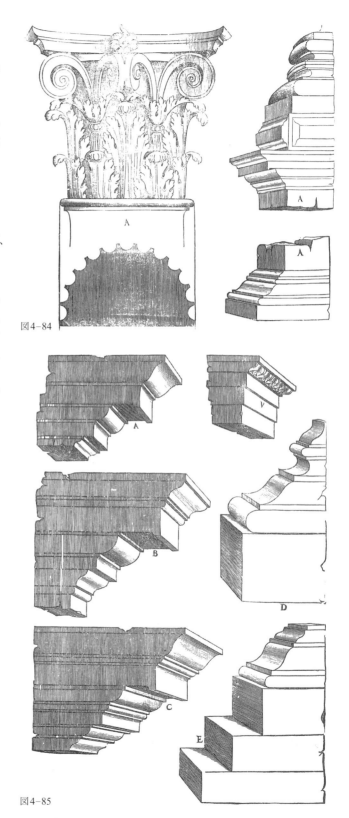

図4-84

図4-85

306

れるものである。この戸口では、頂部〔の幅〕が〔底部の幅よりも〕1/18 逓減されていて、その高さは二つの〔一辺が底部の幅と同じ〕正方形を二つ並べてできた長方形〔の高さ〕よりも高くなる。残りの部位〔の寸法〕は、すべて戸口の比例関係にしたがって定められる。TとXと記された窓も、同じ神殿に見られるもので、戸口の場合と同様に頂部〔の幅〕が逓減されている。柱型とその他の部位〔の寸法〕は、すべて窓の比例関係にしたがって定められるが、コンパスを正確に用いれば、すべて〔の寸法〕は窓から導き出せるだろう。

〔図4-87の〕PとZと記された次の戸口は、ラ・ロトンダと呼ばれているローマのパンテオンのコリント式戸口である。古代〔ローマ〕の寸法でいえば、その幅は20パルモ、高さは40パルモであり、全体が単一の部材からなるといわれている。つまり、〔連続した〕柱型で扉枠が構成されているのだが、私自身この戸口には接合部を一つたりとも見つけることはできなかった。この戸口の柱型の幅は、開口部の内法幅の1/8である。その理由は、この柱型側面の幅は非常に厚く、柱型を正面から見ると側面の部分も見えてしまうため、戸口正面の観者には実際の柱型正面幅よりも幅広く見える印象を与えないようにするためである。この戸口はきわめて背が高いので、前述の他の戸口とは異なり、上部が逓減されずまっすぐ垂直につくられる。他のすべての部位は戸口の比例にしたがって、慎重に寸法が縮小される。戸口の上の基礎部分については、私がこのオーダーに関する章の冒頭で

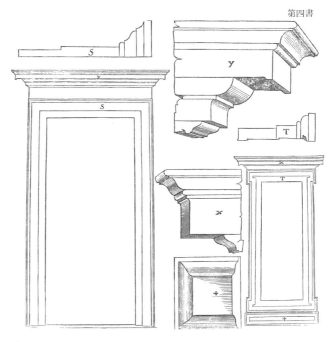

図4-86

図4-87

コリント式柱礎について説明したときに提示した、〔ファサードの〕第一層よりも上に設けられた平らな柱の柱礎と同じようになる。

(480)
|**51r**|〔図4-87〕

|**51v**|

　右に示された戸口は、現在ではペレスティナと呼ばれているが、パレスティナにあるコリント式のものである［図4-88］。その開口部は二つの正方形からなる。柱型の幅は、その開口部の内法幅の1/6であり、次に説明されるような形に分割される。フリーズ〔自体の〕高さは柱型の幅よりも1/4だけ大きい。頂冠帯とその他の部位の幅は、柱型の幅と同じであり、下に示されたように分割される。垂れ下がる渦巻持送りは、ここで図示されたようになる。ペディメントについては、ドーリス式オーダーに関する章の25頁裏面〔本書266-267頁〕で説明されたようになる。

|**52r**|

　この戸口［図4-89］は、私が今までに見た他のすべての古代の例と異なってはいるものの、実に眼福を与えるものであり、かつ壮大な雰囲気も醸し出している。これはスポレートの市外に半マイルほど離れた道端にあるコリント式の古代神殿の戸口である。私はその比例関係や個々の寸法についてさらに詳しく説明するつもりはない。なぜなら、それらを求めようとしてこの図を注意深く見る人には、コンパスがあればすべて導き出せるからである。

|**52v**|

　コリント式の建物は、さまざまな部位でできているにもかかわらず、あらゆる人々に喜びをもたらすという点ではいずれも共通している。そこで、私のこの作品を喜んでくれる人たちがさらに満足してくれるように、このオーダーの一般的な規則について多少なりとも説明しながら、建物の種類をいくつか形にしてみよう。自分の建物が永遠の耐久性をもつようにと願った古代の建築家は、

図4-88

図4-89

第四書

アーチを支える支柱(ピラストロ)を実にがっしりとつくったので、次に示された図［図4-91］の正面では、アーチによる開口部の内法幅と支柱の幅が等しくなっているが、判断力に優れた建築家によって寸法が定められれば、さまざまな場合に用いられる。
(483)

　円柱の幅は支柱の正面幅の1/6となる。二本の円柱のあいだに設けられるニッチの幅は、円柱の太さ二本分とすべきであり、ニッチの高さは二つの正方形〔を合わせた高さ〕よりもわずかに高くなる。台座の高さは円柱の太さ三本分と同じにすべきである。アーチの高さは二つの正方形〔を合わせた高さ〕からなる。柱礎から柱頭までを含めた円柱の高さは9部半とすべきである。アーチの付柱〔の正面幅〕は円柱の太さの半分となり、アーチ〔の外輪から内輪までの幅〕についても同様になる。アーチを支える迫元については、イオニア式オーダーに関する章の40頁おもて面〔本書290頁〕で示されたマルケルス劇場のときと同じ方法でつくられるべきである。この迫元〔の寸法〕は、戸口のコーニス〔の寸法〕としても使えるだろう。

　戸口の高さについては、次のように定められる。前述のコーニス下のアーキトレーヴについては、高さも同じになる。そこから下の段までは二つの部分からなり、それらのうち一つ〔分の高さ〕が〔戸口の外枠の〕幅となるようにすべきである。こうして戸口のコーニスは、窓のコーニスと同じレベルに設けられ、台座のキューマティウムは、前述の窓の底部と同じレベルに設けられる。窓の開口部については、〔底部の幅を一辺とする正方形の〕対角線によって比例が定められ、それらの窓枠(ピラストラータ)の幅は開口部の内法幅の1/6となる。台座、柱礎、柱頭、すなわち各部位は、このオーダーに関する章の冒頭で説明されたようにつくられるべきである。

　円柱の上には、アーキトレーヴとフリーズとコーニスが設置され、

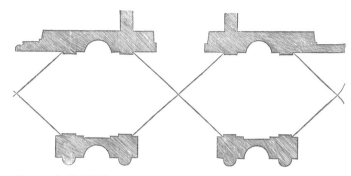

図4-90 〔一階平面図〕

図4-91

309

それらは冒頭で示されたような方法で分割される。第二層〔自体〕の高さは第一層〔自体〕の高さよりも1/4低くすべきであり、その比例にしたがってすべての部位が縮小されるが、これは図を見ればわかるし、寸法を測ることもできる。中央の〔高くなった部分の〕立面については、私はこの第三層を一つの完全なオーダーとしてつくったわけではないので、その高さはかなり低くなってしまったが、下のアーチの開口幅と等しくなるようにすべきである。アーキトレーヴとフリーズの代わりとなるコーニスの高さは、〔第三層〕全体の高さの1/5とすべきであり、その寸法はドーリス式柱頭から採取される。さらに装飾性を豊かにするためにはファスティギウム、あるいはいわゆるペディメント(484)を設けてもよい。ペディメントを中央に設置すると、ニッチの上にある二つの三角形のペディメント〔との関係〕では不都合が生じるが、そこには代わりに二つの櫛形のペディメントを設置すれば、建物には多様性が生じ、いっそう目を楽しませることになるだろう。

|53r|〔図4-91〕

|53v|

建築家が聖なる殿堂(テンピオ・サクロ)(485)を建てようとするときには、その床面が地上面よりも高く立ち上げられるほど、建物は威厳を増すと必ず考えるにちがいない(486)。というのも、これは立派な古代の人々が習慣としてきたことだからである。しかしながら、古代の人々が神殿に用いている形式は、現代の我々の形式とは異なっている。なぜなら、古代の人々は単体でできた建物としてつくるのが常であったのに対し、我々キリスト教徒(487)は聖堂を三つの部屋、すなわち中央に一つの部屋、その両脇に二つの部屋からなる建物としてつくるのが通例だからである(488)〔図4-92〕(489)。礼拝堂はそれら二つの部屋に組み込まれることもあれば、それらの外側に建てられることもあり、後者の場合は次の図〔図4-93〕に示されるとおりである。

このファサードの幅は32部からなるようにすべきであり(490)、円柱の太さに1部、中央の柱間に7部、両脇の広い柱間に4部半があてられる。ニッチが設けられる柱間には2部があてられるので、このように合計で32部が配分される(491)。アーチを支える付柱の幅は円柱の太さの半分となる。入口の開口幅は3部半、高さは7部とすべきである。アーチを支える迫元

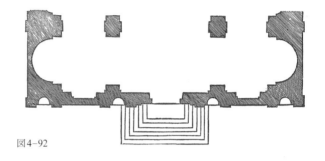

図4-92

図4-93

〔自体の〕の高さは付柱の幅と等しくなるので、入口の扉枠のみならず、窓枠を測定するとき〔の寸法として〕も役立つだろう。台座の高さは3部となるようにすべきであり、柱礎と柱頭を合わせた円柱の高さは9部半となる。アーキトレーヴとフリーズとコーニスを合わせた高さは、円柱の高さの1/4となる。このようにして残りの部位も最初の規則にしたがって定められる。窓、ニッチ、その他の装飾については、図を見れば理解できるだろうし、それらの寸法も図から測定できるだろう。

　第二層〔自体〕の高さは第一層〔自体〕の高さよりも1/4ほど低くなり、あらゆる部位がその比例にしたがって短くされる。しかしながら、アーキトレーヴとフリーズとコーニスは3等分され、1部がアーキトレーヴ、次の1部がフリーズにあてられ、そこには軒持送りが設けられる。そして最後の1部が頂冠帯とシーマにあてられる。ペディメント〔の作図法〕についてはドーリス式オーダーの章で示されたように、ウィトルウィウスの手法にしたがってつくられるべきである。両脇の二つの翼はファサードの装飾としての(492)みならず、支持材として設けられるものでもあり、四分円によって作図される。それらの中心が点Aと点(493)
B である。(494)これらの部位は、礼拝堂同士を分割する各アーチの上に一つずつ建てられる。というのも、この翼は中央の〔身廊〕部分を支えるのみならず、雨水を上の屋根から下へと導く上でも有効だからである。(495)

|**54r**|〔図4-93〕

|**54v**|

　次の建物の壁面分割については、支柱のあいだの開口幅が3部となるようにすべきである。そして、その1部を支柱の正面幅とすると、支柱の側面幅は半部となる。円柱の正面幅は、支柱の正面幅の半分とすべきである。柱礎から柱頭までを含めた円柱の高さは、9部半とすべきである。アーチを支える付柱〔の正面幅〕は、円柱の〔正面幅の〕半分となる。アーチの迫元〔の高さ〕についても〔その正面幅と〕同じにすべきであり、部位は異なってはいても、それらの寸法はドーリス式柱頭から算出することができる。これは戸口の扉枠や、店舗の上の窓を支える下枠材〔寸法〕にも用いることができるだろう。

　アーチの高さは、しばしばそれに付随する部位によって、図〔図4-95〕で示されているように低くなることもあるが、アーチの幅は3部、高さは5部とすべきである。戸口については同じ比例関係になり、その柱型の幅は開口幅の1/6となる。もし建築家がアーチの高さをその幅の二倍にしたいのであれば、戸口についても同じ比例関係にしなければならないが、その場合は柱礎の下に四角い台座が必要となるだろう。というのも、こうした調整は古代の人々によって用いられた方法だからである。

　アーキトレーヴとフリーズとコーニス〔を合わせた全体〕の高さは、円柱二本分の太さとすべきであり、最初の規則で説明されたように、もしくは前頁であげられたいくつかの古代の例のように分割される。第二層の床面の高さは、第一層のコーニスの高さに一致するが、アーチの下輪頂部から床下までのあいだには、交差ヴォールト天井が架けられるために十分なゆとりのある空間が取っておかれる。しかし、こうした場合に私が意図しているのは、各円柱から直接アーチを立ち上げ、柱間ごとに鎖状に連続するヴォールト天井、いわゆるドームを架けることである。(498)

　第二層〔自体〕の高さは第一層〔自体〕の高さよりも1/4ほど低くすべきであり、次のような方法で壁面が分割される。パラペットと呼ばれるポディウムについては、その高さが円柱の底面幅二本分となる。そ(499)こから上は5部に分けられ、1部がアーキトレーヴとフリーズとコーニス〔を合わせた高さ〕に、4部が円柱〔の高さ〕にあてられる。アーチを支える付柱〔の幅〕は、円柱の〔太さの〕半分となり、こうしてアーチ〔の外輪から内輪までの幅〕も同じになる。残りの部位については、一般的な規則にしたがうべきである。

　図に示されているように、もしこの正面が店舗として広場などに面して建てられるのであれば、最上部のコーニスの上にあるポディウムはとても便利であり、建物に光彩を添えることにもなるだろう。しか(500)

311

しながら、雨水や氷から敷石を保護するためには、その他にも多くの綿密な事前の対策に加えて、上質のストゥッコ[501]を用いて接合部に防水加工を施しておくべきであり、何よりも雨水が滞らないように急勾配〔の屋根〕にすべきである。しかし、こうした表面が良質の鉛板で覆われているなら、防水対策はいっそう確実なものとなるだろう。

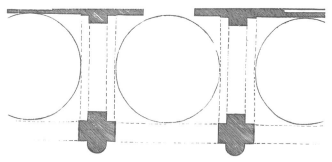

図4-94 〔一階平面図〕

　良識のある建築家なら誰であれ、開口部の上に円柱や角柱(ピラストロ)を載せるようなことはしないし、こうした方法は避けるのが常識である。私もこうした方法は勧められないけれども、これと同じような立面構成をローマのポンペイウスのポルティコ[502]でも見たことがある。それゆえ、この場合はドーリス式であったが、こうした手法を試してみたいという者もいると思うので、私はあえてその要求に応じたのである。

|55r|〔図4-95〕

|55v|

　ヴェネツィアの人々は、自分たちの建物に多くの窓やバルコニーを設けてコリント式でふんだんに飾り立てることに大きな喜びを感じているようなので、私はここでは〔ファサードに〕めいっぱい開口部やバルコニーをそなえた建物をつくってみ

図4-95

た。ロッジャについては二層にわたって積み重ねることにしたが、このほうがバルコニーよりもずっと便利であり、建物の存在感が増すだろう。なぜなら、視線は内部へと展開し、内部にあるすべてのものはつねに大きな満足感をもたらすからである。[503]

　次のファサード〔図4-96〕の分割については、〔全体の〕幅が30部に分けられるようにすべきであり、それらのうち1部が円柱の幅となる。中央の柱間の内法幅は4部となるが、残りの柱間はすべて3部となり、このようにして30部が配分される。柱礎と柱頭も含めた円柱の高さは、10部半とすべきである。アーキトレーヴとフリーズとコーニス〔全体〕の高さは、円柱の高さの1/5とすべきであり、すでに説明されたような方法で各部位が分けられる。

窓の開口幅は、円柱一本半の太さとし、頂部から底部まですべてまっすぐで垂直になるが、第一層の下方の窓の高さについては、底部では幅が3部で高さが4部となる。一方、中二階の部屋として用いられる第一層の上方の窓の高さについては、〔底部の幅を一辺とする正方形の〕対角線から比例関係が定められる。戸口については、その幅が円柱二本分の太さ、高さが円柱四本分の太さとすべきである。柱型、フリーズ、コーニスについては、他のものについて説明されたときと同様になる。それゆえ、この戸口の扉枠頂部のレベルは、窓枠底部のレベルと同じになるだろう。

　第二層〔自体〕の高さは第一層〔自体〕の高さよりも1/4低くすべきである。しかしながら、欄干をそなえたパラペットが、窓の開口幅と同じ高さにつくられたなら、その残りの高さは5部に分けられるようにすべきである。すなわち、1部がアーキトレーヴとフリーズとコーニス〔を合わせた高さ〕に、4部が柱礎から柱頭までを含めた円柱〔の高さ〕にあてられることになる。窓の高さについては、〔底部の幅を一辺とする〕正方形二つ〔を合わせた長さ〕とすべきである。残りの装飾については、すでに説明された同じような場合にならってつくられるべきである。こうしてロッジャの戸口についても、下層の窓と同じようにつくられる。

　第三層〔自体〕の高さは第二層〔自体〕の高さよりも1/4低くすべきであり、窓の高さを除いた各部位の寸法も、その比例関係にしたがって減少される。けれども、窓の高さは〔底部の幅を一辺とする〕正方形二つ〔を合わせた長さ〕よりも低くするのではなく、むしろ高くしたほうがよい。なぜなら、〔下から見上げると〕それらの高さはかなり減少するからである。

　中央の高くなった〔第四層の〕部分については、他の層について説明されたときと同様に、その層〔自体〕の高さは第三層〔自体〕の高さよりも1/4減少されるべきである。アーキトレーヴとフリーズとコーニス〔を合わせた高さ〕については、この層の高さの1/4とすべきであり、ドーリス式神殿について説明したときのように、ペディメントが設けられる。残された他の寸法については、いずれも最初の規則をつねに参照すべきである。この建物はヴェネツィアの〔パラッツォの〕慣習に適合するのみならず、ヴィッラとしても実にふさわしく、非常に見栄えがよいだろう。もしヴィッラとして建てるのであれば、地上から〔基壇を〕高く上げるほどいっそう存在感が増し、地下室もいっそう快適なものとなるだろう。私は次のファサードの図には平面図を添えて提示しなかったが、その理由はロッジャを透視図法で描くことによって、すべてを明示できるからである。

図4-96

| 56v |

　私が別のところで述べたように、建築家が円柱のことなら何でもよく知っていることは確かである。けれども、建物に必要とされる便利さや工事費、装飾を勘案しながら、あまりに細い円柱で建物を構成しようと考えるなら、こうしたものを使いこなすことに熟練した才覚や技能をそなえた建築家が設計するのでなければ、こうした建物に細い円柱では不都合が生じるだろう。このファサードの構成については、アーチ開口部の高さがその幅の二倍となるようにすべきである。アーチを支える角柱の正面幅は、開口幅の半分となる。その幅は3部半でつくられ、その1部を円柱の太さとすべきである。二本の円柱の隙間は、円柱の太さの半分となり、〔円柱〕両脇の付柱の幅も同じになる。ゾッコと呼ばれる下のプリンスを除いた台座の高さは、角柱の正面幅と同じにすべきである。そして、それらの部位はコリント式の台座で説明されたときと同じように分割される［図4-98］。

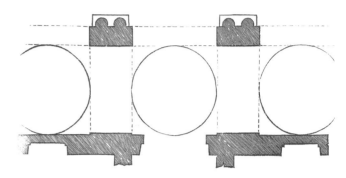

図4-97

　柱礎から柱頭までを含めた円柱の高さは、11部とすべきである。このような高さでも不都合は生じない。なぜなら、二本の円柱があたかも一体化して、装飾としてよりも、むしろいかなる荷重にも耐えられるように設置されているからである。アーキトレーヴとフリーズとコーニス〔全体〕の高さは、円柱の高さの1/4とすべきであり、途切れることなく巡らされた頂冠帯とシーマを除いて、すべての部位は円柱と同様にまっすぐ垂直に下がる。こうした手法は立派な古代の人々に用いられていたように、優れた建築でもって今世紀に光明をもたらしたブラマンテも、ローマのベルヴェデーレの中庭でこれと同じような方法を用いている。

　戸口については、その幅が円柱四本分の太さで、高さは幅の二倍とすべきである。〔円柱両脇の〕付柱とフリーズの高さについては、アーチを支えるコーニス〔すなわち迫元〕が、戸口や窓のコーニスの高さと同じになるように定められる。窓の幅は円

図4-98

314

柱三本分とし、高さは円柱五本分とすべきである。第二層〔自体〕の高さは第一層〔自体〕の高さよりも1/4低くすべきであるが、全体の高さは6部に分けられる。すなわち、1部がパラペットと呼ばれるポディウム〔の高さ〕に、4部が窓〔の高さ〕に、最後の1部がアーキトレーヴとフリーズとコーニス〔を合わせた高さ〕にあてられ、後ほどコンポジット式オーダーに関する章で示されるような方法で分割される。

　窓の幅については、底部から〔頂部までが〕まっすぐ鉛直となり、高さが幅の二倍となるようにすべきである。残された窓の装飾とニッチの装飾については、イオニア式戸口についてこれらが示されたときと同じような方法でつくられる。すなわち、イオニア式のときよりもさらに繊細に細工され、いっそう豊かな装飾が施されると、コリント式になるのである。

　ニッチの幅については、その柱型も含めて、下部の円柱とともに鉛直をなすようにすべきである。しかし、これを7部に分けてから、5部をニッチ〔の幅〕に、残り2部を柱型〔の幅〕に〔1部ずつ〕あてるべきである。それらの高さは幅の三倍となる。なぜなら、それらは非常に高いところに設置されているため、〔地上から〕遠く離れると短く見えるからである。コーニスの上のアクロテリオンは〔屋根の〕飾りとして設置されるものであるが、必要に応じて煙突としてつくられるなら、さらに有益なものとなるだろう。

| **57r** | 〔図4-98〕

| **57v** |

　一般的な慣習にしたがってつくられるものは、たとえそれらがすべて正しい比例や寸法に基づいてつくられたとしても高く評価されるにとどまり、驚嘆させるまでには決していたらない。一方、通常とは異なったものについては、もしそれらが理論に基づいて比例関係も整えられた形でつくられたならば、大半の人々から称讃されるのみならず、驚嘆もされるだろう。このことを念頭に置くと、ここにある建物は宗教建築の姿を現してはいるものの、基壇がルスティカ仕上げの石積みから始まるように図示されている〔図4-100〕。基壇の高さは場所や敷地によって決まるが、男性二人の身長を合わせた高さよりは低くなる。

　基壇の上に昇るための階段はAの段から始まり、この部分がちょうど出入口となるが、この階段を昇るとBの位置にまで到達する〔図4-99〕。このレベルでは、聖堂はパラペットと呼ばれるポディウムをそなえた幅の広い周歩廊で囲まれている。聖堂〔入口正面の小さなポディウム？〕は、このポディウム〔をそなえた幅の広い周歩廊〕の高さよりも十五段高く上がったレベルにあり、そこまでの昇り階段はCの段から始まり、Dのレベルへと到達する。このレベルは〔入口正面の小さな〕ポディウムの高さと等しく、そこから立ち上がる〔聖堂床面と同じ高さの〕別のポディウムは、下にあるポディウムよりもむろん高くなる。この〔入口正面の小さなポディウムの〕レベルから聖堂〔床面〕のレベルにいたるまでは三段昇ることになる。

　ファサードの幅は24部に分割される。すなわち円柱の幅に1部、中央の円柱同士の柱間に4部、その両側の窓をそなえた柱間に3部ずつ、ニッチをそなえた柱間に1部半があてられ、このようにして24部が配分される。外側のパラペットの上にある台座は、正面の円柱の下にも同様に設置される。柱礎のゾッコを除いた台座の高さは3部からなる。柱礎と柱頭をそなえた円柱の高さは、10部半からなる。アーキトレーヴとフリーズとコーニス〔を合わせた高さ〕はその1/4となるが、これについては第一のオーダーのときに説明したとおりであり、残りすべての部位も同じように分割される。

　戸口の幅は3部とし、その高さは7部半となるようにすべきである。すなわち二つの正方形と、その半分の長方形によって構成されるが、その理由は正方形二つ〔を合わせた高さ〕では、下から見上げる者には低く見えるために、それよりも高くしたほうがちょうどよいからである。一方、窓の幅は1部半とし、それらの高さについては前述の〔視覚上の〕短縮効果と同じ理由で、正方形二つ〔を合わせた高さ〕よりも高くな

るようにすべきである。ニッ
チの幅は1部とし、前述の理由
によって、それらの高さは幅の
三倍とすべきである。
　ペディメントを支えるオー
ダーの高さは、下にある台座
の高さと同じく3部からなり、
コーニスの高さはこの高さの
1/4となるが、ドームの起供点
にあるコーニスも同じ高さと
なる。ドーム〔の迫高〕は半円
〔つまり半径〕よりも高くなる
が、これはコーニスの突出部で
奪われて全体として低めになる
からである。聖堂の四隅には
立派な飾りとなる四基のオベリ
スクを設置してもよい。それ
らの先端部を除いた高さは、ペ
ディメントが立ち上がるレベル
に合わせて、先端部の高さをペ
ディメントの頂点のレベルと
一致させる。ペディメントは、
ドーリス式神殿について説明し
たときと同じ規則にしたがって
つくられる。聖堂の下の部分
は祈りを捧げる人のための場所
であり、告解所とよばれる
が、私がイタリアの多くの場所
を見た限りでは、主祭壇の下に
あるものが非常に多い。

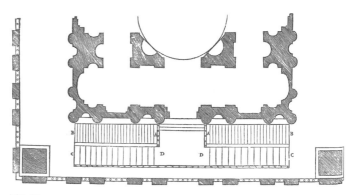

図4-99

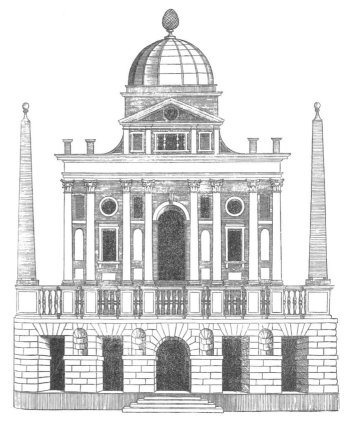

図4-100

|58r|〔図4-100〕

|58v|

　我々の時代には大理石やその他の石材で凱旋門が建てられることはもはやなくなったとはいえ、偉大な人物が〔進軍中に〕都市を通過するときや、支配下に置くことになった都市に入るときには、絵画によって飾り立てられたさまざまな様式の凱旋門が、その都市の最も見事な場所となるように何基か設置される。それゆえ、もし多少なりとも立派な外観をそなえたコリント式オーダーによる凱旋門をつくりたいのであれば、その比例関係や形態については次のように定められる〔図4-102〕。
　すなわち開口部については、〔その内法幅を正方形の一辺としたときに、アーチ内輪頂点までの高さが〕正方形二つ〔を合わせた高さ〕よりも1/6高くなうようにすべきである。円柱の幅は開口幅の1/5となる。そし

316

て、台座の高さは円柱三本分の太さと等しくし、円柱の高さは10部半にすべきである。アーキトレーヴとフリーズとコーニス〔を合わせた高さ〕は、円柱の高さの1/4となる。それから、アーチの下輪からアーキトレーヴの下部までにかけて、円柱二本分の幅に等しい高さの渦巻持送りが設けられ、その両側面の延長線がアーチの中心へと向かうように描かれる。各部位、すなわち台座、柱礎、柱頭、アーキトレーヴ、フリーズ、コーニスについては、このオーダーに関する章の冒頭で与えられた規則にしたがう。

しかしながら、アーチを支える付柱の幅は、円柱の太さの半分とすべきである。円柱同士の隙間は、円柱の太さ一本半と等しくなるようにすべきである。円柱の太さと同じ幅で、円柱三本分の太さに等しい高さとなるニッチを設けると、そこには立像を安置することができよう。

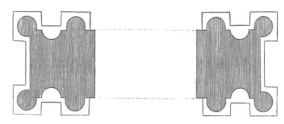

図4-101

第二層〔自体〕の高さについては、台座を除いた円柱の高さが4部に分けられたら、〔円柱の頂部から〕コーニス頂部までが1部の高さとなる。しかしながら、その高さが4部に分けられたら、1部は上のコーニス〔の高さ〕にあてるべきである。その分割は、ドーリス式柱頭の例に倣えばよいが、部位は異なっており、柱礎は〔第一層の〕コーニスの上で〔第一層の〕円柱底面の幅に等しい高さから立ち上がる。なぜなら、コーニスの突出によって、それらの柱礎の下に残されたものは、すべて見えなくなってしまうからである。コーニスは図で示されたように突出する。ペディメントの〔三角形の〕高さは、ドーリス式について説明された規則の一つにしたがってつくられる。この凱旋門は、部分的にはアンコーナの凱旋門を手本にしており、〔その設計者である〕偉大な建築家に敬意を払いながらも、私はその寸法を一般的な規則に従わせて、誰もが容易に理解できるように変更した。

|59r|〔図4-102〕　　　図4-102

|59v|

私は必要と考えられるコリント式の建物については、すべて取り上げてきたつもりではあるが、それで

もまだ多くの装飾について論じることはできる。たとえば暖炉の装飾についてみれば、暖炉は絶えず必要とされ、それなしには済ませられないので、十分に説明する必要があるだろう。事実、たとえ小さな部屋であろうとも、部屋に暖炉をそなえつけることはすでに慣習となっている。こうした窮屈な部屋では、暖炉は完全に壁の内部に組み込まれるのが通例であるが、これはフランス式暖炉と呼ばれるもので、コリント式のさまざまな種類の装飾が施されることが多い［図4-103］。

もしこの形でつくるのであれば、その開口幅については暖炉として予定された場所に適合すべく、次のような大きさにすべきである。額縁の幅は開口幅の1/6とすべきであるが、1/8にするとさらに全体は洗練されたものになる。この額縁の分割については、コリント式アーキトレーヴについて説明されたときと同じようになる。この上に置かれるフリーズには彫刻が施されるために、そ〔れ自体〕の高さは額縁の幅よりも1/4高くすべきである。コーニス全体〔の高さ〕は、渦巻持送

図4-103

りの上に段をなす部分も含めて、額縁の幅と等しくすべきであり、コリント式のコーニスについて説明されたときと同じように3部に分けられる。というのも、それを下から見上げたときに丈が高く見えるからである。

渦巻持送り、あるいはカルテッレと呼ばれる部材の正面は、頂部では額縁〔の幅〕と同じにすべきであるが、下の開口部と同じ高さにある底部では、その幅を1/4小さくすべきであり、そこから図に示されたような二枚の葉が垂れ下がる。渦巻持送りをどの程度突出させるかについては、建築家の裁量に委ねられる。コーニスの上の装飾については、あってもなくてもあまり重要ではない。この考案は、暖炉の装飾として有効であるばかりか、戸口や他の装飾に用いてもよいだろう。戸口に用いられる場合、この上にはペディメントが設けられても見栄えが良くなるだろう。

|60r|〔図4-103〕

|60v|
小さな部屋でも大広間でも、暖炉の大きさは部屋の大きさに応じて定められる。それゆえ、大きな部屋では大きな開口部〔の暖炉〕が必要とされるので、もし渦巻持送りがこうもいっぱいに張り出した形で設けられるなら、両側に占める場所も大きくなるだろう。しかし私の意見としては、こうした場合は低浮彫が施された付柱を置いてから、それよりも前方に離して円柱を置くことで、二本の柱に隙間を設けるよう

318

にすればよいのであって、このような方法であれば、便利さとともに装飾性も付与されるだろう。というのも、この章の冒頭で説明したように、コリント式オーダー〔の形態〕はコリントの乙女に由来するので、私は円柱をその姿に似せた形で設置するのがよいと考えたからである。

暖炉の幅と高さについては、暖炉が設置される場所に応じて定められるが、その高さは9部とすべきである。そのうち1部は乙女の頭部となり、図〔図4-104〕で示されたように、こうして人像柱全体が帯で巻かれた形につくられたら、〔その後ろの〕付柱についても本章の冒頭で与えられた寸法にしたがって、同じ比例関係でつくられるべきである。

円柱の上にはアーキトレーヴとフリーズとコーニスが設置される。それら〔を合わせた〕全体の高さは円柱の高さの1/4となり、本章の冒頭で説明されたように分割される。コーニスよりも上の部分には、部屋の広さと天井高にしたがって、次の図で示されるように装飾が施される。こうした方法では、円柱が壁から離れて設置されているために、庭園への出入口や凱旋の場所を飾り立てるような場合には

図4-104

まったく適していないなどと疑問を抱くものがいるだろうか。判断力に優れた建築家であれば、〔目的に応じて〕他の装飾を用いて調整する方法もつねに心得ていることだろう。

|61r|〔図4-104〕

　　　ここでコリント式の建物についての章は終わり、コンポジット式の章が始まる。

|61v|

第9章　コンポジット式オーダーについて

ウィトルウィウスは我々に、円柱にはドーリス式、イオニア式、コリント式、トスカーナ式の四つの様式があることを教えてくれた。これらは建築の基本的で純正な要素といってよいが、私はあえてそれらにほぼ第五にあたる様式を加えてみたいと思う。というのも、これは前述の純正な様式を混ぜ合わせてつくられたもので、今もなお見ることができる古代ローマ建築の権威に由来するものだからである。事実、

作り手の経験知というのは必要に迫られると、こうした優れた結果を生み出すことがよくあるからである。実際、彼らは内容の本質について熟慮をくり返しながら、しばしばそれらの純正な様式を組み合わせることを試みたのであった。それゆえ、さまざまなアイデアを生み出す建築家であれば、こうした点でもときにはウィトルウィウスの助言から逸脱してもやむをえないと判断するだろう。ウィトルウィウスといえども、すべてを網羅することなどはできなかったのである。ただし建築家は、そのためラテン式やイタリア式とも呼ばれるこのコンポジット式の建物を、白紙の状態から自分で考案しなければならない。なぜなら、私が記憶しているかぎり、ウィトルウィウス『建築十書』のどこにも論じられていないからである。

　おそらく古代ローマの人々には、男性の身体の模倣としてのドーリス式円柱、婦人の身体を手本にしたイオニア式円柱、乙女の身体に由来する形態をもつコリント式円柱を発明した古代ギリシアの人々の創造物を超えるものは、考え出すことができなかった。その代わりに古代ローマの人々は、イオニア式とコリント式の組み合わせ、すなわちイオニア式の渦巻装飾と饅頭繰形をコリント式柱頭の上に設置した形でコンポジット式をつくり、これをどの建物よりもとりわけ凱旋門によく使用した。実際、こうした手段を選んだ彼らはまことに賢明であった。なぜなら古代ローマの人々は、これら〔ドーリス式など〕の建物を考案したそれらの国々をすべて征服してしまったからであり、ローマのコロッセウムという大建造物に見られるように、古代ローマの建築家たちは彼らのパトロンたちと同様に、それら〔のオーダー〕を自由に組み合わせることを思いついたのである。

　彼らはコロッセウムで三つのオーダー、すなわちドーリス式、イオニア式、コリント式を〔下から順に〕積み重ねて、誰もが言うように、最後にコンポジット式をそれらすべての上に置いた。もっとも実際に見た限りでは、一番上の柱頭はコリント式のようではあるけれど。コロッセウムの最も高い位置にこの種のオーダーを設置したことについては、観者の目からあまりに遠く離れているという意見もあるかもしれないが、私の意見としては的確な判断であったといえる。もし彼らがイオニア式またはコリント式のアーキトレーヴとフリーズとコーニスを円柱の上に設置していたなら、こうした建物は遠距離からはきわめて貧弱に見えてしまっていたことだろう。しかしながら、フリーズに軒持送りを設けることは、突出するコローナを支える役割を果たすのみならず、建物を豪華に見せる上でも効果的である。また別の効果として、通常であれば軒持送りはアーキトレーヴとフリーズとコーニスのうちでは、コーニスにのみ設けられるものであるが、この建物では軒持送りがフリーズに組み込まれていることで、エンタブラチュア全体としての比例関係を保ちながら、壮大な雰囲気を醸し出しているのである。

　このコンポジット式円柱の高さは、その柱礎と柱頭も含めて、10部からなるようにすべきである。コンポジット式の柱礎〔の高さ〕は円柱〔底部の太さ〕の半分とし、コリント式の柱礎に定められた寸法と同様につくられるべきである。これは今日でもローマのティトゥス・ウェスパシアヌス帝の凱旋門に見られる。イオニア式の場合と同様に柱身には縦溝が刻まれるが、ときにはコリント式と同じになることもあるので、建築家の裁量に任されている。柱頭はコリント式の柱頭に定められた規則にしたがう形でつくってもよいが、渦巻装飾はコリント式の茎状部よりも若干大きめにする。こうした柱頭は前述の凱旋門に見られ、ここでは次の図［図4-105］にも示されている。

　アーキトレーヴとフリーズとコーニスは、観者からは遠く離れた箇所に設置される。アーキトレーヴ〔自体〕の高さは円柱頂部の太さと同じになる。また軒持送りをそなえたフリーズについても、同じ高さにすべきである。軒持送りのシーマ〔の高さ〕は軒持送り〔の高さ〕の1/6となる。軒持送りの突出する長さは、それらの高さと同じにすべきである。キューマティウムをそなえたコローナの高さは、アーキトレーヴ〔の高さ〕と同じになり、二つの部分に分けられる。その一方はコローナに、もう一方はキューマティウムとなる。コローナの突出部〔の長さ〕は、その高さと同じになる。これはあくまで一般的な規則とし

て説明したものであるが、図に見られるCの文字が
記された部位や寸法は、前述のコロッセウムに見ら
れる。
(544)

　このコンポジット式円柱は他のどの種類の円柱よ
りも細身であるため、その台座についても、次の一
般的な規則を適用することによって、他のものより
は細身であるほうが望ましい。すなわち台座の比例
関係については、その頂部と基部を除いた部分で
は、高さが幅の二倍となるようにすべきであり、そ
の高さは8部に分けられる。そしてこれらのうちの
1部が基部(ベース)として、もう1部が頂部(チーマ)として加えられ
る。しかしながら各部位については、次頁の図を例
として採用してもよい。比例関係については、前述
の凱旋門の台座が参照されている。また、円柱は10
部からなるので、台座も円柱の比例関係にしたがっ
て10部からなる。たとえ、すべての台座は垂直につ
くられるべきであるとはいっても、アテネというた
いそう古い歴史をもつ都市では、上部がわずかに逓
減している台座の例もあるので、これについて私は
批判するつもりはない。

| **62r** |〔図4-105〕

| **62v** |

図4-105

　古代ローマの人々はさまざまな要素を混ぜ合わせ
てつくったので、私もそれらのうちでよく知られているものや、うまく考えられているものの中からいく
つか選んでみることにするが、それは建築家が自分の良識にしたがって、状況に応じて自分にとって最
も適切と思われるものを選択できるようにするためである。ここでTと記された図［図4-106］の柱頭は、
ドーリス式、イオニア式、コリント式の各部で構成されている。すなわち、アバクスとキューマティウム
はドーリス式、饅頭繰形(オヴォロ)と縦溝(ストリア)はイオニア式、玉縁装飾(アストラガル)と葉飾りはコリント式である。同様に柱礎につい
ても、二つのトルスをそなえているという点ではドーリス式であるが、二つのスコティア、アストラガ
ル、そして繊細な仕上がりという点ではコリント式の特徴を示している。これらの要素はローマのトラス
テヴェレ地区に見られる。Xと記された図［図4-106］の柱頭と柱礎も同様に、ドーリス式とコリント式
(545)
という二つの種類で構成されている。すなわち柱頭のアバクスはドーリス式であり、柱礎も同様であるが、
仕上げの繊細さについては、柱礎はコリント式とみなすこともできる。同様に葉形装飾をそなえた柱頭に
ついても、アバクスは正方形ではあるものの、他の部位はいずれも円形であるため、コリント式とみなす
こともできる。下の図で示されているように、ロゼッタ装飾はアバクスの下の四隅に彫刻されるべきであ
(546)
る。
　Aと記された図［図4-107］の柱頭については、渦巻装飾のあるべき箇所が馬の怪物(カウリコロ)に置き換えられ
(547)
てはいるものの、コンポジット式と呼ばれる。この柱頭はフォルム・トランシトリウムのバシリカにあ
(548)
る。Aの下に見られるように、この円柱の縦溝は他のものとは異なっている。Xと記された図の柱礎はコ

321

ンポジット式でローマにある。Bと記された図の柱頭は純粋なコリント式であり、コロッセウムのそばにある三本の円柱に見られるが、実に見事な作品である。Cと記された図の柱頭はコンポジット式で、イオニア式とコリント式からなり、ヴェローナの凱旋門に見られる。Dと記された図の柱頭は、同じ凱旋門の低浮彫の施された付柱に見られるものである。Yと記された図の柱礎については、上部のトルスの上にアストラガルがあるため、コンポジット式である。これは古代のものでローマにある。
(549)

|63r|〔図4-107〕

図4-106

|63v|

　このコンポジット式の建物は、凱旋門を除けば、そう多くは見られないものであり、その大部分は他の建物からの転用材(スポリア)でできている。それゆえ、私はコンポジット式にも一般的な規則を定めてはみたものの、このオーダーを用いて凱旋門とは別の類いの建物を新たに創造するつもりはない。なぜなら賢明な建築家であれば、状況に応じてかつて考案した作品を利用しながら、それらをコンポジット式の建物に変更することはできるからである。

　しかしながら我々は各オーダーにつき、一方は壁の内に、もう一方は壁の外にといった具合に二種類の暖炉を提案したいと思ったので、ここでは暖炉全体が壁の内部に設置されたタイプを示している。もし暖炉が狭い場所につくられるなら、その高さは男性の肩の高さくらいにすべきであり、そうすれば顔や目が火に

322　　　図4-107

よって煩わされることはない。一方、暖炉の幅は場所ごとの必要に応じて決定される。アーキトレーヴの下の高さは4部に分けられ、その1部が柱型の正面幅となり、図［図4-108］に示されたような方法で彫刻が施される。このコンポジット式の暖炉が他のものに比べると自由気ままにつくられているのは、こうした案を使ってみたいと思う者が気軽に選択できるように、私は理性を働かせてではなく、気まぐれで、これらの柱型をあえて他のものとはかなり異なった形につくったからである。ただし、その一部はローマのサン・ジョヴァンニ・イン・ラテラーノ大聖堂の由緒ある司教座から引用したものであることは断っておこう。

　アーキトレーヴ〔の高さ〕は、柱型の〔幅の〕半分とすべきであり、そのキューマティウム〔の高さ〕は、この柱型の〔幅の〕1/6となる。アーキトレーヴの残りの部分は7部に分けられ、3部が第一の面に、4部が第二の面に与えられ、アストラガルは両方の部分に含まれる形で半分ずつ分配される。フリーズ〔の高さ〕については彫刻が施されるので、アーキトレーヴ〔の高さ〕よりも1/4ほど高くすべきである。コーニス〔の高さ〕についてはアーキトレーヴ〔の高さ〕と同じになるが、7部で構成されるべきである。すなわち、2部がコローナの下にあるシーマに、2部がコローナに、1部がその上にあるシーマに、そして残り2部がキューマティウムとなる。それらが突出する長さは、いずれもそれらの高さと同じになる。しかしながら、もし柱型〔の幅〕がその高さの1/6であり、それにしたがって他の部位が小さくなり、とりわけ小型の暖炉になるのであれば、いっそう優雅なものとなるだろう。コーニスよりも上の装飾は、建築主の要望に応じて、つくってもつくらなくてもよい。

|64r|〔図4-108〕　　　図4-108

|64v|
　このコンポジット式であれば、暖炉の他の装飾もさまざまな形態でつくることができるだろう。というのも、この様式はあらゆる建物の様式のうちで最も自由度が高いからである。それゆえこの暖炉は、ここでは別の形態のバリエーションとしてコンポジット式の規則にしたがっている。すなわち、標準的な男性の背の高さにアーキトレーヴを設置し、その高さを8部に分ける。そして、その1部が大きな持送り、もしくはカルテッラと呼ばれる部材の正面幅にあてられる。台座の高さについては、持送りを載せるにあたって十分なものとされる。持送りよりも上の配列については、いかなる規則にも縛られる必要はないが、そ

の部材〔の高さ〕は大きな持送りの正面幅の二倍半となる。すでに述べたように、この部材は規則の適用外にあるので、葉飾りやその他の部位については建築家の裁量に委ねられるべきである。また、ドーリス式やイオニア式、そしてときにはコリント式についても当てはまるが、それぞれの章の冒頭で与えられた規則を適用することで、持送りの上にはこれらの様式を自由に選んで設置してもかまわない。さらにその上には、煙を集めてから広く拡散させる煙突の吸い込み口として、こうした小さな部材が設置されることになる。これにはピラミッド状に立ち上がる通常の吸い込み口の形態よりも、いっそう優雅さをもたらす効果がある［図4-109］。

| **65r**〔図4-109〕

| **65v**

　建築家は建物の構成や装飾の多様性について判断する上で、きわめて鋭い感覚をそなえていることが重要である。なぜなら、我々の知識の範囲内で解決できる建築の場合なら、ほぼ確実な規則を適用すれば事足りる例はいくつもあるけれども、その一方で場所に応じて異なった寸法を示し、さまざまな方法で配置された円柱も、ごく普通に見られるからである。これらの多様性は、建物には四通りの方法で適用される［図4-110］。

図4-109

　まずは一本の円柱を、その両側からであれ、背後からであれ、支持材として他のいかなる部材もなしに、事実上孤立した形で設置する方法。実際、これらの円柱はきわめて大きな荷重に耐えられるが、その高さは定められた規則の範囲を超えてはならない。この例は最初の円柱Aに示されている。

　または円柱列が壁に接し、かつ独立して突出するような形で設置する方法。こうした支持材の上から、ある程度の幅の部材を立ち上げることができる。この例は第二の円柱Bに示されている。

　あるいは円柱の水平断面を2/3だけ壁から突出させた形で設置する方法。この方法では円柱の高さを、前の方法よりも円柱の太さ一本分あるいはそれ以上高くすることができる。というのも、このような円柱を用いて建てられた建物には、とりわけローマのコロッセウムのドーリス式オーダーのように、円柱の高さが底面の太さのおよそ九倍半にまで達するものも見られるからである。この例は第三の円柱Cに示されているとおりである。それらに柱型、もしくは付柱が両側に設置されれば、さらに強固な支えとなる。これらがすべての荷重を支えることによって、建築家はもっと細い円柱でつくることも可能になる。実際に円柱が細身になれば、構造材が占める予定であったそれらの場所には、代わりに多くの装飾材を用いてもよいと判断できるようになる。

　最後に円柱の水平断面を2/3だけ壁から突出させて、その両側に半円柱を設置する方法。これらの半円柱が真ん中の円柱を補佐することで、中央の円柱の高さを他の場合よりも円柱の太さ一本半分高くするこ

324

ともできる。この場合、円柱であれ
付柱であれ、アーキトレーヴとフ
リーズとコーニスは柱の上に段をな
すように設置される。なぜなら、半
円柱が両側でアーキトレーヴとフ
リーズとコーニスを支えるからであ
る。けれども、こうした手法を単一
の円柱の上部で採用するのは危険で
ある。なぜなら、円柱の両側はいか
なる部材からも支持されず、浮いた
まま放置されているからである。こ
の例は第四の円柱Dに示されてい
る。

しかしながら、円柱が他の部材に
よる補助なしで何らかの荷重を支
えなければならず、かつ柱間も適
切でなければならない場合に、〔高
さの〕限度を超えることを認めては
ならない。もしオーダーがその上の
オーダーを支えなければならないな
ら、正しい方法としてはむしろ円柱
をもっと頑丈につくることであって、
そうすれば建物にはいっそうの耐久
性がそなわるだろう。たとえ、がっ

図4-110

しりとした台座で、その上の円柱をしっかり支えているとしても、円柱自体が建物の必要に応じた高さで
あるなら、ことに第一層のオーダーには台座はなくてもよいと私は助言したい。けれども、第二層や第三
層のオーダーには、パラペットとも呼ばれる腰壁が存在するため、また円柱をいっそう高く立ち上げるた
めにも、台座を用いたほうがずっとうまく行く。このことは劇場や円形闘技場を見れば、古代ローマの
人々が台座を重視していたことがわかるだろう。

しかし、ある円柱を別の円柱の上に積み重ねるにあたっては、さまざまな理論や規則が存在する。上部
に設置された円柱の台座の突出する長さは、その下にある円柱の幅を超えてはならず、柱礎の突出する長
さも台座の頂部と底部を除いた高さに対応する、というのが第一の原則と考える人もいる。実際、これは
まことに安全で、しっかりとした指針ではある。けれども、これでは第二層のオーダーの高さが第一層の
場合に比べると、かなり低くなってしまうため、続いて生じる上層のオーダーではもっと大幅に減少して
しまい、上層を設けると不都合が生じるだろう。

別の理論としては、おそらくこれがもっとも妥当なものといえるが、台座の正面は、少なくとも下の円
柱と同じく垂直になるようにすべきで、台座の上部に設置された円柱については、その幅も高さもともに、
その下の円柱よりも1/4だけ減らして、柱礎の突出部が台座の正面と一直線となるようにすべきとい
うものである。この方法であれば、劇場〔のスカエナの立面〕についてウィトルウィウスが示した規則とも
合致する。これについては、円柱Aの上に示されている。

一方、もし円柱の太さが少ししか逓減されないのであれば、上にある円柱の下方の太さを、その下にあ

る円柱の上方の太さと同じにしてもよい。しかしこの場合、台座の〔頂部と底部を除いた〕正味の部分は、円柱の柱身よりもさらに外側にくることになり、マルケルス劇場ではこうした結果が生じている。この例は円柱Bの上に見られる。これら三つの理論はいずれも十分にありうるものである。

　しかしながら、古代ローマの人々はコロッセウムという偉大な造物で、イオニア式、コリント式、コンポジット式の三種の円柱をすべて同じ太さでつくり、それらの下のドーリス式円柱についてのみ1/20部ほど太めにつくった。私の考えでは、彼らがこのようにしたのはまことに賢明であったといえる。なぜなら、もしすべての円柱が上層にゆくにつれて1/4部ずつ減少していったら、背の高い建物では一番高いところにある円柱は、地上の観者からは距離があまりに遠くて、はなはだ小さく見えてしまうからである。事実、それらの円柱はとても高いところにあるにもかかわらず、うまくつり合っているように見える。これを示した図は、円柱Cの上に見られる。

　円柱Dの上にある円柱については、その太さが下の円柱の太さよりも1/4部減少している。それゆえ、もし三層にわたって円柱が積み重ねられた中規模の建物であれば、別のファサードですでに説明したように、上層にゆくにつれて1/4部ずつ減少させることをつねに薦める。

　けれども、もし非常に背の高い建物であれば、ドーリス式、イオニア式、コリント式オーダーがいずれもほぼ同じ高さであるとしても、それらの上にあるオーダーは地上から遠く離れているため、すでに説明したように、コロッセウムのオーダーにしたがって1/5部ほど高くしてもよい。この部分の階高は、地上から遠距離にあるために、他の部分の階高と同じ高さに見えるだろう。これらの円柱はここでは〔便宜上〕ドーリス式で図示されているが、この議論はいずれのオーダーの比例関係にも当てはまることを意味する。

|**66r**|〔図4-110〕

|**66v**|

　私は石材による非常に多くの種類の装飾について論じてきたので、今度はいかにしてそれらは建物のなかに組み込まれるのか、そしてとりわけ煉瓦とともに活石(562)を設置するのはいつがよいのかについても論じるのが有益だろう。これらの取り扱いには、卓越した技術と勤勉さが必要とされる。なぜなら、煉瓦は建物の肉であり、活石はそれを支える骨だからである(563)。もし両者がともにしっかりと接合されていなかったら、時の経過につれて建物の強度は衰えてしまうだろう。それゆえ抜け目のない建築家であれば、ひとたび基礎が設置されたら、敷地ごとに要求されるしかるべき手段にそなえて、建物に必要とされる活石はもとより、煉瓦やその他の材料もすべて準備し加工しておくのが無難である。それから活石を煉瓦と接合することで、やがて壁が築かれてゆく。活石が壁体中に入り込むことで、たとえそれらを一体化させるモルタルがなかったとしても、活石自体が壁にがっしり固定されるものと判断してよい。このようにすれば、建物はかなり長持ちするだろう。

　この例は次の図［図4-111］Aに見られる。ここでは第一層のオーダーにルスティカ式(564)を用いることで、どのようにすればバルコニー(565)が窓の外に何も問題なしに建てられるかが示されている。一方、洗練された様式(566)で建てるなら、第一層の壁もそうした方法にしたがった厚さとなるので、バルコニーの床もそれに対応してつくられる。すでに述べたように、活石と煉瓦が結合された箇所の上に、円柱をそなえた腰壁や台座が建てられるなら、またBと記された図に見られるように、活石が煉瓦とうまくぴったり接合されていないなら(567)、その建物は長くはもたないだろう。もし円柱が複数の部材でできているなら、それらのうちで小さな部材は壁の中に深く差し込まれるので、他の部材を支える上ではいっそう安全になるだろう。

　しかしながら、もし柱身が単一の部材でできているなら、〔水平断面の〕少なくとも1/3は壁の内側に組み込まれるべきである。また、柱礎も柱頭も壁にかなり深く組み込まれるような方法でつくられる。とり

わけ、コロナやコーニスの残りの部分は壁から大きく張り出すが、彫刻のある部分は彫刻のない部分よりも荷重が大きくなるため、他にいかなる支持材がなくてもそれ自体で建物に固定されるように、壁の中にしっかりと組み込まれる。しかしファサードや壁を飾り立てるにあたって、用意周到な建築家であれば、石材の不足や、あるいは大理石や別の良質の石材を使えば費用がかなり嵩むことも念頭に置いた上で、必要とされる活石や加工された石を他の材料とともに、着工する前にすべて準備しておくのが賢明だろう。こうして活石と煉瓦を結合させることで、壁が築かれるのである。またいくつかの部材は、もっと細い別の部材を支えるために、燕や鵲の尾羽のような形の接合部を用いて、それらが別の部材から飛び出すことがないように、壁の中に差し込む必要があると言っておこう。

それらの継ぎ手を設けるためには、煉瓦で壁を築き上げながら、建物にそれらを設置していかねばならない。けれども、煉瓦の壁は上からの荷重によって圧迫されるので、壁が沈まないようにするため、また沈むことで下にある活石を破壊しないようにするためには、煉瓦で壁を築き上げるにあたって、煉瓦が正確に直角に加工されていなければならず、きわめて良質のモルタルが使用されなければならない。また、モルタルは煉瓦のあいだに薄く塗るにとどめて、煉瓦を上下でしっかりと押しつけるようにする。こうした工事では何よりも、煉瓦が粗雑に積み重ねられることがあってはならないが、それでもなお迅速に行われなければならない。

しかし、一列の煉瓦を並べた後で、その上にまた一列の煉瓦を積み重ねるときには、少しのあいだ放置しておくべきである(569)。なぜなら、急いで工事を続けようとすると、壁の上に荷重がかかって、幾分たわみが生じるのは間違いないからであり、煉瓦はその重さに耐えきれず、崩壊してしまうだろう。けれども、こうした作業がときどき中断しながら行われるなら、壁のたわみもその許容範囲にとどまるだろう。実際、すべての壁が揺ぎなく一体化された建物は、化粧材ともいわれる、外装材(570)で飾り立てられた建物よりもずっと称讃に値すると私は思う。

なお私の意見としては、とくに建物外側のファサードはそのような方法でつくられるべきではない。なぜなら、古代の人々によってつくられた建物で、大理石やその他の優れた石材で覆われているものは少ししかないからである。今日ではもはやそれらの表面に覆いはなく、煉瓦の塊が残されているだけであり、おそらくそれらも時の経過に伴い貪り尽くされてしまったのだろう。それに対し、活石が煉瓦に結合された建物は、いまだに健在であることがわかる。それゆえ、こうした〔耐久性のある〕建物を

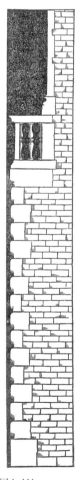
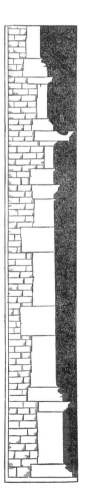

図4-111

つくりたいのであれば、私にはそれが最も確実な手段であると思われる。まずは単純な壁でできた建物を建ててから、いくらか経ったのちに装飾を施すつもりで、活石を設置するスペースをそのまま残しておく建築家もいることは、イタリアのさまざまな場所で確認できる。しかしながら、それらの活石は壁にしっかりと接合されているのではなく、にわかでくっつけられたようなものなので、所々で部材が剥落して、廃墟となる危険に日々さらされているものが多くの場所に見られる。

|**67r**|〔図4-111〕

|**67v**|

第10章　木製またはブロンズ製の扉について

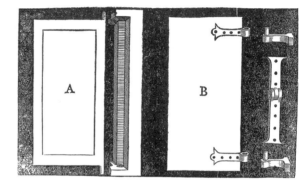

図4-112

　私はあらゆる様式の建物に施される石材の装飾について、必要と考えられるかぎり論じてきた。そこで今度は、建物〔の開口部〕を閉じるための木製やブロンズ製の扉について説明し、それらの図もいくつか示そうと思う。扉を支えるカンカーニと呼ばれる蝶番について論じることで話を逸脱させるつもりはないが、これのつくり方は鍛冶職人ならば、イタリアに限らず、世界中のどこの鍛冶職人でもよく知っている。右の図［図4-112］Aで示されているように、蝶番は扉を吊るした状態に留めておくために古代から用いられていたが、図Bに示されている今日イタリア全土で用いられている蝶番よりも、古代の蝶番のほうが建物にかかる負担は小さく、いっそう容易に開閉することができた。

　しかし、扉が木製であろうとブロンズ製であろうと、壁面の石積み装飾が堅固であるほど、扉の装飾も同様に堅固にすべきであって、そのようにすることで両者は一体のものとなる。また、繊細な石積みの装飾であるなら、木製であれブロンズ製であれ、扉にも同様の繊細さが要求される。これらの要素は、思慮深い建築家の意向にしたがって選択されるだろう。こうした装飾が施された扉のいくつかは、次の五つの案［図4-113］に見られるが、これらの大部分は古代の扉に由来するものである。

|**68r**|〔図4-113〕　図4-113

328

| 68ｖ

　ブロンズ製の扉は、必ずしも単一の部材でつくられるわけではないが、そのような扉であれば木材も鉄も必要ないので、同じく蝶番も扉と同一の部材としてつくられる。木製の扉の場合、のちにちょうどよい厚さに調整するためにブロンズで覆われることもある。もし扉が二枚の厚板を互いに合わせたかたちでつくられるなら、たとえそれらがいかにうまく互いに固定され強化されていようとも、木材には気候の乾湿に伴って、膨張や収縮を繰り返す性質があることに留意しなければならない。もしブロンズやその他の金属で覆われたこの類いの扉をつくりたいなら、最も確実な方法は、右の図［図4-114］AとBに示されている。なぜなら、木材は決して縦に膨張することはなく、つねに限界内にとどまるからである。これらの細工については、支えなければならない扉の重量次第で、厚くつくることも薄くもつくることができるが、その判断は建築家に委ねられる。空いた隙間は同種の木材で充填されるが、木材がつねにあらゆる方向に十字形に重なるようにして、一方の側が他方の側よりも膨張しないようにする。

　ところで古代の入口は、市門や凱旋門のようなヴォールト天井のものを除いて、建物の公私の違いにかかわらず、すべて矩形であった。けれども、我々の時代に建物の入口がたいていヴォールト天井でつくられるのは、おそらくそのほうがいっそう強固であり、かつ建物にも好都合な場合があるからである。この種の扉として、私が考案したものも少なくとも一つは示しておきたい。というのも、あらゆる状況を網羅することなどは、実際にいつもできる

図4-113（承前）

図4-114

329

わけではないが、予想外のことはしばしば起こりうるので、建築家は日々生じうる状況に応じて、抜け目なく準備しておくことが肝心だからである。

|**69r**|〔図4-114〕

|**69v**|

第11章　建物内外の絵画形式の装飾について

　私はいかなる類いの装飾であれ、その規則について説明しないまま先に進めてしまいたくはないので、絵画装飾についても、他の装飾について説明したときと同様に論じてみたい。というのも、建築家が装飾について責任を負うのは、石材や大理石に関する装飾に限らず、壁面を絵筆で飾り立てる作品についても同様である、と私は考えているからである。すなわち、建築家とは秩序を与える人であって、建物に関する仕事をする者すべての主たるべきなのである。その理由は、仕事の経験が豊富な画家は何人もいるかもしれないが、専門外のことについては乏しい判断力しかないために、正確な場所に絵画を設置することにまで配慮が行きわたらず、色彩の魅力を引き出すことばかり考えて、他のことには何も注意を払わないと、全体の秩序を乱し、台無しにしてしまうことすらしばしば生じうるからである。

　それゆえ、建物のファサードに絵画で装飾を施す必要に迫られた場合、空や風景を模したような開口部がどれも適していないことは明白である。なぜなら、これらは建物の堅固さや実体をそなえた形を乱して、透明なものへと変えてしまうため、未完成の状態か、または廃墟のごとく安定性に欠けた建物であるかのような印象を与えてしまうからである。同様に、窓際に人がいるように似せて描いた場合を除いて、着色された人物像も動物もファサードに描く絵画の対象としては適していない。たとえ、それらが大胆に動いている状態ではなく静止した状態であっても、そうである。動物についても同様に、こうした場所、すなわち窓の中やコーニスの上であれば適宜配置してもよい。

　けれども、すでに説明したように色彩によって建物が台無しにされたり、その魅力が損なわれたりすることなく、建物の所有者や画家が色彩の優美さを堪能したいなら、調度品のような壁につけられる布地に見立てるのがよいだろう。そこには好きなものを何でも描いてかまわない。なぜならそうすれば、デコルの原則に適うように、〔建築の〕秩序を乱すことなく、〔絵画も〕実物に似せることができるからである。葉のついた枝や果物、花による花綱飾り、盾、戦勝記念碑、他にも調度品を構成する着色の施された同じようなものを加えれば、優れた幻想効果が生じるので、凱旋式や祝祭に使用することもできるだろう。それらの背景の色は壁の実際の色と同じにすべきである。そうすれば、こうした場所に絵画を設置したところで、何も批判はされず、不都合も生じないだろう。

　確固たる判断力をそなえた画家であれば、〔彫刻家が〕大理石やその他の石材でできたファサードを思いのままに彫るように、絵筆でもってそれらに似せたファサードをつくることだってできるだろう。また、壁龕に収められたブロンズ製の独立した彫像や、同じくブロンズ製の浮彫に似せた歴史画の小品を描くこともできる。このようにつくられれば、作品は耐久性を保ち、虚実の見分けができる人なら誰からも称讃に値するものとみなされるにちがいない。この点で、バルダッサーレ・ペルッツィ・ダ・シエナはまことにすばらしい判断力をそなえていた。（このことは彼のどの作品にでもつねに確認することができるが、）ペルッツィが教皇ユリウス2世の時代に、ローマの何軒かの邸館でファサードの絵画装飾を手がけた際に、彼は自らの手で、犠牲の儀式や戦闘の場面、歴史画、建物などを大理石〔彫刻〕に似せていくつか描いた。

330

これらの特徴は、建物を頑丈であり、かつ美しく保つのみならず、大きな存在感を示す上でも大きな役割を果たしている。

　ローマの建物を絵画で飾り立てることに喜びを感じている者は他にも多くいるが、こうした場合に単彩画（キアロスクーロ）[593]による装飾しか手がけない者もいる。そこで、私は彼らの偉大な技量についても、何か言っておかねばならないだろう。というのも、彼らの作品は実に繊細で優美であり、それらを見れば、誰もが彼らの才能に驚嘆するにちがいないからである。例えば、ポリドーロ・ダ・カラヴァッジョと彼の仲間であるマトゥリーノ[594]は、非常に卓越した絵画の技芸でローマ〔の建物〕を見事に飾り立てたため、すべての画家から称讃され、我々の時代にはそのような高みに到達できた者は一人もいないほどだった。ドッシ兄弟[595]もまた鋭敏な洞察力の持ち主であった。彼らもフェッラーラで公爵宮殿（パラッツォ・ドゥカーレ）の何面かのファサードを絵画で飾り立てたときには単彩画を用いた。そして、優れた知性と驚くべき技量でもって、あたかも建築部材が人物像で支えられているかのように見せかけることに成功したのである。このような場所では建築の秩序を乱さないように、単彩画以外は決して使用しない[596]という優れた判断力をそなえたイタリアの画家は他にもまだたくさんいるのかもしれないが、私はそこまで話を広げるつもりはない。

　一方、さまざまな色彩を使った絵画装飾を建物の内部に施したければ、庭園や中庭を取り囲むロッジャの壁に、理論に裏打ちされた確かな判断にしたがって、見せかけの開口部を描いてみるのもよいだろう。これらの開口部のなかに描かれるものには、それが近景であれ遠景であれ、空や建物、人物、動物など、どれにでも着色を施してかまわない。それはもちろん現実のように見せかけるためであり、建物の外を眺めれば、それらがすべて見えるからである。同様に、広間や居室（サーラ、カメラ）[597]、あるいは他にも地上階の部屋（スタンツァ）[598]を絵画で飾り立てるときに、画家は壁に開口部を描くにあたって、〔その枠組である〕建築部位[599]とともに、〔枠組のなかに〕空や風景を描くことが認められる。しかし、これは開口部の設置される高さ次第である。なぜなら、それらが視点の高さよりも上にある場合、現実的には空や丘の頂上、建物の上階部分くらいしか見ることはできないからである。たとえ、上階の部屋の固い壁に開口部に見せかけたものを何か描いてみたいと思ったとしても、開口部からは空しか見えないだろう。

　しかし、もしこうした場所に人物が描かれるとすれば、それらの位置は地上の線よりも上 |70r|[600] になけれらばならないだろう。なぜなら、そのような条件では地面が見えないのは当然だからである。この点で、とりわけアンドレア・マンテーニャ殿[601]が、とても気前のよいフランチェスコ・ゴンザーガ侯[602]のためにマントヴァで《カエサルの凱旋》を描いたときには、きわめて巧みで見事な判断力が示された。この作品の人物像の足は、視点の高さよりも高いところにあるため、我々はその地面を見ることはできないが、すでに述べたように地面の線上に立つ人物はきわめてうまく配置されているので、彼らは自分たちの役割を完璧に演じているように見える。私が引き合いに出しているこの絵画は、実際に称讃されているし、確かに高く評価されるに値する。この作品にはデザインの深淵さ、透視図法の熟練さ、すばらしき創造性、人物像の構成についての天性の識別力、そして並々ならぬ入念さでもって仕上げられた質の高さがうかがえるからである。

　もし画家が透視図法の技術を用いて、広間やその他の部屋の入口から室内を眺めたときに、その奥行きが長く見えるようにしたいなら、こうした技法にしたがって建築オーダーなどを壁面に描くことで、実際の部屋よりもさらに奥行きがあるように見せかけることができるだろう。これは、今世紀においてこの技法に最も秀でた人物のひとりであるバルダッサーレ[603]が、貴族のような商人であるアゴスティーノ・キージのローマの邸宅で、広間に装飾を施したときに試した方法であり、彼はこうした目的に適うように円柱やその他の建築部位に似せた壁画を描いたのである。絵画についても目の肥えた偉大なる詩人ピエトロ・アレティーノ[604]は、この作品を評して、この家には神のごときラファエロ・ダ・ウルビーノ[605]が手がけた作品もあるけれども、透視図法を用いた絵画でこれ以上に完璧な作品はない[606]と述べたとおりである。

331

しかし私はこの機会に、バルダッサーレがローマで制作した驚くほど精巧な舞台背景[(607)]についても、何かしら語っておかねばならないだろう。というのも、舞台背景をこれほど安上がりにつくることは、以前にも以後にもできなかったからであり、彼の知識と知性はいっそう称讃に値する。それでもひとたび壁面が飾り立てられてから、さまざまな形式のヴォールトで覆われた天井[(608)]にもさらに装飾を施したいなら、古代ローマの遺跡を手本にすべきである[(609)]。古代ローマの人々は、絵画の主題やヴォールト天井の種類にしたがって、天井をいくつもの区画に分割してから、それぞれに好きなものを自由気ままに描くのがつねであったが、グロテスクと呼ばれるそれらの奇妙な装飾[(610)]は実にうまく適合するため、たいへん好都合であった。

　グロテスク装飾は、あらゆる類いの生い茂った葉や小枝、花、動物、鳥、人物などが混ぜこぜのかたちになっているが、動物や葉の場合は性質の違いによって分けられることもあった[(611)]。古代ローマの人々はこれらの人物が身にまとう衣服や、ときには装身具までも、彼らが好んでいたものは何でも描いた。また、ときにはカメオの小さな人物像に似せたものや、同じ材料による別のものを描くこともあった。すなわち、小さな神殿の類いや、その他の建築がこれらと組み合わされて、着色された絵画としても、ストゥッコ装飾や単彩画としても、すべては画家の望むがままに天井に描かれるのである。事実、それらにはまったく非の打ちどころがなかった。なぜなら、このことはとりわけ今もなお古代遺跡がいくつも見られるローマやポッツォーリ、バイアで確証されるように、それが古代の人々の習慣だったからである[(612)]。もし悪意のある嫉妬深い性質の輩が、他人にはそれらを楽しむことができないように、傷つけたり破壊したりするようなことがなければ、もっと多くのものを見ることができただろう。我々の時代にもそんなことを楽しんでやるような輩がいて、残念なことにそのなかには有名な人がいたりもするのだが、彼らの出身地や氏名には触れないでおこう[(613)]。

　さて、この様式[マニエラ]で描く方法を熟知している者としては、ジョヴァンニ・ダ・ウーディネが挙げられる[(614)]。彼はこれらの事柄において、非凡な才能にあふれた古代の模倣者であったし、今もなおそうであるが、実際には自分でこの様式を発明したといってよい。すなわち、彼はこの様式を完成の域にまで到達させたという意味で、この様式を甦らせたのであった。実のところ、彼はいくつかの点では古代を凌駕したといっても過言ではない。ローマのベルヴェデーレの中庭にある教皇の秘密の庭の上に設けられたロッジャや[(615)]、教皇クレメンス7世のモンテ・マリオのヴィッラ[(616)]、フィレンツェのきわめて見事なメディチ家の邸宅[(617)]などが、これを示す何よりの証拠である。ジョヴァンニはこのようにさまざまな場所で、グロテスク以外の装飾も用いて、すべてをうまく飾り立てたのだから、この天職では実に稀有な存在というよりは、むしろ唯一の存在とみなされるべきだろう。また、彼は神のごときラファエロの才能豊かな弟子であったように、卓越した判断力をそなえた知性あふれる建築家でもある。

　もし画家がヴォールト天井の頂点に、あたかも生きているかのような人物像を存分に描いてみたければ、かなり高度な識別力をそなえている必要があるし、透視図法にも熟達していなければならないだろう。というのも、天井画〔の題材〕には地面に関係するものよりも、天空のものや空中に浮かぶもの、飛ぶものなどが適しているように、物事を選択する際には、その場所にふさわしい題材と一致させる必要があるからである。さらに天井に人物像が配置されると、それら〔の四肢〕は極端に短縮された怪物のように見えることも念頭に置く必要がある。〔正面から〕適切な距離を置いて見るときには、自然の長さで釣り合いのとれた姿で表現されるとしても、天井画の場合はそのように短縮する方法を知っていなければならない。

　こうした点に精通していたのが、一昔前の偉大な画家メロッツォ・ダ・フォルリである[(618)]。このことは彼が仕事を手がけたイタリアの多くの場所でも明らかであり、とりわけロレートのサンタ・マリア聖堂聖具室のヴォールト天井に描かれた天使を見ればよい。また、アンドレア・マンテーニャ殿もマントヴァの〔サン・ジョルジョ〕城で[(619)]、精確な判断に基づいて透視図法の技術を駆使しながら、仰視法[ソット・イン・スー]で人物やその他

332

のものを描いたが、それらは確かに現実であるかのような印象を与える。このような題材を歴史画の原則⁽⁶²⁰⁾に適合させることが難しいのは、各人物が互いに離れていて、各々の役割を演じているように描き分けようとしても、画面ではそれらが重なり合って混乱を生じさせる恐れがあるからである。⁽⁶²¹⁾

それゆえ、我々の時代の知性にあふれる画家は、|**70v**|こうした展開へと至らないようにするのが普通である。その理由についてはすでに述べたとおりで、私が記述したものの大半は、結果として観者の眼には好ましいものには映らないからである。しかし、ラファエロ・ダ・ウルビーノはこの構図という分野では、抜きんでた別格の存在であった。彼の判断力は瞠目すべきものであったため、この分野で彼に匹敵する人物はいなかったし、ましてや凌駕する人物などいないと見なされるほどであった。絵画の残りの分野も含めて、彼が「神のごとき」画家としてつねに称讃される所以である。

ラファエロは、前述のアゴスティーノ・キージの邸宅で、ロッジャのヴォールト天井に絵画装飾を施したときに、半月窓の起供部のあたりに描かれた優雅な人物像も含めて、短縮法を用いることはあえてしなかった。むろん、彼はこのことを誰よりも十分に承知の上であった。ヴォールト天井の頂部に神々の饗宴を描くことに関しては、天空にまつわる題材は、確かにこのような条件にふさわしいといえる。しかし短縮法を用いると、天井画を見る者にそれらの神々が鈍重であるような印象を与えてしまう恐れがあったため、優雅な印象を与えるように配慮して、花綱飾りで縁取りされた空色の布に似せて、彼らがあたかも動く空の上にいるかのように饗宴の図を描いたのである。多様な動きを伴う神々の巧みな配置、さまざまな色彩による現実味を帯びた表現、そして作品が全体として実にうまく調和しているため、このロッジャの装飾は永久に保存される壁画というよりも、むしろ凱旋式などに用いられる仮設建築の装飾と見なされても無理はないほどである。けれども、もしこの作品がそのような聡明さにしたがって制作されずに、ヴォールト天井に単純に描き込まれただけであったなら、それらの神々がみな空から落ちてきそうに見えてしまうことは、こうした条件下では容易に想像できるだろう。それゆえ、建築家の仕事というものは、透視図法を知らずしては務まるようなものでないし、決して務まるはずがないのである。というのも、建築家は工事に携わるあらゆる職人の長として、彼らにはいかなる仕事も建築家の判断や助言なしには任せてはならないからである。⁽⁶²⁷⁾

第12章　木造の平天井とそれらの装飾について

建物には多くの箇所で、木造の平天井をつくる必要に迫られるが、これにはさまざまな名称がある。古代の人々はラクナリオと呼んでいたが、今ではローマの人々はパルコと呼んでいる。フィレンツェ、ボローニャ、そしてロマーニャ地方全体ではタッセッロと呼ばれ、ヴェネツィアとその周辺ではトラヴァメント、あるいはソッフィッタードと呼ばれる。このように地域のちがいによって名称はそれぞれ異なるのだから、それらについて論じることは、大工仕事の面でも絵画装飾の面でも理に適っている。

さて、広間やその他の部屋の天井高が非常に高い場合、天井を区画する際には、鮮明で彫りが深く、大きな格間をそなえたかたちで、頑丈につくらなければならないと思う。なぜなら、そうすれば下から遠く離れて見たときでも、格間はほどよく縮小されて、小さな寸法に見えるからである。また、絵画装飾を施す際にも同様に、そのような高さと距離に合うようなしっかりとしたものにすべきである。この場合の絵画は、多彩画よりも単彩画にしたほうがよい。なぜなら、こうした手法のほうがいっそう力強い印象を与えるからである。さらに、このことはローマ、フィレンツェ、ボローニャ、そしてとりわけこの最も偉大な都市〔ヴェネツィア〕の高貴な場所で、同様の天井画を描いた、判断力に秀でた画家のすべてに共通す

る約束事でもあったからである。⁽⁶³⁴⁾

　ヴェネツィアでは、イタリアの他の都市に比べると、木造の平天井が慣例となっているので、貴族の邸館のソッフィッタードの大半は単彩画として描かれる。格間の中心には、それが四角形であれ、要求される他のいかなる形であれ、金箔を塗った薔薇の花や小さな水盤⁽⁶³⁵⁾を設置すべきである。もし天井がいっそう優雅に見えるように色彩を加えたいのであれば、〔格間の枠組から〕引っ込んだ下地の部分を青く塗ることで、透明で空があるかのように見せかけることは許容の範囲に含まれよう。しかしながら、薔薇の花が空中に浮いて見えないようにするために、その周りは生い茂る葉や、あるいはグロテスク装飾などで取り囲むようにすべきである。

　格間を取り囲む縁取りなどが金箔で豪華に着色されれば、それが四角形であろうと、別のいかなる形であろうと、見栄えはするだろう。けれども実際には、残りの〔窪んだ〕地の部分と同じ色で塗ってもかまわない。しかし、もし何らかの条件によって部屋の天井高が、理論上または事実上、必要とされる高さよりも低かった場合、建築家には思慮深さとともに正確な判断が要求されるので、透視図法の技術を駆使することには慎重でなければならない。透視図法で描かれるもののうちで、距離感がうまく把握できるのは、連続的に縮小されているものに限ると私は思う。その理由は、もし間近にあるものを遠く離れたところにあるように見せたければ、この技法の助けを借りなければならないからである。すなわち、天井面の中心から離れた場所にある木工細工を中くらいの形でつくり、中心に近づくにつれて木工細工を徐々に小さくつくればよいので、輪郭線のはっきりとした細工であれば、この方法を用いることで、視界から遠ざかるように表現することができるだろう。⁽⁶³⁶⁾

　絵画装飾についても木工細工のときと同様に、木工細工が中規模であるなら、それに合わせて中規模の絵画とすべきである。すなわち、絵画装飾の場合も天井の中心に近づくほど、その寸法が少しずつ小さくなるようにするのである。その結果、どの方向から見ても、視覚が大きく狂わされることなく、│**71r**│一目見ただけで作品全体が把握できるようになるだろう。こうした絵画装飾は、何種類もの葉や、さまざまな種類の渦巻、小さな人物像、動植物などがすべて混在した多様な集団となるようにすべきである。とりわけ、こうした区画には同じ種類のフリーズが互いに隣り合わないようにするため、正確な識別力と的確な判断力が要求される。たとえば、葉のそばには渦巻やそれを集めたものが置かれるべきであるが、その次には葉の近くにグロテスク様式による人物像を置いたり、さらにその次には動物を置いたりといった具合に、こうした順番をくり返すことで、見た目に混乱が生じないように変化を与えるのがよいだろう。

　私が語っているこれらの絵画装飾が単彩画で描かれて、その背景には陰影やハイライトがしっかりと施されていれば、その筋の人からは着色されたかたちで描かれるよりもずっと高く評価されるだろう。なぜなら、すでに述べたように、グロテスク様式で飾られるヴォールト天井には着色が要求されるのが一般的だからである。ところで、これはヴェネツィアというこの最も有名な都市の、最も安定していた統領アンドレア・グリッティ殿⁽⁶³⁷⁾の時代に、私自身が図書室の大広間の天井画を制作するにあたって守った規則でもあった。⁽⁶³⁸⁾この広間の天井高は、幅と奥行きから要求されるはずの天井高よりもずいぶんと低かったので、すでに述べた理由により、私は天井装飾をかなり小さめにつくらざるをえなかった。というのも、天井高が低い場合は、天井装飾もそれらに合わせて小さくしたほうが好都合に決まっているからである。

　次の頁には、例としてこの天井が図示されている。他にもいろいろな形に区画された天井や、さまざまな帯状装飾⁽⁶⁴⁰⁾など、多くの図案が示されているが、それらの大半は古代遺跡に由来するものである。⁽⁶³⁹⁾自分は創造力に乏しいかもしれないと感じている人にとっても、選択肢がこのように増えれば何かは役に立つだろう。

| 71v |

前述の図書室の天井装飾として設けられた木工細工［図4-115］。

図4-115

(641)
| **72r** |

前述のような絵画で飾り立てるように指定された天井の例［図4-116］。

図4-116

|72v| 〔格天井の例 [図4–117]〕
(642)

図4–117

|73r|〔格天井の例［図4-118］〕

図4-118

|73v|〔格天井の例［図4-119］〕

図4-119

|74r|〔帯状装飾の例(643)［図4-120］〕

図4-120

|74v|〔天井装飾と迷宮の例［図4–121］〕

図4–121

|75r|
(644)　　　　　　　　　　　　　　　　　　　　　　　　　　　　　　　　　　(645)
庭園も建物の飾りの一部をなす。それゆえ、こうした目的に適った前掲の二つの迷宮に加えて、次に
　　　　　　　　　　　　　　　　　　　　(646)
示される四つの異なる図［図4-122］も庭園の区画を表しているが、それらは別の用途として使うことも
(647)
できる。

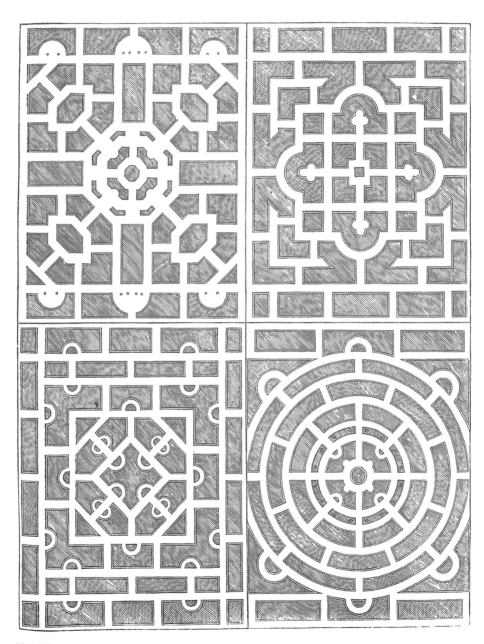

図4-122

第四書

| **75v** |

第13章　貴族の家系と普通の家系それぞれの紋章について

　建物の飾りの一部をなす紋章(648)については、建築家も一般的な教養を身に着けておいたほうがよい。という のも、紋章を間違ってつくることなく、適切な場所に設置する方法を知っておくためである(649)。もしこ うした欠点により、建築家が君主の紋章を間違えるようなことがあったなら、紋章は取り外されて、設置 した場所は変更されなければならず、すでに建てられた建築や、名声を博した建築家にも疑念を抱かせず にはいられなくなるだろう。徳をそなえた人物に授与される賞としては、本来彫像の形となるのが古代の 人々の習慣であって、家系の高貴さはそれらによって表現された。それに対し、彫像をもっていない人は、 高貴な家柄の出身ではなかったので、「土から生まれた息子」と呼ばれていた。その後、紋章が彫像の代わ りに用いられるようになってからは、かつて彫像が貴族に授与されたように、紋章は軍隊の指揮官や君主 にも授与されるようになったのである。

　しかし、このすばらしい制度もやがては廃れ、人は誰でも自分が気に入った紋章を何でも使うことがで きる自由を手に入れられるようになった。むろん、後世の人々のなかには親族として、元々この権利が認 められていた人はいたけれども、だからといって多くの人々が見境もなしに紋章を勝手に選んでいたわけ ではなかった。なぜなら、家臣の分際で君主の紋章と同じ題材の紋章を選ぶことは許可されていなかった し、仮にそのようにした場合は処罰の対象とされたからである。また、身分が低く名声も博していない人 物が、高貴な家柄の紋章を身につけることで利益を得るようなことは許されておらず、そのようにすべき でもなかったからである。商人や職人の場合も同様に、法律で認められている他の商人や職人の商標を使 用することは認められていなかったのである。

　それゆえ次のような結論が導かれる。人は誰しも紋章を身に着けることができるが、すでに断っておい たように、自分の君主の紋章を使ってはならない。ただし、紋章の持ち主によって特別な許可を与えられ た場合や、あらかじめ授けられた場合については、その限りではない。また、職人や農夫(ヴィッラーノ)、その他の身分 の低い人々が、盾形紋章(スクード)(650)やそれに類する紋章を使用することは許されない。こうした人々は高貴な紋章と は異なる目印(サイン)や標章(マーク)を用いるべきであって、いずれにせよ高貴な生まれでない者は、貴族階級にこそふさ わしい兜飾り(チミエロ)(651)を紋章の上部に取りつけてはならない。

　そして建築家も次のことは知っておかねばならない。というのも、建築家が新しい紋章をつくることに なったときに、間違ったものをつくらないようにするためである。たとえば左下がり斜帯(ズバッラ)(652)や帯(リスタ)(653)、あ るいはその他のものをつくる必要に迫られたとき、銀の上に金や、金の上に銀といったように金属同士を重 ねたり、青の上に赤や、黒の上に緑のような色彩を配置したりするようなことは、いずれも好ましくはな い。したがって、金属製の盾の場合、金属とは異なる色が配置されるべきであって、逆に金属製でない盾 の場合、金属色が配置されることになる。

　紋章に登場する鳥や魚、陸生の動物は、それぞれの性質にしたがって配置される。鳥は水中で生活する わけではないので、水の中にいるのは不自然だし、魚が空中や木の上にいるのもおかしい。また、花の上に いる鷲というのも容認しがたい。つまり鷲が本来いるべき場所ではないからであって、獲物を押さえつけ ている状態か、翼を広げている状態(654)なら道理にかなったものとなるだろう。さらに、火の中にいる陸上の 動物を紋章に用いるのも妥当ではない。なぜなら、我々はできる限り、つねに自然を模倣すべきだからで ある。紋章に使用される人物や動物は、最も高貴な身分にあることを示すべく、いつでもそれぞれの力を 最大限に発揮する状態で表現されるべきである。古代の人々は、君主なら威厳のある姿で、教皇なら三重

343

冠をかぶった姿で、軍人なら武装した姿で描いた。要するに、それぞれ自分の身分に最もふさわしい服装を身に着けた姿で描かれたことがわかる。ライオンや熊、虎、豹、その他の猛獣であれば、噛みついた動作をしているときの獰猛さこそ、こうした動物にふさわしいことは容易に理解できるが、馬であれば跳躍している状態か、疾走している状態がふさわしい。動物たちのあらゆる動作は、格の高い部位である右足からつねに始められる。ただし、羊であれば地面に横たわっている状態か、のんびりと穏やかに歩いている状態がふさわしい。それゆえ、自然を手本にすれば、紋章を間違ってつくるようなことはありえないのである。

　紋章の各箇所で適切な配色をすることは、高貴さという知識をそなえるために必要不可欠である。なぜなら、こうしたものには先例があるので、高貴な箇所を優先した配色とすべきだからである。色についていえば、光になるべく近い色が最高である。すなわち、太陽を表す金色のこ

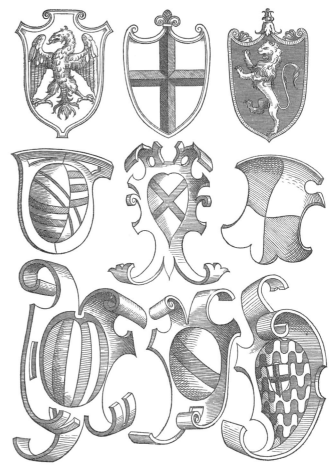

図4-123

とであるが、天体のうちで最も光輝くのは太陽だからである。それゆえ、金色は最も重要な箇所に配色されなければならない。次は炎を表す赤になるが、炎はあらゆる元素のうちで太陽の次に明るく、威厳を感じさせるからである。また、青であれば空気、白であれば水を表している。残りの元素である土を表す色は、これらよりも格下になるが、緑であれば豊かな土壌や牧草地、あるいは春の季節や青年期を表す。しかしながら、黒は完全な闇を表すので、あらゆる色のなかでは最低で気品にも乏しい。というのも、たとえ他の色よりも目立つとしても、他の色を何でも見境なく暗くし、かき消してしまうからである。

　建物〔外部〕に紋章を設置するときに、最も優先されるべき重要な箇所は三つある。すなわち、空に対して最も高い位置、建物の右手、そして中央部である。なお、ここでは建物から見たときの右側を指すので、我々がファサードを見るときには、紋章は左側に位置する。一方、建物内部に紋章を設置するときには、建物外部のときとは異なった方法になる。君主は建築主よりも格が上であることを示すために、君主の紋章は建築主の紋章よりも天井に対して上部に配置されるべきである。また、その他の紋章は中央部ないしは右側に設置されれば、いっそう尊重されることになる。紋章には建物の装飾であることに加えて、次のような用途がある。すなわち、紋章が設置された建物の部分は、紋章の持ち主に所属することを示すのである。紋章について、建築家はこうした一般常識をそなえておけば、この分野で失敗することはないだろう。

344

|76r| 〔図4-123〕

(659)
|76v|

折丁記号表

1枚重ね折りのAと3枚重ね折りのIを除いて、残りすべては2枚重ね折り(660)

A B C D E F G H I K L M N O P Q R S T(661)

これが真実なり(662)

〔メダイヨンの縁の文字〕
真実は時の娘なり

フランチェスコ・マルコリーニ・ダ・フォルリにより、ヴェネツィアのサンタ・トリニタ聖堂のそばで、
我らの主の紀元1537年9月に刊行

神にこそ誉れと栄光あれ

註

1 マニエラ（maniere）はルネサンス美術の用語として、本書はもとよりヴァザーリの『美術家列伝』などで
もいたるところに登場する。一般には「手法」と訳されることが多いが、「様式」という意味で使われるこ
ともよくある。例えば、当時のイタリアではゴシック様式のことは、「ドイツ様式」（maniera tedesca）と
呼ばれていた。この用語が円柱の「様式」や「類型」に適用されたのは、セルリオの建築書『第四書』が最
初であり、近代には「オーダー」と同じ意味で使われるようになった。たとえば、アルベルティ『建築論』
第九書第7章ではゲヌス（genus）が使われているが、この語は「様式」の他にも、「種類」や「性」などを
意味する。L. B. Alberti, *De re aedificatoria*, ed. by G. Orlandi, 2 vols, Milano, 1966, pp. 836-837.

2 第二版以降では題名が若干変更され、著者セルリオの名前（Sebastiano Serlio Bolognese）が登場する。

3 ピエトロ・アレティーノ（Pietro Aretino 1492–1556年）の親友であるフランチェスコ・マルコニーニ・ダ・
フォルリ（Francesco Marcolini da Forlì 1559年没）は、ヴェネツィアの有名な印刷屋でもある。彼はラテ
ン語の書籍よりもむしろイタリア語の書籍を専門的に出版し、アレティーノや彼の友人の著作の第一版な
どを手がけている。アレティーノは、セルリオの建築書の出版によって自分の『書簡集』第一巻の出版が
遅れたことを明らかにしているが、その理由はマルコリーニが同時に出版する余裕がなかったからである。
マルコリーニについては、W. B. Dinsmoor, "The Literary Remains of Sebastiano Serlio", *Art Bulletin*, vol.
24, 1942, pp. 55-91, 115-154, in part. pp. 153-154を参照。

4 『第三書』の扉絵は、扱われる内容の古代建築をイメージさせる挿絵となっているが、『第四書』の扉絵は、
オーダーをイメージさせるような挿絵とはいいがたい。同じ扉絵がアレティーノ『書簡集』第一巻（1538
年）でも使用されているのは、同じくフランチェスコ・マルコニーニによって出版されたからである。ブ
ロークン・ペディメントを頂く男女の異なる人像柱からなる開口部の形式は、当時の建築には稀なもので
ある。実際に『第四書』についてみても、イオニア式46頁おもて面［図4–77］とコリント式61頁おもて
面［図4–104］の暖炉にそれぞれ女性の人像柱が一例ずつ取り上げられているのみで、ブロークン・ペディ
メントは登場しない。なお、ルネサンス期に出版された建築書で、扉絵が登場するようになったのは、カ
ポラーリ版『ウィトルウィウス』(Vitruvio, *De Architectura, Libri I-IV, Tradotto in volgare da Giambattista
Caporali*, Perugia, 1536) が最初といわれており、以降はヴィニョーラもパラーディオもこの形式を踏襲
している。『第四書』の扉絵については、M. Beltramini, "Un frontespizio estense per le *Regole Generali di
Architettura* di Sebastiano Serlio", in *Some degree of happiness. Studi di storia dell'architettura in onore di
Howard Burns*, ed. by M. Beltramini & C. Elam, Pisa, 2010, pp. 297-317を参照。

5 ピエトロ・アレティーノは、ヴェネツィアで指導的な立場にあった人文主義者、詩人、学者であり、セル
リオの親友でもあった。この書簡は、セルリオが自分の著作であることを証明するものとして、本書第一
版の扉絵裏側に掲載された。アレティーノの書簡集についてはいくつもの校訂版があるが、以下では主に
Pietro Aretino, *Lettere*, ed. by P. Procaccioli, 6 vols, Roma, 1997-2002を参照した。セルリオが掲載したこ
の書簡のテクストは、アレティーノの書簡集（*Ibid.*, vol. 1, pp. 272-273）のなかでは若干異なっている。ア
レティーノのセルリオ宛書簡（ヴェネツィア、1550年12月）については、*ibid.*, vol. 6, p. 61を参照。セルリ
オがアレティーノに与えた影響については、J. Onians, *Bearers of Meaning*, Princeton, N. J., 1988, pp. 299-
301（邦訳書：ジョン・オナイアンズ『建築オーダーの意味』日高健一郎監訳、中央公論美術出版、2004
年、330–333頁）、アレティーノについては、C. Cairns, *Pietro Aretino and Republic of Venice: Researches
on Aretino and his Circle in Venice 1527-1556*, Firenze, 1985、アレティーノと美術については、ロドヴィー
コ・ドルチェ『アレティーノまたは絵画問答』森田義之・越川倫明訳、中央公論美術出版、2006年を参照。

6 前掲註5のアレティーノの書簡集には、「弟よ」（fratello）という呼びかけの言葉が含まれている。Pietro
Aretino, *Lettere*, ed. by P. Procaccioli, vol. 1, p. 187.

7 i concetti. ここでは作品の「構想」や「着想」といった一般的な意味で用いられているが、文学における
凝った奇妙な比喩を意味する「奇想」または「綺想」の概念については、伊藤博明『綺想の表象学：エン
ブレムへの招待』ありな書房、2007年を参照。

8 ここでは、アルベルティによる美や装飾の定義が反映されている。「<ruby>美<rt>プルクリトゥード</rt></ruby>とは、各部位が厳密な理論に
したがって全体として<ruby>調 和<rt>コンキンニタス</rt></ruby>することによって成り立つ。それゆえ、そこには何を加えても、減らしても、
変更しても、もはや悪くなることがないほど完全な状態でなければならない」。アルベルティ『建築論』第

第四書　註

六書第2章を参照。L. B. Alberti, *De re aedificatoria*, pp. 446-447.

9　エルコレ2世・デステ（Ercole II d'Este 1508–59年）については、後述の註21を参照。

10　la eccellenza del [bellissimo] sito. 前述のアレティーノの書簡集では、「最高の」（bellissimo）が含まれている。

11　エルコレ1世・デステ（Ercole I d'Este 1431–1505年）が建築家ビアージョ・ロセッティ（Biagio Rossetti 1447–1516年）に命じたフェッラーラの都市計画を指している。これはルネサンスの都市計画の最初の例である。B. Zevi, *Biagio Rossetti*, Torino, 1960, pp. 133-298, figs. on pp. 214-215を参照。

12　アレティーノの書簡集では、「セバスティアーノ親方」（M. Sebastiano）となっている。

13　la commodita. セルリオの建築書の頻出語句の一つで、ウィトルウィウス『建築十書』第一書第4章に登場する強・用・美の三原則の「用」（utilitas）におおむね相当し、アルベルティ『建築論』第一書第2章でも同じような概念が説明されている。ただし、ここでアレティーノは続けてutilitasのイタリア語訳であるutilita も挙げているので、こちらは「便利さ」と区別した。「快適さ」は住宅建築に限定されず、セルリオは宗教建築に関する『第五書』でもしばしばこの用語に言及している。

14　l'utilita. 註13を参照。

15　アレティーノの書簡集では、「神の姿に似せてつくられるために」（per esser fatto a l'imagine di Dio）という言葉が含まれている。

16　modello. ここでは神の場合として抽象的な意味で用いられているが、人間の場合として具体的な意味では「模型」とも訳される。実際にルネサンス期に制作された木製で大型の建築模型も多く現存している。ルネサンス期の建築模型については、*The Renaissance from Brunelleschi to Michelangelo*, ed. by H. A. Millon & V. Magnago Lampugnani, New York, 1994, pp. 19-74を参照。

17　composto il modello con la volontà sua. アレティーノの書簡集では、「自分の思いどおりの雛形でもって」（col modello de la volonta sua）となっているが、内容はほとんど同じ。

18　la terribilita del magistero. アレティーノの書簡集では、「驚嘆すべき熟練性に見られる彼らの凄まじさ」（la terribilità loro nel mirabile magistero）となっているが、内容はほとんど同じ。なお「テリビリタ」（terribilità）は、一般には「恐ろしさ」という意味であるが、ミケランジェロの大作などが醸し出す、観者を圧倒するようなパワーを形容するルネサンス美術の頻出用語。

19　ne le espositioni di Vitruvio e ne le cognition de le bellezze antique. アレティーノの書簡集では、「ウィトルウィウスについての説明と彼（セルリオ）自身の説明において」（ne le sposizioni e di Vitruvio e di se stesso）となっている。

20　アレティーノの書簡集では、日付は9月18日となっている。

21　エルコレ2世・デステは、アルフォンソ1世・デステ（Alfonso I d'Este 1476–1534年）とルクレツィア・ボルジア（Lucrezia Borgia 1480–1519年）の息子であり、フェッラーラ公として1534–59年に在位。なおアルフォンソ1世は、セルリオの建築書『第四書』第二版の序文として掲載されたアルフォンソ・ダバロス（Alfonso d'Avalos 1502–46年）への献辞に登場する。エルコレはフランス国王ルイ12世（在位1498–1515年）の娘ルネ・ド・フランス（Renée de France 1510–74年）と1528年に結婚。彼の弟は枢機卿イッポーリト2世・デステ（Ippolito II d'Este 1509–72年）であり、芸術のパトロンとしてはピッロ・リゴーリオ（Pirro Ligorio 1513–83年）につくらせたティヴォリのヴィッラ・デステが有名である。後にフランスではセルリオのパトロンともなった。セルリオのエルコレ・デステへの献辞は、1537年の第一版ではアレティーノの書簡に続いて掲載された。セルリオがその三年後に第二版の序文としてアルフォンソ・ダバロスに捧げた献辞については、本書「付録1」を参照。

22　L'Architettura. セルリオは「建築」を意味するこの言葉の頭文字をつねに大文字で表記する。「建物」を意味する言葉としては、エディフィーチョ（edificio）やファッブリカ（fabbrica）が使われるが、これらの頭文字が大文字で表記されることはない。

23　Architetti. セルリオは「建築家」を意味するこの言葉の頭文字もつねに大文字で表記する。註22を参照。

24　本名はアレッサンドロ・ファルネーゼ（Alessandro Farnese 1468–1549年）で、後に教皇パウルス3世（在位1534–49年）となった。

25　アントニオ・ダ・サンガッロ・イル・ジョーヴァネ（Antonio da Sangallo il Giovane 1484–1546年）の作品

347

と生涯については、ヴァザーリ『美術家列伝』森田義之他監訳、第4巻、中央公論美術出版、2016年、167-190頁を参照。サンガッロによる建築図面の大半はウフィツィ美術館素描版画室に所蔵されている。C. L. Frommel & N. Adams, *The Architectural Drawings of Antonio da Sangallo the Younger and his Circle*, Cambridge, Mass., 1994を参照。セルリオはパラッツォ・ファルネーゼに言及している。

26 ヤコポ・メレギーノ（Jacopo Meleghino 1480-1549年）はパウルス3世の時代の教皇庁の建築家である。D. Coffin, *The Villa in the Life of Renaissance Rome*, Princeton, N. J., 1979, pp. 31, 42, 89, 189-190を参照。

27 scientie. 中世には「技術」（arte）の対義語として用いられた。ミラノ大聖堂の建設における地元ロンバルディアの工匠と、ゴシック様式に熟達したアルプス以北の工匠との意の対立については、J. S. Ackerman, "Ars Sine Scientia Nihil Est," in *Distance Points*, Cambridge, Mass., 1992, pp. 211-268を参照。

28 カンポ・デ・フィオーリのパラッツォ・ファルネーゼ［図13］のこと。現在はフランス大使館となっている。J. S. Ackerman, *The Architecture of Michelangelo*, 2 vols, London, 1961, pp. 75-88を参照。

29 アンドレア・グリッティ（Andrea Gritti 1455-1538年）がヴェネツィア共和国統領であった時代の建設事業については、M. Tafuri, *'Renovatio Urbis': Venezia nell'età di Andrea Gritti (1523-1538)*, Roma, 1984; Idem, *Venezia e il Rinascimento*, Torino, 1985を参照。

30 アントニオ・アッボンディ、通称スカルパニーノ（Antonio Abbondi, detto lo Scarpagnino 1549年没）の代表作には、ヴェネツィアの聖ロクス大信徒会館（スクォーラ・グランデ・ディ・サン・ロッコ）などがある。M. Tafuri, *Venezia e il Rinascimento*, pp. 134-143を参照。

図13 アントニオ・ダ・サンガッロ・イル・ジョーヴァネ、ミケランジェロ他、パラッツォ・ファルネーゼ、ローマ

31 la maniere de le fabriche. 註1を参照。

32 ヤコポ・サンソヴィーノ（Jacopo Sansovino 1486-1570年）の作品と生涯については、ヴァザーリ『美術家列伝』森田義之他監訳、第6巻、中央公論美術出版、2022年、223-272頁を参照。サンソヴィーノに関する研究としては、D. Howard, *Jacopo Sansovino*, New Haven, 1975などを参照。オナイアンズは、ピアッツェッタに並んだサンソヴィーノによる一連の建築作品に使用されたオーダーと基壇に着目し、セルリオが与えた影響として、次のようなクレッシェンドが表現されているという。すなわち、造幣局ではトスカーナ式とドーリス式、図書館ではドーリス式とイオニア式、ロッジェッタではコンポジット式が使用され、かつ基壇もそれぞれ一段、三段、五段と高くなっているという。J. Onians, *Bearers of Meaning*, pp. 287-299, in part. p. 294（前掲註5のオナイアンズ『建築オーダーの意味』319-330頁、特に226頁）を参照。

33 ミケーレ・サンミケーリ（Michele Sanmicheli 1484-1559年）の作品と生涯については、ヴァザーリ『美術家列伝』森田義之他監訳、第5巻、中央公論美術出版、2017年、121-151頁を参照。サンミケーリはアントニオ・ダ・サンガッロ・イル・ジョーヴァネとともに教皇クレメンス7世の時代に軍事技術者として活躍した。サンミケーリのヴェローナの作品としては、ポルタ・ヌォーヴァやポルタ・パリオなどの市門がある。サンミケーリに関する研究としては、P. Davies & D. Hemsoll, *Michele Sanmicheli*, Milano, 2004を主に参照。

34 フランチェスコ・マリア・デッラ・ローヴェレ（Francesco Maria della Rovere 1490-1538年）のこと。I. F. Verstegen, "Francesco Maria and the Duchy of Urbino, between Rome and Venice", in *Patronage and Dynasty: The Rise of the Della Rovere in Renaissance Italy*, ed. by I. F. Verstegen, Kirksville, Missouri, 2007, pp. 141-160を参照。デッラ・ローヴェレの軍事施設の考えについては、E. Concina, *Macchina territoriale*, Bari, 1983を参照。

35 ティツィアーノ・ヴェチェッリオ（Tiziano Vecellio 1485/90-1576年）はセルリオと同じく、アルフォ

ンソ・ダバロスをパトロンとしていた。セルリオがティツィアーノに与えた影響については、J. Onians, *Bearers of Meaning*, pp. 287-309（オナイアンズ『建築オーダーの意味』333–339頁）を参照。

36 ヴェットール・ファウスト（Vettor Fausto 1480頃–1540年頃）は人文主義者であるが、数学や建築にも関心を抱いていた。マルクス・ムスルス（Marcus Musurus 1470頃–1517年）の死後、1518年にファウストはヴェネツィア共和国によって聖マルコ大信徒会のギリシャ語の主任教授に選ばれた。1526年に彼は、アルセナーレで有名な五段櫂船を建造することでヴェネツィア海軍の再編成を試みた。セルリオもこのことには触れていて、ピエトロ・ベンボによってもこの船は高く評価された。M. Tafuri, *Venezia e il Rinascimento*, pp. 162-169を参照。

37 ファウストによる古代ローマ風の五段櫂船は現場で直接指示されて建造されたものである。クリストーフォロ・カナル（Cristofolo Canal 1510–67年）による同様の五段櫂船はヴェネツィア海軍によって改造されたが、これらはグリッティの「都市復興」(renovatio urbis)の政策の表れでもあった。ファウストの凱旋に言及されたものとして、Pietro Aretino, *Lettere*, ed. by P. Procaccioli, vol. I, pp. 323-324（1537年のファウスト宛書簡）およびM. Sanudo, *Diarii*, ed. by R. Fulin, *et al.*, 1879-1902, vol. 42, cols. 766-768を参照。

38 i miglior maestri. 一般には「親方」という意味。

39 ガブリエーレ・ヴェンドラミン（Gabriele Vendramin 1484–1552年）は、『第三書』155頁（本書196頁）の「読者諸氏へ」にも登場する。美術や古代遺物の収集者であり、ジョルジョーネ（Giorgione 1477/78–1510年）のパトロンとしても重要である。セルリオとヴェンドラミンの関係については、M. Tafuri, *Venezia e il Rinascimento,* p. 111を参照。

40 『第三書』では、マルカントニオ・ミキエル（Marcantonio Michiel 1484–1552年）がナポリのポッジョレアーレのヴィラを訪れたことがあり、彼から書簡で説明されたと述べている。ミキエルは『第三書』巻末の「読者諸氏へ」155頁（本書196頁）にも登場する。セルリオとミキエルの関係については、L. Olivato, "Con il Serlio tra i *dilettanti di architettura* veneziani della prima metà del Cinquecento. Il ruolo di Marcantonio Michiel", in *Les traités d'architecture de la Renaissance*, ed. by J. Guillaume, Paris, 1988, pp. 247-254を参照。

41 フランチェスコ・ゼン（Francesco Zen）とセルリオについては、L. Olivato, "Per il Serlio a Venezia: Documenti nuovi e documenti rivisitati", *Arte Veneta*, vol. 25, 1971, pp. 284-291を参照。またゼン家については、M. Tafuri, *Venezia e il Rinascimento,* pp. 3-5を参照。

42 アルヴィーゼ・コルナーロ（Alvise Cornaro 1475–1572年）は、建築家ジョヴァンニ・マリア・ファルコネット（Giovanni Maria Falconetto 1468–1534年）の庇護者であった。コルナーロは建築に関する造詣も深く、1520年に都市建築に関する理論書（第二版は1550年）を著した。ここで言及されている彼のパド

図14　ジョヴァンニ・マリア・ファルコネット、ロッジャ・コルナーロ、パドヴァ（左）、アルヴィーゼ・コルナーロ、オデオ・コルナーロ、パドヴァ（右）

ヴァの邸宅のロッジャ［図14］は、ファルコネットが設計したものであるが、同じ敷地にある音楽堂（オデオ）はコルナーロ自身が設計したといわれている。この音楽堂の図面は、セルリオの建築書『第七書』(cc. 218-223)にも掲載されている。M. Rosci & A. M. Brizio, *Il trattato di architettura di Sebastiano Serlio*, 2 vols, Milano, 1966, pp. 26-27; M. N. Rosenfeld, *Sebastiano Serlio: On Domestic Architecture*, New York, 1978, p. 44を参照。『第四書』第三版（1544年）の序文には、マルコリーニからコルナーロ宛の書簡が掲載されており、そこではコルナーロの建築のテーマや彼のパドヴァの家（ロッジャ・コルナーロとオデオ）に触れられている。コルナーロに関する研究としては、L. Puppi, *et al.*, *Alvise Cornaro e il suo tempo*, Padova,

1980が基本文献である。邦語文献としては、渡辺真弓「アルヴィーゼ・コルナーロとジョヴァンニ・マリ
ア・ファルコネット：十六世紀パドヴァの人文主義者と建築家」『建築史論叢：稲垣榮三先生還暦記念論集』
中央公論美術出版、1988年、424–459頁が挙げられる。

43　枢機卿アレッサンドロ・ストロッツィ（Alessandro Strozzi 1516–68年）については、前掲註26のD. Coffin,
The Villa in the Life of Renaissance Rome, p. 256を参照。

44　ミケランジェロ・ブオナローティ（Michelangelo Buonarroti 1475–1564年）の作品と生涯については、前
掲註32のヴァザーリ『美術家列伝』第6巻、3–151頁を参照。

45　フランチェスコ・マリア・デッラ・ローヴェレは、グイドバルド・ダ・モンテフェルトロ（Guidobaldo da
Montefeltro 1472–1508年）の養子であり、彼が1508年に亡くなった後ウルビーノ公となった。1516年に
教皇レオ10世は、フランチェスコの公爵位を取り上げて、レオの甥であるロレンツォ・ディ・ピエロ・デ・
メディチ（Lorenzo di Piero de' Medici 1492–1519年）に与えた。1521年の教皇の死後、フランチェスコ
は爵位を取り戻し、1538年に亡くなるまで在位した。

46　ジローラモ・ジェンガ（Girolamo Genga 1476–1551年）の作品と生涯については、前掲註33のヴァザー
リ『美術家列伝』第5巻、103–120頁を参照。ウルビーノ出身の画家・建築家で、ウルビーノ公フランチェ
スコ・デッラ・ローヴェレの下で代表作のヴィッラ・インペリアーレをはじめとする多くの作品を手がけ
た。透視図法を得意とし、セルリオの建築書『第二書』にも登場する。

47　virtu. 一般には「徳」や「力量」という意味。

48　フェデリーコ2世・ゴンザーガ（Federico II Gonzaga 1500–40年）は、1530年にマントヴァ公となった。
『宮廷人』の著者であるバルダッサーレ・カスティリオーネ（Baldassare Castiglione 1478–1529年）は、
1520年にフェデリーコ2世に仕えた。

49　ingegno. セルリオの建築書のみならず、ヴァザーリ『美術家列伝』など同時代の美術理論書にも頻出する
語句の一つで、とくに形容詞のingegnosoは「創意工夫に富んだ」といった意味でしばしば用いられる。

50　ジュリオ・ロマーノ（Giulio Romano 1499–1546年）について、セルリオはこの他にも『第二書』25頁裏
面（本書38頁）では透視図法の名人として、『第三書』148頁（本書188頁）ではヴィッラ・マダマのロッ
ジャの内部装飾（《ポリュフェモス》のフレスコ画）、『第四書』第5章13頁裏面（本書253–254頁）ではマ
ントヴァのパラッツォ・テのルスティカ仕上げに言及している。ジュリオ・ロマーノの作品と生涯につい
ては、前掲註25ヴァザーリ『美術家列伝』第4巻、191–221頁を参照。ジュリオ・ロマーノに関する研究
としては、E. H. Gombrich, *et al.*, *Giulio Romano*, Milano, 1989などを参照。

51　ラファエロ・サンツィオ（Raffaello Sanzio 1483–1520年）について、セルリオはこの他にも『第四書』第
11章70頁おもて面（本書332頁）でモンテ・マリオのヴィッラ・マダマに言及している。また『第三書』
37頁でローマのサン・ピエトロ大聖堂計画［図3–30］、148頁でヴィッラ・マダマの図面［図3–116, 117］
を掲載している。ラファエロの作品と生涯については、ヴァザーリ『美術家列伝』森田義之他監修、第3巻、
中央公論美術出版、2015年、157–208頁を参照。

52　inventione. この用語はセルリオの建築書のみならず、ヴァザーリ『美術家列伝』など同時代の美術理論
書にも頻出する語句の一つで、建築はもとより美術や工学技術などのあらゆる分野における創作や設計を
意味する。ルネサンスの建築は一般に古代建築を手本としているので、「発明」とは無関係な印象を与える
かもしれないが、たとえば住宅や聖堂のファサードから暖炉に至るまで、『第四書』では古代には先例のな
い要素が多く提案されていることは強調しておきたい。セルリオの「考案」の性質については、M. Tafuri,
Venezia e il Rinascimento, pp. 107-109を参照。

53　legiadria. 絵画では、聖母などの女性に関する美的表現としてよく用いられる。

54　『第四書』第一版の頁の数え方については、「序」では頁ごとにIからIIIIまで進行するが、「著者から読者
へ」以降は表裏の2頁ずつV, VI, VII…と進行する。その理由は、IからIIIIまでが1枚重ね折り（折丁記号
A）になっていて、V以降はおおむね2枚重ね折りになっているからだろう。ただし、ここでは読みやすさ
を考慮して、ローマ数字はアラビア数字に直し、表裏をそれぞれ*r*と*v*で記載する。

55　ハートとヒックスの英語版によれば、このバッティスタはレオン・バッティスタ・アルベルティ（Leon
Battista Alberti 1404–72年）を指していて、セルリオの建築書『第一書』から『第五書』のうちでは、ア
ルベルティにはこの箇所で唯一言及されていると説明されている。しかしながら、文脈からはジュリオ・

ロマーノと同時代の実践面に秀でた建築家と考えられるので、バッティスタ・ダ・サンガッロ（Battista da Sangallo 1496–1548年）を指していると思われる。

56 muratore. 一般には「壁職人」という意味。

57 ウィトルウィウス『建築十書』第三書序文第2節を参照。

58 この一文は『第六書』のタイトルにも反映されていて、本書『第四書』5頁おもて面（本書242頁）の「著者から読者諸氏へ」で次のように概説されている。「それは最下層の粗末なあばら屋、ないしは掘っ建て小屋の類いから始まり、階級が上がるに応じて、最高のものとしては豪華に飾り立てられた君主の宮殿にまで至るものですが、後者には郊外型のヴィッラと都市型のパラッツォのいずれもが含まれます」。

59 チェリオ・カルカニーニ（Celio Calcagnini 1479–1541年）は、古典文学や自然科学について多くの著作を残した作家である。ラテン語とイタリア語の使用をめぐる大論争において、彼は後者の俗語のほうを支持した。カルカニーニは1519年にローマでラファエロと親しくなり、彼を称讃している。カルカニーニは詩人ルドヴイーコ・アリオスト（Ludovico Ariosto 1474–1533年）の友人として、ローマ喜劇のプラウトゥス『ほら吹き兵士』を翻訳し、1531年にフェッラーラの宮廷で上演された。プラウトゥス「ほら吹き兵士」『ローマ喜劇集3』木村健治他訳、京都大学学術出版会、2001年、101–236頁を参照。アリオストは『狂えるオルランド』のなかでカルカニーニに言及している。アリオスト『狂えるオルランド』脇功訳、名古屋大学出版会、2001年。

60 scientie. 註27を参照。

61 ジュリアーノ・ナセッロ（Giuliano Nasello）については特定できなかったが、ナセッリ家については、G. A. Scalabrini, *Memorie istoriche delle chiese di Ferrara e de' suoi borghi*, Roma, 1989, pp. 79-80を参照。

62 talenti. 註47のvirtuとほぼ同じ意味で使われる。

63 la virtu. 註47を参照。

64 gli animi. イタリア語の「魂」（anima）と「精神」（animo）は綴りも意味も似ているので紛らわしいが、後者は主に知性と関連する。

65 バルダッサーレ・ペルッツィ（Baldassarre Peruzzi 1481-1536年）について、セルリオは『第三書』でローマのサン・ピエトロ大聖堂計画の平面図を掲載している。ペルッツィの作品と生涯については、前掲註51のヴァザーリ『美術家列伝』第3巻、311–327頁を参照。ペルッツィに関する研究としては、*Baldassare Peruzzi: Pittura, scena e architettura nel Cinquecento*, ed. by M. Fagiolo & M. L. Madonna, Roma, 1987などを参照。

66 S. Wilinski, "Sebastiano Serlio ai lettori del III e IV libro sull'Architettura," *Bollettino del Centro Internazionale di Studi di Architettura Andrea Palladio*, vol. 3, 1961, pp. 57-69.

67 『第四書』に関する研究としては、H. Günther, "Serlio e gli ordini architettonici," in *Sebastiano Serlio*, ed. by C. Thoenes, Milano, 1989, pp. 154-168; A. Jelmini, *Sebastiano Serlio. Il trattato d'architettura*, Locarno, 1986, pp. 6-30; J. Onians, *Bearers of Meaning*, pp. 271-276（前掲註5のオナイアンズ『建築オーダーの意味』302–307頁）などを参照。

68 註1を参照。

69 virtu. 註47を参照。

70 セルリオの「エルコレ2世への献辞」に登場する建築家は、16世紀のラファエロ以降に限定されているが、『第三書』に多くの図面が掲載されているブラマンテ以降の建築家を指していると考えられる。

71 la Ichnographia, cio è la pianta. 平面図、立面図、透視図の三点セットによる建築図面の表現については、『第三書』5頁（本書96頁）ではローマのパンテオンを筆頭に、平面図、立面図、断面透視図として説明されている。ラファエロ以降は、透視図の代わりに断面図を使用するほうが主流となるが、セルリオはウィトルウィウスや、透視図法を得意とした師のペルッツィに従ったと考えられる。ウィトルウィウス『建築十書』第一書第2章第2節を参照。ラファエロによる建築図面の表現については、「教皇レオ10世宛書簡」で言及されており、Raffaello, "Lettere a Leone X," ed. by R. Bonelli, in *Scritti rinascimentali di architettura*, ed. by A. Bruschi, *et al.*, Milano, 1978, pp. 459-484などに掲載。この日本語訳については、小佐野重利編『ラファエロと古代ローマ建築：教皇レオ10世宛書簡に関する研究を中心に』中央公論美術出版、1993年を参照。ルネサンスの建築図面の表現については、ヴォルフガング・ロッツ「イタリア・ルネサンスの建

351

築素描における空間像」『イタリア・ルネサンス建築研究』飛ヶ谷潤一郎訳、中央公論美術出版、2008年、163-224頁を参照。

72　la Orthographia, che è il diritto. セルリオは立面図と断面図を区別しておらず、いずれも描かれる対象となる壁面の各部位について、寸法や角度の歪みが生じないように画面に「まっすぐ」(diritto)に写した図面を指している。ただし、全体は立面図として描かれているのに、部分的に開口部などが透視図で描かれていて、両者が混在している例も多く見られる。セルリオの図面表現の特徴については、V. Hart, "Serlio and the Representation of Architecture", in *Paper Places*, ed. by V. Hart & P. Hicks, New Haven, 1998, pp. 170-185を参照。

73　la Sciographia, che viene à dir lo Scortio. シェノグラフィア（scenografia）は「舞台背景図」と訳されるように、もともとは劇場に関連する用語である。スコルチョ（scorcio）やスコルト（scorto）も透視図法の一種であるが、一般には「短縮法」と訳され、地上から真上を見上げたときのように寸法が極端に短縮される場合を指す。「仰視法」と訳されるソット・イン・スー（sotto in su）は類義語。透視図法については『第二書』で主に論じられているが、短縮法については『第二書』註19を参照。また、仰視法については『第一書』9頁裏面（本書15-16頁）でも同じ概念が説明されているが、詳細については『第三書』註329や『第四書』註330を参照。

74　li restauramenti, o restitutioni di case. 「修復」や「改築」は、あらゆる建築類型にも関係すると思われるが、『第七書』では住宅が中心に論じられているためである。

75　sodo. ウィトルウィウスの強・用・美の三原則のうちの強（firmitas）にフィルミタスおおむね相当する。ウィトルウィウス『建築十書』第一書第3章第2節を参照。

76　ordine. 建築オーダーとは異なる一般的な「秩序」などを意味する場合は、小文字で表記される。

77　rustico. 「ルスティカ仕上げ」という意味ではなく、「田舎風の」や「手が加えられていない」といった一般的な意味で使用される場合は、小文字で表記される。

78　l'opera Dorica. Operaは一般に「作品」や「建物」を意味する。

79　円柱に関する男性や女性という性質については、ウィトルウィウス『建築十書』第四書第1章第1節-第9節で説明されている。J. Onians, *Bearers of Meaning*, pp. 33-40（前掲註5のオナイアンズ『建築オーダーの意味』第3章）を参照。

80　ウィトルウィウス『建築十書』第一書第2章第9節を参照。

81　Opera Thoscana. 註78を参照。

82　fortezze. 一般には「要塞」や「城塞」を意味する。

83　conviene. 一般には「好都合である」という意味で広く用いられるが、ここでは後述の「適正」（decoro）の原則と関連づけられる。註84を参照。

84　il decoro. ウィトルウィウス『建築十書』第一書第2章第5節。セルリオのデコル（デコールム）については、V. Hart & P. Hicks, "On Sebastiano Serlio: Decorum and the Art of Architectural Invention", in *Paper Places*, pp. 140-157（前掲註72）を参照。

85　五つのオーダーの比較図は、チェザリアーノ版『ウィトルウィウス』（コモ、1521年）の挿絵を手本にしたと考えられる［図15］。C. Cesariano, *De Architectura libri decem traducti de latino in vulgare affigurati*, Como, 1521, IV, c. 62rを参照。チェーザレ・チェザ

図15　円柱の比較図、チェザリアーノ版『ウィトルウィウス』（コモ、1521年）

リアーノ（Cesare Cesariano 1476/78–1543年）の場合もセルリオと同様に、建築作品よりもこの著作（翻訳書のレベルを超えている）のほうが有名である。ただし、チェザリアーノ版の場合は左から順に、ドーリス式男性版（dorica masculina）、ドーリス式女性版（dorica feminea）、イオニア式、コリント式、アッティカ式、トスカーナ式と並んでいて、アッティカ式はコリント式のような柱頭をそなえ、浮彫装飾が施された片蓋柱となっている。アッティカ式については、マネッティ『ブルネレスキ伝』でも言及されており、ブルネレスキはしばしばコリント式を用いたが、円柱にはフルートを施すことはなく、角柱や付柱にはフルートを施したことが想起される。ルネサンスの建築家は、アッティカ式をオーダーの一種とみなすか否かの解釈に難渋した。飛ヶ谷潤一郎「ルネサンスにおけるアッティカ式の解釈について」『盛期ルネサンスの古代建築の解釈』中央公論美術出版、2007年、第6章、219–239頁を参照。

86　piedestalo. ウィトルウィウス『建築十書』の本文に台座に関する記述はないが、ルネサンス期に出版されたフラ・ジョコンド版やチェザリアーノ版の同書には、台座の図も掲載されている。

87　頂部と底部のモールディングを除いた台座の中央部。

88　6頁おもて面の図［図4-1］のトスカーナ式オーダー台座には、「クアドラータ」（quadrata）と記載されている。1：1の比例関係による長方形、すなわち正方形のこと。このテクストが言及している図は、チェザリアーノ版の図と似ている。C. Cesariano, De Architectura, Libro IV, c. 63r. セルリオは『第三書』155頁（本書196頁）の「読者諸氏へ」でチェザリアーノに言及している。これについては、M. Rosci & A. M. Brizio, Il trattato di architettura di Sebastiano Serlio, p. 26を参照。

89　同図のドーリス式オーダー台座には、「ディアゴネア」（diagonea）と記載されている。1：√2の比例関係による長方形のこと。セルリオは黄金比の構成について説明している。

90　同図のイオニア式オーダー台座には、「セスクイアルテラ」（sesquialtera）と記載されている。2：3の比例関係による長方形のこと。

91　同図のコリント式オーダー台座には、「スーペルビパルティエンステルティアス」（superbipartienstertias）と記載されている。3：5の比例関係による長方形のこと。

92　同図のコンポジット式オーダー台座には、「ドゥプラ」（dupla）と記載されている。1：2の比例関係による長方形のこと。

93　『第四書』の各章のタイトルについては、次のように第5章から第9章にかけて各オーダーが順に説明されている。トスカーナ式のみオーダーという用語が使われていないが、本文中には登場する。また、最も装飾性の乏しいトスカーナ式では装飾について説明されているのに、ドーリス式とコンポジット式では装飾についての説明が省かれているような印象を与えるかもしれないが、むろん本文中ではしっかりと説明されている。
　　第5章　トスカーナ式の建物とその装飾について
　　第6章　ドーリス式オーダーについて
　　第7章　イオニア式オーダーとその装飾について
　　第8章　コリント式オーダーとその装飾について
　　第9章　コンポジット式オーダーについて
古典主義建築のオーダーについては多くの研究があり、オナイアンズ『建築オーダーの意味』など、いくつかは日本語にも翻訳されているが、ここでは主に次の文献を参照。E. Forssman, Dorico, Ionico, Corinzio nell'architettura del Rinascimento, Bari, 1988; J. Rykwert, The Dancing Column: On Order in Architecture, Cambridge, Mass., 1998; G. Morolli, La lingua delle colonne, Firenze, 2013; ジョン・サマーソン『古典主義建築の系譜』鈴木博之訳、中央公論美術出版、1989年；ジョン・L・ハーシー『古典建築の失われた意味』白井秀和訳、鹿島出版会、1993年；吉田鋼市『オーダーの謎と魅惑：西洋建築史サブノート』彰国社、1994年。セルリオとトスカーナ式オーダーについては、J. S. Ackerman, "The Tuscan/ Rustic Order, A Study in the Metaphorical Language of Architecture", in Distance Points, pp. 495-541; J. Onians, Bearers of Meaning, pp. 271-282（オナイアンズ『建築オーダーの意味』302–317頁）を参照。トスカーナの伝統がエトルリアやトロイにまで遡るというオーダーの起源については、G. Morolli, Vetus Etruria, Firenze, 1985を参照。

94　ウィトルウィウスは、ここでは古代エトルリア神殿の比例関係について説明している。トスカーナ円柱に

353

ついては、「柱は下部の太さで高さの1/7、高さは聖所の幅の1/3であり、柱は頂部で下部の太さの1/4だけ縮められる」という。

95 la colonna. 文脈に応じて、柱全体を表すときには「円柱」、柱頭（base）と柱礎（capitello）を除いた部分を表す場合には「柱身」と訳した。

96 parte. いわゆるモデュールのこと。第6章20頁おもて面（本書261頁）のドーリス式オーダーでも説明されるように、セルリオはウィトルウィウスのモドゥルス（modulus）にしたがって、柱身底部の幅をすべての寸法の基準（モデュール）として定めている。たとえば神殿正面の柱割について、ウィトルウィウスは次のように説明している。「この1モドゥルスが円柱の太さとなるだろう。中央の柱間を除いた各柱間は2と1/4モドゥルス。正面と背面の中央柱間はそれぞれ3モドゥルス。円柱の高さそのものは9モドゥルス半」。ウィトルウィウス『建築十書』第三書第3章第7節を参照。同書では他にも、第四書第1章第8節ではドーリス式やイオニア式の比例関係、第五書第9章第3節ではポルティコの柱の比例関係について、いずれもモドゥルスに基づいて説明されている。

97 lo zoco. ゾッコロ（zoccolo）と呼ばれることも多いが、呼び名としては「礎盤」や「プリンス」のほうが一般的。セルリオによるオーダー細部の名称については複数の呼び名が示されていることによって、しばしば異なる部材が同じ名称で表現されていることもあって紛らわしいので、図を参照されたい。

98 bastone. 一般には「棒」や「杖」という意味であるが、建築用語として「繰形」という意味でも使われる。呼び名としてはトルスのほうが一般的。

99 la cinta. 建築用語としてはあまり一般的ではなく、図のIでもさまざまな呼び名が挙げられている。

100 il sporto. 建築用語ではないが、柱礎の他にもコーニスや持送りなど水平に突出した部材について、セルリオはこの語をしばしば用いている。

101 ウィトルウィウス『建築十書』第四書第7章第3節を参照。

102 l'abaco. 柱頭の一番上にある単純な四角い板状の部材で、アーキトレーヴを直接支える。

103 vuovolo. セルリオはヴォヴォロと呼んでいるが、一般にはオヴォロ（ovolo）と呼ばれ、「饅頭繰形」とも訳される。呼び名としてはエキーヌスのほうが一般的。

104 listello. ここでは柱頭の話をしているので、アーヌルス（anulo）の誤り。

105 il fregio. フリーズは一般にエンタブラチュアの中層部を指すが、ここでは柱頭の一部としての異なる部材のこと。

106 il tondino. 「円」（tondo）の縮小辞で、呼び名としては「玉縁」や「アストラガル」のほうが一般的。

107 colarino. 「首」（collo）の縮小辞で、英語でも同様にneckやneckingと呼ばれる。

108 エンタシスのこと。ウィトルウィウスは、他にもさまざまな視覚補正（リファインメント）について説明している。ウィトルウィウス『建築十書』第三書第3章第11節–第13節を参照。アルベルティ『建築論』第六書第13章や、デューラー『測定法教則』注解』下村耕史訳、中央公論美術出版、2008年、第三書図7（図96）なども参照。

109 tronco. 「幹」という意味。註95を参照。

110 ordine. オルディネには主に二つの意味があり、一つはいわゆる建築オーダーを構成する規則のことで、大文字で表記される。もう一つは一般的な意味での順序や秩序のことで、小文字で表記される。ここでは後者の例として使われている。

111 artefice. 一般には「作り手」を意味するが、ここでは設計よりも施工作業に言及されていて、セルリオが本書の読者として教養のあるパトロンのみならず、石工や職人なども想定していたことが読みとれる。

112 la colonna Thoscana. 「円柱」と「柱身」の訳し分けについては、註95を参照。

113 Plintho, detto abaco; o cimasa. プリンスは柱頭と柱礎のいずれにも登場するが、ここでは前者で、呼び名としてはアバクスのほうが一般的。

114 Echino detto Vuovolo. 註103を参照。

115 Anulo, detto quadrato, o regolo. 註104を参照。テクストのquadratoはquadrettoの誤り。レーゴロは一般には「定規」や「物差し」という意味。

116 Hipotrachelio, detto fregio. ラテン語のヒュポトラケリウム（hypotrachelium）は「首の下」という意味。註105を参照。

第四書　註

117　Astragalo, detto Tondino. 註106を参照。

118　Quadretto, detto Collarino. クアドレットは「四角形」（quadro）の縮小辞。

119　summo Scapo, cio è grossezza de la colonna ne la parte di sopra. スカポは「柱身」という意味。

120　imo Scapo, cio è grossezza de la colonna ne la parte da basso. 註119を参照。

121　Quadretto, detto Gradetto altri lo dicono Listello, altri cinta. 図からもわかるように、Fのクアドレットと形態は同じだが、Iのクアドレットはやや大きめで、設置される場所が異なる。グラデットは、「段」や「階級」を意味するグラード（grado）の縮小辞。リステッロは、「一覧表」や「帯状のもの」、「縁」を意味するリスタ（lista）の縮小辞。

122　Toro detto bastone, altri lo dicono diversi nomi. トルスは玉縁を大きくしたもので、主に柱礎に用いられる。註98を参照。

123　Plintho, detto Zocco. 註97を参照。

124　Proiettura de la base detta sporto. スポルトは柱礎以外にも用いられる。註100を参照。

125　Imo scapo de la colonna cio è grossezza di essa ne la parte da basso. 註120と同じ。

126　Summo scapo de la colonna cio è grossezza, di essa ne la parte di sopra. 註119と同じ。

127　fascia. ここではエンタブラチュアの図の上から三番目の部材のこと。

128　vuovolo. 英語版ではキューマティウム（cymatium）と訳されており、これは柱頭、アーキトレーヴ、あるいはコーニスの頂部を飾る繰形を指す。7頁裏面の図［図4-3］では、オヴォロとファスキアはいずれもチマティオ（cimatio）と同じ意味で用いられているので紛らわしいが、キューマティウムを指す場合、セルリオはたいていシーマ（scima）やチマーザ（cimasa）を用いている。キューマティウムは一般にはシーマと同じ形であるため、こうした識別がときにはあいまいになることがある。註103を参照。

129　corona. 一般には「冠」という意味であるが、ここではコーニスの主要部分を指す。

130　fascia. 註127と同じ、図の上から三番目の部材のこと。

131　canaletti. カナレットは、「水路」や「溝」を意味するカナーレ（canale）の縮小辞。ここでは図の左側に三本、右側に四本の細い溝が見られる。

132　licentia. 形容詞のlicentiosoとともにセルリオの建築書の頻出語句の一つで、ウィトルウィウスの規則からの「逸脱」や「型破り」を意味し、後述のデコル（デコールム）の対概念にあたる。後述の註135を参照。

133　quadrato. 図では頂冠帯の突出部が横長の長方形となっているように、正方形よりも水平に張り出させるということ。

134　commodita. コモディタは、セルリオの建築書における頻出語句の一つ。ウィトルウィウスの「用」（utilitas）に相当し、文脈に応じて「快適さ」などと訳すことができる。

135　decoro. セルリオの建築書における頻出語句の一つ。ウィトルウィウスの美的概念の一つでもあり、「適正」、「品格」、「品位」、「ふさわしさ」などを意味する。ウィトルウィウス『建築十書』第一書第2章第5節-第6節を参照。

136　西洋の建築では屋根が壁から張り出していないことが多く、屋根から雨水が壁に直接流れ落ちると壁を傷めるので、一般には軒先に雨樋が設置される。

137　Cimatio, detto vuovolo. オヴォロについては、ここではエンタブラチュアの一部であるため、柱頭のオヴォロとは位置が異なるが、形は同じ。註103を参照。

138　Corona, detta gocciolatoio. ゴッチョラトイオは軒下などに設けられる「水切り」、ゴッチャ（goccia）は「しずく」という意味。

139　Cimatio, detto fascia. 註103、137を参照。

140　Zoforo, detto fregio. ゾーポルスは、動物や人の浮彫が施されたフリーズを指すが、イオニア式オーダーの場合のように、装飾のないフリーズについてもしばしば同じ意味で用いられる。ウィトルウィウス『建築十書』第三書第5章第10節を参照。

141　Tenia, detta fascia, o lista. フリーズの一番下の単純な繰形のことで、ドーリス式の場合は、この下にグッタエが垂れ下がる。

142　Epistylio, detto architrave. エピステュリウムは「柱の上」という意味で、アーキトレーヴに相当する。ウィトルウィウス『建築十書』第四書第7章のエトルリア神殿に関する記述では、トスカーナ式のエピステュリ

355

ウムには触れられていないけれども、続く第8章の円形神殿に関する記述では、その高さが円柱の太さの半分であると説明されている。

143 ウィトルウィウス『建築十書』第四書第1章第6節を参照。

144 robusta maniera.「手法」や「様式」を意味するマニエラは、「強さ」の概念とは直接結びつかないようにも思われるが、このような表現がされることもある。

145 i stilobati, detti piedestali. スタイロベートは、一般に三段からなる神殿の基壇(クレピドーマ)の一番上の段を指す意味で使われるが、ここでは「台座」のこと。

146 『第四書』6頁おもて面の五つのオーダーの比較図［図4–1］からもわかるように、トスカーナ式の台座のみ繰形が一つもない。なお、インタリオ（intaglio）は円柱のフルートなどを意味するときにも用いられる。

147 Architetto di guerra. 直訳すると「従軍建築家」となり、ウィトルウィウスと同様、ルネサンスの建築家にもしばしば軍事技術に精通していることが要求されたが、ラファエロやセルリオのように元々画家であった建築家のなかには、技術面を苦手とする者も少なくはなかった。

148 セルリオは、今までオーダーの立面図を描く際には、正射影による立面図を用いていた。しかし以降、戸口などの開口部をそなえた立面図を描くときには、建物全体を正射影による立面図、開口部を透視図で表現することで、両者を組み合わせた立面図をもっぱら採用している。

149 ponticella.「ポンティチェッラ」は「小さい橋」という意味であり、「ポルティチェッラ」（porticella）の誤記だろう。

150 la Symmetria. ここでは単純なシンメトリーを意味するが、シュンメトリアは他にも広い意味をもつウィトルウィウスの美的概念の一つであり、エウリュトミアとともに、『建築十書』第一書第2章第3–4節で次のように説明されている。

> エウリュトミアとは、美しい外貌であって、肢体の構成が統一されていることである。これは建物の高さが幅と釣り合い、長さが幅と釣り合っているとき、要するに、すべての部位がシュンメトリアに対応しているときに成り立つ。
>
> 同様にシュンメトリアとは、建物自体を構成する部位が釣り合っていることで、個々の部分から全体の姿にいたるまで一定の部分に対応していることである。あたかも人体ではエウリュトミアの質が、肘、足、掌、指、その他の小さな部分でシュンメトリアとなっているように、建物の完成でも同じことがいえる。

151 左右の小さな入口の一方が真、他方が偽という意味ではなく、実際には両者は等価に扱われる。

152 la porta. イタリア語のポルタには「門」としての建築全体を指す場合と、「入口」や「戸口」などの開口部を限定して指す場合があるので、日本語としては両者を文脈に応じて区別する。なおこの門は、マントヴァ中心街北岸のミンチョ川（メッツォ湖）を挟んだ対岸にあるチッタデッラ・ディ・

図16　ジュリオ・ロマーノ、パラッツォ・テ、マントヴァ

マントヴァのジュリア門とよく似ている。ジュリオ・ロマーノの設計により、1542–49年頃に建設されたもので、『第四書』のほうが先に出版されているが、セルリオも後述しているようにパラッツォ・テ［図16］を参考にしたのだろう。前掲註50のE. H. Gombrich, et al., Giulio Romano, pp. 491-495を参照。

153 la pilastrata. セルリオはこの用語を戸口の枠や周囲の部材という意味で用いているが、アーキトレーヴという呼び名でも知られている。セルリオは『第四書』では柱型を、ウィトルウィウス『建築十書』第四書第6章第1節の額縁（アンテパグメントゥム）と同一視している。

154 i pilastri. セルリオは柱の形態にかかわらず、主要な柱を指す場合、円柱(コロンナ)と呼ぶことも多い。

155 ordine. 註110を参照。

156　fastigio, detto frontespicio. 両者を日本語に訳し分けるのは難しいが、ファスティージョには「最上部」という意味が含まれ、「多翼祭壇画の最上段の絵」という意味もある。一方、フロンテスピチョには「正面」という意味が含まれ、書物の扉絵を意味することもあり、実際にペディメントを備えた建築が描かれることも多い。また、「切妻」や「ペディメント」を意味するフロントーネ（fronotone）という言葉もよく使われる。

157　『第四書』第6章26頁おもて面［図4-39］と27頁おもて面［図4-40］では普通の三角ペディメント、28頁おもて面［図4-41］では、28頁おもて面［図4-41］ではブロークン・ペディメントが掲載されている。

158　inventione. 一般には「発明」という意味になるが、ルネサンスの建築設計においては新しいものを創造するだけでなく、古代建築などを手本にすることも多いので、ここでは広義での「設計」や「計画」を指す。

159　sesqualtera. この比例関係は、ディアペンテ（diapente）（3：2）、セスクイアルテラ（sesqualtera）（2：3）、ディアテッサロン（diatessaron）（3：4）、ディアパソン（diapason）（1：2）という一連の音楽的調和の一つとして登場する。セルリオの建築書『第一書』21頁おもて面（本書24-25頁）、ウィトルウィウス『建築十書』第五書第4章第7節、アルベルティ『建築論』第九書第5章を参照。これらに関する研究として、R. Wittkower, *Architectural Principles in the Age of Humanism*, 6th ed. New York, 1998, pp. 104 ff; G. L. Hersey, *Pythagorean Palaces*, Ithaca, N. Y., 1976も参照。

160　supercilio.「縁の上」という意味で、建築用語としては開口部の上の楣を指す。

161　li cunei. アーチを構成する石材の名称については、アーチを立ち上げるときの両脇の二つの石を起供石、最後の頂点の石を要石（キーストーン）、その他を迫石（ヴソワール）と区別するのが一般的である。セルリオはこれらの名称を区別せず、すべてクネオと呼んでいるが、これは本来「楔石」という意味である。

162　この比例関係については、『第一書』で作図法とともに説明されている。

163　li cunei. 註161を参照。

164　La diversità de l'inventioni. 註158を参照。

165　クレメンス7世ことジュリオ・デ・メディチ（Giulio de' Medici 1478-1534年）は、1513年に枢機卿、1523年に教皇に選出された。ラファエロやミケランジェロなどの芸術のパトロンでもあり、26頁裏面（本書269頁）でも言及されている。

166　la Vigna. ここでは英語版と同様にヴィーニャをヴィッラと意訳したが、本来は「葡萄畑」という意味の前者も、都市郊外に所有する広い領地という意味で、後者と同様に使われることも多い。ヴィッラ・マダマ［図17］は1516年に着工され、『第三書』148-149頁［図3-116, 117］に図面も掲載されている。ここでの三連の円筒ヴォールト天井の建物は、ヴィッラ・マダマの養魚池に見られ、頂部に雑草が描かれているのは、庭園の建築であることを暗示したものだろう。

図17　ラファエロ他、ロッジャ内観、ヴィッラ・マダマ、ローマ

167　colle imperiale. ペーザロ郊外のヴィッラ・インペリアーレ（1530年）［図18］は、デッラ・ローヴェレ家が夏の離宮としてジローラモ・ジェンガに設計を依頼したものであり、階段状のテラスにはブラマンテによるヴァティカン宮殿ベルヴェデーレの中庭の影響がうかがえる。室内装飾はアーニョロ・ブロンズィーノ、ドッソ・ドッシ、ペリン・デル・ヴァーガによって手がけられた。

168　opera rustica. 図を見たかぎりでは、石材の表面にルスティカ仕上げは施されていないため、

図18　ジローラモ・ジェンガ、ヴィッラ・インペリアーレ、ペーザロ

ここではオーダーないしは円柱を使用しない様式と解釈できる。

169　opera latteritia cioè di pietra cotta. ピエトラ・コッタは一般にはテッラ・コッタ（terra cotta）と呼ばれるほうが多い。また、テラコッタは建築用の煉瓦のみならず、彫刻や土器などを指すこともある。

170　opera reticulata. 網目積みについては、ウィトルウィウス『建築十書』第二書第8章第1節を参照。装飾性の高い網目積みについては、チェザリアーノ版の同箇所の挿絵を参照。C. Cesarino, *De Architectura*, Libro II, c. 38v.

171　フォルム・パーキスのことで、その遺構はコンスタンティヌス帝によって完成されたローマ市長官の謁見室と見なされている。R. Krautheimer, *Rome, Profile of a City, 312-1308*, Princeton, N. J., 1980, p. 28; J. S. Ackerman, "The Tuscan/ Rustic Order", p. 529を参照。

172　l'adito o vestibolo. ウェスティブルム（ヴェスティーボロ）は、古代ローマのドムス式住宅に見られるような通路状の玄関を指し、これを通り抜けるとアトリウムへと至る。

173　il piede de i cunei. 註161を参照。

174　opera Rustica. この門はルスティカ式でも11頁おもて面［図4-10］の門とは異なり、付柱を備え、切石にはルスティカ仕上げが施されている。註168を参照。

175　この門には10頁おもて面［図4-8］に見られる雑草に加えて、いくつかの石には破損も見られ、古代建築のようでもあるが、ヴィッラや庭園に適していることを示すためだろう。

176　図からはファスキアとその上の切石にはハッチングが施されておらず、仕上げが区別されていることがわかる。

177　註157を参照。

178　capo de la militia Traiana in Roma. 英語訳では「トラヤヌス帝のフォルム」となっているが、それに隣接するアウグストゥス帝のフォルムは、ルネサンスの時代にもルスティカ式壁面の遺構例としてよく知られていた。

179　これについては、前掲註93のJ. S. Ackerman, "The Tuscan/ Rustic Order", p. 521を参照。

180　自然（natura）と人工（artificio）の対立については、M. Fagiolo, *Natura e artificio: l'ordine rustico, le fontane, gli automi nella cultura manierismo europeo*, Roma, 1981を参照。セルリオは、自然を表現したように見える作品と、人の手で表現された意図が見える作品とをはっきりと区別している。たとえば『第四書』で取り上げられた門についてみると、円柱であれば柱身が滑らかに仕上げられていることが「人工」的と見なされるのに対し、ルスティカ式の帯で円柱が分断されていることは、実際には「人工」的な作業が加わっていても、帯の部分は天然の石の状態に近いため「自然」と見なされる。しかしながら、「自然」を参照することと「人工」的な作品とは矛盾せず、そもそも円柱については人体が手本となっている。一般に建築は絵画などとは異なり、自然をそのまま忠実に表現することはできないため、こうした対立する価値観が共存することも驚くには値しない。

181　mistura. のちにセルリオはこうした混淆を、フォンテーヌブローで枢機卿イッポーリト2世・デステの邸宅におけるグラン・フェッラールの門［図19］で試み、『番外篇』ではその立面図を第一番として掲載した。W. B. Dinsmoor, "The Literary Remains of Sebastiano Serlio", figs 11 & 12を参照。イッポーリト2世はエルコレ2世の弟で、1539年に枢機卿に選出された。ピッロ・リゴーリオ（Pirro Ligorio 1513頃-83年）につくらせたティヴォリの別荘（ヴィッラ・デステ）が有名である。芸術のパトロンとしてのイッポーリト2世については、*Ippolite II d'Este: cardinale principe mecenate*, ed. by M. Cogotti & F. P. Fiore, Roma, 2010を参照。

182　ジュリオ・ロマーノによるマントヴァのパラッツォ・テは、1526頃-34年にフェデリーコ・ゴンザーガ公爵のために建てられた。E. H. Gombrich, "Zum Werke Giulio Romanos", *Jahrbuch*

図19　セルリオ、グラン・フェッラールの門、フォンテーヌブロー

第四書　註

der kunsthistorischen Sammlungen in Wien, vol. 8, 1934, pp. 79-104, vol. 9, 1935, pp. 121-50; F. Hartt, "Gonzaga Symbols in the Palazzo del Te", *Journal of the Warburg and Courtauld Institutes*, vol. 13, 1950, pp. 151-188を参照。この建築がセルリオに及ぼした影響については、J. Onians, *Bearers of Meaning*, p. 282（前掲註5のオナイアンズ『建築オーダーの意味』314頁）を参照。すでに登場した『第四書』の二つの門（8頁裏面［図4-5］と12頁おもて面［図4-11］）には、明らかにその影響が見られる。註152を参照。

183　la pilastrata. ここではアーチを支える柱を指す。註153を参照。

184　la colonna sia due volte tanto grossa. ここでは円柱が壁面からどの程度突出しているのか正確には示されていないが、半円柱のように描かれている。また、「厚さ」（grossa）は、「正面幅」と判断した。

185　註156を参照。

186　テクストでは11部となっているが、図と照合して訂正した。

187　テクストでは9となっているが、図と照合して訂正した。

188　il pilastrone.「角柱」や「付柱」を意味するピラストロ（pilastro）の拡大辞で、ここでは柱というよりも壁のような形状をしているためである。

189　こうした緊急事態については『第七書』でも論じられているが、中世やルネサンス期にしばしば行われた古代建築の円柱の再利用^{スポリア}を想起させる。

190　ordine. 註110を参照。

191　chiave. 一般には「かぎ」を意味し、石材同士を連結する鉤状の金具とも解釈できるが、のちの『第四書』第6章31頁裏面（本書274-275頁）のテクストと図から判断すると、ここでもタイバーという意味で使われていることがわかる。なお、ヴォールト天井の場合は、一番上の「要石^{キーストーン}」を意味することもある。

192　un pilastro. この門の支柱は14頁裏面［図4-15］の支柱よりは細く、一般的なピラストロとなっている。註188を参照。

193　il volto. テクストではヴォールトとなっているが、図に合わせてアーチとした。

194　ordine. 註110を参照。

195　le spalle da le bande. 櫛形アーチと楣を組み合わせた部材の迫台を指す。

196　ウィトルウィウス『建築十書』に図版が掲載された形で出版されたのは、1511年のフラ・ジョコンド版が最初である。Vitruvius, *M. Vitruvius per Jocundum solito castigator factus*, ed. by Fra Giocondo, Venezia, 1511.

197　セルリオが述べているように、古代建築には室内の壁面につくられた暖炉や、そこから外部へとつながる煙突の痕跡は確認できない。けれどもアルベルティ『建築論』では、とりわけ第五書第17章のヴィッラのところで暖炉についてくわしく説明されていて、さらに暖炉についての一章が第十書第14章に割り当てられている。それらの記述からは、暖炉が壁に設置されているのか、あるいは囲炉裏のように部屋の中央に設置されているのかは定かでないが、暖炉に煙道や煙突が設けられていることは確認できる。また、第五書第13章の牢獄についても、壁付の暖炉について記述されていることから、中世には壁と一体化された暖炉はすでに普及していたといえるだろう。ルネサンスの建築家はこうした仕組みを踏襲しながら、新たに暖炉周りの装飾を戸口や窓などと同様に設計していたと考えられる。特にセルリオが、トスカーナ式からコンポジット式の各オーダーに対応させるかたちで、各種の暖炉を最初に考案したことには大きな意義があったといえるだろう。

198　l'uno è fatto di opera Thoscana delicata fuori del muro, l'altro è di opera rustica tutto ne la grossezza del muro. セルリオはトスカーナ式とルスティカ式を同格とみなすことが多いが、ここではあえて両者を区別している。こうしたデリカータ（洗練）とルスティカ（粗野）による分類は、『番外篇』における入口でもくり返されている。

199　compartito. セルリオの建築書の頻出語句の一つであり、床や壁などの平面をいくつかの小さな部分に分割する際に用いられる。アルベルティ『建築論』第一書第2章でも同じような概念が説明されている。

200　『第四書』5頁おもて面（本書242頁）の「著者から読者諸氏へ」で述べられたことがくり返されており、ウィトルウィウスのデコールムの原則にしたがっている。註84、135を参照。

201　ordine. 註110を参照。

202　『第四書』に登場するキリスト教の聖堂建築の例は二点のみであり、いずれもコリント式に関する第8章53

359

頁裏面・54頁おもて面（本書310-311頁）と57頁裏面・58頁おもて面（本書315-316頁）に限定されているが、その理由については定かでない。

203　ウィトルウィウス『建築十書』第三書第5章第1-2節に登場するアッティカ式柱礎のことを指す。註85を参照。

204　チェザリアーノはアッティカ式について、アテネ式とも呼ばれるが、コリント式と解釈している。C. Cesariano, *De Architectura*, Libro III, c. 57vを参照。

205　マルケルス劇場［図20］は前23-前13年に建てられたローマで最初の常設劇場であったが、4世紀にはもはや劇場としては使用されなくなり、中世には住宅として改築された。さらに1519年にペルッツィの設計で第三層よりも上部が増築されサヴェッリ家の邸宅となった。マルケルス劇場の立面図は、『第三書』49頁［図3-40］に掲載されている。前掲註171のR. Krautheimer, *Rome*, p. 157を参照。

206　トゥリアヌムの牢獄（マメルティヌスの牢獄）は、実際にはカピトリヌスの丘北東側の斜面にあったが、ここではフォルム・ホリトリウムの希望の神殿（Tempio di Speranza）を指しており、サン・ニコラ・イン・カルチェレ聖堂の南側外壁に円柱列の一部が組み込まれたかたちで残されている［図21］。『第三書』25-26頁（本書108-109頁）では慈悲の神殿（Templum Pietatis）と呼ばれ、復元図も掲載されている。カルチェレとは「牢獄」を意味し、中世に両者の場所と名称は混同された。この場所には三棟の六柱式の神殿が東西方向に並んで建てられていたが、聖堂は真ん中のユノ・ソスピータ神殿を取り込むかたちで建てられたため、聖堂内にはその円柱列の一部が残され、北側外壁にはヤヌス神殿の円柱列の一部も見られる。

207　この凱旋門の立面図は、『第三書』140頁［図3-109］に掲載されている。ヴェローナ東西の目貫通りに西門として設置されたボルサリ門(デクマヌス)（Porta Borsari）［図22］と立面構成はよく似ているが、セルリオは続く141頁でボルサリ門を自由気ままであると批判している。

208　ウィトルウィウス『建築十書』第三書第5章第1節-第2節。ウィトルウィウスはギリシアのドーリス式について説明しているため、柱礎に関する記述はないが、ローマの遺構の大半には柱礎が設けられている。そこでセルリオはアルベルティと同様に、アッティカ式柱礎がドーリス式柱礎にあたるとみなした。アルベルティ『建築論』第七書第7章を参照。

209　ブラマンテに関する研究としては、A. Bruschi, *Bramante architetto*, Bari, 1969（邦訳書、アルナルド・ブ

図20　マルケルス劇場とペルッツィによる上階の増築部、ローマ

図21　サン・ニコラ・イン・カルチェレ聖堂南側外壁に見られる古代の円柱列、ローマ

図22　ボルサリ門、ヴェローナ

ルスキ『建築家ブラマンテ』稲川直樹訳、中央公論美術出版、2002年）などを参照。

210　ブラマンテの代表作であるテンピエット［図23］を指しており、このドーリス式オーダーには柱礎が設けられている。『第三書』41-44頁には、古代建築に準ずるものとしてその図面［図3-34, 35, 36, 37］が掲載された。その評価はのちのパラーディオにも踏襲され、『建築四書』第四書第17章にテンピエットの図面が掲載されている。

211　ジュリアーノ・デッラ・ローヴェレ（Giuliano della Rovere 1443–1513年）は、1503年に教皇ユリウス2世として選出されてから、ブラマンテを起用してサン・ピエトロ大聖堂やヴァティカン宮殿の建設事業に着手した。

212　このような言い回しは当時の常套句として、『第三書』36頁（本書114頁）と142頁（本書184頁）などにも登場する。また、ヴァザーリ「ブラマンテ伝」の冒頭や、パラーディオ『建築四書』第四書第17章の冒頭でも繰り返されている。

図23　ブラマンテのテンピエット、ローマ

213　ウィトルウィウス『建築十書』第一書第1章第4節を参照。

214　Toro superiore, detto bastone, overo tondino. トルスはトスカーナ式の柱礎では一つであったが、ドーリス式では上下二つが使用される。

215　Quadretto, detto listello, o regolo. テクストでも説明されているように、平縁（クアドレット）についてもトルスと同様に、トスカーナ式の柱礎では一つであったが、ドーリス式の柱礎では上下二つが使用される。

216　Scotia, overo trochilo, detto cavetto. スコティアはトスカーナ式の柱礎にはなく、ドーリス式の柱礎で使用される。

217　Toro inferiore, detto bastone, overo tondino. 註214を参照。

218　Plintho, detto zocco. 礎盤については、トスカーナ式とドーリス式との違いは特にない。

219　modulo. ウィトルウィウスのテクストではモドゥルス（modulus）となり、ここではモドゥルスを基準に、全体の比例関係が定められる。ウィトルウィウス『建築十書』第四書第3章第4節を参照。

220　parti. セルリオは前述のモドゥルス（モデュール）と同じ意味で、しばしばパルテを用いている。第5章6頁裏面（本書245頁）のトスカーナ式オーダーの冒頭部を参照。

221　この方法はチェザリアーノ版『ウィトルウィウス』にも見られる。C. Cesariano, *De Architectura*, Libro IV, c. 64*v*を参照。

222　ウィトルウィウス『建築十書』第三書第5章第11節を参照。

223　Cimatio, detto gola reversa. トスカーナ式の柱頭にはない部位で、ドーリス式の柱頭ではこの上にアーキトレーヴが載る。ゴーラは一般には「のど」という意味で、建築用語のシーマとしては「波繰形」や「反曲線」などの訳語があてられることもある。反シーマの左側断面は滑らかな逆S字形となり、同様に正シーマではS字形となる。

224　Plintho, detto abaco. トスカーナ式の柱頭では、この上にアーキトレーヴが載る。

225　Echino, detto vuovolo. エキーヌスについては、トスカーナ式とドーリス式との違いは特にない。

226　Anuli, detti regoli, o gradetti. トスカーナ式の柱頭では一段であったが、ドーリス式では三段からなる。

227　Hipotrachelio, detto fregio. 柱頸については、トスカーナ式とドーリス式との違いは特にないが、後者にはしばしば小さな花などの装飾が施されることがある。

228　Astragalo, o tondino. ローマのドーリス式では、この図のように玉縁が突出する例が多いが、ギリシアのドーリス式では、柱頸との境界があいまいな例も多い。

229　Apophigi, detti colarini. アポフューシス（apophysis）のイタリア語訳であるアポフィージ（apofisi）は、一般には「骨起」や「骨端」という意味。セルリオの図では平縁のような繰形となっているが、ウィトルウィウス『建築十書』第四書第7章第3節では、アポフューシスは柱身から柱礎へと移行する柱身下端の湾

361

曲部を指している。なお、同書第1章第11節では、柱頭から柱身へと移行する柱身上端の湾曲部が、アポテシス（apothesis）と呼ばれているが、両者は区別されないことも多い。

230　lo epistilio. ウィトルウィウス『建築十書』に頻出するエピステュリウム（epistilium）のイタリア語訳であるこの語は、「柱の上」という意味で、アーキトレーヴを指す。ドーリス式については同書の第四書第3章第4節、イオニア式については第三書第5章第8節–第11節を参照。

231　li trigliphi. トリグリフは三本の縦縞からなるドーリス式オーダー特有の部位。一般にはその有無によってトスカーナ式と区別されるけれども、古代ローマのドーリス式オーダーの遺構には、コロッセウムの第一層のようにフリーズにトリグリフやメトープがないものも多い。15世紀にはそもそもドーリス式オーダーが採用された例は少ないが、コロッセウムを手本にしたとみなされるフィレンツェのパラッツォ・ルチェッライ第一層のフリーズも単純に仕上げられている。一方、古代ローマのドーリス式オーダーの遺構のなかでトリグリフやメトープをそなえた例としては、ルネサンスの時代にはフォルム・ロマーヌムのバシリカ・アエミリアがよく知られていた。ルネサンスにおける本格的なドーリス式オーダーは、ブラマンテのテンピエットから始まるが、彼が同時期に手がけたヴァティカン宮殿の螺旋階段では、異なるオーダーの積み重ねによってエンタブラチュアが不連続になるのを避けるため、単純なフリーズですべて統一されている。

232　Li piani del Triglipho. 縦方向に凹凸が並ぶトリグリフの凸部を指す。

233　Metopa. ウィトルウィウスによれば、メトープの語源は梁材の断面を表現したトリグリフに挟まれた部分であるという。ウィトルウィウス『建築十書』第四書第2章第2節–第4節を参照。

234　tempij. Sacriとなっているが、句点は不要。円形の装飾はパテラ（patera）、雄牛の頭部はブクラニウム（bucranium）と呼ばれる。

235　capitelli. 英語版ではムトゥルス（mutules）と註解が施されており、このことは20頁裏面の図［図4–30］には当てはまらないものの、27頁おもて面の図［図4–40］では頂部とムトゥルスが一体化されているからだろう。後述の註241、281を参照。

236　Fulmini. 一般の「雷」を意味するが、装飾文様としての「雷文」を意味する場合には、専門用語のメアンダーやメアンドロスがよく使われる。

237　Scima, detta gola dritta. 一般にはコーニスの頂部がキューマティウム（チマティオ）と呼ばれるが、シーマと同じ形であるため、両者の識別があいまいになることがある。註223を参照。

238　Cimatio, detto gola reversa. 註223、237を参照。

239　Corona, detta gocciolatoio. ゴッチャ（goccia）は「しずく」という意味で、先端部の下に設けられた小さな突起によって「水切り」がされる。

240　Cimatio. 註223を参照。

241　Capitello. ここでは頂部、トリグリフ、タエニアを挟んだグッタエが、それぞれ円柱の柱頭、柱身、柱礎にたとえられ、三つで一組の部位とみなされている。註235、281を参照。

242　Tenia, detta lista. タエニアはトリグリフとは無関係で、トスカーナ式のフリーズにも見られる。

243　Gutte, o goccie. ゴッチェはゴッチャの複数形。註239を参照。

244　le Strie. 円柱の「縦溝」については、英語のフルート（flute）やフルーティング（fluting）の表記もよく使われる。トスカーナ式の円柱にフルートが刻まれることはないが、ドーリス式やその他の円柱でも省略されることはしばしばある。フルートの数の20本については、ウィトルウィウス『建築十書』第四書第3章第9節における記述と同じである。アルベルティ『建築論』第七書第9章も参照。

245　lo Stilobathe detto Piedestalo. スタイロベートはギリシア神殿の三段からなる基壇の「一番上の段」という意味で用いられることが多いが、ここでは「台座」を指している。いずれも円柱が載せられる段であるという点では共通している。

246　ここでは1：√2になるが、すでに5頁裏面（本書243頁）の「著者から読者諸氏へ」ですべてのオーダーの台座の比例関係について説明されている。

247　台座の構成も、柱頭、柱身、柱礎からなる円柱の構成と同様にとらえることができる。

248　この説明は正確ではない。円柱の高さの比例関係については、柱頭に1モジュール、柱身に12モジュール、柱礎に1モジュールが割り当てられる。

362

第四書　註

249　ウィトルウィウス『建築十書』ではギリシア神殿のドーリス式について説明されているので、台座に関する記述はない。このことについて、セルリオは本書第5章8頁おもて面（本書247–248頁）のトスカーナ式オーダーの台座のところでも触れている。

250　セルリオが批判しているウィトルウィウスの研究者とは、のちの1540年にローマで設立されたウィトルウィウス・アカデミー（前身はアカデミア・デッラ・ヴィルトゥ）の会員たちのことであり、『第三書』17頁（本書104頁）のパンテオンに関する記述でも言及されている。この第一版は1540年に出版されたにもかかわらず、その最後にセルリオが読者に向けて会員たちへの反論を掲載していることは、出版以前からその内容がかなり知れわたっていたことを示している。一方、ウィトルウィウス・アカデミーの研究成果としては、会員の一人であるギョーム・フィランドリエ（Guillaume Philandrier 1503–65年）による『ウィトルウィウス「建築十書」註解』（In decem libros. M. Vitruvii Pollionis de architectura annotationes, ed. by G. Philandrier, Roma, 1544）があげられ、その第二版は翌年にパリで出版された。

251　註207を参照。

252　註206を参照。

253　註205を参照。

254　トリグリフとメトープを配分する際の難点は、フリーズ両端部、すなわち角の処理である。トリグリフの中心軸は円柱の中心軸に一致させ、メトープは正方形にするのが原則であるが、ギリシア神殿ではフリーズの両端にトリグリフが接するように寄せられるため、そこではトリグリフの中心軸が円柱の中心軸とは一致せず、両端のメトープは横長の長方形となる。一方ローマ神殿やルネサンス建築では、トリグリフの中心軸を円柱の中心軸とすべて一致させることによって、フリーズの両端には縦長の長方形のメトープが設置される。

255　ウィトルウィウス『建築十書』第四書第3章第3節を参照。ここで提示されたウィトルウィウスのテクストの改竄は、チェザリアーノによって論じられている。しかしながら、彼も35モジュールをそのまま使用している。C. Cesariano, De Architectura, Libro IV, c. 64rを参照。

256　la compartitione. セルリオの建築書の頻出語句の一つで、床や壁などの平面をいくつかの部分におおむね等分割する際に用いられる。たとえば、廊下に沿って同じ大きさの部屋が一列に並んでいるような場合が当てはまるが、フリーズのような詳細部にも適用される。

257　すなわち、トリグリフに1部、メトープに1部半、両端のメトープに1/2部があてられ、全体で42部となる。

258　ウィトルウィウス『建築十書』第四書第3章第3節を参照。

259　Intercolunnio. 英語のintecolumniationには「柱割り」という意味もあり、ウィトルウィウスは柱間の大小によって次のように分類している。円柱底面の直径に対して、柱間の内法幅が一倍半なら密柱式（pycnostyle）、二倍なら集柱式（systyle）、二倍と1/4なら正柱式（eustyle）、三倍なら隔柱式（diastyle）、三倍よりも大きいなら疎柱式（araeostyle）となる。ウィトルウィウス『建築十書』第三書第3章第1–7節を参照。これらの比例関係は、ドーリス式のフリーズにトリグリフとメトープが均等に配分されることから導き出されているため、他のオーダーでは当てはまらないこともある。たとえば柱間の広い疎柱式については、ウィトルウィウスも述べているように、構造上の問題により木材の連続梁が設置されるが、トスカーナ式であれば四倍でも五倍でもそのような問題は生じない。註254を参照。

260　アルベルティ『建築論』第七書第9章でも同様に修正されており、全体は27部となる。フランチェスコ・ジョルジ（Francesco Giorgi 1466–1540年）の「サン・フランチェスコ・デッラ・ヴィーニャ聖堂についての覚書」（Promemoria di Francesco Giorgi per San Francesco della Vigna）には、サンソヴィーノが設計したヴェネツィアのこの聖堂に加えられるべき変更について、次のように記されている。「それゆえ、もし我々がこれら〔モーセの幕屋やソロモン神殿〕と同じ比例関係を踏襲するなら、身廊奥行きの長さについても27という数が申し分ないだろう。この数は身廊の間口幅の三倍であり、3の三乗でもある。プラトンは万物を記述するにあたって、この〔27という〕数を越えようとしなかったし、アリストテレスも『天体論』第一書で、自然の大きさと力を把握するときには、いかなる物体もこの数を越えることがないように定めた」。この全文については本書「付録2」を参照。

261　ウィトルウィウス『建築十書』第三書第5章第12節を参照。

262　le Acroteree dette pilastrelli. アクロテリオンは第5章のトスカーナ式の建物には見られなかったが、以降

の章では煙突とともにさまざまな箇所に設置される。ここではアクロテリオンは台座のような柱頭をそなえた短い柱として、それ自体が屋根上の装飾のように描かれている。しかし、アクロテリオンは本来、屋根の上に彫像などを設置する際の平らな台座であるため、台座のみを指す場合もあれば、台座を含めた彫像などの装飾を指す場合もある。なお、ピラストロ（pilastro）は、「角柱」と「付柱」の両方の意味で用いられ、ピラストレッロはその縮小辞。

263　テュンパヌムを指しており、この部分に彫刻装飾が施されることもある。

264　セルリオの建築書には、パラーディオ『建築十書』のような断面図が記載されていないため、天井の詳細については定かでないが、格間は木造の平らな天井にも、石造やコンクリート造のヴォールト天井にも設けられる。開口部の内法高について、ウィトルウィウスは「2部半」と述べており、セルリオの説明する「2部」とは若干異なる。ウィトルウィウス『建築十書』第四書第6章第1節を参照。

265　le Antipagmenti dette pilastrate. セルリオは、戸口や窓の枠組のように壁からわずかに突出した垂直方向の部材を、「柱型」（ピラストラータ）と呼ぶことが多い。アンテパグメントゥムについては、ウィトルウィウス『建築十書』第四書第6章第1節−第2節を参照。

266　piedi. 足の長さを基準とした寸法で古代から用いられており、地域差はあるが約30cm。ウィトルウィウス『建築十書』第三書第1章第7節で説明されているペース（pes）に由来する。

267　supercilio. ラテン語のスーペルキリウム（supercilium）は「眉毛」という意味で、図［図4–36］のAで記された戸口の上の横架材を指すが、前述のアンテパグメントゥムと一体化した扉枠を構成している。ウィトルウィウス『建築十書』第四書第6章第2節を参照。

268　il Cimatio Lesbio. 同じくウィトルウィウス『建築十書』第四書第6章第2節で説明されており、セルリオは24頁裏面でもこれを繰り返し用いている。

269　Hiperthiro. ラテン語のヒュペルテュルム（Hyperthyrum）は「戸口の上」という意味。

270　シーマの彫刻の解釈については、チェザリアーノ版『ウィトルウィウス』（C. Cesariano, *De Architectura*, Libro IV, c. 68*r*）を参照。

271　セルリオはウィトルウィウスのテクストの誤りは、おそらく似たような単語を写し間違えたことによって生じたものと解釈している。

272　1540年の第二版以降では、次のように加筆された。当時のこの註に関する議論については、前掲註250のフィランドリエ版『ウィトルウィウス』第二版（Livre IV. Chap. VI, p. 132）を参照。フィランドリエ以降、これはウィトルウィウスの正しい説明としておおむね受け入れられた。

　　　　上記の訂正
　　　　ウィトルウィウスが繰り返し述べている上記の「キューマの彫刻としてドーリス式キューマティウムとレスボス風の玉縁を彫り込むべきである」という文章を、私は注意深く検討した。さらに私は何人かのギリシア人に相談したところ、シーマ・スカルプトゥーラとは低浮彫のことであり、この戸口では他の戸口の場合よりも長く突出させるべきではなく、彫刻もさほど深く彫り込むべきではないという結論に至った。古代の建物にはこれに類するもの、すなわち玉縁や葉飾り、オヴォロ、その他の低浮彫が見られたので、私はそれが低浮彫を意味するものと確信している。

CORRETTIONE DE LA PARTE SOPRADETTA.

Io con piu maturo consiglio ho considerato quel passo di Vitruuio, doue egli dice che si sculpisca il cimatio Dorico, e lo astragalo Lesbio in la scima scalptura; e anco io l'ho conferito con alcuni greci, doue si conclude, che scima scalptura uoglia dire Scultura di basso rilieuo, cioè che le opere non habbian tanta proiettura quanto le altre: e cosi le sculture non potranno hauere tanto rilieuo: e io per hauerne veduto ne lo antico di cose simili, che li astragali, e foglie, e vuouoli, e altre opere sonno di basso rilieuo, affermo che cosi uoglia dire, cioè scultura di basso rilieuo.

273　ウィトルウィウスが『建築十書』第四書第6章第2節で述べているように、ドーリス式戸口のことである。

274　註268を参照。

275　セルリオのこうした「多様性」の概念は、古代ローマの遺構を調査した結果から生まれたものであって、ウィトルウィウスの規則から逸脱することを意図したものではない。

276　ウィトルウィウス『建築十書』第三書第2章第4節を参照。

277　22頁裏面（本書266頁）ですでに説明されたように、ウィトルウィウス『建築十書』第三書第5章第12節では、三角形の底辺を9部としたときに、高さは1部になるという。

278　21頁おもて面（本書263頁）で説明された円柱に縦溝を彫るときと同じ方法である。

279　propria natura. ここでセルリオは、通常では同じフリーズに配置されることのない、トリグリフと持送りという異なる部位の混淆を提案しているが、それは両者が梁の端部を意味するからである。しかし、両者は本来設置されるべき場所から移動されてしまったことで、象徴的な意味合いは失われている。

280　註275を参照。セルリオの「多様性」の概念は、のちに『番外篇』でさまざまな入口として展開される。

281　Trigliphi, & mutoli in uno istesso ordine. ムトゥルスは、一般にトリグリフの上に何段かの繰形を挟んで設置されるので、両者が直結されたという意味にとらえられる。しかしながら、ここでは後述の暖炉のフリーズ（37頁おもて面［図4-57］）と同じ形式であることから、柱型上部に見られるトリグリフと軒持送り（モディリオン）が一体化された形式を指していると思われ、英語版ではムトゥルスが「持送り」（corbel）と意訳されている。こうしたトリグリフと軒持送りの組み合わせについてセルリオは、ペルッツィがローマのパラッツォ・フスコーニを設計したときに考案したと後述している。ボローニャでは1523年以降に普及したと考えられ、その代表例が設計者不詳のパラッツォ・ファントゥッツィ［図24］である。D. Lenzi, "Palazzo Fantuzzi: un problema aperto e nuovi dati sulla residenza del Serlio a Bologna", in *Sebastiano Serlio*, ed. by C. Thoenes, pp. 30-38を参照。また、サンソヴィーノの設計によるヴェネツィアのサン・フランチェスコ・デッラ・ヴィーニャ聖堂の身廊壁面頂部にも、トリグリフと軒持送りが組み合わされたフリーズが設けられており、この聖堂の1535年の設計変更については、セルリオも有識者の一人として署名をしている。本書「付録2」を参照。

図24　パラッツォ・ファントゥッツィ、ボローニャ

282　取り壊されたローマのパラッツォ・フスコーニについては、C. L. Frommel, "Palazzo Massimo alle Colonne," in *Baldassare Peruzzi: Pittura, scena e architettura nel Cinquecento*（前掲註65）, pp. 254-256を参照。

283　li mutoli sopra il sodo de le pilastrate. 註281を参照。

284　註165を参照。

285　Scima, detta gola dritta. ここでのシーマはキューマティウム（Cimatio）と同じ意味。註223、237を参照。

286　inventione. セルリオの建築書の頻出語句の一つで、「設計」や「デザイン」といった意味に近いが、ここでは古代建築やウィトルウィウスとは異なる「発明」であることが暗示されている。なお、一般にはヴァザーリ『美術家列伝』の頻出語句であるディセーニョ（disegno）が、「設計」や「デザイン」を意味するが、この用語はセルリオの建築書では『第六書』や『第七書』などに散見されるのみである。註52、158を参照。

287　この文章ではモデュールとパルテが混在しているが、両者は同じ意味で使われている。

288　実際には27頁の誤りである。

289　セルリオの「多様性」の概念については、註275、280を参照。このあとすぐに古代にはまだ発明されていなかった銃火器への対策に触れられているように、ルネサンスの建築には古代建築を手本にするだけでは解決できない問題も少なくはなかった。

290　古代の円柱を再利用するようなときである。註189を参照。

291　ウィトルウィウスはコーニスを9部に分けているので、かなり緩い勾配となる。ウィトルウィウス『建築十書』第三書第5章第12節を参照。

292　半円柱などの付柱になるということ。のちに第9章65頁裏面（本書324-325頁）で詳しく説明されている。

293　ペディメントの上にはアクロテリオンが設置されているが、セルリオはこれについては何も語っていない。

球から煙のようなものが出ていて煙突のようにも見えるが、たとえば第8章54頁おもて面の聖堂ファサード［図4-93］のように、通常であれば煙突の設置されないような箇所にも描かれていることがしばしば確認できる。

294　pilastri quadri. ピラストロには「角柱」のみならず、「付柱」という意味もあるので、こうした表現がされている。註262を参照。

295　角柱と円柱を組み合わせたときには、古代ローマのコロッセウムなどに見られるように、角柱が構造材となり、円柱は装飾材としてしばしば半円柱のかたちをとる。アルベルティ『建築論』各書のタイトルの多くが装飾に関するものであるのは、円柱が装飾として論じられているからである。

296　アルベルティは、円柱には楣、角柱にはアーチを組み合わせるのが正しいと考え、ブルネレスキの建築にしばしば見られる円柱とアーチの組み合わせには批判的であった。

297　セルリオによるいわゆる「セルリアーナ」の考案は、これらの問題点を解決するものであった。というのも、セルリアーナによって大きな開口部をそなえたポルティコをつくることができる上に、中央のアーチが円柱の上から直接ではなく、迫元としてアーキトレーヴを介して架けられるため、円柱の上でアーチの四つ角が突出してしまう問題を回避できるからである。セルリアーナの立面図は、32、34、35、36頁の各おもて面［図4-48, 52, 54, 56］に示されている。セルリアーナについては、S. Wilinski, "La Serliana", *Bollettino del Centro Internazionale di Studi Andrea Palladio*, vol. 7, 1965, pp. 115-125, vol. 11, 1969, pp. 399-429; K. De Jonge, "La Serliana di Sebastiano Serlio", in *Sebastiano Serlio*, ed. by C. Thoenes, pp. 50-56を参照。以降のヴェネツィア風のパラッ

図25　マウロ・コドゥッシ、パラッツォ・ヴェンドラミン゠カレルジ、ヴェネツィア

ツォのファサード（31頁おもて面［図4-54］）などでは、マウロ・コドゥッシによるパラッツォ・コルネル゠スピネッリ（1490年）［図71参照］とパラッツォ・ヴェンドラミン゠カレルジ（1502-04年）［図25］が参考にされている。G. C. Argan, "Sebastiano Serlio", *L'Arte*, vol. 35, 1932, pp. 183-199を参照。

298　これについて、セルリオは65頁裏面で言及しているように、ウィトルウィウス『建築十書』第五書第6章第6節のローマ劇場に関する記述にしたがっている。セルリオが住宅建築の立面に、マルケルス劇場の立面を手本として採用しているのは、当時は二階建て、またはそれ以上の階をもつ古代の住宅は知られていなかったからである。マルケルス劇場は比較的保存状態が優れていたために、ルネサンス期には非常に大きな影響を及ぼした。なお、アルベルティによるフィレンツェのパラッツォ・ルチェッライは三層構成のファサードであり、古代ローマのコロッセウムなどの劇場関連施設が参考にされていることはよく知られている。

299　61頁裏面（本書320-321頁）を参照。

300　テクストでは「窓」（finestra）となっているが、図［図4-48］では明らかにパネルないしは盲窓である。

301　実際には30頁裏面の誤りである。

302　セルリオはこの問題を30頁裏面（本書273頁）でも取り上げていた。すなわち、角柱は円柱よりも幅が広いので、ロッジャには光が入りにくく、この問題を解決するために角柱を円柱に置き換える場合には、次の三つの方法がある。第一に楣の下に円柱を置く方法（31頁おもて面［図4-46］）、第二に楣とアーチを組み合わせたセルリアーナによる方法（32頁おもて面［図4-48］）、第三にここで示されたように、楣を外して柱の上から直接アーチを架ける方法（33頁おもて面［図4-50］）。ただし第三の方法では、アーチが柱身から突出しないように、円柱は角柱に置き換えなければならない。

303　25頁裏面（本書268-269頁）を参照。

304　『第四書』では住宅建築がおもなテーマでないにもかかわらず、特にヴェネツィアのパラッツォについてい

くつもの例が取り上げられている点は興味深い。これらの建築図面［図4-54, 56, 96］を見ると、立面図の地上線がしばしば波打つように表現されているのが特徴であり、15世紀のフィラレーテ『建築論』第21巻（fol. 169*v*）にも同様の表現が見られる。フィラレーテについては、Antonio Averlino detto il Filarete, *Trattato di architettura*, ed. by A. M. Finoli & L. Grassi, Milano, 2 vols, Milano, 1972, vol. 2, TAV. 124を参照。ヴェネツィアのパラッツォの特徴としては、まず地下室が設けられることはめったになく、地上階も居室として使用することはできないので、用途が倉庫などに限定されることが挙げられる。次に入口についてみると、通りや広場などからのアプローチのみならず、運河からの船によるアプローチが必要とされる場合が多い。そして平面計画については、運河や路地が入り組んだ不規則な形の狭い土地には広い中庭を設けることが難しいため、採光や通風をよくするためにファサードが開放的につくられる。一般の都市では防犯の観点から、第一層は閉鎖的なファサードになりがちであるが、ヴェネツィアではそのような心配は無用であり、前述の図4-54以降に見られるようなルスティカ仕上げが普及したのは16世紀以降である。

305　compartito. この語はセルリオの建築書では、建築の規模での平面の部屋割や、立面の柱割などに用いられることが多いが、このように都市の規模での地割などにも用いられる。註256を参照。

306　ヴェネツィアでは、サン・マルコ広場とピアッツェッタを例外として、残りの広場はカンポ（campo）と呼ばれる。また通りについても、イタリアの他の都市ではヴィア（via）やストラーダ（strada）などが一般的であるが、細い路地が大半を占めるヴェネツィアではたいていの通りはカッレ（calle）と呼ばれる。

307　セルリオの冒頭の説明では、ヴェネツィア風のパラッツォであったはずなのに、途中から古代風あるいはローマ風へと話が逸脱してしまったような印象を与えるかもしれないが、16世紀のヴェネツィア建築史はまさにセルリオ、サンソヴィーノ、パラーディオによるローマ化であった。ドーリス式とイオニア式の積み重ねによる二層構成のファサードをもつ建築として、ヴェネツィアではサンソヴィーノの図書館がちょうどセルリオの建築書『第四書』の出版と同じ1537年に着工された点は注目に値する。さらに1539年のヴィチェンツァの「バシリカ」の設計競技に、セルリオはミケーレ・サンミケーリやジュリオ・ロマーノとともに参加したが、パラーディオが勝利し、同じ構成の立面が採用されたことはよく知られている。M. Rosci & A. M. Brizio, *Il trattato di architettura di Sebastiano Serlio*, p. 34; M. N. Rosenfeld, *Sebastiano Serlio*, p. 19を参照。パラーディオの案は、セルリオのこの図とよく似た特徴をそなえているが、M. N. Rosenfeld, "Serlio", in *Macmillan Encyclopedia of Architect*s, New York, 1982, vol. 4, pp. 37-39によれば、セルリオが提出した設計案はこの図に示されているという。

308　Pilastro. この用語は英語のピア（pier）と同様に、前述の「角柱」や「付柱」の他に、ゴシック様式の「束ね柱」にも用いられ、ここでは角柱と円柱を組み合わせた柱という意味。註262を参照。

309　22頁おもて面［図4-33］を参照。

310　botteghe. ボッテーガには「店」や「工房」などの意味があり、立面図としては入口の片側に商品などを陳列する台が設置された形で表現されるのが一般的である。ここでは店舗の入口はロッジャの奥に設けられているが、ブラマンテによるローマのパラッツォ・カプリーニ（通称ラファエロの家、現存せず）のようにロッジャがない場合は、ファサードに直接入口が設けられる。また、店舗の矩形の入口の上にはしばしば小さな窓が設けられるが、こうした立面構成はトラヤヌス帝のマーケットにも見られる。

311　建築におけるデコル（デコールム）の原則は、このようにかなり広い範囲で用いられる。なお、このファサードのように二種類のオーダーが使用される場合、建築主にふさわしいオーダーの選択という考え方は適用しにくい。

312　この立面図［図4-52］の接地部分は平らに描かれているが、続く立面図［図4-54, 56］の接地部分は波状に描かれている。それゆえ後者については、いずれも敷地としてヴェネツィアが想定されていることが明らかであるが、前者については、セルリアーナの使用がヴェネツィア風（つまり、実際にはヴェネツィアでなくてもよい）であるとも解釈できる。

313　テクストでは誤って「14」となっている。

314　una colonna. セルリオはしばしば柱のかたちとは関係なしに、主要な柱をコロンナと呼ぶことがある。ここでも「円柱」ではなく、六本の大きな付柱を指しているが、セルリアーナの開口部には二本の小さな円柱が用いられていて紛らわしいので、両者を訳し分けた。

315　この第一層の壁面仕上げについて、セルリオは文章では何も説明していないが、図面からは全体的にル

スティカ仕上げとなっていることがわかる。ヴェネツィアの建築にルスティカ仕上げをもたらしたのは、1527年のローマ劫掠以降、ヴェネツィアに移住したヤコポ・サンソヴィーノである。彼が設計したゼッカ（造幣局）や、大運河に面したパラッツォ・コルネル・カ・グランダは、1537年に着工されており、ちょうどセルリオの建築書『第四書』が出版された同時期にあたる。ここではサンソヴィーノとセルリオのどちらが最初にヴェネツィアにルスティカ仕上げをもたらしたかということよりも、前者は実作という形で、後者は理論書という形で、ブラマンテ風ないしはローマ風の盛期ルネサンス様式をもたらしたことが重要である。

316　con quel ordine. ここではオーダーと訳すこともできるが、「秩序」や「命令」といった一般的な意味に解釈した。

317　gli occhi. イタリア語のオッキオは一般には「目」という意味で、建築用語としては「円窓」を意味し、ラテン語のオクルス（oculus）に由来するオクロ（oculo）も同じ意味で用いられる。円窓は時代や地域を問わず、宗教建築の場合は古典建築であればドームやドラム、ペディメントの中央部、ゴシック建築であれば薔薇窓といったように、いたる箇所で使用されたものの、世俗建築の場合はあまり一般的ではなかった。セルリオはここでは採光を目的として、円窓をペディメントのみならず、ピアノ・ノービレである第二層にも設置している。しかし15世紀のパラッツォについてみると、円窓のおもな目的は採光よりも装飾であったように思われる。たとえば、ブルネレスキによるフィレンツェのパラッツォ・ディ・パルテ・グエルファ（教皇党会館）では第二層上部に円窓のような装飾が並んで設置されているが、室内ではそれらを水平方向に二分するように天井が設けられている。また、ヴェネツィアのカ・ダーリオの場合は、円窓が設置されているとはいえ、むしろ大小さまざまの多色大理石を使用した円形装飾のほうが印象的である。16世紀のパラッツォの初期の例としては、ブラマンテによるローマのパラッツォ・カプリーニの第一層に見られ、ここには浴場窓も同列に並んでいることから、採光が主な目的であったと考えられる。

318　第三層に関する記述がかなり省略されているのは、第二層と同様にドーリス式オーダーが採用されているからだろう。なお、屋根裏部屋にあたるペディメントをそなえた第四層の簡略化されたドーリス式のような柱型については、オーダーに相当するのかは不明であるが、トリグリフをそなえた本格的なドーリス式のフリーズは、第二層のみに限定されていることから、この層にピアノ・ノービレとしての格の高さが表現されていると考えられる。また、セルリオはルスティカ仕上げをトスカーナ式オーダーの一種とみなしているため、このパラッツォについてもトスカーナ式にドーリス式を積み重ねたと解釈することはできる。このような例は、前述のサンソヴィーノによるゼッカにも見られる。

319　第二層の中央部ではセルリアーナが使用され、第三層の中央部でも同じような開口部となってはいるものの、アーチ両脇の開口部は柱と楣ではなく、アーチで構成される。また、両脇の四つの柱間についても、それぞれの中央のアーチ両脇は壁で閉ざされているが、第三層のこれらはセルリアーナの変種と見なすことができる。

320　建物の頂部に宗教建築のようなペディメントをそなえたパラッツォについて、セルリオはのちに55頁裏面（本書313頁）でヴェネツィアの慣例に適合すると述べている。

321　ヴェネツィア風パラッツォの特徴については、註304を参照。このパラッツォの地面に接した部分にはかすかな波のような曲線、そして正面入口前方には二段の階段が見られる。一般の都市ではパラッツォの入口に階段が設置されることはなく、この階段は船でアプローチするためのものである。このパラッツォについては、飛ヶ谷潤一郎「セルリオの建築書『第四書』のヴェネツィア風パラッツォ（cc. 34v 35r）について」『日本建築学会大会学術講演梗概集：建築歴史・意匠』2017年、155–156頁を参照。

322　Pergoli. イタリア中世のパラッツォでバルコニーが設けられた例についてみると、市庁舎などの公共建築であれば中部イタリアにも多く見られるが、個人の邸宅であればヴェネツィア共和国（現在のヴェネト地方を含む）に限られている。

323　ルネサンスの祝祭については、ロイ・ストロング『ルネサンスの祝祭：王権と芸術』星和彦訳、平凡社、1987年；京谷啓徳『凱旋門と活人画の風俗史』講談社選書メチエ、2017年を参照。

324　ch'era però tutta vacua, & di poco peso. 後掲註659の正誤表で指摘されているように、ここでのeraはvaの誤り。

325　una stantia di bona grandezza. セルリオは『第四書』では「部屋」を意味する言葉として、部屋の規模とは

無関係にもっぱらstantia（現代のイタリア語ではstanza）を用いているが、公的な性格をもつ大規模な部屋の場合には、「広間」(sala) と呼ばれることが多い。

326　Modiglioni. テクストでは「軒持送り」となっているので、37頁おもて面の図［図4-57］が大きな暖炉を指しているような誤解を招きかねないが、実際には36b頁おもて面の図［図4-58］に関する説明であるため、英語版では「渦巻持送り」(console) と意訳されている。

327　una stantia mediocre o picciola. 註325を参照。

328　La fronte de i Modiglioni & Trigliphi. 27頁おもて面［図4-40］のドーリス式戸口のフリーズと同じ形式で、このときにはModiglioniはMutoliと呼ばれていたが、英語版ではいずれも「持送り」(corbel) と訳されている。註281を参照。

329　Modiglioni. ムトゥルス（Mutoli）の誤りだろう。

330　sotto in su. 透視図法の一種で、地を這う虫のように低い視点が設定されるが、暖炉のように床面から低い位置にあるものを見るときよりも、むしろ地上から二階や三階の壁面を見上げるときなどを想定して使用されるのが一般的である。一方、空を飛ぶ鳥のように高い視点が設定された「鳥瞰図」は、都市全体を描く場合などにしばしば利用される。

331　sia de la sua altezza a la nona parte. ここでは「持送りの高さは1/9部」となっているが、「正面幅」の誤りである。

332　camere. セルリオは『第四書』では「部屋」を意味する言葉として、ほとんどstantiaを用いていたが、住宅建築に関する『第六書』ではしばしばcameraを用いるようになる。両者はいずれも一般には、中規模や小規模の部屋を意味するが、後者は寝室のような私的な性格の部屋を指す場合に用いられることが多い。また、『第六書』ではcameraの関連語句として、それに隣接する「前室」(anticamera) や「後室」(retrocamera) のほか、縮小辞であるcamerinoやcameretta、camerottoなども登場するようになったのは、一軒の住宅における各部屋について説明するためには、用途や規模に応じてそれらを区別する必要があったからだろう。一方、stantiaはもともと一般的な部屋を意味するためか、こうした使い分けがされることはほとんどない。註325も参照。

333　テクストでは誤って「36」となっているので、「38」とすべきであるが、第7章以降もすべて2頁ずつずれてしまうと混乱するため、ここでは「36b」とした。

334　イオニア式オーダーが採用された15世紀の建築の例としては、ミケロッツォによるフィレンツェのサンタ・マリア・マッダレーナ・デイ・パッツィ修道院回廊や、ジュリアーノ・ダ・サンガッロ（Giuliano da Sangallo 1543/45-1516年）によるプラートのサンタ・マリア・デッレ・カルチェリ聖堂とポッジョ・ア・カイアーノのヴィッラ・メディチ［図26］、ブラマンテによるミラノのサンタンブロージョ修道院回廊［図27］などが挙げられるが、数は少ない。16世紀の例についてみると、ローマのパラッツォ・ファルネーゼ中庭のようにドーリス式やコリント式とともにオーダーの積み重ねという文脈で副次的に使用されるのみならず、ヴィッラでは正面のポルティコに主要なオーダーとして多く使用されるようになった。とりわけパラーディオの

図26　イオニア式柱頭、ジュリアーノ・ダ・サンガッロ、ヴィッラ・メディチ、ポッジョ・ア・カイアーノ

図27　イオニア式柱頭、ブラマンテ、サンタンブロージョ修道院回廊、ミラノ

ヴィッラではイオニア式が多く採用されている。

335　generatione. この語はラテン語のゲヌス（genus）に由来し、ウィトルウィウス『建築十書』ではオーダーとほぼ同じ意味でよく使われる。註1を参照。

336　ウィトルウィウス『建築十書』第四書第1章第7節では、ディアナ神殿がイオニア式でつくられ、円柱の太さは高さの1/8と説明されている。また、婦人の身体の直接的な表現としてのカリアティード（女性像柱）については、同書第四書第1章第7節を参照。

337　これらの異教の神殿のなかで、ルネサンス期に特に有名であったのは、当時バッコス神殿とみなされていたサンタ・コスタンツァの墓廟である。この建築は、『第三書』18-21頁（本書105-106頁）で図面とともに取り上げられており、実際にそのような名で呼ばれている。というのも、この建物の周歩廊のヴォールト天井には、葡萄の収穫を題材とするモザイク画が残されているからであるが、オーダーとしてはイオニア式ではなくコンポジット式が使われている［図28］。

338　vita quieta.「観想生活」（vita contemplativa）と同じ意味で、建築としては都市型のパラッツォよりも、郊外型のヴィッラでの生活に適しているといえる。実際、パラーディオのヴィッラのポルティコについてみると、イオニア式オーダーが圧倒的に多い。

図28　コンポジット式柱頭、サンタ・コスタンツァの墓廟

339　spetie. 前述のgeneratione と同様に、ここではオーダーのこと。

340　註336で説明したように、イオニア式の円柱の太さは高さの1/8であったが、後世にはもっとほっそりとした比例関係が好まれ、円柱の高さは太さの九倍になったという。ウィトルウィウス『建築十書』第四書第1章第8節を参照。

341　grossezza. 本来は「太さ」や「厚さ」という意味であるが、水平方向の部位と垂直方向の部位によって、しばしば呼び名を変える必要が生じる。

342　ウィトルウィウスは8部半ではなく9部半と述べており、それについて説明されているのも『建築十書』第三書第3章ではなく第三書第5章第5節の誤りである。ウィトルウィウスがイオニア式の円柱について、アッティカ式とイオニア式という二つの柱礎の形式に言及していることは、ルネサンスの建築家にしばしば誤解を与えた。というのも、ウィトルウィウスはギリシア神殿のオーダーについて、ドーリス式に柱礎はなく、コリント式の柱礎については、イオニア式の柱礎と同じと説明したかったのだが、ルネサンスの建築家には、オーダーや円柱の名称と柱礎の名称との対応関係が不可解だったからである。セルリオは『第四書』第6章19頁おもて面（本書260頁）で自ら語っているように、アッティカ式柱礎をドーリス式柱礎と見なした。前掲註85の飛ヶ谷潤一郎「ルネサンスにおけるアッティカ式の解釈について」を参照。

343　この段落の以下の文章については、後掲註659の正誤表に従って、テクストにはなかった各括弧内の文章も合わせて訳している。

344　Toro superiore, detto bastone, overo tondino. 以下のイオニア式柱礎の詳細部については、19頁おもて面に掲載されたアッティカ式（ドーリス式）柱礎［図4-27］の詳細部と比較されたい。

345　Quadretto, detto listello, o regolo. 註215を参照。

346　Scotia, overo trochilo, detto cavetto. 註216を参照。

347　Astragali, o detto tondino. 註106を参照。

348　Plintho, detto zocco. 註97を参照。

349　セルリオは第6章の頁についてXXXVIIIとすべきところをXXXVIと間違えたため、第7章でも2頁ずつずれ込んでいるが、混乱を避けるため「37b」とした。

350　チェザリアーノ版『ウィトルウィウス』第三書（c. 57v）には、イオニア式柱礎として二つの例が左右に並んで図示されている。右側はウィトルウィウスの記述にしたがい、大きなトルスが一番上にあるタイプで、

370

左側はチェザリアーノ自身が提案した柱礎である。後者では大きなトルスが一番下に置かれ、全体的に装飾が豊かに施されている。

351 　図［図4–59］を見ると、玉縁は二段からなり、その上下にクアドレットが設けられていることがわかるが、ここでは上のクアドレットを指している。

352 　前註と同様に、今度は下のクアドレットを指している。

353 　Cateto. この語は、本来直角三角形の直角を挟む各辺を指すが、セルリオは建築書『第一書』1頁おもて面（本書8頁）でも説明しているように、垂線のみを指してこの語を使っている。セルリオの図［図1–5］が示しているように、ウィトルウィウス『建築十書』第三書第5章第5節では、下げ振りの線となっている。アルベルティ『建築論』第七書第8章では、イオニア式柱頭はその他の柱頭とともに説明されていて、カテトゥスには言及されていないけれども、コジモ・バルトリのイタリア語訳では下げ振りの図が示されている。

354 　セルリオの図から、9部半に分けられるカテトゥスの長さは、アバクス上面から柱頭の渦巻下面までの高さであることがわかる。

355 　la voluta. ルビは英語のvoluteでふった。

356 　Viticio. 「葡萄の木」を意味するヴィテ（vite）の縮小辞。

357 　Cartozzo. 現代のイタリア語ではカルトッチョ（cartoccio）で、フランス語ではカルトゥーシュ（cartouche）、英語ではスクロール（scroll）に相当する。建築ではイオニア式柱頭の渦巻のみならず、渦巻持送りや、ローマのイル・ジェズ聖堂ファサード両端部に見られるようなS字形の渦巻装飾にも使われることが多い。一方、絵画や地図、書物などの場合は、『第三書』の扉絵のタイトルに見られるように、紙の端部が少しだけ巻かれたかたちで、その枠内に題名や説明文が記され、「渦巻縁飾り」や「渦巻枠飾り」などと翻訳される。また、紋章にも応用されることは、『第四書』第13章76頁おもて面の図［図4–123］に見られるとおりである。

358 　le strie dessa colonna cio è le canellature. この語は「細い管」を意味するカンネッロ（cannello）に由来すると思われるが、意味としては「運河」ないしは「溝」を意味するカナーレ（canale）の縮小辞に近い。

359 　実際には、ウィトルウィウス『建築十書』第三書第3章第12節で説明されている。さらに15から40ピエーデではなく、15から50ピエーデの誤りであり、15–20、20–30、30–40、40–50の場合に細かく分類されている。

360 　abaco. このイオニア式柱頭の詳細図では、左右に異なったアバクスが描かれている。左側の平らなアバクスは、今まで見てきたトスカーナ式柱頭やドーリス式柱頭のアバクスと同じであるが、右側のアバクスは反シーマ曲線となっている。以下のイオニア式柱頭の詳細部についても、20頁おもて面に掲載されたドーリス式柱頭の詳細部［図4–29］と比較されたい。

361 　Voluta.

362 　Summo scapo, de la colonna. 註119を参照。

363 　cateto. 註353を参照。

364 　Imo scapo de la colonna. 註120を参照。

365 　前掲註108の『デューラー「測定法教則」注解』第一書序（6–10, 19–20）に、この作図法が示されている。

366 　後掲註659の正誤表で指摘されているように、in particular misure は dellaltre particular misure の誤りで、ロゼッタの寸法が渦巻の寸法よりも小さいこと、すなわち渦巻の中心部に施されることを意味する。

367 　渦巻の作図に関する説明は、第一版のテクストではここまでで終わっている。以下では、セルリオが第二版と第三版のテクストに挿入した二つの箇所が続く。

368 　セルリオは原則としてウィトルウィウスの記述を尊重する立場に立ってはいるものの、古代ローマ建築やブラマンテ、ペルッツィなどの盛期ルネサンス建築を参照しながら、規則からの逸脱もある程度は許容していたことが読みとれる。

369 　後掲註659の正誤表で指摘されているように、in le strie は quel in の誤り。すなわち、コンパスで測ることができるのは、後述の柱身のフルートではなく、前述の柱頭の寸法である。

370 　フルートの本数についてはウィトルウィウスの記述にしたがい、イオニア式では24本で、ドーリス式の20本よりも増えている。ウィトルウィウス『建築十書』第三書第5章第14節を参照。セルリオが第6章21頁おもて面（本書263頁）でドーリス式の縦溝を彫るにあたって説明した正方形を用いる作図法とは異なり、

畦がつくられる反面、溝はいっそう深くなる。これら二つの作図法は、アルベルティ『建築論』第七書第9章でも説明されている。

371　canale. 註358を参照。

372　ウィトルウィウス『建築十書』第三書第5章第8節を参照。第十書ではさまざまな器機について論じられているが、渦巻の図はもとより、文章による説明もない。

373　ここではMの柱頭とPの柱頭の図は、正射影による正確な立面図ではなく、透視図法で表現されている。

374　マルケルス劇場については、『第三書』48–49頁（本書121–123頁）でも立面図とともに説明されていて、柱頭の記号もMで一致している。

375　il capitel da la confusione.

376　colonne piane. 付柱のことで、付柱自体は建物外側の四つ角のみならず、内側の四隅でも用いられる。なお、回廊や中庭の四隅には円柱よりも角柱やL字形断面などの束ね柱が設置されることが多いため、イオニア式柱頭の処理には工夫が必要とされる。たとえば、ブラマンテの設計によるローマのサンタ・マリア・デッラ・パーチェ修道院回廊の第一層ではイオニア式の付柱が主たるオーダーとなっているが、四隅では柱頭の渦巻と柱礎の一部がわずかに突出しており、その扱いに苦労した痕跡がうかがえる［図29］。

図29　イオニア式柱頭、ブラマンテ、サンタ・マリア・デッラ・パーチェ修道院回廊、ローマ

377　これに続く文章は、ウィトルウィウス『建築十書』第三書第5章第8節を言い換えたものである。

378　遠くにあるものは、近くにある同じ大きさのものよりも小さく見えるので、観者と物体との距離によって見た目の大きさは異なってくる。この原則を絵画表現に応用したのが、線遠近法（透視図法）にほかならない。一方、空気の効果については、物体の大きさよりもむしろ輪郭線の鮮明さに影響を及ぼし、絵画では空気遠近法として表現される。ウィトルウィウス『建築十書』第三書第5章第9節では、「眼の視線は高く昇れば昇るほど、空気の厚い層を切り裂くことが容易でなくなる」と説明されている。セルリオはこの記述にしたがっているため、線遠近法と空気遠近法とを混同しているようにも思われるが、『第一書』10頁おもて面［図1–38］の図を見ると、仰視法（ソット・イン・スー）を勘案した垂直部位の割付けについての説明であることがわかる。仰視法については、59頁裏面（本書318頁）でも説明されている。

379　ウィトルウィウス『建築十書』第三書第5章第9節を参照。

380　イオニア式やコリント式の平らなフリーズには、しばしば建築主や建設年代などの碑文が刻まれる。

381　el Denticolo detto dentello. デンティコロはウィトルウィウス『建築十書』第三書第5章第11節に登場するデンティクルス（denticulus）のイタリア語訳にあたるが、呼び名としてはデンテッロの方が一般的であり、英語のデンティル（dentil）に対応する。フランチェスコ・ディ・ジョルジョの『建築論』第二稿、フィレンツェ国立図書館所蔵マリアベッキ手稿（Codice Magliabechiano II. I. 141）には、神殿のエンタブラチュアと横顔が重ねて描かれた立面詳細図が掲載されており、歯飾りは歯や口の部分に対応している。Francesco di Giorgio, *Trattati di architettura ingegneria e arte militare*, ed. by C. Maltese, 2 vols, Milano, 1967, vol. 2, fol. 37 tav. 227を参照。

382　il cavo fara l'uno & l'altroはil cavo l'uno & l'altroの誤り。

383　同箇所では、「全体としてあらゆる出っ張りは高さと同量に突出しているものが美しい外観をもつ」と述べられており、セルリオは頂冠帯にかぎっては、ウィトルウィウスにはしたがわなかった。

384　Scima. 註237を参照。

385　Cimatio. 註137、223を参照。

386　Corona. 註129を参照。

387　Denticulo, o dentello. ゾーポルスの位置に「歯飾り」の文字も併記されているのは、おそらく見やすさを

考慮したためであり、実際にはそれよりも上のコローナとキューマティウムのあいだに位置する。

388　Zoforo, detto fregio.　註140を参照。

389　Fascia, Epistylio, detto architrave.　註127を参照。

390　Fregio Pulvinato ciò colmo.　古代ローマの建築については、イオニア式のみならず、コンポジット式などにもこのようなフリーズがいくつか見られる。またルネサンスの建築については、15世紀にはほとんど見られなかったが、ラファエロがローマのヴィッラ・マダマのイオニア式オーダーで採用して以降、しばしば使われるようになった。ふくらんだフリーズについては、飛ヶ谷潤一郎「ふくらんだフリーズについて」『盛期ルネサンスの古代建築の解釈』第7章、241-282頁（前掲註85）を参照。

391　サンタ・サビーナ聖堂は、ローマの初期キリスト教建築の代表例の一つである。三廊式バシリカ平面の内部では、コリント式の列柱によって連続したアーチが支えられているが［図30］、セルリオが述べているようなイオニア式のコーニスは見当たらない。

392　台座の頂部は柱頭（キャピタル）と同じく、カピテッロとも呼ばれることもある。

393　『第三書』49頁に掲載されたマルケルス劇場の立面図［図3-40］も参照。

394　この文章は第一版と第二版に登場するが、第三版では省略されている。

395　fra santo Adriano, & san Lorenzo in Roma.　これらはいずれもフォルム・ロマーヌムにあった古代建築が、中世に聖堂に改築されたものであり、セルリオの記述による両者のあいだにはバシリカ・アエミリア（Basilica Æmilia）が存在していたが［図31］、Aのコーニスがあった正確な場所については不明である。サンタドリアーノ聖堂は1930年代に古代の元老院会議場（クリア）に復元され、聖堂としての役割を終えた。一方、サン・ロレンツォ聖堂には、古代のアントニヌスとファウスティーナの神殿であったときの列柱廊が今も残されている。

図30　コリント式円柱、サンタ・サビーナ聖堂、ローマ

図31　サン・ロレンツォ聖堂（アントニヌスとファウスティーナの神殿）から見たバシリカ・アエミリアの跡、奥にあるのはサンタドリアーノ聖堂（元老院会議場）、ローマ

396　オデルツォ（Oderzo）はヴェネト州トレヴィーゾ県の小都市で、古代名オピテルギウム（Opitergium）。現在も町の中心部には古代ローマの考古学地帯が少し残されている。

397　ウィトルウィウス『建築十書』第四書第6章第3節を参照。　ルネサンス期のイオニア式戸口については、C. L. Frommel, "La porta ionica nel Rinascimento," in *Studi in onore di Renato Cevese*, ed. by G. Beltramini *et al.*, Venezia, 2000, pp. 251-292を参照。

398　ウィトルウィウス『建築十書』第四書第6章第3節を参照。セルリオはおそらくフラ・ジョコンド版『ウィトルウィウス』の誤ったテクストを用いており、この書では高さと幅の比例関係が5：3になっている。セルリオの疑問は、ウィトルウィウスの正しいテクストを参照すれば解決できるものであり、正しくは5：2である。続くページのセルリオの解決法は、ウィトルウィウスに近く2：1である。

399　ウィトルウィウス『建築十書』第三書第3章第7節。

400　第6章23頁裏面のドーリス式戸口［図4-36］を参照。そこでは戸口の高さと幅の比例関係は、正確には24：11となっている。

401　ウィトルウィウスの正しい寸法によれば、実際には次の比例関係となる。すなわち、イオニア式の高さと幅については55：22で、ドーリス式の高さと幅については48：22である。

402 ma il tutto però con gran reverentia. 後掲註659の正誤表で、「ma il tutto perho sia detto con gran reverentia の誤り」と指摘されているように角括弧で補って訳した。

403 柱型には扉枠の縦縁のみならず、横縁も含まれるので、前者の幅と後者の高さは同じになる。

404 schietto. 建築の表面仕上げについて、「平らな」や「滑らかな」を意味するスキエットは、「繊細な」を意味するデリカート（delicato）の同義語。これらはいずれも『第七書』に頻出し、後者は「ルスティカ」の対義語として『番外篇』のタイトルにも登場する。

405 Li Anconi overo Prothiridi. 前者は「肘木」、後者は「耳たぶ」という意味であるが、ここではウィトルウィウスのパロティデス（parotides）とは異なり、プロテュリデス（prothyrides）が用いられている。ウィトルウィウス『建築十書』第四書第6章第4節を参照。なお、この用語のイタリア語訳であるプローティロ（protiro）は、ロマネスク様式の聖堂ファサードに突出した柱廊付小玄関を指すときにしばしば用いられる。

406 Mensule. 現代のイタリア語ではメンソーラ（mensola）で、英語のコンソール（console）に相当する。

407 Cartelle. カルテッラ（cartella）は、一般には「小さな紙」や「カード」という意味であり、註357のカルトッツォのほうが「巻物」という意味に近い。

408 ウィトルウィウス『建築十書』第四書第6章第4節では、持送りの正面幅は柱型の正面幅の2/3で、持送りの下端ではその幅の1/4が狭められると定められている。すなわち、持送り下端の正面幅は柱型の正面幅の半分となる。

409 Remenato. ヴェネト方言で「アーチ枠などの湾曲した部分」を意味する。

410 この戸口は、ウィトルウィウス『建築十書』で説明されている一般のイオニア式戸口とは大きく異なり、両側にイオニア式の円柱ないしは半円柱が設けられているのが特徴である。むろん古代ローマの遺跡にもこうした戸口は見られないので、これはセルリオが新たに考案したものといえる。飛ヶ谷潤一郎「セルリオのイオニア式戸口の解釈：開口部周辺の渦巻き装飾に着目して」『日本建築学会大会学術講演梗概集：建築歴史・意匠』2010年、171–172頁を参照。

411 註403と同様に、ここでも柱型は扉枠の縦縁と横縁の両方を指しているので、前者の幅と後者の高さは同じになる。

412 la colonna. セルリオは戸口については、つねに正射影の立面図と透視図法を組み合わせたかたちで表現するので、平面図がともに掲載されていない場合、円柱であるのかは確認できないが、ここではおそらく扉枠と一体化された半円柱の類となっている。

413 円柱の水平断面を2/3だけ壁から突出させた形で設置する方法については、第9章65頁裏面（本書324–325頁）でコロッセウムのドーリス式オーダーを例として説明されている。

414 高さが低い例と高い例として、それぞれ23頁おもて面［図4–34, 35］と25頁裏面［図4–38］を参照。

415 セルリオは、粗面仕上げをトスカーナ式オーダーの一種と見なしている。粗面仕上げが施されたトスカーナ式の戸口ないしは開口部の例は14頁おもて面［図4–14］に、粗面仕上げが施されたドーリス式戸口の例は28頁おもて面［図4–41］に掲載されている。

416 La pilastrata da le bande de la colonna. 平面図を見ると、円柱断面の2/3、あるいは3/4が壁から突出している。また、柱型には柱頭がなく、アーチの迫元との境界が区別されないまま、迫石と連続している。

417 compartition. セルリオの建築書におけるキーワードの一つであり、床や壁などの平面をいくつかの小さな部分に分割する際に用いられる。壁面の場合、一般にはまず水平方向の階や層で分割されたのち、垂直方向の主となる柱で分割される。ここでは第一層の半円アーチによる開口部は柱間いっぱい、かつエンタブラチュアの下端に接するように設けられているため、アーチを支える柱の高さは自動的に決定され、他に開口部を設けるゆとりはない。一方、第二層の柱間では半円アーチによる開口部が狭くなって、壁面が増えたことで、壁面分割の方法は豊富になる。

418 fra lun pilastro e l'altro. ここでのピラストロ（ピラスター）とは、装飾材としてのイオニア式の円柱ではなく、アーチを支える構造材としての複合柱（ピア）全体を指す。

419 le parastate, dette pilastrate. 註412のときと同様に、柱のどの部分を指しているのかが紛らわしいが、ここでは註418で述べた支柱（ピラストロ）両側のドーリス式のような角柱部分を意味する。イオニア式の円柱については柱礎が描かれているのに対し、ドーリス式の角柱については柱礎が簡略化されていることに注意されたい。なお、ウィトルウィウス『建築十書』第五書第1章第6–7節では、彼が設計したファヌムのバ

シリカ内部に付柱（parastatica）が並ぶと説明されている。

420 註414を参照。

421 le sue pilastrate. 立面図には、第二層のアーチを伴う開口部に柱の類は描かれていないが、その幅は第一層の中央戸口の扉枠の幅と同じになる。

422 le colonne corinthie saran piane. ここではコロンナ（colonna）は「円柱」という意味ではなく、第二層の主要なオーダーという意味で用いられている。

423 タイバーは第6章31頁裏面と32頁裏面の平面図［図4-47, 49］に図示されている。

424 la partitione. 同じ意味のcompartitioneについては、註417を参照。

425 アストラガルと環をそなえたコーニスは通常のものではないが、コーニスを付柱の柱頭に合わせるようにしなければならないからである。

426 Fatta la pilastrata d'altra tanta altezza, quanto sarà da essa pilastrata al grado de la porta, sia fatta la sua latitudine per la metà. この文章はわかりにくいので原文を記載しておく。

427 『第四書』6頁おもて面に掲載された五つのオーダーの比較図［図4-1］におけるドーリス式の台座正味の部分などに、この比例関係が採用されている。『第一書』21頁おもて面にはコンパスを用いたその作図法［図1-64］が示されている。

428 第三層は中央にそびえ立つ塔のように描かれているが、第6章35頁おもて面の三角ペディメントを頂部にそなえたパラッツォ［図4-54］と同様に、このようなパラッツォはあまり見られない。

429 spatio. この用語は、セルリオの建築書を含めたルネサンスの建築書やウィトルウィウス『建築十書』では、近代建築において重視される三次元的な空間（スペース）という意味で使用されることはほとんどない。飛ヶ谷潤一郎「アルベルティの『建築論』における「スパティウム」の用法」『空間史学叢書1：痕跡と叙述』岩田書院、2013年、141-157頁を参照。

430 セルリオが言及しているのは、ウィトルウィウス『建築十書』第四書第2章である。ウィトルウィウスはドーリス式のムトゥルスとイオニア式の歯飾りの起源については説明しているが、コリント式については何も言及していない。ウィトルウィウス『建築十書』からコリント式に関する説明を探してみると、セルリオがこの一節を引用したのは、歯飾りがコリント式の特徴で、ムトゥルスを軒持送りと誤解したためである。続く48頁裏面（本書303頁）では、軒持送りはいかなる種類のコーニスにも使用できると述べられているが、S字形の渦巻持送りを水平方向に90度回転させて軒を大きく突出させる方法は、コリント式にはよく見られるが、その他のオーダーにはあまり見られない。

431 古代ローマ建築のオーダーでは、コリント式はドーリス式やイオニア式よりも圧倒的に多いことが暗示されている。

432 la Rotonda. 一般には「円堂」という意味であり、パラーディオによるヴィチェンツァのヴィッラ・カプラの通称としてもよく用いられるが、ローマの建築で定冠詞つきで用いられる場合にはパンテオンを指す。

433 altro ordine di colonne. オーダーの積み重ねは、コロッセウムのような劇場関連施設の立面にしばしば見られる。細身の比例関係をもつコリント式オーダーは、上階に設置されることが多いため、たいていは下から見上げることになる。

434 これについては、第7章37頁おもて面（本書285頁）のイオニア式柱礎のところでも言及されており、一番上に大きなトルスがあると下にある小さなアストラガルが隠れて見えなくなる欠点が指摘されている。

435 formose. この言葉は、たとえばサンタ・マリア・フォルモーザ（みめ麗しき聖母マリア）のように、建築よりもむしろ人体の美しさに関する形容詞として使われることが多い。

436 le colonne piane. パンテオン内部第二層の付柱のことである。『第三書』15頁［図3-11］を参照。

437 Imo scapo, cioè il piede de la colonna. 註120を参照。

438 Quadretto, o listello, altri dicono cinta. 註121を参照。

439 Toro superiore. 註214を参照。

440 Toro inferiore. ここではinferioreのinfの部分に訂正された痕跡が見られる。なお、後掲註659の正誤表で、「toro di sottoはtoro inferioreという意味」と指摘されている。

441 Plintho, detto zocco. 註97を参照。

442 ウィトルウィウス『建築十書』第四書第1章を参照。セルリオの建築書『第三書』128頁（本書175頁）で

も言及されている。

443　15世紀のルネサンス建築では、コリント式オーダーが好まれたこともあり、実際には聖母マリアに捧げられた聖堂以外でもコリント式はひんぱんに使用される。また、オーダーの使用される箇所には触れられていないが、ファサードや身廊の内部立面では二層構成となることも多いので、コリント式に加えて別のオーダーが採用されることもよくある。ルネサンスのマリア聖堂と集中式平面との関係については、ロッツ「ルネサンスの集中式聖堂についての覚書」『イタリア・ルネサンス建築研究』225–238頁を参照（前掲註71）。

444　修道院回廊にもさまざまなオーダーが用いられるので、コリント式オーダーがふさわしいというのは、セルリオ独自の考えであるように思われる。

445　ウィトルウィウス『建築十書』第四書第1章を参照。しかし、これはセルリオの建築書『第三書』128頁（本書174頁）や『第四書』第8章49頁裏面（本書305頁）の記述とは一致しない。

446　li Caulicoli, o volute. 呼び名としては後者の方が一般的であり、前者は渦巻の下の部位として区別される。

447　una cinta overo una correggia. コッレッジャは「革帯」という意味。

448　この幾何学上の作図法については、『第一書』3頁おもて面［図1–19］を参照。

449　ウィトルウィウス『建築十書』第四書第1章を参照。

450　diametro de la Colonna da basso; overo grossezza. 註120を参照。

451　fiore. 図［図4–80］では大文字Gと小文字gが混在している。

452　Cauliculo. この図では外側を向いた大きな渦巻を指しているようにも見えるが、内側を向いた対の小さな渦巻は、コンポジット式柱頭には見られない部位であり、二つの柱頭を判別するときの特徴となる。

453　Foglie minori. コリント式柱頭の葉飾りはおおむね三段からなり、その一番上の小さな葉飾りを指す。

454　Foglie di mezzo. 三段の葉飾りのうちの中段を指す。

455　書き忘れのようだが、下段の葉飾りを指しているので、Foglie di sottoと補うことができる。

456　grossezza de la Colonna di sopra. 註119を参照。

457　ウィトルウィウス『建築十書』第四書第2章を参照。註430で述べたように、ここでもムトゥルスが「軒持送り」と呼ばれている。

458　asseri. ラテン語のアッセル（asser）やそのイタリア語訳のアッセロ（assero）は、建築用語としては「細い垂木」や「厚い野地板」を意味する。

459　註457と同じ。

460　canterij. ラテン語の（cantherius）は、建築用語としては「太い垂木」や「棟木を支える小合掌」を意味する。アッセルと同じく軒下で斜めに突出する部材であるが、垂木としてはこちらのほうが主となる。

461　たとえば、『第三書』14頁（本書102頁）を参照。

462　実際には、ウィトルウィウス『建築十書』第五書第6章の誤りである。

463　striata cioè cannellata. 註358を参照。

464　この文章は第二版以降では、亀甲括弧で補われた節を含む形で次のように変更された。
　　けれども、基礎とコーニスの各部位については、〔判断力に優れた建築家が活用できるように、〕私はここでいくつかの古代建築の例を示し、そこから最適となる寸法を導き出せるようにするつもりである。〔しかしながら、それらの数はあまりに多くなるので、古代建築についての『第三書』で取り上げるが、そこでは古代の人々によって建てられたさまざまな台座が多く見られるだろう〕。

465　パンテオンについては、『第三書』5–17頁（本書95–105頁）に各種の図面が掲載されたかたちで詳細に説明されている。

466　l'Arco triomphale che è sul porto d'Ancona. アンコーナのトラヤヌス帝の記念門［図32］は、正確には凱旋門ではないが、

図32　トラヤヌス帝の記念門、アンコーナ

『第三書』122–125頁（本書170–172頁）に平面図、立面図、詳細図が掲載されている。

467 『第三書』128頁（本書174頁）でも言及されている。

468 il piedestalo, e la base sopra essa. 註86を参照。

469 Foro transitorio in Roma. ネルウァ帝のフォルム［図33］とも呼ばれる。トランシトリウムという名は、フォルム・ロマヌムとスブッラ地区との「通過点」に位置するという意味。

470 disgratia. セルリオの建築書ではグラティア（gratia）は、美的概念を表す頻出語句の一つであるが、ここではその反義語が用いられている。

471 il basamento. DとEの違いは、前者では台石が一つのみであるのに対し、後者では複数となっている。

472 レオーニ門（Porta dei Leoni）のことである。セルリオの建築書『第三書』139頁［図3–108］を参照。

473 ファスキアは上にいくほど大きくなり、下から見上げたときに同じ幅に見える効果がある。ウィトルウィウス『建築十書』第三書第5章、セルリオの建築書『第四書』第7章39頁おもて面（本書290頁）を参照。

474 第二版以降では、以下の文章が続く。
　私はここではこれらの古代建築の個々の寸法については何も言及しなかったけれども、それらは古代のオリジナルの作品の比例関係に基づいて、すべて小さな寸法に縮小している。

475 ウィトルウィウス『建築十書』第四書第6章では、戸口にはドーリス式、イオニア式、アッティカ式の三種類があると説明されていて、ルネサンスの建築家は特にアッティカ式戸口の解釈に悩まされた。セルリオはアッティカ式をオーダーの一種とは認めなかったため、アッティカ式戸口については説明を省略し、オーダーと一致するようにコリント式戸口を新たに採用した。アッティカ式戸口については、前掲註85の飛ヶ谷潤一郎「ルネサンスにおけるアッティカ式の解釈について」を参照。

476 ティヴォリのウェスタ神殿［図34］は、『第三書』27–29頁（本書109–110頁）で取り上げられており、その戸口詳細図［図3–23参照］はここにあるものと同じである。セルリオは第7章のイオニア式戸口に関する説明のところで、古代建築に見られる一般的なタイプに加えて、イオニア式の円柱をそなえた新たなタイプを提案している。けれども、コリント式戸口についてはそもそもウィトルウィウス『建築十書』でも言及されていないためか、コリント式の円柱をそなえた新たなタイプの提案はされておらず、コリント式を主たるオーダーとする神殿の戸口がコリント式戸口とみなされている。それゆえ、ティヴォリのウェ

図33　ネルウァ帝のフォルム、ローマ

図34　ウェスタ神殿、ティヴォリ

図35　サン・サルヴァトーレ聖堂中央入口両脇の渦巻持送り、スポレート

スタ神殿の戸口（50頁裏面［図4-86］）とパンテオンの戸口（51頁おもて面［図4-87］）はドーリス式戸口に近い簡素な形式となっているのに対し、パレストリーナの神殿の戸口（51頁裏面［図4-88］）とスポレートのサン・サルヴァトーレ聖堂の戸口（52頁おもて面［図4-89］）は渦巻持送りのあるイオニア式戸口に近い形式となっている［図35］。こうした両者の大きなちがいには、セルリオも疑問を感じていたと思われ、『番外篇』ではコリント式の円柱をそなえたコリント式戸口をルスティカ式の入口（XVI, XXII, XXIX）としても、洗練された入口（VIII, XI, XII, XIII）としてもいくつか提示している。

477　図中ではZ印が左右逆向きになっていて、『第三書』11頁［図3-6, 7, 8］）でもそのまま同じ図が使われている。

478　セルリオは寸法の単位としては、主にピエーデを使用しているが、ここでは古代ローマの建築について説明するため、古代ローマの単位であるパルモを使用している。ただし、パルモはルネサンス期にも用いられており、「掌尺」とも訳されるように、親指の先から小指の先までの長さで、およそ25cmにあたる。

479　il telaro de le pilastrate. テラーロは現代のイタリア語ではテライオ（telaio）となり、「枠」や「骨組み」などを意味する。

480　頁番号はLとなっているが、LIの誤り。

481　Palestina. パレスティナではなく、おそらくパレストリーナ（Palestrina）の誤り。パレストリーナはローマの東に35kmほど離れたところにある都市で、古代のフォルトゥーナ・プリミゲニア神殿が残されている。

482　5世紀に建てられたサン・サルヴァトーレ聖堂の戸口を指している。

483　立面図よりもむしろ平面図を見るとわかるように、ここでの「支柱」とは、対になった半円柱とそのあいだのニッチを含むアーチを支える壁のような幅広の部位を指している。

484　il fastigio, o frontespizio che dir lo vogliamo. 註156を参照。

485　Tempio sacro. ここではキリスト教も古代の異教も含めた宗教建築を意味している。なぜ宗教建築がドーリス式やイオニア式ではなく、コリント式オーダーの章で取り上げられたのかといえば、少なくともローマではキリスト教の聖堂にも異教の神殿にもコリント式オーダーが最も多く見られるからだろう。

486　聖堂の基壇を高くする効果については、アルベルティも推奨しているが、ルネサンスの聖堂で実現された例は多くはない。たとえば、マントヴァのサン・セバスティアーノ聖堂では地上階にクリュプタが設けられたため、聖堂の床面が高く持ち上げられてはいるものの、見た目の効果よりも、敷地の地盤の弱さによるものと考えられる。一方、ヴィッラの基壇については55頁裏面（本書313頁）でも言及されているように、のちのパラーディオの作品にはしばしばポルティコをそなえた高い基壇が設けられた。

487　i nostri Tempij. 立面図では明らかにキリスト教の聖堂ファサードが表現されているが、キリスト教の聖堂は一般にはキエーザ（chiesa）と呼ばれ、テンピオ（tempio）は大聖堂のように立派な宗教建築として区別される。アルベルティ『建築論』第七書第3章を参照。

488　キリスト教の聖堂では、ラテン十字形などの三廊式バシリカ平面が一般的である。また、後述のセルリオの説明にもあるように、単廊式についても身廊とその両脇の礼拝堂の二列からなる三つの部分で構成されるとみなすことができる。アルベルティがエトルリア神殿をキリスト教の文脈に照らし合わせて解釈していたことが想起される。ルネサンスにおけるエトルリア神殿の解釈については、飛ヶ谷潤一郎「ルネサンスにおけるエトルリア神殿の解釈の変遷」『盛期ルネサンスの古代建築の解釈』（前掲註85）97-138頁を参照。

489　le cappelle. キリスト教の聖堂では、礼拝堂は身廊や側廊、あるいは交差廊の外側に並んで設けられることが多い。この図では正面の中央入口が一つのみなので、単廊式の外側に礼拝堂が並んだ形式となっている。

490　この聖堂ファサードは二層構成であるが、天井高は身廊と側廊と礼拝堂とで異なる。そこで、第二層の両脇に四分円が外接するような形の「翼」を設置することで、上下層が連続するように見せかける工夫が施されている。こうしたファサードは、のちのヴィニョーラによるローマのイル・ジェズ聖堂ファサード計画を先取りするものであり、彼がこの立面図を参照した可能性は高い。K. Downes, "The Façade Problem in Roman Churches, c. 1540-1640", in *Architecture and Interpretation: Essays for Eric Fernie*, ed. by J. A. Franklin *et al.*, Woodbridge, Suffolk, 2012, pp. 242-264を参照。ただし、現在のイル・ジェズ聖堂ファサード［図36］はジャコモ・デッラ・ポルタの設計によるものであり、第二層の「翼」はS字状に変更されている。この形はアルベルティによるフィレンツェのサンタ・マリア・ノヴェッラ聖堂ファサードに似ており、15世紀の手法に逆戻りしてしまったともいえる。飛ヶ谷潤一郎「セルリオの建築書『第四書』の聖堂ファ

サード（c. 54r）について」『日本建築学会大会学術講演梗概集：建築歴史・意匠』2009年、87-88頁を参照。

491　ここでは柱間がc-b-c-a-c-b-cのリズムによる凱旋門モティーフを形成している。このモティーフを聖堂ファサードに最初に適用したのはアルベルティであったが、のちに聖堂の身廊内部やパラッツォのファサードなどのあらゆる箇所で採用されるようになった。セルリオはのちに集中式平面の聖堂について説明しており、そのファサードでも同じく凱旋門モティーフが採用されている（58頁おもて面［図4-100］）。ここでの凱旋門モティーフ

図36　ジャコモ・デッラ・ポルタ、イル・ジェズ聖堂ファサード、ローマ

は、古代ローマの凱旋門よりもブラマンテによるヴァティカン宮殿ベルヴェデーレの中庭の立面とよく似ており、この中庭の第一層でもコリント式オーダーが使われている。なお、セルリオは第9章では、凱旋門にはコンポジット式がしばしば採用されたと述べている。

492　ウィトルウィウス『建築十書』第三書第5章を参照。実際にその図は、高さについては柱礎の高さの1/9になると指示するウィトルウィウスに由来するものではないが、セルリオ自身の方法については『第四書』第6章22頁裏面（本書266頁）を参照。

493　このファサードで純粋に装飾的な役割を担っている部分は、「翼」よりもむしろ屋根の上のアクロテリオンであるように思われるが、これについてセルリオは何も説明していない。球から煙が出たようなこの形態は、現存するルネサンス建築や古代建築にはほとんど見られず、セルリオの建築書でも『第四書』にしか登場しない特殊なアクロテリオンである。とりわけヴェネト地方のアクロテリオンとしては、サンソヴィーノやパラーディオなどの作品にしばしば見られるような人物彫刻やオベリスクのほうが一般的である。なお、『第四書』では第6章30頁おもて面のドーリス式戸口［図4-44］や、第7章45頁おもて面のパラッツォ［図4-76］、本章57頁おもて面のパラッツォ［図4-98］に見ることができる。これらの図でも、セルリオの記述からアクロテリオンの詳細を理解することはできないが、最後の図では煙突と交互に設けられていることがわかる。

494　これらの点は記載されていなかったため、後掲註659の正誤表で次のように指摘されている。「コリント式オーダーの54頁おもて面では、聖堂側部の翼部を描く際の点Aと点Bが抜けているが、建築家であればそれらを容易に見つけることはできよう」。

495　これらの持送りは、聖堂の正面のみならず、身廊の奥にまでにいくつも並んで設けられる。

496　円柱の幅が柱間の寸法を定める前に正確に指定されるということ。

497　セルリオがすでに図示したコリント式戸口［図4-86, 87, 88, 89］には見られなかったふくらんだフリーズが、この戸口には使用されている。また、後述のコリント式の暖炉（61頁おもて面［図4-104］）にもふくらんだフリーズが確認できる。

498　ogni spatio voltare a catino, o a cupola. セルリオはドーリス式やイオニア式のロッジャでは、たいてい交差ヴォールト天井を用いていた。コリント式のロッジャで帆形ヴォールト天井やドームを用いた理由は定かでないが、有名な例としてはブルネレスキによるフィレンツェの孤児養育院が挙げられる。

499　il Podio detto Parapetto. イタリア語のポディオは、建築用語としては神殿の「基壇」という意味で使われることが多いが、「演壇」や「貴賓席」といった意味もある。これらはいずれも、周囲よりも高く設置された水平方向の台という点では共通している。一方、パラペットは「欄干」や「胸壁」といった落下防止のために垂直方向に設置された建築部位を指し、パラペットの上に人がのることはない。

500　セルリオはパラペット（ポディウム）があると便利な理由までは語っていないけれども、たとえば広場で行われるイベントを屋上から鑑賞するときなどに役立つ。また、パラペットの見栄えの点については、建物が狭い通りに面していた場合、歩行者が下からパラペットを見上げても見栄えのよさは実感できないが、広場では建物全体を遠くから眺めることができるので、確かにポディウムがある建物は立派に見える。

501　ストゥッコは普通であれば壁面仕上げに使われるが、ここではモルタルのように使われている。『第三書』153頁（本書192頁）を参照。

502　portico di Pompeo. クリュプタ・バルビ（Crypta Balbi）とも呼ばれ、ルネサンスの建築家は二層構成のファサードや中庭などを設計する際にしばしばこれを参照した。『第三書』59頁［図3-46］にも立面図が掲載されているように、第二層の柱間が第一層の柱間の半分となっているのが特徴である。ルネサンス建築の例としては、ブラマンテによるミラノのサンタンブロージョ修道院回廊などが挙げられる。

503　この論理は、『第二書』の喜劇や悲劇の舞台背景図［図2-47, 48］を予示するものである。

504　22頁裏面（本書266頁）を参照。ウィトルウィウス『建築十書』第三書第5章第12節の記述によれば、柱礎の1/9の高さとなる。

505　ヴェネツィアではパラッツォの頂部にペディメントを設ける習慣がルネサンス以前からあったのかについては、現存するパラッツォから確認することは難しい。セルリオは第6章のドーリス式によるヴェネツィア風のパラッツォでもペディメントを好んで採用しているように、こうした図面がセルリオの建築書に掲載されてから広まったようにも思われるが、ヴィッラには多くの例が見られる。

506　ヴェネト地方では、パラーディオのヴィッラ以前には高い基壇をそなえたヴィッラは多くは見られない。セルリオが『第四書』を執筆する以前から知っていたと思われるルネサンスのヴィッラのうちで、高い基壇をそなえたものとしては、ジュリアーノ・ダ・サンガッロによるポッジョ・ア・カイアーノのヴィッラ・メディチがあげられる。

507　古代の円柱を再利用し、それらの高さを増すために台座を使用する必要があるという当時の習慣を参照したもの。

508　ベルヴェデーレの中庭とは、南北方向に連続する長大な空間全体を指すこともあるが、ここでは名前の由来となった、かつて城塞のあった一番上（北）の中庭を指している。『第三書』142-143頁（本書183-185頁）を参照。

509　戸口の種類やその周囲の装飾についての説明は省略されているが、戸口の上に設けられた窓周りの装飾に着目すると、全体構成については後述のコリント式の暖炉［図4-103］と似ている。なお、横長の矩形窓の額縁と渦巻装飾を一体化させたタイプの初期の例は、ペルッツィによるローマのパラッツォ・マッシモ・アッレ・コロンネのファサード［図37］に見られる。

510　セルリオはこのパラッツォの壁面には何も触れていないが、第二層は古代ローマの網目積みのように仕上げられている。このファサードでは全体的に装飾が豊かに施されているため、こうした仕上げが採用された可能性はある。

図37　バルダッサーレ・ペルッツィ、パラッツォ・マッシモ・アッレ・コロンネの矩形窓、ローマ

511　61頁裏面（本書320頁）を参照。

512　a perpendicolo de le colonne ne la parte superior. ニッチの上部に円柱は存在しないので、下部の誤り。

513　セルリオは、建物下部の基壇に施されたルスティカ仕上げを世俗建築の要素とみなしていることがわかる。セルリオに大きな影響を与えたのは、ブラマンテをはじめとするローマの盛期ルネサンスの建築である。しかし、セルリオの建築書『第三書』に掲載されたこれらの建築に、立派な基壇をそなえた聖堂の類いは見当たらない。飛ヶ谷潤一郎「セルリオの建築書『第四書』の集中式聖堂（cc. 57v, 58r）について」『日本建築学会大会学術講演梗概集：建築歴史・意匠』2014年、815-816頁を参照。

514　15世紀の例で実現しなかった計画案も含めると、フィラレーテの『建築論』には立派な基壇をそなえた宗教建築や世俗建築が多く示されている。けれども、それらの建築にはルスティカ仕上げが施されていないほうが多く、セルリオの聖堂では基壇の階段がファサードの背面に隠れた室内に設けられている点も異なっている。

第四書 註

515　una larga ambulation intorno. 周歩廊は、一般には聖堂内部の内陣を取り巻く形で、特に中世の巡礼聖堂では放射状祭室とともに設けられる。

516　「聖堂〔入口正面の小さなポディウム〕は……」の文章はわかりにくいので、原文を掲載する。
　　　lo qual Tempio sarà leuato dal detto piano sopra l'altezza del podio iij gradi, & per salire a quello s'incominciarà al grado C et salendo fin al piano D che sarà l'altezza del podio, con un'altro podio, lo qual sarà superior a quel di sotto et da questo piano a quel detto Tempio saran iij gradi.
　　立面図では聖堂の柱礎よりも下の部分がパラペットで隠れているため、詳細を確認することはできないが、図に対応するようにかなり補って翻訳した。CからDへと昇り小さなポディウムにいたる階段は、AからBへと昇る階段に比べると段数が少ないことから、スロープのような緩やかな傾斜で、普通の階段の踏面としては三段分に相当するだろう。そして踊り場のような小さなポディウムから聖堂内に入るためには、さらに三段の正面階段を昇るということだろう。

517　due quadri は due & mezzo の誤り。

518　3部より大きくして、高さを定めるために正確な比例関係を用いること。

519　セルリオはこの聖堂の平面の形については何も語っていない。平面図では、ドームの中心よりも背後が省略されているが、その理由は中心よりも手前の平面が背後にも同様にくりかえされるためと考えられ、「四隅」という記述から正方形平面であることが読みとれる。すなわち、すでにバシリカ式のタイプについては53頁裏面（本書310頁）で説明したので、今度は集中式のタイプについて論じているのである。基壇へといたる階段や頂部の三角ペディメントは側面には設けられてはいないものの、オベリスクが基壇の四隅に設置されることから、背後にも同じような階段や三角ペディメントが設けられる可能性も高い。なお、正方形平面ではしばしばサイコロの五の目のように中心と四隅が強調されるが、この聖堂では中心部はドームによって強調され、四隅については聖堂本体ではなく基壇にオベリスクが設置されることで、垂直方向にアクセントが添えられている。

520　Oblichi. オベリスクを屋上や欄干の装飾として用いる方法は、ヴェネト地方では16世紀以降にしばしば見られるようになった。セルリオの場合はかなり早期の使用例であり、1499年にヴェネツィアで出版されたフランチェスコ・コロンナ『ヒュプネロートマキア・ポリフィリ』の影響を受けたと思われる。他の都市の16世紀の例では、ローマのサンタ・マリア・デッロルト聖堂ファサード［図38］などに見ることができる。

521　註504を参照。

522　confessionali. 聖堂内の主に主祭壇の下に設けられ、聖人や殉教者、証聖者などの遺骸などが安置される場所。

523　入市式や凱旋式などの祝祭時につくられる仮設の建築や、セルリオがそれらに及ぼした影響については、前掲註323のストロング『ルネサンスの祝祭』や、京谷啓徳『凱旋門と活人画の風俗史』を参照。

図38　ジャコモ・バロッツィ・ダ・ヴィニョーラ、サンタ・マリア・デッロルト聖堂ファサードのオベリスク、ローマ

524　立面図［図4-102］を見たかぎりでは、円柱ではなく、付柱となっている。

525　テクストでは「円柱」と間違っている。

526　頂部にペディメントが設けられた古代ローマの凱旋門の例としては、ヨルダンのジャラシュ（ゲラサ）とアテネにあるハドリアヌス帝の凱旋門が挙げられるが、数は少ない。ルネサンスの凱旋門については、仮設の建築や実現しなかった計画も含めて、しばしばペディメントが設けられ、特にセルリオは『番外篇』で凱旋門としても使用が可能な多くの入口を考案した。古代ローマの凱旋門については、渡辺道治『古代ローマの記念門』中央公論美術出版、1997年を参照。

527　第6章でペディメントの高さの高低について説明されている。註414を参照。

381

528 『第三書』121-125頁（本書169-172頁）を参照。本章49頁裏面（本書305頁）でもすでに取り上げられている。

529 セルリオが新たに提案しているのは暖炉まわりの装飾であって、暖炉の構造自体は基本的にはトスカーナ式やドーリス式、イオニア式と同じで、部屋の大きさによって決定される。

530 sotto in sù. 第6章37頁裏面（本書283頁）のドーリス式暖炉のところでも同様に言及されている。

531 le mensule, o cartelle. カルテッラは一般には「小さな紙」という意味であるが、この語は第7章41頁おもて面（本書294頁）のイオニア式戸口の持送りのところでも使われている。註407を参照。

532 in uno salotto, o in una gran camera. 一般には「小さな部屋」をカメラ、大きな部屋やホールのような広間をサーラ（sala）と呼ぶ。サロットはサーラの縮小辞。

533 帯で巻かれた円柱については、15世紀のフランチェスコ・ディ・ジョルジョの『建築論』第一稿、トリノ王立図書館所蔵サルッツォ手稿（Codice Torinese Saluzziano 148）に人像柱の立面図とともに掲載されている。前掲註381のFrancesco di Giorgio, *Trattati di architettura ingegneria e arte militare*, vol. 1, fol. 14*v* tav. 24を参照。ルネサンス建築における人像柱の使用については、15世紀にはフィラレーテ『建築論』などの建築書の挿絵にいくつもの例が見られるものの（fols. 102*v*, 144*r*, 145*r*, 149*r*, 149*v*, 172*r*）、実際につくられた例はあまりない。16世紀に人像柱が登場するようになったのも、チェザリアーノ版『ウィトルウィウス』やセルリオの建築書などの図版入りの建築書が広く普及したのちと考えられる。ルネサンスの人像柱については、前掲註93のハーシー『古典建築の失われた意味』、とりわけ第4章を参照。

534 異教の女神と思しきこのような女性像柱が庭園に用いられた例として、ティヴォリのヴィッラ・デステにおける多数の乳房をもつエフェソスの女神ディアナ（アルテミス）の噴水［図39］が挙げられる。

535 暖炉の中には、今まで何度か登場した球状のアクロテリオンが描かれている。単なる屋根飾りではなく、煙突を示しているのだろう。

536 この文章は内容と形式の一致、すなわちデコルの概念を示している。セルリオの建築設計における基本方針は、ウィトルウィウスを第一の手本として、古代ローマ建築や盛期ルネサンス建築と比較しながら、さまざまな状況に対応できるように選択肢を多様化させることであった。コンポジット式オーダーはその典型例といえる。

図39 エフェソスの女神ディアナ（アルテミス）の噴水、ヴィッラ・デステ、ティヴォリ

537 コンポジット式のさまざまな名称については、『第三書』68頁（本書134頁）でも言及されている。「イタリア式」と呼んだのはアルベルティであり、『建築論』第七書第6章と第8章で説明されているが、柱頭についての記述にとどまる。彼は実作ではリミニのテンピオ・マラテスティアーノのファサードで使用している［図40］。フランチェスコ・ディ・ジョルジョがコンポジット式を「トスカーナ式」と呼んでいるのは意味深長である。彼はシエナの出身で、ウルビーノではフェデリーコ・ダ・モンテフェルトロからウィトルウィウス『建築十書』を学ぶように薦められたため、トスカーナ式、ドーリス式、イオニア式、コリント式の四種類があることは知っていたが、おそらく最初

図40 レオン・バッティスタ・アルベルティ、コンポジット式のような柱頭、テンピオ・マラテスティアーノのファサード、リミニ

382

の二つを区別することができなかったのだろう。『建築論』第一稿のトリノ王立図書館所蔵サルッツォ手稿148（fol. 15r）では、「トスカーナ式」について円柱の底面幅と高さの比が1：9と説明されており、柱頭の挿絵からも明らかにコンポジット式柱頭であることがわかる。フランチェスコ・ディ・ジョルジョの建築オーダーについては、F. P. Fiore, "Gli ordini nell'architettura di Francesco di Giorgio", in *L'emploi des ordres dans l'architecture de la Renaissance*, ed. by J. Guillaume, Paris, 1992, pp. 59-67を参照。また、彼はウルビーノのパラッツォ・ドゥカーレ中庭でもコンポジット式円柱を採用した［図41］。ジェスタによると、ヴェネツィアのルネサンス建築では、このコンポジット式が手本にされたという。B. Jestaz, "L'apparition de l'ordre composite à Venise", in *ibid*, pp. 157-168を参照。

538 ウィトルウィウス『建築十書』第四書第1章第8節-第12節を参照。

図41 フランチェスコ・ディ・ジョルジョ、コンポジット式円柱、パラッツォ・ドゥカーレ中庭、ウルビーノ

539 コンポジット式柱頭は、中世以降もイタリア各地の聖堂建築などでしばしば採用されていたため、ルネサンスの建築家は古代ローマの凱旋門以外の建物からもその存在は知っていた。こうした中世建築の有名な例として、フィレンツェではサン・ジョヴァンニ洗礼堂やサン・ミニアート・アル・モンテ聖堂などが挙げられる。

540 コンポジット式柱頭に見られるイオニア式が上、コリント式が下という上下関係には、優劣などの関係は特に存在しない。けれども、コロッセウムに見られるオーダーの積み重ねによる上下関係について、セルリオの説明からは最上層にコンポジット式が位置することで、下層のドーリス式、イオニア式、コリント式を支配する意味が込められていることが読みとれる。こうした考え方は古今東西のさまざまな例に見ることができ、たとえばバロックの時代にはオベリスクや記念柱の上に十字架やキリスト教の聖人の彫像を設けることで、異教に対するキリスト教の勝利という意味合いが込められている。また、日本では戦前の1930年代に、洋風の壁面を和風の瓦屋根で覆った「帝冠様式」と呼ばれる国粋主義的な建築が登場したことも想起される。

541 セルリオがこのコリント式をあえてコンポジット式とみなした理由は、第四層のフリーズにのみ持送りが設けられていたからであった［図42］。J. Onians, *Bearers of Meaning*, p. 274（前掲註5のオナイアンズ『建築オーダーの意味』305頁）を参照。

542 柱頭などの装飾が地上から遠く離れた位置にあると、たとえ精巧につくられていても確認することは難しい。こうした点を踏まえて、特に彫刻家でもある建築家の場合、装飾の豊かなコリント式をイオニア式よりも下の層で使用することで、地上から見えやすく配慮した例として、ヴェネツィアのサンタ・マリア・デイ・ミラーコリ聖堂ファサード［図43］や、ナポリのカステルヌオーヴォのアルフォンソ王の凱旋門などが挙げられる。

543 ティトゥス・フラウィウス・ウェスパシアヌス（Titus Flavius Vespasianus）としては、ウェスパシアヌス帝（在位69-79年）とその長男のティトゥス帝（在位79-81年）が該当するが、ここではむろん後者を指す。ティトゥス

図42 コロッセウム第四層の軒持送り、ローマ

図44　コンポジット式柱頭、ティトゥス帝の凱旋門、ローマ

図43　ピエトロ・ロンバルド、サンタ・マリア・デイ・ミラーコリ聖堂ファサード、ヴェネツィア

帝の凱旋門［図44］は、コンポジット式オーダーが最初に用いられた例として知られている。『第三書』104-107頁には、その立面図や詳細図［図3-82, 83, 84, 85］が掲載されている。

544　コロッセウムにコンポジット式オーダーは見られない。註540を参照。

545　トラステヴェレ地区は、ティベリーナ島付近のテヴェレ川右岸の湾曲部を指し、西側の境界線はアウレリアヌスの市壁となる。現在の中心は中世のサンタ・マリア・イン・トラステヴェレ聖堂のあたりで、古代ローマの遺跡は地上にはほとんど残されていないが、サン・クリソーゴノ聖堂の地下などに確認することができる。有名なルネサンス建築としては、ルンガーラ通りにヴィッラ・ファルネジーナがあり、ジャニコロの丘にブラマンテのテンピエットがある。

546　le rosette. ロゼッタは「小さい薔薇の花」という意味で、古典建築では「花形装飾」としてドーリス式円柱の柱頸(ヒュポトラケリウム)などにもしばしば用いられる。こうした例は、21頁裏面［図4-32］に掲載されたローマのフォルム・ボアリウムの円柱にも確認できる。

547　ギリシア神話の有翼の天馬ペガサスを指すが、次頁に掲載されたこの柱頭の立面図［図4-107］では、角の渦巻装飾が置き換えられている。なお、カウリクルスは正確には渦巻ではなく、渦巻を支える茎の部分を指す。註446を参照。後掲註659の正誤表では、「コンポジット式オーダーのペガサスの柱頭の下には、縦溝が抜けているが、その下に見られるだろう」と指摘されているので、図の縦溝は後から加えられたのだろう。

548　la Basilica del Foro transitorio. フォルム・トランシトリウムとは、ネルウァ帝のフォルムのことで、皇帝たちのフォルムに含まれ、アウグストゥス帝のフォルムとウェスパシアヌス帝のフォルムとのあいだにある。また、フォルム・ロマヌムと北側のスブッラ地区を結ぶアルギレトゥム通りが、ネルウァ帝のフォルムを横断していたため、両者の「通り道」という意味で、フォルム・トランシトリウムとも呼ばれた。このフォルムにはミネルウァ神殿が一部現存しており、『第三書』85頁［図3-63］に掲載された立面図には、Aの記号が付されたペガサスの柱頭も確認できる。この柱頭については、ペルッツィによる素描（U 633A*r*）が残されており、ウフィツィ美術館素描版画室に所蔵されている。P. Gros, "Baldassarre Peruzzi, architetto e archeologo. I fogli al Gabinetto Disegni e Stampe degli Uffizi A 632-633", in *Baldassarre Peruzzi 1481-1536*, ed. by C. L. Frommel *et al.*, Venezia, 2005, pp. 225-229を参照。

549　『第三書』76頁（本書140頁）文末を参照。

550　licentioso. 名詞のリチェンティア（licentia）とともにセルリオの建築書の頻出語句の一つで、ウィトルウィウスの規則に束縛されず「自由である」ことを意味する。ただし、壁に暖炉が設置されるようになったのは中世以降であり、古代ローマには存在していなかった。

551　capriccio. 前述のリチェンティアの類義語で、「奇抜さ」などとも訳される。

第四書　註

552　「第一の面」とはアーキトレーヴの一番下にある水平部材を指す。その上にアストラガルの設けられた薄い水平部材、「第二の面」にあたる水平部材が順に載り、これら全体の高さが7部となる。

553　セルリオがこのように判断した理由は、ウィトルウィウス『建築十書』にコンポジット式は登場しないからだろう。註540を参照。

554　cartella.「巻軸装飾」のことで、日本語訳としてはフランス語の「カルトゥーシュ」もよく使われる。

555　エジプトのピラミッドについては、『第三書』94頁で立面図［図3–73］とともに説明されている。ルネサンスの建築では、ピラミッドは墓を連想させるものとみなされ、たとえばラファエロによるサンタ・マリア・デル・ポポロ聖堂キージ家礼拝堂では、アゴスティーノ・キージの墓碑がピラミッド形でつくられた［図45］。ただし、暖炉におけるピラミッド形は、排煙口として採用されたものであるため、セルリオの暖炉ではいずれも正面の形が三角形ではなく、斜辺が緩やかな曲線を描く台形となっている。

556　セルリオは壁と円柱の配置関係を四つに分類して説明しているが、壁と角柱の配置関係には言及していない。一方アルベルティは、壁に埋め込まれた柱と壁から独立した柱の二つに分類しているが、円柱と角柱の場合に分けて説明している。アルベルティ『建築論』第六書第12章を参照。

図45　アゴスティーノ・キージの墓碑、サンタ・マリア・デル・ポポロ聖堂キージ家礼拝堂、ローマ

557　tutto rilievo. リリエヴォは「浮彫」という意味で、壁を地とすれば、円柱が図としてすべて突出する。

558　コロッセウムでは各種の円柱は構造材ではなく装飾材として使用されているため、円柱のプロポーションはウィトルウィウスの記述とはかなり異なっている［図46］。このことはセルリオが指摘しているドーリス式のみならず、イオニア式やコリント式にも当てはまる。

559　下の円柱の柱身よりも部材を突出させないようにすることである。すでに述べられたように、この第二の規則は台座の腰壁を前方にもってくることで、下から見上げたときに部材が引っ込んで先細りに見えるという問題を解決するための方法である。

560　古代ローマの劇場では、マルケルス劇場に見られるように、外壁におけるオーダーの積み重ねはアーチを伴った形となる。一方、舞台背景におけるオーダーの積み重ねの場合は、円柱とエンタブラチュアの形式が一般的である。ウィトルウィウス『建築十書』第五書第6章第6節で言及されているのは、スカエナのほうである。

図46　コロッセウム第一層と第二層、ローマ

561　pietre cotte. 直訳すると「焼いた石」という意味で、「焼いた土」であるテラコッタ（terracotta）とほぼ同じ意味で使われている。ただし、テラコッタは一般に建築材のみならず、彫刻や陶器などにも幅広く用いられるが、ここでは後述の「活石」（pietre vive）の対概念として登場するので、もっぱら「煉瓦」を指す。また、「煉瓦」という意味に限定された言葉としては、マットーネ（mattone）がよく使われる。

562　pietre vive. 本来、「活石」とは採掘されていない天然の状態の石を指すが、石は掘り出されたのち、空気に触れることによって硬化する性質があるため、こうした状態の石材はまだ生命や活力を宿しているよう

385

に考えられて、「活石」と呼ばれる。セルリオは活石を煉瓦の対概念とみなし、石材の種類には触れていないので、ここでは「切石」全般を意味すると理解してもよいだろう。他のルネサンスの建築家についてみると、アルベルティのラピス・レディウィウス（lapis redivivus）が「活石」に相当し、アルベルティ『建築論』第十書第4章で説明されている。レディウィウスとは一般に「生き返った」や「生まれ変わった」という意味であるため、新たに採掘した石材よりも、むしろ再利用した石材を指すようにも思われるが、アルベルティ『建築論』では天然の状態の石として言及されているため、日本語版の相川訳では「純粋な石」と意訳されている。また、パラーディオは石工であったため、石材に精通していたからか、『建築四書』第一書第3章では、石材の種類は大理石、「活石」とも呼ばれる硬い石、そして柔らかく脆い石の三種類に分けられている。

563 建物の柱や梁、アーチなどを「骨」、壁を「肉」とみなす考え方は、アルベルティとも共通している。アルベルティ『建築論』第三書第6章では、建物の「骨組み」（os）とそれらのあいだの「補充壁」（complementum）について説明されており、同書第8章では補充壁がさらに「皮」（cortex）と「芯」（infarcinamentum）に分類されている。ルネサンスの建築に見られる神人同形主義との関係で、セルリオが解剖学的な人体に言及することは稀であるが、他にも次の四つの例があげられる。一つ目は『第二書』36頁おもて面（本書46頁）の透視図法、二つ目は『第三書』5頁（本書95頁）ほか多数の「肢体」という言葉の使用、三つ目はウィトルウィウスからの引用ではあるが、『第四書』36b頁裏面（本書284–285頁）の人体に由来する円柱の比例関係、四つ目は『第四書』8頁おもて面（本書247頁）のモジュールとしての人の足の長さ。

564 lo primo ordine d'opera rustica. 図Aからバルコニーの下の階がすべてルスティカ仕上げとなっていることがわかる。ルスティカ式は、後述の図Bの「洗練された様式」の対概念であり、『番外篇』における入口の形式も、これら二つに分類されている。

565 gli pogioli. 『第四書』では、バルコニーをそなえたパラッツォがすでに何度か登場しているが、いずれも正面の立面図で描かれていて、このように断面図で描かれたのはこれが最初である。これらのパラッツォはいずれもルネサンス様式であり、バルコニーは第一層の壁面から突出していない。しかし、『第二書』の透視図法で描かれた都市景観図には、中世風のパラッツォがしばしば登場し、それらのバルコニーはいずれも持送りで支えられて壁面から張り出した形式となっている。

566 opera delicata. 図Bの第一層は、台座をそなえたドーリス式オーダーのようであり、壁の表面は滑らかに仕上げられている。註564を参照。

567 図Aでは煉瓦の各層の水平目地と切石の各層の水平目地がすべて一直線となっているのに対し、図Bではそれらが不規則になっていることがわかる。

568 図Cの第一層では、台座をそなえたコリント式の付柱が使用されており、煉瓦壁の表面に大きな薄い石材が貼りつけられている。落下防止のため、これらの切断面は斜めに仕上げられていることがわかる。また、それらのあいだに繋ぎ材として設置される切石は壁の中に深く差し込まれ、その切断面は凹型に仕上げられている。

569 アルベルティ『建築論』第三書第10章でも同じ注意がされている。

570 le investigioni, o incrostationi. 前者は「衣服」、後者は「外皮」に由来し、いずれも表面を覆うものである。

571 la scorza. ラテン語のcortexのイタリア語訳であるcorteccia と同じく、「皮」や「樹皮」という意味。註563を参照。

572 le porte. イタリア語のポルタ（porta）は、建物や都市の出入口としての開口部、あるいはそれを取り囲む枠組を意味する場合、「戸口」や「扉口」、「門」などと訳することができるが、開口部を塞ぐ「戸」や「扉」を意味する場合もある。それゆえ、この章では図版からポルタが「扉」を指していることは容易に理解できるし、セルリオが『第四書』でオーダーを伴う開口部のみならず、扉について説明している理由も納得できるだろう。

573 i Cardini detti cancani. カンカーニはヴェネト方言で「蝶番」を意味する。アルベルティ『建築論』第七書第12章でも、蝶番には二種類あると説明されている。

574 sodo. 石積み装飾の強度と、その外観仕上げに直接の関係はないが、後述の「繊細な石積みの装飾」と対比されていることから、ルスティカ仕上げを指していると読みとれる。ここでは壁面と扉の見た目がつり合うようにすること、すなわちデコルの原則にしたがうように勧められている。

575 luce. 一般には「光」を意味するルーチェは、建築用語としてはそれから転じた「（明かり取り用の）窓」のみならず、戸口も含めた「開口部」を意味するが、ここでは「扉」そのものを指している。セルリオは五つの扉の違いについては何も説明していないが、上段の中央と右の扉が一枚扉で、残りは二枚扉となっている。ただし扉の装飾という観点からは、五つの扉の平面分割についてはあまり異なっていないため、どの扉が堅固な石積みの装飾に適していて、どの扉が繊細な石積みの装飾に適しているのかは判断しがたい。なお、古代の扉については、ウィトルウィウス『建築十書』第四書第6章第4節–第6節で説明されている。

576 イタリア・ルネサンスの聖堂では、ブロンズ製の扉がよく使用された。15世紀で最も有名なブロンズ製の扉といえば、ロレンツォ・ギベルティによるフィレンツェのサン・ジョヴァンニ洗礼堂の東扉であろう。また、フィラレーテがローマの旧サン・ピエトロ大聖堂で制作した中央入口の大きな扉は、現在の大聖堂でも使用されている［図47］。

577 図AとBから矩形の枠組の対角線方向に補強材を釘で留めていることがわかる。

578 市門には扉が必要であるが、凱旋門に扉はない。この文章では「ヴォールト天井」という言葉から、扉自体ではなく開口部についての説明であることがわかる。

579 当時のフィレンツェでは、世俗建築の入口はアーチ、すなわちその奥行きがヴォールト天井となるようにつくられたが、宗教建築の入口は矩形でつくられ、両者は厳密に区別された。たとえば、15世紀のパラッツォ・メディチは中世の伝統にしたがって、中央入口は半円アーチでつくられ、のちに多くのパラッツォでも手本にされた。けれども、パラッツォ・ルチェッライで採用された矩形のイオニア式戸口［図48］は、フィレンツェのパラッツォでは流行せず、ピエンツァやウルビーノなど別の都市で採用された。

580 下段左の、頂部が半円形となった扉のこと。この扉の半円の部分は縦に二分されていないので、おそらく扉枠に固定された嵌め殺しの形式で、下の矩形部分のみが開閉可能になっているものと思われる。

581 装飾については、マルゲリータ・アッツィ＝ヴィセンティーニ他『ヨーロッパの装飾芸術　第1巻：ルネサンスとマニエリスム』木島俊介総監訳、中央公論新社、2001年を主に参照。

582 セルリオはもともと画家であったため、絵画には精通していたが、この章ではあくまでも建築の装飾

図47　フィラレーテ、サン・ピエトロ大聖堂中央扉、ローマ

図48　レオン・バッティスタ・アルベルティ、イオニア式戸口、パラッツォ・ルチェッライ、フィレンツェ

としての絵画に限定されて論じられている。画家セルリオについては、S. Frommel, "Sebastiano Serlio as a Painter-Architect", in *The Notion of the Painter-Architect in Italy and the Southern Low Countries*, ed. by P. Lombaerde, Turnhout, 2014, pp. 39-57 を、絵画として描かれた建築については、*Architectura Picta*, ed. by S. Frommel & G. Wolf, Modena, 2016を参照。ルネサンス絵画の分野で重視される透視図法については、『第二書』で舞台背景などとともに扱われている。なお、ウィトルウィウス『建築十書』では、絵画は主に住宅の壁面仕上げとして第七書で、透視図（背景図）は建築図面の一種として第一書で、そして舞台背景（スカエナ）は劇場の設備として第五書で取り上げられている。また、アルベルティ『建築論』では、絵画は建

387

築の装飾としてわずかに言及されるにとどまっているのは、すでに『絵画論』で説明されているからである。

583 大理石をその他の石材とは区別して扱うのは、セルリオに限ったことではなく、プリニウス『博物誌』第36巻でも同じであるように古代からの慣習ともいえる。ただし、ここでは両者の区別はあまり重要ではなく、後述の絵筆を使う画家による絵画装飾に対して、鑿を使う彫刻家や石工による彫刻装飾を指している。

584 l'opera del pennello. 絵画のうちでも、特にフレスコ画などの壁画を指している。

585 l'ordinatore, come padrone. パドローネは一般には「パトロン」、すなわち「注文主」や「依頼主」を指すが、ここでは建築家とその下で働く工匠たちとの関係について説明されているため、「親方」という意味に近い。一方、オルディナトーレの直訳は「命令をする人」であるから、「注文主」という意味もあるが、ここでは工匠たちを指揮する「オーガナイザー」という意味に近い。

586 ordine. 建物に「秩序」を与えるのが建築家の仕事であると説明されている。註76、110も参照。

587 cosa mobile. 直訳では「可動性のもの」となり、不動産である「建物」の対概念として、「家具」や「調度品」などを意味する。

588 il decoro. 絵画装飾のデコルについては、ウィトルウィウス『建築十書』第七書第4章第4節や、同書第5章第3節–第4節で説明されている。とりわけ後者の記述は、後述のグロテスク装飾に対する批判と解釈できる。

ところが、実物から模写したと思われるこれらの絵画は、今日では堕落した趣味に陥っている。なぜなら、壁画として描かれるのは、正確な事物というよりもむしろ怪物だからである。円柱の代わりに葦の茎が設置され、ペディメントの代わりに縮れた葉と渦巻からなる装飾がつくられる。同様に小神殿を支える燭台が描かれ、この小神殿のペディメントの上には渦巻のなかに根を張ったような柔らかい芽が生え、その内側には理由もなしに座った人物像が描かれ、また二つに分かれた茎の一方は人間の頭、もう一方は動物の頭を支えている。

しかし、これらは実際に存在しないし、存在しようがないし、存在したこともない。葦が本当に屋根を支え、燭台がペディメントの装飾を支え、ほっそりとした柔らかい茎が小座像を支え、根や小さな茎から花や小座像が二つに分かれるなどということがあり得るだろうか。しかし、人々はこうした虚構を目にしても、批判するどころか、現実として可能かどうかを考えることもなく、それを楽しんでいる。それゆえ、この新しい流行は、芸術における卓越性を技量の不足と誤って判断するまでに至った。劣った判断力で曇らされた精神は、権威とデコルの原則にしたがって実在するものを認識することはできないのである。

589 大理石などの石材に似せて描かれた壁面装飾は、ポンペイなどの古代ローマの住宅にはしばしば見られるが、ルネサンスの時代に古代住宅の遺構はあまり知られていなかった。ポンペイの絵画様式については、ジュゼッピーナ・チェルッリ・イレッリ他編『ポンペイの壁画』岩波書店、2001年を参照。それでも16世紀初めのブラマンテとラファエロの時代には、ウィトルウィウス『建築十書』や古代ローマの遺跡の研究が進められたためか、こうした「大理石のイミテーション」も登場するようになる。初期の例としては、本章でも取り上げられているペルッツィによるヴィラ・ファルネジーナや、ジュリオ・ロマーノによるヴィラ・ランテなどで採用されている。

590 historietta. 「歴史画」はセルリオの建築書における頻出語句の一つ。ここではその縮小辞が使われているのは、ファサードの壁面は室内の壁面とは異なり、たいてい柱やアーチなどの建築部位によって分割されるため、画面が小さくなるからだろう。

591 第11章ではペルッツィにはすでに何度も言及されているが、絵画と建築の融合においてこそ、彼の本領が発揮されたことが強調されている。

592 こうした例はパラッツォのファサードのみならず、ヴィラも含めた建物内外の両方に見られ、その代表例としてローマのヴィラ・ファルネジーナが挙げられる。このヴィラの壁画は1511–18年に制作されたが、外壁の装飾は失われた。なお、ペルッツィの絵画作品については、C. L. Frommel, "Baldassarre Peruzzi als Maler und Zeichner", *Römisches Jahrbuch für Kunstgeschichte*, vol. 11, 1968が基本文献である。

593 chiaro e scuro. 直訳では「明暗」、あるいは「光と影」となるが、イタリア・ルネサンスの絵画におけるキアロスクーロ（chiaroscuro）は、モノクロームで表現される素描のような絵画や版画を指す。壁画としての単彩画については、ヴァザーリのいわゆる「技法論」でくわしく説明されている。ヴァザーリ「絵画に

594 ポリドーロ・ダ・カラヴァッジョ（Polidoro da Carravaggio 1495頃–1543年）とマトゥリーノ・フィオレンティーノ（Maturino Fiorentino 1490–1527/28年）については、前掲註51のヴァザーリ『美術家列伝』第3巻、437–448頁を参照。両者はラファエロやペルッツィの影響を受け、ローマ劫掠以前には、非常に多くの邸館の壁面装飾を共同で手がけた。代表作としては単彩画によるパラッツォ・リッチのファサード装飾や、サン・シルヴェストロ・アル・クイリナーレ聖堂フラ・マリアーノの礼拝堂装飾などが挙げられる。ローマ劫掠ののち、ポリドーロはナポリやメッシーナに移住したことが知られているが、マトゥリーノはその後すぐに亡くなったためか、彼の活動の詳細については不明である。ローマ劫掠については、アンドレ・シャステル『ローマ劫掠 一五二七年、聖都の悲劇』越川倫明他訳、筑摩書房、2006年が基本文献である。

595 兄ドッソ・ドッシ（Dosso Dossi 1479頃–1542年）と弟バッティスタ・ドッシ（Battista Dossi 1548年没）については、ヴァザーリ『美術家列伝』第3巻、389–402頁を参照。ドッシ兄弟がフェッラーラ公アルフォンソ1世・デステのために制作した室内の絵画装飾としては、エステ城の「アラバストロの小部屋」（Camerino d'Alabastro）に描かれたウェルギリウス『アエネイス』の物語画が有名である（1518–21年）。ただし、ここで言及されている中庭のファサードの壁画は、エルコレ2世を記念すべくヘラクレス（イタリア語名はエルコレ）が題材とされていたが、現在では失われた。なお、『第四書』第5章10頁おもて面（本書250頁）で言及されているペーザロのヴィラ・インペリアーレで、ドッシ兄弟は1530年にその内部装飾も手がけている。

596 建物外壁の絵画装飾は単彩画に限るという考えは、色彩によって建築の秩序が乱されるからというよりも、保存上の問題であるようにも思われる。

597 室内の絵画装飾の場合、開口部の内側を単彩画で描くと、現実のように見せかける上では確かに不都合が生じる。しかし、開口部の外側を単彩画で描くなら問題はないはずであるが、ここでは触れられていない。

598 sale, camera, o altre stanze terrene. サーラは建物の各部屋のなかで最も大きな広間（ホール）に相当し、公的な場として宴会などに使用される。カメラとスタンツァはいずれも「部屋」と訳すことができるが、前者は主にベッドを伴う個室として使用される。サーラとカメラは一般には高貴な階である二階（ピアノ・ノービレ）に設けられるので、多目的の部屋であるスタンツァは地上階（一階）にあるかのように区別されているが、どの部屋にも多色による絵画装飾は施される。

599 ordini di Architettura. この一文は後述のペルッツィによる「透視図法の間」［図49］を暗示しているようにも読みとれるので、「建築オーダー」と訳してもよさそうだが、コンテクストからは開口部の部位と解釈しておく。

600 画面の底辺となる縁の部分を指す。

601 アンドレア・マンテーニャ（Andrea Mantegna 1431–1506年）については、ヴァザーリ『美術家列伝』森田義之他監修、第2巻、中央公論美術出版、2020年、625–634頁を参照。《カエサルの凱旋》［図50］は九枚のパネルからなり、1492年頃に制作された。その後、イングランド王チャールズ1世（在位1625–49年）

図49　バルダッサーレ・ペルッツィ、透視図法の間、ヴィラ・ファルネジーナ、ローマ

図50　アンドレア・マンテーニャ〈ユリウス・カエサル〉《カエサルの凱旋》、ハンプトン・コート、ロンドン

が購入し、現在は英国王室コレクションとしてハンプトン・コートに所蔵されている。マンテーニャと透視図法については、『第二書』25頁おもて面（本書38頁）でも言及されている。

602　フランチェスコ2世（Francesco II Gonzaga）は1466年に生まれ、1484年にマントヴァ侯となり、1490年にイザベッラ・デステ（Isabella d'Este 1474-1539年）と結婚した。フランチェスコは軍人として輝かしい経歴の持ち主であったが、1519年に亡くなったのち、イザベッラが摂政として国政に携わった。当時のマントヴァでは、前述のマンテーニャをはじめとする多くの美術家が活躍したように、マントヴァ侯夫妻は学芸のパトロンとしても重要な役割を果たした。*La Corte di Mantova nell'età di Andrea Mantegna, 1450-1550*, ed. by C. Mozzarelli *et al.*, Roma, 1997を参照。

603　ペルッツィ以前の15世紀の例としては、ブラマンテによるミラノのサンタ・マリア・プレッソ・サン・サティロ聖堂の「偽の内陣」[図51] が有名である。

604　ヴィッラ・ファルネジーナの二階にある「透視図法の間」[図49] のことであり、斑入り大理石と思しきドーリス式円柱列のあいだから、ローマの風景が垣間見られるように描かれている。キージについては、引き続き70頁裏面（本書333頁）でも触れられている。

605　アレティーノについては、本書の冒頭にあるフランチェスコ・マルコリーニ宛の書簡も参照。なお、アレティーノの友人であった画家ティツィアーノは、ヴァザーリにこのヴィッラに連れて来られて、ペルッツィの技量に驚かされたという。ヴァザーリ「バルダッサーレ・ペルッツィ」前掲註51の『美術家列伝』第3巻、315頁を参照。

図51　ブラマンテ、偽の内陣、サンタ・マリア・プレッソ・サン・サティロ聖堂、ミラノ

606　セルリオが画家としてのラファエロに言及しているのは、この箇所以外では『第二書』と『第三書』のヴィッラ・マダマのところである。

607　ペルッツィは1513年の教皇レオ10世と1524年のクレメンス7世の戴冠式に際して舞台装置を手がけた。舞台背景の制作者としてのペルッツィについては、前掲註65の *Baldassarre Peruzzi: Pittura, Scena e Architettura nel Cinquecento*, Parte Seconda, pp. 311-536を参照。

608　i Cieli.「空」や「天」を意味するこの言葉は、天空をイメージさせるドーム天井に限らず、ヴォールト天井や平天井の場合にも使われる。

609　ペルッツィの舞台背景から、いきなり古代ローマのヴォールト天井の装飾へと話が展開する理由としては、次の二つが考えられる。一つは、当時ポンペイの住宅に代表されるような古代ローマの壁画は十分に知られておらず、古代や当代のグロテスク装飾は壁面よりもヴォールト天井に施されていた例のほうがよく知られていたからであり、もう一つは、ウィトルウィウスの絵画装飾に関する記述に従ったためだろう。『建築十書』第七書第5章第2節で、悲劇、喜劇、サテュロス劇のような舞台背景が壁画にも使用されることが説明されたのち、第3節と第4節ではグロテスク装飾の壁画について説明されているからである。

610　grottesche. この言葉は「洞窟」を意味するグロッタ（grotta）の形容詞で、1480年代頃からローマのドムス・アウレアのグロッタと思われる場所でこの装飾が発見されたことに由来する。また、名詞として「グロテスク装飾」を意味する場合は、主に女性形のグロテスカ（grottesca）が使わる。グロテスク装飾については、前掲註593のヴァザーリ「絵画について」第26章–第27章、『美術家列伝』第1巻、83–84頁；アンドレ・シャステル『グロテスクの系譜』永澤峻訳、ちくま学芸文庫、2004年を参照。ラファエロと彼の弟子たちがグロテスク装飾を採用して以降、ルネサンス期にはグロッタやロッジャにしばしば用いられるようになった。『第三書』148頁（本書188頁）でも言及されているように、ヴィッラ・マダマのロッジャはその典型例である [図52]。深田麻里亜『ヴィッラ・マダマのロッジャ装飾』中央公論美術出版、2015年

を参照。その他の事例については、前掲註581の『ヨーロッパの装飾芸術　第1巻』192–273頁を参照。

611　グロテスク装飾に関する以下の記述では、前述のウィトルウィウス『建築十書』第七書第5章第3節–第4節が参照されているが、セルリオはウィトルウィウスとは異なり、グロテスク装飾の利点を認めている。事実、セルリオ自身が手がけた建築でもグロテスク装飾は採用されており、1544–46年に枢機卿イッポーリト・デステの邸宅としてフォンテーヌブローで設計した「グラン・フェッラーラ」は現存していないが、フランチェスコ・プリマティッチョによってグロテスク装飾が施されていた。前掲註3のW. B. Dinsmoor, "The Literary Remains of Sebastiano Serlio", pp. 142-143を参照。

図52　ロッジャのドーム天井に施されたグロテスク装飾、ヴィッラ・マダマ、ローマ

612　ポッツォーリとバイアはともにナポリ近郊の小さな町で古代ローマのヴィッラが存在している。バイアのヴィッラにある八角形の広間の天井は、植物の装飾が見られる。

613　ローマ劫掠のときの意図的な破壊を指していると思われるが、ジェルミニによれば、ドムス・アウレアなどの古代遺跡を調査した際に、記念として自分の名前や日付を残してきたピントリッキオ（Pintoricchio 1454–1513年）やロレンツォ・ルッツォ、通称モルト・ダ・フェルトレ（Lorenzo Luzzo, detto Morto a Feltre 1485頃–1526年）などによる落書きも暗示しているという。ヴァザーリ『美術家列伝』では、ピントリッキオは不当に低く評価されているが、ラファエロ以前のローマで絵画装飾の分野において先駆的な役割を果たした。ピントリッキオについては、J. Schulz, "Pinturicchio and the Revival of Antiquity", *Journal of the Warburg and Courtauld Institutes*, vol. 25, 1962, pp. 35-55や、足達薫「ピントリッキオのアパルタメント・ボルジア」、金山弘昌監修『黎明のアルストピア』ありな書房、2018年、111–193頁などを参照。一方、モルト・ダ・フェルトレもグロテスク装飾に精通していたことが知られているが、謎の多い画家である。前掲註51のヴァザーリ『美術家列伝』第3巻、501–511頁を参照。

614　ジョヴァンニ・ダ・ウーディネ（Giovanni da Udine 1487頃–1564年）は、ラファエロ工房のなかでは、とりわけ動植物画を得意とした画家であった。前掲註33のヴァザーリ『美術家列伝』第5巻、289–307頁を参照。セルリオが『第三書』148頁（本書189頁）でヴィッラ・マダマを取り上げたときには、ロッジャとその装飾が記述の中心となっており、ジョヴァンニがその仕事で重要な役割を果たしたと述べられている。

615　1517–19年にラファエロの指揮下で弟子たちによって制作されたヴァティカン宮殿のロッジャのグロテスク装飾を指す。このロッジャはベルヴェデーレの中庭ではなく、サン・ダマーゾの中庭（秘密の庭）に面して一階から三階（日本の数え方では二階から四階）までの三層で構成されており、建築自体は1505–07年頃にブラマンテの設計で建てられた。二階のロッジャは、ラファエロが壁画を手がけた諸室（スタンツェ）に隣接しているため、「ラファエロのロッジャ」と呼ばれ、その真下にある一階のロッジャは「第一ロッジャ」と呼ばれる。三階のロッジャは「第三ロッジャ」と呼ばれ、ここでもジョヴァンニが1560–64年に装飾を手がけているが、これはセルリオの建築書『第四書』が出版された1537年よりも後のことである。前掲註33のヴァザーリ『美術家列伝』第5巻、293–295頁を参照。

616　ヴィッラ・マダマのロッジャの室内装飾を指す。ヴァザーリ『美術家列伝』第5巻、296頁を参照。

617　現在のカヴール通りとゴーリ通りの角に面したパラッツォ・メディチ＝リッカルディ地上階の部屋に施された室内装飾を指す。建設当初、この部分はロッジャで開放されていたが、部屋として使用されるためにロッジャは閉ざされて、ミケランジェロ設計のフィネストラ・インジノッキアータ（「ひざまずいた窓」という意味）が設けられた。ジョヴァンニ・ダ・ウーディネが装飾を手がけたのは1522年であり、その題材についてはヴァザーリによって説明されているが、現存していない。ヴァザーリ『美術家列伝』第5巻、296頁を参照。

618　nei passati tempi. ここでは15世紀の初期ルネサンスの画家が引き合いに出され、後述の16世紀の盛期ル

ネサンスの画家ラファエロと対比されている。こうした歴史観は、ヴァザーリの『美術家列伝』にも共通してうかがえる。

619　ロレートのサンタ・カーサ聖堂は、1468年に着工された。この聖堂の右側廊奥に聖マルコの聖具室があり、1477年にメロッツォ・ダ・フォルリ（Melozzo da Forlì 1438-94年）とマルコ・パルメッツァーノ（Marco Palmezzano 1455頃-1539年）によってドームのフレスコ画が描かれた。

620　ゴンザーガ公爵の宮殿（パラッツォ・ドゥカーレ）は、14世紀から17世紀にかけて増築された複合施設となっているが、中世のサン・ジョルジョ城はそのなかで最も古い建物である。この城の北の塔にある「婚礼の間(カメラ・デッリ・スポージ)」の天井画にはソット・イン・スーが駆使されて、天井にはあたかも円形の天窓があるかのように描かれている。この技法は後述の短縮法の一種として、下から見上げる天井画のような場合に使用される。ヴァザーリ「絵画について」第17章、『美術家列伝』第1巻（前掲註593）、75-76頁を参照。

621　前述の「婚礼の間」の壁画についてみると、北壁の〈邂逅〉と西壁の〈宮廷〉には、ゴンザーガ家の一族が大勢描かれている。これらは歴史画というよりも家族の肖像画として、人の目の高さからまっすぐ見ることが想定されているため、むろん短縮法は用いられていないが、これらを天井画として描くのは難しいにちがいない。

622　1518年に制作されたヴィッラ・ファルネジーナの「アモルとプシュケのロッジャ」の天井画を指している。矩形の天井の頂部には〈神々の会議〉［図53］と〈アモルとプシュケの婚礼〉［図54］が描かれていて、これらに短縮法は使用されていない。一方、これらを取り囲むように、半月窓の上に位置する三角形区画(ヴェーラ)に描かれたアモルには短縮法が使用されているが、それらに隣接する弧壁面(ペンデンティヴ)に描かれた三美神やメルクリウスなどの神々に短縮法は使用されていない。こうした使い分けは、子どもである前者と、大人である後者の人体比例のちがいが自然に見えるようにするためだろう。

623　scurci. 短縮法については、ヴァザーリ「絵画について」第17章、『美術家列伝』第1巻、75-76頁を参照。ミケランジェロも短縮法を得意としていたからか、ヴァザーリはこの技法を非難する昨今の画家たちを槍玉にあげている。

624　天井を見上げると、右側に〈神々の会議〉、左側に〈アモルとプシュケの婚礼〉が並んで描かれ、両者は花綱飾りで分けられている。

625　uno apparato. 凱旋式などの仮設建築については、前掲註323の京谷啓徳『凱旋門と活人画の風俗史』を参照。

626　ジュリオ・ロマーノは、マントヴァのパラッツォ・テの「プシュケの間」で、天井の中央に同じ題材である〈アモルとプシュケの婚礼〉

図53　〈神々の会議〉、「アモルとプシュケのロッジャ」天井、ヴィッラ・ファルネジーナ、ローマ

図54　〈アモルとプシュケの婚礼〉、「アモルとプシュケのロッジャ」天井、ヴィッラ・ファルネジーナ、ローマ

図55　ジュリオ・ロマーノ〈アモルとプシュケの婚礼〉、「プシュケの間」天井、パラッツォ・テ、マントヴァ

第四書　註

［図55］を仰視法で描いている。また、「巨人の間」では天井と壁が一体化されているが、天井の中央に描かれた〈雷電を投げつけるユピテル〉にもやはり仰視法が使用されていて、こちらでは天から落ちてくるように表現されている。

627　ウィトルウィウス『建築十書』第一書第1章では、建築家とはいわゆる「万能の人」と説明されており、このような考え方はルネサンスの建築家にも間違いなく踏襲されたといってよい。アルベルティ『建築論』の序文でも、建築家と職人との違いが強調されている。J. Rykwert, "On the Oral Transmission of Architectural Theory", in *Les traités d'architectre de la Renaissance*, pp. 31-48を参照。

628　lacunarij. ラテン語のラクーナル（lacunar）は、「窪み」や「欠落」を意味するラクーナ（lacuna）に由来する言葉で、「格天井」を意味する。そのイタリア語訳であるラクナーレ（lacunare）も同じ意味をもつ。格間は平天井にもヴォールト天井にも設けられるし、むろん格間のない天井もある。

629　palchi. イタリア語のパルコには「天井」とともに「床」という意味もあるので、「平天井」とも解釈できる。

630　tasselli. イタリア語のタッセッロは、隙間を埋めるための木や石、金属などの「小片」を意味するので、それから転じて「格天井」を意味するようになったのだろう。

631　travamenti. イタリア語のトラヴァメントはトラヴァトゥーラ（travatura）と同じ意味で使われるが、現代では後者のほうが一般的である。いずれも「梁」や「桁」を意味するトラーヴェ（trave）に由来することから、「梁や桁による骨組」や「梁桁構造」を意味し、それから転じて「平天井」を意味する。

632　soffittadi. 「天井を架ける」という意味の動詞ソッフィッターレの過去分詞にあたるが、現代では名詞ソッフィット（soffitto）のほうが一般的である。

633　compartimento. 本章では木造の平天井の区画についてのみ説明されているが、掲載された図のなかにはヴォールト天井に使用できるものも散見される。

634　ヴェネツィアの天井装飾については、J. Schulz, *Venetian Painted Ceilings in the Renaissance*, Berkley & Los Angeles, 1968を参照。

635　una bacinetta. 「たらい」や「水盤」を意味するバチーノ（bacino）の縮小辞で、71頁裏面［図4-115］では田の字形に四分割された正方形の格間の一つにだけ薔薇の花が描かれていて、残りは大きな二重丸で簡略化されているが、これらがバチネッタに相当する。また、格間の枠組にも所々に小さな二重丸の装飾が確認できるが、こちらは主に線状部材の結び目に設けられていることから、リブ・ヴォールト天井であれば、ボスにたとえられる。

636　一点透視図法では、画面の枠組から中心の消失点へと向かうにつれて、描かれる対象は徐々に小さくなるため、この原理が天井装飾にも応用されている。なお、パンテオンのようなドーム天井の場合も、格間は放射状に配置されるため、中心へ向かうほど格間は小さくなる。

637　アンドレア・グリッティについては、註29を参照。

638　ここで言及されている天井は、統領宮殿（パラッツォ・ドゥカーレ）の「図書室」として公式に知られている。セルリオは1527-31年に格天井を設計したが、すぐに取り外された。また、1536年にセルリオは聖ロクス大信徒会館の新しい木造天井のデザインについて意見を求められたことで、彼に報酬が支払われたことも知られている。

639　これらの格天井は、72頁裏面［図4-117］に掲載されている。

640　fregi. ここではエンタブラチュアの中間層である「フリーズ」に限らず、74頁おもて面［図4-120］に図示されているようなさまざまな箇所で使用される水平の帯状装飾を指す。

641　テクストではXLXIIとなっているが、LXXII（72）の誤り。

642　右下の天井のパターンは、ローマのサンタ・コスタンツァの墓廟のヴォールト天井にも見られ、『第三書』21頁［図3-17］にも掲載されている。

643　一段目の三つは正方形ないしはそれに近い形であるため、帯状とは言い難いが、これらと二段目左の装飾はグロテスク装飾として一括することができる。蔓草装飾に人物や動物、鳥などが組み合わされているのが特徴であり、とりわけ一段目左の装飾が注目に値する。ここでは画面中央にロマネスク建築装飾に見られるようなグリーンマン、もしくは古代劇で使用される仮面のような顔が描かれている。次に二段目右の装飾は、第9章65頁おもて面のコンポジット式暖炉［図4-109］ですでに使用されている。次に三段目の

393

装飾はいずれも蔓草装飾であり、前述のグロテスク装飾とも似ているが、むしろ燭台を模したカンデラブルム装飾に近い。これらを反時計回りに90度回転させると左右対称となっているように、フリーズのような水平方向よりも、むしろ付柱の柱身のような垂直方向で使用される。次に四段目の装飾はいずれも組紐文様で、フランス語ではギーロシュ（guilloche）と呼ばれる。右の装飾では三本の紐が使われ、残り三つではいずれも四本の紐が使われているが、同じ大きさの円が連続し、円の内部は花などで飾り立てられるのが特徴である。古典建築では天井や床、壁、オーダーなどのいたる箇所で使用される。第9章62頁裏面のコンポジット式柱礎［図4–106］では、Tの下部のトルスに三本の紐、Xの上部のトルスに二本の紐を用いた組紐文様が施されていることが確認できる。また、右から二番目の装飾が、第12章72頁おもて面の格天井の枠組み［図4–116］で部分的に使用されている。次に五段目の装飾はいずれも組紐文様で、フランス語ではギーロシュと呼ばれる。最後に六段目と七段目の装飾についてみると、曲線と直線の違いなどは認められるものの、メアンドロス文様としてひとまとめにすることができる。六段目左の装飾は、第9章63頁おもて面のコンポジット式柱礎［図4–107］のところで、Xの下部のトルスに簡略化された形で施されていることが確認できる。六段目右と七段目左の装飾は波形文様で、「ウィトルウィウス風渦巻文様」（Vitruvian scroll）とも呼ばれる。前者は、『第三書』85頁ではフォルム・トランシトリウムのバシリカの腰壁［図3–63］の一部に使用され、『第四書』では扉絵のブロークン・ペディメントにも使用されている。一方、後者は第6章43頁おもて面のイオニア式戸口［図4–72］のところで、第二層の腰壁に大きく目立つように使用されている。七段目右の装飾は、水平と垂直の直線で形成されていて、メアンドロス文様とはこうした雷文のみを指すこともある。『第四書』では扉絵の腰壁で大きく使用されており、第12章72頁おもて面の格天井の枠組み［図4–116］や、74頁裏面の迷宮の一部［図4–121］としても使用されている。

644 ウィトルウィウス『建築十書』と同様に、セルリオの建築書では庭園に関する記述は少ないので、幾何学式庭園のように区画されたこれらの平面図は貴重であるといえる。その他のルネサンスの建築書についてみると、15世紀のフィラレーテ『建築論』とフランチェスコ・コロンナ『ヒュプネロートマキア・ポリフィリ』はいずれも物語であるからかもしれないが、庭園に関する記述や挿絵は多い。とりわけ、後者では建築よりも庭園が重要な役割を担っており、幾何学的に区画された庭園の挿絵を、セルリオが参考にした可能性も十分にありうる。Francesco Colonna, *Hypnerotomachia Poliphili*, ed. by M. Ariani & M. Gabriele, 2 vols, Milano, 1998, fols. 319, 321を参照。なお、イタリア・ルネサンスの庭園はヴィッラとともに論じられることが多く、それらの特徴はトスカーナやラツィオ、ヴェネトといった地方ごとに大きく分類される。セルリオの建築書『第四書』や『第三書』と関わりの深い16世紀のローマ近郊のヴィッラや庭園については、D. Coffin, *The Villa in the Life of Renaissance Rome*; C. Lazzaro, *The Italian Renaissance Garden: From the conventions of planting, design, and ornament to the grand gardens of sixteenth-century Central Italy*, New Haven, 1990; *Atlante storico delle ville e dei giardini di Roma*, ed. by A. Campitelli & A. Cremona, Milano, 2012などを参照。

645 ギリシア神話では、クレタ島のミノス王がミノタウロスを閉じ込めるために、建築家ダイダロスに迷宮を設計させたといわれており、クノッソス宮殿が最古の例として知られている。他にもエトルリア王ポルセンナの迷宮がルネサンスの建築家には有名であり、フィラレーテ『建築論』第1巻（f. 7r）で言及されている。Filarete, *Trattato di architettura*, ed. by A. M. Finoli & L. Grassi, p. 36を参照。また、中世においても北フランスのゴシック様式の大聖堂では、床面装飾として迷宮がしばしば採用された。セルリオの説明によれば、二つの迷宮は庭園としてつくられるようであるが、特に右下の唐草文様が一部施された迷宮の図については、床面装飾のように描かれている。迷宮については、ヤン・ピーパー『迷宮』和泉雅人監訳、工作舎、1996年；和泉雅人『迷宮学入門』講談社現代新書、2000年を主に参照。

646 庭園を幾何学的に区画する方法は、ルネサンスの時代にも大プリニウス『博物誌』や小プリニウス『書簡集』などの古代文献によって「装飾庭園（オプス・トピアリウム）」が知られていた。『プリニウス書簡集』國原吉之助訳、講談社学術文庫、1999年を参照。小プリニウス『書簡集』のテクストとしては、Pliny, *Letters*, ed. by W. Melmoth, 2 vols, London, 1923を使用した。オプス・トピアリウムについては、2019年2月23日に名古屋大学で行われた次のシンポジウムの発表も参照。Y. Kawamoto, "Opus Topiarium and the Emergence of Formal Gardens", in *Gardens: History, Reception, and Scientific Analyses*.

647 セルリオが暗示している「別の用途」として、四つの図からはいずれも集中式平面の聖堂が想起される。

第四書　註

648　le armi. アルマの元々の意味は「武器」であることから、「紋章」とは本来「盾形紋章」であるといっても
　　　よいが、後述のスクードと区別する。

649　本章では、要するに紋章のデコルについて論じられている。

650　scudi.

651　il cimiero. チミエロは、英語では「王冠」や「とさか」を意味するcrestにあたる。縦形紋章の頂部に備え
　　　付けられるときには、兜や王冠のように大きく派手な形となることも多いが、75頁おもて面の図［図4–
　　　123］では上段中央と右の盾形紋章に小さく控えめなチミエロが確認できるだけで、残りの盾形紋章には備
　　　え付けられていない。

652　sbare. 盾を持つ人から見て、左上から右下の斜めの帯。英語ではベンド・シニスター（bend sinister）と呼
　　　ばれる。一方、75頁おもて面の図［図4–123］の中段左と下段中央に示されているように、盾を持つ人か
　　　ら見て、右上から左下の斜めの帯はバンダ（banda）と呼ばれる。

653　liste. 水平・垂直方向の帯の他に、「縁取り」も意味する。

654　75頁おもて面の図［図4–123］では上段左に鷲の盾形紋章が見られ、翼を広げた姿で表現されている。

655　capitaneo. ルネサンスでは傭兵隊長などがこれに分類されるが、君主を兼ねていることも多い。

656　75頁おもて面の図［図4–123］では上段右にライオンの盾形紋章が見られ、右前足が前に出た姿で表現さ
　　　れている。

657　このように太陽を尊ぶ考えは、『第四書』4頁（本書238頁）の「エルコレ2世への献辞」にも表明されてい
　　　る。

658　都市型のパラッツォの場合、紋章はファサードの一番上よりも、ピアノ・ノービレのある第二層に設置さ
　　　れることが多い。さらに中央部では入口の上に設けられるのが一般的であるが、敷地条件によっても異な
　　　り、たとえば左手が角地の場合、紋章は右手よりも左手に設置されたほうが効果的であることはいうまで
　　　もない。なお、宗教建築はたいてい三角ペディメントをそなえているので、紋章はファサードの一番上に
　　　設置されることが多い。

659　この頁には下記の正誤表が設けられているが、本訳書では原則として訂正されたテクストで翻訳し、註に
　　　元の文章を記載した。
　　　・トスカーナ式オーダーの〔第5〕章〔図4–2のC〕で、quadratoはquadrettoの誤り。註115を参照。
　　　・〔第6章20頁裏面の〕ドーリス式フリーズのところでは、tempij. Sacriとなっているが、句点は不要。註
　　　　234を参照。
　　　・ドーリス式オーダーの36頁〔正しくは35頁裏面〕の15行で、eraはvaの誤り。註324を参照。
　　　・〔第7章36頁裏面の〕イオニア式オーダーの最初の、柱礎に関する説明の終わりの部分で、con la
　　　　grossezzaに続く文章は、a me par chei si debba far due volte maggior de gli altri, con altre discretioni
　　　　che nella Base Dorica ho descrittoとなっているが、de la colonna, & per che, il quadretto sottol thoro
　　　　è ocupato da tanta grossezza d'esso thoro, a me pare ch'ei si debba far due volte maggior d'gli altri,
　　　　osservando in tutti e membri quella discretione che ne la base Dorica s'dettoの誤り。註343を参照。
　　　・イオニア式柱頭の渦巻についての記述〔37頁裏面〕の11行で、in particular misureはdellaltre particular
　　　　misureの誤り。註366を参照。
　　　・そのすぐ下の文章で、in le strieはquel inの誤り。註369を参照。
　　　・イオニア式アーキトレーヴのところ〔39頁おもて面〕の17行の終わりで、faraはfraの誤り。註382を参
　　　　照。
　　　・ウィトルウィウスのイオニア式戸口のところ〔40頁裏面〕の13行の終わりで〔ma il tutto però con gran
　　　　reverentia〕はma il tutto perho sia detto con gran reverentiaの誤り。註402を参照。
　　　・〔第8章47頁裏面の〕コリント式柱礎のところで、toro di sottoはtoro inferioreという意味。註440を参
　　　　照。
　　　・コリント式柱頭の用語のところ〔48頁おもて面〕で、図のf〔に説明が欠けているの〕はfoglie di sotto
　　　　の誤り。註455を参照。
　　　・コリント式オーダーの54頁おもて面では、聖堂側部の翼部を描く際の点Aと点Bが抜けているが、建築
　　　　家であればそれらを容易に見つけることはできよう。註494を参照。

395

- コリント式オーダーの58頁〔正しくは57頁裏面〕の17行の終わりで、聖堂の戸口のdue quadri は due & mezzoの誤り。註517を参照。
- コンポジット式オーダーのペガサスの柱頭の下には、縦溝が抜けているが、その下に見られるだろう。註547を参照。

660 1枚重ね折りの場合は計4頁になるので、折丁記号AはA、Ai、Aii、Aiiiと続き、次頁からBが始まるが、原著ではAiとAiiiは記されていない。同様に2枚重ね折りの場合は計8頁、3枚重ね折りの場合は計12頁となる。

661 折丁記号Tは、原著には記されていないものの、73頁おもて面からTが始まる。

662 以下の奥付は『第三書』でも文章の順番以外はすべて同じである。

第 五 書

|1r|

セバスティアーノ・セルリオ・ボロニェーゼの建築書『第五書』

本書では、キリスト教の慣習に従った古代風のさまざまな形態の宗教建築について論じられる[1]
ナバラ王妃陛下へ[2]

いとも尊き枢機卿ド・ルノンクール猊下の秘書、ジャン・マルタンによるフランス語対訳

パリ
ミシェル・ド・ヴァコザン出版
1547年

国王の認可状付

|1v|

セバスティアーノ・セルリオからナバラ王妃陛下へ[3]

　王妃陛下、私は建築書『第一書』を著したことで、何年も前からすでに世に知られるようになりましたが、他にもまだいくつか出版したいと計画しているものがあります。といっても、むろんこうした〔建築の〕技芸（アルテ）の書であることに変わりはありません。そのうちの一巻では宗教建築について論じる予定で、この巻は全体としては五番目になります。本書を出版するのは今をおいて他にないと私が思っているのは、私は約束を破るようなことはしたくないからです。

　真の聖堂とは何であれ敬虔なキリスト教徒の心であり、そこには我らの救い主イエス・キリストが信仰によって生き続けています（このことは、我らがキリストの教えを伝える使徒のうちで最も威厳があり、神の証人として選ばれた聖パウロも証言するとおりです）[4]。とはいえ、物体としての聖堂も神の崇拝には必要です。なぜなら、聖堂は神の家を表現したものとして設えられるからです。神の聖性に対して謙虚になり、祈りによって心を通わせるためには、神に喜ばれる特定の場所が捧げられなければなりません。このことは、イエス・キリストがユダヤ人をソロモン神殿から追放したときに断言しています。私はこうしたことを考えながら、聖堂を新たに再建することを後世の信心深い人々に促すために、十二の異なる設計案からなるこの書を準備しています。というのも、地上のあらゆるものは長い年月が経つにつれて消耗するからです。こうした自然の法則にしたがって建物が徐々に劣化し始めることは、今日の建物にも見られるとおりです。

　さて、私も優れた技芸に携わる人々の良き慣例にたがわず、自分の作品を卓越した高貴なお方である陛下に献呈いたします。なぜなら、陛下はこの上ない高貴ご身分として、優れた作品を捧げられるにふさわしいのみならず、信仰の厚さにかけても我々のこの世紀における唯一の存在だからです。さらに私の後

399

援者としても、私の庇護者である弟君のフランソワ国王とともに、まことに寛大であられることは言うまでもありません。そこで陛下の権威のご庇護のもとで、この小著を世に公表する自由をお与え下さるようお願いする次第です。なぜなら、最も謙虚で忠実なる陛下の僕が差し上げる熱意とともに、それが陛下にお受け取りいただけるなら、まことにすばらしいものとみなされるからです。どうか陛下、つねに末永くご健勝であられますようにと、全能の神に祈願しております。

|2r|〔上記のフランス語訳〕

|2v|

聖堂に関する書(5)

　古代や当代の宗教建築は多くのさまざまな形で、キリスト教国のいたるところで見られる。ところで私は何年か前に、その類型として考えられるものをすべて取り上げて、それらの図面も掲載することで、この小著を他の巻に組み合わせることを約束していた(6)。その類型は少なくとも十二あり(7)、いずれも互いに異なっている。とりわけ円形はあらゆる形態のうちで最も完全であるため、私はそれから始めることにする(8)。しかしながら、人々の信仰心の乏しさや強欲さを勘案すると、我々の時代にはもはや壮大な聖堂が着工されることは期待できない。また、すでに着工はされたものの、完成しないこともあるので、私はこれらの聖堂をできるだけ控えめな規模と想定して取りかかるつもりである。むろん、それらが最も少ない費用で、最も短い期間で完成へと至るようにするためである。

　さて、ここで示された平面図[図5-1]の聖堂の直径は60ピエーデとなり、内部の高さもそれと同じになる(10)。壁の厚さについては、礼拝堂が壁のなかに都合よく並ぶためには直径の1/4、すなわち15ピエーデとなる。礼拝堂の幅は、両側のニッチを除いて12ピエーデとなる(11)。それらの奥行きは、祭壇を伴う大きなニッチも含めて16ピエーデとなる(12)。ただし、壁の建材を節約するために、礼拝堂のあいだの外壁にはニッチが設けられ、その幅は15ピエーデとなる。この聖堂の床面は、地面から少なくとも五段は高く上げられるべきであるが、もっと高くしても悪くはない。なぜなら現在は、古い聖堂の大部分や、むろん古代建築にも見られるように、かつては地面よりも上にあった床面が今では下にあって、むしろ地面の方が高くなっていることもあるからである。

　聖堂の配置について、古代の人々は日が昇る方角に向かって祭壇を設置していたが、我々キリスト教徒はこういったことをあまり配慮はしていない(13)。とはい

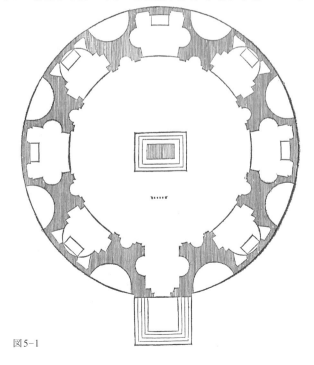

図5-1

400

え、聖堂がどこに建てられようとも、主要なファサードは広場や目立った道路に面して建てられるべきである。基礎部分については、広く深く掘り込んでつくれば、問題はないだろう。ただし、ここで示したのは最小限の厚さである。まずは、円形平面として地上に置かれた壁の寸法(グロッセッツァ)を考える。〔基礎となる地下では〕この円は正方形に内接し、その角には別の大きな円が外接するように描かれる。そして、この円の外にはまた別の正方形が外接するように描かれ、その直径が基礎の寸法となる。ウィトルウィウスが建物の基礎部分について語っているのは、このようなことであると私は理解している。この図は私の建築書『第四書』のトスカーナ式オーダーの柱礎のところにも掲載されている。なお建材については、また地盤の固い土地や、泥地、水辺の土地については、ウィトルウィウスが『建築十書』第一書第4章と第5章で説明しているとおりである。

|3r|〔上記のフランス語訳〕

|3v|〔図5-1〕

|4r|
　私はすでに円形聖堂の平面図については説明したので、今度はその内観と外観を示すことにする［図5-2］。そのためにあえてこのような壊れた形で表現している。内部にはコリント式オーダーが見られる。ただし、床面からヴォールト下面までの全体の高さは60ピエーデとなり、これをドームと呼ぶ人もいれば、カティーノと呼ぶ人もいる。この高さの半分がヴォールト〔自体〕の高さにあてられる。もう半分は5部半に分けられ、その1部がコーニスとフリーズとアーキトレーヴの高さにあてられる。それから残りの4部半は、柱頭と柱礎とを含めた円柱の高さに定められる。これらの寸法は、私が建築書『第四書』でコリント式オーダーについて説明したところにすべて示されている。

　円柱のあいだにあるニッチの幅は4ピエーデ、高さは10ピエーデとなる。一方、玄関や三つの礼拝堂にあるニッチの幅は6ピエーデ半、高さは15ピエーデとなる。聖堂に採光するための開口幅は、聖堂の直径の1/7となる。これはヴォールト天井の頂部につくられ、その上にはガラス窓を嵌めた採光塔が建てられる。ここから注ぐ光は聖堂本体には十分行きわたる明るさとなるだろう。なぜなら、平面図や内外の立面図で見られるように、各礼拝堂にはこれとは別の開口部から採光されるからである。この聖堂の屋根は、地方ごとに最も適した材料で葺かれるが、最もよいのは鉛板だろう。屋根の階段部分は、その土地で最もよく使用されている石材でつくられる。外側のコーニスは、内側のコーニスと同じになるが、外側のほうが長期間にわたって風雨に耐えられるように、良質(フォルモーソ)の部材を選ぶべきである。

　さらに正面口の反対側にある礼拝堂は、一般には主祭壇が設置される場所として使用されるが、平面図に示されているように、誰からもよく見えるように聖堂の中心に別の祭壇が設置されることもありうる。この聖堂には鐘塔や聖具室、または聖堂管理人のための部屋は設けられて

図5-2

はいないけれども、見栄えをよくするための付属物として一基の鐘塔を建ててもよいだろう。また、その下の司祭の住居部分の周りには、聖具室が設けられる。これらは聖堂のすぐそばにあるため、屋根で覆われた通路で互いに行き来することができるだろう。戸口や他の装飾(22)の形態や寸法についても、〔平面図中のスケールバーを使えば〕すぐにわかるだろう。

|4v|〔図5-2〕

|5r|

　前の頁で私はかなり多くの礼拝堂を備えた円形の聖堂を示した。次の図〔図5-3〕もやはり円形平面ではあるが、四つの礼拝堂が外側に設けられた別の聖堂となっている。ここでは三つの礼拝堂と玄関(23)のように見えるかもしれないが、この玄関は礼拝堂としても有効である。これら四つの礼拝堂のあいだには、必要に応じて礼拝堂としても使用される四つのニッチがあるので、合計で七つの祭壇を設置することができるだろう。この聖堂の〔平面の〕直径は48ピエーデであり、〔床から天井頂部までの〕高さもこれと同じである。壁厚はこの直径の1/7となる。礼拝堂の幅はいずれの側でも12ピエーデとなり、祭壇が設置されたニッチ〔の奥行き〕がさらに加わる。四つの小さな礼拝堂では、幅は9ピエーデとなる。四角形の礼拝堂では側面から採光される。ただし、聖堂全体の採光に関しては、開口部はドームの頂に一つ設けられること(25)になる。その直径は聖堂の直径の1/5となり、別の聖堂について説明したときと同様に、その上には採光塔が建てられる。

　いかなる建物でも、その床面は地面よりも何段か高くすべきというのが私の鉄則であり、高く上げられるほどいっそう見栄えがよくなるだろう。ただし、聖堂の中に入るために右足から階段に上り始める参拝者が、聖堂の床面でも同じく右足から入ることができるように、段の数はつねに奇数にする必要がある。これはウィトルウィウスが、神殿についての第三書で(26)定めていることである。もし水分のない、あるいは湿気のない地域であれば、この聖堂の地下には祈禱所を設けることもできるだろう。しかし、重大な罪を犯した女性がそこに立ち入ることは厳しく禁じられるべきである。私は自分が何を語っているのかは理解しているつもりだが、とにかくこうした場所への立ち入りは、聖職者や年配の敬虔な信者のみに制限すべきである。というのも、〔人目につかない〕角の部分では、実にみだらな行いがつねに生じがちであるため、聖堂には容易に入れない

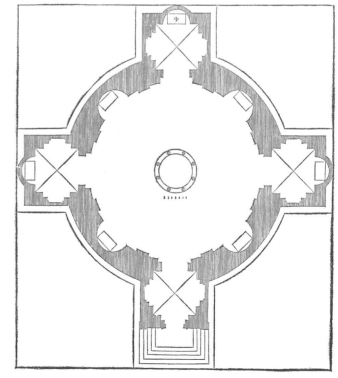

図5-3

402

ように、聖堂の周りに基壇と同じ高さの壁を設置して取り囲むことを私は推奨したい。そうすれば、この敷地内は墓地としても利用できるだろう。

|5v|〔図5-3〕

|6r|

　前掲平面図の円形聖堂の内観と外観は次のようになる〔図5-4〕が、ここでも意図的に破壊された形で内部が示されている。床面からヴォールト天井下面までの高さは、その幅と等しく、すなわち48ピエーデとなる。ヴォールト天井は半球ドームとなるように、この半分の高さがヴォールト部分の高さにあてられる。建物に光をもたらすために、その頂には開口部が設けられる。開口部の直径は、聖堂の直径の1/5となる。次の図で示されているように、開口部の上にはガラスで閉ざされ、鉛板やその他の材料で覆われた採光塔が建てられる。ヴォールトの起供点の下にはコーニスが設けられ、まさにマルケルス劇場のイオニア式アーチの迫元とまったく同じようにつくられる。これは私の建築書『第四書』のイオニア式オーダーに関する章でも示されている。このコーニス自体の高さは2ピエーデ半で、これが聖堂全体を取り巻くようにする。ただし、低浮彫が施された付柱のあるところでは、下方のアバクスから張り出すようにすると、柱頭としても役立つだろう。一方、アバクスとシーマは張り出すことなく、全体を取り巻くことになるが、私はついうっかりとすべての部位が突出するように描いてしまった。付柱の幅は3ピエーデ半となる。

　大きな礼拝堂の幅は12ピエーデで、高さは21ピエーデとなる。（すでに述べたように）祭壇が設けられたニッチを除けば、礼拝堂は正方形となる。内観図と外観図の両方に見られるように、礼拝堂の開口部は側面に設けられる。四つの小さな礼拝堂は半円形となり、その幅は9ピエーデで、高さは13ピエーデ半である。三つの礼拝堂と出入口の上には、それぞれ緩やかに傾斜したテラスが設けられる。これらのテラスには、厚い壁のなかに設けられた小さな螺旋階段を昇って行くことができる。コーニスの上のパラペットは、鉄棒かまたは手摺子でつくられる。聖堂の屋根葺き材としては、その地域に最も適した材料が利用されるが、一番よいのはいつでも鉛板である。テキストで説明されていない点については、聖堂の平面図にあるスケールバーを使えば、こうした欠点も補えるだろう。

|6v|〔図5-4〕　　図5-4

|7r|

　円形に続くものとして、楕円形はそれに最も近いものである。それゆえ、こうした形で聖堂をつくるの

はよいことであると私は思う。その幅は46ピエーデで、長さは66ピエーデとなる。壁の厚さは8ピエーデとなり、礼拝堂はあまり広くないので、壁のなかに設けられる。それでも狭くはないので、十分に使用できるだろう。二つの大きな礼拝堂の開口幅は20ピエーデ半である。これらの礼拝堂の内部には、それぞれ幅4ピエーデのニッチが両側に設けられる。礼拝堂の入口部分は二本の円柱によって区画され、側面には二本の半円柱が設けられる。これらの円柱の太さはいずれも1ピエーデ半となる。中央の柱間は7ピエーデ半となり、側面の柱間は4ピエーデと1/4となる。これらの礼拝堂にはそれぞれ三つの窓が設けられ、それらのうちで真ん中にある窓の幅は6ピエーデ、両側の窓の幅は3ピエーデとなる。

　入口の真向かいにある礼拝堂の幅は10ピエーデとなり、6ピエーデが壁の奥行きにあてられる。この礼拝堂も、大きな礼拝堂に設けられたようなニッチを〔両側に〕備え、祭壇の上には幅6ピエーデの窓が設置される。これらのあいだの四つの礼拝堂は半円形となる。その幅は10ピエーデで、同じニッチを備え、祭壇の上には幅4ピエーデの窓が設置される。これらの礼拝堂はすべて各自で採光されるので、聖堂全体を明るく照らすにはこれで十分だろう。それでもさらに明るくしたければ、礼拝堂の上に別の窓を追加すればよいだろう。この聖堂は、地面から少なくとも五段は高く立ち上げられ、基壇が高くなるほどいっそう見栄えがするようになるだろう。正面口の幅は6ピエーデで、四本のコリント式の付柱で飾り立てられる。次に示された平面図［図5-5］にしたがって、玄関〔の側面〕には礼拝堂のときと同様に、二つのニッチが設けられる。

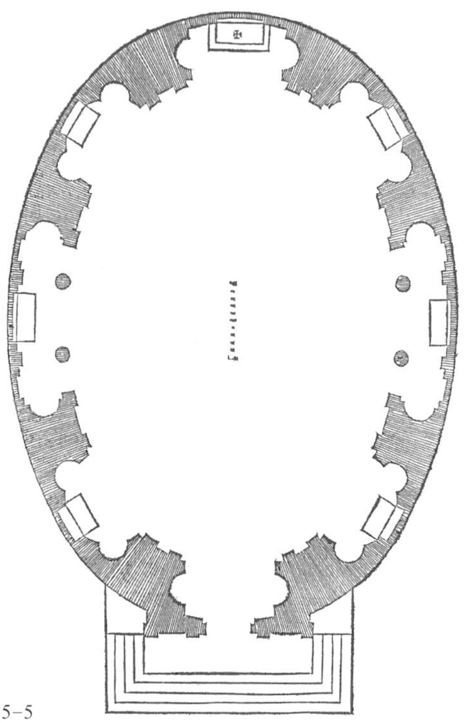

|7v|〔図5-5〕

図5-5

|8r|

　次に示された図［図5-6］は、前掲平面図の楕円形聖堂の内部を表現したものである。床面からヴォールト天井下面までの高さは46ピエーデとなり、これは聖堂の幅に等しい。したがって、床面からコーニス頂部までの高さは23ピエーデとなり、これがさらに5部に分けられる。すなわち、1部がコーニスとフリーズとアーキトレーヴにあてられ、残りの4部が礼拝堂を分節する付柱にあてられるのである。個々の部位の寸法については、私の建築書『第四書』のコリント式オーダーに関する章を参照すればよいだろう。なぜなら、この聖堂はすべてコリント式でつくられているからである。

　大きな礼拝堂についてみると、それらの開口幅は次のように分割される。中央の柱間は7ピエーデ半となり、その両脇の柱間は4ピエーデと1/4となる。円柱の太さは1ピエーデ半で、半円柱の幅はその半分となる。こうすれば、全体で20ピエーデ半となるだろう。私がこれらの半円柱を平面図に描かなかったのは、単なる不注意である。

　これらの円柱の高さは12ピエーデとなる。アーキトレーヴの高さは1ピエーデとなり、これがアーチを支える。アーチの頂点は、聖堂全体を取り巻くアーキトレーヴの下に位置する。これらの円柱の形態と寸

404

法については、前述のようにコリント式オーダーの規則に従う。

　すでに説明したように、正面口は聖堂内部の付柱と同じ形態と寸法の四本の付柱で飾り立てられ、それらの上には同じコーニスが設置される。正面口の形態は、付柱の隣にある二本のピアの上にアーチが架けられたものとなる。⁽³⁸⁾

　この聖堂の天井には、図に示されたような装飾が施される⁽³⁹⁾。あるいはコーニスの上に図のような窓を設けて、判断力に秀でた建築家に好まれる装飾を施すことで、もっと豊かに飾り立ててもよいだろう。また、聖堂〔の屋根〕を鉛板で葺いてもよい。屋根が途切れた部分となる窓をしっかりと保護する上で、この種の被覆材は他のいかなる材料よりも優れた効果を発揮するにちがいない。

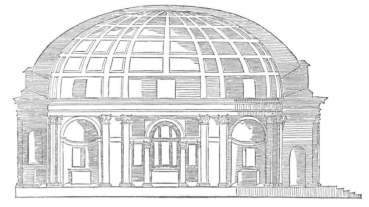

|8v|〔図5-6〕　　　図5-6

|9r|

　五角形、すなわち五つの側面がある図形では⁽⁴⁰⁾、各部を対応させることが非常に難しい。なぜなら、もしある側に入口を設けようとすると、その向かい側は角になってしまうため、格式の高い建築には都合が悪いのである⁽⁴¹⁾。それでも私はこの形態を試してみたかったので、外側が五面、内側が十面からなる聖堂をつくってみたところ、意外にもかなりうまくいくことが判明した。というのも、入口の真向かいには大きな礼拝堂の一つが回ってくるからである⁽⁴²⁾。

　この聖堂［図5-7］の直径（ディアメトロ）は62ピエーデとなる⁽⁴³⁾。大きな礼拝堂の幅については、三方向のニッチを除いたそれぞれの側が15ピエーデで、各ニッチの幅は10ピエーデとなる。小さな礼拝堂でも幅は同じとなり、4ピエーデが壁の厚さとしてあてられる。その奥は半円形となり、幅は13ピエーデでつくられる。大きな礼拝堂には二つの窓、小さな礼拝堂には一つの窓が設けられる。正面口の幅は7ピエーデ半となり、その外側にはポルティコが設置される。その幅は10ピエーデ、長さは24ピエーデとなる。この

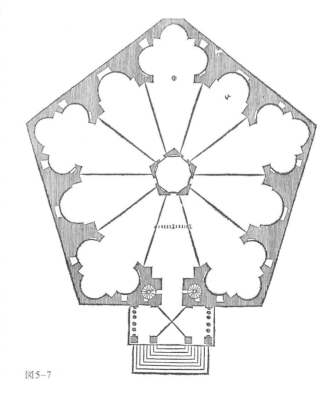

図5-7

405

ポルティコ〔正面〕には四本のピアが設置され、その太さは2ピエーデとなる。中央の柱間は10ピエーデ、両脇の柱間は4ピエーデとなる。ポルティコの側面には寄りかかることができるように、欄干が設置される。このポルティコの上に昇ることができるように、正面口の両脇には螺旋階段を設けて、ポルティコからはさらに聖堂を一周できるようにする。

　ヴォールト天井の頂の中心には採光塔が設置され、その内側の直径は12ピエーデとなる。これも聖堂〔全体の平面〕と同様に、内側が十面、外側が五面からなる。聖堂の床面は、九段の階段で地面から上げられた高さに設置される。（沼沢地や湿地帯でなければ）床下には祈禱所を設けることができ、建物の衛生面は向上するだろう。（すでに他の聖堂のところでも述べたように）この聖堂には鐘塔や聖具室、宿舎といったものはない。けれども、鐘塔に関しては、何らかの装飾として、あるいは聖堂外観の見栄えをよくするものとして、全体に適合させた形で、正面口の上に二基の鐘塔を設置してもよいだろう。

|9v|〔上記のフランス語訳、図5-7〕

|10r|

　前掲平面図の五角形の聖堂について、次の〔三つの〕図〔図5-8〕はその外観と内観を表している。外観図では全体が示されており、この聖堂では幅と高さが等しいことが注目に値する。その上にある採光塔についても同様に、コーニスまでの高さと幅は等しくなり、その上の屋根は半球状になる。それゆえ、聖堂の床面からコーニス頂部までの高さは31ピエーデ、すなわち聖堂の高さの半分となる。このコーニスは、フリーズもアーキトレーヴも伴わないので、2ピエーデ半の高さで次のように分配される。すなわち、この高さ全体が7部に分けられると、1部は玉縁とその平縁に、2部はフリーズに、2部はエキヌスとその平縁に、2部は礎盤とそのキューマティウムにあてられる。それゆえ、このコーニスはアーキトレーヴとフリーズとコーニスを合わせた役割を果たすだろう。その形態と寸法は、私の建築書『第四書』のイオニア式オーダーに関する章では、T印のマルケルス劇場第二層のアーチ迫元に見られる。このコーニスは建物の内部でも外部でも使用できるだろう。

　ポルティコの柱は四角形である。柱礎と柱頭とを含めたそれらの高さは14ピエーデとなり、太さは2ピエーデ半となる。アーキトレーヴ自体の高さは柱の太さの半分となり、この上にアーチが載る。さらにアーチの上に、前述のコーニスのときと同じ部位からなる別のコーニスが設けられるが、その高さは1/4低くなる。このコーニスはその下にある小さな付柱の柱頭としても役立つだろう。ポルティコの柱の柱頭はドーリス式

図5-8

第五書

となり、柱礎についても同様である。コーニスの上には、手摺子または鉄棒を備えたパラペットが設置される。このコーニスの床面は、なだらかに傾斜したテラスとなる。これが外観についてのすべてである。

一方内観についてみると、＋印は大きな礼拝堂の一つを表しており、その部分では高さは25ピエーデである。また、L印の部分は小さな礼拝堂の一つを表しており、ここでも高さは同じである。礼拝堂を分ける付柱については、幅が3ピエーデ、高さが19ピエーデとなる。コーニスは聖堂全体を取り巻くように設置され、付柱の柱頭の役割を果たすだろう。その形態はドーリス式柱頭と同じようにつくられるが、いくつかの部位は場所に応じて変化する。(48)

|10v| 〔上記のフランス語訳、図5-8〕

|11r|

六角形、すなわち六つの〔等しい〕側面がある図形は完璧に近い。(49) なぜなら、その半径は一辺の長さに等しいからである。こうした理由により、イタリアの多くの場所では、コンパスは「六分の一」（セスト）と呼ばれている。コンパスで円を描くときに、その脚を広げたり、狭めたりしなければ、それらは実際に円の1/6となる。(50) したがって、次の聖堂の平面図［図5-9］では六つの辺や側面があるが、これらの長さとしてではなく、直径（ディアメトロ）として少なくとも25ピエーデは必要となる。(51) 壁の厚さは5ピエーデとなる。礼拝堂の幅は10ピエーデで、奥行きの4ピエーデは壁のなかに入り込む。ニッチの幅は2ピエーデとなる。

聖堂の正面口は、太さが5ピエーデの円柱が対になって設置され、それぞれに対応する付柱で壁面が飾り立てられる。付柱が突出する長さ（グロッセッツァ）は、1ピエーデと1/4になる。入口に至るには階段を三段昇ることになるが、敷地によってはもっと高くしてもよいだろう。(52) それぞれの礼拝堂には窓が一つずつあり、その幅は4ピエーデ半となる。ただし、この聖堂に採光塔はない。なぜなら、礼拝堂はこれで十分に明るくなるからである。

外側の角についてみると、付柱の幅は2ピエーデと1/4になる。この聖堂の直径は25ピエーデであるが、比例に応じて、好みの寸法に増やすこともできる。実際、それを二倍にすると、いっそうよくなるだろう。もしこのように増加することで柱が太くなりすぎて、こうした太さの材料が調達できなかったなら、コリント式かイオニア式の円柱を選べばよい。あるいはドーリス式のままであっても、円柱の下に台座を設置すれば、円柱を細く見せることはできるだろう。この部位やその他の部位の寸法については、私の建築書『第四書』のそれぞれのオーダーに関する箇所をみれば、いずれの寸

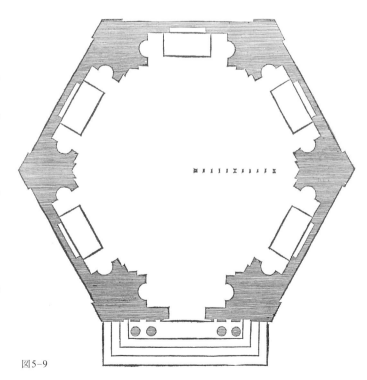

図5-9

407

法についても図とともに詳細に説明されている。鐘塔や聖具室、その他の宿舎については、他の聖堂のところで説明したときと同様につくればよいだろう。

|11v|〔図5-9〕

|12r|

　前頁で私は六角形の聖堂の平面図を示した。そこで今度はその外観を示し、その上には内観の一部も示した〔図5-10〕。なお、内観が一部で事足りるのは、正面口〔のある外観の一面〕と同様に、すべての礼拝堂はまったく同じだからである。さて、外観について説明すると、床面からコーニス頂部までの高さは18ピエーデであると言っておこう。コーニス自体の高さは1ピエーデ半であるが、その部位はドーリス式柱頭のようにいくつかに分割される。そうすればコーニスが聖堂の周りを取り囲み、付柱の上部から張り出すことによって、柱頭としての役割を果たすだろう。ただし図に見られるように、礎盤とキューマティウムも連続して取り囲むことになる。

　角の付柱の幅は2ピエーデ半となる。正面部は円柱とそれらに向かい合う付柱で飾り立てられる。中央の柱間は7ピエーデ半となる。円柱の太さは1ピエーデと1/4となる。円柱と円柱との隙間は、円柱の太さの半分となる。それらの円柱の高さは8ピエーデと3/4となる。それらの柱頭はドーリス式、柱礎はトスカーナ式でつくられる。(53) 柱礎は外側の付柱に用いられ、周囲を取り巻くことになる。アーキトレーヴ自体の高さは1ピエーデとなり、その上にはアーチが架けられる。それから正面口は図に示されたように飾り立てられる。聖堂は地面よりも5ピエーデ高く立ち上げられる。〔屋根は〕鉛板やその地域で産出される別の材料で葺かれる。これが外観についてのすべてである。

　内観については、礼拝堂はすべて同じ形で配置される。その形態は、聖堂外観の上の図に見られるとおりである。外側のコーニスは内側でも同様に用いられる。なぜなら、周囲にめぐらされ、付柱の上から張り出すという点では同じだからである。礼拝堂の幅は10ピエーデで、高さは13ピエーデ半である。そして、壁のなかに奥行き4ピエーデが入り込み、両側に

図5-10

408

はそれぞれニッチが設けられる。中央には窓があり、その高さは7ピエーデで、幅は4ピエーデである。前述の他の聖堂では幅と高さが等しかったけれども、この聖堂の場合は（非常に小さいので）高さが直径を上回る。すなわち直径の一倍半で、37ピエーデ半となる。

|12v|〔上記のフランス語訳〕

|13r|〔図5-10〕

|13v|

八角形は建物には実に都合がよく、とりわけ聖堂には最適である。それゆえ、ここでの平面図［図5-11］は内側も外側も八角形の聖堂を表わしている。その直径は43ピエーデとなるが、私が言っているのは内法幅のことである。礼拝堂の幅は12ピエーデとなり、それらのうち三つはヴォールト天井で覆われ、奥行き5ピエーデが壁のなかに入り込む。四つの礼拝堂は半ドームで覆われる。いずれの礼拝堂にも二つのニッチが設けられ、その幅は4ピエーデとなる。ヴォールト天井で覆われた三つの礼拝堂には円柱を備えた窓が設けられ、その幅は礼拝堂の幅と同じになる。半ドームで覆われた四つの礼拝堂には矩形の窓が設けられ、その幅は4ピエーデとなる。正面口は、それに向かい合う礼拝堂と同じようになる。正面口の幅は5ピエーデとなり、付柱で飾り立てられる。同様に、聖堂の周りには内側でも外側でも、付柱が同じ数だけ配置される。

この聖堂には主礼拝堂がないため、私は祭壇を全体の中心に設置して、その部分を八本のピアで支えられた天蓋で覆うつもりである。その幅は12ピエーデとなる。この聖堂に入るためには三段の階段を上ることになっているが、私はもっと高く上げることを推奨したい。敷地の条件次第では、地下を掘り下げて八つの祈祷所を同様に設けることもできるだろう。地下への入口は正面口の両脇にあるニッチのそばに設置され、二つの螺旋階段は壁のなかにつくられる。これらを上ると聖堂外側の屋根にも行くこともでき、昇り階段も同様に壁のなかにつくられる。この通路はコーニスの上に複数の出口を備えており、2ピエーデ半の隙間が設けられる。もしこの聖堂をもっと大きく建てる必要があるなら、比例関係に応じて好みの寸法に増加させればよいだろう。むろん、そのときには壁も厚くなり、礼拝堂も大きくなる。鐘塔や聖具室、その他の宿舎に関しては、他の聖堂のところで説明したとおりである。私の建築書では別の巻を見ても、同様のテーマや別の優れた考案には事欠かないだろう。そ

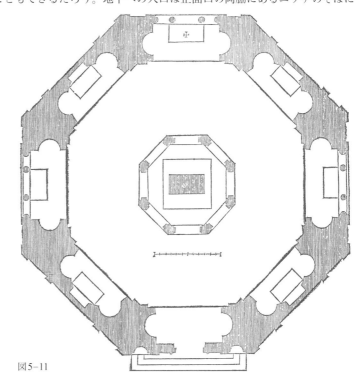

図5-11

のようにしたのは、ごく普通の知性を備えた人であれば、あるものから別のものへと誰もがいつでも応用できるようにするためである。

|14r|〔上記のフランス語訳、図5-11〕

|14v|

　右の図［図5-12］は前頁で示した八角形の聖堂外部の立面図を表している。その床面からコーニス頂部までの高さは21ピエーデ半となり、これが聖堂内部の高さ全体の半分となる。コーニス自体の高さは2ピエーデとなり、ドーリス式柱頭のように分割されて、図に示されたように付柱の上部で張り出す。同様に、単純な柱礎は3/4ピエーデの高さでつくられる。角の付柱の幅は3ピエーデとなり、中央の付柱の幅は2ピエーデとなる。正面口の幅は5ピエーデで、高さは9ピエーデ半となる。なぜなら、このような高さであれば、窓のレベルと一致するからである。この正面口の装飾については、私の建築書『第四書』のイオニア式オーダーに関する章に見られるとおりである。(62) さらに、窓の装飾についても十分に理解されるだろう。この聖堂の採光についていえば、窓は十分に設けられている。それでも、もっと明るくしたいという人は、ヴォールト天井の頂に開口部を設けてもよい。このようなピラミッド形のガラス板で覆われれば、雪や氷がそこに溜まることはないだろう。この聖堂を地上からもっと高く立ち上げたほうが見栄えもよくなることについては、他の聖堂のところでも説明したとおりである。

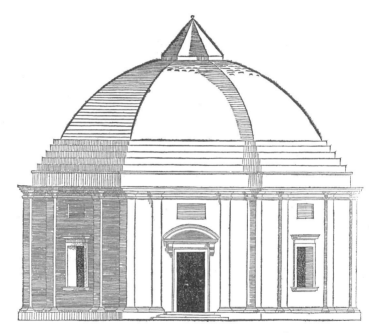

|15r|〔上記のフランス語訳、図5-12〕

図5-12

C.iij.

|15v|

　八角形の聖堂の内観は、次のように示される［図5-13］。コーニスと付柱については、外側のときとまったく同じ高さになる。コーニスからはドーム、またはヴォールトと呼ばれるもの(63)が立ち上げられ、半球状になる。こうして聖堂の高さと直径は等しくなる。礼拝堂の幅は12ピエーデで、高さは18ピエーデとなる。大きな礼拝堂には円柱を備えた窓が設けられる。これらの円柱の太さは3/4ピエーデ、高さは6ピエーデ半となる。アーキトレーヴ自体の高さも同様であり、この上にアーチが架けられる。そして両側には2本の半円柱が設置される。(64) 中央の柱間は4ピエーデ半となり、両側の柱間は2ピエーデと1/4となる。半円形の礼拝堂の高さも〔大きな礼拝堂の高さと〕同じであり、ニッチの高さはすべて10ピエーデとなる。

　聖堂の中心にあり、祭壇が設置された天蓋(65)は、内観図の上に示されている。その床面からコーニス頂

410

部までの高さは18ピエーデとなる。そのうち3ピエーデがフリーズとアーキトレーヴも含めたコーニス自体の高さにあてられ、残りがピアの高さにあてられる。ピアの内側では付柱(メッゾ・ピラストロ)の上からアーチが架けられ、図に見られるようにすべてドーリス式となる。このことは内部にも外部にも表れているが、平面図ではさらにはっきりと示されている。コーニスの上には半球ドームが設置される。記述されていないいくつかの寸法は、平面図にあるスケールバーによって十分に補うことができるだろう。

|16r|〔上記のフランス語訳、図5-13〕

|16v|
　前掲の八角形の聖堂では、いずれの礼拝堂も妥当な大きさではなかった。というのも、それらは壁のなかに収まる大きさに限られていたからである。そこ

図5-13

で、今度は別の形態として、内側を八角形、外側を四角形でつくることにしたい［図5-14］。その場合は、聖堂の大きさに釣り合った四つの大きな礼拝堂を設置できるだけの広さ(スパッチョ)が必要になるため、その直径は65ピエーデ、壁の厚さは16ピエーデとなる。礼拝堂の開口幅はすべて等しい。すなわち、いずれも12ピエーデであり、入口の部分では壁の厚さは3ピエーデ半となる。聖堂四隅の礼拝堂は16ピエーデ四方の正方形となり、それぞれの四隅には交差ヴォールト天井を支えるための付柱が設けられる。礼拝堂にはそれぞれ三つのニッチが設けられ、それぞれに祭壇が設置される。ニッチの幅は12ピエーデとなる。三つの小さな礼拝堂の幅は11ピエーデとなり、奥行き3ピエーデ半が壁のなかに入り込む。ニッチを除いた長さは22ピエーデとなり、幅は9ピエーデとなる。これらの礼拝堂には、幅6ピエーデの窓が一つずつ設置される。一方、大きな礼拝堂のニッチにはそれぞれ二つの窓が設置されるが、両側のニッチでは一方の窓が閉ざされる。これらの窓の幅は3ピエーデ半となる。小さな礼拝堂の一つは、聖堂の玄関(ヴェスティーボロ)(67)として用いられると都合がよいだろう。

　聖堂の正面は付柱で飾り立てられる。さらに、その中央には長さが27ピエーデで幅が5ピエーデのポルティコが設置される。ポルティコには四本の円柱に加えて、それらと向かい合う付柱が設置される。円柱の太さは1ピエーデと3/4である。正面口の幅は6ピエーデとなり、そこへと至るには六段の階段を上る

411

ことになる。さらにもし乾燥した土壌であるなら、階段をもっと高くしてもよい。正面口の真向かいには大きな礼拝堂がないので、〔聖堂の中心に〕天蓋(トリビューン)をその下の祭壇とともにつくってもよいだろう。この場合、全体が床面から三段高く上げられ、天蓋の直径は20ピエーデとなる。ピアの太さは3ピエーデで、半分にしたピアの太さは1ピエーデとなる。角の付柱の幅は3ピエーデとなる。この聖堂には鐘塔や聖具室はもとより、聖堂管理人のための宿舎もないけれども、他の聖堂のところで説明したように、それらを設けてもよいだろう。

|17r|〔上記のフランス語訳、図5–14〕

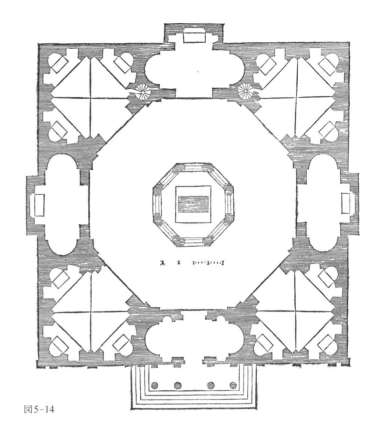

図5–14

|17v|

これは前掲平面図の八角形聖堂の外観である［図5–15］。ポルティコの床面からコーニス頂部までの高さは32ピエーデ半となる。次にこの長さを6部に分けて、1部をコーニスとフリーズとアーキトレーヴの高さにあてて、残りの5部を付柱の高さにあてる。付柱の幅は2ピエーデである。それらは対をなす低浮彫のような形になるので、非常にほっそりしているけれども問題はない。それらの寸法については、私の建築書『第四書』のイオニア式オーダーについての章にすべて記されているとおりである。コーニスの上には内陣、あるいは実際にドー(トリビューン)

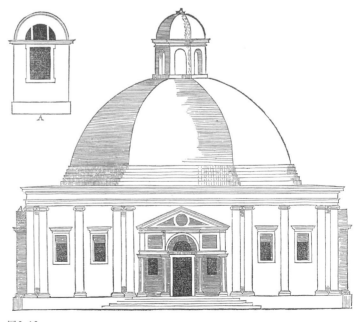

図5–15

412

(69)
ムが架けられ、その上には聖堂全体に光をもたらすための採光塔が設置される。その寸法は、平面図に示されたスケールバーから確認できる。ポルティコの円柱の高さは13ピエーデとなる。それらの上には高さが1ピエーデ半のアーキトレーヴが載せられ、その上にアーチが架けられる。さらにその上にもコーニスが設置される。その高さは円柱の太さに等しく、ドーリス式柱頭のように分割される。円柱もまたドーリス式となる。下にA印のついた図は、壁の外側に3ピエーデ突出した礼拝堂を表している。図に見られるように、これは半円形の屋根で覆われた外部〔の立面図〕を表している。

|18r| 〔図5-15〕

|18v|

　私はすぐ前の頁で八角形の聖堂の外観を示した。そこで今度は、この聖堂の内観がわかるように右の図〔図5-16〕を描いてみた。ここでも聖堂の四隅にあるコーニスの上には、一つの空間（スパッチョ）が広がっていることがはっきりと見てとれる。ここに昇るためには、平面図に示された(70)二つの螺旋階段を使用することになる。この聖堂の高さは、その直径と等しくなる。それゆえ、全体の高さの半分を、天井自体の高さが占めることになる。も

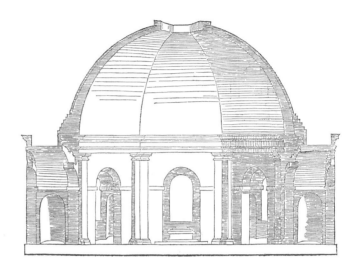
図5-16

う半分の高さは、6部で構成される。すなわち、1部がコーニスとフリーズとアーキトレーヴの高さに、残り〔5部〕が付柱の高さにあてられる。付柱の幅は2ピエーデ半で、全体はドーリス式となる。それらの寸法は、私の建築書『第四書』のドーリス式オーダーに関する章から確認できる。礼拝堂の幅は12ピエーデで、高さは24ピエーデである。ニッチの高さはすべて15ピエーデとなる。それらの幅は平面図に示されている。採光塔の開口部については、その直径が13ピエーデとなる。別の寸法が必要とされる場合も、スケールバーを使って補うことができるだろう。

|19r|

　単一の構造体からなる聖堂として、私が思い浮かぶものはすべて説明した。そこで今度は、複数の構造体からなる聖堂についての説明をはじめよう。むろん、それらはいずれもキリスト教の聖堂に適していることが前提とされる。最初の平面図〔図5-17〕は、〔ギリシア〕十字形の一種として説明することができるだろう。(71)中心の主要な部分〔の直径〕は、38ピエーデである。そこには四つのニッチがあり、それらの幅は10ピエーデである。そして四本の通路（ヴェスティーボロ）の幅も同じく10ピエーデであるが、長さは15ピエーデである。それらを通って四つの小聖堂（テンピエット）へと行くことができ、直径はそれぞれ36ピエーデである。小聖堂はそれぞれ四つのニッチと二つの大きな窓を備えている。これら六つの部位は祭壇を設置する場所として用いられ、それらの幅は7ピエーデとなる。

　この聖堂には三つの入口がある。五つの円形平面の部分はドームで覆われ、それらの上には採光塔が設

413

置される。中心にある採光塔の直径は10ピエーデで、これと似た他の四基の採光塔の直径はいずれも8ピエーデである。正方形平面からなる外部〔については、その一辺〕の長さは68ピエーデである。その四隅にある正方形平面の部分は鐘塔として用いられ、その直径は14ピエーデである。これらは螺旋階段で塞がれることはないので、司祭の宿舎として使用することもできる。それぞれの階に行くためには、そのそばにある螺旋階段が使用され、これらは両端に設置されている。鐘塔に隣接する前述の四つの円形平面の部分は、聖具室や、聖堂に必要な別の部屋として使用される。

　正面口の幅は7ピエーデとなり、そこへと上るために九段の階段が設置される。この建物全体の地下がいくらか掘り下げられると、住居として便利になり、住人の健康面でも有効になるだろう。建物の隅の部分では、さまざまな良からぬことがつねに起こりうるので、階段と同じ高さの低い壁で建物全体を四角く取り囲んでしまうとよいだろう。むろん、正面の階段と両側の階段の前は空けておく必要があるが、聖堂は地面よりも高く上げられているため、このような壁があっても聖堂の外観は損なわれないからである。四隅の何もない場所については、正面にある〔二つの〕場所は墓地として使用され、背面にある二つの場所は住人用の庭にもなるだろう。以上より、この聖堂は必要とされる便利な要素をすべて兼ね備えていることがわかる。それでもさらに余分な敷地が後ろにあるなら、住人の要求に応じて、回廊や庭園に加えて住居をつくってもよいだろう。

図5-17

|19v|〔上記のフランス語訳、図5-17〕

|20r|

　これは前掲平面図の聖堂のファサード、すなわち正面部である［図5-18］。ただし、四つの面はすべてこれと同じように飾り立てられる。第一層の高さ、すなわち階段からコーニス頂部までの高さは38ピエーデとなる。これは6部に分けられ、その1部がコーニスとフリーズとアーキトレーヴにあてられ、建物全体を取り囲む。この第一層のコーニスから第二層のコーニスまでの高さは13ピエーデとなる。第二層のコーニスはドームを支えるので、そのレベルが四基の採光塔のレベルを決定するときの基準となる。第二層の高さは5部に分けられ、その1部がコーニスとフリーズとアーキトレーヴにあてられる。第三層〔の頂部〕はドーム頂部のレベルとなり、〔鐘塔の〕ファスキア〔のレベル〕と等しくなる。

　採光塔の高さは、小ドーム〔の部分〕を除いて16ピエーデとなる。採光塔のコーニスのレベルは、鐘塔第四層のコーニスのレベルと等しくなる。このコーニス自体の高さは採光塔の高さの1/5となり、このコーニスと円柱はコリント式でつくられる。このコーニスよりも下では、鐘塔の各層は聖堂の各部位の高さに対応している。というのも、鐘塔では〔上層になるほど高さが〕逓減する原則に従っていないように見

414

第五書

えるからである。実を言うと、これは
調和的不一致である。
ディスコルディア・コンコルダンテ (82)
(81)

　それから鐘塔の上部については、い
かなるレベルにも規定されることはな
いが、高さが幅と等しくなるようにす
べきである。その高さは5部からなり、
1部がコーニスに、残り〔4部〕が円柱
の高さにあてられる。イオニア式の層
に関しては、コーニスの上に手摺子が
設置され、その上にドームが載るよう
につくられる。戸口や窓、その他の装
飾に関しては、私の建築書『第四書』
を参照すれば、それらのオーダーも理
解することができるだろう。

図5-18

|20v|〔図5-18〕

|21r|

　すでに示された聖堂の内観は次のようになり、これはその中央部を表している〔図5-19〕。聖堂が十分に
明るくなるように、ほぼ垂直方向から採光されるためには、いわばトロンプを用いることで、内側のコー
ニスよりも外側のコーニスを高い位置に設ける必要があった。床面からコーニス頂部までの高さは44ピ
エーデとなる。このコーニスには（円柱が伴わないので、）「変格」とも呼ばれ、その高さは2ピエーデ半と
なる。ただし、コーニスは半球状となるドームから隠れてしまわないように、少し水平に張り出してもよ
い。というのも、このコーニスはドーリス式柱頭のように区画されて、フリーズも備えたアーキトレーヴ
として使用されるが、ほとんど張り出さないからである。
バスタルド(83)

　ニッチの高さはすべて15ピエーデとなる。それらの上部はファスキアで飾り立てられ、礼拝堂と聖堂中
心部の全体を取り囲む。このファスキアの上から四つの円形礼拝堂のドームが立ち上げられ、礼拝堂の頂
部は平らな陸屋根となる。これらの上には石畳が敷き詰められ、なだらかに傾斜したテラスが周囲のパラ
ペットとともに設置される。もしこの聖堂が人里離れた場所に建てられれば、こうしたテラスは住人たち
にとっても大いに有益なものとなるだろう。この聖堂はきわめて頑丈になる。なぜなら、内部が高く立ち
上げられていて、外部はすべて迫台と控壁でつくられているからである。この建物の全体は一体化されて
いるため、テラス全体がセメン
トでしっかりと固定されて、十
分な傾斜が設けられてさえいれ
ば、雨水を集めるのは実に容易
である。しかしながら、雪が降
り氷ができる季節には、それら
を屋根の上に積もらせてはなら
ない。なぜなら、水はそこから
建物に容易に染みわたり、大き
な被害を与えるからである。

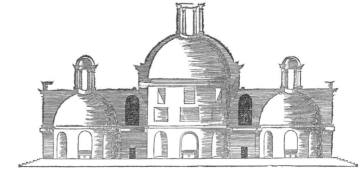

図5-19

415

|21v|

　右の平面図［図5-20］は、実際に十字形の聖堂を表している。これに関して、我々はまず主要な玄関口(84)から説明することにしたい。というのも、形と寸法が同じという点で、すべてを代表するものだからである。その幅は30ピエーデ、長さは37ピエーデとなる。側面中央にはそれぞれニッチがある。それらの幅は10ピエーデとなり、内部には祭壇が設置される。ニッチと〔十字形の〕隅とのあいだには、内向きに二つの戸口が設けられる。一方、ニッチと外向きの角とのあいだには、二つの窓が設けられる。正面には入口が設けられ、その幅は8ピエーデとなる。この玄関口の聖堂中心を向いた部分は狭くなり、そこにはピアが設置される。その隅の面では幅が4ピエーデとなるが、他の面では幅が7ピエーデとなり、そこには幅4ピエーデのニッチが設けられる。四つの玄関口の隅では、これらのピアがひとまとまりにされて、かなりの太さの束ね柱となる。その上にドームが架けられる。壁厚は5ピエーデとなる。これらの束ね柱がドームを支える上でいっそう強固で安全となるように、聖堂の四隅には八つの面をもつ礼拝堂がそれぞれ設けられる。それらの直径は18ピエーデとなり、ニッチや窓、入口の幅は5ピエーデとなる。壁厚は4ピエーデとなる。テラスに上るための螺旋階段は、束ね柱の内部に設置される。この聖堂には三つの入口があり、主要な入口の反対側には主祭壇が設置される。主要な入口は付柱で飾り立てられ、聖堂の角も幅が3ピエーデの付柱ですべて飾り立てられる。正面部では戸口の左右両脇に、ニッチがそれぞれ設けられる。|22r|入口へと至るには五段の階段を昇ることになるが、敷地の条件によってはもっと高くなる。ここでは鐘塔は示さなかったが、それでも〔正面の〕両隅にある礼拝堂の上につくると都合がよいだろう。また、鐘塔の下部を聖具室とし、その上部を聖堂管理人の宿舎としてもよいだろう。さらに（建物の床面を高く立ち上げることによって、）地下も有効に活用することができるだろう。これらの部屋に行くためには、地上であれ地下であれ、四つの螺旋階段が使用される。建物の隅の部分でみだらな行為が生じるのを防ぐことができるように、（別の聖堂のときにも説明したように）階段と同じ高さの低い壁を〔聖堂全体を取り囲むように〕建てるとよいだろう。そのようにしても建物の元の形態は損なわれないはずである。それどころか、別のところで述べたように、こうした土地は有効で便利に活用することができるだろう。

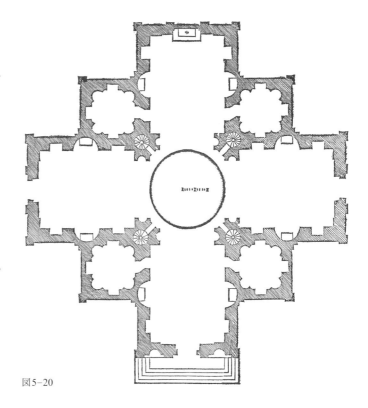

|22v|〔図5-20〕　　　　　図5-20

|23r|

　正方形に十字形が組み合わされた聖堂の外観は、次のように表される。正面ファサードの幅は42ピエー

416

デである。階段の床面からコーニス頂部までの高さは30ピエーデである。フリーズとアーキトレーヴを伴うこのコーニスの高さは5ピエーデとなる。残りは円柱の高さにあてられ、図に見られるようにここではイオニア式である。第二層の高さは22ピエーデとなる。これを6部に分けて、1部はアーキトレーヴとフリーズとコーニスに、残りの部分はコリント式円柱にあてる。これら二つのオーダーは建物の周囲を取り囲む。個々の寸法については、私の建築書『第四書』を参照すれば、それぞれのオーダーについての章で

図5-21

説明されている。（強風が発生しない場所であると仮定して）屋根の頂は10ピエーデとなるが、当地フランスの場合、屋根はピラミッド形に近いものとすべきである。ペディメント先端の上部はコーニスで飾り立てられ、その高さは2ピエーデとなる。その上にはドームが載せられ、その頂には採光塔が設置される。採光塔の高さは、頂部の小ドームを除いて10ピエーデとなる。ここでは左側の小さな図は、屋根〔の断面図〕を表しており、Cと記されている。一方、L印の右側の図は、四隅の八角形の礼拝堂〔の断面図〕を表している。個々の寸法は、平面図の中央にあるスケールバーから導き出せるだろう。戸口の装飾については、私の建築書『第四書』のイオニア式オーダーに関する章を参照すればよいだろう。

|23v|〔図5-21〕

|24r|

十字形に組み込まれた正方形の聖堂の外観はすでに示した。そこで今度は、その内部が見えるように半分の断面図を示す。はじめに中央部について説明すると、その上にはドームが載せられる。ピアからピアまでの距離は30ピエーデとなり、床面からコーニス頂部までの高さもこれと同じになる。コーニスとフリーズとアーキトレーヴ自体の高さは5ピエーデとなり、その上に四つのアーチが架けられる。これが建物全体を取り

図5-22

417

巻くようにする。しかしながら、この内陣(トリビューン)は両側の屋根の上からしか採光できないため、アーチの上にはファスキアを水平に連続させる必要がある。そして、その上から15ピエーデの高さで壁を立ち上げて、さらに高さ2ピエーデのコーニスをつくる。ただし、このコーニスから立ち上がるドームが隠れてしまわないように、コーニスの張り出しは極力抑えるようにする。すでに説明したコーニスからファスキアまでのあいだには、図に見られるような八つの開口部を設ける必要がある。こうすれば、採光塔からの光とともに十分な光が得られるだろう。この内陣の〔床面から〕ヴォールトの下側までの高さは77ピエーデとなる。(90)

祭壇が設置される部分では、その上に大きな祭壇画が設置される。これは正面口の真向かいを表し、そこには主祭壇のための場所が設けられる。その上にある円窓(ピアッツァ)からは大量の光が注ぎ込み、これは四方に設けられる。四つの側部については、私が説明しなくても十分に理解できるだろう。なぜなら、スケールバーによって、あらゆる寸法が判明するからである。側面にはそれぞれ四つの窓があるように見えるが、実際には二つしかない。というのも、他の二つは偽の窓であって、釣り合わせるための単なる飾りに過ぎないからである。(91)(92)

|24v|〔図5-22〕

|25r|

私は古代の様式(マニエラ)を遵守しながら、キリスト教の慣習に適したさまざまな聖堂の類型について説明してきたが、それらはいつでも円形平面や正方形平面に限定されていた。そこで今度は古代の様式を保ちながら、一般的な慣習にも適合するようないくつかの類型を取り上げることにしたい。ここで示された平面図は、次のように分割される。はじめに大きさが決まったら、中央の通廊、いわゆる身廊(アンダータ)がつくられるが、〔長軸方向に二等分してみると〕その幅は2部である。ピア〔の太さ〕も同じく2部で、合計で4部となる。ま(93)(94)

た、側廊〔の幅〕も2部で、合計で6部となる。そして両脇の壁厚は2部で、合計で8部となる。けれども、これらをピエーデに換算すれば、もっと容易に全体を計測することができるだろう。そこで、たとえば中央の身廊の幅を30ピエーデとし、ピアの太さをそれに加わる付柱も含めて全体で15ピエーデとする。さらに側廊の幅も壁厚もこれと同じにする。

さて全体の線を引いたら、正面から三つのベイに交差ヴォールト天井が架けられるように、ピアを等間隔で分配する。これらに面して半円形平面の礼拝堂が〔側廊の外側に並んで〕設けられる。それらの幅は25ピエーデとなり、壁からいくらか突出する。最後のピアのそばには、内陣に向かって別のピアが二本、15ピエーデ離れたところに設置される。そこから次の二本のピアが30ピエーデ離れたところに設置され、さらにそこから別のピアが二本、15ピエーデ離れたところに設置される。そこでの広い空間にはドーム(トリビューン)が架けられる。その直径は36ピエーデとし、ピアの内側に(95)(96)

図5-23

418

3ピエーデずつ入り込むようにする。これらのピアは壁厚が6ピエーデのアーチを形成し、その上は円筒ヴォールト天井となるが、これはウィトルウィウスによればテストゥーディネと呼ばれるものである。これらの円筒ヴォールトの四隅は、それぞれ小ドーム（トリブネッタ）で覆われ、直径はいずれも21ピエーデとなる。これらのドームは屋根の上に突出しないので、側面から採光される。それゆえ、二つの交差ヴォールト天井の部分が聖堂の側面から突出することになり、それぞれの両側に同じ半円形の礼拝堂が設けられる。平面図で示されているように、聖堂の翼部には二つの入口が設けられる。一方、聖堂の頭部には交差ヴォールトが架けられ、この部分は聖歌隊席として使用される。その先端部の半円形平面には主祭壇が設置され、その直径は31ピエーデとなる。聖歌隊席の両側には八角形平面の聖具室が設けられ、それらの直径は21ピエーデとなる。

　聖堂の正面には三つの入口が設けられ、〔中央の〕主要口の幅は12ピエーデで、両側の入口の幅は6ピエーデとなる。この正面の両端には、（構造上の強化と装飾性との両面を兼ねて）鐘塔が設置され、その幅はいずれも27ピエーデとなる。それぞれの内部には螺旋階段が設けられるが、この部分には鐘を鳴らすための綱を引く上で十分な広さが必要とされる。さらに鐘自体を引き上げる必要に迫られることもあるだろう。この聖堂の入口まで昇る階段については、敷地の条件にもよるが、段の数を多く設けるようにすべきである。

|25v|〔上記のフランス語訳〕

|26r|〔図5-23〕

|26v|
　次の図は、前頁で平面図として示された聖堂の正面である〔図5-24〕。〔床面から〕第一層のコーニス〔頂部〕までの高さは62ピエーデとなる。これは6部からなり、1部はアーキトレーヴとフリーズとコーニスにあてられ、残り〔5部〕は付柱にあてられる。付柱はドーリス式で、その正面幅は5ピエーデである。〔中央の〕大きな入口の高さは、24ピエーデとなる。この入口は図で示されたように飾り立てられる必要がある。両脇の入口についても同様であり、それらの高さは12ピエーデとなる。中央に立ち上げられた〔第二層の〕部分については、第二層のコーニスまでの高さが15ピエーデとなる。この〔第二層のコーニスの〕高さは、第一層の〔コーニスの〕高さよりも1/4低くなる。また、ドーリス式柱頭のように分割されるので、頂冠帯（コローナ）よりも下の部位のいくつかは異なったものになる。コーニスからペディメント頂角までの高さは10ピエーデとなり、これが聖堂の頂部となる。たとえドームがこの正面ファサードよりも後ろに見えるとしても、この部分が聖堂の中心であることに変わりはない。そして、内観図ではもっとよくわかるように、これが聖堂の高さを決定している。

　第一層のコーニスの上には、高さ5ピエーデの腰壁が立ち上げられる。この上には鐘塔の第二層が設けられ、その高さは32ピエーデ半となる。そして、この〔第二層の〕

図5-24

E.iij.

419

コーニスの高さは、第一層のコーニスの高さよりも1/4低くなるが、同じくドーリス式となる。さらに第三層については第二層よりも高さが1/4低くなり、コーニスの高さについても同様の比例関係となる。また、第四層についても同様に第三層よりも高さが1/4低くなり、コーニスの高さについても同じ比例関係に従って減少する。コーニスの上のパラペットの高さは4ピエーデとなり、そこからピラミッド形屋根の頂上までの高さは36ピエーデとなる。その他の装飾に関しては、私の建築書『第四書』のそれぞれのオーダーに関する章を参考にすればよいだろう。

|**27r**|〔図5–24〕

|**27v**|

　三廊からなる長堂式の聖堂の正面図はすでに示した。ここではその聖堂の中心軸に沿って内部が開放された形で表現されている［図5–25］。その幅や長さなどの寸法については、平面図と正面図で説明したとおりである。コーニスの高さについてもすでに説明したように、全体の高さの1/6となる。付柱はイオニア式となる。同様に小さな付柱もイオニア式の迫元を備えている。それらの形態と寸法については、私の建築書『第四書』のイオニア式オーダーに関する章で説明されているとおりである。図からも判明するように、礼拝堂はそれぞれの開口部から採光される。さらに二つの側廊からも採光され、その高さは円筒ヴォールト天井の礼拝堂の高さに等しい。ただし、これらの礼拝堂に面した円筒ヴォールトは、半月部（ルネッタ）によって分断される。側廊の天井高は低くして、それらの屋根の上に見られるように、コーニスの上の半月部に設けられた楕円形の開口部から採光されるようにする。また、中央のドームが明るく照らされるためには、フリーズに円窓を設けることで、屋根の上から採光されるようにする。このフリーズの上には、採光塔を備えたドームが立ち上げられる。その寸法は、すでに示された別の聖堂のドームから算出される。ピアの形が正しく識別できるように、私は聖堂の上に二本の柱断面も大きく描いた。

　聖堂の上の右手にある小さな図は、一方の交差廊の入口を表しており、その高さは20ピエーデで、幅は10ピエーデである。これらのコーニスの高さは、正面のコーニスの高さと一致し、さらに内部のコーニスの高さとも一致する。この聖堂の図では、隠れた部分（パルテ・オクルタ）はまったく示されていない。すなわち、側廊の天井高や、礼拝堂がいかに円筒ヴォールト天井と接続するか、あるいは四つの小ドームにはいかなる効果があるか、その他諸々のことである。それゆえ、この聖堂を建ててみたいと思う者は誰であれ、模型（モデッロ）を制作するか、あるいは内部と外部両方の立面図であらゆる部位を描くことが絶対に必要である。

|**28r**|〔図5–25〕

図5–25

| **28v** |

　長堂式の聖堂は、前述の方法とは異なる方法で建てることもできる。まずはその幅を30ピエーデと定⁽¹¹³⁾めたら、長軸方向と横断軸方向の両方に十字形〔平面〕が形成されるように、二本の等しい直線を描く。この中心が内陣となり、その直径は30ピエーデである。そして、四本のピアから内側に3ピエーデのところで、ドームを支えるための四つのアーチが架けられると、アーチの幅は24ピエーデとなる。ピアの太さは、ニッチが設けられるところでは5ピエーデとなり、これは壁の厚さと等しくなる。ただし、聖堂の腕部と頭を向いた部分では、隅の付柱と一致するようにピアが太くなるため、壁厚はそれぞれの側で1ピエーデ⁽¹¹⁴⁾減少し、いずれの幅も32ピエーデとなる。それぞれの腕部の長さは38ピエーデとなる。主祭壇を向いた部分は、一辺の長さが32ピエーデの正方形となる。ただし、幅が5ピエーデのニッチが設けられた側にピアを設置することで、それぞれの側で4ピエーデが突出するので、ピアからピアまでの距離は24ピエーデとなるだろう。それから、主礼拝堂にアプシスが形成されるように、ピアの両側が半ピエーデずつ突出すると、アプシスの幅は23ピエーデとなるだろう。主祭壇はこの場所に設置される。この十字形の二隅には、それぞれ聖具室が設けられ、その直径は17ピエーデとなる。聖堂両側〔の交差廊端部〕には、それぞれ入口⁽¹¹⁵⁾が設けられる。平面図［図5-26］からもわかるように、ここではすべての部位が非常に明るく照らされる。

　内陣から主要口の方向についてみると、〔身廊の両側に〕礼拝堂が五つずつ設けられ、それぞれの幅は15ピエーデとなる。それらの壁厚は4ピエーデとなる。礼拝堂の奥行きも15ピエーデとなり、〔その奥には〕幅6ピエーデの窓が一つずつ設けられる。というのも、祭壇はそこに設置されるからである。先頭部（すなわちファサード）の壁厚は5ピエーデとなるが、中央部では4ピエーデとなる。この正面の前方には幅⁽¹¹⁶⁾が14ピエーデ、長さが68ピエーデからなるポルティコが設けられる。そして、その両端と正面には円形や正方形のニッチが設けられ、それぞれの直径は8ピエーデとなる。ポルティコの両端には鐘塔が建てられ、聖堂の腕部と同じ長さで外側に突出する。その直径は18ピエーデとなる。それら〔の内部〕は八角形となるが、好みに応じて正方形にしてもよい。それぞれの脇には螺旋階段が設けられる。平面については、これがすべてである。

　聖堂の正面部は、ここでは右手に示されている。〔床面から〕第一層のコーニスまでの高さは47ピエーデとなる。アーキトレーヴとフリーズとコーニスの高さは5ピエーデとなり、これらが聖堂全体を取り巻く。第二層の高さは37ピエーデとなり、第二層のコーニスの高さは第一層のコーニスの高さよりも1/4低⁽¹¹⁸⁾くなる。このレベルで鐘塔第二層のコーニスのレベルが定められるだろう。ペディメントの頂〔までの高さ〕は10ピエーデとなり、これが〔切妻〕屋根の中心線となる。鐘塔の第三層については第二層よりも高さが1/4低くなり、コーニスの高さについても同じ比例関係にしたがって低くなる。その上にはドームが架けられる。ここでは聖堂〔正面図〕の上の右手にある図が、五つの礼拝堂の内観を表している。床面から第一層のコーニス頂部までの高さは27ピエーデである。このコーニス自体の高さは4ピエーデとなり、ドーリス式柱頭と同じようにつくられる。もう一方の上部にあるコーニスは、外側のコーニスと同じようになり、第一層のコーニスと第二層のコーニスとのあいだには低浮彫の施されたイオニア式の付柱が設けられる。そして柱間には、聖堂内に採光するための開口部が設けられる。

　ポルティコの配列について、そのオーダーは正面図からも平面図からも理解できるだろう。なお、ポルティコの上にはテラスが設けられるが、それによってファサードの開口部の邪魔になることは決してなく、むしろ十分な光がもたらされるだろう。ここでA印の右上の図は、聖堂中心の内陣を含む腕部を表している。そのコーニスの高さも、他のコーニスの場合と同じになる。それらの上には内陣のアーチが載せられ、さらにその上には採光塔を備えたドームを支えるための、変格のコーニスが設けられる。破壊されたよ⁽¹¹⁹⁾うに見える部分は、聖具室を表している。十字形平面の上の小さな図は、翼部の入口の一つを表しており、このように円形の屋根で覆われる。この入口の幅は9ピエーデで、高さは18ピエーデである。

421

図5-26

|29r| 〔上記のフランス語訳〕

|29v| 〔同上〕

|30r| 〔図5-26〕

|30v|
　十字形〔平面〕によるこれらの長堂式の聖堂は、多くのさまざまな形でつくることができるだろう。これらはキリスト教国にはたくさんあって、とりわけ当代のものは、イタリアでは（多数派の意見として）「ドイツ様式」と呼ばれている。それらは三廊式でつくられ、〔両側に〕独立して閉ざされた礼拝堂のみならず、聖歌隊席を取り巻く周歩廊とその周りの礼拝堂をも備えている。さらに当地フランスでは、当代の

422

様式ではあるものの、五廊式で豪華に建てられた聖堂を非常に多く目にする。それでも（私が冒頭で述べたように）、我々の時代に完成されたものを取り上げたいと思う。それゆえこの聖堂は、この小著で図示し説明する最後の例となるだろう。なぜなら、おそらく大半の人々にとってもっと有益で必要とされるものが、他にもまだ控えているからである。

そこで、次に示される聖堂の平面図［図5-27］の寸法から取りかかることにしよう。その幅は36ピエーデで、長さは54ピエーデとなる。その両端には二つの大きなニッチが設けられ、その直径は24ピエーデとなる。大きな礼拝堂のニッチについてみると、両側に窓があり、その幅は6ピエーデとなる。真向かいにある別のニッチについても同様の配列となるが、〔中央には〕入口が設けられ、その幅は8ピエーデとなる。

この聖堂の側面では、それぞれの真ん中に礼拝堂が設けられる。その幅は18ピエーデで、円柱を超えた奥行きは12ピエーデで、壁の中に入り込む。そして中央には幅6ピエーデの窓が設置される。これら二つの礼拝堂は、太さ2ピエーデの円柱によって分割される。中央の柱間は6ピエーデとなり、その両脇の柱間は3ピエーデ半となる。礼拝堂と〔聖堂本体の四〕隅とのあいだには、両脇を円柱で飾り立てられたニッチが設けられ、その幅は6ピエーデとなる。〔聖堂の〕四隅〔の長軸方向〕にはそれぞれニッチが設けられ、いずれの幅も3ピエーデとなる。

聖堂の外部には、角柱と付柱を組み合わせたピアからなるポルティコが設置される。ポルティコの幅は10ピエーデで、長さは52ピエーデとなる。ピアの幅については、付柱を除けばいずれの側でも3ピエーデとなる。ただし、角にあるピアの正面幅は6ピエーデとすべきである。これはアーチの扶壁としても使用されるため、他のピアよりも強くなければならないからである。ポルティコ両端の柱間については、二つのニッチが壁に設けられ、その幅は6ピエーデとなる。このポルティコへと昇るために、九段からなる階段が設けられる。

二つの螺旋階段は壁のなかに組み込まれる。この聖堂に鐘塔はないけれども、幅の等しい二基の鐘塔をポルティコの両端に設置して、そばにある螺旋階段で昇って行けるようにしてもよい。これらの鐘塔は、聖堂の正面に彩りを添えるものとなるだろう。というのも、それらは聖堂の両側から張り出した礼拝堂の二つの角を覆い隠し、また鐘塔の地下には司祭にとって便利な住居をつくることもできるからである。

|31r|〔上記のフランス語訳〕

|31v|〔図5-27〕

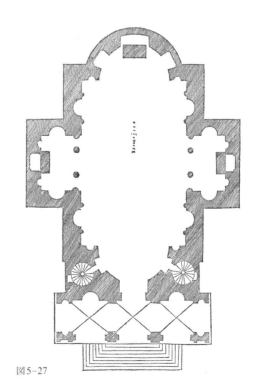

図5-27

|32r|

前掲平面図の聖堂の内部とポルティコの端部は、次の図［図5-28］からすぐに理解できるだろう。ただし、個々の寸法については次のようになる。床面から最初のコーニス頂部までの高さは21ピエーデとな

423

る。これを6部に分けたら、1部をアーキトレーヴとフリーズとコーニスにあて、残りの床面までの高さをイオニア式円柱にあてる。〔礼拝堂両脇の〕ニッチの場合は、それらの台座、いわゆる腰壁には残り〔5部〕の1/5があてられ、その上にはコリント式円柱が載せられる。コーニスよりも上のペディメントの高さは3ピエーデとなる。それらの上には二つの盲窓が装飾として設けられる。ただし、これらを開口部にしたいという人は、そのようにつくってもかまわない。聖堂をもっと明るくするためには、イオニア式円柱の上に見られる礼拝堂の壁に開口部が設けられる。主礼拝堂の開口部がどのように配置されるかについては、ポルティコの上にある正面の開口部についても同様であるが、図から見てとれるだろう。ポルティコの上には、なだらかに傾斜したテラスがパラペットとともに設置され、コーニス自体がそのパラペットにもなる。図からもわかるように、この聖堂は円筒ヴォールト天井で覆われているが、その両端部はニッチにするのがよいだろう。外部については、正面部で示されているような方法で壁が築き上げられる。(123)そこでは確かにかなりの大きさで無駄な部分が生じてはいるものの、そのような結果となってもかまわない。

|32v|〔図5–28〕　　　　　　図5–28

|33r|

　聖堂の内部、すなわち主礼拝堂の内部は、ここでは次の図［図5–29］に示されている。すでに説明されたコーニスの高さは、その隣の図のようになる。幅が3ピエーデで、高さが7ピエーデ半となる小さなニッチの形態も図から確認できる。祭壇の上のパネルは、祭壇画として用いられ、それに最適な光がもたらされる。その幅は10ピエーデで、高さは12ピエーデである。正面図は、ここでは右手の図である。コーニスの高さについては、別の内観図のところで述べたとおりである。なぜなら、それらはすべて同じレベルに設置されるからである。けれども、ポルティコの上にある第一のコーニスは、テラスの上のパラペットとなっていることに注意しなければならない。これらのコーニス、フリーズ、アーキトレーヴ、柱頭、柱礎はもとより、アーチの迫元もすべてドーリス式でつくられるので、私の建築書『第四書』のドーリス式オーダーに関する章から探し当てることができるだろう。

　第二層の小さな付柱が設置された部分は、ファサードの立面図に描かれていて、ポルティ

図5–29

424

第五書

コの断面図は下層の部分に組み込まれた形で表現されている。小さな付柱の幅は2ピエーデで、それらの
コーニスの高さも同じになる。このコーニスは、私の建築書『第四書』に掲載されているマルケルス劇場の
イオニア式のアーチ迫元に見られる部位を備えている。一番上のコーニスから屋根の起供点までの高さ[124]
は3ピエーデとなるので、装飾性や便利さを考慮して、コーニスの上のパラペットは欄干を備えた形にし
てもよいだろう。テラスに昇るときの螺旋階段を使えば、それらの場所にも昇っていくことができる。こ
の聖堂の屋根については、天井が（木造の小屋組ではなく）ヴォールトの場合、その上の屋根はタイルか鉛
板で葺かれるべきである。しかしながら、当地フランスではアルドゥオーサと呼ばれる青みがかった薄い
石板があり、とても美しいので、これを用いるのがよいだろう。この聖堂〔の入口〕には九段の階段を昇[125]
ることになるが、その地下を掘り下げることができるだろう。

　これで宗教建築に関する第五書も終わりとなるので、次は残りの二書へと進むことにしたい。そのうち[126]
の一書ではあらゆる住居について、もう一書では建築家にしばしば生じる多くの不測の事態について論じ
られる。その後で（もし神がその善良さゆえに、私に余命と健康とをお与えになるのであれば）、私は多くの建
築類型〔が掲載された書〕も出版する予定である。それらはすでに大型の版で準備されているので、こうし
たものに関心を抱くすべての人に分け与えたいと考えている。

│33v│

聖堂に関する第五書はこれで終わりである。[127]

註

1 ウィトルウィウス『建築十書』第三書や第四書で説明されている古代の方法に従っていることが表明されている。ルネサンスの宗教建築については多くの研究があるが、おもに A. Bruschi, "Religious Architecture in Renaissance Italy from Brunelleschi to Michelangelo", in *The Renaissance from Brunelleschi to Michelangelo*, ed. by H. A. Millon & V. Magnago Lampugnani, New York, 1994, pp. 123-181; *L'église dans l'architecture de la Renaissance*, ed. by J. Guillaume, Paris, 1995 を参照。特に集中式平面の聖堂については、M. Licht, *L'edificio a pianta centrale: Lo sviluppo del disegno architettonico nel Rinascimento*, Firenze, 1984; *La chiesa a pianta centrale*, ed. by B. Adorni, Milano, 2002 を参照。セルリオの建築書『第五書』については、A. Bruschi, "Le chiese del Serlio", in *Sebastiano Serlio*, ed. by C. Thoenes, Milano, 1989, pp. 169-186; P. Zampa, "Proporzioni ed ordini nelle chiese del Serlio", in *ibid.*, pp. 187-189; D. Hemsoll, "Consonance, Incoherence and Obscurity: Rhetorical Idealism in the Centrally-Planned Church Schemes of Sebastiano Serlio", in *The Gordian Knot: Studi in onore di Richard Schofield*, ed. by M. Basso, Roma, 2014, pp. 131-147のほか、飛ヶ谷潤一郎「セバスティアーノ・セルリオの建築書『第五書』のドームについて」鈴木博之先生献呈論文集刊行会編『建築史攷』中央公論美術出版、2009年、75–88頁を参照。

2 タイトルについては、最初からここまでがイタリア語で、以降はフランス語で書かれている。

3 マルグリット・ダングレーム（Marguerite d'Angoulême 1492–1549年）はフランソワ1世の姉であり、『第一書』のフランソワ1世への献辞でも言及されている。1539–42年にフランス大使としてヴェネツィアに滞在していたモンペリエ司教ギョーム・ペリシエ（Guillaume Pellicier 1490–1568年）との往復書簡によれば、マルグリットはセルリオが1541年にフランスに移住するために手配をして、俸給を約束したという。

4 セルリオの聖パウロへの言及については、M. Tafuri, *Venezia e il Rinascimento*, Torino, 1985, p. 102 を参照。

5 ここで登場する『第五書』のフランス語タイトルは、各頁の裏面でヘッダーとして繰り返される。

6 このことは、1537年にはじめて出版された『第四書』の冒頭で予告されていた。

7 十二の聖堂からは、ルネサンスとの関係では黄道十二宮が想起される。アルベルティ『建築論』第八書第8章を参照。また、『第四書』4頁（本書240頁）の「エルコレ2世への献辞」では、七つの惑星に言及されていて、新プラトン主義の影響下にあった占星術との関係もうかがえる。

8 円形平面の完全性については、アルベルティ『建築論』第七書第4章を参照。このことは、R. Wittkower, *Architectural Principles in the Age of Humanism*, 6th ed., New York, 1998, pp. 15-40 でも論じられている。

9 qui a lato dimostrata. 直訳では「ここで脇に示された」となるが、テクストと図版とが実際にはそのように配置されていないことが多いため、以降でもテクストと図版との対応関係に合わせて意訳する。

10 セルリオは、『第三書』で古代建築の例としてパンテオンを第一に取り上げていたように、『第五書』の最初の聖堂でも明らかにパンテオンが手本とされている。球状の断面図や、放射状に八方向に設けられたニッチと入口、ヴォールト天井頂の開口部、コリント式オーダーの使用などにパンテオンとの共通点が見られる。ルネサンスにおけるパンテオンの評価については、T. Buddensieg, "Criticism and Praise of the Pantheon in the Middle Ages and the Renaissance", in *Classical Influences on European Culture A.D. 500-1500*, ed .by R. R. Bolgar, Cambridge, 1971, pp. 259-267; T. Buddensieg, "Criticism of ancient architecture in the sixteenth and seventeenth centuries", in *Classical Influences on European Culture A.D. 1500-1700*, ed. by R. R. Bolgar, Cambridge, 1976, pp. 335-348; A. Nesselrath, "Impressions of the Pantheon in the Renaissance", in *The Pantheon: From Antiquity to the Present*, ed. by T. A. Marder & M. Wilson Jones, Cambridge, 2015, pp. 255-295 を参照。

11 聖堂本体に面した礼拝堂の開口幅を指す。

12 礼拝堂の形は、入口から見た十字方向と、斜めの四方向とで異なっているが、いずれも奥行きは同じであることを意味する。礼拝堂にはそれぞれ祭壇が設置されるが、中央の主祭壇については、次頁で後述される。『第五書』の礼拝堂全般については、飛ヶ谷潤一郎「セルリオの建築書『第五書』の宗教建築の礼拝堂について」『日本建築学会大会学術講演梗概集：建築歴史・意匠』2017年、887–888頁を参照。

13 ウィトルウィウス『建築十書』第四書第9章を参照。ギリシアの神殿の場合は、広い敷地に独立した形で建てられることが多いため、東向きになるのが一般的であるが、ローマのように建物が密集した都心部の神殿では、この原則は必ずしも当てはまらない。中世以降のキリスト教の聖堂についても同じことがいえる

第五書　註

が、特にローマでは最も重要なサン・ピエトロ大聖堂とサン・ジョヴァンニ・イン・ラテラーノ大聖堂が例外的に西向きとなっている。

14　ウィトルウィウス『建築十書』第三書第4章第1節を参照。これはセルリオの建築書『第一書』3頁おもて面［図1-19］の応用である。

15　『第四書』第5章7頁おもて面［図4-2］を参照。

16　ウィトルウィウス『建築十書』第一書第4章では、健康に適した敷地の選択について、同書第5章第3節と第8節では、建築の基礎となる壁の構築法について説明されている。

17　ここではおおむね左半分が外部立面図、右半分が内部立面図（断面図）として表現されている。ただし、セルリオはいつものように、ニッチや開口部などの一部を透視図法で立体的に描いている。

18　平面図のところで直径は60ピエーデと説明されていたので、ローマのパンテオンと同様に、室内には球が内接するように高さが定められている。

19　Catino. 一般には「たらい」や「洗面器」という意味で、建築用語としてはむしろアプシスなどで使用される「四分球ドーム」を指すことが多い。古代から近代までのドーム建築については、*Lo specchio del cielo*, ed. by C. Conforti, Milano, 1997を参照。

20　図には採光塔は描かれていない。

21　集中式平面の聖堂における主祭壇の配置の問題については、R. Wittkower, *Architectural Principles*, p. 22を参照。とりわけセルリオの聖堂における主礼拝堂と内陣の配置については、S. Frommel, "Maître-autel et chœur dans le *Quinto Libro* de Sebastiano Serlio", in *La place du chœur: Architecture et liturgie du Moyen Âge aux Temps modernes*, ed. by S. Frommel & L. Lecomte, Paris, 2012, pp. 155-174を参照。礼拝堂の配置については、前掲註12の飛ヶ谷潤一郎「セルリオの建築書『第五書』の宗教建築の礼拝堂について」を参照。

22　戸口両脇に見られる渦巻持送りによってイオニア式戸口であることがわかる。神殿の戸口については、ウィトルウィウス『建築十書』第四書第6章を参照。

23　このような平面の聖堂はあまり多いとはいえないが、ジョヴァンニ・バッタージョ（Giovanni Battagio 生没年不詳）の設計で、1490年に着工されたクレマのサンタ・マリア・デッラ・クローチェ聖堂とよく似ている。L. Giordano, "Milano e l'Italia nord-occidentale", in *Storia dell'architettura italiana: Il Quattrocento*, ed. by F. P. Fiore, Milano, 1998, pp. 166-199, in part. pp. 194-195; B. Adorni, "Santa Maria della Croce a Crema", in *La chiesa a pianta centrale*, pp. 131-139を参照。

24　l'entrata. 「入口」は、平面図では場所としての「玄関」を指し、立面図では開口部としての「戸口」を指す。ここでは平面図についての説明であり、後述の七番目の聖堂のように「玄関」はウェスティブルム（ヴェスティーボロ）とも呼ばれる。

25　testudine. 現代のイタリア語ではテストゥッジネ（testuggine）となり、ラテン語のテストゥード（testudo）に由来する。もともとは「亀（の甲羅）」を意味し、建築用語としてはヴォールト天井全般を指す。ここでは一番目の聖堂と同じ半球ドームとなっているが、25頁おもて面（本書419頁）で後述されるように、セルリオはこれを円筒ヴォールト天井とも同一視している。なお、ウィトルウィウス『建築十書』第十書第14章-第15章には、古代ローマの戦争器械である「亀甲型掩蓋」としての用法も見られる。

26　ウィトルウィウス『建築十書』第三書第4章第4節を参照。

27　都市型の聖堂の場合、聖堂の周囲にこのような余分な土地はほとんどないため、墓地が設けられるのは郊外の聖堂や修道院聖堂に限られる。一方、聖堂内には名家の歴代の墓所として、立派な礼拝堂がしばしば建てられ、ブルネレスキによるフィレンツェのサン・ロレンツォ聖堂旧聖具室（メディチ家礼拝堂）はそのプロトタイプとなった。ルネサンスの家族礼拝堂については、*Demeures d'éternité: Églises et chapelles funéraires aux XVᵉ et XVIᵉ siècles*, ed. by J. Guillaume, Paris, 2005を主に参照。

28　『第四書』第7章40頁おもて面（本書292頁）を参照。

29　le forme ovali. 正確には「卵形」という意味で、数学的に厳密な楕円ではない。セルリオは『第一書』17頁裏面-18頁裏面で、四通りの楕円の作図法［図1-53, 54, 55, 56］を示している。

30　セルリオが楕円を円に準ずるものとみなしているように、この聖堂は一番目の円形聖堂のバリエーション、すなわち楕円形のパンテオンとみなすことができる。こうした考え方は、彼の弟子であるヴィニョーラに

427

も受け継がれていると思われ、ローマのサンタンドレア・イン・ヴィア・フラミニア聖堂はそのように設計されている。この聖堂については、*Jacopo Barozzi da Vignola*, ed. by R. J. Tuttle *et al*., Milano, 2002, pp. 248-250を参照。ルネサンスの楕円形聖堂については、ヴォルフガング・ロッツ『イタリア・ルネサンス建築研究』飛ヶ谷潤一郎訳、中央公論美術出版、2008年、第1章を参照。

31　幅（短軸）と長さ（長軸）の比は、おおむね7：10となる。楕円形平面は聖堂全体としては縦向きに使用されることが多いが、聖堂内に付属する礼拝堂の場合は横向きに使用されることが多い。

32　両側の礼拝堂を指しており、円形平面のときと同様に、礼拝堂と入口が八方に配置されるため、主礼拝堂よりも大きくなっている。こうした欠点を解消するためには、楕円形を横向きに配置する方法も考えられるが、宗教儀式の場としては不便になる。

33　礼拝堂の入口を二本の円柱で区画する方法は、ローマのパンテオンにも見られるが、パンテオンでは入口真向かいの礼拝堂を除いた六つの礼拝堂がすべてそのようになっている。また、次頁の内観図［図5-6］からは、二本の円柱の上に半円アーチが架けられることで、開口部がセルリアーナを形成していることがわかる。

34　内観図からは、礼拝堂への入口と同様に、三つの窓もセルリアーナのように見えるが、中央の窓は縦に三分割されているため、半円形の上部は浴場窓となっていることがわかる。

35　La cap[p]ella in fronte a l'altare. 直訳では「祭壇の前の礼拝堂」となるが、祭壇は礼拝堂の奥に設置されているので、「祭壇」は「入口」（porta）の誤り。

36　外部の立面図は省略されており、テクストでも正面口の説明のみにとどまっている。

37　7.5 + 4.25×2 + 1.5×2 + 0.75×2 = 20.5 となるが、前掲平面図からわかるように、実際には壁と柱はわずかに湾曲している。

38　開口部はセルリアーナとなる。

39　一番目の円形聖堂のときには天井に装飾はなかったが、ここではパンテオンのような格間が施されている。ただし天窓は設けられていない。

40　ここでは正五角形を指しており、以降で説明される六角形や八角形についても同様である。

41　buona Architettura. 直訳では「よい建築」と漠然としているが、ここではおそらく宗教建築を指している。実際に、五角形平面は要塞のような軍事施設ではしばしば採用されるが、宗教建築で使用されることはめったにない。住宅建築の例としては、ヴィニョーラの設計によるカプラローラのパラッツォ・ファルネーゼが有名であるが、これも要塞を改築したものである。

42　una delle cap[p]elle maggiori. 五つの礼拝堂はいずれも同じ大きさであるが、これが「主礼拝堂」となる。

43　ここでは内部の正十角形の対角線の長さを指す。

44　il tondino. 直訳では「小さな円」となるが、エキーヌのことで、円盤状の部材で端部が半円状に突出していることに由来する。

45　lo plintho. ここでは台座ではなく、アバクスにあたる。

46　『第四書』第7章40頁おもて面［図4-67］を参照。

47　Le colonne del portico son quadre. コロンナ（コラム）は「円柱」を意味するので、ピア（角柱）と呼ぶべきかもしれないが、セルリオは柱の形状にかかわらず、主要な柱をしばしばコロンナと呼んでいる。

48　ポルティコのドーリス式柱頭のこと。

49　六角形平面の建築は、宗教建築と世俗建築のいずれについても少ない。ルネサンスの宗教建築としては、ヴェネツィアのサン・ミケーレ・イン・イーゾラ聖堂ファサード左脇にあるエミニアーニ礼拝堂［図56］が挙げられる程度である。この礼拝堂はグリエルモ・デ・グリージ、通称ベルガマスコ（Guglielmo de' Grigi detto Bergamasco 1480頃-1550年）の設計によ

図56　グリエルモ・デ・グリージ、通称ベルガマスコ、エミリアーニ礼拝堂、サン・ミケーレ・イン・イーゾラ聖堂、ヴェネツィア

428

り1527–43年に建てられたもので、セルリオのヴェネツィア滞在期間とほぼ重なる。ただしドームについては、外側も内側も半球状になっている。

50　『第一書』19頁裏面（本書23頁）でも同じ説明がされている。

51　セルリオは、点対称の図形の向かい合う辺と辺との距離を「直径」と呼ぶことが多いが、ここでは正六角形の対角線を指している。この直径は25ピエーデ以上であるとしても、一番目の円形聖堂の直径60ピエーデ、二番目の円形聖堂の直径46ピエーデ、三番目の楕円形聖堂の短軸46ピエーデ、四番目の五角形聖堂の直径62ピエーデ、六番目の八角形聖堂の直径43ピエーデに比べると、この六角形聖堂が小規模に設定されていることがわかる。すなわち、聖堂の形態としてはごく稀であって、礼拝堂のレベルに限定されることが読みとれる。

52　平面図では四段となっている。

53　ドーリス式柱礎の問題については、『第四書』第6章19頁おもて面（本書260頁）を参照。

54　八角形平面は、宗教建築ではしばしば洗礼堂に用いられる。その代表例であるフィレンツェのサン・ジョヴァンニ洗礼堂は、ルネサンスの時代には古代のマルス神殿とみなされていた。セルリオが知っていたと思われる八角形聖堂の例としては、1482年に着工されたローマのサンタ・マリア・デッラ・パーチェ聖堂などが挙げられる。この聖堂は、のちのブラマンテの回廊やピエトロ・ダ・コルトーナのファサードでも有名であるが、15世紀の聖堂については、F. Benzi, *Sisto IV Renovator Urbis: Architettura a Roma 1471-1484*, Roma, 1990, pp. 54-63, 114-119を参照。

55　外側が正方形で、内側が八角形の聖堂は次に登場する。他には外側が十六角形で、内側が八角形の聖堂として、ブルネレスキが晩年に設計したフィレンツェのテンピオ・スコラーリ（サンタ・マリア・デッリ・アンジェリ聖堂）がルネサンスで最初の集中式聖堂として有名である。

56　内側の対角線の長さを指す。

57　テクストでは誤って「10ピエーデ」となっているが、15頁裏面（本書410頁）の内観の説明では正しく「12ピエーデ」となっている。

58　直訳では「半円形平面となる」。

59　una Tribuna. 聖堂建築では一般には「内陣」を意味するが、ここではバルダッキーノやキボリウムを指している。

60　この通路は断面図［図5–13］に表現されている。

61　『第六書』と『第七書』を指している。

62　『第四書』第7章41頁おもて面［図4–69］を参照。

63　la Tribuna, o volta. ここではヴォールトとの関係から、トリブーナ（トリビューン）はドームを指していることが読みとれる。フランチェスコ・ディ・ジョルジョ『建築論』第一稿のトリノ王立図書館所蔵サルッツォ手稿（Codice Torinese Saluzziano 148）における聖堂の計画でも同様に、しばしば「ドーム、またはトリビューン」（chuppola hover trebuna）などと記されている。Francesco di Giorgio, *Trattati di architettura ingegneria e arte militare*, ed. by C. Maltese, 2 vols, Milano, 1967, vol. 1, ff. 11*v*-14*r*を参照。

64　セルリアーナが形成されていることが図からも確認できる。

65　La Tribuna. ここでのトリブーナ（トリビューン）は「天蓋」のこと。註59、63を参照。

66　この平面形式は、正方形に内接するギリシア十字形平面のバリエーションとみなすこともできる。その場合は、ブラマンテやジュリアーノ・ダ・サンガッロによるサン・ピエトロ大聖堂計画にしばしば見られるように、中心部が円形のドームで覆われることが多い。これらの建築図面は、ウフィツィ美術館素描版画室に多く所蔵されている。未完に終わったサン・ピエトロ大聖堂計画については、*San Pietro che non c'è*, ed. by C. Tessari, Milano, 1996を参照。

67　vestibolo. 註24を参照。

68　偶数となっていて、5頁おもて面（本書402頁）の助言とは異なる。

69　la Tribuna, o veramente cuppola. 註63を参照。

70　この螺旋階段ではドームの迫元まで昇ることができる。

71　ギリシア十字が元になったこの平面形式については、フランチェスコ・ディ・ジョルジョ『建築論』第一稿に三つのバリエーションが掲載されている。Francesco di Giorgio, ed. by C. Maltese, vol. 1, f. 13*v*を参

照。他にはレオナルド・ダ・ヴィンチの影響が考えられ、これについては、M. N. Rosenfeld, "Sebastiano Serlio's Late Style in the Avery Library Version of the Sixth Book on Domestic Architecture", *Journal of the Society of Architectural Historians*, vol. 28, 1969, pp. 155-172 を参照。なお、セルリオは『第二書』39頁おもて面（本書48-49頁）でレオナルドに言及している。レオナルドによる理想のギリシア十字形平面の素描については、M. Rosci & A. M. Brizio, *Il trattato di architettura di Sebastiano Serlio*, 2 vols, Milano, 1966, p. 13 を参照。

72　quatro vestibuli. ここでは「玄関」ではなく、聖堂中心部と四方の小聖堂との連結部にあたる。註24、67を参照。

73　quatro Te[m]pietti. 今まで見てきた聖堂では、付属施設は「礼拝堂」（cappella）と呼ばれていたが、この聖堂では規模の大きさから「小聖堂」とみなされている。平面全体としては二番目の円形聖堂における礼拝堂との関係を逆転させたバリエーションともいえるが、ここでは小聖堂の直径は36ピエーデもあり、聖堂中心部の直径38ピエーデと比べた差は小さい。また、五番目の六角形聖堂と比べても、聖堂全体の直径25ピエーデを大きく上回っている。註51を参照。

74　中心となる正方形でできた聖堂本体のこと。平面に暗示されたクアドラトゥーラ（quadratura）は、新ピュタゴラス主義の「円の正方形化」のテーマを想起させる。セルリオ自身も『第一書』7頁おもて面（本書14頁）で、円の正方形化の探究に言及している。

75　テクストでは誤って「LXXXXVIII」（98）となっている。

76　正方形平面の四隅に鐘塔が設けられた聖堂としては、ミラノのサン・ロレンツォ・マッジョーレ聖堂が有名であり、フィラレーテやブラマンテ、レオナルド・ダ・ヴィンチなどは大きな刺激を受けたと考えられる。とりわけブラマンテの場合は、新たなサン・ピエトロ大聖堂計画を表現したクリストフォロ・カラドッソ（Cristoforo Caradosso 1452-1527年頃）作の着工記念メダルからも明らかである。

77　「直径」は「一辺の長さ」を指すが、誤って「XVI」（16）となっている。

78　セルリオは5頁おもて面（本書402-403頁）と21頁裏面（本書414頁）で同じことを述べている。ミケランジェロが1547年にバルトロメオ・フェッラティーニ（Bartolomeo Ferratini）に宛てた書簡では、アントニオ・ダ・サンガッロ・イル・ジョーヴァネのサン・ピエトロ大聖堂計画における同じ欠点が、次のように指摘されている。「暗がりでたくさんの人が潜んで数限りない悪行を働くのにもってこいの便宜を供しています。たとえば被追放人どもを隠匿したり、贋金をつくったり、尼さんを孕ませたりその他の悪行です」。Michelangelo, *Il carteggio di Michelangelo*, 5 vols, ed. by G. Poggi, P. Barocchi & R. Ristori, Firenze, 1979, vol. 4, p. 251 letter MLXXI（邦訳書『ミケランジェロの手紙』杉浦明平訳、岩波書店、1995年、400-402頁）を参照。

79　敷地全体は長方形で、正面の階段は敷地内に設けられているが、両側の階段は描かれていない。両側の階段は立面図にも描かれていないが、断面図には描かれているため、このままでは敷地の外に設けることになって不都合が生じる。

80　このファスキアで鐘塔の第三層が定められる。

81　『第四書』で述べられているように、上の階に行くほど、階高やそれらの装飾自体の高さが1/4ずつ低くなる規則に従っている。

82　これはフランキーノ・ガッフーリオ（Franchino Gaffurio 1451-1522年）の『天使と神の作品』（*Angelicum ac divinum opus*）と『楽器の調和について』（*De harmonia musicorum instrumentorum*）で述べられた「調和とは不調和の一致である」（Harmonia est Discordia concors）を反映している。セルリオは『第七書』168頁でその再定義を試みている。また、古典文学の例としては、ホラティウス『書簡詩』第一巻第12歌やオウィディウス『変身物語』巻一423などにも登場する。それぞれ、ホラーティウス『書簡詩』高橋宏幸訳、講談社学術文庫、2017年、65頁と、オウィディウス『変身物語』中村善也訳、岩波文庫、1981年、上巻、31頁を参照。統一の中のある種の変化については、アルベルティ『建築論』第一書第9章も参照。音楽と建築の比例理論との関係については、前掲註8のR. Wittkower, *Architectural Principles*, Part IV を参照。

83　通常の規則には従わないという意味で「違法」であるため、「異常」とみなされる。これは家族において父を家長とみなす場合、建築では円柱がそれに対応するため、円柱のない部位は「非嫡出」であることを暗示している。

第五書　註

84　入口を含めたギリシア十字の腕の部分。

85　聖堂の正方形平面部分の四隅。

86　正面の主要口のみならず、両側の入口についても同様である。

87　幅なのか高さなのかは不明であるが、おそらく後述の採光塔の高さを指している。

88　セルリオは1539年にはすでにフランソワ1世にフランスに招聘されるくらいには十分有名になっていた。それゆえ、この文章は明らかにそれから『第五書』が出版される1547年までのあいだに執筆されたといえるが、ピラミッド形の屋根は図には描かれていない。セルリオがフランスに及ぼした影響については、J. Gloton, "Les traités de Serlio et son influence en France", in *Les traités d'architecture de la Renaissance*, ed. by J. Guillaume, Paris, 1988, pp. 407-423を参照。

89　『第四書』第7章41頁おもて面（本書293-294頁）を参照。

90　30＋5＋15＋（ファスキア）＋15＋2＋15となり、ファスキアの寸法を除いても82で、77とは一致しない。

91　la piazza. 一般には「広場」を意味するが、ここでは単に「場所」や「空間」という意味。フランチェスコ・ディ・ジョルジョ『建築論』第一稿には、住宅の中庭としてコルティーレ（cortile）の同義語のような使用例も多く見られる。Francesco di Giorgio, ed. by C. Maltese, vol. 1, ff. 17*r*-19*v*を参照。しかしながら、第二稿のフィレンツェ国立図書館所蔵マリアベッキ手稿（Codice Magliabechiano II. I. 141）では、もはやピアッツァという言葉が使われなくなっていることは、フランチェスコ・ディ・ジョルジョがウィトルウィウスの記述する古代住宅について理解を深めたものと考えられる。*Ibid.*, vol. 2, ff. 20*r*-21*r*を参照。

92　十字形の腕の部分を指す。

93　セルリオの説明からは、ルネサンスの聖堂建築に集中式平面がしばしば採用されたのは、古代風とみなされていたからであることがわかる。中世の慣習と古代の規則との混在は、チェザリアーノ版『ウィトルウィウス』（コモ、1521年）に見られ、第一書第2章では平面図（c.14*r*）、立面図（c. 15頁*r*）、透視図（c. 16*r*）の具体例としてミラノ大聖堂が示されている。Vitruvius, *De Architectura. Nachdruck der kommentieren ersten italienischen Ausgabe von Cesare Cesariano*, ed. by C. H. Krinsky, München, 1969を参照。チェザリアーノによるウィトルウィウスとミラノ大聖堂の解釈については、R. Wittkower, *Gothic vs Classic*, London, 1974, pp. 24-26を参照。

94　中世の聖堂では伝統的にバシリカ式平面が採用されたが、一般にはここで示されたようなラテン十字形のみならず、古代ローマのバシリカに由来するような矩形平面にアプシスが加わっただけの単純な形も多い。セルリオは『第七書』第48章（112-113頁）で矩形平面の単廊式バシリカも一例取り上げているが、『第五書』で取り上げた十二の聖堂の類型のうちで、バシリカ式平面は三つにとどまり、それらがいずれもラテン十字形であることは注目に値する。さらにそのうちの二つについては、内陣がドームで覆われていることから、集中式平面が強く意識された複合式といえる。とりわけ、この聖堂では内陣の大ドームの四隅にそれぞれ小ドームが設けられていることから、クインクンクス式平面が念頭に置かれていることは明らかである。セルリオはこの平面形式について、ブラマンテとその後継者たちによるサン・ピエトロ大聖堂計画はもとより、ヴェネツィアでは中世やルネサンスの建築でもしばしば採用されていることを知っていた。なお、これら両方の特徴を兼ね備えた例としては、特にフラ・ジョコンドのサン・ピエトロ大聖堂計画（U 2A）が注目に値する。ヴェネツィア・ルネサンスの宗教建築とクインクンクス式平面との関係については、おもにW. Timofiewitsch, "Genesi e struttura della chiesa del Rinascimento veneziano", *Bollettino del Centro Internazionale di Studi di Architettura Andrea Palladio*, vol. 6, 1964, pp. 271-282; V. Fontana, "Bramate e Venezia", *Donato Bramante: ricerche, proposte, riletture*, ed. by F. P. Di Teodoro, Urbino, 2001, pp. 407-418を参照。

95　交差ヴォールトで覆われた三つのベイが連続する例として、古代建築ではマクセンティウスのバシリカや帝政期の大浴場（テルマエ）の冷浴室（フリギダリウム）がよく知られていた。ルネサンスにおけるマクセンティウスのバシリカと古代浴場の解釈については、それぞれ以下を参照。飛ヶ谷潤一郎「ルネサンスにおける「平和の神殿」という古典建築」『建築と古典主義』日本建築学会大会（北海道）建築歴史・意匠部門パネルディスカッション、2022年、67-74頁；飛ヶ谷潤一郎『盛期ルネサンスの古代建築の解釈』中央公論美術出版、2007年、第四章、157-177頁。ルネサンスの建築家はこれらを聖堂に応用する際に、交差ヴォールトをドームに変更することが多い。とりわけペルッツィは、サン・ピエトロ大聖堂計画（U 17A）

や、シエナのサン・ドメニコ聖堂（U 339A や U 340A）などのさまざまな計画でいくつものバリエーションを試みている。また、ここではセルリオが交差廊で浴場窓を採用していることも注目に値する。ペルッツィによって応用された聖堂建築については、同書333–334、361–362頁を参照。

96 se fara la Tribuna. 直訳では「内陣がつくられる」という意味。

97 Testudine. ウィトルウィウス『建築十書』第五書第10章第1節で説明されている。断面図では、ドーム周囲は円筒ヴォールトではなく、交差ヴォールトで表現されている。註25も参照。

98 交差廊を指す。三葉形平面の交差廊を備えたバシリカの例として、ゴシック様式ではパヴィアのチェルトーザが挙げられる。また、同じく北イタリアの例として、ロマネスク様式のパルマ大聖堂も三葉形平面に近い交差廊を備えている。J. S. Ackerman, "The Certosa of Pavia and the Renaissance in Milan", in *Distance Points*, Cambridge, Mass., 1992, pp. 269-302を参照。

99 第一層と第二層とのあいだの両脇に四分円の部材が設けられた二層構成のファサードは、『第四書』第8章54頁おもて面［図4–93］にも登場する。

100 テクストでは誤って「XXV」（25）となっている。

101 plintho.「礎盤」は一番下の部材であるため、「頂冠帯」の誤り。

102 テクストでは誤って「XV」（15）となっている。

103 テクストでは誤って「XXXXII」（42）となっている。

104 これと同じ説明は直前にもあり、ここでは繰り返し述べられている。

105 鐘塔第四層の壁面はセルリアーナとなっているが、開口部として表現されていない。

106 ここでは鐘塔の屋根を指しているが、セルリオはフランス建築の一般的な特徴として、23頁おもて面（本書417頁）でも言及している。イタリア・ルネサンスの建築で、ピラミッド形ないしは急勾配の屋根が使用された鐘塔の例として、15世紀ではピエンツァ大聖堂が有名であるが、聖堂本体については南ドイツの広間式聖堂（ハレンキルヘ）が参照されている。一方、16世紀ではモンテプルチャーノのマドンナ・ディ・サン・ビアージョ聖堂などが挙げられるが、やはり少数にとどまる。なお、実現しなかった例としてはアントニオ・ダ・サンガッロ・イル・ジョーヴァネのサン・ピエトロ大聖堂計画が有名であるが、ミケランジェロはゴシック風のこの計画を巨大な模型とともに強く批判した。註78も参照。

107 この断面図では、ドーム周辺部の屋根と天井は、前掲平面図や正面図のときとは一致していない。平面図ではドーム周辺のベイは長方形平面で、テクストでは円筒ヴォールトで覆われると説明されていたが、この断面図では交差ヴォールトで覆われている。その場合、四つの小ドームは、中央の大ドームと同様に身廊の屋根の上から立ち上がることになるが、正面図には描かれていない。セルリオもこれらの詳細部をごまかして描いていることは自覚しており、この頁の文末では模型などで確認するようにと弁明している。

108 身廊は交差ヴォールト天井で覆われるため、側廊に面した両側は半月部となる。

109 ドームのドラムを指す。

110 テクストでは誤って「左手」となっている。

111 交差廊入口を含むこの立面図も、前掲平面図や正面図とはうまく対応していない。平面図では同じ大きさであった三つのアプシスに着目すると、入口を備えたアプシスの上には浴場窓が設置されているため、壁面は二層構成となっている。その結果、側廊の外側に並ぶ礼拝堂のアプシスとは天井高が等しくなるが、交差廊両側のアプシスとは天井高が異なり、屋根と壁面との関係がわかりにくくなっている。

112 un modello. ここでは「模型」のみならず「透視図」による立体表現も許容されている。セルリオは『第二書』64頁裏面（本書70–71頁）で、舞台用の大道具をつくる習慣にも言及している。1539年にセルリオはヴィチェンツァでパラッツォ・デッラ・ラジョーネ（バシリカ）の木製の模型を制作し、のちにフォンテーヌブローで「パンのグロッタ」を設計するときにも模型を制作した。このことは、ニューヨークのコロンビア大学エイヴリー図書館所蔵の『第六書』（以下では、「コロンビア手稿」と表記）pl. XXXII, ll. 10-12でも述べられている。また、アルベルティ『建築論』第二書第1章–第3章や、第九書第8章でも模型の製作は推奨されている。ルネサンスにおける模型の使用については、H. Klotz, *Filippo Brunelleschi*, London, 1990, pp. 90-95; H. A. Millon, "Models in Renaissance Architecture", in *The Renaissance from Brunelleschi to Michelangelo*, pp. 19-74; *Les maquette d'architecture*, ed. by S. Frommel, Paris, 2015を参照。また、建築と模型について広く論じられた日本語文献として、次の論文集が挙げられる。建築と模型［若手奨励］

特別研究委員会編『建築と模型』日本建築学会、2022年。ただしザビーネ・フロンメルによれば、パンのグロッタ（1543年頃完成）［図57］は同時期のセルリオによるグラン・フェッラールの門［図19参照］とは作風が異なることから、作者はフランチェスコ・プリマティッチョ（Francesco Primaticcio 1504−70年）であるという。S. Frommel, *Sebastiano Serlio architetto*, Milano, 1998, pp. 264-265を参照。

図57　フランチェスコ・プリマティッチョ、パンのグロッタ、フォンテーヌブローの城館

113　この聖堂は、前述の十番目の聖堂と同様に交差部がドームで覆われたラテン十字形平面であるが、単廊式で玄関（ナルテックス）を備えている点が異なる。また、ファサードについてみても、二層構成で第一層と第二層とのあいだに渦巻状の部材を備え、両脇に鐘塔がそびえ立つという点は共通しているが、ドームにはドラムがないので高さは抑えられ、ファサードで完全に隠されている。

114　それぞれ交差廊と後陣を指す。フランチェスコ・ディ・ジョルジョ『建築論』には、柱頭のような詳細部のレベルから都市のレベルに至るまで、建築と人体との隠喩に関する多くの平面図や立面図が掲載されている。とりわけ、聖堂と人体との隠喩については、Francesco di Giorgio, ed. by C. Maltese, vol. 2, ff. 38*v* & 42*v*などを参照。また、R. Wittkower, *Architectural Principles*, pp. 2-21も参照。

115　lo diametro. 正方形平面の一辺の長さを指す。

116　ファサードは一般に「顔」とみなされるが、ここでは「頭」とみなされている。しかし、前述の後陣も「頭」とみなされていた。註114を参照。

117　具体的にどこからどこまでの寸法を指すのかはわからないが、一番手前の礼拝堂と隣接する壁厚が5ピエーデ、身廊と隣接する壁厚が4ピエーデとなる。

118　この聖堂ファサードは二層構成と説明されているが、第一層ではさらにセルリアーナで構成された正面口を備えた下層と、三つの窓が並ぶ上層とに分割されている。

119　註83を参照。

120　opera Thodesca. ゴシック建築のこと。コロッセウムにおける「ドイツ様式」については、『第三書』78頁（本書142頁）でも言及されている。イタリア・ゴシック建築については、前掲註93のR. Wittkower, *Gothic vs Classic*のほか、C. Wilson, *The Gothic Cathedral*, London, 1990, pp. 258-276を参照。

121　放射状祭室を指し、とりわけフランス中世の巡礼聖堂には多く見られる。セルリオの建築書では、周歩廊と放射状祭室を備えた聖堂の例は取り上げられていないが、セルリオが確実に知っていたと思われるイタリアの例として、中世の聖堂ではパドヴァのサンタントニオ聖堂やボローニャのサン・フランチェスコ聖堂などが挙げられる。さらにルネサンスの例としても、マウロ・コドゥッシによるヴェネツィアのサン・ザッカリア聖堂や、フラ・ジョコンドによるサン・ピエトロ大聖堂計画（U 6A）が有名である。後者については、前掲註95の飛ヶ谷潤一郎『盛期ルネサンスの古代建築の解釈』328−334頁を参照。

122　エクセドラのこと。

123　この聖堂の正面図は掲載されていないが、内部の円筒ヴォールト天井に合わせて半円形のペディメントを頂く形になる。このような聖堂ファサードは、マウロ・コドゥッシによるサン・ミケーレ・イン・イーゾラ聖堂［図56参照］をはじめ、ヴェネツィアには多くの例が見られ、セルリオもよく知っていた。

124　『第四書』第7章40頁おもて面［図4−67］を参照。

125　arduosa. フランス語ではアルドワーズ（ardoise）で、スレート瓦を指す。

126　セルリオの『第六書』以降の著作については、Sebastiano Serlio, *On Architecture*, ed. by V. Hart & P. Hicks, 2 vols, New Haven, 1996, vol. 1, pp. xiv, xxv, xxxiを参照。

127　この部分はフランス語で書かれている。

解説・論考・付録

解　説

セルリオの建築書『第一書』から『第五書』について

1.　セバスティアーノ・セルリオと、
　　　セルリオの建築書

(1) セルリオの略歴

　セバスティアーノ・セルリオ（1475–1554年）[(1)]
はボローニャ[(2)]の出身であり、画家として修行を
した建築家である。ただし、彼が残した絵画や建
築の実作は少なく、もっぱら著作のほうが有名で
あり、セルリオの建築書はパラーディオの『建
築四書』[(3)]とヴィニョーラの『建築の五つのオー
ダー』[(4)]と並ぶ16世紀の三大建築書の一つとして
後世に多大な影響を及ぼした。セルリオが建築に
携わるようになったのは、1514年頃にローマに
移住してからである。当時のローマでは、ブラマ
ンテ[(5)]が亡くなったのちも、ラファエロなどの後
継者によってサン・ピエトロ大聖堂計画などの大
事業が進行していた。セルリオは『第四書』の序
文で、師のバルダッサーレ・ペルッツィ[(6)]に謝意を
表しており、また『第三書』にはブラマンテなど
による当時の建築も図面として掲載されているこ
とから、建築様式については盛期ルネサンスに親
しんでいたといえる。[(7)]
　セルリオは1527年のローマ劫掠[(8)]以降、ヴェネ
ツィアに移住する。このときにペルッツィは捕虜
にされたのち、命からがら故郷のシエナに戻って
きたが、彼の建築素描はセルリオのもとに多く残
された。[(9)]セルリオが建築書を出版する上で、これ
らの建築素描が大いに役立ったことはいうまでも

ないが、彼が移住先としてヴェネツィアを選択し
たことは、すでに出版の計画を立てていたからに
ちがいない。実際、翌年9月18日にはヴェネツィ
ア共和国政府に著作権の申請がされている。[(10)]こ
の段階ではまだ全体構成は定まってはいなかった
ものの、『第四書』では五つのオーダーが中心とな
る内容で、図版もかなり準備していたことが知ら
れている。
　最終的に『第四書』が出版されたのは1537年
であり、ペルッツィが亡くなった翌年であった。
セルリオの建築書は分冊の形で出版され、『第四
書』が最初となった理由はフェッラーラ公エルコ
レ2世・デステへの献辞で説明されている。しか
し、ヴェネツィアで出版されたのは、『第四書』と
1540年に出版された『第三書』のみであった。ま
た、セルリオはヴェネト地方で実際の建築設計に
携わる機会も少なかったと思われ、イタリアに
現存する建築作品はない。[(11)]それゆえ、おそらく
もっと有力なパトロンを求めて、1540年にフラ
ンソワ1世のフランスへと移住した。実際に『第
三書』は、『第一書』と『第二書』よりも前に、フ
ランソワ1世に献呈されたのである。
　1541年にセルリオはフォンテーヌブローの
城館[(12)]で宮廷画家・建築家に任命された。そして、
1542年から1546年に枢機卿イッポーリト2世・
デステ[(13)]のために、同地でル・グラン・フェッラー
ルという邸宅を設計したが、現在ではその大部分
は取り壊されて、ルスティカ仕上げが施された門
のみが残されている[(14)][図19参照]。現存するセ
ルリオの建築作品で最も有名なものは、ブルゴー
ニュ地方のトンネール近郊にあるアンシー＝ル＝
フランの城館[(15)]（1541頃–1550年）である［図58]。

解説・論考・付録

図58　セバスティアーノ・セルリオ、アンシー＝ル＝フランの城館

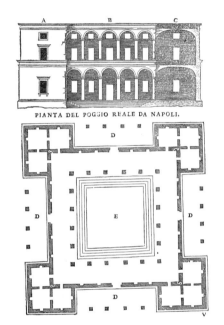

図59　ポッジョレアーレのヴィッラ、セルリオの建築書『第三書』151頁（本書190頁）

　この城館は、同心状に中庭を備えた正方形平面の四隅に塔を構えた典型的なルネサンスの集中式平面のヴィッラとみなされ、『第三書』に図面が掲載されたナポリのポッジョレアーレのヴィッラ［図59］とよく似ている。屋根勾配が急傾斜になっているのは、フランスの伝統に従ったためであるが、二層構成の壁面に関してはイタリアの盛期ルネサンス様式と同じ手法で、とりわけ中庭の立面構成がヴァティカン宮殿ベルヴェデーレの中庭を手本としたものであることは間違いない。

　1547年にフランソワ1世が亡くなったのち、彼の姉であり、セルリオのパトロンでもあったマルグリット・ド・ナヴァールに『第五書』が献呈された。しかし彼女も1549年に亡くなると、1550年にセルリオはリヨンへと移住した。セルリオがリヨンで設計した三つの建築作品については、図面が知られているのみである。ただし、リヨンでは門や入口の立面図からなる『番外篇』が1551年に出版され、この書はアンリ2世に捧げられた。

(2) セルリオの建築書の全体構成

　次にセルリオの建築書各書の概要について、それぞれ出版された順に説明する。ただし、まずはルネサンスの建築書の一般的な特徴を確認しておきたい。15、16世紀イタリアの建築家にとって、ウィトルウィウスの『建築十書』は必読書であった。しかしながら、写本のかたちで修道院や個人が所有していたこの書は、もともとラテン語で書かれていて、図版も掲載されていないことが多かった。すなわち、はじめて図版が掲載されたフラ・ジョコンド版『ウィトルウィウス』[17]が1511年に出版される以前には、この書は建築家よりもパトロンのための教養書として読まれていたといえる。

　このことはレオン・バッティスタ・アルベルティの『建築論』[18]についても当てはまり、やはりラテン語で書かれていて図版も掲載されていない。アルベルティが『絵画論』をラテン語とイタリア語の両方で執筆したのは、同世代の画家たちにも読まれることを期待していたからであり、『建築論』の執筆とは目的が異なっていた。1452年に教皇ニコラウス5世[19]に献呈された『建築論』が出版されたのは、アルベルティの死後の1485年であり、コジモ・バルトリによってこの書のイタリア語訳が出版されたのは1550年のことであった。[20]

　それでも15世紀の建築家が人文主義者などの助力を得て、ウィトルウィウスの読解に励んでいたのは、この書が実際の建築設計に役立つとみなされていたからにほかならない。フランチェスコ・ディ・ジョルジョの『建築論』[21]は手稿の段階にとどまってはいたものの、イタリア語で執筆

されていて多くの図版が掲載されていることから、16世紀の建築書のような実用書としての性格がすでに表れている。しかし、こうした建築書を執筆することができたのは、彼のパトロンであるウルビーノ公フェデリーコ・ダ・モンテフェルトロの教示があったからであり、当時の宮廷の図書館や書斎ではウィトルウィウスの『建築十書』の写本を所蔵していることが不可欠であったにちがいない。(22)

最初に出版されたウィトルウィウス『建築十書』の俗語訳は、1521年のチェザリアーノ版(23)である。この書には膨大な註解と木版画の挿絵が加えられているが、チェザリアーノのイタリア語はロンバルディア方言であることから、トスカーナ地方の出身者には評判が悪かった。さらに、図版についても中世やルネサンスの建築が多く掲載されていて、古代建築を正しく理解しているとはいいがたかった。それにもかかわらず、この書がセルリオや他の建築家に与えた影響は大きかったと考えられる。(24) セルリオが待望していた建築書は、テクストがイタリア語で多くの図版が掲載されているという点で、アルベルティ『建築論』よりもチェザリアーノ版『ウィトルウィウス』に近かったことは間違いない。

さて、セルリオの建築書は七書で構成されることが、1537年に最初に出版された『第四書』の序文で予告されていたが、十書ではなく七書であることに大きな意味はない。『第四書』についてはのちに詳述するが、この書は五つのオーダーを図とともに体系的に説明した最初の建築書として、建築史上重要な位置を占めている。(25) 図版中に寸法が記載されていないことや、(26) 立面図における正射影と透視図法の混在などから、実用書としてはいまだ不十分な点が見られるとはいえ、もしセルリオの建築書がなければ、パラーディオの『建築四書』もヴィニョーラの『建築の五つのオーダー』もなかったといっても過言ではない。

『第四書』に次いで、1540年には『第三書』が出版された。『第三書』については後述するが、この書はウィトルウィウスやアルベルティの建築書に

はなかった類いのもので、数多くの古代建築の具体例について説明されているという点でも新規性がうかがえる。『第三書』でも『第四書』のときと同様に多くの建築図面が掲載されている。ローマの建築の場合は、大部分がペルッツィの建築素描に基づいていたと考えられるが、セルリオはヴェネツィア滞在中にヴェローナやプーラの古代遺跡を訪れて、新たな図面も追加した。セルリオが建築書を出版した目的の一つは、実務に携わる建築家に、手本とすべき古代建築やブラマンテなどの「古代風」建築の設計資料集成を提示することであったと読みとれる。

セルリオがフランスに移住したのち、『第一書』と『第二書』がパリで1545年に出版された。これらはいずれもフランソワ1世に捧げられ、テクストはイタリア語とフランス語の二言語表記となった。『第一書』の内容は幾何学の基礎に関するものであり、土地の面積を同じまま変形する方法や、壺の曲線の描き方のような応用法も示されてはいるものの、読み物としては退屈に感じられるかもしれない。けれども、幾何学は自由七学芸の一つであり、学問としての建築と、その作り手である建築家の地位を向上させたいという強い願いは読みとれる。また、楕円の作図法が四通り図示されている点は興味深い。というのも、ペルッツィはルネサンスの建築家のなかでは早くから楕円を好んで使用していたからであり、(27) セルリオの建築書も楕円形の使用を広めるにあたって少なからぬ貢献をしたと考えられるからである。

一方、『第二書』では透視図法について論じられている。ルネサンスの芸術家にとって透視図法の習得は必須の作業であり、ことに画家として修行したブラマンテやペルッツィは透視図法の名人であったことが想起される。また、セルリオは1511-13年にペーザロに滞在していた記録があり、(28) ペーザロやウルビーノではジローラモ・ジェンガによる舞台背景画を実際に見ていた可能性(29)も高い。セルリオの建築書全体に通じて見られる立面図や断面図の特徴は、一見正射影のようでありながら、アーチなどの開口部にのみ透視図法が用いられていることである。透視図法では寸法に

歪みが生じるにもかかわらず、セルリオはその三次元的な効果を重視していたと考えられる。なお、この書で取り上げられている悲劇、喜劇、サテュロス劇の舞台背景画については、ウィトルウィウスの『建築十書』第五書第6章でも説明されてはいるものの、図版が掲載されたことによって一段と具体的な記述となっている。

『第五書』については後述するが、パリで1547年に出版されたこの書はマルグリット・ド・ナヴァールに献呈された。テクストはイタリア語とフランス語の二言語表記である。この書では宗教建築について論じられているが、異教の古代神殿よりも当代のキリスト教の聖堂が中心となっているのは、すでに『第三書』で古代神殿が取り上げられたからだろう。円形や矩形といった平面図の形式によって分類され、ドームをそなえた小規模な集中式平面が大半を占めているのが特徴である。

セルリオがリヨンへと移住したのち、1551年に前述の『番外篇』が出版された。テクストはイタリア語とフランス語の二言語表記である。図版については、今までのセルリオの建築書では木版画が使用されていたが、この書では唯一銅版画が用いられた。住宅建築に関する『第六書』は出版までには至らなかったが、『番外篇』と同様にアンリ2世に献呈された。その手稿はニューヨークのコロンビア大学エイヴリー図書館（AA. 520. Se. 619. F）とミュンヘンのバイエルン州立図書館（Codex Icon. 189）に、図版の試し刷りはウィーンのオーストリア国立図書館（72. P. 20）に所蔵されている。セルリオが設計したアンシー＝ル＝フランの城館のように、この書に掲載された住宅の図面には、イタリアとフランスの両方の特徴がしばしば見られる。また、当時の建築家が手がけた住宅の設計とは、むろん上流階級の豪華な邸宅が一般的であったが、セルリオが庶民住宅にも触れていることは興味深い。ウィトルウィウスやアルベルティが住宅についてそのような問題意識をもっていたとは想像しがたく、デザインとは誰のためにするものであるのか、セルリオは新しい問題を提起しているようにも読みとれる。

『第七書』については、その手稿を購入したヤコポ・ストラーダがセルリオの死後、1575年にフランクフルトで出版した。テクストはイタリア語とラテン語の二言語併記である。この書でも『第六書』と同様に多くの住宅が取り上げられているが、不規則な形状の敷地に設計する方法や、古い住宅の改築や修復といったさまざまな条件への対処法が論じられている。

以上の七つの書と『番外篇』のほかに、セルリオはポリュビオス『歴史』第六巻で説明されているローマ軍の野営陣を図面に表現することで『第八書』として出版を計画していたと思われるが、実現はしなかった。セルリオの建築書は分冊になっているため、のちにいくつかを合冊にした形で出版されるとともに、ヨーロッパの各国語に翻訳されて普及していったのである。

セルリオの建築書は、まさに彼のライフワークであり、計画していたすべての書を生前には出版できなかったほどの大著であった。彼が分冊での出版を当初から計画していたのは、図版の準備には多大な時間がかかることを意識していたからにちがいない。ヴェネツィアで出版された『第四書』と『第三書』が、彼のイタリアでの建築体験に基づいていることはいうまでもないが、『第一書』から順にではなく、『第四書』が最初に出版されたのはなぜか。『第四書』のエルコレ・デステへの献辞に記されている理由は、おそらく後づけに過ぎない。むしろ最初に出版される巻で読者の支持を得られなければ、次の巻が出版されることもないと考えていたにちがいない。

すなわち、セルリオが『第一書』を最初に出版するためには、その内容をもっと充実させるか、あるいは『第四書』の内容はそのままにして、タイトルを『第一書』に変更する必要があっただろう。『第四書』の出版から三年後に『第三書』が出版されたことは、計画の初期段階から両者の内容がかなりまとまっていたことを示している。そして、セルリオがこれらの二書を『第三書』と『第四書』に充てた理由として、ウィトルウィウスの『建築十書』では第三書と第四書が神殿や各種の円柱に充てられていたことが想起される。セル

リオはウィトルウィウスの記述に疑問を抱くこともしばしばあったとはいえ、他のルネサンスの建築家の誰よりも、ウィトルウィウスの権威を古代ローマの遺構以上に尊重していたのである。

2. セルリオと
イタリア・ルネサンスの建築書

次にセルリオに影響を及ぼしたイタリア・ルネサンスの建築書について、特にオーダーに関する記述や図版に着目し、その変遷を辿ってみたい。[36] これらを後述のセルリオの建築オーダーと比べると、多くの共通点が見出せるかもしれないが、ルネサンスの建築家たちがウィトルウィウスや古代建築を手本としながらも、絶えず試行錯誤を繰り返していたことがわかるだろう。同様に、セルリオの影響が明らかに見られるヴィニョーラとパラーディオの建築書についても、さまざまな工夫が凝らされて、新たな展開を遂げたことが理解できるのである。

(1) ウィトルウィウス『建築十書』[37]

『建築十書』では、第三書第5章でイオニア式オーダーについて、柱礎から柱身、柱頭、そしてエンタブラチュアからペディメントへと、各部位が下から上に、あたかも地上に建てられる順のように説明されている。ただし、ウィトルウィウスはオーダーに相当する用語として、「種類」を意味するゲヌス(genus)を用いている。なお、ドーリス式に柱礎はないので、この章でイオニア式の柱礎とともにアッティカ式の柱礎について説明されている。しかし、コリント式とドーリス式については、第四書第1章から第3章で論じられているため、セルリオのみならず、一般の読者にとってもわかりにくいと感じただろう。戸口については、ドーリス式、イオニア式、アッティカ式の三つが第四書第6章で論じられている。アッティカ式の柱礎と同様に、アッティカ式の戸口について

も、ルネサンスの建築家たちはオーダーの名前とは異なるため、その解釈に苦労したのであった。[38]

ウィトルウィウスはドーリス式、イオニア式、コリント式の三つ、すなわちギリシア建築の円柱を主要なものとみなしていた。一方、エトルリア建築のトスカーナ式については、第四書第6章で論じられてはいるものの、神殿の平面形式とともに説明されているため、装飾などには言及されていない。これら四種類の円柱の比例関係について、柱身底面の太さを1としたときの柱全体(柱頭と柱礎も含む)の高さは、ドーリス式で7、イオニア式で9、コリント式で9、[39] トスカーナ式で7と[40] なる。なお、コンポジット式はウィトルウィウスの時代にはまだ存在しておらず、82年に完成したティトゥス帝の凱旋門[図44参照]が最初の例と[41] 見なされている。

1537年以前にセルリオが読むことのできたウィトルウィウスの『建築十書』としては、フラ・ジョコンド版やチェザリアーノ版などが挙げられるが、図版については後者のほうが充実しており、とりわけ六種類の円柱が並んだ図[図15参照]は、[42] セルリオも手本としたにちがいない。この図では、六本の円柱の立面図が描かれていて、左から順にドーリス式男性版(dorica masculina)、ドーリス式女性版(dorica feminea)、イオニア式、コリント式、アッティカ式、トスカーナ式と呼ばれている。柱身底面の太さを1としたときの柱全体(柱頭と柱礎も含む)の高さについてみると、ドーリス式男性版が7、ドーリス式女性版が8で、残りはすべて9となる。チェザリアーノによるアッティカ式の柱頭は、コリント式の柱頭とよく似ているが、円柱ではなく、平らな付柱として両者は区別されている。また、トスカーナ式がドーリス式と同じような姿で描かれているのは、当時の一般的な解釈といえるものの、プロポーションについてはかなり細身になっている。

(2) アルベルティ『建築論』

イタリア・ルネサンスの建築書では、ウィトルウィウスの『建築十書』が必ず参考にされている。

解説・論考・付録

アルベルティの『建築論』では、ウィトルウィウスのラテン語が批判されてはいるものの、十書からなる構成はもとより、扱われている内容についてみても、ビルディング・タイプなどのかなりの部分が踏襲されていることは間違いない。けれども、アルベルティを含む当時の建築家は、ウィトルウィウスの記述が実際の古代遺跡とは必ずしも一致しないことに気づいていた。たとえば、コンポジット式オーダーが登場するのは帝政期になってからであるため、ウィトルウィウスの時代にはまだ存在していなかった。そこでアルベルティは、このオーダーを新たにイタリア式と命名し、自らの建築作品にも採用したのであった［図40参照］。

このようにアルベルティの著作は理論書であるからといって、実際の建築とは懸け離れた議論が展開されているわけではない。たとえば円柱を構造材よりも装飾材とみなす意見については、現代の我々には不思議に思われるかもしれないが、確かに古代ローマの記念門や円形闘技場で使用されている円柱や半円柱は、アーチ構造の壁体とは独立していても成り立つ。むろん、このことは彼が円柱の役割を軽んじていたからではなく、その美的な特徴を重視していたからにほかならない。なぜなら、『建築論』の第六書から第九書では装飾について論じられているように、円柱に関する記述がこの書の大部分を占めているといっても過言ではないからである。

アルベルティは『建築論』第七書第6章の円柱に関する記述で、ドーリス式、イオニア式、コリント式の三つにコンポジット式に相当するイタリア式を追加している。一方、トスカーナ式はドーリス式と同じようにみなされていたと思われ、第七書第4章のエトルリア神殿に関する記述でも説明は省略されている。これら四つのオーダーの比例関係について、柱身底面の太さを1としたときの柱身の高さは、ドーリス式で7、イオニア式で9、コリント式で8となる。ここでコリント式のほうがイオニア式よりも太めとなっているのは、ウィトルウィウスやルネサンスの建築家の大半が柱礎と柱頭を含む柱全体の高さで比を算出してい

たのに対し、アルベルティは柱身のみの高さで比を考えたためである。すると、コリント式ではイオニア式よりも柱頭自体が高くなるので、柱身自体は短くなるのである。また、アルベルティはオーダーに相当する用語として、「種」を意味するスペキエス（species）を用いている。なお、イタリア式については詳しく説明されていないが、コンポジット式と同じとみなされていたと考えられる。

また、柱礎については、第七書第7章でドーリス式とイオニア式の二つのみが論じられており、アッティカ式は省略された。戸口については、第七書第12章でドーリス式、イオニア式、コリント式の三つが論じられているが、このコリント式はアッティカ式とは別のものと考えられる。

セルリオの建築書では、アルベルティの建築作品にも著作にも一切言及されていない。しかしながら、15世紀のアルベルティがウィトルウィウスや古代ローマ建築と向き合ったときに感じていた疑問点の大半は、16世紀のセルリオも共有していたにちがいない。さらに結果として導かれたコンポジット式などの解答についても、セルリオはアルベルティを少なからず参考にしていただろう。

(3) フィラレーテ『建築論』

アントニオ・アヴェルリーノ通称「フィラレーテ」の『建築論』全二十五巻は、理想都市スフォルツィンダ建設の物語で、オーダーに関する記述は少ない。オーダーの名称についてはウィトルウィウスを踏襲したドーリス式、イオニア式、コリント式の三つに限定されているが、それらの形態や比例関係までは十分に理解していなかったようである。当時の建築書では、柱身底部の太さが寸法の基準とされるのが一般的であるが、フィラレーテは例外的に円柱頂部の太さを1としてから円柱の高さを定めている。比例関係についてはウィトルウィウスやアルベルティとは異なり、ドーリス式で9、イオニア式で7、コリント式で8とテクストでは説明されているが、図からは柱身の高さでなく柱全体の高さと判断できる

442

解説　セルリオの建築書『第一書』から『第五書』について

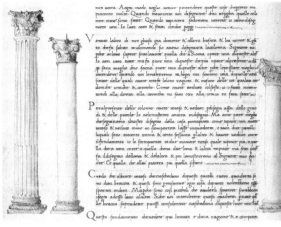

図60　柱頭の図、フィラレーテ『建築論』　　　　　　　図61　迷宮状の庭園、同書

［図60］。オーダーの形態についてみても、イオニア式の柱頭は正しく理解していたのかもしれないが、ドーリス式とコリント式の柱頭はよく似ており、比例関係以外はほとんど区別がされていない[53]。むろん、ドーリス式にも柱礎は設けられている。

　一方戸口に関しては、オーダーと同様にドーリス式、イオニア式、コリント式の三つが挙げられており、ウィトルウィウスのアッティカ式はコリント式に変更されている。これはアルベルティの場合とも同じであるが、イオニア式戸口を特徴づける渦巻持送りのような詳細部については何も言及されておらず、開口部の幅と高さの関係によって三つの違いが説明されている。すなわち、開口部の幅を1としたときの高さは、ドーリス式で2、イオニア式で$\sqrt{2}$、コリント式で1と1/2となり[54]、オーダーのときと同様にイオニア式、コリント式、ドーリス式の順に細身のプロポーションとなるのである。なお、この書ではオーダーを意味するイタリア語のオルディネ（ordine）という言葉が登場するものの、必ずしも円柱などを示す場合に意図的に用いられているわけではない[55]。

　フィラレーテの『建築論』は理論書とも実用書ともいいがたいため、たとえセルリオがこの書を読んでいたとしても、直接の手本とすることはなかっただろう。けれども、ヴァザーリがこの書を厳しく批判したからといって、その新奇性については軽視すべきでない。異なる要素を大胆に組み合わせる手法や、迷宮状の庭園［図61］など、セルリオの建築書にも共通する特徴がいくつも先取りされていることは指摘しておきたい[56]。

(4) フランチェスコ・ディ・ジョルジョ『建築論』

　フランチェスコ・ディ・ジョルジョの『建築論』には第一稿と第二稿があり、いずれもイタリア語で書かれていて多くの図版が掲載されている。彼はシエナの出身であり、その影響は同郷の出身であるペルッツィの建築作品にも明らかに見られることから、セルリオにも少なからず影響は及んでいるといってよい。これらの手稿に共通して見られる特徴の一つとして、ウルビーノ公国における彼の軍事技術者としての体験に裏打ちされた城塞や軍事機器について詳細に論じられていることが指摘できる[57]。軍事技術についていえば、たとえ古代を手本にすることがあったとしても、当時の最先端でなければ生死にかかわる問題なのだから、実用書としての性格が強いのは当然のことである。このことは古代住宅にはまだなかった暖炉のような要素にも当てはまり、第一稿と第二稿のいずれにおいても煙突まで連続したかたちで描かれている。ここで興味深い点は、前者のトリノ王立図書館所蔵サルッツォ手稿（Codice Torinese Saluzziano 148）の暖炉の開口部には円柱が使用

443

解説・論考・付録

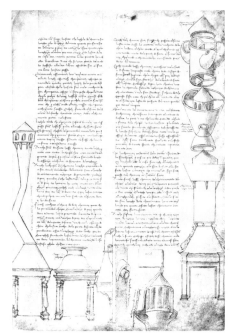
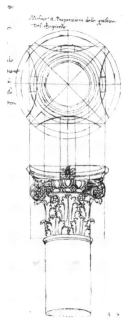

図62　暖炉、フランチェスコ・ディ・ジョルジョ『建築論』第一稿（左）

図63　コンポジット式柱頭、フランチェスコ・ディ・ジョルジョ『建築論』第二稿（右）

されているものも見られることで［図62］、のちにセルリオは暖炉の装飾的な性格を重視して、戸口と同様に各種のオーダーを応用したのである。

そしてもう一つの特徴として、人体と建築との類似性が円柱のような建築部材から、建築の平面や立面の構成、さらには都市計画へと広い範囲に展開されていることが挙げられる。『建築論』のいずれの手稿でも、コンポジット式柱頭の図［図63］が掲載されていて、実際の建築にも採用されているが、トスカーナ式と呼ばれていることは注目に値する。しかし、彼のオーダーに対する関心は、柱頭などの装飾よりも、むしろ比例関係に向けられていたと思われる。というのも、第二稿（フィレンツェ国立図書館所蔵マリアベッキ手稿 II. I. 141）の挿絵では、ドーリス式とイオニア式の柱頭が混同されているのに対し、ドーリス式には男性の身体、イオニア式には女性の身体が重ね合わされて、比例関係については正しく理解しているからである。また、円柱の立面図を描く際に、正方形や長方形を縦に並べて比例関係を明示する方法は、セルリオをはじめとする16世紀の建築家にも影響を与えたと考えられる。

(5) ラファエロ「教皇レオ10世宛書簡」

元は画家として有名であったラファエロが建築家として主に活動をしたのは、ブラマンテの死後にサン・ピエトロ大聖堂の首席建築家に任命されてから、1520年に亡くなるまでの短期間に過ぎなかった。けれども、ラファエロが果たした役割は建築史上においても決して小さなものではなかった。彼は建築理論書の類いを残すことはできなかったものの、ファビオ・カルヴォやフラ・ジョコンドなどの人文主義者の助力を得て、ウィトルウィウスや古代ローマ建築の研究に励んでいたことは確かであり、「教皇レオ10世宛書簡」（1516頃–20年頃）においてもオーダーに関して注目に値する記述が見られる。

この書簡では、ドーリス式、イオニア式、コリント式の三つにトスカーナ式とアッティカ式が加えられ、五つのオーダーと定められている。フィラレーテの場合とは異なり、ここではじめてオルディネはオーダーや円柱を示す言葉として登場した。けれども、ラファエロはオーダーの比例関係や柱頭の形態については十分に説明をしていない

444

ので、アッティカ式の詳細については、角柱であるということくらいしかわからない。ラファエロは古代ローマ建築には精通していたので、コンポジット式の存在は確認していたにちがいないが、アッティカ式とは同一視していなかったようである。

(6) ヴィニョーラ『建築の五つのオーダー』とパラーディオ『建築四書』

セルリオの建築書が出版されたのちの16世紀の建築書としては、まず1562年に出版されたヴィニョーラの『建築の五つのオーダー』[64]が挙げられる。この書では、まさにタイトルのごとくオーダーに論点が絞られていて、イタリア語のテクストよりも図版がいっそう重視されている。すなわち、図版としては銅版画が使用され、正射影の立面図中にオーダー各部位の比例関係が記載されたことで、一段と精密さが向上したのである。その一方で具体的な建築例は省略され、文章による説明も最小限に抑えられた。オーダーの種類については、セルリオの建築書が踏襲されているが、比例関係については若干変更されていて、柱身底部の太さを1としたときの柱礎と柱頭を含む柱全体の高さは、トスカーナ式で7、ドーリス式で8、イオニア式で9、コリント式とコンポジット式で10と定められた。『建築の五つのオーダー』では何よりも設計資料集成としての実用性が追求されていて、列柱のみの場合、アーチをともなうロッジャの場合、台座をともなうロッジャの場合といった具合に、開口部の形式に応じてそれぞれの図版を機械的に適用していけばよくなったのである。

パラーディオの『建築四書』は、1570年にヴェネツィアで出版された。パラーディオは、1556年に出版されたバルバロ版『ウィトルウィウス』[65]の図版も担当していたので、そのときの経験は『建築四書』を執筆するときにも大いに役立っただろう。古代建築を題材とした第四書については、明らかにセルリオの『第三書』が手本とされている[66]が、『建築四書』のなかで最も独創的であるのは、

彼自身の住宅作品集ともいえる第二書であり、一番精力を注いだにちがいない。図版については、木版画という点でヴィニョーラの『建築の五つのオーダー』には劣るが、正射影の立図面中にオーダー各部位の比例関係が記載されているため、セルリオの図版よりは進歩している。

オーダーは第一書の第12章から第20章あたりにかけて論じられている。第一書は第29章まであり、他にも建築材料や、床、天井、開口部などの各部位について論じられているので、第一書においてオーダーの占める割合は三分の一程度である。オーダーの種類については、セルリオの建築書が踏襲されているが、比例関係については若干変更されていて、柱身底部の太さを1としたときの柱礎と柱頭を含む柱全体の高さは、トスカーナ式で7、ドーリス式で8、イオニア式で9、コリント式で9と1/2、コンポジット式で10と定められた。また、いずれのオーダーにおいても、立面図の表現についてはヴィニョーラのように、列柱のみの場合と、アーチや台座をともなうロッジャの場合の両方を掲載している。ただし、ドーリス式オーダーの列柱の図面に柱礎が描かれていない点は注目に値する。この点に関しては、パラーディオは現存する古代ローマの遺跡よりも、ウィトルウィウスの記述を重視したといえる。

3. 『第四書』と建築オーダー

次に『第四書』の内容について、建築オーダーに関する章を中心に説明したい。『第四書』は、まず序文として「ピエトロ・アレティーノからフランチェスコ・マルコリーニへの推薦書」、「セバスティアーノ・セルリオからフェッラーラ公エルコレ2世への献辞」、「著者から読者へ」の三編で構成される。次にいきなり第5章から始まるのは、『第一書』に一つの章、『第二書』に二つの章、『第三書』に一つの章が割り当てられる予定だからである。なお、第5章ではトスカーナ式オーダーが取り上げられ[67]、以下では第6章でドーリス式、第

445

7章でイオニア式、第8章でコリント式、第9章でコンポジット式と続くように、各オーダーに一章ずつが割り当てられている。そして、第10章から第13章までは、扉や天井などの各部の装飾にそれぞれ一章が割り当てられているが、この書の中心となるのがオーダーに関する第5書から第9書であることはいうまでもない。このことは『第四書』のタイトルと冒頭に示された五つのオーダーの比較図からも明らかである。

(1) トスカーナ式

最初に取り上げられるトスカーナ式は、五つのオーダーのうちでは最も太めのプロポーションで、装飾にも乏しいという性格をもつ。トスカーナ式は、ウィトルウィウスの『建築十書』では第四書第7章で古代エトルリアの神殿とともに説明されてはいるものの、オーダーないしは円柱自体に関する記述は少ない(68)。このことはアルベルティの『建築論』第七書第4章でも踏襲されており、エトルリア神殿の平面形式に関する記述には見られず、第七書第6章でドーリス式がエトルリアで使用されていたと言及されているだけである(69)。一方、セルリオの建築書ではドーリス式に一章分があてられているように、従来の建築書とは比較にならないほど充実した内容となっている。

セルリオのトスカーナ式の解釈は独特であり、円柱とエンタブラチュアからなるオーダーの概念が、石積みにまで応用されている。すなわち、フィレンツェなどのパラッツォの外壁下層部にしばしばみられるルスティカ仕上げが、オーダーの一種としてルスティカ式と呼ばれているのである(70)。セルリオは、おそらく開口部の形式に強い関心を抱いていたと思われ、円柱や付柱が用いられていない石積みのアーチからなる開口部をどのように分類すればよいのかについて腐心していたにちがいない。三連窓のような開口部の中央部のみがアーチとなったセルリアーナはもとより、のちに『番外篇』と称する門のパターンブックを出版したことが想起されるが、開口部のバリエーションとして暖炉の形式についてまでオーダーとともに論じたのはセルリオが最初である(71)。

ところで、ルスティカ仕上げはトスカーナ地方の建築や古代エトルリア建築に限定されず、古代ローマや中世の建築にもしばしば採用されていたことは当時の建築家もよく知っていた。しかし、セルリオはトスカーナ式ないしはルスティカ式の具体例として、市門や城塞などの実用的な建造物に加えて、ジュリオ・ロマーノのマントヴァの建築にも言及していた[図16参照](72)。セルリオの建築書が、ペルッツィの建築図面に多くを負っていることは確かであるとしても、ヴェネツィア移住後はその土地での新しい建築が追加されていったことがわかる。なお、ここでのルスティカ仕上げには粗面仕上げのみならず、滑面仕上げやダイヤモンド状の仕上げ[図64]も含まれている(73)。

(2) ドーリス式

次にドーリス式についてみると、比例関係など

図64　ダイヤモンド仕上げ、パラッツォ・デイ・ディアマンティ、フェッラーラ

の記述に関しては、従来の建築書におおむね従っているといってよい。セルリオは、トスカーナ式を当代の建築と結びつけて論じているように、ドーリス式についても同様の配慮を示している。このことはブラマンテ以降、16世紀にはドーリス式がひんぱんに使用されるようになったことと関係があるにちがいない。というのも、古代であれば神殿を捧げる対象は異教の神々に限定されていたが、セルリオは宗教建築におけるオーダーの選択において、当代の聖堂を捧げる対象となるキリスト教の聖人の場合に話を置き換えているからである。

すなわち、男性の身体を手本としてつくられたドーリス式は、ユピテルやマルスのような男性の神々と同様に、ペテロのような武人肌の聖人がふさわしく、実際にブラマンテによるサン・ピエトロ・イン・モントリオ聖堂のテンピエット［図23参照］ではドーリス式が使われていた。こうした「ふさわしさ」に関する美的概念はデコルと呼ばれ、ウィトルウィウスの『建築十書』第一書第2章でも論じられていたが、セルリオの建築書ではその適用範囲が拡張されて、重要なキーワードとなっている。このような考え方は、住宅建築とその建築主の性格に応じたオーダーの選択にも適用されるようになる。

住宅建築におけるオーダーの使用について、ドーリス式ではヴェネツィアのパラッツォが例として取り上げられているのは、トスカーナ式のときと同様に、ローマの建築には見られなかったヴェネツィアの地理的な特殊性が新たな情報として追加されたことを示している。ただし、パラッツォの立面図に重点が置かれていて、平面図が不十分であるのは、のちに『第六書』で詳述する計画であったからにちがいない。

ドーリス式の詳細部とウィトルウィウスの記述との不一致で有名な例は、柱礎の有無についてである。ギリシアのドーリス式には柱礎がないため、ウィトルウィウスの『建築十書』にその記述がなくても不思議ではないが、ローマのドーリス式では柱礎があるものが大半を占めている。ルネサンスの建築家がギリシアの建築を実際に見ることは

まず無理であったため、文献上の記述と実際の遺構とを照合して、柱礎の有無を確認することはできなかった。柱礎の無いドーリス式の古代建築としては、ローマのマルケルス劇場が知られてはいたものの、セルリオのドーリス式オーダーの図に柱礎が描かれていることは、当時の建築家の大半はドーリス式にも柱礎があったほうがよいと考えていたのだろう。

ドーリス式とトスカーナ式は形態に関してはよく似ているが、セルリオは用途に関しては両者をはっきりと区別していたように思われる。ルスティカ仕上げは一般に外壁に使用されるため、市門や城塞のみならずパラッツォにもしばしば用いられるにもかかわらず、セルリオは第5章では立面が一層構成の市門のような単純な例ばかりを取り上げた。しかも、それらはしばしばひび割れや雑草が生えた廃墟のような姿で描かれている点は注目に値する。一方ドーリス式の事例としては、立面が二層や三層で構成されたヴェネツィア風のパラッツォも取り上げられていて、それらは新築のような姿で描かれている。ここでは第一層がルスティカ式、第二層がドーリス式の例も見られるが、むろん主役となるのは主要階のドーリス式である。トスカーナ式が古代風で田舎風であるとすれば、ドーリス式は当代風で都会風とみなすことができるだろう。

(3) イオニア式

第7章のイオニア式についても、比例関係などの記述に関しては、従来の建築書と大きく異なるものではない。セルリオがイオニア式を特徴づける柱頭の渦巻の作図法をていねいに説明しているのは、この書が建築家のための実用書だからである。また、イオニア式の柱頭を建物の四隅に配置する際には、渦巻の正面がいずれの側からも見えるようにする方法が平面図とともに示されていることについても、同様の配慮によるものと考えられる。

さらに注目すべき点は、イオニア式のフリーズのみがふくらんだ形となっていることである。こ

447

うしたフリーズは、古代やルネサンスの建築にも時折見られるものであるが、ルネサンス建築の例ではラファエロのヴィッラ・マダマ以降、しばしば登場するようになる。建築書の図版についてみると、パラーディオの『建築四書』ではイオニア式のみならず、コンポジット式にもこうしたふくらんだフリーズが採用されている。[78]

　イオニア式の具体的な建物の例は、ドーリス式のときに比べると少なめになっている。その理由は、第6章ではドーリス式がパラッツォの第一層に使用された例も、第二層に使用された例もともに掲載されていたが、第7章ではイオニア式が第一層に使用された例に限られたからかもしれない。また、16世紀後半の例として、特にパラーディオはヴィッラのポルティコにイオニア式オーダーを使用することが多かったけれども、セルリオの建築書『第四書』では都市型のパラッツォに限定されている。確かに16世紀のパラッツォのファサードや中庭でイオニア式オーダーはしばしば採用はされたものの、主役であったとはいいがたい。[80]

(4) コリント式

　第8章のコリント式については、ウィトルウィウスによれば、コリント式はイオニア式とは柱頭のみが異なるかのように説明されているが、古代ローマの建築を研究していたセルリオには首肯できない見解であった。コリント式の柱頭は豊かな装飾が特徴であり、15世紀の建築にはコンポジット式と同様にしばしば用いられた。宗教建築については『第五書』で論じられるため、『第四書』では今まで宗教建築の事例は取り上げられなかったが、第8章には二つの聖堂ファサードの立面図が登場する。[81]聖堂にはしばしばコリント式オーダーが採用されるということなのだろう。

　ウィトルウィウスの『建築十書』第四書第6章では、神殿の戸口の種類としてドーリス式、イオニア式、アッティカ式の三種類が取り上げられている。[82]ここでルネサンスの建築家たちが解釈に難渋したのがオーダーの一種とは異なるアッティ

カ式であり、[83]おそらくセルリオはその代わりにコリント式戸口を提案した。この戸口はイオニア式戸口のように開口部両脇に渦巻持送りが設けられており、両者はよく似ている。このことは暖炉についても当てはまる。

(5) コンポジット式とその他

　コンポジット式はコリント式とよく似ており、今までの他のオーダーの説明とも重複するところが多いからか、全体として記述は少なめであり、建物としての具体例も暖炉のみにとどまっている。オーダーについては第9章で終わり、第10章から第13章までは補論のようであって、いずれも短めである。古代建築に関する『第三書』が一章分であったことに比べると、章ごとのバラツキが大きいので一纏めにするか、そもそも『第四書』で取り上げなくてもよかったようにも思われるが、『第四書』はオーダーについてのみならず、セルリオの建築書全体の総論としての性格を備えていると解釈すべきなのだろう。

(6) オーダーごとの比例関係

　『第四書』では、ギリシア起源のドーリス式、イオニア式、コリント式の三つに、イタリア起源のトスカーナ式（ルスティカ式）とコンポジット式を加えた五つのオーダーが規範とされ、アッティカ式には言及されていない。オーダーが並んだ比較図はチェザリアーノ版『ウィトルウィウス』にも採用されていたが、ここでは各オーダーに台座が設けられた形で、冒頭に図示されている。オーダーごとの比例関係は、次の表1のようにまとめられる。

　円柱それぞれの柱身底部の太さを1としたときの柱礎と柱頭を含む柱全体の高さは、トスカーナ式で6、ドーリス式で7、イオニア式で8、コリント式で9、コンポジット式で10となり、比例関係が明快に定められている。また、台座についてもトスカーナ式の台座正味の部分を正方形（クアドラータ）とし、以下ドーリス式では対角線の比（1：√2）、イオニア

448

解説　セルリオの建築書『第一書』から『第五書』について

表1　『第四書』におけるオーダーごとの各部位の比例関係

	トスカーナ	ドーリス	イオニア	コリント	コンポジット
柱身底部の太さ	1	1	1	1	1
柱身頂部の太さ	3/4	5/6	5/6	7/12	7/12
円柱全体の高さ	6	7	8	9	10
柱礎の高さ	1/2	1/2	1/2	1/2	1/2
柱頭の高さ	1/2	1/2	1/3	1	1
アーキトレーヴの高さ	1/2	1/2	3/5	27/40	7/12
フリーズの高さ	1/2	3/4	3/5	27/40	7/12
コーニスの高さ	1/2	1/4	4/5	9/10	7/12
エンタブラチュアの高さ	3/2	3/2	2	9/4	7/4
コーニスの突出する長さ	1/2	4/3	4/5	9/10	7/12
台座正味の幅	$\sqrt{2}$	3/2	7/4	$\sqrt{2}$	$\sqrt{2}$
台座正味の高さ	$\sqrt{2}$	$3\sqrt{2}/2$	21/8	$5\sqrt{2}/3$	$2\sqrt{2}$
台座全体の高さ	$3\sqrt{2}/2$	$21\sqrt{2}/10$	7/2	$15\sqrt{2}/7$	$5\sqrt{2}/2$

式ではセスクイアルテラの比（1：6/5）、コリント式ではスペルビパルティエンステルティアスの比（1：5/3）、コンポジット式ではドゥプラ（1：2）と徐々に縦長のプロポーションとなるように定められている。

　セルリオは、ウィトルウィウスの記述と、現存する古代ローマ建築とが必ずしも一致しないことに気づいていた。このような場合にいずれを重視したらよいのかについては、セルリオは複数の解答を示して、建築家の裁量に任せることが多い。また、たとえばイオニア式のアーキトレーヴの高さを定めるときに、円柱の寸法に応じて異なる比例関係を定めているのは、実際に建物がどのように見えるかを勘案した結果である。

（7）オーダーに関する他の部位

　柱礎に関しては、オーダーごとに比例関係が定められており、ウィトルウィウスのアッティカ式には触れられていないものの、イオニア式に二つの柱礎が図示してあるのは一方がイオニア式で、他方がアッティカ式の代わりなのだろう。なお、ウィトルウィウスによれば、ドーリス式に柱礎はないが、ローマにはコロッセウムのように柱礎を備えたドーリス式の遺構が存在していたため、セルリオは柱礎があるものとして説明している。さらに、ウィトルウィウスの記述も乏しく、遺構もほとんど知られていなかったトスカーナ式の柱礎については、ブラマンテによるヴァティカン宮殿の螺旋階段が参考にされている[84]。なお、コンポジット式の柱礎は、コリント式の柱礎と同じとみなすことができる。

　戸口に関しては、ドーリス式、イオニア式、コリント式の三つが挙げられており、ウィトルウィウスのアッティカ式はコリント式に変更されている。ウィトルウィウスの戸口は、もともと神殿の中央出入口として設けられる矩形の開口部であったが、ルネサンスの建築家はこれを聖堂のみならず、しばしばパラッツォの外壁や室内にも用いた。セルリオはトスカーナ式に関する第5章とコンポジット式に関する第9章では、オーダーに対応する戸口には言及していない。なお、トスカーナ式については開口部を備えた多くの立面図が掲載されてはいるものの、それらはいずれもアーチの形式で外壁に用いられていることに気づく。また、コンポジット式について開口部を備えた立面図が掲載されていないのは、コリント式戸口で代用できるという考えだろう。

449

解説・論考・付録

4.『第三書』と古代建築

『第四書』がウィトルウィウス『建築十書』と照
合しながら読むものであるとすれば、『第三書』は
古代ローマの遺跡と比較しながら読むものといえ
るだろう。実際の図面の種類についてみても、重
要な建築の場合は平面図・立面図・断面図に加え
て、数々の詳細図が掲載されていて、『第四書』は
理論篇、『第三書』は実践篇とみなすことができ
る。『第三書』で取り上げられた以下の古代建築や
ルネサンス建築は、おおむね建築類型によって分
類されている。なお数字は頁を表しており、建物
の所在地が記されていない場合は、ローマである。

宗教建築、墓
　5-17：パンテオン
　18-21：バッコス神殿（サンタ・コスタンツァ
　　　　の墓廟）
　22-24：平和の神殿（マクセンティウスのバシ
　　　　リカ）
　25-26：テンプルム・ピエターティス
　27-29：ウェスタ神殿、ティヴォリ
　30-31：不明
　32：不明
　33：カルヴェンティの墳墓、アッピア街道
　34：チェルチェンニの墳墓、アッピア街道
　35-36：シビュラ神殿、ティヴォリ
　36-40：サン・ピエトロ大聖堂計画
　41-44：ブラマンテのテンピエット
　45：ロムルスの墓廟、アッピア街道
劇場、その他
　46-49：マルケルス劇場
　50-53：劇場、プーラ
　54-55：劇場、フェレント
　56：フォンディとテッラチーナとのあいだ、
　　　スポレート、フォリーニョとローマとの
　　　あいだの古代建築（いずれも現存せず）
　57-59：ポンペイウスのポルティコ（クリュ

プタ・バルビ）
記念碑、円形闘技場、その他
　60-61：トラヤヌス帝の記念柱
　62-63：トラヤヌス帝の記念柱、ポポロ広場
　　　　のオベリスク、サン・ピエトロ広場
　　　　のオベリスク、エスクイリーノ広場
　　　　のオベリスク、モンテチトリオ広場
　　　　のオベリスク
　64-69：コロッセウム
　70-71：ウェヌス門、スペッロ
　72-75：アレーナ、ヴェローナ
　76：ローマとその近郊における古代遺跡の詳
　　　細部
　77-79：円形闘技場、プーラ
　80-81：モンテカヴァッロの宮殿（ヘラクレ
　　　　ス・ディオニュソス神殿）
　82：セプティゾニウム
土木建造物、その他
　83：オスティアの港
　84-85：フォルム・トランシトリウムのバシ
　　　　リカ
　86：セナートリ橋（アエミリウス橋）、ミル
　　　ウィウス橋
　87：サンタンジェロ橋（アエリウス橋）、ファ
　　　ブリキウス橋（クアットロ・カーピ橋）
浴場、墓
　88-91：アントニヌス帝の浴場（カラカラ帝の
　　　　浴場）
　92：ティトゥス帝の浴場
　93：ティトゥス帝の浴場の貯水槽
　94：ギザのピラミッド
　95：イスラエル王の墓、エルサレム
　96-98：ディオクレティアヌス帝の浴場
　99：ディオクレティアヌス帝の浴場の貯水槽
門、その他
　100-101：ブーレウテリオン、アテナイ
　102-104：ヤヌスの四面門
　104-107：ティトゥス帝の凱旋門
　108-109：アルジェンターリ門
　110-113：セプティミウス・セウェルス帝の
　　　　　凱旋門

114–117：トラヤヌス帝の凱旋門、ベネヴェント

118–121：コンスタンティヌス帝の凱旋門

122–125：トラヤヌス帝の凱旋門、アンコーナ

126–129：セルギウス家の記念門、プーラ

130–133：ガウィウス家の記念門、ヴェローナ

134–141：レオーニ門、ヴェローナ

ルネサンス建築

142–147：ベルヴェデーレの中庭

148–149：ヴィッラ・マダマ

150–153：ポッジョレアーレのヴィッラとそのバリエーション

エジプト建築

154－155：エジプトのピラミッド他

このなかにはすでに存在しない建物や、実現しなかった計画案も含まれているが、宗教建築や娯楽施設、記念碑などに比べて、住宅建築が非常に少ないことに気づく。ルネサンスの例としてはヴァティカン宮殿ベルヴェデーレの中庭、ヴィッラ・マダマ、ポッジョレアーレのヴィッラとそのバリエーションが取り上げられているにもかかわらず、古代の例としてはモンテカヴァッロの宮殿に限定されていて、ルネサンスの建築家が古代住宅を想像することがいかに難しかったかがわかる。

一方、古代ローマの建築としては、神殿のほかに、円形闘技場や浴場などの娯楽施設と、凱旋門などの記念建造物がかなり充実している。これらのうちで異教の神殿の場合は、ルネサンスの時代にもキリスト教の聖堂として、転用されたり応用されたりしたため、『第五書』でも改めて論じられる。しかしながら、円形闘技場や浴場などの娯楽施設の場合は、すでに中世においても住宅や要塞といった別の建築類型に転用されることが多かったため、ルネサンスの時代にも同じ用途の建物として復活させることは、事実上不可能であった。それにもかかわらず、当時の建築家が古代遺跡やこの『第三書』から得られる情報はまことに有意義であったにちがいない。このことは15世紀の

アルベルティの建築を見てもわかるように、凱旋門モティーフからなる聖堂ファサードや、オーダーの積み重ねでできたパラッツォのファサードといった形で、別の建築類型に応用されたのである。

建築図面の種類や内容として、何を採用し、何を省略するかの判断基準について、セルリオは建築家にとって有益なものを優先したとしばしば述べている。16世紀初期のローマでは、平面図・立面図・断面図の三点が基本とみなされるようになったが、セルリオやペルッツィのように画家でもあり、透視図法を得意としていた建築家は、断面図の代わりに透視図を用いることも多かった。透視図の場合は奥行きが表現できるため、建築の依頼主にアピールをする上では効果的である反面、部材が歪むため、施工者に正確な寸法を伝えることができなくなる。セルリオの立・断面図は、おそらく両方の条件を満たすことを目的として、壁面は正射影で、アーチなどの開口部内は透視図で表現されているのが特徴である。それゆえ、大部分が廃墟と化した遺跡などの場合は、立・断面図を省略することもあれば、かなり自由な想像復元図を透視図で表現することもあった。

また、詳細図については柱頭や柱礎、エンタブラチュアなどのオーダーに関する部位が大半を占めていて、『第四書』の詳細図と共通するものも多い。『第三書』ならではの特徴としては、凱旋門などに刻まれたラテン語の碑文が挙げられる。碑文の作成や読解は建築家の仕事ではないかもしれないが、『第三書』扉絵のフリーズにもラテン語の碑文が記されているように、古代趣味を共有する当時の人文主義者のあいだでは、いくつかの常套句が知れ渡っていたと考えられる。

最後に掲載された建築の地理的な分布に着目すると、ローマ以外の都市の建築の場合、ヴェローナやマントヴァなどの北イタリアの建築と、スペッロやアンコーナなどの中部イタリアの建築については、セルリオが実際に訪れていたとみなしてよい。けれども、ヴェローナの古代建築の図面については当時からすでに批判されていたように、実際に訪れていたにもかかわらず、最終的には他

451

人の図面をそのまま借用していた可能性が高い。[85]これは建物を実測して新たに図面を描く手間を省いたからだけではなく、場所や時代によって寸法の単位が異なることも原因の一つであったにちがいない。なお、ナポリなどの南イタリアや、ギリシア、エジプトなどの建築については、図面を入手することはできても、実際の建物と照合することはできなかったと考えられる。同様に、「フランソワ1世への献辞」で言及されているニームやアルルといった南仏の古代建築についても、『第三書』の執筆以前には訪れていなかったことがうかがえる。

5. 『第五書』と宗教建築

　最後に『第五書』の内容について、当時の宗教建築との関係を念頭に入れながら説明したい。神殿や聖堂などの宗教建築は、一般に最も格の高いビルディング・タイプとみなされている。古代の異教とルネサンスのキリスト教とのあいだには大きな違いがあったとしても、宗教建築としての重要性は共通していたといえるだろう。ちなみに「神殿」や「寺院」を意味するラテン語のテンプルム（templum）やイタリア語のテンピオ（tempio）は、ルネサンスの聖堂の名称にもしばしば使用されている。リミニのテンピオ・マラテスティアーノ[86]やブラマンテのテンピエットなどが想起されるだろう。

　それゆえ、セルリオが建築書七書のうち一書を宗教建築に充てたのも常識的な考えであったと思われるが、『第四書』や『第三書』の充実さに比べると、『第五書』はあまりに簡潔な印象を与える。そのような結果になった理由として考えられるのは、すでに『第四書』と『第三書』で宗教建築の主要な部分は語ってしまったということなのだろう。『第三書』では古代建築のみならず、ブラマンテの建築をはじめとする当時のローマにおける盛期ルネサンス建築も取り上げられていた。セルリオは建築家の立場から設計の実用に適した建

築書を著すべく、彼が称讃する古代や当代の建築を選んだのであって、歴史家として中世や15世紀フィレンツェの宗教建築を幅広く取り上げることとは考えていなかった。ブルネレスキやアルベルティの建築ですら、もはや手本にすべきものとは思えなかったのだろう。

　けれども『第五書』には、ウィトルウィウス『建築十書』における宗教建築に関する記述とは大きく異なった明確な方針が打ち出されている。それは次の表2に示されるような平面形態の幾何学図形による十二の分類であり、『第五書』よりも少し前に出版された『第一書』（パリ、1545年）がその伏線となっている。『第三書』に掲載された宗教建築の場合は、実在する建築の実測図、ないしはそれに関連する復元図や、実現しなかった設計図であったのに対し、『第五書』の場合は、もっぱらセルリオが新たに創造した建築の図面となっている。五角形や六角形の宗教建築は稀であるため、おそらく応用性の低いものまで含めて、切りの良い数字でまとめたにちがいない。この表からは、最後の十二番目を除いて、いずれもドームを備えていることがわかる。すなわち、セルリオが理想とする宗教建築の平面形式は集中式であって、このことは当時の建築家が共有する価値観であったともいえるだろう。しかしながら、設計の依頼主である教会の側からは、集中式平面は宗教儀式に不都合なことから、実際にはバシリカ式がしばしば要求された。そこで以下では、セルリオが『第五書』の執筆にあたって参照したと思われる建築書における宗教建築に関する記述について検討してみたい。

(1) ウィトルウィウス『建築十書』

　『建築十書』では、宗教建築は第三書と第四書で取り上げられている。前述のように、これらの書で各種の円柱も説明されていたが、その理由は神殿の分類にあたって円柱が重要な役割を果たしていることを意味する。なお、ここでの宗教建築とは神殿を指す。セルリオは聖堂を平面形態という観点から分類していたのに対し、ウィトルウィ[87]

表2 『第五書』の平面図の分類

	全体の平面の形	中央ドームの平面の形	平面図の掲載頁	図番号
1	円形	円形	3頁裏面（本書400頁）	図5-1
2	円形（礼拝堂がギリシア十字形に突出）	円形	5頁おもて面（本書402頁）	図5-3
3	楕円形	楕円形	7頁裏面（本書404頁）	図5-5
4	五角形	十角形	9頁裏面（本書405頁）	図5-7
5	六角形	六角形	11頁裏面（本書407頁）	図5-9
6	八角形	八角形	14頁おもて面（本書409頁）	図5-11
7	正方形	八角形	17頁おもて面（本書412頁）	図5-14
8	ギリシア十字形（正方形と四つの円形）	円形	19頁裏面（本書414頁）	図5-17
9	ギリシア十字形	円形	22頁裏面（本書416頁）	図5-20
10	ラテン十字形（三廊式）	円形	26頁おもて面（本書418頁）	図5-23
11	ラテン十字形（単廊式で側面に礼拝堂）	円形	30頁おもて面（本書422頁）	図5-26
12	長方形（ラテン十字形）	長円形（ヴォールト天井）	31頁裏面（本書423頁）	図5-27

ウスは平面による分類と立面による分類の二つを提示している。

　まずは平面による分類から見てみよう。第三書第2章では、ポルティコの円柱の配列方法によって、①イン・アンティス式（in antis）、②前柱式（prostylos）、③両前柱式（amphiprostylos）、④周翼式（peripteros）、⑤擬二重周翼式（pseudodipteros）、⑥二重周翼式（dipteros）、⑦露天式（hypaethros）、の七つの平面形式に分類されている。それぞれの形式に関する具体的な説明は省略するが、これらはいずれも矩形平面であって、円形平面の神殿が第四書第8章で取り上げられてはいるものの、多角形やその他の複雑な平面には言及されていない。また、おおむね①から⑦の順に規模が大きくなり、それに伴って円柱の数も増える。したがって、セルリオによる聖堂の平面の分類とはほとんど類似点がないといってもよい。そもそもキリスト教の聖堂には円柱列からなるポルティコが存在しないものも多く、内部に円柱列を伴うバシリカ式の場合であれば、単廊式、三廊式、五廊式のように分類されるのが一般的であることから、ウィトルウィウスと同様の分類を採用することはまず不可能であった。

　次に立面による分類を見てみよう。第三書第2章では、同様に円柱の配列によって、①密柱式（pycnostylos）、②集柱式（systylos）、③隔柱式（diastylos）、④疎柱式（araeostylos）、⑤正柱式（eustylos）、の五つの立面形式に分類されている。しかしながらこうした立面図の分類も、セルリオが聖堂建築を分類するときには、ほとんど参考にはならなかった。また、セルリオが知っていたと思われるルネサンス期の『ウィトルウィウス』に掲載された神殿の図版についてみても、フラ・ジョコンド版では円柱による神殿の分類がおおむね正しく理解されていたことがわかるが、それらには聖堂との類似点があまり見られないため、やはり手本にはならなかっただろう。一方、チェザリアーノ版では第三書第2章の各平面形式の図版に立面図も添えられていることが注目に値する。それらの立面図はルネサンスの聖堂とよく似た姿で表現されていることから、古代神殿の正確な理解という点で、チェザリアーノはフラ・ジョコンドには劣るけれども、セルリオにとってはむしろ大いに参考になったにちがいない。さらにチェザリアーノ版のイン・アンティス式、前柱式、両前柱式の平面図には円形のドームが描かれていることにも注目したい[図65]。聖堂の分類にあたって、セルリオは明らかに円柱列よりもドームを重視していた。『第三書』における古代建築の事例がパンテオンから始まったように、『第五書』における聖堂の類型が円形平面から始まったのも当然のことであった。

解説・論考・付録

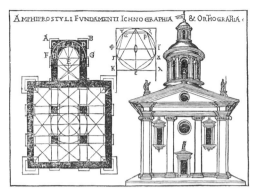

図65　両前柱式の神殿、チェザリアーノ版『ウィトルウィウス』

(2) アルベルティ『建築論』

『建築論』では、宗教建築は主に第七書で取り上げられている。『建築論』十書のうちで、第六書から第九書までは装飾について論じられているが、ここでの「装飾」とは、おおむね円柱を意味することから、ウィトルウィウス『建築十書』のときと同様に、宗教建築と円柱とは密接な関係があることが推測できる。『建築論』第七書第3章では、神殿の形式と祀られる神々との関係について、太陽神やリーベル神には円形平面といった例が挙げられている。これらはいずれも異教の神殿と神々に限られ、キリスト教の聖堂と神や聖人などに言及されてはいないものの、続けてバシリカに言及されている点に注意すべきである。アルベルティにとってのバシリカとは、古代の公共建築であるとともに、中世以降の宗教建築、すなわちキリスト教の聖堂でもあった。そして、宗教建築としてのバシリカと神殿との違いは天井にあり、前者は木造の小屋組で、後者はヴォールトで覆われるとみなしたのである。したがって、セルリオの『第五書』の聖堂は、いずれもドームないしはヴォールト天井で覆われていることから、アルベルティの基準に従えば、バシリカよりは神殿に分類されるだろう。実際に『第五書』の正式なタイトルは、「本書では、キリスト教の慣習に従った古代風のさまざまな形態の聖堂建築（Tempij sacri）について論じられる」と続くのである。

次に第七書第4章では、神殿の平面形式について論じられていて、形態としては円形、四角形、多角形などが例に挙げられている。これらの平面形態は、アルベルティがのちにリミニやマントヴァで設計した宗教建築の場合とは一致せず、単純な幾何学形態からなる集中式平面が列挙されている。ここでは特に多角形として、六角形、八角形、十角形、十二角形に言及されている点に着目したい。アルベルティは偶数角の図形に限定し、五角形に触れてはいないものの、ウィトルウィウスが多角形には言及しなかったことを勘案しても、全体としてはセルリオの聖堂平面の分類との共通点が多く見られる。なお第七書第4章で、続けてエトルリア神殿の平面形式に言及されている点は意味深長である。アルベルティによるエトルリア神殿の解釈は、ローマの「平和の神殿」ことマクセンティウスのバシリカが基準となっているという点では正しい理解には至っていない(92)。けれども、アルベルティやセルリオも含めた多くのルネサンスの建築家が、「キリスト教の慣習に従った古代風の」聖堂を設計するときに、この「神殿」からしばしば多大な刺激を受けたことは確かである。宗教建築の分野に関しては、セルリオの考え方はウィトルウィウスよりもアルベルティに近かったといえるだろう。

(3) フランチェスコ・ディ・ジョルジョ『建築論』

アルベルティ『建築論』における宗教建築の平面形式による分類方法については、多角形平面が取り上げられているという点で、セルリオの『第五書』との共通点が見られたものの、その具体的な姿が図示されていなかった。15世紀の図版入りの建築書としては、まずフィラレーテの『建築論』が挙げられ、この書には確かにスフォルツィンダ大聖堂やプルシアポリスの神殿［図99参照］といった宗教建築の平面図や外観図がいくつも掲載されている(93)。けれども、理想都市の物語という性質上、それらの類型化までは意図されていなかった。少なくとも宗教建築の分野では、セルリオの『第五書』との類似性はあまり見られない。次にフ

ランチェスコ・ディ・ジョルジョの『建築論』についてみると、第一稿と第二稿のいずれにも宗教建築の平面図や外観図が掲載されているが、とりわけ第一稿のサルッツォ手稿ではバラエティが豊富であり、セルリオの『第五書』との多くの共通点がうかがえる。

『建築論』第一稿の宗教建築の図面を概観すると、当代の聖堂は古代の神殿とは区別されているような印象を受ける。すなわち、ウィトルウィウスが円柱の配列によって古代神殿を分類し、アルベルティが平面図の幾何学形態によって古代・当代両方の宗教建築を分類したのに対し、フランチェスコ・ディ・ジョルジョは平面図の幾何学形態によって当代の聖堂建築を分類したのだろうと。たとえば、単廊式ラテン十字形の聖堂［図66］については、実際にフランチェスコ・ディ・ジョルジョが設計したコルトーナのマドンナ・ディ・カルチナイオ聖堂などとの共通点もうかがえるからである。この聖堂の交差部は八角形のドームで覆われているが、円柱列は聖堂の外部にも内部にも存在しない。セルリオの建築書では15世紀の建築には言及されていないが、『第五書』の宗教建築では円柱列よりもドームを重視していたことが想起される。

ところが、『建築論』第一稿ではテクストと図版とが一致していないことに気づく。テクストでは、ウィトルウィウスの記述に従った神殿の平面形式についてイン・アンティス式から順に説明されているが、それらに対応するフォリオ11おもて面に掲載された五つの平面図はバシリカ式や集中式の聖堂に近い姿で描かれている。左下の図から順に、単廊式矩形、単廊式ラテン十字形、三廊式ラテン十字形、周歩廊付八角形、周歩廊付円形となり、それぞれ次のようなキャプションが記載されている。交差廊も側廊もない聖堂（Tenpio senza crociera e nnavi）、交差廊はあるが、側廊のない聖堂（Tenpio a crociera senza navi）、側廊のある聖堂（Tenpio A nnavi）、〔八〕面からなる聖堂（Tenpio a ffaccie）、円形の聖堂（Tenpio circhulare）。ここではいずれもテンピオという言葉が使われているが、交差廊や側廊といった用語は、古代神殿には

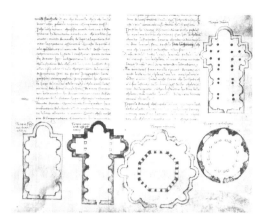

図66 平面図による聖堂の分類、フランチェスコ・ディ・ジョルジョ『建築論』第一稿

存在しない明らかに聖堂建築特有の用語である。ちなみに第一稿の別の手稿であるフィレンツェのラウレンツィアーナ図書館所蔵アシュバーナム手稿（Codice Laurenziano Ashburnhamiano 361）では、それぞれイン・アンティス式、前柱式、露天式、擬二重周翼式、両前柱式と記されていた。この場合、テクストと図版とは対応するかもしれないが、その内容は実際の姿とは懸け離れているといわざるを得ない。フランチェスコ・ディ・ジョルジョの『建築論』はこうした誤解を含んでいるにもかかわらず、いな、間違っていたからこそ、古代風の聖堂のさまざまな図版が掲載されたという点で、セルリオには大いに有益であったにちがいない。

註

1　セルリオと彼の建築書に関する研究としては、テーネス編の論文集 *Sebastiano Serlio*, ed. by C. Thoenes, Milano, 1989と、ザビーネ・フロンメルによるモノグラフ S. Frommel, *Sebastiano Serlio architetto*, Milano, 1998を挙げておく。

2　ボローニャのルネサンス建築については、次のモノグラフを参照。セルリオについては第5章で取り上げられている。R. Tuttle, *Piazza Maggiore. Studi su Bologna nel Cinquecento*, Venezia, 2001, in part. pp. 89-106.

3　この書の邦訳として、桐敷真次郎編著『パラーディオ「建築四書」注解』中央公論美術出版、1986年がある。

4　この書はG. B. da Vignola, "Regola delli cinque

解説・論考・付録

ordini d'architettura", ed. by M. Walcher Casotti, in P. Cataneo, G. B. da Vignola, *Trattati*, ed. by E. Bassi, *et al.*, Milano, 1985, pp. 499-577に掲載されており、日本語訳として長尾重武編『ヴィニョーラ「建築の五つのオーダー」』中央公論美術出版、1984年がある。

5 ブラマンテについては、『第三書』註141を参照。

6 ペルッツィについては、『第三書』註147を参照。

7 セルリオは、当時のローマで活躍していた大半の建築家と出会っていたと思われる。セルリオの建築書で、アントニオ・ダ・サンガッロ・イル・ジョーヴァネ（Antonio da Sangallo il Giovane 1484–1546年）の建築作品は『第四書』3頁（本書238頁）の「エルコレ2世への献辞」でパラッツォ・ファルネーゼに言及されている程度にとどまるものの、彼からの影響については次の研究でも示されている。P. N. Pagliara, "L'attività edilizia di Antonio da Sangallo il Giovane. Il confronto tra gli studi sull'antico e la letteratura vitruviana. Influenze sangallesche sulla manualista di Sebastiano Serlio", *Controspazio*, vol. 7, 1972, pp. 19-55.

8 ローマ劫掠については、アンドレ・シャステル『ローマ劫掠：1527年、聖都の悲劇』越川倫明他訳、筑摩書房、2006年を参照。

9 ペルッツィの建築素描については、H. Wurm, *Baldassarre Peruzzi: Architekturzeichnungen*, Tübingen, 1984とA. C. Huppert, *Becoming an Architect in Renaissance Italy: Art, Science, and the Career of Baldassarre Peruzzi*, New Haven, 2016を主に参照。

10 D. Howard, "Sebastiano Serlio's Venetian Copyrights", *Burlington Magazine*, vol. 115, 1973, pp. 512-516に原文が掲載されている。

11 セルリオは1539年にヴィチェンツァに招かれて、パラッツォ・デッラ・ラジョーネの再建に関する意見を求められたが、その報酬は2スクード金で、サンソヴィーノやサンミケーリの1/5に過ぎなかった。前掲註1のS. Frommel, *Sebastiano Serlio architetto*, pp. 20, 27を参照。

12 セルリオのフォンテーヌブローでの活動については、S. Frommel, *Sebastiano Serlio architetto*, pp. 249-266を参照。現在のフォンテーヌブローの城館の大部分は、フランソワ1世の時代に建てられた。この城館については、F. Boudon *et al.*, *Le château de Fontainebleau de François Ier à Henri IV*, Paris, 1998を参照。イタリア

からはロッソ・フィオレンティーノ（Rosso Fiorentino 1495–1540年）やフランチェスコ・プリマティッチョ（Francesco Primaticcio 1504–70年）、ニコロ・デッラバーテ（Nicolò dell' Abate 1509/12–71年）などが招聘され、内部装飾が施された。プリマティッチョについては、*Francesco Primaticcio architetto*, ed. by S. Frommel, Milano, 2005を参照。さらにアンリ2世（在位1547–59年）の時代には、建築家フィリベール・ド・ロルム（Philibert de l'Orme 1514–70年）によってこの城館は大規模に拡張された。フィリベール・ド・ロルムについては、鈴木隆編著『フィリベール・ド・ロルム建築書注解』中央公論美術出版、2022年を参照。

13 イッポーリト2世・デステについては、『第四書』註181を参照。

14 S. Frommel, *Sebastiano Serlio architetto*, pp. 219-241を参照。

15 *Ibid.*. pp. 83-216.

16 このヴィッラは、ペルッツィがローマでヴィッラ・ファルネジーナを設計するときに手本にしたと見なされており、セルリオにとっても思い入れの強い建築であったにちがいない。『第三書』150–152頁（本書189–191頁）を参照。

17 フラ・ジョコンドについては、ジョルジョ・ヴァザーリ「フラ・ジョコンド」飛ヶ谷潤一郎訳『美術家列伝』第4巻、中央公論美術出版、2014年、19–26頁と、C. Fontana, *Fra' Giovanni Giocondo architetto 1433-c. 1515*, Vicenza, 1988を主に参照。フラ・ジョコンド版『ウィトルウィウス』（Vitruvius, *M. Vitruvius per Jocundum solito castigator factus*, ed. by Fra Giocondo, Venezia, 1511）については、今のところ現代の校訂版はない。

18 レオン・バッティスタ・アルベルティ『建築論』については、羅伊対訳のL. B. Alberti, *L'architettura*, ed. by G. Orlandi, 2 vols, Milano, 1966、英語訳のL. B. Alberti, *On the Art of Building in Ten Book*s, ed. by J. Rykwert, *et al.*, Cambridge, Mass., 1988、日本語訳のアルベルティ『建築論』相川浩訳、中央公論美術出版、1982年を主に使用した。

19 ニコラウス5世（在位1447–55年）については、ジャンノッツォ・マネッティの伝記G. Manetti, *De vita ac gestis Nicolai Quinti summi pontificis*, ed. by A. Modigliani, Roma, 2005を参照。

20 コジモ・バルトリ（Cosimo Bartoli 1503–72年）

はトスカーナ大公コジモ1世の外交官であり、建築の実作は知られていない。この書の第二版（C. Bartoli, *L'architettura di Leon Battista Alberti tradotta in lingua fiorentina da Cosimo Bartoli, gentiluomo et accademico fiorentino*, Firenze, 1550, 2nd ed., Venezia, 1565）は、ヴェネツィアで1565年に出版された。バルトリについては、ブライスによるモノグラフJ. Bryce, *Cosimo Bartoli (1503-1572): the Career of a Florentine Polymath*, Genève, 1983と、フィオーレとランベリーニ編の論文集 *Cosimo Bartoli (1503-1572)*, ed. by F. P. Fiore & D. Lamberini, Firenze, 2011を主に参照。

21 フランチェスコ・ディ・ジョルジョ『建築論』のテクストとしては、Francesco di Giorgio, *Trattati di architettura ingegneria e arte militare*, ed. by C. Maltese, 2 vols, Milano, 1967を使用した。フランチェスコ・ディ・ジョルジョに関する主な研究としては、F. P. Fiore & M. Tafuri, *Francesco di Giorgio architetto*, Milano, 1993を参照。なお、ヴァザーリ『美術家列伝』ではシエナの画家・彫刻家であるヴェッキエッタとともに取り上げられてはいるものの、両者に関する情報は限定的で誤解も多い。ヴァザーリ「フランチェスコ・ディ・ジョルジョとヴェッキエッタ」甲斐教之・瀬分緑訳『美術家列伝』第2巻、中央公論美術出版、2020年、421–430頁を参照。

22 フェデリーコ・ダ・モンテフェルトロ（Federico da Montefeltro 1422–82年）の宮廷におけるフランチェスコ・ディ・ジョルジョの活動や、彼が試みたウィトルウィウス『建築十書』のイタリア語訳については、それぞれ*Francesco di Giorgio alla corte di Federico da Montefeltro*, ed. by F. P. Fiore, 2 vols, Firenze, 2004と M. Mussini, *Francesco di Giorgio e Vitruvio*, 2 vols, Firenze, 2003を参照。

23 チェザリアーノ版『ウィトルウィウス』については、Vitruvius, *De Architectura. Nachdruck der kommentieren ersten italienischen Ausgabe von Cesare Cesariano*, Como, 1521, ed. by C. H. Krinsky, München, 1969を参照。

24 ジョヴァンニ・バッティスタ・カポラーリ（Giovanni Battista Caporali 1476–1560年）は、チェザリアーノのロンバルディア方言をトスカーナ方言に直したものの、図版については大部分をそのまま利用して『建築十書』（G. B. Caporali, *Architettura con il suo commento di figure Vetruvio in volgar lingua raportato*, Perugia, 1536, repr. Perugia, 1985）を出版した。扉絵が最初に使用されたのはこの書であるという。

25 建築オーダーに関する研究は膨大にあるが、次の基本文献でもセルリオの建築書が第一に挙げられている。ジョン・サマーソン『古典主義建築の系譜』鈴木博之訳、中央公論美術出版、1989年。

26 セルリオは『第三書』では実際の古代建築の図面を掲載するにあたって、寸法と縮尺を示すためにスケールバーを使用している。しかし、『第四書』に掲載されている建築は、自分で新たに考案したものばかりであるため、実際の寸法を示す必要はなかった。そこでセルリオは読者に、コンパスを使って寸法や縮尺を導き出すようにとしばしば指示している。

27 ペルッツィと楕円形平面については、ヴォルフガング・ロッツ『イタリア・ルネサンス建築研究』飛ヶ谷潤一郎訳、中央公論美術出版、2008年、第1章、特に28–44頁を参照。

28 セルリオのペーザロ滞在期の活動については、前掲註2のR. Tuttle, *Piazza Maggiore*, pp. 96-98を参照。

29 ジローラモ・ジェンガの代表作は、ペーザロのヴィッラ・インペリアーレ［図6参照］であり、ヴァティカン宮殿ベルヴェデーレの中庭やウルビーノのパラッツォ・ドゥカーレの影響がうかがえる。建築家としてのジェンガについては、A. Pinelli, *Genga architetto: aspetti della cultura urbinate del primo 500*, Roma, 1971を参照。

30 ウィトルウィウス『建築十書』第一書第2章を参照。

31 『第五書』については、飛ヶ谷潤一郎「セバスティアーノ・セルリオの建築書『第五書』のドームについて」鈴木博之先生献呈論文集刊行会編『建築史攷』中央公論美術出版、2009年、75–88頁を参照。

32 ミュンヘン手稿のリプリント版としては、Sebastiano Serlio, *Architettura civile libri sesto, settimo e ottavo nei manoscritti di Monaco e Vienna*, ed. by F. P. Fiore, Milano, 1994があり、テクストも活字化されているが、コロンビア手稿のリプリント版M. N. Rosenfeld, *Sebastiano Serlio: On Domestic Architecture*, New York, 1978ではテクストは活字化されていない。これら二つの版の相違点については、*ibid.*, pp. 61-68を参照。ウィーンの図版の試し刷りについて

解説・論考・付録

は、上記のいずれのリプリント版にも小さめの図版は掲載されているが、大きめの図版であれば、Sebastiano Serlio, *L'architettura: I libri I-VII e Extraordinario nelle prime edizioni*, ed. by F. P. Fiore, 2 vols, Milanoがよい。

33 ヤコポ・ストラーダ（Jacopo Strada 1507–88年）はマントヴァ出身の芸術家であり、美術品の収集家や商人でもあった。ウィーンの美術史美術館所蔵のティツィアーノによる肖像画でもよく知られている。D. J. Jansen, "Jacopo Strada editore del Settimo Libro", in *Sebastiano Serlio*, ed. by C. Thoenes, pp. 207-215（前掲註1）を参照。

34 ポリュビオスの『歴史』第六巻は次の邦訳書に掲載されているが、セルリオのテクストとは異なっている。ポリュビオス『歴史2』城江良和訳、京都大学学術出版会、2007年、283–369頁。

35 セルリオの建築書の各国語版については、Sebastiano Serlio, *On Architecture*, ed. by V. Hart & P. Hicks, New Haven, 1996, vol. 1, Appendix 3, pp. 470-471を参照。早くも1539年にはアントウェルペンで、ピーター・クック・ファン・アールスト（Pieter Coecke van Aelst 1502–50年）によるフラマン語版が出版されている。

36 ここでは建築書を著さなかったブルネレスキやミケランジェロなどの実際の建築に見られるオーダーについては考察の対象外とする。ブルネレスキの建築オーダーについては、C. Thoenes, "'Spezie' e 'ordine' di colonne nell'architettura del Brunelleschi", in *Filippo Brunelleschi. La sua opera e il suo tempo*, 2 vols, Firenze, 1980, pp. 459-469を主に参照。

37 ウィトルウィウス『建築十書』の現代の校訂版については、羅伊対訳のVitruvio, *De architectura*, 2 vols, Torino, 1997、英語訳のVitruvius, *Ten Books on Architecture*, ed. by I. D. Rowland, Cambridge, 2001、日本語訳の『ウィトルーウィウス「建築書」』森田慶一訳、東海大学出版会、1979年を主に使用した。

38 アッティカ式の解釈については、飛ヶ谷潤一郎『盛期ルネサンスの古代建築の解釈』中央公論美術出版、2007年、第6章、219–239頁を参照。

39 三つのオーダーの比例関係については、ウィトルウィウス『建築十書』第四書第1章を参照。

40 同、第四書第7章を参照。

41 ティトゥス帝（Titus Flavius Vespasianus 39-81年）は79年に皇帝に即位したが、2年後に亡くなり、凱旋門は弟のドミティアヌス帝（Titus

Flavius Domitianus 51-96年）がティトゥス帝のエルサレム攻略を称えて建てた。

42 前掲註23のVitruvius, ed. by Cesariano, c. 62*r*を参照。

43 アルベルティ『建築論』とウィトルウィウス『建築十書』との比較については、R. Krautheimer, "Alberti and Vitruvius," in *Early Christian, Medieval and Renaissance Art*, New York, 1969, pp. 323-332を参照。

44 Y. Pauwels, "Les origins de l'ordre composite," *Annali di Architettura*, vol. 1, 1989, pp. 29-46を参照。

45 アルベルティ『建築論』第七書第6章を参照。

46 たとえばアルベルティ『建築論』第七書第13章を参照。

47 C. Thoenes, "Gli ordini architettonici: rinascita o invenzione?", in *Sostegno e adornamento*, Milano, 1998, pp. 125-133, in part. 129-130; A. Bruschi, "L'Antico e il processo di identificazione degli ordini nella seconda metà del Quattrocento", in *L'emploi des ordres dans l'architecture de la Renaissance*, ed. by J. Guillaume, Paris, 1992, pp. 11-57, in part. 14-23を参照。

48 J. Onians, *Bearers of Meaning*, Princeton, N. J., 1988, pp. 153-154を参照。

49 このことからセルリオもヴァザーリ『美術家列伝』にうかがえる進歩史観を共有していたと読むことはできるかもしれない。しかしボローニャ出身の画家セルリオは、フィレンツェやトスカーナを贔屓する必要はないので、ブルネレスキやドナテッロについても沈黙している。ただし、ローマで活躍したメディチ家出身の教皇と「神のごとき」ミケランジェロについては、話が別であった。

50 アントニオ・アヴェルリーノ通称「フィラレーテ」（Antonio Averlino, detto il Filarete 1400頃–1469年頃）について、ヴァザーリの評価は否定的である。ヴァザーリ「アントニオ・フィラレーテと〔ドナテッロの弟〕シモーネ」芳野明訳『美術家列伝』第2巻、241–251頁を参照。『建築論』については、Filarete, *Trattato di architettura*, ed. by A. M. Finoli & L. Grassi, 2 vols, Milano, 1972を参照。英語訳*Filarete's Treatise on Architecture*, ed. by J. R. Spencer, New Haven, 1965と、「第二書」の日本語訳、アントニオ・フィラレーテ「建築論（第二書）」白幡俊輔訳、池上俊一監修『原典 イタリア・ルネサンス芸術論』名古屋大学出版会、2021年、上巻115–138頁がある。

51 神殿を捧げる神の性質によるオーダーの使い分けについては、ウィトルウィウスのデコルの原則に従って正しく理解している。Filarete, ed. by A. M. Finoli & L. Grassi, p. 187.

52 第一書では各種の円柱の比例関係について説明されているが、それらに対応する図版は同じ記述のある第八書で掲載される。*Ibid.*, p. 17.

53 *Ibid.*, p. 221, tav. 32 (f. 57*v*).

54 *Ibid.*, p. 233, tav. 35 (f. 60*r*).

55 「これら三つの様式と秩序のもとで、我々にはどのようなことが可能になるのか、私のささやかな才能をできる限りお見せして、我が君に説明いたしましょう」(下線部は訳者による)。"Quanto per noi sarà possibile, sotto questi tre modi e ordini gli daremo a 'ntendere tanto quanto il nostro piccolo ingegno ci dimosterrà e quanto a noi sarà possibile," *ibid.*, p. 39.

56 フィラレーテの庭園については、Junichiro Higaya, "The Concept of the Gardens in Filarete's *Treatise on Architecture*", *Gardens: History, Reception, and Scientific Analyses*, Nagoya University, Nagoya, 24 February 2019 で発表したことがある。

57 フランチェスコ・ディ・ジョルジョの軍事施設については、N. Adams, "L'architettura militare di Francesco di Giorgio", in *Francesco di Giorgio architetto*, pp. 126-162 (前掲註21) を主に参照。日本語文献としては、白幡俊輔『軍事技術者のルネサンス』思文閣出版、2012年が挙げられる。

58 前掲註21の Francesco di Giorgio, ed. by C. Maltese, vol. 1, tav. 41 (f. 23*r*) & vol. 2, tav. 189 (f. 13*r*) を参照。

59 本書の『第四書』註537を参照。

60 ラファエロについては、『第三書』註144を参照。

61 ファビオ・カルヴォ (Fabio Calvo 1450頃–1527年) は人文主義者で、ラファエロとの協力による『ウィトルウィウス』のイタリア語訳 (1514–15年) が計画されていたが、ラファエロの死により実現しなかった。ミュンヘンのバイエルン州立図書館に二点の手稿 (Cod. It. 37, 37a) が所蔵されていて、フォンターナとモラキエッロの校訂版 (*Vitruvio e Raffaello. Il "De Architectura" di Vitruvio nella traduzione inedita di Fabio Calvo ravennate*, ed. by V. Fontana, P. Morachiello, Roma, 1975) がある。ファビオ・カルヴォについては、P. N. Pagliara, "La Roma antica di Fabio Calvo. Note sulla cultura antiquaria e

architettonica", *Psicon*, vols. 8-9, 1977, pp. 65-87; P. J. Jacks, "The *Simulachrum* of Fabio Calvo: A View of Roman Architecture *all'antica* in 1527", *Art Bulletin*, vol. 72, 1990, pp. 453-481 などを参照。

62 レオ10世宛書簡の手稿 (Cod. It. 37b) も同じくバイエルン州立図書館に所蔵されており、以下の校訂版がある。V. Golzio, *Raffaello nei documenti nelle testimonianze dei contemporanei e nella letteratura del suo secolo*, Città del Vaticano, 1936, pp. 78-92; "Lettera a Leone X", ed. by R. Bonelli, in *Scritti rinascimentali di architettura*, Milano, 1978, pp. 461-484. この書簡の邦訳ならびに解題については、小佐野重利編『ラファエッロと古代ローマ建築：教皇レオ10世宛書簡に関する研究を中心に』中央公論美術出版、1993年を参照。

63 同書、21頁を参照。ラファエロの建築オーダーについては、C. L. Frommel, "Raffaello e gli ordini architettonici", in *L'emploi des ordres*, pp. 119-136; 前掲註38の飛ヶ谷潤一郎『盛期ルネサンスの古代建築の解釈』第6章、219–239頁を参照。

64 註4を参照。

65 バルバロ版『ウィトルウィウス』については、1567年の第二版のリプリント版 D. Barbaro, *I dieci libri di architettura di M. Vitruvio*, 2nd ed., Venezia, 1567, ed. by M. Tafuri & M. Morresi, repr. Milano, 1987を参照。なお、第二版については次の英語訳もある。*Daniele Barbaro's Vitruvius of 1567*, ed. by K. Williams, Cham, 2019.

66 セルリオの『第三書』と同様に、ブラマンテのテンピエットが古代建築と同格とみなされて掲載されている。前掲註3の桐敷編著『パラーディオ「建築四書」注解』第四書第17章、382–386頁を参照。

67 『第四書』第5章については、次の日本語訳が出版されている。セバスティアーノ・セルリオ「建築七書（第四書）」岡北一孝訳、池上俊一監修『原典 イタリア・ルネサンス芸術論』上巻139–168頁（前掲註50）。

68 ウィトルウィウス『建築十書』第四書第7章を参照。

69 アルベルティ『建築論』第七書第6章を参照。

70 トスカーナ式とルスティカ式については、J. S. Ackerman, "The Tuscan/ Rustic Order: A Study in the Metaphorical Language of Architecture",

解説・論考・付録

in *Distance Points*, Cambridge, Mass., 1991, pp. 495-545を参照。日本語文献としては、金山弘昌「十六世紀フィレンツェにおける粗面仕上げ切石積みの解釈」『美学』52号、2001年、42–55頁を参照。

71 フィオーレによれば、ローマのヴィラ・マダマやヴィラ・ランテの暖炉が参考にされているという。S. Serlio, *L'architettura: I libri I-VII e Extraordinario nelle prime edizioni*, ed. by F. P. Fiore, 2 vols, Milano, 2001, p. 20を参照。

72 ジュリオ・ロマーノについては、『第三書』註443を参照。

73 ダイヤモンド状の仕上げが施されたパラッツォのうちで、セルリオが知っていたものとしては、フェッラーラのパラッツォ・デイ・ディアマンティやヴェネツィアのカ・グランデなどが挙げられる。

74 デコルまたはデコールムについては、ウィトルウィウス『建築十書』第一書第2章を参照。

75 ピエトロ・カターネオの『建築論』（ヴェネツィア、1554年）第五書では、セルリオのドーリス式柱頭やフリーズなどが名指しで批判されてはいるものの、カターネオ自身もドーリス式の柱礎を図示している。P. Cataneo, "L'Architettura", in P. Cataneo, G. B. da Vignola, *Trattati*, pp. 354, 357-359（前掲註4）を参照。

76 『第四書』第6章に掲載された二つのヴェネツィア風のパラッツォについてみると、一方は第三層がドーリス式（35頁おもて面［図4-54］）、もう一方は第三層がイオニア式（36頁おもて面［図4-56］）となっている。

77 ふくらんだフリーズについては、前掲註38の『盛期ルネサンスの古代建築の解釈』第7章、241–282頁を参照。

78 桐敷編著『パラーディオ「建築四書」注解』第一書第18章、105頁を参照。

79 ヴィラの入口に神殿風のポルティコを設けた早い例としては、15世紀のジュリアーノ・ダ・サンガッロによるポッジョ・ア・カイアーノのヴィラ・メディチがあげられる［図14参照］。ここでもイオニア式オーダーが使用されていたが、その理由は定かでない。彼はフィレンツェのサンタ・マリア・マッダレーナ・デ・パッツィ修道院回廊でもイオニア式オーダーを用いている。ジュリアーノ・ダ・サンガッロについては、ヴァザーリ「ジュリアーノ・ダ・サンガッロとアントニオ・ダ・サンガッロ」飛ヶ谷潤一郎

訳『美術家列伝』第3巻、139–156頁を参照。また、近年のモノグラフS. Frommel, *Giuliano da Sangallo*, Firenze, 2014と、C. Brothers, *Giuliano da Sangallo and the Ruins of Rome*, Princeton, N. J., 2022を主に参照。

80 16世紀のパラッツォは、ブラマンテによるローマのパラッツォ・カプリーニ（ラファエロの家）がプロトタイプとしてのちに大きな影響を及ぼした。ここでは第二層にドーリス式オーダーが用いられていた。二層以上からなるパラッツォのファサードや中庭の立面では、いずれかの層でイオニア式が選択されることはあっても、単独で用いられることはまずなかった。

81 『第四書』第8章には、バシリカ式（54頁おもて面［図4-93］）と集中式（58頁おもて面［図4-100］）の聖堂ファサードの例が掲載されている。

82 ウィトルウィウス『建築十書』第四書第6章を参照。

83 註38を参照。

84 H. Günther, "Serlio e gli ordini architettonici", in *Sebastiano Serlio*（前掲註1）, ed. by C. Thoenes, pp. 154-168, in part. pp. 155-157を参照。

85 セルリオが描いた凱旋門の立面図（透視図）についてみると、たいていは地面の向かって右側に影が描かれている。ところが、ヴェローナのセルギウス家の記念門、ガウィウス家の記念門、レオーニ門の立面図には影が表現されていないことがわかる。

86 テンピオ・マラテスティアーノについては多くの研究があるが、日本語文献としては、岡北一孝「古典主義者アルベルティ再考：マラテスタ神殿の凱旋門モチーフの意図とその受容」木俣元一・松井裕美編『古典主義再考I：西洋美術史における「古典」の創出』中央公論美術出版、2021年、211–242頁を参照。

87 キリスト教の時代に宗教建築へと応用されたバシリカは、ウィトルウィウスの時代には公共建築として建てられたため、『建築十書』では第五書第1章で彼自身が設計したファヌムのバシリカとともに論じられている。

88 ただし、イン・アンティス式、前柱式、両前柱式では、円柱が壁面の付柱に隣接するように置かれているという点で、神殿よりは聖堂に近い。前掲註17のVitruvius, ed. by Fra Giocondo, cc. 23*v*-25*r*を参照。

89 ドームはイン・アンティス式と前柱式では平面図のみで、両前柱式では平面図と立面図の両方

解説　セルリオの建築書『第一書』から『第五書』について

に描かれている。前掲註23のVitruvius, ed. by Cesariano, cc. 52*r-v*を参照。

90　註43を参照。

91　むろん、ヴォールト天井で覆われたキリスト教の聖堂建築はたくさんあるし、アルベルティが設計した聖堂建築でもしばしばヴォールト天井が採用されたことから、とりわけ大聖堂のような格式の高い聖堂が「神殿」に相当すると考えられる。

92　アルベルティを含めたルネサンスの建築家によるエトルリア神殿とマクセンティウスのバシリカの解釈については、それぞれ以下を参照。前掲註38の『盛期ルネサンスの古代建築の解釈』第2章、97–138頁；飛ヶ谷潤一郎「ルネサンスにおける「平和の神殿」という古典建築」『建築と古典主義』日本建築学会大会（北海道）建築歴史・意匠部門パネルディスカッション、2022年、67–74頁。

93　スフォルツィンダ大聖堂は第七書、プルシアポリスの神殿は第十四書に登場する。いずれもミラノのサン・ロレンツォ・マッジョーレ聖堂に触発されたと思しき聖堂の外観図が掲載されているが、テクストと図版とが正確には対応しておらず、前掲註50の校訂版にはスフォルツィンダ大聖堂の復元図も提示されている。テクストについてはFilarete, ed. by A. M. Finoli & L. Grassi, pp. 179-210 & 384-418を、図版についてはtavv. 24, 29 (ff. 47*r*, 52*v*) & tavv. 82, 89 (ff. 108*r*, 119*v*) を参照。

94　この聖堂については、P. Matracchi, *La chiesa di S. Maria delle Grazie al Calcinaio presso Cortona e l'opera di Francesco di Giorgio architetto*, Cortona, 1991を、フランチェスコ・ディ・ジョルジョの聖堂建築については、M. Tafuri, "Le chiese di Francesco di Giorgio Martini", in *Francesco di Giorgio architetto*（前掲註21）, pp. 21-73を参照。

95　前掲註21のFrancesco di Giorgio, ed. by C. Maltese, vol. 1, pp. 39-41を参照。

論考1

セルリオのヴェネツィア風パラッツォにみる新規性[1]

1. はじめに

イタリア・ルネサンスの邸館(パラッツォ)[2]は、コジモ・イル・ヴェッキオ[3]がフィレンツェの本邸としてお抱え建築家のミケロッツォ[4]に設計させたパラッツォ・メディチに始まる。1444年に着工されたラルガ通り（現在のカヴール通り）のこのパラッツォは、15世紀フィレンツェのパラッツォのプロトタイプとして、次のような特徴を備えている。

① 三層構成の立面をそなえ、粗面仕上げ(ルスティカ)が施された第一層から上の層に行くにしたがって、ていねいな仕上げとなる
② 平面全体はロの字形で、中央に整然とした列柱廊からなる中庭を備えている
③ 中央の出入口や窓などの開口部はアーチで構成されている
④ 二階はピアノ・ノービレと呼ばれる主要階として広間などの重要な部屋が設けられる

しかしながら、これらの特徴の大部分はすでに中世のパラッツォにも見られたものである。さらに興味深い点は、パラッツォ・メディチよりも少し後にアルベルティによって設計されたパラッツォ・ルチェッライ[5]には、オーダーの積み重ねや矩形の戸口などの新しい要素が見られるが、当時のフィレンツェではあまり好まれなかったということである。たとえば、15世紀末にクローナカ[6]によって設計されたパラッツォ・ストロッツィ[7]［図67］は、パラッツォ・メディチと共通する特徴を多く備えてはいるものの、パラッツォ・ルチェッライとの類似性はほとんど見られないといってもよい。パラッツォ・ルチェッライの影響は、ピエンツァのパラッツォ・ピッコローミニやウルビーノのパラッツォ・ドゥカーレ[8]のように、むしろフィレンツェ以外の都市で確認される。

15世紀後半のイタリア建築史は、フィレンツェの新しい様式、あるいはブルネレスキとアルベルティの手法が各地へと伝播していく過程として語られるのが一般的である。このことはヴェネツィアの場合、マウロ・コドゥッシ[9]の作品についてみると、宗教建築と世俗建築のいずれにも当てはまる。ただし、ヴェネツィアの建築は地理的な条件に強く束縛される[10]。たとえば、住宅建築の出入口の設置場所は、陸と海の両側から考慮する必要があったし、水面下になる地下室がつくられることも非常に稀であった。それゆえ、伝統や慣習を

図67　クローナカ他、パラッツォ・ストロッツィ、フィレンツェ

463

解説・論考・付録

無視してパラッツォ・メディチやパラッツォ・ル
チェッライのような新しい建築を、そのままヴェ
ネツィアに根付かせることは難しかったのである。
　そこで以下では、15世紀後半から16世紀前半
にかけて、ヴェネツィアのパラッツォのファサー
ドに導入された新しい要素について、その変遷を
辿ってみたい。ことに16世紀の例については、セ
ルリオの建築書『第四書』に掲載されたヴェネ
ツィア風パラッツォの立面図がおもな考察の対象
となる。『第四書』には五つのオーダーの応用例と
して多くのパラッツォの立面図が示されているが、
従来の研究では、セルリオがヴェネツィアの建築
に及ぼした影響としては、セルリアーナという独
特な開口部に焦点が集まりがちであった。(11)けれ
ども、セルリオはこれらの立面図にビルディング
タイプの枠に囚われぬさまざまな新奇性を導入し
たと思われ、パラッツォのみならずヴィッラに影
響を及ぼした可能性も強調しておきたい。

2. ヴェネツィア15世紀半ばから
　 16世紀初期までのパラッツォ

　まずは、セルリオがヴェネツィアに移住する以
前の15世紀半ばから16世紀初期までの代表的な
パラッツォについて概観してみたい。15世紀のパ
ラッツォの様式変遷についてみると、大まかには
1460年頃を境にゴシック様式からルネサンス様
式へと徐々に移行していく。
　ヴェネツィア・ゴシック様式のパラッツォの代
表例としては、統領宮殿やカ・ドーロ［図68］が
挙げられる。(12)前者は公共建築であるため、一般
の邸宅と単純に比較をすることはできないが、開
放的なファサードを備えていることは共通点の一
つとみなしてよいだろう。けれども、このことは
ゴシック様式と直接の関係はなく、ヴェネツィア
にゴシック様式が導入される以前から、たとえ
ばトルコ人商館［図69］などにも見られる特徴で
あった。(13)すなわち、ヴェネツィアのパラッツォの
ファサードについてみれば、中世から外国の新し

い建築様式を受け入れてきたものの、敷地には
中庭をつくる余裕がないことも多かったため、開
口部が多くを占めるという伝統はつねに守られて
きたのであった。そして、この伝統はヴェネツィ
アにルネサンス様式が導入されるようになっても
変わらなかったと考えられる。
　ヴェネツィアにおける最初のルネサンス建築の
例の一つとしては、大運河に面した公爵の家が挙
げられる。このパラッツォは、ミラノ公フラン
チェスコ・スフォルツァがコルネル家から購入(14)
したのちに改築したものであるが、1466年の公
爵の死により未完に終わった。それでも第一層に
は、現在でも滑面仕上げとダイヤモンド仕上げが
残されていることが確認できる。
　当時のミラノでは、フィラレーテが大施療
院を設計し、『建築論』を執筆していた。(15)フィ
ラレーテはフィレンツェ出身の彫刻家・建築家で
あり、この施療院の設計ではブルネレスキによる
孤児養育院を参考にしている。フィラレーテがミ
ラノに移住したのは1451年であり、オスペダー
レ・マッジョーレの設計が1456年に依頼された
ことから、ミラノにおけるルネサンス建築の始ま
りは1450年代とみなすことができる。(16)さらに興
味深い点は、1461年から64年にかけて執筆され
た『建築論』の第二十一書には、「湿地帯の家」と
呼ばれるヴェネツィア風のパラッツォの立面図な
いしは透視図［図70］が平面図とともに掲載され
ていることである。(17)
　湿地帯の家の立面は三層構成であり、頂部の両
端に望楼を備えている。ヴェネツィアのパラッ
ツォの平面計画は、伝統的に正面から奥へと平行
に三列をなし、中央部に広間、両脇に居室が配置
されるが、こうした特徴はおおむね立面にも表れ
ている。すなわち、第一層の中央部には、半円
アーチによる大きな出入口とその両脇に4ベイず
つアーケードが設けられているのに対し、その両
側では網目積みのような腰板と二連窓が設けられ
ている。同様に第二層についてみても、中央部は
7ベイのアーケードによる開放的なつくりである
のに対し、その両側の壁面は窓ごとに片蓋柱で分
節されている。ただし、第三層については中央部

464

論考1　セルリオのヴェネツィア風パラッツォにみる新規性

図68　カ・ドーロ、ヴェネツィア

図69　トルコ人商館、ヴェネツィア　　（右上）
図70　湿地帯の家、フィラレーテ『建築論』（右下）

と両端部とのあいだに区別は見られず、三角形と櫛形のペディメントを頂く開口部が交互に並んでいる。立面全体としては、開口部のバリエーションが豊富な開放的なつくりが印象的ではあるものの、正面には船からでなければアプローチすることができないようになっている。なお、網目積みのような腰板や、角に見られる円柱ないしは付柱については、カ・デル・ドゥーカの基壇とはあまり似ていないかもしれないが、これらはアルベルティのパラッツォ・ルチェッライを手本にした結果であることは明らかで、実際に『建築論』第八書でもこのパラッツォには言及されている。

ヴェネツィアにルネサンス様式がもたらされたのちにも、パラッツォのファサードにゴシック様式の名残をとどめている例として、1487年に着工されたカ・ダリオが挙げられる。このファサードの開口部の形態は、いずれも半円アーチによるもので、尖頭アーチは使用されていない。円形のパネルが多用されていて装飾的な要素が強く、とりわけ第二層と第三層の大きなトンドについてみると、円周上に小さな円が取り巻いており、同様の装飾はほぼ同時代のサンタ・マリア・デイ・ミラーコリ聖堂［図43参照］にも用いられて

いる。しかし、左右非対称の立面構成には、ルネサンス様式よりもむしろゴシック様式のカ・ドーロからの影響がうかがえる。

カ・デル・ドゥーカから続くルネサンス様式のパラッツォとしては、マウロ・コドゥッシの設計によって1480年頃に着工されたパラッツォ・コルネル＝スピネッリ［図71］と、1500年頃に着工されたパラッツォ・ヴェンドラミン＝カレルジ［図25参照］が挙げられる。これらはいずれもカナル・グランデに面した三層構成で左右対称のファサードをもつ。前者については、第一層が滑面仕上げとなっており、角にはイオニア式の片蓋柱が設けられている。カ・デル・ドゥーカのようなダイヤモンド仕上げとはなっていないが、コドゥッシはすでにサン・ミケーレ・イン・イーゾラ聖堂ファサードでも滑面仕上げを試みている。一方、第二層と第三層ではいずれも半円アーチによる二連窓が中央に二つ、両脇に一つずつ、そして角にはコリント式の片蓋柱が設けられている。また、トンドが所々に設置されているけれども、カ・ダリオに比べると、装飾は控えめになっている。二連窓にはまだ中世の名残がうかがえるものの、全体としてはアルベルティのパラッツォ・ル

465

解説・論考・付録

図72　ドイツ人商館、ヴェネツィア

図71　マウロ・コドゥッシ、パラッツォ・コルネル＝スピネッリ、ヴェネツィア

チェッライのヴェネツィア版とみなすことができよう。

　パラッツォ・ヴェンドラミン＝カレルジのファサードについても第一層から順に見ていくと、ここでは滑面仕上げは用いられておらず、対をなす片蓋柱によって壁面が分節されている。中央の出入口の両脇には二連窓が設けられており、パラッツォ・コルネル＝スピネッリの第一層と比べると、開放的なつくりとなっている。次に第二層と第三層ではいずれも第一層のときと同じ二連窓が中央に三つ、両側に一つずつ並んでいる。そして、中央部の柱間三つは一本の円柱で分節されているのに対し、中央部の柱間と両側の柱間との境目や、ファサード両端では対の円柱が使用されている。第一層でも同様の柱のリズムによって壁面が分節されていたため、垂直方向にみると、オーダーが積み重ねられていることがわかる。けれども、第二層と第三層では片蓋柱が円柱に置き換えられて、半円アーチの二連窓と隣接することによって、凱旋門モティーフのような効果を生み出し、モニュメンタルな印象を与えることに成功している。

　次にリアルト橋のすぐそばにあるドイツ人商館〔フォンダコ・デイ・テデスキ〕[21]［図72］[22]についてみると、カナル・グランデに面したファサードは、左右対称の三層あるいは四層構成である。この建物は1505年のリアルト地区の火災ののちに再建されたものであり、ジョ

ルジョ・スパヴェントの設計によって着工されたが、フラ・ジョコンドが彼に助言を与えた可能性が高い。[23] このフォンダコのファサードでは、同時代のパラッツォ・ヴェンドラミン＝カレルジのファサードに比べると、装飾が極端なまでに抑えられている。この建物の重要性を勘案すると、美術様式や個人の手法といった表現性に乏しいのは経済的な事情によるものかもしれないが、集中式平面の整然とした中庭によってのみ、ルネサンス建築の特徴が確認できるといっても過言ではない。

　以上のパラッツォは、セルリオがヴェネツィアに移住した1527年から、『第四書』が刊行された1537年までのあいだに実見することができたものである。セルリオは『第四書』を出版するにあたって、バルダッサーレ・ペルッツィから受け継いだ建築図面には見られなかったヴェネツィアやヴェネト地方の建築図面を新たに多く追加しているが、それらは既存の建築であったのか、あるいはセルリオが新たに考案した建築であったのか。次節では、『第四書』に掲載されたパラッツォの立面図について、既存の建築との比較検討を試みる。

3.『第四書』に見られる
ヴェネツィア風のパラッツォ

『第四書』にヴェネツィア風のパラッツォの立面図が登場するのは、ドーリス式オーダーに関する第6章で三点と、コリント式オーダーに関する第8章で一点のみである。トスカーナ式オーダーが扱われた第5章では、具体的な応用例は市門の類いに限定されており、それらはいずれも一層のみで構成されている。セルリオは、円柱を伴わないルスティカ仕上げもオーダーとみなしてトスカーナ式に分類しており、ここで掲載された立面図のいくつかには、マントヴァのジュリオ・ロマーノの建築や、ヤコポ・サンソヴィーノが設計した造幣局［図73］やパラッツォ・コルネル・デッラ・カ・グランデの第一層との類似性が確認できる。

ただし、サンソヴィーノの建築が着工されたのは、いずれも『第四書』の出版とほぼ同じ時期であるため、セルリオが主に参考にしたのはジュリオ・ロマーノの建築であろう。もっともルスティカ仕上げは、ローマやフィレンツェにも多く見られるけれども、セルリオがヴェネツィア移住以降に第5章についても多くの図版を新たに追加したことは間違いない。ここではサンソヴィーノとセルリオのどちらが最初にヴェネツィアにルスティカ仕上げをもたらしたかということよりも、前者は実作という形で、後者は理論書という形で、ブラマンテ風ないしはローマ風の盛期ルネサンス様式をもたらしたことが重要である。

また、イオニア式オーダーについて論じられた第7章では、二層以上からなるパラッツォの立面図は二点（44頁おもて面［図4-74］・45頁おもて面［図4-76］）しか掲載されていない。これらは第6章で取り上げられたパラッツォと似てはいるものの、ヴェネツィア風のパラッツォであるとは説明されていない。さらに、コンポジット式オーダーが扱われた第9章では、二層以上からなるパラッ

図73　ヤコポ・サンソヴィーノ、造幣局、ヴェネツィア

ツォの立面図が全くないのである。以下では、第6章の三点と第8章で一点のヴェネツィア風のパラッツォの立面構成を分析することを試みる。

(1) 34頁おもて面のパラッツォの立面図

第6章で二層構成や三層構成の立面図がいくつも掲載された理由は、ローマにはドーリス式オーダーが使用されて多層で構成されたコロッセウムやマルケルス劇場のような古代建築はもとより、ルネサンス建築についても多くの例が知られていたからだろう。第6章にはヴェネツィア風のパラッツォとして、三点の立面図（34頁おもて面［図4-52］・35頁おもて面［図4-54］・36頁おもて面［図4-56］）が示されている。フィラレーテの『建築論』にも見られたように、35頁おもて面と36頁おもて面の立面図は、いずれも波打つ水面上に描かれている。一方、34頁おもて面の立面図［図74］は平らな地面の上に描かれているため、陸上の一般的な都市にも適用してもよさそうに見えるが、ヴェネツィアの場合でも広場に面したファサードには、このようなロッジャが設けられることも多い。実際にこの立面図は、1537年の『第四書』の出版と同年に着工されたサンソヴィーノの図書館の立面構成と非常によく似ており、セルリアーナが用いられていることに気づく。むろん、この開口部はブラマンテやラファエロも使用しており、古代や中世にもいくつかの例が知られていた。

ヤコポ・サンソヴィーノはフィレンツェの出身

解説・論考・付録

図74　ヴェネツィア風のパラッツォ立面図、セルリオの建築書『第四書』（34頁おもて面［本書276頁］）

で、セルリオと同じ時期にローマで仕事をしており、両者はともに1527年のローマ劫掠以降にヴェネツィアに移住した。すなわち、両者はいずれも古代ローマやブラマンテの建築に精通していたのである。34頁おもて面のパラッツォの立面構成についてみると、第一層は半円アーチとドーリス式の半円柱を組み合わせたロッジャで開放されており、フリーズにはトリグリフが設けられている。そして、三角形のペディメントを頂く中央入口の両側には店舗が構えられている。これらの店舗の半月状の開口部は、縦に三分割された浴場窓であり、ローマから新しく導入されたモティーフである。この34頁おもて面のパラッツォの立面図には、今まで見てきたようなヴェネツィア15世紀建築との共通点は見出しがたい。サンソヴィーノの図書館と同様に、完全な盛期ルネサンス、すなわち古代風の建築となっている。

さらに興味深い点は、セルリオがこの立面図をヴィチェンツァのパラッツォ・デッラ・ラジョーネの設計競技のときに提出したことである。[27] この設計競技でアンドレア・パラーディオが勝者となったことは周知のとおりであり、むろんパラー

ディオのバシリカは、セルリアーナを含めてセルリオの34頁おもて面の立面図やサンソヴィーノの図書館の影響を受けている。[28]

(2) 35頁おもて面のパラッツォの立面図

35頁おもて面の立面図［図75］についてみると、全体は左右対称の三層構成でおおむね五つの柱間からなり、中央部の頂上には宗教建築のごとき大きなペディメントが設けられているのが特徴である。前述のように、水面に接した部分は波のような曲線で描かれ、正面入口前方には二段の階段が見られる。ルネサンスのパラッツォでは、陸上からアプローチする場合には、34頁おもて面の立面図のように正面入口は地面と同じレベルに設けられる。

この第一層の壁面仕上げについて、セルリオはテクストでは何も説明していないが、図面からは全体的にルスティカ仕上げとなっていることがわかる。[29] 第二層と第三層についてみると、セルリオの説明によれば、このパラッツォの第二層の階高は第一層の階高と等しく、第三層の階高は第二層の階高よりも1/4低いという。五ベイからなる第二層の壁面の分割法については、全体を24部としてから、円柱底辺の幅に1部、中央のベイに6部、両脇のベイに3部を割り当てる（$1×6+3×4+6×1=24$）。第三層についてもほぼ同様の比例関係にしたがっているが、階高が1/4減少することに伴い、円柱の幅も1/4減少する。第二層と第三層では、ともにドーリス式オーダーの片蓋柱が使用されている。オーダーの積み重ねといえば、コロッセウムのように細身のオーダーを上にする方が一般的であるが、このパラッツォでは第一層以外はほぼドーリス式で統一されている。屋根裏部屋にあたるペディメントをそなえた第四層の簡略化されたドーリス式のような柱型が、オーダーに相当するのかは不明である。トリグリフをそなえた本格的なドーリス式のフリーズは、第二層のみに限定されていることから、この層にはピアノ・ノービレとしての格の高さが表現されていると読みとれる。

最後に第四層を見てみよう。宗教建築のごとき大きなペディメントがパラッツォのファサード中央頂上に設けられるのは、ルネサンス以降である。前節で取り上げたマウロ・コドゥッシによるパラッツォ・コルネル＝スピネッリは15世紀の例であるが、ペディメントをそなえた屋根裏部屋が増築されたのは17世紀になってからである。すなわち、パラッツォのファサード中央頂上にペディメントを設けたのは、おそらくセルリオが最初であり、以降はセルリアーナともに普及したと考えられる。ペディメントは宗教建築を特徴づける重要な要素であり、後にパラーディオのヴィッラのシンボル的な要素にもなったことと勘案するなら、セルリオのこのファサードの新奇性は注目に値する。

それから開口部に着目すると、第一層の正面入口は大きな半円アーチである。一方、窓は上下二列ともに矩形であるが、開口部上部にはアーチの場合と同様に要石が設けられている。なおアーチの内部に円筒ヴォールト天井が見られるが、セルリオは立面全体を正射影で描きながら、開口部に奥行きがあるように透視図法で描くことがしばしばある。第二層中央の柱間ではセルリアーナが使用されており、第三層中央の柱間でも、同じような開口部となっている。ただし、第三層ではアーチ両脇の開口部が柱と楣ではなく、アーチとなっている。また、両脇の四つの柱間についても、それぞれの中央のアーチ両脇は壁で閉ざされているが、第三層のこれらもセルリアーナの変種とみなすことができる。

さらに円窓がペディメントのみならず、第二層でも異なった形で使用されている点にも着目してみたい。円窓は時代や地域を問わず、宗教建築の場合はドームやドラム、ペディメントなどのいたる箇所で使用されるものの、ルネサンスのパラッツォに使用されることは少なかった(30)。しかし、ヴェネツィアのパラッツォに関しては、前述のカ・ダリオのように、円形のパネル（トンド）がしばしば用いられていたことには注意しなければならない。それゆえ、35頁おもて面のパラッツォの立面図では、ヴェネツィアのパラッツォと宗教建築の両方が参考にされた可能性が考えられる。

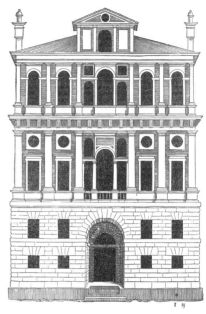

図75　ヴェネツィア風のパラッツォ立面図、『第四書』（35頁おもて面［本書278頁]）

(3) 36頁おもて面のパラッツォの立面図

この立面図［図76］には35頁おもて面の立面図と共通する点が多く、全体は左右対称の三層構成でおおむね五つの柱間からなるが、中央部の頂上に屋根裏部屋やペディメントは設けられていない。第一層から順に見ていくと、壁面全体はルスティカ仕上げとなっており、開口部についても中央のアーチ上部両脇に矩形の窓が追加されている以外は、ほぼ同じである。ただし、ここではわずかながら中央部の壁面が突出しており、さらに35頁裏面の平面図［図4-55］からは、第二層ではバルコニーが張り出していることがわかる。バルコニーは、ヴェネツィアのパラッツォでは中世から採用されており、祝祭などを見学するには好都合であることはセルリオも説明している。

次に第二層と第三層についてみると、いずれも中央の柱間にはセルリアーナ、第二層の両脇の柱間では下に矩形の窓、上に円窓、第三層の両脇の柱間では半円アーチの窓が使用されているという点では、35頁おもて面の立面図とよく似ている。

解説・論考・付録

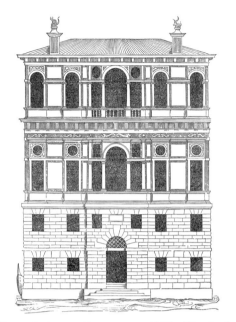

図76　ヴェネツィア風のパラッツォ立面図、『第四書』（36頁おもて面［本書280頁］）

図77　ヴェネツィア風のパラッツォ立面図、『第四書』（56頁おもて面［本書311頁］）

しかし、第二層ではトリグリフをそなえたドーリス式のフリーズが設けられているにもかかわらず、階高を決定する大きなオーダーは、第二層と第三層のいずれにも採用されていない。ただし、第三層ではセルリアーナやその他の開口部でイオニア式オーダーが採用されたことによって、装飾は豊かになっている。また、第二層の円窓の周囲や、第三層のアーチ上部の壁面に着目すると、色大理石のパネルないしはそれに似せた仕上げが施されている。セルリオは、バルコニーの実用的な役割のみならず、装飾としての美的な役割にも言及しており、そうした意味でこの36頁おもて面のパラッツォは、今まで見てきたヴェネツィアのパラッツォのなかでは、最もヴェネツィア風であるといえよう。

(4) 56頁おもて面のパラッツォの立面図

セルリオがヴェネツィア風のパラッツォを説明するにあたって、おもにドーリス式オーダーの例として取り上げたのは、サンソヴィーノと同様に、ヴェネツィアに古代ローマ風またはブラマンテ風の様式を導入したかったからと説明することはできる。一方、イオニア式オーダーのパラッツォに関しては、多層構成の立面図が少なかったことから考えると、ヴェネツィア風であることとは無関係に、イオニア式を単独で幾層にもわたって使用することは稀だったのだろう。

コリント式オーダーが扱われた第8章では、二層以上からなるパラッツォの立面図として四点が掲載されているが、ヴェネツィア風のパラッツォは56頁おもて面（本書311頁）のみである。第8章にヴェネツィア風のパラッツォの図面を掲載した理由として、ヴェネツィアではコリント式オーダーが好まれていたからと、セルリオは語っている。この立面図［図77］の全体は、左右対称の三層構成でおおむね七つの柱間からなるが、中央部の頂上にペディメントを備えた屋根裏部屋が設けられているため、35頁おもて面の立面図のコリント式版であるともいえる。

第一層から順に見ていくと、ルスティカ仕上げは施されておらず、基壇へと至る階段の幅は中央の柱間三つと同じで広くとられている。そして、基壇の上はコリント式の円柱ないしは付柱で壁面

470

が分節され、出入口が設けられた中央の柱間を除いた各柱間では、上下に矩形の窓が規則的に並んでいる。なお、このパラッツォでは半円アーチがまったく使われていない点は強調しておきたい。なぜなら、今まで見てきたように、15世紀後半のヴェネツィアのパラッツォでは、半円アーチによる開口部が主流だったからである。

次に第二層と第三層では、いずれも中央の柱間三つにバルコニーが設けられた実に開放的なファサードとなっている。ピアノ・ノービレにあたる第二層では階高が高くなることもあって、開口部には三角形や櫛形のペディメントが設けられているが、35頁おもて面の立面図において、ペディメントは中央頂部の屋根裏部屋にしか見られなかったことが想起される。さらに第四層についてみると、中央頂部のペディメントは柱間三つの上に載っているため、35頁おもて面の立面図のペディメントよりもいっそう目立つのである。ペディメントは神殿のような宗教建築を想起させる部位であることから、セルリオはこのパラッツォに何か特別な意味をもたせたかったのではと推測したくなるが、次の説明は注目に値する。

この建物はヴェネツィアの〔パラッツォの〕慣習に適合するのみならず、ヴィッラとしても実にふさわしく、非常に見栄えがよいだろう。もしヴィッラとして建てるのであれば、地上から〔基壇を〕高く上げるほどいっそう存在感が増し、地下室もいっそう快適なものとなるだろう。

セルリオは、ここではペディメントに直接言及しているわけではないが、このパラッツォはヴィッラにも応用が可能であると述べている。その場合、おそらく敷地としてはヴェネツィアの後背地（テッラフェルマ）が想定されていて、地下室をつくることには何も問題はないが、ヴィッラは広大な敷地に低層で建てられるのが一般的である。セルリオは三層構成のままにすべきか、または単層か二層に減らすべきかについては何も説明していない。けれども、たとえヴィッラとして低層につくり直す必要に迫られたとしても、大きなペディメントを頂く第四層をあえて取り除く理由はない。セルリオは、ヴィッラの特徴が眺望を考慮した開放的なつくりであることを念頭に置いていたことは間違いないが、ペディメントはパラッツォとヴィッラのいずれにも使用できることが暗示されている。

4. おわりに

『第四書』にヴェネツィア風のパラッツォの立面図が掲載されたのは、セルリオがヴェネツィアに移住してから同地の建築を学んだ結果であることは間違いない。けれども、セルリオはヴェネツィアのパラッツォの慣習である三列構成の平面や、開口部の多い立面、屋根の上の大きな煙突などを参考にすることはあっても、ゴシック建築の特徴である尖頭アーチによる開口部や、連続するフィニアル（屋根飾り）を採用することはなかった。さらにフィラレーテの『建築論』や、マウロ・コドゥッシ設計のパラッツォに見られる二連窓についても同様であり、それらは古代ローマやブラマンテの建築を学んだセルリオにとって、もはや時代遅れのように思われたにちがいない。すなわち、セルリオはヴェネツィアの生活習慣を変えることなく、オーダーやセルリアーナのような意匠面でローマ風の新しい様式を導入したのである。

しかしながら、パラッツォのファサードに大きなペディメントを採用したことについては、ヴェネツィアの中世以来の伝統とも、ローマの盛期ルネサンスとも無関係である。むろん、『第四書』が出版されたのちにも、ヴェネツィアのパラッツォで目立つようなペディメントが採用されることはほとんどなかった。それでもペディメントを備えたパラッツォは、ヴィッラにも応用が可能と示唆したことには大きな意義があったと思われる。ペディメントは本来、宗教建築に特有の部位であったが、セルリオはビルディングタイプに限定されることなく、デザインの多様性を目指したと評価したい。のちにセルリオは『第六書』にヴィッラ

471

解説・論考・付録

の図面を多く掲載することになる。そのなかには
中央頂部に大きなペディメントが使用され、宗教
建築のようなファサードを備えた郊外型住宅の例
（21頁おもて面）も見られるのである。[31]

『第四書』では宗教建築の例が二点取り上げら
れていて、いずれの立面図にもペディメントが描
かれている。セルリオは宗教建築については『第
五書』でまとめて論じる計画であったため、『第四
書』ではあくまでもオーダーの適用例として、バ
シリカ式平面（54頁おもて面［図4-93]）と集中
式平面（58頁おもて面［図4-100]）の二つに代表
させたのだろう。後者にはドームが描かれている
が、さすがにセルリオはパラッツォにまでドーム
を採用することはなかった。パラーディオが『建
築四書』を執筆するにあたって、セルリオの建築
書を参考にしたことはいうまでもないが、実際の
建築作品についてもその影響はセルリアーナだけ
にとどまるものではない。ペディメントを備えた
パラッツォから、ペディメントを備えたヴィッラ、
そしてドームとペディメントをそなえたヴィッラ、
すなわちラ・ロトンダへと発展してゆくには、セ
ルリオの建築書『第四書』におけるヴェネツィア
風のパラッツォの立面図が不可欠であったにちが
いない。

註

1　本稿は次の原稿に、その後大幅な加筆修正を加え
たものである。飛ヶ谷潤一郎「セルリオの建築書
『第四書』のヴェネツィア風パラッツォ（cc. 34v
-35r）について」『日本建築学会大会学術講演梗
概集：建築歴史・意匠』2015年、155-156頁。

2　イタリア・ルネサンスの住宅建築については、
C. L. Frommel, "Living *all'antica*: Palaces and
Villas from Brunelleschi to Bramante", in *The
Renaissance from Brunelleschi to Michelangelo*,
ed. by H. A. Millon & V. M. Lampugnani, Milano,
1994, pp. 183-203 を参照。

3　芸術のパトロンとしてのコジモ・デ・メディチに
ついては、*Cosimo 'il Vecchio' de' Medici 1389-
1464*, ed. by F. Ames-Lewis, Oxford, 1992 と、
D. Kent, *Cosimo de' Medici and the Florentine
Renaissance*, New Haven, 2000 を主に参照。メ
ディチ家については日本語で読むことのできる

文献も多く、コジモにも必ず言及されている。エ
ルンスト・H・ゴンブリッチ「藝術のパトロンと
しての初期メディチ家」『規範と形式：ルネサン
ス美術研究』岡田温司・水野千依訳、中央公論美
術出版、1999年、第4章；森田義之『メディチ家』
講談社現代新書、1999年；石鍋真澄『フィレン
ツェの世紀：ルネサンス美術とパトロンの物語』
平凡社、2013年などが挙げられる。

4　ミケロッツォについては、ヴァザーリ「ミケロッ
ツォ」芳野明訳『美術家列伝』第2巻、中央公論
美術出版、2020年、193-240頁と、M. Ferrara &
F. Quinterio, *Michelozzo di Bartolomeo*, Firenze,
1984; *Michelozzo scultore e architetto (1396-
1472)*, ed. by G. Morolli, Firenze, 1998を主に参
照。日本語文献としては、石川清「フィレンツェ
初期ルネサンスの建設活動におけるミケロッ
ツォ・ディ・バルトロメオの役割」『地中海学研
究』12号、1989年、77-100頁が挙げられる。

5　パラッツォ・ルチェッライについては、B. Preyer,
"The Rucellai Palace", in *Giovanni Rucellai e il
suo Zibaldone*, vol. II, ed. by A. Perosa, London,
1981, pp. 156-225を主に参照。

6　クローナカについては、ヴァザーリ「クローナ
カ」飛ヶ谷潤一郎訳『美術家列伝』第3巻、中央
公論美術出版、2015年、219-230頁を主に参照。

7　パラッツォ・ストロッツィについては、*Palazzo
Strozzi: Cinque secoli di arte e cultura*, ed. by G.
Bonsanti, Firenze, 2005を主に参照。

8　ウルビーノについては、F. P. Fiore, "Siena e
Urbino", in *Storia dell'architettura italiana: Il
Quattrocento*, ed. by F. P. Fiore, Milano, 1998, pp.
272-313を主に参照。ピエンツァについてはC.
R. Mack, *Pienza: The Creation of a Renaissance
City*, Ithaca, N. Y., 1987のほか、N. Adams,
"Pienza", in *Storia dell'architettura italiana: Il
Quattrocento*, ed. by F. P. Fiore, pp. 314-329を主
に参照。

9　コドゥッシについては、L. Olivato & L. Puppi,
Mauro Codussi, Milano, 1977を参照。

10　ヴェネツィア建築史については、D. Howard,
The Architecturl History of Venice, New Haven,
2002 と、E. Concina, *Storia dell'architettura
di Venezia dal VII al XX secolo*, 3rd ed., Milano,
2004. 日本語で読むことのできる文献も多く、と
りわけ陣内秀信による多くの著作があり、一例と
して陣内秀信『水都ヴェネツィア：その持続的
発展の歴史』法政大学出版局、2017年を挙げて

おく。ヴェネツィア・ルネサンス建築について
は、M. Tafuri, *Venezia e il Rinascimento*, Torino,
1985のほか、15世紀を対象としたJ. McAndrew,
Venetian Architecture of the Early Renaissance,
Cambridge, Mass., 1980や、R. J. Goy, *Building
Renaissance Venice: Patrons, Architects and
Builders c. 1430-1500*, New Haven, 2006などが
ある。

11 セルリアーナに関する研究としては、S.
Wiliński, "La serliana", *Bollettino del Centro
Internazionale di Studi di Architettura Andrea
Palladio*, vol. 11, 1969, pp. 399-429; K. de Jonge,
"La serliana di Sebastiano Serlio", in *Sebastiano
Serlio*, ed. by C. Thoenes, Milano, 1989, pp. 50-
56 を参照。

12 ヴェネツィア・ゴシック建築については、E.
Arslan, *Venezia Gotica*, Milano, 1986、統領宮殿
については、*Palazzo Ducale: storia e restauri*,
ed. by G. Romanelli, Verona, 2004、カ・ド・ー
ロについては、R. J. Goy, *The House of Gold*,
Cambridge, 1992を主に参照。

13 アッカーマンは、開放的な造りのトルコ人商館
がヴェネト地方のヴィッラに影響を及ぼした可
能性を示唆している。J. S. Ackerman, "Sources
of the Renaissance Villa", in *Distance Points*,
Cambridge, Mass., 1991, pp. 303-324を参照。

14 フランチェスコ・スフォルツァ（Francesco Sforza
1401–66年）は傭兵隊長として活躍し、1450年
にミラノ公となった。

15 フィラレーテの大施療院については、E. S.
Welch, *Art and Authority in Renaissance Milan*,
New Haven, 1995, pp. 117-166 を参照。『建築
論』のテクストとしては、Antonio Averlino detto
il Filarete, *Trattato di architettura*, ed. by A. M.
Finoli & L. Grassi, Milano, 2 vols, Milano, 1972
を主に使用した。

16 15世紀のミラノにおけるルネサンス建築の導入
については、*Florence and Milan: Comparisons
and Relations*, 2 vols, ed. by C. H. Smyth & G.
Garfagnini, Firenze, 1989を主に参照。15世紀ミ
ラノのルネサンス建築については、ブラマンテの
みに限っても多くの研究があるが、概説書とし
ては、L. Patetta, *L'architettura del Quattrocento
a Milano*, Milano, 1987と、L. Giordano,
"Milano e l'Italia nord-occidentale", in *Storia
dell'architettura italiana: Il Quattrocento*, ed. by
F. P. Fiore, pp. 166-199を主に参照。

17 Filarete, ed. by A. M. Finoli & L. Grassi, tav. 124
(fol. 169*v*)を参照。

18 *Ibid.*, pp. 227-228を参照。

19 これらのパラッツォについては、それぞれL.
Olivato & L. Puppi, *Mauro Codussi*, pp. 203-206,
221-226を参照。

20 サン・ミケーレ・イン・イーゾラ聖堂については、
ibid., pp. 177-183を参照。この聖堂ファサードに
は、未完の終わったアルベルティによるリミニの
テンピオ・マラテスティアーノの影響が指摘され
る。

21 リアルト地区とリアルト橋については、D. Calabi
& P. Mirachiello, *Rialto: le fabbriche e il ponte*,
Torino, 1987を参照。1505年のリアルト火災後
の市場復元計画については、飛ヶ谷潤一郎『盛期
ルネサンスの古代建築の解釈』中央公論美術出
版、2007年、第5章、179–217頁を参照。

22 ドイツ人商館については、M. Morresi, "Venezia
e il dominio dell città", in *Storia dell'architettura
italiana: Il Quattrocento*, ed. by F. P. Fiore, pp.
200-241を参照。

23 ジョルジョ・スパヴェント（Giorgio Spavento
1440頃–1509年）はヴェネツィアで活躍した建
築家で、リアルト橋の近くにあるとしてサン・サ
ルヴァドール聖堂が代表作として挙げられる。

24 J. S. Ackerman, "The Tuscan/ Rustic Order:
A Study in the Metaphorical Language of
Architecture", in *Distance Points*, pp. 495-545を
参照。

25 サンソヴィーノについては、ジョルジョ・ヴァ
ザーリ「ヤコポ・サンソヴィーノの作品の記述」
森田義之・越川倫明訳『美術家列伝』森田義之他
監修、中央公論美術出版、2022年、第6巻、232
–272頁を参照。

26 セルリアーナが使用された古代建築の例として
はティヴォリのヴィッラ・アドリアーナのカノー
プス、中世建築の例としてはパドヴァのサンタ・
ジュスティーナ聖堂のサン・プロスドチモ祈禱所
（5–6世紀）などが挙げられる。

27 ヴォルフガング・ロッツ「都市計画家としてのパ
ラーディオに関する省察」『イタリア・ルネサン
ス建築研究』飛ヶ谷潤一郎訳、中央公論美術出版、
2008年、344–349頁を参照。

28 セルリオがパラーディオに及ぼした影響につい
ては、S. Wilinski, "Sebastiano Serlio e Andrea
Palladio", *Bollettino del Centro Internazionale
di Studi di Architettura Andrea Palladio*, vol.

解説・論考・付録

6, 1964, pp. 131-143 と、S. Frommel, "Serlio e Palladio: un incontro assai probabile e le sue implicazioni", in *Palladio*, ed. by F. Barbieri *et al.*, Venezia, 2008, pp. 68-73 を主に参照。前者ではバシリカの立面構成に見られる『第四書』の影響、後者ではいくつものヴィッラの平面形態における『第六書』や『第七書』との類似性が指摘されている。

29　ブラマンテが設計したローマのパラッツォでルスティカ仕上げが用いられた例としては、20世紀に取り壊されたパラッツォ・デイ・カプリーニ（ラファエロの家）や、初層の一部のみで未完に終わったパラッツォ・デイ・トリブナーリなどが挙げられる。

30　ブルネレスキによるフィレンツェのパラッツォ・デッラ・パルテ・グエルファ第二層の一番上に円窓の並びが見られるが、他のパラッツォにはあまり普及しなかった。このパラッツォについては、A. Bruschi, Filippo *Brunelleschi*, Milano, 2006, pp. 148-151を参照。フィラレーテ『建築論』では、建築家の家や、イドロールまたは水の家にしばしば円窓が採用されているが、これらはヴェネツィアの伝統に従ったものと考えられる。それぞれ、Filarete, ed. by A. M. Finoli & L. Grassi, tav. 115 (fol. 151*r*) & tav. 121 (fol. 161*r*)を参照。

31　飛ヶ谷潤一郎「セルリオの建築書『第六書』（ミュンヘン手稿）の「都市郊外におけるきわめて高名な君主の家について」（cc.19v–21r）」『日本建築学会大会学術講演梗概集：建築歴史・意匠』2022年、591–592頁を参照。

論考2

セルリオの建築書『第四書』にみる対概念の共存と「判断力」
ペルッツィとウィトルウィウスを乗り越えて[1]

1. はじめに

　セバスティアーノ・セルリオの建築書『第四書』[2]は、五つの建築オーダーを図版とともに体系的に説明した最初の建築理論書としてきわめて重要である。セルリオが設計した建築作品は少ないけれども、著作である建築書は各国語に翻訳される[3]ほど実際に有名になった。しかしながら、当時のイタリアでこの書にいささか否定的な評価が下されたのは、彼がバルダッサーレ・ペルッツィの建築素描を借用している[4]ため、独創性に乏しいとみなされたからであった。[5]1540年にセルリオがフランスに移住する前にイタリアで出版された『第四書』と『第三書』のうち、『第三書』に掲載された建築図面の大半は既存の古代建築に基づいているのに対し、少なくとも『第四書』には明らかにセルリオ自身による計画案が大半を占めていることを考えると、当時の批判は妥当であるとは言い難い。現代の研究者は、セルリオがペルッツィの剽窃をしたことについては否定的であること[6]はいうまでもないが、ペルッツィとセルリオとの関係に関する研究には、しばしば「遺産」に相当する言葉が使われているのも事実である。[7]

　そこでこの論考では、『第四書』にうかがえるペルッツィからの遺産よりも、むしろセルリオ独自の新規性を明らかにすることを主な目的とする。従来の建築書とは異なるセルリオの建築書の重要性は、むろん『第四書』やその他の巻の冒頭に掲載されたセルリオの友人たちによる紹介文に記されている。[8]また、セルリオが『第四書』で五つのオーダーを最初に確立し、それがのちの建築書の手本とされたことは、現代の研究者にはもはや定説とみなされているかもしれないが、[9]『第四書』にはほかにも多くの新しい要素が見出せることを指摘する意義はあるにちがいない。

　そのために以下の第2節から第4節では、セルリオの独創性とみなしうる根拠をそれぞれ提示するつもりである。第2節では、まず『第四書』におけるペルッツィに関する言及について検討し、[10]それらから読みとれるセルリオ独自の歴史観や、諸芸術間における優劣の問題、すなわち絵画対彫刻の比較論争(パラゴーネ)[11]の一端を明らかにする。セルリオはレオン・バッティスタ・アルベルティ(1404–72年)より後、ジョルジョ・ヴァザーリ(1511–74年)より前の、稀なる建築家、画家、そして歴史家でもあったことを提案したい。

　次の第3節では、『第四書』のタイトルにも登場するウィトルウィウス[12]との関係について、特にコンポジット式とトスカーナ式の二つのオーダーに焦点を当てて考察する。セルリオ以前の盛期ルネサンス建築にもこれらのオーダーは使用されていたが、ウィトルウィウスの規則から逸脱した要素がしばしば見られるため、セルリオがペルッツィの強い影響下にあったなら、どちらが正しいのかについても熟慮していたと思われるからである。セルリオの建築オーダーについては、ギュンターやオナイアンズによる研究[13]で包括的に論じられており、パヴェルによるルネサンスにおけるコンポジット式オーダーの研究[14]でもセルリオが大きな役割を果たしたことが示されている。また、セルリオによるトスカーナ式とルスティカ式の同一視については、アッカーマンによる優れた研究がある。[15]本論考もそれらの成果に多くを負っているが、本節では柱頭のような細部よりも、オーダーや建物全体の設計手法に着目し、コンポ

解説・論考・付録

表3 『第四書』におけるペルッツィに関する記述の概要

章	頁	主な内容
序	4頁［本書241頁］	ペルッツィへの謝辞
	5頁おもて面［本書241頁］	ペルッツィへの謝辞
第6章	26頁裏面［本書269頁］	ペルッツィによるトリグリフと軒持送りの組み合わせの考案の事例紹介
第11章	69頁裏面［本書330頁］	ペルッツィによるローマの邸館外壁の壁画の称讃
	70頁おもて面［本書331頁］	ペルッツィによるヴィッラ・ファルネジーナ「透視図法の間」の称讃
	70頁おもて面［本書332頁］	ペルッツィによる舞台背景の称讃

ジット式はその名のとおり「複合（コンポジット）」でつくられ、トスカーナ式は「混淆（ミストゥーラ）」でつくられることから、イタリア起源の両者に見られる類似性と新規性を強調したい。

最後の第4節で注目するのは、セルリオの建築書全体に頻出する「粗野（ルスティカ）」と「洗練（デリカータ）」などのいくつかの対概念の共存と、そのいずれかを選択したり融合したりする際の「判断（力）（ジュディチオ）(16)」である。これらの美的概念については、ペインの研究で主に装飾という観点から幅広く論じられているが、装飾とは直接関係のないウィトルウィウスの「用」や「強」に相当する概念までは扱われていない。ハートとヒックスによるセルリオの建築書の英語訳における用語集で簡潔に説明される程度に(18)とどまっている。「判断」という用語についても、前述のオナイアンズによる建築オーダーの研究で扱われてはいるが、セルリオのフランス移住後の体験が強く反映された『第七書』における用例が中心となっている。(19) そこで本節では、セルリオのローマでの建築体験に基づいた『第四書』を対象に、前述の相反する美的概念から正しい選択をするときには、「判断力」が重要となることをいくつかの具体例とともに示すつもりである。こうした「判断」の根拠を図版とテクストでわかりやすく示したのは、むろんセルリオが最初であった。

2.『第四書』における ペルッツィに関する記述

まずは『第四書』におけるペルッツィに関する記述の概要を表3として示す。全体としては6箇所で、内容的には「序」「第6章」「第11章」の三つに大きくまとめることができる。それでは、それぞれの記述をはじめから順に章ごとに検討してみたい。

(1) 序における記述

序文にあたる「セバスティアーノ・セルリオからフェッラーラ公エルコレ2世への献辞」と「著者から読者諸氏へ」では、師であるペルッツィへの謝意がそれぞれ次のように表明されている。なお、前者ではローマやヴェネツィアなどで活躍中の同時代のさまざまな美術家にも言及されているが、(20) 後者で言及されているのはペルッツィのみである。

> わが師バルダッサーレ〔・ペルッツィ〕・ダ・シエナを通じて、神のご加護によって私に授けられたわずかなきらめきからですらも何らかの光明が生じるとしたら、この当代を明るく照らす他の者たちからは、多くの太陽から生じたかのような無数の光明が期待できるのではないかということです。とりわけ、これらの卓越した建築家たちは立派な天賦の才のみならず、気立てのよい高貴な君主のご援助やご好意によっても多くの能力を最大限に発揮することができるからです。
>
> （4頁［本書241頁］）

本書にすばらしいと感じるものを見つけることができたなら、それは何であれ、私の功績

476

ではなく、わが師であるバルダッサーレ・ペルッツィ・ダ・シエナの功績として称讃すべきものです。というのも、彼はこの〔建築という〕技芸の理論と実践の両面にきわめて精通しているのみならず、建築に関心を抱く者には誰にでも懇切丁寧に教えてくれたからであり、ことに私は彼から最大限の恩恵を被ったからです。私が知っているものは、ほとんどすべて彼が親切に教えてくれたものです。私も彼が示す手本を使わせてもらいますので、私から習うことを軽蔑しなくてもよいでしょう。　　　　　　（5頁おもて面〈本書241頁〉）

これらの謝辞は、1537年に出版される直前、前年のペルッツィの死後に執筆された可能性が高い。『第四書』は1528年の段階である程度完成していたにもかかわらず、出版が遅れたのは、その後の北イタリアでの建築に関する情報が更新されたからにちがいないが、師に対する率直な感謝の思いに変わりはないといってよいだろう。さらにここで注目すべき点は「著者から読者諸氏へ」における最後の部分の記述である。「私は彼の示す手本を使わせてもらっている」というのは、セルリオがペルッツィの描いた建築図面を借用しているという告白にほかならない。アルベルティなどによる従来の建築書とは異なる点として、『第四書』は建築家にとっての実用書として、少なくとも図版が重視されていることは読みとれる。

（2）第6章における記述

次にドーリス式オーダーが扱われた第6章における記述をみてみよう。ここではペルッツィが設計したローマのパラッツォ・フスコーニ・ダ・ノルチャにおけるドーリス式戸口のフリーズについて説明されているが、このパラッツォはのちに大きく改築されたため、ペルッツィの痕跡はわずかしかとどめていない。それでも、セルリオがこの建物の一部分であるとはいえ、戸口の詳細図［図78］を掲載して解説してくれたのは幸いであった。

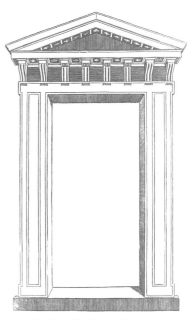

図78　トリグリフ型の軒持送り、『第四書』（27頁おもて面〈本書267頁〉）

ある種に固有な性質（natura）という混じりけのない単純さよりも、何かと何かを混ぜ合わせる（mescolanza）方法によって多様性を生み出したほうが、見る者の心をとらえることがある。このような点から見ると、単一の性質からなる各部位をいろいろと組み合わせながら、均整のとれた姿に完成された人体はきわめて称讃に値する。このことは次頁の図にも見られるように〔建築についても当てはまり〕、そこではトリグリフとムトゥルスが一体化された形式（ordine）となっている。実際にこのような例は、古代の建物でも文献上でも確認はできなかったけれども、古代建築に精通したバルダッサーレ・ダ・シエナがおそらくこうした手法の痕跡か何かを見つけたのか、あるいは賢明な判断（giudicio）に基づいて、このようなバリエーションを考案したのだろう。開口部の上にはいきなりトリグリフが設置されているが、それらにかかる荷重は小さいので、柱型（pilastrata）さえしっかりとつくられていれば、その上にある軒持送り

解説・論考・付録

図79　ドーリス式オーダー、ペルッツィ、ヴィッラ・ファルネジーナ、ローマ、1506–11年

図80　ドーリス式オーダー、ペルッツィ、パラッツォ・マッシモ・アッレ・コロンネ、ローマ、1532–36年

と、ペディメント全体の荷重のみを支えることができればよいからである。(中略)。建築家は状況に応じて、この案(inventione)を戸口のみならず、さまざまな装飾にも用いることができる。　(26頁裏面〈本書269–270頁〉)

　ルネサンスの建築で本格的なドーリス式が採用されるようになったのは、ブラマンテのテンピエット(1508–12年)[図23参照]以降である。というのも、それ以前にはドーリス式自体が使用されることは少なく、フリーズにトリグリフが設けられることもほとんどなかったからである。1481年生まれのペルッツィは、ラファエロ(1483–1520年)やアントニオ・ダ・サンガッロ・イル・ジョーヴァネ(1484–1546年)、ヤコポ・サンソヴィーノ(1486–1570年)とは同世代にあたり、むろんブラマンテからも大きな影響を受けている。けれどもオーダーの手法に関しては、当時の最先端の流行からあえて目を背けていたようにも思われる。とりわけドーリス式についてみると、ペルッツィの代表作であるヴィッラ・ファルネジーナ[図79]やパラッツォ・マッシモ・アッレ・コロンネ[図80]では、いずれもドーリス式が目立

つ場所で使用されているにもかかわらず、フリーズにトリグリフは用いられていない。このことから彼は15世紀的な意匠を好んでいたと推測できなくもないが、むしろ何か新しい実験を試みようとしていたと理解したい。その一例として挙げられるのが、このパラッツォ・フスコーニ・ダ・ノルチャであった。
　ここでセルリオが「古代の建物でも文献上でも確認はできなかった」と述べているのは、古代ローマの建築にもウィトルウィウス『建築十書』にも見られないことを意味するが、だからといってセルリオはこうした異例のディテールを否定はしなかった。これは、彼が尊敬する師の手法であるから不本意ながら認めたということではない。というのも、「何かと何かを混ぜ合わせる方法」でつくられたトリグリフ型の軒持送りは「賢明な判断」に基づいており、セルリオはこのディテールを好んでいたのか、アンシー＝ル＝フランの城館[図81]でも採用しているからである。
　この「混ぜ合わせ」については、のちに第4節でも取り上げるが、同義語の「混淆」とともにセルリオの建築書における重要語句の一つといえる。また、「判断(力)」という言葉もセルリオの

478

論考2　セルリオの建築書『第四書』にみる対概念の共存と「判断力」

図81　トリグリフ型の軒持送り、セルリオ、アンシー＝ル＝フランの城館、1541頃–50年

(3) 第11章における記述

次に建物内外の絵画形式の装飾について論じられた第11章における記述をみてみよう。『第四書』では第5章のトスカーナ式オーダーから、第9章のコンポジット式オーダーまでが全体の中核であって、第10章から第13章まではオーダーとは直接の関係がないため、重要性は明らかに低くなる。それでも第11章に関しては、もともと画家であったセルリオの建築観が表明されている内容を含むという点でたいへん興味深い。というのも、ルネサンスの建築家の大半は、絵画や彫刻はもとより、軍事技術などさまざまな分野に携わっていたからである。このことはウィトルウィウスの理想とする建築家像が万能の人であったと考えれば、当然ともいえるだろう。なお、画家兼建築家のタイプとしては、ブラマンテやラファエロ、ペルッツィなどが有名であり、彼らはいずれもセルリオにとって最も身近な手本でもあった。第11章でセルリオは、ペルッツィが画家として手がけたローマの邸館のファサード装飾について、彼の「判断力」を次のように称讃している。

建築書全体に頻出するが、ここでは構造材としての軒持送りと、装飾としてのトリグリフとが問題なしにうまく組み合わされることを意味する。あるいは正当な古代建築の手法と、当代の新しい手法とが矛盾しないように、セルリオは両者を適合させようとしていたことが読みとれる。

こうしたさまざまな工夫は、引用文の最後の「案(インヴェンティオーネ)」という言葉に凝縮されている。これはセルリオの建築書のみならず、ヴァザーリ『美術家列伝』など同時代の美術理論書にも頻出する語句の一つで、建築はもとより美術や工学技術などのあらゆる分野における「創作」や「発明」を意味する。ルネサンスの建築は一般に古代建築を手本としているので、「発明」よりは「考案」や「設計」と訳したほうが適切であることが多いが、ハートとヒックスによれば、『第四書』の図版はすべてこの用語に関連するという。確かに『第四書』では、住宅や聖堂のファサード、暖炉といった古代建築には存在しなかった要素が多く提案されているので、それらを「考案」とみなすことには筆者も賛同したい。

確固たる判断力（giudicio）をそなえた画家であれば、〔彫刻家が〕大理石やその他の石材でできたファサードを思いのままに彫るように、絵筆でもってそれらに似せたファサードをつくることだってできるだろう。また、壁龕に収められたブロンズ製の独立した彫像(トゥット・リリエヴォ)や、同じくブロンズ製の浮彫に似せた歴史画の小品(イストリエッタ)を描くこともできる。このようにつくられれば、作品は耐久性を保ち、虚実の見分けができる人なら誰からも称讃に値するものとみなされるにちがいない。この点で、バルダッサーレ・ペルッツィ・ダ・シエナはまことにすばらしい判断力をそなえていた。（このことは彼のどの作品にでもつねに確認することができるが、）ペルッツィが教皇ユリウス2世の時代に、ローマの何軒かの邸館でファサードの絵画装飾を手がけた際に、彼は自らの手

479

解説・論考・付録

で、犠牲の儀式や戦闘の場面、歴史画、建物などを大理石〔彫刻〕に似せていくつか描いた。これらの特徴は、建物を頑丈であり、かつ美しく保つのみならず、大きな存在感を示す上でも大きな役割を果たしている。

（69頁裏面〈本書330–331頁〉）

　ここではルネサンス期のパラゴーネ、すなわち絵画と彫刻、あるいは画家と彫刻家のどちらが優れているかについての論争が想起される[33]。セルリオは『第四書』で彫刻について一つの章を設けてていねいに論じることはなかった。その理由としては、彼が彫刻に精通していなかったからなのか、あるいは当時の建築では柱頭などの彫刻装飾を伴うことが前提とされていたため、あえて論じる必要がなかったからなのかは定かでない。それでも、絵画が彫刻よりも優れている点の一つとして、制作に要する費用と時間を節約できることが挙げられる。すなわち、ここでの「判断」とは芸術性と経済性のいずれを優先させるかの選択といってもよいだろう。なお、大理石やその他の石材に似せて壁面を仕上げる方法は、古代ローマ建築にも見られたが[34]、ルネサンスの時代には経済的に高級感を示す方法として再び採用されるようになった。続けて室内の壁画の例で、特に注目すべき作品としてヴィッラ・ファルネジーナの「透視図法の間」［図49参照］が取り上げられている。

　もし画家が透視図法の技術を用いて、広間やその他の部屋の入口から室内を眺めたときに、その奥行きが長く見えるようにしたいなら、こうした技法にしたがって建築オーダーなどを壁面に描くことで、実際の部屋よりもさらに奥行きがあるように見せかけることができるだろう。これは、今世紀においてこの技法に最も秀でた人物のひとりであるバルダッサーレが、貴族のような商人であるアゴスティーノ・キージのローマの邸宅で、広間に装飾を施したときに試した方法であり、彼はこうした目的に適うように円柱やその他の建築部位に似せた壁画を描いたのである。絵

画についても目の肥えた偉大なる詩人ピエトロ・アレティーノは、この作品を評して、この家には神のごときラファエロ・ダ・ウルビーノが手がけた作品もあるけれども、透視図法を用いた絵画でこれ以上に完璧な作品はないと述べたとおりである。

　しかし私はこの機会に、バルダッサーレがローマで制作した驚くほど精巧な舞台背景についても、何かしら語っておかねばならないだろう。というのも、舞台背景をこれほど安上がりにつくることは、以前にも以後にもできなかったからであり、彼の知識と知性はいっそう称讃に値する。それでもひとたび壁面が飾り立てられてから、さまざまな形式のヴォールトで覆われた天井にもさらに装飾を施したいなら、古代ローマの遺跡を手本にすべきである。古代ローマの人々は、絵画の主題やヴォールト天井の種類にしたがって、天井をいくつもの区画に分割してから、それぞれに好きなものを自由気まま（licentia）に描くのがつねであったが、グロテスクと呼ばれるそれらの奇妙な装飾は実にうまく適合するため、たいへん好都合であった。

（70頁おもて面〈本書331–332頁〉）

　透視図法によるこうしたトロンプ・ルイユは[35]、観者が特定の位置から見たときにのみ成り立ち、移動するとその効果は失われてしまう。それでもこうした手法は、部屋の内部装飾に使用されるのみならず、舞台背景としても多くの需要があり、ペルッツィがこの分野でも活躍していたことが読みとれる[36]。舞台背景については、ウィトルウィウス『建築十書』第五書第6章で言及されてはいるものの、セルリオが透視図法に関する『第二書』でその内容を発展させて、図版とともに詳細に説明しているのは、ペルッツィの影響によるものといえるだろう。それゆえ次項では、『第二書』におけるペルッツィに関する記述も併せて検討しておきたい。

(4) 『第二書』における記述

『第二書』は分量としては『第三書』に比べると少ないにもかかわらず、第2章と第3章の二章で構成され、それぞれ平面と立体が対象とされている。第3章では透視図法の名人であるペルッツィに言及されており、ほかにも当時の卓越した画家としてブラマンテやラファエロ、ジローラモ・ジェンガ（1476–51年）、ジュリオ・ロマーノが登場する。

　私が冒頭で説明したように、透視図法は建築家には絶対に必要なものである。あるいはむしろ、透視図法は建築がなくては成り立たず、建築家は透視図法なしには何もできないといってもよい。これが真実であることを証明するために、立派な建築が開花しはじめた我々の世紀の建築家について少し考えてみよう。
　ブラマンテは見事に調和した建築を復興させた人だったが、この技芸に専念する以前は画家であって、透視図法にも熟達していなかっただろうか。神のごときラファエロ・ダ・ウルビーノは建築に携わるようになる前には、あらゆる才能をそなえた画家であり、透視図法にも造詣が深くはなかっただろうか。建築の手練れとして右に出る者はないシエナのバルダッサーレ・ペルッツィももともと画家であり、透視図法についても並々ならぬ才能の持ち主であった。彼は円柱の寸法やその他の古代の遺物を記録として残すべく、それらを透視図法で描こうと考えた。そして、これらの比例関係や寸法に強い関心を抱きながら、建築の修練に熱心に取り組んだ結果、彼に匹敵する者はいなくなるほどにまで上達したのであった。
　博学なジローラモ・ジェンガも卓越した画家であり、透視図法の技術にも精通していなかっただろうか。彼がパトロンのウルビーノ公フランチェスコ・マリアを喜ばせるために描いた非常に見事な舞台背景が、この事実を証明しているように、ジェンガはウルビーノ公の庇護下で立派な建築家に成長した。ラファエロの真の弟子であるジュリオ・ロマーノは、透視図法にも絵画にも秀でていたように、これらの技芸を通じて優れた建築家になったのではないだろうか。

（25頁裏面〈本書38頁〉）

　セルリオはもともと画家として修業したため、16世紀初期に画家兼建築家としてローマで、とりわけサン・ピエトロ大聖堂の建設事業に携わった人物が中心に取り上げられているのは当然であるともいえる。しかし、「立派な建築が開花しはじめた我々の世紀の建築家」となれば、15世紀の先達については、透視図法の発明者と呼ばれるフィリッポ・ブルネレスキや、透視図法の理論書である『絵画論』の著者アルベルティですら除外される。また、彫刻家が登場しないのは、当時の彫刻家にとっても透視図法の修得は必須であったことを勘案すると、かなり極端な人選であるようにも思われる。
　セルリオには彫刻家兼建築家のサンソヴィーノのような友人もいたので、「エルコレ2世への献辞」ではサンソヴィーノとミケランジェロが彫刻家として称讃されてはいるものの、以上の議論[37]をまとめると、セルリオが彫刻よりも絵画を上に位置づけていたことは間違いないだろう。また、彼は15世紀と16世紀とをはっきりと区別していた。彼はアルプス以北のゴシック様式をたびたび厳しく批判しているので、中世と15世紀とのあいだのような大きな断絶ではないにせよ、彼がいかなる建築を理想としていたのかがわかるだろう。ボローニャ出身のセルリオにとってみれば、16世紀には美術の中心はフィレンツェからローマに取って代わられたのである。アレッツォ出身のヴァザーリはフィレンツェとトスカーナの優越性には固執したが、セルリオの歴史観はヴァザーリにも確実に影響を及ぼしたにちがいない。セルリオはルネサンスにおける数少ない建築家・画家・歴史家として、アルベルティとヴァザーリとのあ

解説・論考・付録

いだに位置づけられるだろう。

ところで、セルリオの師であるペルッツィはシエナの出身であった。セルリオがトスカーナの建築をどのように評価していたのかについては、次節で論じる『第四書』におけるトスカーナ式オーダーに関する記述から見てとれるが、批判の対象でなかった。また、彼の歴史観は同書のコンポジット式オーダーに関する記述にも確認することができるだろう。

3.『第四書』における
建築オーダーの解釈

『第四書』では建築オーダーが中心に扱われているため、最も数多く言及されている人物は、そのタイトルにも登場する『建築十書』の著者ウィトルウィウスである。『建築十書』は、ルネサンスの建築家にとってはバイブルのような存在であったが、その記述が現存している古代ローマの建築とは一致しないこともあれば、古代の習慣が当時の習慣と一致しないことも稀ではなかった。そこで本節では、『建築十書』には登場しないコンポジット式と、『建築十書』の記述内容から大きな発展が見られるトスカーナ式を対象とし、従来の研究では個別に論じられていたこれら二つのオーダーにうかがえる類似性と、セルリオの新規性とを明らかにすることを試みる。

(1) コンポジット式オーダー

コンポジット式オーダーは『建築十書』では取り上げられていないにもかかわらず、ルネサンスの建築家はティトゥス帝の凱旋門［図44参照］などの古代ローマの建築で、その存在を確認することができた。これには二つの解釈が考えられる。その一つはコンポジット式をコリント式の一種とみなすことであり、15世紀のアルベルティから16世紀初期のブラマンテやラファエロの時代までは、こうした解釈が一般的であった。アルベ

ルティはコンポジット式を「イタリア式」と呼び、自作の建築にもそのような柱頭を使用しているが［図40参照］、コリント式との区別がつきにくく、両者を同格とみなしうる例が多く確認できる。また、ラファエロの《神殿から追放されるヘリオドロス》（1511–14年）や《ボルゴの火災》（1514–17年）のような絵画作品には、確かに古代風のコンポジット式が描かれてはいるものの、ラファエロの『教皇レオ10世宛書簡』（1516頃–20年頃）でドーリス式、イオニア式、コリント式、トスカーナ式とともに言及されているアッティカ式は、コンポジット式とは別のものだからである。

もう一つの解釈は、ウィトルウィウスが言及していない新種とみなすことであり、これがセルリオの新しい解釈であった。セルリオはその名称に関しても、イオニア式とコリント式の組み合わせを主な特徴ととらえて、当時知られていたイタリア式やラテン式ではなく、コンポジット式と新たに命名した。そして、この名称はのちのジャコモ・バロッツィ・ダ・ヴィニョーラやアンドレア・パラーディオによっても踏襲されたことで、さらに広く普及したといえる。セルリオ以前のルネサンス建築にもコンポジット式はときどき使用されたものの、彼がコンポジット式をオーダーの一種として最初に成立させたことは間違いないだろう。

ここまでは従来の研究でも指摘されていることであるが、以降の議論ではオーダーの積み重ねに着目して、セルリオがコンポジット式を柱頭の形のみで判断せず、むしろ「複合」という設計手法に新たな価値を見出した点を強調したい。セルリオは『第四書』第9章で、コンポジット式の特徴について次のように説明している。

　　古代ローマの人々は、イオニア式とコリント式の組み合わせ（compositione）、すなわちイオニア式の渦巻装飾と饅頭繰形をコリント式柱頭の上に設置した形でコンポジット式をつくり、これをどの建物よりもとりわけ凱旋門によく使用した。実際、こうした手段を選んだ彼らはまことに賢明であった。なぜな

論考2　セルリオの建築書『第四書』にみる対概念の共存と「判断力」

図83　異なる形態のコリント式柱頭、アルベルティ、サンタンドレア聖堂ファサード、マントヴァ、1472年着工

図82　異なる形態のコリント式柱頭、アルベルティ、パラッツォ・ルチェッライのファサード第二層と第三層、フィレンツェ、1446-51年

ら古代ローマの人々は、これら〔ドーリス式など〕の建物を考案したそれらの国々をすべて征服してしまったからであり、ローマのコロッセウムという大建造物に見られるように、古代ローマの建築家たちは彼らのパトロンたちと同様に、それら〔のオーダー〕を自由に組み合わせることを思いついたのである。

　彼らはコロッセウムで三つのオーダー、すなわちドーリス式、イオニア式、コリント式を〔下から順に〕積み重ねて、誰もが言うように、最後にコンポジット式をそれらすべての上に置いた。もっとも実際に見た限りでは、一番上の柱頭はコリント式のようではあるけれど。　　　　　　　（61頁裏面〈本書320頁〉）

　ここでまず注目に値する点は、柱頭という部位における異なる細部の組み合わせから、外壁全体を特徴づける異なるオーダーの組み合わせへの展開がうかがえることである。前者の具体例が凱旋門におけるコンポジット式柱頭で、後者の具体例がコロッセウムにおけるオーダーの積み重ね［図42参照］であり、確かに両者はともに「組み合わせ」や「複合（コンポジット）」という方法でつくられている。コンポジット式は、セルリオにとっては新たな着想の源泉のように思われたにちがいない。さらに、

彼はコンポジット式に「勝利」という意味合いを読みとった。すなわち、ローマ帝国の象徴的存在であるコロッセウムにおいて、ギリシア起源のドーリス式やイオニア式、コリント式を支配するのは、イタリア・ローマ起源のコンポジット式でなければならなかったのである。[46]

　けれども、「誰もが言うように」という記述のとおりに、コンポジット式を「イタリア式」と呼んだアルベルティの解釈も同じだったのだろうか。彼は、フィレンツェのパラッツォ・ルチェッライのファサード第二層と第三層でいずれもコリント式のような付柱を採用したが［図82］、柱頭に関しては、第三層のほうが古代風のコリント式であり、むしろ第二層のほうがコンポジット式に近いといえるだろう。少なくともアルベルティは、コロッセウム第四層の柱頭をコンポジット式（イタリア式）と強引に解釈したり、コリント式よりも上位とみなしたりすることはなかったにちがいない。このことは、彼が設計したマントヴァのサンタンドレア聖堂ファサードにおける異なる形態のコリント式柱頭［図83］からも確認することができる。ここでは、中央右側の柱頭は古代風のコリント式で、右端の柱頭はコンポジット式に近い。しかし右端の柱頭についてみると、両端の渦巻が小さめである点や、二つの柱頭が同列に並んでい

解説・論考・付録

ることから、両者の柱身と柱礎が共通している点
などを考慮すれば、右端の柱頭はコリント式のバ
リエーションと判断すべきだろう。

セルリオは、ローマのコロッセウム第四層の柱
頭が明らかにコリント式であることに気づいてい
たが、コンポジット式であると主張するためには、
何か別の理由を考えなければならなかった。セル
リオは『第三書』のコロッセウムに関する説明で、
次のように述べている。

　　これが実際にコンポジット式と呼ばれるのは、
　単にフリーズには軒持送りがないからである。
　なぜなら、フリーズに軒持送りのあるオー
　ダーは、コンポジット式以外にはないからで
　ある。　　　　　　　　（68頁〈本書134頁〉）

セルリオや当時の建築家たちは柱頭の形ではな
く、おそらくエンタブラチュアなどの詳細部、と
りわけ軒持送りの存在からコンポジット式と「判
断」した。その上、コロッセウムでは第三層の全
高よりも第四層の全高のほうが高いことから、た
とえ柱頭が共通していても、コリント式よりも細
身の別のオーダーとして認識されたのだろう。

オーダーの積み重ねによる「複合」の例として
は、ブラマンテによるヴァティカン宮殿の螺旋階
段もセルリオにとっては身近な存在であった。そ
してブラマンテも、コロッセウム第四層はコンポ
ジット式であるべきと考えていたように思われ
る。なぜなら、この螺旋階段では、下から順にト
スカーナ式、ドーリス式、イオニア式、コンポ
ジット式の四種の円柱が積み重ねられているから
である。ここではコンポジット式はコリント式
のバリエーションとして使用されたと考えられる
が、セルリオにとってはコンポジット式が最上位
にあることが重要であったにちがいない。セルリ
オは『第三書』で、この螺旋階段を次のように称
讃している。

　　この階段室の内部は、四つのオーダー
　(quattro ordini)、すなわちトスカーナ式、
　ドーリス式、イオニア式、コリント式、コン

ポジット式からなる円柱で完全に取り囲まれ
ている。しかし、最も称讃に値する技巧を極
めた（ingeniosissima）特徴は、各オーダー
のあいだには仲介となるものが何も存在せず、
ドーリス式からイオニア式へ、イオニア式か
らコリント式へ、コリント式からコンポジッ
ト式へと連続していることである。すなわち、
一つのオーダーがどこで終わって、次のオー
ダーがどこから始まるのかが、誰にも気づか
れないほどうまく（artificio）つながっている
のである。こうした手法（maniera）から判断
すれば、ブラマンテ自身も今までにこれほど見
事で巧妙な（artificiosa）建築をつくったこと
はなかっただろう。　　（147頁〈本書187頁〉）

この説明に対応する図は掲載されていないため
か、セルリオは「四つのオーダー」と言いながら、
実際には存在しないコリント式を間違えて加えた
ため、五つのオーダーとなっている。そして、こ
れは彼が『第四書』の第5章から第9章で説明し
たオーダーの順序と一致する。ブラマンテの螺旋
階段では、イオニア式の次にはコンポジット式が
続くのだから、セルリオの称讃するオーダーの連
続性にも疑問を挟みたくはなるし、トスカーナ
式からドーリス式への移行に触れられていない
理由も定かではない。しかしセルリオが、オー
ダーはトスカーナ式から始まりコンポジット式で
終わるのを定石とみなし、異なるオーダーを巧
みに「複合」させたブラマンテの「手法」を、称
讃していたことは確認できる。また、ここでの
「巧み」の本来の意味は「人工」で、次節で
検討する「自然」の対義語にあたるが、セルリオ
はブラマンテの階段に新たな創意工夫を見出した
ことがわかる。

最後にラファエロの『教皇レオ10世宛書簡』の
記述もみておこう。すでに見てきたように、この
書簡で言及されているアッティカ式はコンポジッ
ト式ではないが、ここでは各オーダーが二つずつ
組になっている。

　　その上、イオニア式とコリント式、ドーリス

484

式とコリント式、トスカーナ式とドーリス式といったように、複数の様式が組み合わされた（composti di più maniere）多くの建物が見られるのは、設計者（artefice）にとってはそのほうが建物の用途に、とりわけ神殿にはいっそう適合すると思われたからです。[50]

ここでは神殿について説明されているのだから、コロッセウムのような複数のオーダーが使用された建物を指しているわけではない。また、「イオニア式とコリント式」の組についてもコンポジット式柱頭とは別のものであろう。それにもかかわらず、ラファエロが古代建築に「複合」という設計手法を見出したことは注目すべきである。以上の記述と、前述のセルリオによるコロッセウムの説明とのあいだには多くの共通点がうかがえるだろう。[51]ただし、トスカーナ式円柱の上にドーリス式の円柱が載るのであれば、エトルリアに対す[52]るギリシアの優越性を認めなければならない。そこで次項では、セルリオによるトスカーナ式オーダーの解釈について検討してみたい。

（2）トスカーナ式オーダー

トスカーナ式について、ウィトルウィウス『建築十書』第四書第7章で説明されている古代エトルリア神殿の遺構は、アルベルティの時代にもセルリオの時代にもほとんど知られていなかった。[53]アルベルティ『建築論』第七書第4章には、エトルリア神殿の平面形式に関する記述が見られるものの、同書第6章の円柱に関する記述では、ドーリス式円柱がエトルリア神殿でも使用されていたと説明されている。実際、同書第7章の柱礎に関する説明や、第8章の柱頭に関する説明がいずれもドーリス式から始まっているのはトスカーナ式と同じだからである。また、アルベルティはマントヴァのサンタンドレア聖堂の設計においてエトルリア神殿を参考にしたともいわれているが、前述のように使用されたオーダーは主にコリント式［図83参照］であって、トスカーナ式でもドーリス式でもなかった。

しかし、セルリオがトスカーナ式を第一のオーダー、ドーリス式を第二のオーダーと定義し、両者を明確に区別したことは、『第四書』でテクストと図版の両方によって示されているとおりである。すなわちウィトルウィウスやアルベルティは、トスカーナ式とドーリス式の比例関係はいずれも同じで、円柱の高さは太さの七倍であると述べているのに対し、セルリオはトスカーナ式円柱の高さを太さの六倍に修正し、エンタブラチュアや台座などの細部にまでわたる詳細な姿を提示したのである（8頁おもて面〈本書247-248頁〉）。セルリオはウィトルウィウスの権威を尊重してはいたものの、こういったトスカーナ式の解釈は、前項で取り上げたブラマンテの螺旋階段のような盛期ルネサンスの建築家の作品からの影響なしには生じえないだろう。というのも、彼らがローマに残した建築によって、1520年代には各種の建築オーダーがほぼ出揃ったと考えられるからである。そして1528年には、セルリオが建築書を出版する準備もかなり整っていた。[54]『第四書』の序にあたる「著者から読者諸氏へ」で、セルリオは次のように述べている。

それでは論理的な方法にしたがって話を進めてゆくために、最も頑丈であり、装飾が最も少ない順（ordine）に始めましょう。すなわちトスカーナ式のことですが、これは最も素朴（rustico）であり、かつ強固である一方、洗練さや優雅さには最も縁のないものです。

（5頁おもて面〈本書242頁〉）

この説明からは、セルリオがあらゆるオーダーを比較検討していたことがわかる。しかし、古代エトルリアを起源とするトスカーナは、少なくとも美的観点においてギリシアやローマには劣ることになる。また、「最も頑丈」であるゆえに、異なるオーダーを積み重ねるときには一番下に置かれ、まさにコンポジット式の対極に位置する。さらに、「最も粗野」という記述からはルスティカ仕上げが想起されるが、実際、セルリオはトスカーナ式とルスティカ仕上げとの親近性に着目し、円柱を

485

解説・論考・付録

伴わない「ルスティカ式」もオーダーの一種とみ
なした。「著者から読者諸氏へ」では、続けて次
のように説明されている。

　　　ルスティカ式というのは、〔表面が〕粗く仕
　　上げられたさまざまな石材による組石術のこ
　　とですが、彫刻家の好みにしたがって、若干
　　ていねいに仕上げられる場合もあります。そ
　　れでもやはり、実際にトスカーナ式は他の様
　　式に比べて、最も素朴であり、装飾も少ない
　　ので、ルスティカ仕上げの建物にはトスカー
　　ナ式が最もふさわしいと思います。
　　　この様式はトスカーナ人たちによって遵守
　　されてきたことが、彼らの最大の首都フィレ
　　ンツェとその郊外のヴィッラにはっきりと
　　見て取れます。そこ〔フィレンツェ公国〕に
　　は、残りのキリスト教国全土に存在するのと
　　同じくらい多くのルスティカ式の見事な建物
　　や、豪華な軍事施設が見られます。それらの
　　建物では、粗野と繊細さが組み合わされて
　　いる（miste）ことによって建築家の興味をか
　　き立てるのですから、ルスティカ仕上げは何
　　よりもトスカーナ式にふさわしいといえるで
　　しょう。　　　　　　（5頁裏面〈本書243頁〉）

　セルリオは古代エトルリアと当代のトスカーナ
との関係に言及してはいないけれども[56]、フィレ
ンツェとその周辺のルネサンス建築を高く評価し
ていることは読みとれる。彼はボローニャの出身
であるため、トスカーナを贔屓する傾向はなかっ
たが、彼の尊敬する師のペルッツィはシエナの出
身[57]であった。ここではさらに「粗野さと繊細さ
が混ぜ合わされている」という記述が注目に値す
る。すでに述べたように、コンポジット式の柱頭
や、コロッセウムに見られるオーダーの積み重ね
は、「複合」という方法でつくられていた。柱
頭などの外観で判断すれば、第一のトスカーナ式
オーダーは、第五のコンポジット式オーダーとは
全く異なるかもしれないが、「混淆」という方法で
壁と柱という異なった部位を同一層に共存させる
ことも「複合」の一種であり、二つのオーダーに

類似性を見出すことはできるだろう。
　ウィトルウィウスの『建築十書』からは十分な
情報が得られなかったイタリア起源のコンポジッ
ト式とトスカーナ式の特徴は、セルリオによって
初めて明確に示された。次節で検討するように、
それらの具体例は『第四書』のさまざまな建築図
面にも見られ、新たな「考案」として高度
な「判断力」に基づいて設計されていることを強
調しておきたい。

4. セルリオの建築書にみる
対概念の共存

　前節で検討した「複合」という方法は、すで
に古代ローマ建築や盛期ルネサンス建築に存在し
ていた要素に、セルリオが新たな価値を見出した
ものといえる。一方、ルスティカ式とトスカーナ
式が同格であるという彼独自の解釈は、「複合」
からさらに「混ぜ合わせ」や「混淆」という方
法へと展開される。すなわち「複合」に関しては、
イオニア式とコリント式とを比べると、両者は互
いに異なっていても相容れないほどの対立関係に
あるわけではないが、「混ぜ合わせ」に関しては、
ルスティカ仕上げとオーダーとの組み合わせでは、
構造形式が異なる壁と柱の共存に加えて、「粗野
さと繊細さ」という正反対の価値観を共存させる
こともありうるので、いっそう正確な「判断力」
を必要とするのである。
　セルリオはルネサンスの建築家のなかでは、こ
うした矛盾を解決することに誰よりも積極的に取
り組んでいたように思われる。というのも、セル
リオの建築書には、ほかにも「適正」[58]と「自由気
まま」[59]といったさまざまな対概念の共存が見ら
れるからである。そこで本節では、その具体例と
して『第四書』における「適正」と「自由気まま」、
「粗野」と「洗練」の二組の対概念を取り上げて、
セルリオがそれらをどのようにうまく調整したの
かについて考察を試みたい。

486

(1)「適正」と「自由気まま」

「適正」はウィトルウィウスの美的概念の一種として『建築十書』にはしばしば登場するが、彼にとって「自由気まま」は許されるべきことではなかった。一方、セルリオは「適正」の概念を当代の慣習に合わせて、いくぶん拡大解釈はしたものの、美的概念としての重要性はウィトルウィウスの場合と変わるものではない。しかしながら、セルリオが触発されたペルッツィの建築は、建築オーダーの解釈についてみれば、ブラマンテの建築よりもいっそう自由度が高く、さらにジュリオ・ロマーノ（1499-1546年）はペルッツィよりも型破りであった。実際、『第四書』には明らかにジュリオの建築に触発されたと思しき手法が散見される。セルリオは『第四書』第5章のルスティカ式の門について、次のように述べている［図84］。

図84 ルスティカ式の門、『第四書』（14頁おもて面〈本書254頁〉）

　古代ローマの人々は、ルスティカ式をドーリス式のみならず、イオニア式やコリント式と混ぜて（mescolare）使用しても差し支えないとすら考えていた。それゆえ、ルスティカ式を他の様式といっしょにしたもの（mescolanza）が誤りというわけではない。すなわち、それは自然の産物（opera di natura）である一方で、人工的な作品（opera di artefice）でもあることを意味している。ルスティカ式の石材が帯状に積み重ねられた円柱はもとより、迫石によって分断されたアーキトレーヴやフリーズも自然の産物であることを示しているが、柱頭や円柱の部分、そしてペディメントをそなえたコーニスは人の手による作品であることを示している。こうした混淆（mistura）は実に目を楽しませるものであって、それ自体が大きな力を表現していると私は思う。それゆえ、これは何よりも要塞に適していると、私は判断したい。

　とはいえ、この門はルスティカ式の建物であれば、どの場所に設置してもつねにうまくいくだろう。こうした混淆によって人を楽しませる才能にかけては、ジュリオ・ロマーノの右に出る者はいない。それはローマの多くの場所や、マントヴァの市街地から少し離れたところにあるパラッツォ・テという実に見事な邸館が何よりの証拠であり、この邸館は我々の時代における建築と絵画のまさしく手本となる作品である。

（13頁裏面〈本書253-254頁〉）

　ここで注目に値するのは、「いっしょにしたもの」という言葉である。すぐ後で同義語の「混淆」に言い換えられていることから、「混合（物）」などとも翻訳できるが、その一例として「自然」と「人工」といった対概念の組み合わせが推奨されている。ここでは壁や柱の表面が粗いままであれば「自然」で、滑らかに仕上げられれば「人工」となるが、前節で検討したブラマンテの螺旋階段について、セルリオがその「巧みさ」を称讃したことを思い起こしてほしい。さらにこの記述は、すでに第2節で取り上げたペルッツィによるトリグリフと軒持送りの組み

解説・論考・付録

図85　コンポジット式の暖炉、『第四書』(64頁おもて面〈本書323頁〉)

合わせをセルリオが称讃したときの記述ともおおむね一致しており、的確な「判断力」が必要とされていたことが想起されよう。そして、セルリオの『第四書』第8章におけるコリント式オーダーに関する次の記述からも、「自由気まま」がある程度容認されていることがうかがえる。

　古代ローマの建築家のなかには、歯飾りの上のオヴォロについてのみならず、同じコーニスにある軒持送りや歯飾りについても、自由気ままに（licentiosamente）つくる人はいた。こうした手法を、ウィトルウィウスは『建築十書』第四書第2章で厳しく批判している。というのも歯飾りは、彼がアッセルと呼ぶ小梁の先端部を表しているからである。また、軒持送りについても、同じく彼がカンテリウスと呼ぶ他の垂木の先端部を模してつくられるからである。二種類の垂木が、同じ場所で一方が他方の上から立ち上がることはない。私自身についていえば、同じコーニスのなかで軒持送りと歯飾りをいっしょにするようなことは決してしないけれども、ローマや他のイタリアのさまざまな場所で、こうした例が数多く見られるのもまた事実である。
　　　　　　　　　　　　（48頁裏面〈本書304頁〉）

　セルリオはウィトルウィウスの意見を尊重しつつも、古代ローマの建築における多くの例外にも言及している。しかしながら次の記述からは、セルリオは「自由気まま」をやむを得ず承認するにとどまらず、状況次第ではむしろ積極的に推奨しているようにすら思われる。今度は第9章におけるコンポジット式の暖炉に関する説明を見てみよう［図85］。

　このコンポジット式の暖炉が他のものに比べると自由気ままに（licentioso）つくられているのは、こうした案を使ってみたいと思う者が気軽に選択できるように、私は理性を働かせてではなく、気まぐれ（capriccio）で、これらの柱型をあえて他のものとはかなり異なった形につくったからである。
　　　　　　　　　　　　（63頁裏面〈本書323頁〉）

　ここでセルリオは、なぜ理性による「判断」よりも気まぐれさを優先したのだろうか。おそらく二つの理由が考えられ、一つには暖炉は中世から使われていたが、古代にはなかったので、規則に縛られない代わりに、新たに考案しなければならなかったからである。そしてもう一つは、ウィトルウィウスが批判したコーニスにおける詳細部の誤りの場合は、建物の主要な部分であり、都市のなかでは誰もが目にする公共的な性格をもつものであるのに対し、暖炉は建築の本質的な要素ではなく、また室内に設けられるため私的な性格が強いからである。アルベルティが『建築論』第九書第1章で、私邸の装飾に関しては、「私的な場所では、好みに応じた少々の気ままさは許容されるだろう」と述べていることが想起されるだろう。それゆえセルリオも、こうした気まぐれは暖炉のような特別な場合に限って認めたとも考えられるが、次の説明からは、むしろコンポジット式の性格によるものであることがわかる。

488

このコンポジット式であれば、暖炉の他の装飾もさまざまな形態でつくることができるだろう。というのも、この様式はあらゆる建物の様式のうちで最も自由度が高い（licentioso）からである。

（64頁裏面〈本書323頁〉）

コンポジット式はウィトルウィウスの時代にはまだ存在しておらず、『建築十書』にも言及されていないことから、自由度が高くなるのも無理はない。前節でも指摘したように、実際、セルリオにとってコンポジット式とは新たな「考案」にほかならなかった。

ウィトルウィウスは我々に、円柱にはドーリス式、イオニア式、コリント式、トスカーナ式の四つの様式（maniere）があることを教えてくれた。これらは建築の基本的で純正な要素といってよいが、私はあえてそれらにほぼ第五にあたる様式（una quasi quinta maniera）を加えてみたいと思う。というのも、これは前述の純正な様式を混ぜ合わせて（mescolata）つくられたもので、今もなお見ることができる古代ローマ建築の権威に由来するものだからである。事実、作り手（artefice）の経験知というのは必要に迫られると、こうした優れた結果を生み出すことがよくあるからである。実際、彼らは内容（sogetto）の本質（natura）について熟慮をくり返しながら、しばしばそれらの純正な様式を組み合わせることを試みたのであった。それゆえ、さまざまなアイデア（ソジェット）を生み出す建築家であれば、こうした点でもときにはウィトルウィウスの助言から逸脱してもやむをえないと判断（giudicio）するだろう。ウィトルウィウスといえども、すべてを網羅することなどはできなかったのである。ただし建築家は、そのためラテン式やイタリア式とも呼ばれるこのコンポジット式の建物を、白紙の状態から自分で考案しなければならない。なぜなら、私が記憶しているかぎり、ウィトル

ウィウス『建築十書』のどこにも論じられていないからである。

（61頁裏面〈本書319−320頁〉）

ここでも前述の「自然」と「人工」の対概念の共存や、ペルッツィによるトリグリフと軒持送りの組み合わせとの類似性を読みとることができるだろう。すなわち、ウィトルウィウスの「適正」が「自然」に対応するとすれば、「人工」に対応する「自由気まま」とはセルリオにとって必ずしも批判されるべきものではなく、「考案」へと発展する可能性も秘めていたといえよう。また、セルリオが第8章のコリント式のコーニスに関する記述でも「自由気ままさ」を認めているのは、コリント式とコンポジット式は互いに似ているからだろう。実際、彼はコリント式戸口を新たに考案[65]したものの、コンポジット式に言及していないのは、コリント式戸口で代用できると考えたのだろう。このことは「ほぼ第五にあたる様式」というセルリオの控えめな記述[66]にも暗示されているが、装飾が豊かであれば、必然的に「人工」的な性格が強くなるからである。

（2）「粗野」と「洗練」

今度は別の対概念として「粗野（ルスティカ）」と「洗練（デリカータ）」に着目してみたい。前述の「自然」と「人工」は、それぞれ「粗野」と「洗練」になぞらえることができるだろう。一般的には「洗練」のほうが「粗野」よりも優れた印象を与えるように、「適正」と「自由気まま」との類似性については、それぞれ「洗練」と「粗野」が対応するといえるだろう。ただし、セルリオは「自由気まま」を否定的にとらえてはいないのだから、「粗野」であることにも消極的な意味合いはない。事実、セルリオの建築書『番外篇』では「粗野」と「洗練」の二つの門の形式が取り上げられている。また建築の分野であれば、「粗野」と「洗練」との関係は、田舎と都市との関係にも適用が可能である。もっとも『第四書』で言及されているのは、主にヴェネツィアのパラッツォ[67]のような都市型の建築ではあるけ

解説・論考・付録

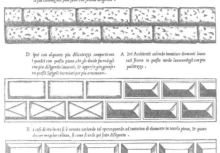

図86 粗面仕上げの分類、『第四書』(18頁裏面〈本書259頁〉)

図87 トスカーナ式の暖炉、『第四書』(18頁おもて面〈本書258頁〉)

れども、「粗野」からは粗面仕上げがすぐに連想されるだろう。実際、第5章には粗面仕上げがおおむね四つに分類された図［図86］が掲載されているが、とりわけ次の説明は注目に値する。

　　さらに繊細（delicatezza）でいっそう整然と区画された仕上げを好む建築家もいる。こうした仕上げは「ダイヤモンドの尖端」と一般に呼ばれているけれども、いずれもルスティカ式に由来する。　　（18頁裏面〈本書259頁〉）

ここでは日本語訳として「洗練」ではなく「繊細」と言い換えているが、「洗練」は必ずしも「粗野」と対立するのではなく、「粗野」から発展したものと読みとることができる。同様にトスカーナ式の二種類の暖炉［図87］についてみると、名称も形も異なってはいるものの、いずれもトスカーナ式に分類されるということは、本質的な部分は共通していると理解することができるだろう。

　トスカーナ式オーダーに類する建物で暖炉が必要とされる場合、暖炉にもこのオーダー

が適している。壁から突出する洗練された（delicata）トスカーナ式でつくられたものもあれば、壁の中にすべて埋め込まれてルスティカ式でつくられたものもある。
　　　　　　　　（18頁おもて面〈本書258頁〉）

　次に「粗野」と「自由気まま」との関係に着目してみよう。ルスティカ式には「粗野」なものも「洗練」されたものも含まれていたが、第7章における次の説明によれば、ルスティカ式は単独では「自由気まま」とはなりにくく、他のオーダーとの組み合わせによっては「自由気まま」になるという。すなわち、装飾の豊かなコンポジット式と、簡素なトスカーナ式とでは「自由気まま」となる可能性が全く異なるのである。

　　私はこのルスティカ式をトスカーナ式に分類することで、トスカーナ式オーダーのさまざまな箇所にルスティカ式を応用しただけではなく、戸口の場合はそれをドーリス式と組み合わせることも試みた。そこで、ルスティカ式をイオニア式と組み合わせることも考えてはみたものの、やはり真っ当な理由がないかぎり、イオニア式の建物には見境もなしにルスティカ式を使用すべきではない。たとえば、このようなオーダーが田舎の建物に用いられる場合は、非難される謂れはないだろう。ま

た、都市の建物であっても、文士や商人のような堅実な生活を送る者にはふさわしいのかもしれない。　　　　（42頁裏面〈本書295頁〉）

　セルリオは、ルスティカ式とイオニア式との組み合わせには批判的であった［図88］。したがって、ルスティカ式とコリント式やコンポジット式との組み合わせはまずあり得ない。それにもかかわらず、「ヴィッラ」といったいくつかの条件下で認めていることは強調されるべきである。アルベルティが『建築論』第九書第1章で、「都市住宅の装飾はヴィッラの場合よりも、厳粛な雰囲気を醸し出すようでなければならない。それに対し、ヴィッラでは楽しさや喜びへの誘惑もすべて大目に見られる」と述べているように、セルリオにとっても「粗野」な田舎では「自由気まま」であってもあまり問題はなかったのである。ここでは、フランス移住後の『第六書』や『第七書』については考察の対象外であるが、これらの書には郊外住宅が多く掲載されていて、都市型の建築が中心であった『第四書』や『第三書』とは対照的であることは付言しておこう。
　なおペルッツィの建築作品では、ジュリオ・ロマーノの建築作品にしばしば見られる粗面仕上げよりも、一般に滑面仕上げが好まれて使用されている。セルリオによれば、滑面仕上げはルスティカ式の一種に分類されるにもかかわらず、「自然」で「粗野」な印象というよりは、むしろ「人工」的で「洗練」された印象を与えるだろう。建築物と建築書とを単純に比較することはできないが、ルスティカ式に関しては、ペルッツィよりもセルリオのおかげで選択肢が格段に増えたことは事実である。本節で取り上げたのは『第四書』のみであるが、「混淆」という手法は『第七書』や『番外篇』にも散見されるように、図版を伴った建築書という媒体を通じてヨーロッパ各地に普及したのである。

図88　ルスティカ式とイオニア式との組み合わせによる門、『第四書』(43頁おもて面〈本書295頁〉)

5.　おわりに

　これまでセルリオと同時代の美術家や、ともすれば現代の研究者にすら不当に評価されてきたセルリオの建築書『第四書』を対象とし、ペルッツィからの「遺産」よりもセルリオの独創性について考察してきた。最後にこれまでの議論をまとめてむすびとしたい。
　まず第2節では、『第四書』におけるペルッツィに関する言及箇所について検討した結果、セルリオが称讃する美術家の大半は16世紀初期にローマで活躍した画家兼建築家であり、彫刻家や15世紀の美術家にはほとんど触れられていなかったことが判明した。セルリオの経歴は画家として始まるという点で、彼が彫刻家よりも画家に親しみを感じていたであろうことは想像に難くないが、彫刻よりも絵画に優越性を認めていたとみなすことができる。さらに注目すべき点は、セルリオが15世紀フィレンツェの初期ルネサンスと、16世

解説・論考・付録

紀ローマの盛期ルネサンスとのあいだに大きな懸隔を感じていたことである。こうした進歩史観が、のちのヴァザーリの『美術家列伝』(フィレンツェ、1550年)にも影響を与えたことに疑いの余地はなく、本節ではセルリオが画家や歴史家として果たした役割も注目に値することを示した。

次に第3節では、『第四書』のタイトルにも登場するウィトルウィウスとの関係について、特にコンポジット式オーダーとトスカーナ式オーダーに焦点を当てて考察した。セルリオは、ウィトルウィウスの記述内容が当時現存していた古代ローマ建築や、ブラマンテ以降のルネサンス建築とはしばしば一致しないことにも気づいており、その典型例ともいえるのがこれら二つのオーダーであった。セルリオは古代ローマの凱旋門などに見られるコンポジット式に特別な価値を見出し、柱頭における「複合」という方法が、オーダーの積み重ねなどにも幅広く応用可能であることを示したといえる。一方、トスカーナ式については、中世以降のトスカーナ地方の建築にしばしば見られるルスティカ仕上げに着目し、同一層で異なる二つの要素を共存させる「混淆」という方法を理論化した。「複合」と「混淆」には共通点も相違点も見られるが、セルリオのコンポジット式とトスカーナ式の設計手法には類似性がうかがえ、それらは新しい「考案」とみなされていたことを明らかにした。

最後に第4節では、セルリオの建築書全体に頻出する「自然」と「人工」や、「適正」と「自由気まま」、「粗野」と「洗練」といった対概念に着目し、なかでも『第四書』における「適正」と「自由気まま」、「粗野」と「洗練」の二組の対概念を取り上げて、セルリオがそれらの矛盾を解決するためにどのように対応したのかについて考察した。『第四書』におけるこれらの対概念の共存は、セルリオのローマでの建築体験に基づいている。すなわち、古代ローマ建築、ペルッツィなどの盛期ルネサンス建築、そしてウィトルウィウスの『建築十書』から取捨選択し、それらをさまざまな条件に応じて「混ぜ合わせ」るには的確な「判断」が必要とされたのである。こうした「判断」の根

拠を図版とテクストで具体的に示したことは、従来の建築書には見られなかったセルリオの建築書『第四書』における新規性といえるだろう。

『第四書』における対概念の共存は、セルリオがフランスに移住したのちには、イタリア対フランスという別の形で持ち越されることになるが、どちらか一方を優先するのか、あるいは両方をうまく組み合わせるのかについては、優れた「判断力」がつねに必要とされることに変わりはない。フランスでの生活が大きな影響を与えた住宅建築に関する『第六書』や『第七書』の考察については今後の課題としたい。

註

1 本稿は2019年12月14日に学習院大学で行われた地中海学会月例研究会の発表「セルリオの建築書『第四書』にみるペルッツィの遺産」を元に内容を修正したのち、本稿と同じタイトル「セルリオの建築書『第四書』にみる対概念の共存と「判断力」：ペルッツィとウィトルウィウスを乗り越えて」で『地中海学研究』44号、2021年、49–82頁に掲載されたものである。さらに今回、若干の加筆修正を施した。

2 セルリオと彼の建築書に関する主な研究としては、テーネス編の論文集 *Sebastiano Serlio*, ed. by C. Thoenes, Milano, 1989と、ザビーネ・フロンメルによるモノグラフ S. Frommel, *Sebastiano Serlio architetto*, Milano, 1998を挙げておく。

3 代表作はアンシー＝ル＝フランの城館である。*Ibid.*, pp. 83–216を参照。

4 『第三書』では古代建築について論じられているので、ペルッツィの作品としてはローマのサン・ピエトロ大聖堂計画の平面図(38頁［図3–31］)にとどまるが、ペルッツィが描いたと思われる古代建築の図面が多く掲載されている。ペルッツィの作品と生涯については、ジョルジョ・ヴァザーリ「バルダッサーレ・ペルッツィ」飛ヶ谷潤一郎訳『美術家列伝』森田義之他監修、第3巻、中央公論美術出版、2014年、311–327頁を参照。

5 ヴァザーリは次のように述べている。ただし、『第三書』と『第四書』の内容が取り違えられている。「バルダッサーレの多くの所有物を相続した者は、ボローニャ出身のセバスティアーノ・セルリオであって、彼は建築書『第三書』と、古代ローマ建築の実測図面を掲載したその『第四

書』を著した。これらの書には前述のバルダッサーレの作品も副次的に含まれていて、この著者には大いに役立つものとなった。バルダッサーレが記した原稿の大半は、フェッラーラのヤコポ・メレギーノの手元にある。すでに述べたように、彼は後に教皇パウルスによって大聖堂の建築家に任命された。そして、バルダッサーレの助手で弟子であった前述のフランチェスコ・ダ・シエナは、ローマのナヴォナ広場にある、彼が自ら制作したトラーニ枢機卿の紋章盾や、他のいくつかの作品によって大いに称讃された」。前掲註4のヴァザーリ「バルダッサーレ・ペルッツィ」321頁を参照。ここで登場するヤコポ・メレギーノ（1480頃–1549年）はフェッラーラの出身で、枢機卿アレッサンドロ・ファルネーゼに管財人として仕えていたが、彼が教皇パウルス3世に選出されてからは、ローマで建築家としても多くの仕事を与えられるようになり、主にペルージャ、パルマ、カストロなどの要塞建設に従事した。メレギーノが相続したペルッツィの素描は、シエナの公立図書館（Biblioteca Comunale）に所蔵されている。一方、フランチェスコ・ダ・シエナは、ヴァザーリ『美術家列伝』の第一版ではチェッコ・サネーゼ（Cecco Sanese [sic]）と表記されており、本名はフランチェスコ・ポマレッリ（Francesco Pomarelli）であるが、謎の多い画家である。ヴァザーリが述べているこの作品は現存しておらず、彼の作品はわずかしか知られていない。フランチェスコ・ダ・シエナに関する研究としては、L. Puppi, "Il problema dell'eredità di Baldassarre Peruzzi: Jacopo Meleghino, il *mistero* di Francesco Senese e Sebastiano Serlio", in *Baldassarre Peruzzi: pittura scena e architettura nel Cinquecento*, ed. by M. Fagiolo & M. L. Madonna, Roma, 1987, pp. 491-501のほか、R. Guerrini, "Contributo alla conoscenza di Francesco da Siena. Documenti e opere," in *ibid.*, pp. 503-536を参照。

　ほかにもセルリオを誹謗した人物としては、『自伝』の作者として有名なベンヴェヌート・チェッリーニ（1500–71年）が挙げられる。セルリオやペルッツィについては、『金細工論・彫刻論』で言及されている。Benvenuto Cellini, *I trattati dell'oreficeria e della scultura*, ed. by C. Milanesi, Firenze, 1853, pp. 225-226を参照。

6　セルリオは建築書を出版するために、ヴェネツィア共和国政府に宛てた1528年9月18日付の著作権獲得の請願書を送っているので、このときにはすでに『第四書』のみならず、建築書全体の大部分ができあがっていたと考えられる。このことは当時存命中であったペルッツィも知っていた。W. B. Dinsmoor, "The Literary Remains of Sebastiano Serlio", *Art Bulletin*, vol. 24, 1942, pp. 55-91; pp. 115-54を参照。

7　ペルッツィとセルリオとの関係に関する研究を挙げておく。まずは「遺産」（eredità）に相当する言葉がタイトルにも使われている論文としては、前掲註5のL. Puppi, "Il problema dell'eredità di Baldassarre Peruzzi"が挙げられ、主にヴァザーリ「ペルッツィ伝」で言及されているペルッツィの弟子たちについて論じられている。次にH. Günther, "Das geistige Erbe Peruzzis im vierten und dritten Buch des Sebastiano Serlio", in *Les traités d'architecture de la Renaissance*, ed. by J. Guillaume, Paris, 1988, pp. 227-245では、セルリオの建築書『第四書』と『第三書』ではペルッツィからの「遺産」（Erbe）以外に、他の建築家による建築図面も活用されていることが指摘されている。最後にA. Giannotti, "Sebastiano Serlio, Niccolò Tribolo e l'eredità di Baldassarre Peruzzi: l'altare della Madonna di Galliera a Bologna", *Prospettiva*, vols. 159-160, 2015, pp. 174-196では、ニッコロ・トリーボロ（1497–1550年）によるボローニャのマドンナ・ディ・ガリエーラ聖堂祭壇彫刻におけるセルリオの関与とペルッツィの影響について論じられている。これらの研究では必ずしもペルッツィがセルリオに及ぼした影響の大きさが強調されているわけではないが、「遺産」という先入観にとらわれてセルリオの建築書を評価することにもつながりかねないだろう。その他の研究として、C. L. Frommel, "Serlio e la scuola romana", in *Sebastiano Serlio*, ed. by C. Thoenes, pp. 39-49では、セルリオが影響を受けたブラマンテとその後継者たちとの関係について、M. Ricci, "Peruzzi e Serlio a Bologna", in *Jacopo Barozzi da Vignola*, ed. by R. Tuttle *et al.*, Milano, 2002, pp. 119-125では、ボローニャにおけるペルッツィとセルリオとの関係について論じられている。またA. C. Huppert, *Becoming an Architect in Renaissance Italy: Art, Science, and the Career of Baldassarre Peruzzi*, New Haven, 2016はペルッツィについてのモノグラフであるが、彼の遺産である建築素描とセルリオの建築書との関係についても論じられている（pp. 154-

解説・論考・付録

166）。

8 『第四書』では作家のピエトロ・アレティーノ、『第七書』では建築家で古代遺物研究家でもあるヤコポ・ストラーダが、それぞれ出版の意義をアピールしている。

9 建築オーダーに関する研究は膨大にあるが、基本文献として次の概説書を挙げておく。ジョン・サマーソン『古典主義建築の系譜』鈴木博之訳、中央公論美術出版、1989年。

10 管見の限りでは、セルリオの歴史観を総合的にとらえた研究は見当たらない。セルリオはヴァザーリのような歴史家とはみなされていないからであろう。

11 レオナルド・ダ・ヴィンチは『絵画論』で、絵画が彫刻や詩よりも優れていることを論じた。『レオナルド・ダ・ヴィンチの手記』杉浦明平編訳、上巻、岩波文庫、1954年、194–209頁を参照。諸芸術間における優劣の問題については、『西洋美術研究：特集　美術とパラゴーネ』第7号、2002年を参照。パラゴーネに関する参考文献は同誌所収の、金原由紀子編「文献リストと解題」174–185頁に掲載されている。さらに近年、次の邦訳書も出版された。ベネデット・ヴァルキ『パラゴーネ：諸学芸の位階論争』オスカー・ベッチュマン、トリスタン・ヴェディンゲン編／清瀬みさを、小松原郁訳、中央公論美術出版、2021年。

12 『第四書』第一版の正式なタイトルは次のとおりである。『建物の五つの様式に関する建築の一般的な規則。すなわちトスカーナ式、ドーリス式、イオニア式、コリント式、コンポジット式のことで、ウィトルウィウスの理論と一致する古代建築の多くの事例が含まれる。1537年、ヴェネツィアにてフランチェスコ・マルコリーニ・ダ・フォルリによって刊行』（Regole generali di architettura sopra le cinque manière de gli edifici, cioè, Thoscano, Dorico, Ionico, Corinthio, et Composito, con gli esempi dell'antichità, che, per la maggior parte concordano con la dottrina di Vitruvio. M.D.XXXVII In Venetia Per Francesco Marcolini Da Forli.)。

13 セルリオの建築オーダーに関する研究としては、H. Günther, "Serlio e gli ordini architettonici", in *Sebastiano Serlio*, ed. by C. Thoenes, pp. 154-168; J. Onians, *Bearers of Meaning*, Princeton, N. J., 1988, pp. 263-286 などを参照。前者では、セルリオの師であるペルッツィにも影響を与えたフランチェスコ・ディ・ジョルジョ（1439–1501

年）のオーダー解釈にまで言及されているのは示唆的である。一方後者では、古代からルネサンスまでの建築オーダーが扱われていて、セルリオについても一章があてられている。中世の建築も取り上げられている点が特徴である。

14 Y. Pauwels, "Les origines de l'ordre composite," *Annali di Architettura*, vol. 1, 1989, pp. 29-46, in part. pp. 37-42 を参照。

15 トスカーナ式とルスティカ式との関係については、J. S. Ackerman, "The Tuscan/ Rustic Order, A Study in the Metaphorical Language of Architecture," in *Distance Points*, Cambridge, Mass., 1992, pp. 495-541 が基本文献である。

16 建築家にとって判断力が重要であることは、アルベルティ『建築論』第九書第10章でも指摘されているが、一般論のレベルにとどまっているのは、教養のあるパトロンが読者と想定されているからだろう。一方、セルリオが「判断」の具体例を図版とテクストでわかりやすく説明しているのは、実務に携わる建築家を読者と想定しているからにほかならない。

17 ペインの研究ではウィトルウィウスからスカモッツィまでの建築理論が扱われていて、セルリオにも一章があてられている。A. A. Payne, *The Architectural Treatise in the Italian Renaissance*, Cambridge, 1999, pp. 113-143 を参照。

18 セルリオの建築書の英語訳については、Sebastiano Serlio, *On Architecture*, ed. by V. Hart & P. Hicks, 2 vols, New Haven, 1996-2001 を参照。用語集は第1巻と第2巻の両方の巻末に掲載されているが、「判断」(giudicio) については第2巻でのみ簡潔に説明されている（*Ibid.*, vol. 2, p. 601)。ほかには本稿のキーワードである「考案」(inventione) や「自由気ままな」(licentioso) なども取り上げられている。

19 オナイアンズが『第七書』を中心に取り上げたのは、『第七書』第51章では『第四書』のときよりも多くの対概念が追加されて、「判断（力）」とともに論じられているからであろうが、フランス移住後の著作のほうを高く評価しているのではとも思いたくなる。J. Onians, *Bearers of Meaning*, pp. 264-271 を参照。しかし、『第七書』では住宅建築が主なテーマであることから、それらの対概念に『第四書』におけるオーダーや装飾に関する概念と共通する点が多く見られるとしても、たとえば煙突や暖炉の形式などのように、フランスでの建築体験が少なからぬ影響を及ぼしていると

理解すべきである。

20 「エルコレ2世への献辞」ではペルッツィ以外に、ローマではアントニオ・ダ・サンガッロ・イル・ジョーヴァネとヤコポ・メレギーノ、ヴェネツィアではアントニオ・アッボンディ「通称スカルパニーノ」(1465/70–1549年)、ヤコポ・サンソヴィーノ、ミケーレ・サンミケーリ(1484–1559年)、そしてティツィアーノ(1488/90–1576年)、フィレンツェではミケランジェロ、ウルビーノではジローラモ・ジェンガ、マントヴァではジュリオ・ロマーノに言及されている。いずれも当時現役の美術家であり、ほかにはジョヴァンニ・バッティスタ・ダ・サンガッロ(1496–1548年)と故人のラファエロが登場する。

21 註6を参照。

22 セルリオが知っていた図版入りのウィトルウィウス『建築十書』としては、とりわけフラ・ジョコンド版とチェザリアーノ版が有名である。それぞれ、Vitruvius, *M. Vitruvius per Jocundum solito castigator factus*, ed. by Fra Giocondo, Venezia, 1511 と Vitruvius, *De Architectura. Nachdruck der kommentieren ersten italienischen Ausgabe von Cesare Cesariano*, Como, 1521, ed. by C. H. Krinsky, München, 1969を参照。

23 このパラッツォは、ロータ・ウーゴ・デ・スピーナ(Rota Ugo de Spina)が依頼したものであったが、彼が亡くなった1523年以前に未完のまま中断し、1524年からローマ劫掠の1527年以前に完成し、フランチェスコ・フスコーニ・ダ・ノルチャの手に渡った。アントニオ・ダ・サンガッロ・イル・ジョーヴァネによるパラッツォ・バルダッシーニなどの影響が見られるが、18世紀以降に大きく改築された。C. L. Frommel, *Der römische Palastbau der Hochrenaissance*, 3 vols, Tübingen, 1973, vol. 1, pp. 159-160, vol. 2, pp. 189-197; A. Bruschi, "Baldassarre Peruzzi nel palazzo di Francesco Fusconi da Norcia", *Architettura Studi e Documenti*, vol. 2, 1986, pp. 11-30を参照。

24 ブラマンテの建築作品については、アルナルド・ブルスキ『ブラマンテ』稲川直樹訳、中央公論美術出版、2002年を主に参照。

25 15世紀の有名な例としては、アルベルティが設計したフィレンツェのパラッツォ・ルチェッライのファサード第一層にドーリス式の付柱が使用されているが、フリーズにトリグリフは設けられていない。またブラマンテは、ミラノのサ

ンタンブロージョ聖堂に隣接するドーリス式の回廊とイオニア式の回廊を設計してはいるものの、円柱をアーチで支える形式であるため、エンタブラチュアは設けられていない。この回廊については、A. E. Werdehausen, *Bramante und das Kloster S. Ambrogio in Mailand*, Worms, 1990を参照。

26 ブラマンテの下で「古代風」の建築を学んだサンガッロとサンソヴィーノは、それぞれの代表作であるローマのパラッツォ・ファルネーゼ中庭第一層やヴェネツィアの図書館ファサード第一層で本格的なドーリス式を採用することによって、男性の身体を基準としたドーリス式ならではの威厳や壮麗さを醸し出すことに成功した。半円柱と角柱との組み合わせによるピアが使用されているのが大きな特徴である。ヴォルフガング・ロッツ「サンソヴィーノのヴェネツィアでの建築作品に見られる古代ローマの遺産」『イタリア・ルネサンス建築研究』飛ヶ谷潤一郎訳、中央公論美術出版、2008年、299–318頁を参照。

27 クリストフ・L・フロンメルによれば、パラッツォ・マッシモ・アッレ・コロンネに代表される1527年以降のペルッツィ晩年の建築作品では、円柱が第一層でも、また室内でも積極的に用いられるようになったが、こうした特徴は16世紀の建築にはペルッツィにしか見られないという。C. L. Frommel, "*ala maniera e uso delj bonj antiquj*: Baldassarre Peruzzi e la sua quarantennale ricerca dell'antico", in *Baldassarre Peruzzi 1481-1536*, ed. by C. L. Frommel *et al.*, Venezia, 2003, pp. 3-82, in part. pp. 55-82を参照。また、円柱がアーチではなくエンタブラチュアを支える点や、ドーリス式やイオニア式が好んで使用されたという点で15世紀フィレンツェの建築とも大きく異なっている。

28 セルリオの「混合」の概念については、ペインの研究でも「複合」や「自由気まま」との類似性や親近性が説明されており、筆者もおおむね同じ意見であるが、ここではこれらの概念とともに、「考案」や「判断(力)」との関係も合わせて指摘しておきたい。A. A. Payne, *The Architectural Treatise in the Italian Renaissance*, pp. 131-133を参照。

29 セルリオの建築書の頻出語句の一つで、ここでは「設計」や「デザイン」といった意味に近いが、古代建築やウィトルウィウスとは異なる「考案」であることが暗示されている。一般にはヴァ

解説・論考・付録

ザーリ『美術家列伝』の頻出語句であるディセー
ニョ（disegno）が、「設計」や「デザイン」を意
味するが、この用語はセルリオの建築書では『第
六書』や『第七書』などに散見されるのみである。
Sebastiano Serlio, *On Architecture*, ed. by V. Hart
& P. Hicks, vol. 2, p. 600 を参照。

30 *Ibid.*, vol. 1, p. 457 を参照。

31 J. S. Ackerman, "Architectural Practice in the
Italian Renaissance," in *Distance Points*, pp. 361-
384 を参照。

32 画家ペルッツィについては、C. L. Frommel,
"Baldassarre Peruzzi als Maler und Zeichner,"
*Beiheft zum Römischen Jahrbuch für Kunst-
geschichte*, vol. 11, 1967-68 を参照。

33 パラゴーネについては、前掲註11の『美術とパラ
ゴーネ』を参照。

34 ポンペイ絵画の第一様式と呼ばれるものである。
ジュゼッピーナ・チェルッリ・イレッリ他編『ポ
ンペイの壁画』岩波書店、2000年を参照。

35 室内の奥行きが実際よりも長く見えるように透
視図法を利用した前例としては、ブラマンテによ
るミラノのサンタ・マリア・プレッソ・サン・サ
ティロ聖堂の「偽の内陣」が有名である。

36 ペルッツィと舞台背景画については、前掲註5の
*Baldassarre Peruzzi: pittura scena e architettura
nel Cinquecento* が基本文献である。なお、クリ
ストフ・L・フロンメルがペルッツィを「劇場
人」（uomo di teatro）とみなす評価には首肯でき
る。C. L. Frommel, "*ala maniera e uso delj bonj
antiquj*", p. 30 を参照。

37 『第四書』3頁（本書236-237頁）の「エルコレ
2世への献辞」では、15世紀のギベルティやドナ
テッロなどには言及されていない。註20を参照。

38 このような例としては、壁面に設置された暖炉は
古代建築には存在しない設備であったため、むろ
ん『建築十書』では言及されていない。けれども、
第四書第6章では神殿の戸口にはドーリス式、イ
オニア式、アッティカ式の三種類があり、さらに
第六書第3章ではこれらが住宅の戸口にも適用で
きると説明されている。そこで、セルリオは暖炉
も戸口などの開口部の一種と解釈して、各種の
オーダーを適用した。すなわち、ウィトルウィ
ウスによる前述の三種類ではなく、トスカーナ
式、ドーリス式、イオニア式、コリント式、コン
ポジット式の五種類であった。ルネサンスにおけ
るアッティカ式の解釈については、飛ヶ谷潤一郎
「ルネサンスにおけるアッティカ式の解釈につい

て」『盛期ルネサンスの古代建築の解釈』中央公
論美術出版、2007年、219-239頁を参照。

39 『第三書』に掲載された建築図面のうちで、コン
ポジット式の柱頭がはっきりと確認できる例の
大半は凱旋門や市門の類いであるが、その他の建
築類型の例では唯一「バッコス神殿」が挙げられ
る。これはサンタ・コスタンツァの墓廟の当時
の通称で、セルリオは「コンポジット式の建物」
（opera Composita）と記しているが、柱頭などに
ついての説明は省略されている。『第三書』（18-
21頁［本書105-106頁］）を参照。

40 前掲註7のC. L. Frommel, "Serlio e la scuola
romana", p. 42を参照。

41 アルベルティ『建築論』第七書第8章を参照。ア
ルベルティ『建築論』のテクストについては、羅
伊対訳のL. B. Alberti, *L'architettura*, ed. by G.
Orlandi, 2 vols, Milano, 1966、英語訳のL. B.
Alberti, *On the Art of Building in Ten Book*s, ed.
by J. Rykwert, *et al.*, Cambridge, Mass., 1988、そ
して日本語訳のアルベルティ『建築論』相川浩訳、
中央公論美術出版、1982年を主に使用した。

42 ラファエロによるヴァティカン宮殿のスタン
ツェの壁画に見られる建築オーダーについては、
J. Onians, *Bearers of Meaning*, pp. 248-260を参
照。

43 小佐野重利編『ラファエロと古代ローマ建築：
教皇レオ10世宛書簡に関する研究を中心に』中
央公論美術出版、1993年、21-22頁を参照。こ
の書簡に見られる建築オーダーについては、J.
Onians, *Bearers of Meaning*, pp. 247-248を参照。

44 ペルッツィの建築でコンポジット式オーダーが
使用された例としては、ローマのサンタ・マリ
ア・デッラニマ聖堂の教皇ハドリアヌス6世廟
（1523年着工）などが挙げられる。

45 セルリオによるコンポジット式の新規性につい
ては、前掲註13のギュンターの研究でも名称
や比例関係などに言及されている。H. Günther,
"Serlio e gli ordini architettonici", pp. 161-163を
参照。

46 コンポジット式柱頭に見られるイオニア式が上、
コリント式が下という上下関係には、優劣などの
関係はとくに存在しない。けれども、オーダーの
積み重ねによる上下関係については、最上層のコ
ンポジット式が下層の他のオーダーを支配する
意味が込められている、とセルリオは解釈した。
こうした考え方は古今東西のさまざまな例に見
ることができ、たとえばバロックの時代にオベリ

スクや記念柱の上に設けられた十字架やキリスト教の聖人の彫像は、異教に対するキリスト教の勝利を意味する。また、日本では戦前の1930年代に、洋風の壁面を和風の瓦屋根で覆った「帝冠様式」と呼ばれる国粋主義的な建築が登場したことも想起される。

47 軒持送りの存在するルネサンス建築の例としては、アルベルティによるパラッツォ・ルチェッライや、ローマではパラッツォデッラカンチェッレリーアやサンティ・アポストリ聖堂、ブラマンテによるサンタ・マリア・デッラ・パーチェ聖堂の回廊などが挙げられる。Y. Pauwels, "Les origins de l'ordre composite", p. 39 を参照。

48 ブラマンテの建築オーダーについては、C. D. Nesselrath, *Die Säuleordnungen bei Bramante*, Worms, 1990 を参照。

49 マニエラはルネサンス美術の用語として、本書はもとよりヴァザーリの『美術家列伝』などでもいたるところに登場する。一般には「手法」と訳されることが多いが、「様式」という意味で使われることもよくある。この用語が円柱の「様式」や「類型」に適用されたのは、セルリオの建築書『第四書』が最初であり、近代には「オーダー」と同じ意味で使われるようになった。

50 ここでは、前掲註43の小佐野重利編『ラファエロと古代ローマ建築』の日本語訳ではなく、同書に掲載されたイタリア語のテクスト（231頁）から翻訳した。

51 小佐野はここでの「複合」の例として、本稿でも取り上げたペルッツィのトリグリフと軒持送りとの組み合わせを例に挙げている。同書、66-67頁を参照。ペインもセルリオの「混ぜ合わせ」の概念と関連させて、この書簡との共通点を指摘している。A. A. Payne, *The Architectural Treatise in the Italian Renaissance*, pp. 132-133 を参照。

52 トスカーナ式とドーリス式との違いは、フリーズにトリグリフがあれば容易に区別することができる。ところが、この螺旋階段ではいずれも独立した円柱が並んでいて、さらにエンタブラチュアは下から上までそのまま連続しているので、円柱の形態や比例関係でしか区別することはできない。さらにウィトルウィウスは、トスカーナ式とドーリス式のプロポーションはいずれも同じで、円柱の高さは太さの七倍であると説明している。円柱同士で比較したときには、セルリオが『第四書』第5章で述べているように、トスカーナ式では柱礎や柱頭などの装飾部分が最も簡素である

のが特徴で、柱身に縦溝が刻まれることもない。クリストフ・L・フロンメルによれば、ブラマンテ以降の建築家は、トスカーナ式がドーリス式よりも単純であることを認識していたという。C. L. Frommel, "Serlio e la scuola romana", p. 42 を参照。

53 ルネサンスにおけるエトルリア神殿の解釈については、飛ヶ谷潤一郎「ルネサンスにおけるエトルリア神殿の解釈の変遷」前掲註38の『盛期ルネサンスの古代建築の解釈』97-138頁を参照。

54 註6を参照。

55 パラッツォのファサードにおいて第二層でドーリス式オーダーが使用された場合、原則として第一層はトスカーナ式オーダーでなければならない。しかし実際には、「ラファエロの家」とも呼ばれているパラッツォ・カプリーニのように、第一層に円柱を伴わない例のほうが多い。それゆえセルリオは、第一層のルスティカ仕上げをルスティカ式とみなし、トスカーナ式と同一視せざるを得なかったのである。

56 アッカーマンは、セルリオによるトスカーナ式オーダーの復権をトスカーナ地方の俗語の復権になぞらえることで、アルプス以北のゴシック建築に対するイタリア中世から15世紀の建築の優越性を指摘している。J. S. Ackerman, "The Tuscan/ Rustic Order", pp. 522, 531-532 を参照。

57 シエナの出身であり、ペルッツィにも影響を与えたフランチェスコ・ディ・ジョルジョが、コンポジット式を「トスカーナ式」と呼んでいるのは意味深長である。彼は、ウルビーノではフェデリーコ・ダ・モンテフェルトロからウィトルウィウス『建築十書』を学ぶように薦められたため、トスカーナ式、ドーリス式、イオニア式、コリント式の四種類があることは知っていた。けれども、古代エトルリア建築の遺構が知られていなかったため、おそらくは中世以降のトスカーナ建築を念頭に置いて、最も細身で装飾の豊かなオーダーと理解したのだろう。『建築論』第一稿のトリノ王立図書館所蔵サルッツォ手稿148（fol. 15*r*）では、「トスカーナ式」について円柱の太さと高さの比が1対9と説明されており、柱頭の挿絵からも明らかにコンポジット式柱頭であることがわかる。フランチェスコ・ディ・ジョルジョの建築オーダーについては、F. P. Fiore, "Gli ordini nell' architettura di Francesco di Giorgio", in *L'emploi des ordres*, ed. by J. Guillaume, Paris, 1992, pp. 59-67 を参照。また、彼はウルビーノのパラッ

解説・論考・付録

ツォ・ドゥカーレ中庭でもコンポジット式円柱を採用した。

58 セルリオの「適正」の概念に関する研究としては、主に以下の研究を参照。V. Hart & P. Hicks, "On Sebastiano Serlio: Decorum and the Art of Architectural Invention", in *Paper Palaces*, ed. by V. Hart & P. Hicks, New Haven, 1998, pp. 140-157では、本稿でも取り上げてきた「考案」（インヴェンティオーネ）が「適正」とともに論じられている。A. A. Payne, *The Architectural Treatise in the Italian Renaissance*, pp. 138-141では、装飾や模倣「イミタティオ」との関係から論じられている。前掲註21のセルリオの建築書に掲載されたフィオーレの解説Sebastiano Serlio, ed. by F. P. Fiore, pp. 18-20では、「便利さ」（コモディタ）との関係が指摘されている。

59 セルリオの「自由気まま」の概念に関する研究としては、主に以下を参照。J. Onians, *Bearers of Meaning*, pp. 280-282では、『番外篇』を中心にウィトルウィウスの「規則」との対立関係について、M. Carpo, *La maschera e il modello. Teoria architettonica ed evangelismo nell'Extraordinario Libro di Sebastiano Serlio (1551)*, Milano, 1993, pp. 13-20では、『番外篇』を対象として「中庸」（modestia）との対立関係について、そしてA. A. Payne, *The Architectural Treatise in the Italian Renaissance*, pp. 116-122では『第四書』を中心に、「考案」（インヴェンティオーネ）との関係について論じられている。

60 ウィトルウィウス『建築十書』第一書第2章、第5章をはじめ、さまざまな箇所に登場する。

61 『第四書』の序にあたる「著者から読者諸氏へ」5頁（本書241–243頁）で述べられていることからも「適正」の重要性がうかがえ、ウィトルウィウスの場合と同様に、「自由気まま」であることが批判されている。

62 アッカーマンはセルリオのルスティカ式の解釈については、ジュリオ・ロマーノの建築からの影響が大きいと指摘している。J. S. Ackerman, "The Tuscan/ Rustic Order," pp. 516-521を参照。

63 これらの対概念は、とりわけ庭園を備えたヴィラで重視される。M. Fagiolo, *Natura e artificio*, Roma, 1981を参照。

64 マニエラの訳語については、註49を参照。

65 セルリオは戸口に関しては、ドーリス式、イオニア式、コリント式の三つについて説明しており、ウィトルウィウスのアッティカ式をコリント式に変更した。セルリオはトスカーナ式戸口にも言及していないが、第5章に掲載された開口部を備えた多くの立面図についてみると、それらはいずれもアーチの形式で外壁に用いられていることに気づく。トスカーナ式とコンポジット式は、戸口というよりも門として、『番外篇』で大きな展開を遂げる。戸口も門もイタリア語ではともにポルタ（porta）である。

66 H. Günther, "Serlio e gli ordini architettonici", p. 163を参照。

67 オーダーに関しては、特にヴェネツィアのパラッツォに使用された例が頻出する。本書「論考2」を参照。ただし、ヴェネツィアのパラッツォは一般に煉瓦造で開放的につくられているため、粗面仕上げが積極的に使用されるのはサンソヴィーノ以降である。一方、滑面仕上げであれば、15世紀のマウロ・コドゥッシ（1440–1504年）によるサン・ミケーレ・イン・イーゾラ聖堂［図56参照］やパラッツォ・コルネル＝スピネッリ［図71参照］のファサードなどで使用されている。

論考 3

セルリオの建築書にみる多層構成の聖堂ファサード[1]

1. はじめに

セルリオの建築書のうちで、宗教建築は『第五書』で取り上げられている。ただし、ルネサンスにおける宗教建築とは、古代の異教の神殿と中世以降のキリスト教の聖堂の両方を指すため、前者については『第三書』で、後者については『第五書』で、といったさらなる分類を読みとることも可能ではある。[2] けれども、『第五書』では幾何学形態による平面形式ごとに説明されているため、立面や断面の特徴は二の次にされているような印象を受ける。さらに『第五書』に掲載された聖堂については、後述するように集中式平面が大半を占めていて、規模も小さめであることから、それらのファサードは、当時存在していた聖堂ファサードの姿とは懸け離れているようにも思われる。『第五書』の内容は、1537年に『第四書』の「序」で予告されているが、出版されたのはセルリオが1540年にフランスに移住したのちであるため、フランスの聖堂に関する新たな情報が追加されたと考えられる。ところが、セルリオはイタリアとフランス両方における数多くの聖堂の事例を選ぶことができたにもかかわらず、めったに建てられることのない五角形や六角形平面の聖堂まであえて採用したのである。[3]

また、『第三書』は過去に建てられた宗教建築、『第五書』は将来建てられるべき新しい宗教建築と考えることも難しい。というのも、『第三書』には実現しなかったサン・ピエトロ大聖堂計画の図面も掲載されているし、『第五書』には明らかにパンテオンを手本とした円形聖堂の図面［図89、

90］も掲載されているからである。すると、『第三書』と『第五書』とのあいだには、むしろ共通点のほうが多いともいえる。こうした観点から『第五書』をセルリオの建築書における他の書と比べてみると、実際にいくつもの類似点がうかがえ

図89 円形平面の聖堂平面図、『第五書』(4頁おもて面〈本書401頁〉)

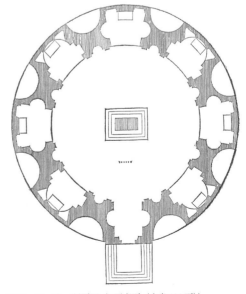

図90 同、立・断面図 (3頁裏面〈本書400頁〉)

499

解説・論考・付録

表4 『第五書』の聖堂のファサード構成による分類

	全体の平面の形	立面構成	立断面図の掲載頁	図番号
1	円形	単層ファサード＋円形ドーム	4頁裏面（本書401頁）	図5-2
2	円形（礼拝堂がギリシア十字形に突出）	単層ファサード＋円形ドーム	6頁裏面（本書403頁）	図5-4
3	楕円形	単層ファサード＋楕円形ドーム	8頁裏面（本書405頁）[6]	図5-6
4	五角形	単層ファサード＋五角形ドーム	10頁裏面（本書406頁）	図5-8
5	六角形	単層ファサード＋六角形ドーム	13頁おもて面（本書408頁）	図5-10
6	八角形	単層ファサード＋八角形ドーム	15頁おもて面（本書410頁）	図5-12
7	正方形	単層ファサード＋八角形ドーム	18頁おもて面（本書412頁）	図5-15
8	ギリシア十字形（正方形と4つの円形）	単層ファサード＋円形ドーム	20頁裏面（本書415頁）	図5-18
9	ギリシア十字形	二層ファサード＋円形ドーム	23頁裏面（本書417頁）	図5-21
10	ラテン十字形（三廊式）	二層ファサード＋円形ドーム	27頁おもて面（本書419頁）	図5-24
11	ラテン十字形（単廊式で側面に礼拝堂）	二層ファサード＋円形ドーム	30頁おもて面（本書422頁）	図5-26
12	長方形（ラテン十字形）	二層ファサード＋半円ペディメント	33頁裏面（本書424頁）	図5-29

る。さらに注目すべき点として、セルリオの建築書には異なる要素を組み合わせる「混ぜ合わせ（メスコランツァ）」や「混淆（ミストゥーラ）」といった概念が頻出することである[4]。その具体例として、たとえば『第四書』では戸口におけるルスティカ仕上げとイオニア式の併用（43頁おもて面〈本書295頁〉）などが挙げられる。そこでこの論考では、こうした概念が『第五書』のみならず他の書にも登場する聖堂ファサードにも適用できると仮定し、それらのうちで特に多層構成のものに着目することによって、ビルディングタイプの枠にとらわれないセルリオの建築書の重層的な性質を明らかにしたい。

2.『第五書』の聖堂ファサード

まずは『第五書』のタイトルに着目すると、副題は「キリスト教の慣例に従った古代風のさまざまな形の宗教建築（Tempij sacri）について論じられる」と記されている。この副題からも『第三書』との関連性が読みとれるが、ここでの「さまざまな形」というのは十二の平面形式を指している[5]。そこで立面については、いくつに分類できるのかを検討してみよう。その結果はおおむね表4のようになる。全体の平面の形による分類については、

最初の七つが単純な形式、残り五つが複合形式と考えることもできるが、最初の九つが集中式、残り三つがバシリカ式と考えてもよいだろう。一方、立面構成に着目するなら、最初から八つが単層ファサード、残り四つが二層ファサードに大きく分けられる。したがって、少なくともファサードに関しては「さまざまな形」であるとは言い難い。要するに、外観を決定するのはドームであって、ファサードは重視されていないことが判明する。

次に、こうしたファサード構成による分類は、セルリオ特有のものであるのかを検討してみたい。聖堂を平面形式によって分類する場合は、バシリカ式と集中式の二つに分けるのが一般的であるが、実際の建築としては前者の方が圧倒的に多い。その大きな理由は、バシリカ式の方が宗教儀式に都合が良いからであるが、敷地条件という観点からも、バシリカ式は建物の密集した短冊状の敷地に建てられた場合も、外観上の大きな不都合は生じないにちがいない。というのも、ドームの有無にかかわらず、通りや広場に面したファサードのみが重要となるからである。ところが、ドームの存在を前提とする集中式の場合は、広々とした敷地に独立して建てられることで、その長所が最大限に発揮される。ドームの魅力は内部空間にあるという考え方は、パンテオンのような古代建築には

当てはまるかもしれないが、ルネサンスのドームの場合は外観も重視され、古代建築にはなかったドラムが設けられることで、その存在が一際強調されるようになったのである。要するに、ルネサンスの集中式聖堂の場合は、いずれの方向からもドームが眺められることが大事であって、ファサードが強調されて方向性が定められることは重要ではないのである。

したがって、『第五書』における集中式平面とドームのバリエーションの豊富さに比べて、バシリカ式平面とファサードの扱いが簡略化されているのは、ルネサンスの建築家に共通する傾向といえるかもしれない。しかしながら、『第五書』における各種のドームの外観に注目すると、ドラムを備えたドームが登場するのは八番目のギリシア十字形平面の聖堂以降であり、全体として少数派であることは強調しておきたい。おそらくセルリオはパンテオンのドームのように、ドラムがなく階段状の迫元を備えた古代のドームを好んでいた。その場合、聖堂正面は全体として横長のプロポーションとなるので、都市景観に及ぼす効果は弱くなるだろう。セルリオが『第三書』に掲載したブラマンテのテンピエットやサン・ピエトロ大聖堂計画のドーム立面図とは対照的である。

次にファサードについてみると、『第五書』の聖堂では単層構成が全体の2/3を占めているが、正面に大きく張り出したポルティコを備えているのは四番目の五角形の聖堂［図91、92］のみであり、二層構成による十二番目の長方形の聖堂を含めても、それらの頂部に三角ペディメントは設けられていない。それゆえドームの場合とは異なり、ファサードの場合はパンテオンのポルティコが手本とされているとも言い難い。なお、当時の聖堂ファサードには突出したポルティコが設置されるのは稀であったことから、「古代の方法」よりも「キリスト教の慣例」が尊重されたともいえる。けれども『第五書』では、ヴェネツィアの中世以降の聖堂とはまるで異なり、多層構成のファサードのバリエーションに乏しい。ファサードは聖堂全体の印象を決定づけるほど重要な特徴の一つとして、15世紀のアルベルティやマウロ・コドゥッシ

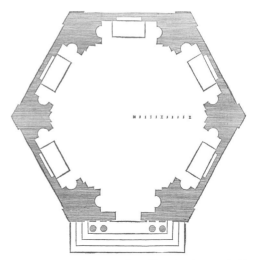

図91　五角形平面の聖堂平面図、『第五書』（11頁裏面〈本書407頁〉）

図92　同、立・断面図（10頁裏面〈本書406頁〉）

の作品の作品のみならず、セルリオに強い影響を与えたローマの盛期ルネサンスの建築家による作品でも、さまざまな試行錯誤が繰り返されたこととは対照的である。

それゆえ、セルリオが二層構成のファサードを比較的規模の大きな四種類の聖堂のみに限定したことは、『第五書』の実用書としての目的にもそぐわないように思われる。さらに、ラテン十字形平面の二つの聖堂ファサードについてみても、聖堂本体よりはむしろ両脇の鐘塔の方が目立っている［図93、94］。なお、『第五書』のテクストがイタリア語とフランス語の二言語表記であることは、

解説・論考・付録

図93　三廊式ラテン十字形平面の聖堂立面図、『第五書』
（27頁おもて面〈本書419頁〉）

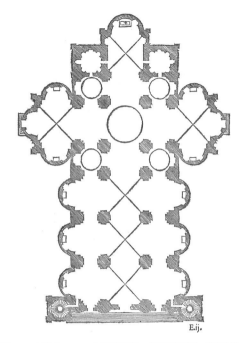

図95　三廊式ラテン十字形平面の聖堂平面図、『第五書』
（26頁おもて面〈本書418頁〉）

多くの読者が想定されていたからにほかならない。けれども、当時のフランスの聖堂についてみれば、集中式よりはバシリカ式、ドームよりは塔が優先された。すなわち、ゴシックの伝統がいまだ根強く残っていたといえる。したがって、ラテン十字形平面の聖堂ファサードにおける鐘塔の強調は、セルリオがフランスで多く目にしたゴシック様式の大聖堂よりも、むしろブラマンテのサン・ピエトロ大聖堂計画に由来するにちがいない。なぜなら、十番目の聖堂平面図のドーム周辺部は、サイコロの五の目のようなクインクンクス式平面となっているからである［図95］。また、十一番目の聖堂ファサード両脇の鐘塔についても、それらの頂部は半球ドームで覆われているため、ゴシック様式の特徴は何も見られないといってよい。『第五書』の聖堂ファサードには古代ローマ建築やイタリア・ルネサンス建築との関係は希薄であったが、フランスの聖堂建築との類似性を見出すことはいっそう困難である。

図94　単廊式ラテン十字形平面の聖堂の各図、『第五書』
（30頁おもて面〈本書422頁〉）

論考3 セルリオの建築書にみる多層構成の聖堂ファサード

3.『第四書』の聖堂ファサード

『第四書』には五つのオーダーのみならず、それらの応用例として聖堂やパラッツォなどの立面図も掲載されている。セルリオは『第四書』を出版する以前から、宗教建築に関する書と住宅建築に関する書にそれぞれ独立した一書を割り当てる計画であったが、全体として見るとセルリオの建築書には重複する箇所も少なくないように思われる。たとえば、『第四書』のコリント式オーダーに関する第8章には、バシリカ式と集中式の場合に分けて、聖堂ファサードの立面図が二点掲載されているため、以下ではそれらについて検討してみたい。

(1) 54頁おもて面の聖堂立面図

この聖堂ファサード［図96］は二層構成であり、第二層の両脇に四分円が外接するような形の擁壁を備えているという点で、『第五書』における十番目のラテン十字形平面の聖堂ファサード［図93参照］と同じタイプに分類できる[13]。あるいは、後のヴィニョーラによるローマのイル・ジェズ聖堂ファサード計画［図97］を先取りするものともいえるだろう[14]。実際にヴィニョーラがセルリオの立面図を参照した可能性は高い。しかし、現在のイル・ジェズ聖堂ファサードはジャコモ・デッラ・ポルタの設計によるものであり、第二層の擁壁はS字状の装飾性の強いものに変更されている。ファサード全体としてはアルベルティによるフィレンツェのサンタ・マリア・ノヴェッラ聖堂ファサードに近い形となるが、『第五書』の十一番目の聖堂とも、両端の鐘塔を除けばよく似ている。そこで以下では、『第三書』と『第五書』では別々に論じられていた異教の神殿とキリスト教の聖堂との関係に目を配りながら、この聖堂ファサード第二層の擁壁の役割について考察してみたい。

セルリオはキリスト教の聖堂を説明するにあたって、異教の古代神殿と比較しながら、テクス

図96 バシリカ式平面の聖堂ファサード、『第四書』第8章（54頁おもて面〈本書310頁〉）

図97 ヴィニョーラ、イル・ジェズ聖堂ファサード計画

トの冒頭で次のように述べている。

> 古代の人々が神殿に用いている形式は、現代の我々の形式とは異なっている。なぜなら、古代の人々は単体でできた建物としてつくるのが常であったのに対し、我々キリスト教徒は聖堂を三つの部屋、すなわち中央に一つの部屋、その両脇に二つの部屋からなる建物としてつくるのが通例だからである。礼拝堂は

503

解説・論考・付録

それら二つの部屋に組み込まれることもあれ
ば、それらの外側に建てられることもあり、
〔以下省略〕　　　（53頁裏面〈本書310頁〉）

　この聖堂ファサードには中央に一つの入口しか
ないため、単廊式のようにも見えるが、平面図
(53頁裏面［図4-92］)には側廊らしき存在が確
認できる。したがって、セルリオは聖堂の平面形
式としては三廊式を標準形式とみなしており、こ
の場合も三廊式であると考えられるが、これとよ
く似たファサードを備えたヴィニョーラのイル・
ジェズ聖堂は単廊式であることに注目したい。本
稿ではヴィニョーラの作品との詳細な比較につい
ては割愛するが、前節で取り上げた『第五書』の
ラテン十字形平面の聖堂ファサードの例からは、
セルリオが三廊式の場合と単廊式の場合とで第二
層の擁壁の形を区別していたことが推測できる。
なお、ファサードの縦割りの壁面分割については、
次のように説明される。ただし、〔　〕内は筆者の
加筆である。

　このファサードの幅は32部からなるように
すべきであり、円柱の太さに1部、中央の柱
間に7部、両脇の広い柱間に4部半があてら
れる。ニッチが設けられる柱間には2部があ
てられるので、このように〔1×8＋7×1＋4.5
×2＋2×4で〕合計で32部が配分される。(53
頁裏面本書308頁〕)

　ここでの「部」とは、ウィトルウィウス『建築
十書』第三書第3章で定義されているモドゥルス
(モデュール)にあたる。要するに、中央の柱間を
a、両脇の広い柱間をb、ニッチが設けられる柱
間をcとすると、全体としてc-b-c-a-c-b-cのリズ
ムによる凱旋門モティーフが形成される。このモ
ティーフは、セルリオ以前にもアルベルティをは
じめとする多くのルネサンスの建築家たちが、聖
堂の身廊内部やパラッツォのファサードなどのあ
らゆる箇所で採用してきたものであった。けれど
も、ここでの説明は三廊式の場合であり、単廊式
や五廊式のファサードの場合は、これとは異なっ

た壁面分割となることも予想される。そして第二
層の擁壁については、次のように説明されている。

　両脇の二つの翼（アーラ）はファサードの装飾としての
みならず、支持材として設けられるものでも
あり、四分円によって作図される。それらの
中心が点Aと点Bである。これらの部位は、
礼拝堂同士を分割する各アーチの上に一つず
つ建てられる。というのも、この翼は中央の
〔身廊〕部分を支えるのみならず、雨水を上の
屋根から下へと導く上でも有効だからである。
　　　　　　　　　（53頁裏面〈本書311頁〉）

　ここでの「翼」とは擁壁を指し、第二層の両脇
に「翼」を設けるためには、側廊の天井高を身廊
の天井高よりも低くしなければならない。このよ
うな内部空間がファサードにも反映される場合、
側廊の屋根は片流れとなるのが通例である。イタ
リアの聖堂の場合、フランス・ゴシックの大聖堂
のように鐘塔がファサードに組み込まれることは
稀なので、フィレンツェのサンタ・マリア・ノ
ヴェッラ聖堂の手本とされるサン・ミニアート・
アル・モンテ聖堂のように、身廊も側廊も木造天
井の場合には、屋根の形がそのままファサードに
表れることが多い。しかしながら、ヴォールト天
井の聖堂では、ファサードの形態が内部空間をそ
のまま反映していなくてもよいという考え方が
あっても不思議ではない。
　聖堂は、ファサードがどのようなものであって
も宗教儀式の場として使用する上での不都合は生
じないため、特にルネサンスの時代にはファサー
ドだけが設計の対象に取り上げられた聖堂の例も
少なくはない。だがセルリオは、第二層両脇の
「翼」がファサードのみならず、身廊と側廊とを連
結する構造材として側廊の上部にも設けられると
述べているので、ファサードを建物本体と別のも
のとはみなしていなかったように思われる。それ
ゆえ、セルリオの四分円の「翼」は、アルベルティ
によるサンタ・マリア・ノヴェッラ聖堂ファサー
ドにおける単なる装飾としてのS字状の「翼」と
は異なる。そして、ヴィニョーラのイル・ジェズ

504

論考3　セルリオの建築書にみる多層構成の聖堂ファサード

図98　球形のアクロテリオン、アルセナーレの門、ヴェネツィア

聖堂ファサードが四分円の「翼」で計画されたにもかかわらず、のちにデッラ・ポルタが装飾的な性格の強いS字状の「翼」に変更したのは、単廊式だからではないかとも推測できる。

　四分円の「翼」では装飾的な性格が弱くなるからなのか、ここでは「翼」よりもむしろ屋根の上のアクロテリオン（頂部彫刻）が装飾的な役割を担っているように思われる。このアクロテリオンは、球から植物が生えたような形状となっているが、これについてセルリオは何も説明していない。球形のアクロテリオンは、ヴェネツィアではアントニオ・ガンベッロによるアルセナーレ（海軍工廠）の門（1460年頃）に設置されており、施設の用途という点では砲弾を想起させる［図98］。また、フィラレーテ『建築論』に描かれたパラッツォなどにしばしば見られるとはいえ、古代建築やフィレンツェのルネサンス建築にはあまり見られない。ヴェネト地方でも、16世紀には彫像やオベリスクのほうが屋根飾りとしては主流になった。『第四書』では、ほかにイオニア式戸口（30頁おもて面［図4-44］）やパラッツォの頂部（45頁おもて面［図4-76］、57頁おもて面［図4-98］）にも採用されているが、これらは『第四書』にしか

登場しない特殊なアクロテリオンともいえる。57頁おもて面の場合は煙突と交互に設けられていて、煙突の一種のようにも見えなくはないが、聖堂ファサードの場合、煙突は必要でないため、必ず装飾となる。しかしながら、このアクロテリオンの存在こそが、『第五書』の聖堂ファサードにはない重要な装飾的要素でもあり、彫像へと変更されてヴィニョーラのイル・ジェズ聖堂ファサードにも応用されたのであった。

(2) 58頁おもて面の聖堂立面図

　今までに説明した『第五書』と『第四書』の聖堂では、平面形態にかかわらず、いずれも入口に至るには地面から何段かの階段を昇る必要があった。しかしながら、『第四書』に掲載されたこの集中式の聖堂［図99］ほど高い基壇が設定されたものはなかった。それゆえ、この聖堂にはセルリオの他の聖堂との共通点はあまり見られず、むしろパラッツォに近い姿であるともいえるだろう。そこで以下では、この聖堂立面の各要素を世俗建築の要素と宗教建築の要素とに分類しながら、装飾の場所と意味についてもあわせて考察を試みたい。

　まずは基壇のルスティカ仕上げに着目したい。セルリオがルスティカ仕上げをトスカーナ式オーダーと同一視するほど重要とみなしたのは、ブラマンテをはじめとするローマの盛期ルネサンスの建築に刺激を受けたからにほかならない。しかし、『第三書』に掲載された当代の建築に、立派な基壇をそなえた聖堂の類は見当たらない。15世紀の建築の例では、アルベルティによるマントヴァのサン・セバスティアーノ聖堂で高い基壇が採用されたが、壁構造ではなく、ピアが林立している。というのも、この聖堂は地盤の悪い土地に建てられたからであり、聖堂床下の地上階はロマネスク建築のようなクリュプタとして使用された。また中世の宗教建築の例では、パリのサント・シャペルやそれを手本につくられたアッシジのサン・フランチェスコ聖堂が、上堂と下堂で構成された例として有名であり、むろんセルリオもそれらを知っ

505

解説・論考・付録

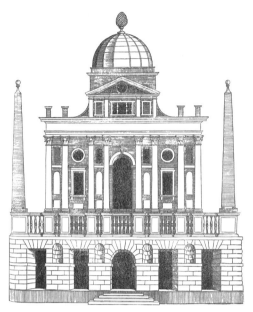

図99　集中式平面の聖堂ファサード、『第四書』第8章（56頁おもて面〈本書316頁〉）

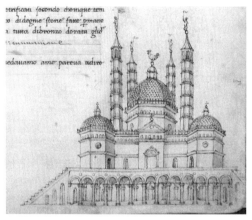

図100　プルシアポリスの神殿、フィラレーテ『建築論』第十四書

ていたにちがいないが、形態的な類似性はほとんど見られない。

　さらに15世紀の例で実現しなかった計画案までも含めると、フィラレーテ『建築論』には立派な基壇をそなえた宗教建築がいくつか示されている［図100］。しかし、これらも開放的な外観であるため、セルリオがこの聖堂の立面図を描くにあたって直接の手本としたとは考えにくい。なお、セルリオの聖堂では下堂は告解所(コンフェッショナーレ)に定められて

いるが、使用されるオーダーについては、上堂のコリント式とははっきりと区別されている。また、上堂に昇るための階段がファサードの背面に隠れた室内に設けられている点も、アルベルティやフィラレーテの外部階段とは異なっている。

　けれども、これらの建築とセルリオの聖堂の図とのあいだには、基壇の存在以外にもいくつかの共通点がうかがえる。すなわち、集中式平面、古代神殿のような三角ペディメント、そしてドームの存在であり、これらはまさしくルネサンスの宗教建築の特徴にほかならない。なお、マントヴァのサン・セバスティアーノ聖堂にドームが計画されていたことは、現存するアントニオ・ラバッコの素描（U 1779A）などによって知られている。セルリオの聖堂で、階段や三角ペディメントが設けられているのは正面のみである。ただし、セルリオは正面のオベリスクが基壇の四隅に設置されると述べているので、背後にも同じような階段や三角ペディメントが設けられている可能性も否定はできない。

　基壇よりも上の正面部は二層構成になっており、凱旋門モティーフの使用など、前述のバシリカ式のタイプ［図96参照］といくつかの類似性はうかがえるものの、ここでは第二層とその上の三角ペディメントが小さめであるからか、古代神殿のような印象は弱くなる。すなわち、第一層の全体幅に等しい大きめの三角ペディメントを載せたほうが古代神殿風に見えるが、そもそも第一層の凱旋門モティーフは宗教建築とは関係がなく、アルベルティのテンピオ・マラテスティアーノ以降聖堂ファサードにも普及したものである。凱旋門モティーフは、ブラマンテによるヴァティカン宮殿ベルヴェデーレの中庭でも用いられており、セルリオは『第三書』142頁［図3-111］でその立面図も描いている。なお、この中庭の第一層ではコリント式オーダーが使われており、セルリオは凱旋門モティーフにはコンポジット式ないしはコリント式がふさわしいと考えていたのだろう。すると、この聖堂の第一層でもコリント式が使われてはいるものの、基壇と同様に世俗建築の要素で構成されていて、宗教建築の要素は一番上のドー

ムしか見当たらず、逆にドームの存在ゆえにかろうじて宗教建築らしくなったともいえよう。パラーディオが住宅建築にもドームを用いたラ・ロトンダは、16世紀後半になって初めて登場する。

セルリオのこの聖堂の平面図では、ドームの中心よりも後ろの部分が省略されているが、その理由は中心よりも手前の平面が同様に繰り返されるためと考えられる。すると、平面全体はサイコロの五の目のようになるが、円形のドームは中央にのみあり、四隅にはない形となる。ファサード第二層の両側には、第一層の半円柱が上に伸びるような形で合計四つの破風飾り用の台座が見られるものの、それらの上にアクロテリオンは設置されていない。前述のバシリカ式の聖堂ファサードとは異なり、聖堂本体の両端の装飾を省略する代わりに、基壇の四隅にオベリスクを設置することで垂直性を強調している。

ルネサンスの建築にオベリスクの使用は一般的ではなかったけれども、前述のフィラレーテの聖堂に見られるようなドーム周辺の四基の塔は、ミラノのサン・ロレンツォ・マッジョーレ聖堂を手本にしたものといわれており、同地で活躍したブラマンテやレオナルドにも同様の影響が見られる。またヴェネツィアでは、フランチェスコ・コロンナの『ヒュプネロートマキア・ポリフィリ』（ヴェネツィア、1499年）に描かれたいくつかのオベリスクが有名である。セルリオがこの書を知っていたことは間違いないが、四隅に四基のタイプではなかった。[20]この聖堂の全体としての印象は、北イタリアよりもローマの盛期ルネサンス建築に近いといえる。

4.『第六書』の聖堂風ファサード

イタリア・ルネサンスの住宅建築は、一般には都市型のパラッツォと郊外型のヴィッラに大きく分類されるが、いずれも上流階級の比較的規模の大きな家を意味する。けれども、セルリオの建築書『第六書』では、貧しい農民のあばら家から豪華な君主の宮殿に至るまであらゆる階級の住宅が取り上げられているのが、従来の建築書とは異なる大きな特徴である。『第六書』にはコロンビア手稿とミュンヘン手稿の二つがあり、ここでは晩年の1547年頃–54年に執筆された後者を分析の対象とするが、1537年以前に『第六書』の構想はおおむねできあがっていたことが『第四書』の「序」から読みとれる。

住宅建築にこうした階級の差異を表現する方法としては、規模や装飾、建設材などを変えるのが一般的である。また、のちにパラーディオが試みたように、ペディメントやドームといった宗教建築のモティーフを住宅建築に採用する方法も想起されよう。ここで注目すべき点は、すでにセルリオの建築書『第六書』にもそのような特徴が散見されることである。前節では、『第四書』に掲載されていた集中式聖堂のファサードには、住宅建築の要素も多く混在していたことを指摘した。そこで今度は逆に『第六書』のなかから、宗教建築の要素が混在する住宅建築の事例を取り上げてみたい。セルリオとパラーディオとの関係に着目した研究は数多く存在するが、[21]以下では『第六書』に掲載された「都市郊外におけるきわめて高名な君主の家」（19頁裏面–21頁おもて面）を対象に詳細に検討することで、セルリオが住人の階級に応じて、どのように住宅を差異化していたのかについて考察を試みたい。

『第六書』では「高名な君主の家」と「きわめて高名な君主の家」とは区別されていて、さらに最上位に「王の家」がある。したがって、「きわめて高名な君主の家」は上から二番目にあたり、郊外型住宅の例が四つと、都市型住宅の例が一つ提示されている。前者に比べて後者が少ないのは、市内の敷地ではさまざまな施設をすべてひとまとめにする必要があるのに対し、郊外の敷地では主屋以外の施設は分棟にすることで省略できるからである。この論考で取り上げるのは郊外型住宅の第一の例であり、規模は最も小さい。第二の例とも共通する点が多く、「娯楽を目的としたもの」（21頁裏面）と思われる。まずは平面図（20頁おもて面）［図101］から順に見ていこう。

解説・論考・付録

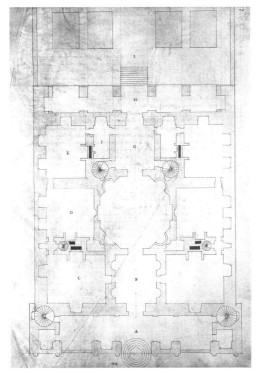

図101 「都市郊外におけるきわめて高名な君主の家」平面図、『第六書』(20頁おもて面)

図102 同、立面図、『第六書』(21頁おもて面)

　平面図としては主屋のみが示されているため、都市型住宅のようにも見えるが、郊外の敷地であるため、周囲には家臣の住居などの付属施設があることが前提とされている。主屋全体の平面は、入口方向から見ると縦長の長方形となっているが、正面のロッジャAと背面のロッジェッタHを除けば、おおむね正方形となる。さらに注目すべき点は、正面の玄関Bと背面の玄関Gの存在である。用途は示されていないため、主に通路として使用されると思われるが、実にゆとりのある設計といえる。そして、中心には八角形の中庭が設けられていることからも、セルリオが集中式平面を念頭に置いていたことは明らかで、中庭がドームで覆われれば宗教建築のような形となる。立面図として掲載されているのは、以降で説明する正面と背面のみに限られているため、中心軸を重視した配置であることも確かであるが、全体としては集中式平面に近いといえるだろう。なお、この家の二階平面図は、一階平面図とほぼ同じになる

ため省略されており、三階についてはテクストにも言及されていない。

　平面図に見られた宗教建築との類似性は、立面図［図102］を見るといっそう明らかになる。下には正面図、上には背面図が示されているが、いずれも中央部に三角ペディメントがそびえ立っている。もし説明がなかったなら、いずれも聖堂ファサードと同一視されるだろう。まずは正面図の特徴から説明しよう。高さ5ピエーデの基壇の中央部には、凹凸の半円形を組み合わせた階段が見られる。これはブラマンテによるヴァティカン宮殿ベルヴェデーレの中庭の一番奥に存在していたものであり、『第三書』146-147頁［図3-114, 115］にもその図面が掲載されている。セルリオはこの階段をとても気に入っていたようであり、『第七書』の住宅建築でもしばしば採用している。(22) そして、基壇よりも上の壁面は三層構成となっているが、凱旋門モティーフでできた第一層は、前述のようにベルヴェデーレの中庭を参考にしたもので

508

ある。実際にオーダーとしてはすべてコリント式で第一層から第三層まで統一されている。

第二層は第一層を簡略化させたものといえるが、第三層では中央と両端にアクセントが置かれている。すなわち、三階の床面は中央部のみに設置され、第三層の頂部は三角ペディメントで完結する。一方、両端では螺旋階段を含む塔状の部分がピラミッド形の屋根で覆われている。フランスの住宅建築では、端部や中央部にアクセントを与えるために、しばしばこのようなパヴィリオンが採用されるが[23]、結果的に鐘塔のような外観を示している。さらに、中央と両端との屋根の高低差を隠すために、円弧状の控壁のような部材が設けられている。こうした方法は、身廊と側廊や礼拝堂との天井高が異なる聖堂には好都合であり、実際に前述の『第四書』54頁おもて面におけるバシリカ式の聖堂ファサード［図4-93］でも「翼」として採用されていた。

次に庭園に面した背面図の特徴について説明しよう。両端にピラミッド形の屋根がない点を除けば、全体としては正面図とほぼ同じであるが、装飾は簡素化されている。詳細についてみると、基壇の中央の階段は直線状になり、第一層のロッジャは均一な五連の半円アーチと柱頭が単純化されたピアで構成されている。第二層ではイオニア式柱頭、第三層ではコリント式柱頭が確認できることから、第一層がドーリス式に相当することはまちがいない。また、いずれの層でも開口部の面積が広く取られているのは、庭園や周囲の風景を眺めるためである。第二層の両端は寄棟屋根で覆われていて、背面がアプシスで終わるバシリカ式の聖堂であれば、そのまま中央まで屋根が連続するが、ここでは正面図の場合と同様に、三角ペディメントを頂く第三層が存在している。それゆえ、庭園からも見栄えがする立面となっており、集中式聖堂との類似性がうかがえる。

『第六書』の「きわめて高名な君主の家」には、他にも正面中央部に三角ペディメントを頂く例が確認できる（23頁おもて面）。これは「高名な君主の家」には見られず、「きわめて高名な君主の家」に初めて登場する特徴であることは注目に値する。

セルリオは両者の違いについて、次のように説明している。「高名な君主なら並の城主でもなれると私は思っているけれども、ここでの「きわめて高名な君主」というのは、都市全体や、あるいは複数の都市を支配するレベルを指している」（19頁裏面）。「王の家」は「きわめて高名な君主の家」よりも上位にあり、宗教建築のモティーフが採用された例も見られるが、セルリオがフランスに移住する1540年以前には、おそらく「王の家」は『第六書』の構想に入っていなかった。それゆえ、「きわめて高名な君主の家」が最高の住宅であることを表現すべく、「神の家」である宗教建築に近い形にするという着想は、イタリア滞在期にまで遡ると考えられる。

「きわめて高名な君主の家」と「王の家」との差異化については稿を改めることにしたいが、前者にはなかったドームが後者では採用されていることを指摘するにとどめておきたい。のちのパラーディオのヴィラでは、三角ペディメントを備えたポルティコが大きな特徴となっているが、実現した作品としてドームが採用されたのは、ラ・ロトンダのみであったことが想起される。

5. おわりに

セルリオの建築書では、ほかにも『第七書』第47章（110-113頁）に二層構成の聖堂ファサード［図103］が見られる。内容についての詳細な説明は省略するが、この場合は古代の円柱を聖堂ファサードに再利用する方法の例として取り上げられている。聖堂は矩形平面の単廊式バシリカで、ファサードの第一層にはイオニア式、第二層にはコリント式オーダーが使用されていて、中央部の柱間の頂部にのみ三角破風が設けられている。それゆえ、『第五書』では四つの例しか取り上げられていなかった他層構成の聖堂ファサードは、セルリオの建築書全体としてみると、別の書で補足されていることがわかる。

セルリオの建築書は、ウィトルウィウス『建築

解説・論考・付録

図103　二層構成の聖堂ファサード、『第七書』第47章（111頁）

十書』に比べると、各書で扱われる内容が明確に分けられていることは確かである。しかしながら宗教建築に関しては、古代の異教の神殿と当代のキリスト教の聖堂とのあいだには共通点も少なからず見られることから、『第三書』と『第五書』とで内容が幾分重複することは、セルリオも想定していたにちがいない。ただしその結果として、『第五書』の内容は先に出版された『第三書』ですでにある程度取り上げられたためなのか、当時のルネサンス建築とのつながりという点でも『第五書』の内容は希薄になってしまったように思われる。『第五書』では集中式平面の聖堂が大半を占めているため、外観を決定づけるのがドームであることは納得できる。けれども、頂部にペディメントもない単層構成のファサードについては、当時の聖堂建築に見られる傾向とは明らかに異なっている。

しかしながら、『第五書』では少数派であった多層構成の聖堂ファサードは、『第四書』や『第六書』などの別の書で取り上げられていた。たとえば、オーダーに関する『第四書』ではその応用例として、バシリカ式平面と集中式平面の二つの聖堂ファサードの例が示されていた。とりわけ興味深いのは、後者の聖堂ファサードには住宅建築の特徴も多く見られる点である。こうしたビルディングタイプの枠組みを超えたさまざまな要素の混淆は、セルリオの建築書にしばしば見られる特徴の一つである。また、これとは逆に『第六書』の住宅建築にも、聖堂ファサードとほぼ同一視できるような例が含まれている。セルリオの建築書の各書は分冊の形で出版されたものの、少なくとも宗教建築の分野に関しては、各書にまたがる重層的な性質を備えていることがわかる。別の分野についても、セルリオの建築書にはこうした混淆的な特徴がまだいくつも発見できるにちがいない。

註

1　この論考は次の三篇の原稿をまとめて、その後大幅な加筆修正を加えたものである。飛ヶ谷潤一郎「セルリオの建築書『第四書』の聖堂ファサード（c. 54r）について」『日本建築学会大会学術講演梗概集：建築歴史・意匠』2009年、87–88頁；同「セルリオの建築書『第四書』の集中式聖堂（cc. 57v, 58r）について」『日本建築学会大会学術講演梗概集：建築歴史・意匠』2014年、815–816頁；同「セルリオの建築書『第六書』（ミュンヘン手稿）の「都市郊外におけるきわめて高名な君主の家について」（cc. 19v–21r）」『日本建築学会大会学術講演梗概集：建築歴史・意匠』2022年、591–592頁。

2　飛ヶ谷潤一郎「セバスティアーノ・セルリオの建築書『第五書』のドームについて」鈴木博之先生献呈論文集刊行会編『建築史攷』中央公論美術出版、2009年、75–88頁では、ドームという観点から『第三書』と『第五書』との比較が試みられている。

3　『第五書』の五角形平面の聖堂について、セルリオは次のように述べている。「五角形、すなわち五つの側面がある図形では、各部を対応させることが非常に難しい。なぜなら、もしある側に入口を設けようとすると、その向かい側は角になってしまうため、格式の高い建築には都合が悪いのである」。ここでの「格式の高い建築」とは、宗教建築を指しているものと思われる。

4　これらの概念については、本書「論考2」を参照。イオニア式とコリント式の柱頭の組み合わせによってコンポジット式の柱頭が発明されたこと

論考3　セルリオの建築書にみる多層構成の聖堂ファサード

も同じ概念に基づいている。

5　『第四書』の「エルコレ2世への献辞」における七つの惑星のように、ここでは黄道十二宮になぞらえられて十二になったという。*Sebastiano Serlio*, ed. by V. Hart, P. Hicks, vol. 1, p. 455 n. 7.

6　楕円形の聖堂計画は、ペルッツィの建築素描に見られるとはいえ、当時は実際に建てられることは稀であった。ファサードの立面図はなく、縦方向の断面図のみ掲載されている。

7　ドーム下のドラムの導入については、ヴォルフガング・ロッツ『イタリア・ルネサンス建築研究』飛ヶ谷潤一郎訳、中央公論美術出版、2008年、第3章、225−238頁を参照。

8　ルネサンスの集中式聖堂については、*La chiesa a pianta centrale*, ed. by B. Adorni, Milano, 2002を主に参照。

9　この聖堂の平面図とよく似た聖堂は、フランチェスコ・ディ・ジョルジョ『建築論』（第一稿）に掲載されている。Francesco di Giorgio, *Trattati di architettura ingegneria e arte militare*, ed. by C. Maltese, 2 vols, Milano, 1967, tav. 22 f. 13vを参照。ただし、立面図についてみると、ドームはドラムを備え、聖堂四隅にそれぞれ鐘塔が配置されている。

10　アルベルティの聖堂ファサードはバラエティに富んでいるが、コドゥッシの聖堂については、ファサード頂部ではもっぱら半円ペディメントが採用されていて、アルベルティによるリミニのテンピオ・マラテスティアーノの強い影響がうかがえる。

11　ブラマンテの聖堂建築でファサードが有名な例は多くはないが、ロッカヴェラーノの教区聖堂は、ペルッツィによるカルピのサンタ・マリア・イン・カステッロ聖堂、通称ラ・サグラなどに影響を与えたと考えられる。ロッカヴェラーノの教区聖堂については、M. Morresi, "Bramante, Enrico Bruno e la parrocchiale di Roccaverano", in *La piazza, la chiesa, il parco*, ed. by M. Tafuri, Milano, 1991, pp. 99-165を参照。また、ペルッツィはサン・ピエトロ大聖堂計画に関するさまざまなファサードの素描（U 24A*r*, 26A*r*, 113A*r*）を残している。A. Bruschi, "Baldassarre Peruzzi per San Pietro. Aggiornamenti, ripensamenti, precisazioni", in *Baldassarre Peruzzi 1481-1536*, ed. by C. L. Frommel *et al.*, Venezia, 2003, pp. 353-369を参照。

12　九番目のギリシア十字形平面の聖堂は大規模で

はないが、二層構成のファサードの類例としては、ジュリアーノ・ダ・サンガッロによるプラートのサンタ・マリア・デッレ・カルチェリ聖堂が挙げられる。ファサード頂部に三角ペディメントが載り、ドームはドラムを伴う。

13　『第五書』の十番目の聖堂ファサードに見られる「翼」は、厳密には四文円よりも、円弧に近い形をしている。

14　イル・ジェズ聖堂については、*Baroque Art: The Jesuit Contribution*, ed. by R. Wittkower & I. B. Jaffe, New York, 1972と、K. Schwager & H. Schlimme, "La Chiesa del Gesù di Roma", in *Jacopo Barozzi da Vignola*, ed. by R. J. Tuttle, Milano, 2002, pp. 272-299を主に参照。

15　この古代風の門は、プーラのセルギウスの凱旋門を手本としてつくられたヴェネツィアで最初のルネサンス建築とみなされている。J. McAndrew, *L'architettura veneziana del primo Rinascimento*, it. ed., Venezia, 1995, pp. 22-25を参照。アントニオ・ガンベッロ（Antonio Gambello 1481年没）の他の作品については、*ibid.*, pp. 25-36を参照。プーラのセルギウスの凱旋門は、『第三書』（126−129頁［本書172-175頁］）にも図面［図3−100, 101, 102］が掲載されているほど有名であった。

16　フィラレーテ『建築論』については、Antonio Averlino detto il Filarete, *Trattato di architettura*, ed. by A. M. Finoli & L. Grassi, Milano, 2 vols, Milano, 1972を参照。球形のアトリウムは三角ペディメントの頂部と両端部の三カ所に設けられることが多く、王宮（tav. 33 f. 58*v*）、司教と聖堂参事会員の家（tav. 42 f. 66*r*）、職人の家（tav. 64 f. 86*r*）、建築家の家（tav. 115 f. 159*r*）などが例として挙げられる。

17　サンソヴィーノやパラーディオのさまざまな作品に見られるとおりであるが、ローマでもヴィニョーラの聖堂ファサードにはしばしばオベリスク装飾が確認される。サンタ・マリア・デッロルト聖堂がその代表例であり、上層の両側には円弧状の擁壁が使用されるとともに、中央部に五本、両側に三本ずつのオベリスクでにぎやかに飾り立てられている。この聖堂については、P. Zampa, "La Facciata di Santa Maria dell'Orto a Roma", in *Jacopo Barozzi da Vignola*, ed. by R. J. Tuttle, pp-261-267（前掲註15）を参照。

18　壁面の仕上げについてはパラッツォに似ているが、基壇がテラスを形成するという点ではヴィラとの共通点もうかがえる。テラスを備えた集

511

解説・論考・付録

中式平面のヴィッラの最初の例は、ジュリアー
ノ・ダ・サンガッロの設計で1485年に着工され
たポッジョ・ア・カイアーノのヴィッラ・メディ
チである。S. Frommel, *Giuliano da Sangallo*,
Firenze, 2014, pp. 70-79を参照。

19 サン・セバスティアーノ聖堂ファサードについて
は、ウィットカウアーによる大胆な復元図が有名
であるが、リクワートとタヴァーナーはそれと
は異なった四通りの復元図を提案している。そ
れぞれR. Wittkower, *Architectural Principles in
the Age of Humanism*, 6th ed., New York, 1998,
p. 55 fig. 44と、R. Tavernor & R. Tavernor,
"Alberti's Church of San Sebastiano in Mantua",
Architectural Design, vol. 49, 1979, pp. 74-95, in
part. pp. 80-83を参照。

20 Francesco Colonna, *Hypnerotomachia Poliphili*,
ed. by M. Arani & M. Gabriele, 2 vols, Milano,
1998を参照。この書には次の日本語訳もある。フ
ランチェスコ・コロンナ『ヒュプネロートマキ
ア・ポリフィリ』大橋義之訳、八坂書房、2018年。
この書には、ピラミッドの頂上にオベリスクを載
せたフィラレーテよりもさらに空想的な建築や
(c. 26)、象とオベリスクの組み合わせ (c. 38) が
描かれている。ヴェネト地方では16世紀以降オ
ベリスクの装飾がひんぱんに用いられるように
なったが、フィラレーテ以降の空想的な建築の系
譜やヴェネト地方のオベリスクの普及と、セルリ
オの建築書との関係については今後の課題とし
たい。

21 セルリオがパラーディオに及ぼした影響として、
特に『第六書』については、S. Frommel, "Serlio
e Palladio: un incontro assai probabile e le sue
implicazioni", in *Palladio*, ed. by F. Barbieri *et
al.*, Venezia, 2008, pp. 68-73を主に参照。

22 セルリオによるブラマンテ風の階段の使用につ
いては、飛ヶ谷潤一郎「セルリオの建築書『第六
書』と『第七書』にみる正面階段について」『日本
建築学会大会学術講演梗概集：建築歴史・意匠』
2020年、359–360頁を参照。

23 イタリアの住宅建築にもパヴィリオンの例は見
られ、ナポリのポッジョレアーレのヴィッラ立面
図［図3–119］がセルリオの『第三書』153頁に
も掲載されているが、屋根勾配は緩やかになって
いる。セルリオが『第六書』の住宅建築にパヴィ
リオンを多く採用するようになったのは、明らか
にフランスに移住したのちである。

512

付録1

アルフォンソ・ダバロスへの献辞

『第四書』第2版（1540年）と第3版（1544年）の序文として所収

いとも高名なる君主、ヴァスト侯にして
神聖ローマ帝国イタリア副王なるアルフォンソ・ダバロス殿下へ [1]
セバスティアーノ・セルリオ・ボロニェーゼ

　もしあらゆる君主や身分の高い方々が、殿下のように気高い精神をお持ちであるなら、すべての尊い学問分野において、たとえそれらがあまり報われるものではないとしても、そのように卓越した知性が付与されれば、古代ローマの幸せな時代には存在し頂点を迎えた偉大さを、今世紀の我々も取り戻すことが期待できるでしょう。けれどもむしろ、ある分野についてみれば、たとえば古代の建物は当代の建物によって乗り越えられたかもしれません。というのも、古代の創始者たちがいかに多くのものを生み出したかを再発見することよりも、新たな考案を加えることのほうが容易だからです。これらは（私が申し上げましたように）、規模に関しては当てはまらないかもしれませんが、少なくとも建設の技術や知識に関しては向上しています。もっとも、こうした優れた技術はローマ帝国が崩壊するとともに徐々に失われ、衰退していったものではありますが。しかし今では、天が再び我々に微笑みかけて、かつての幸せだった時代を取り戻してくれたようにも思えます。むろん、我々の時代の気前よくあるべき宝庫が、飽くことなき強欲さによって何重もの頑丈な錠前で閉ざされていなければのことですが。というのも、報酬が得られなければ、才能のある人物が働くことはないからです。

　このことが正しいかどうか少し考えてみましょう。というのも、今は我々の時代について論じているところだからです。ブラマンテ [2] は古代から彼の時代に至るまで埋もれていた優れた建築を甦らせた人ですが、彼の望みに応えられる寛大な心の持ち主である教皇ユリウス2世と出会うことがなかったなら、ブラマンテがローマで手がけた作品は実現していなかったでしょう。もしミケランジェロ・ブオナローティが、メディチ家という名家から支持されず、さらに前述の教皇〔ユリウス2世〕やその他の人々からも報いられることがなかったなら、絵画と彫刻におけるミケランジェロの驚くべき作品は実現していなかったでしょう。もし徳の誉れ高いイザベッラ・ドルビーノ公爵夫人 [3] が、神のごときラファエロが若かったときに支援し育てることがなかったなら、さらには教皇ユリウス2世や、あらゆる尊い学芸の父であり支援者でもあるレオ〔10世〕も寛容なる支援者でなかったなら、絵画の分野でラファエロが到達した高みにまで至ることは決してなく、今日見られる絵画や建築における多くの優れた作品例を彼が凌駕することもなかったことでしょう。神のごときラファエロ・ダ・ウルビーノの実際の弟子であり、正統な後継者でもあるジュリオ・ロマーノが、絵画と建築の愛好家であり、まことに寛大なるマントヴァ公の庇護下に身を置くことがなかったなら、高貴な都市であるマントヴァ内外のさまざまな場所で見られるような瞠目すべき無数の絵

513

解説・論考・付録

画や建築の作品は実現していたでしょうか。もしジローラモ・ジェンガが、軍事やその他の高貴な技芸の
みならず、絵画や建築にも精通しているウルビーノ公フランチェスコ・マリア〔・デッラ・ローヴェレ〕殿
というパトロンに恵まれなかったなら、ジェンガが手がけて主人を喜ばせた有用な建築作品は決して実現
していなかったでしょう。

　要するに、我々の時代の絵画における手本であり、父であり、主人でもある偉大なティツィアーノが、
まずは贈り物として彼を騎士に任命したフェッラーラ公アルフォンソ・デステという有力な支持者に、次
にはティツィアーノに今でも多くの作品を注文しているたいそう気前のよいマントヴァのフェデリーコに、
またその他多くの貴族や枢機卿たちについては言うまでもありませんが、とりわけティツィアーノの偉大
な才能を認めて彼に肖像画(4)を描かせたことで、非常に大きな誉れをもたらす贈り物として〔上位の〕騎士
の爵位を授けた皇帝カール5世に、そして最後に慈愛にあふれた現在の庇護者である殿下に出会わなかっ
たとしたら、ティツィアーノの作品に見られる、彼がきわめた頂点に到達していたとはまず考えられませ
ん。

　しかしながら、最初の話題に戻って、私は次のように申し上げたいのです。殿下がこのヴェネツィアに
皇帝陛下の代理として着任されたとき、殿下はこの名高き共和国議院とキリスト教国全体とに共通する利
益を勘案しながら、きわめて慎重に議論されただけではなく、実際に神から立派な報いを賜り、人々から
も大いに称讃されるに値する多くの慈善事業も成し遂げられました。そして、有用な学芸に従事する多く
の人々に、つねに気前よく対応されていました。このような行いの大半については、私自身が正確な証人
のひとりです。もっとも、私はこうした多くの方々のあいだでは末席を汚す者に過ぎませんが。私が本書
を殿下にお贈りしたときに、本書〔の第一版〕はすでに刊行されていましたが、殿下への献辞は掲載され
てはいませんでした。それでも、殿下は微笑みながら心優しい称讃のお言葉とともに、寛大にも喜んでお
受け取りになられました。このような寛大さは単なる社交辞令や当てにならない約束とは異なり、多額の
スクード金という形で、私は殿下とは離れられないほどの恩義を感じています。本書は、必要としている
多くの方々にはすでにすべて行き渡り、もはやこれ以上の販売は期待できそうにないので、私は（正当な
理由によって）これらの再版はしないと一度は決意したのですが、好運にも殿下からご光栄に預かりまし
たため、殿下のご助力を頂いて再版したほうが世のためには有益かと考え直すに至った次第です。

　私が描いた図版の寸法や比例関係も考慮せずに、金儲けのために貪欲さに駆られて、本書の縮小版を再
版しようとする輩もいることは無視するつもりです。(5)しかし、これらの〔縮小版の〕図版から実際に建築
をつくろうとする者には、元の図版か、あるいはもっと大きな図版が必要になることが理解できるはずで
す。本書ではこうした点に価値が置かれているため、『第四書』以外についても図版の実用性こそがいっそ
う重要になるからです。この新版では、数多くの誤植についてはさておき、私はさまざまな箇所で次のよ
うな加筆を施しました。

　ドーリス式フリーズについては21頁で、ウィトルウィウスによるドーリス式戸口については24頁で、
イオニア式柱礎に関する議論については27頁で、イオニア式柱頭の渦巻については37頁(6)ですが、最後の
これは最も重要なものです。そして、コリント式柱礎については47頁で、コリント式柱頭についても同じ
く47頁で、コンポジット式オーダーについては、馬の怪物の柱頭の下に縦溝が欠けていたので、図に描き
加えられています。

　以上より、のちにこれらの私の作業が役に立ったと思う者にとって、それは私のおかげではなく、殿下
のおかげということになるのです。こうして世間の人々は、気高き寛容さを備えた人物がどこにお住まい
であるのかを知り、他の君主もこうすれば誉れとなることがわかるでしょう。殿下、どうか私のこの善意
をお受け取りください。私は殿下の御前で謙虚に跪き、至高の神が殿下に末永く幸福と繁栄とをもたらす
ことをつねに祈っております。

註

1 アルフォンソ・ダバロス（Alfonso d'Avalos 1502–46年）は生涯を通じて軍人として活躍したが、ヴェネツィアではティツィアーノやアレティーノなどの学芸のパトロンでもあった。

2 セルリオの建築書『第三書』では、テンピエットやサン・ピエトロ大聖堂計画などのブラマンテの建築作品が掲載されている。

3 イザベッラ・デステ（Isabella d'Este 1474–1539年）のことで、彼女は1490年にマントヴァ侯フランチェスコ2世・ゴンザーガ（Francesco II Gonzaga 1466–1519年）のもとに嫁ぎ、芸術のパトロンとして活躍した。

4 1530年に枢機卿イッポーリト・デ・メディチ（Ippolita de'Medici 1511–35年）は、カール5世の肖像画をティツィアーノに描かせるため、彼をボローニャに招待したが、このときの肖像画は失われた。1532–33年に再びティツィアーノはボローニャで肖像画を制作し、このときの肖像画は現在マドリッドのプラド美術館に所蔵されている。ここでセルリオが言及してからのちの1548年に、さらに二点の肖像画が制作された。一点はプラド美術館所蔵の甲冑に身をまとった騎馬像であり、もう一点はミュンヘンのアルテ・ピナコテーク所蔵の座像である。

5 セルリオが批判している海賊版は、1539年に出版されたピーテル・クック・ファン・アールスト（Pieter Coecke van Aelst 1502-50年）による『第四書』のフラマン語訳である。

6 37頁の誤記。ただし、この頁番号は実際には39となる。『第四書』註349を参照。

付録2

フランチェスコ・ジョルジ[(1)]の
サン・フランチェスコ・デッラ・ヴィーニャ聖堂[(2)]についての覚書[(3)]

1535年4月1日。しかるべきまことに調和のとれた比例関係[(4)]をそなえた聖堂の建設を実行すべく、すでにつくられた部分については何も変更せずに、次のような方法で作業を続行していきたいと私は考えている。私は聖堂の身廊の間口幅を、第一の神聖な数3の平方である9パッソ[(7)]にしたい。すると、奥行きの長さは27となるが、これはディアパソン（1：2）とディアペンテ（2：3）を形成する三倍比例[(8)]である。そして、この神秘的協和と調和[(9)]についてみると、プラトンが『ティマイオス』で実に調和した各部分と構造をそなえた世界について説明しようとしたときには、この調和関係を基礎と見なして第一に記述したほどであり、世界全体からその各部位や部分を包合するに至るまで、しかるべき規則と協和音を備えたこれらと同じ比例関係と数とを必要なかぎり増やしたのであった。[(10)]

そこで聖堂の建設を願う我々は、神という至高の建築家である造り主の指図に従う必要があり、それこそが最も洗練された方法であると考えた。[(11)] 神がモーセに、彼がつくるべき幕屋の形と比例関係について指示しようとしたときに、この世俗の家という建物を雛型として示し、（「出エジプト記」第25章に記されているように）こう伝えた。「あなたはこの山で示された作り方に従い、注意して作りなさい」。この手本[(12)]については、いずれの学識者も同じ意見で、世界の構造を意味するという。この解釈が正しいのは、もしその特定の場所を神の偉大なる構築物に似せてつくらなければならないとすれば[(13)]、それは神に必要な大きさについてではなく、〔そこで得られる〕喜びについてでもなく、比例関係について類似させるほかないからである。神の定める比例関係とは、神の住まいとしての物質的な場所においてのみならず、我々においてこそ存在する。これについては、パウロがコリント人への手紙のなかで「あなたがた〔の体〕は神殿」[(14)] と記したとおりである。また、いとも賢きソロモン王もこうした神秘を勘案しつつ、彼が建てた有名な神殿には、モーセの幕屋と同じ比例関係を採り入れたのであった。[(15)]

それゆえ、もし我々がこれらと同じ比例関係を踏襲するなら、身廊の奥行きの長さとしては27という数が申し分ないだろう。この数は身廊の間口幅の三倍であり、3の三乗でもある。プラトンは万物を記述するにあたって、この〔27という〕数を超えようとはしなかったし[(16)]、アリストテレスも『天体論』の第一書で、自然の尺度と力を把握する際には、いかなる物体もこの数を超えることがないように定めた[(17)]。むろん寸法や数値を大きくするのはかまわない。けれども、これらはつねに同じ比例関係を保っていなければならない。この規則から逸脱しようとする者は、自然の法に背いて混乱した奇怪なものをつくることになるだろう。

さて、完璧な形で完成されたこの身廊に、頭部にあたる「主礼拝堂」を取りつけることにしよう。その奥行きの長さについては、間口幅と同じ比例関係にするか、あるいは身廊を構成する三つの正方形のそれぞれに見られる均整の美にしたがって、9パッソとすべきである。[(18)] 身廊の長さは（すでに述べたように）27を超えてはならないが、私は主礼拝堂の幅を身廊の幅と同じにするのがよいとは思わない。いな、均整のとれた形で完成された身体にそなわるべき頭部になぞらえるなら、その幅は6パッソにすべきと判断する。この場合、主礼拝堂の幅と身廊の幅との比例関係はセスクィアルテラ（一倍半）となり、名高き調和

の一つであるディアペンテ（2：3）を構成する。また、建築家たちは一般に〔主〕礼拝堂が両側の翼部と均整のとれた形になることを推奨するので、我々もこれら両翼の幅を、その礼拝堂の幅と一致するように6パッソとすれば申し分ないだろう。

再び奥行き方向に戻ると、前述の礼拝堂の長さを身廊の長さに加算すれば、身廊の幅に対して四倍比例（9：36）となるので、これは最も釣り合いのとれた調和であるビスディアパゾン（1：4）を形成する。こうした均整については聖歌隊席も当てはまるだろう。すなわち、この奥行きの長さはさらに9パッソとなり、間口幅に対しては五倍比例（9：45）となるので、ビスディアパソンとディアペンテによるこの上ない美しい調和を示すだろう。〔身廊側面に並ぶ〕礼拝堂の幅は、身廊の幅とは三倍比例（3：9）の関係で、実に3パッソとなるだろう。そして、これはディアパソンとディアペンテを形成する。さらに主礼拝堂の幅とは二倍比例（3：6）の関係になり、ディアパソンを生じさせるだろう。主礼拝堂を挟んでその両側に並ぶ他の礼拝堂とも比例関係は成立する。というのも、それらの幅は4パッソとなるので、〔身廊側面に並ぶ〕礼拝堂の幅とそれらとの比例関係はセスクイテルツァ（4/3倍）となり、有名な比例関係であるディアテッサロン（3：4）を形成するからである。このように平面におけるあらゆる寸法は、長さについても幅についても完全に協和することになるだろう。視覚が歪んでいたり、不釣り合いであったりさえしていなければ、それを見る人に喜びを与えるにちがいない。

ところで実際、礼拝堂ごとの祭壇については、礼拝堂の正方形〔平面〕よりも外側に置き、侍者を伴った司祭でなければ入ることができない至聖所のように、礼拝堂とは欄干か、もしくは四角い壁などで分離することを私は推奨する。これは見せかけ上の二つの礼拝堂を除いたすべての礼拝堂に当てはまるが、これら二つはこの規則に縛られなくてもよいだろう。聖堂は公道よりも高いところに建てられ、礼拝堂はさらに高いところに設けられることを推奨する。すなわち、〔聖堂内の床面に〕三つの踏段を設置し、それを登ることで礼拝堂へと至るようにすべきである。これについてはすべての人がつねに支持する見解であり、実際主礼拝堂と聖歌隊席はすでにそのように着工されている。

礼拝堂と聖歌隊席は、いずれもヴォールト天井で覆われるように私は推奨する。なぜなら、聖務における話し声や歌声は、〔木造の〕小屋組天井よりもヴォールト天井にしたほうがよく響きわたるからである。しかしながら、身廊では説教が行われるので（説教の声が届かなかったり、ヴォールト天井からの反響音が聞こえたりするのを避けるために）、そこでは平天井にすることを推奨する。その天井にはできるだけ多くの正方形による格間が設けられるようにしたいが、格間が適切な寸法と比例関係に基づいていることはいうまでもない。これらの正方形は灰色の左官技術にしたがって、我々に〔宗教儀式の場として〕ふさわしく荘重で耐久性を備えたかたちに仕上げられるべきである。私がこれらの格間を推奨する理由はいくつもあるが、とりわけ説教〔の音響〕にはたいへん好都合だからである。このことは音響にくわしい者なら誰でも知っているし、また経験上からも立証されることだろう。

次は高さについて説明すると、ジャコモ・サンソヴィーノ殿が彼の模型に採用した60ピエーデ、すなわち幅との比例関係がセスクイテルツァ（4/3倍）となる12パッソを私は推奨する。これはディアテッサロン（9：12）という有名な協和音の調和となる。このようにその他大中小の礼拝堂それぞれの高さについても、その模型から比例した寸法を見出せるので、詳細に至るまで説明を続けるつもりはない。同様に円柱や付柱のオーダーは、ドーリス式の技法の規則にしたがって設計されることを推奨する。というのも、私がこの建物でドーリス式を承認したのは、聖堂が奉献された聖人や、そこで聖務を司る修道士にはそれがふさわしいと思われるからである。

最後に正面についての説明が残されているが、正面は決して四角形にするのではなく、建物の内部に対応するようにつくられることを私は願う。そうすれば、〔正面から〕建物の形とその比例関係とを把握することができるからである。すなわち、内部も外部もすべて釣り合いのとれたかたちにすべきである。そし

517

解説・論考・付録

て、これが我々の最終的な意向である。これについては共和国の建築家たちのみならず、下記の修道士た^{プロート(34)}ち、すなわちいとも尊き修道院長やその補佐役たちも同様に合意している。それゆえもはや何人たりとも、またいかなる点についても勝手に変更するような大胆なまねは許されないだろう。

〔上記の覚書は〕キリスト紀元1535年4月1日に、我らが場所なるヴェネツィアのサン・フランチェスコ・ア・ヴィーニャ聖堂にて提出され、同月25日に我らが場所なるサン・ルドヴィーコ・ア・リーパ聖堂で承認されり。⁽³⁵⁾

私、修道士フランチェスコ・ジョルジョは修道院長猊下のご所望により、この聖堂でつくられるものは、正しい理論と比例関係に基づいて実施されるべきであることが誰にでも理解できるように、上記の覚書を執筆した。この聖堂がかくのごとく建設されることを私は推奨し、そして祈願する次第である。⁽³⁶⁾

私、フォルトゥニオ・スピーラは菲才の身なれども、修道司祭フランチェスコ・ジョルジョ師によって⁽³⁷⁾記載された寸法と比例関係は、私が理解できる限りではよく考えられた優れたものと思われるため、私も上記の内容に賛同する。

私、ヤコポ・ゾナバッリは浅学の身なれども、上記の内容はすべて熟慮に基づいて慎重に判断されたものと思われるため、上記の方々によって承認されたように、私もそれを承認する。⁽³⁸⁾

私、セバスティアーノ・〔セルリオ・〕ダ・ボローニャは、修道司祭フランチェスコ・ジョルジョ師によって提示された寸法は深い理解に基づき、適切な比例関係を備えたものと判断するので、私も師の意見に同意し、上記の内容を承認する。⁽³⁹⁾

私、画家ティツィアーノは、本紙に提示された上記の寸法は、サン・フランチェスコ・デ・ラ・ヴィーニャ聖堂として着工される建物に適っていることを確認したため、私もそれを承認する。⁽⁴⁰⁾

私、ヤコポ・サンソヴィーノは、上記の内容を心に留め、それに記載されているとおりに工事を請け負うことを約束すべく、修道士に誓って、以下のようにこれを自分の手で書き記した。

サンタントニオ教区聖堂の長にして僕なる修道士ガブリエル・デ・カルヴァーニス、此れら総てに同意し承認す。⁽⁴¹⁾

我、修道士アウグスティヌス・デ・パドゥア、第一補佐役として此れら総てに同意す。

我、修道士ヒエロニムス・アウリカレウス、第二補佐役として上記の総てを承認し同意す。

我、修道士ヨアンネス・バルバルス、第三補佐役として下記の総てに同意す。⁽⁴²⁾

我、修道士バルトロメウス・デ・ベルゴモ、第四補佐役として上記の総てを承認し同意す。

我、修道士セラフィヌス・マントゥアヌス、上記の総てに同意し承認したく、我が手で書き記す。

我、修道士ラファエル・デ・ウベルティス、上記の総てに同意す。

我、修道士フランキスクス・デ・ルベイス、総てに同意す。

付録2　フランチェスコ・ジョルジのサン・フランチェスコ・デッラ・ヴィーニャ聖堂についての覚書

註

1　フランチェスコ・ジョルジ（Francesco Giorgi 1466–1540年）は神学者・哲学者で、ヴェネツィア方言ではゾルジ（Zorzi）と呼ばれる。1480年頃にフランシスコ会に入り、のちに指導的な役割を果たすようになった。1527–30年にイングランド王ヘンリー8世（在位1509–47年）の離婚問題に好意的な意見を述べたことでも知られている。代表的な著作である『全世界の調和について』（De harmonia mundi totius）はヴェネツィアで1525年に出版された。ジョルジの思想については、次の書で簡潔にまとめられている。伊藤博明『ルネサンスの神秘思想』講談社学術文庫、2012年、340–343頁を参照。

2　ヴェネツィアのフランシスコ会修道院については、サンタ・マリア・グロリオーザ・デイ・フラーリ聖堂が主流である穏健派（コンヴェントゥアーリ）に属し、サン・フランチェスコ・デッラ・ヴィーニャ聖堂は厳格派（オッセルヴァンツァ）に属する。13世紀に創建されたこの聖堂の改築はサンソヴィーノの設計により、1534年8月15日に統領アンドレア・グリッティ（Andrea Gritti 在位1523–38年）の列席の下で着工されたのち、ほどなくして設計変更が行われた。この着工を記念してアンドレア・スピネッリ（Andrea Spinelli 1508–72年）が制作したコッレール美術館所蔵のメダルには、おもて面にグリッティの横顔、裏面にこの聖堂が表現されていて、サンソヴィーノによる元の計画案は、単廊式のラテン十字形平面に、第二層両脇に渦巻装飾が設けられた二層構成のファサード、ドーム、鐘塔を備えていたことが確認できる。ジョルジの提案する寸法が、サンソヴィーノの計画とどの程度異なっていたのかは定かでない。けれどもハワードが指摘するように、サンソヴィーノのパトロンであるグリッティの面目を失わせるようなものであったとは想像しがたく、さらに彼の友人であるセルリオやティツィアーノも設計変更に同意する署名をしていることを勘案すると、変更部分は多くはなかったとも考えられる。ところで、ジョルジはドームについては何も触れておらず、なぜドームが建てられなかったのかは定かでない。しかし、設計が変更されたのちもグリッティの肝煎りにより建設は順調に進捗し、彼は1,000ドゥカート金を支払うことで、主祭壇前方の床下という特権的な場所に墓を設けることが許可された。聖堂は1558年にはほぼ完成し、ジョルジが提案した後述の比例関係についても、現在の建物の比例関係と一致している［図103, 104］。この聖堂については、A. Foscari & M. Tafuri, *L'armonia e i conflitti. La Chiesa di San Francesco della Vigna nella Venezia del Cinquecento*, Torino, 1983や、S. Onda, *La chiresa di San Francesco della Vigna e il convent dei Frati Minori*, Venezia, 2008などのモノグラフがあり、ほかにもサンソヴィーノに関する研究では必ず言及されているが、特にD. Howard, *Jacopo Sansovino*, New Haven, 1975, pp. 64-74; M. Morresi, *Jacopo Sansovino*, Milano, 2000, pp. 134-152を参照。

3　翻訳の底本としたのは、Francesco Giorgi, "Promemoria per San Francesco della Vigna", ed. by L. Magagnato, in *Pietro Cataneo, Giacomo Barozzi da Vignola, Trattati*, ed. by E. Bassi *et al.*, Milano, 1985, pp. 1-17である。また英語訳として、R. Wittkower, *Architectural Principles in the Age of Humanism*, New York, 1998, 6th ed., Appendix I, pp. 138-140を参照した。なお、この書には次の邦訳書があり、フランチェスコ・ジョルジの「覚書」も付録として掲載されてはいるものの、英語訳からの重訳である。ルドルフ・ウィットコウワー『ヒューマニズム建築の源流』中森義宗訳、彰国社、1971年。

4　人体比例に関する研究としては、アーウィン・パノフスキー「様式史の反映としての人体比例理論史」『視覚芸術の意味』中森義宗他訳、岩崎美術社、1971年、103–151頁が基本文献であり、ジョルジの「覚書」についても言及されている。同書353–354頁、註65を参照。また建築との関係では、前掲註3のWittkower, *Architectural Principles*が基本文献である。

5　corpo della chiesa. 直訳すると「聖堂の本体」となり、とくにラテン十字形平面の聖堂については全体がキリストの身体になぞらえられるが、ここでは身廊部のみを指している。この聖堂の平面形式は、身廊の両側に礼拝堂が並んだ単廊式バシリカであり、のちにイエズス会の聖堂ではこれが基本形となったため、しばしばカトリック改革との関係で語られることが多い。けれども、こうした傾向は1530年代から始まり、ジョルジもその影響を受けてはいるものの、1546年のトリエント公会議以前にさかのぼることが、アッカーマンにより指摘されている。J. S. Ackerman, "The Gesù in the Light of Contemporary Church Design", in *Baroque Art: The Jesuit contribution*, ed. by R. Wittkower & I. B. Jaffe, New York, 1972, pp. 15-28, in part. pp. 18-20を参照。さらに、サンソヴィーノはローマでサン・マルチェッロ・アル・コルソ聖堂を設計したときに同じ平面形式を採用していたことも付言しておきたい。

6 ternario, numero primo e divino. 3という数字は、キリスト教の神学ではまず三位一体を連想させるが、数が宇宙の鍵であるという理論は古代ギリシアの数学者・哲学者ピュタゴラスに由来し、ルネサンスの哲学者はこうした異教とキリスト教との融合を探究した。フランチェスコ・ゾルジもフィレンツェのプラトン主義者に強く影響されている。

7 passa IX. パッソは歩幅に由来する寸法で、後述のように1パッソは5ピエーデに相当する。両者ともに地方ごとの差はあるが、ヴェネツィアでは1パッソは約1.74m。

8 la proporzione tripla, che rende un diapason e diapente. ここでは三倍比例（9:27）は、ディアパソン（9:18）とディアペンテ（18:27）によって定義され、音程としてはそれぞれ完全8度（オクターブ）、完全5度と呼ばれる。こうした音楽の理論は、ウィトルウィウスによっても古代劇場の音響との関係で言及されている。ウィトルウィウス『建築十書』第五書第4章第7節を参照。

9 concerto mistero e armonia. 前述のディアパソンやディアペンテといった音程のほかにも、この覚書にはさまざまな音楽用語が散見されるが、音楽は算術、幾何学、天文学とともに自由七学芸四科の一つであり、中世の大学でも基礎的な学問と見なされていた。

10 プラトン『ティマイオス／クリティアヌス』種山恭子・田之頭安彦訳、岩波書店、1975年、35B-36B、42-43頁を参照。

11 ジョルジは、同じくヴェネツィアで活躍した聖職者のフラ・ジョコンド（Fra' Giovanni Giocondo 1433頃-1515年）やダニエーレ・バルバロ（Daniele Barbaro 1514-70年）と比べると、古代建築やウィトルウィウスに関心を抱いていたとはいいがたい。この覚書ではドーリス式オーダーについてわずかに言及されている程度で、彼の関心は神学や数学の分野に限定されている。

12 Guarda et fà secondo l'esemplare che ti è mostratto nel monte. 日本語訳は「出エジプト記」第25章第40節、『聖書 新共同訳』日本聖書協会、1987年。

13 プラトンの『ティマイオス』に由来するこうした大宇宙と小宇宙との対応関係は、神人同形主義と呼ばれる。こうした思想は、フィレンツェのプラトン主義者マルシリオ・フィチーノたちによって支持されて、ルネサンス建築の大きな特徴の一つである集中式平面の流行にも影響を及ぼしたと考えられる。

14 Il tempio de Dio sete voi.「コリントの信徒への手紙一」第6章第19節、前掲註12の『聖書 新共同訳』の日本語訳は、「あなたがたの体は、神からいただいた聖霊が宿ってくださる神殿であり、あなた方はもはや自分自身のものではないのです」。

15 「列王記上」第6章第2節によれば、ソロモン王の神殿の寸法については、奥行きが60アンマ、間口が20アンマ、高さが30アンマであるという。なお、1アンマ（キュービト）は約44cmである。前掲註12の『聖書 新共同訳』を参照。ただしこの比例関係は、「出エジプト記」第26章で説明されているモーセの幕屋の比例関係（奥行きが30アンマ、間口が12アンマ、高さが10アンマ）とは一致しない。ソロモン王の神殿が手本にされたと考えられるルネサンス建築の例としては、教皇ニコラウス5世（在位1447-55年）のサン・ピエトロ大聖堂計画が挙げられ、ジャンノッツォ・マネッティの「教皇ニコラウス5世の業績」（De gestis Nicolai Quinti Summi Pontificis）第57-62節で言及されているが、実現はしなかった。この書の羅英対訳版C. Smith & J. F. O'Connor, *Building the Kingdom: Giannozzo Manetti on the Material and Spiritual Edifice*, Tempe, Arizona, 2006, pp. 414-417を参照。また実現した建築としては、スペイン王フェリペ2世（在位1556-98年）のエル・エスコリアル修道院についても、ソロモン王の神殿や王宮が手本にされているという。このときには、フラウィウス・ヨセフス『ユダヤ古代誌』第八巻におけるソロモン王の神殿と王宮についてのいっそう詳細な記述が参照されたと思われ、この修道院聖堂入口に設置されたダヴィデ王とソロモン王の彫像は、それぞれカール5世とフェリペ2世の父子になぞらえられるという。それらの記述については、フラウィウス・ヨセフス『ユダヤ古代誌』秦剛平訳、第3巻、ちくま学芸文庫、1999年、31-73頁を参照。

16 前掲註10のプラトン『ティマイオス／クリティアヌス』35C、42頁を参照。

17 アリストテレスの『天体論』では、27という数字に言及されてはいないものの、次のように3という数字は特別なものと見なされている。「ピュタゴラスの徒も言うように、全宇宙もそのうちにある万物も三によって限られている、けだし、終りと中と始めとによって全体の数は与えられるが、それらがまた三なる数にほかならないからである。それゆえ自然からあたかもその法則のように〔この三なる数を〕受け取って、わ

付録2　フランチェスコ・ジョルジのサン・フランチェスコ・デッラ・ヴィーニャ聖堂についての覚書

　　　れわれはそれを、神々を祭るに際し、用いているのである」。アリストテレス『天体論／生成消滅論』村治能就・戸塚七郎訳、岩波書店、1968年、第一巻第1章、268a10–20、3頁を参照。註6も参照。

18　身廊の長さは27パッソであるので、幅を9パッソとすれば、一辺の長さが9パッソの正方形が三つ並んだ長方形平面となる。なお、比例関係については内法の寸法同士で比較されるので、柱の太さや壁の厚さを除いて計算される。

19　le ale dalle bande. この交差廊、すなわち「翼部」の両端は、身廊両脇に並ぶ礼拝堂の外壁と一直線になるように計画されたため、聖堂の正面入口方向から見た交差廊の幅が6パッソずつで、主礼拝堂の幅6パッソと合わせると、聖堂全体の幅は18パッソとなる。

20　il coro. 聖歌隊席の有無にかかわらず、一般には「内陣」を指すことも多いが、この聖堂では主祭壇よりも奥に後陣も兼ねた聖歌隊席が設置されることで、身廊の長さに対する主礼拝堂と聖歌隊席を合わせた長さの比は27：18となる。こうした長い奥行きを備えた内陣については、サンソヴィーノがローマで師事していたブラマンテの設計によるサンタ・マリア・デル・ポポロ聖堂が手本にされたと考えられる。一方、のちにパラーディオが設計したサン・ジョルジョ・マッジョーレ聖堂に見られる同様の内陣について、サン・フランチェスコ・デッラ・ヴィーニャ聖堂［図104, 105］が手本にされたことは間違いない。

図104　サン・フランチェスコ・デッラ・ヴィーニャ聖堂内観、ヴェネツィア

21　礼拝堂には、グリマーニ、コンタリーニ、ジュスティニアン、バルバロ、モロシーニといったヴェネツィアの名家が占めることから、この聖堂の格式の高さがうかがえる。

22　註8と同様に、ここでは三倍比例（3：9）は、ディアパソン（3：6）とディアペンテ（6：9）によって定義される。

23　身廊の幅9パッソに、両脇の礼拝堂の奥行き4パッソずつを加えると、全体の幅は17パッソとなり、18パッソには達しない（註19）。けれども、後述のように礼拝堂の前方に踏み面の奥行き1/4パッソ（0.44m）の踏段が二つずつ設けられることで、全体幅は18パッソに一致する。

24　礼拝堂は縦長の長方形平面であるため、間口幅の正方形平面よりも奥に祭壇を設置することを意味する。

25　tutte le capelle eccetto nelle duoe false. 現在の身廊両脇には五つずつ礼拝堂が等間隔で並んでいるが、それに隣接する一番奥の狭い柱間を指している。

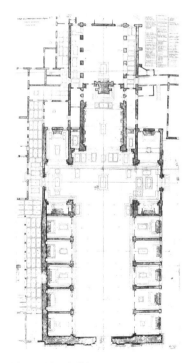

図105　同、平面図

26　聖堂内の踏段については、サンソヴィーノの原案どおりで、ジョルジも変更はしていないことがわかる。

27　身廊が現在のような格間のないヴォールト天井に変更されたのは、1569年の海軍工廠(アルセナーレ)の爆発事故による崩壊ののちである。M. Morresi, *Jacopo Sansovino*, p. 138を参照。

28　l'arte di biso colore. ヴェネツィア方言のbisoには「エンドウ豆」という意味もあるが、ここでは「灰色」

521

を意味する（現代のイタリア語ではbigio）。聖堂内部の装飾を控えめにして、柱やアーチなどを灰色の石材ピエトナ・セレーナ、壁面を白色のストゥッコで仕上げる手法は、ブルネレスキのトレードマークとして15世紀には広く普及した。ヴェネツィアでは彼の建築に刺激を受けたマウロ・コドゥッシもこれと似た仕上げをしばしば採用しているが、ヴェネツィアの建築はもっぱら煉瓦造であるため、灰色で着色されている。

29 托鉢修道会の修道士は都市を拠点として活動するため、祈りや学問に専念するのみならず、説教や聴罪のように市民との関わりをもつ仕事も重視していた。

30 ジョルジは天井高については、サンソヴィーノの案に異論はなかったことがわかる。

31 ジョルジは身廊の内部立面については、ドーリス式としか規定していない。現在の身廊の内部立面は二層構成で、第一層にはドーリス式の付柱が採用されているが、第二層の付柱に柱頭はない。クローナカが設計したフィレンツェのサン・サルヴァトーレ・アル・モンテ聖堂の身廊内部立面はこれとよく似た構成で装飾も控えめであり、同じくフランシスコ会厳格派に属することから、フィレンツェ出身のサンソヴィーノはこの聖堂を参考にしたと考えられる。さらに注目すべき点は第二層のフリーズで、ペルッツィが設計したローマのパラッツォ・フスコーニのようにトリグリフとモディリオンが一体化された形式となっており、セルリオの建築書『第四書』27頁おもて面［図4-40］でも採用されている。

32 こうしたオーダーの選択については、セルリオの建築書でも主張されている適正（デコル）の概念にしたがっている。聖堂内部ではドーリス式が採用されたが、のちのパラーディオによるファサードではコリント式が採用された。

33 サンソヴィーノが計画していたファサードは四角形ではなく、前述のようにアンドレア・スピネッリのメダルに見られる二層構成のファサードと思われるので、ジョルジがこの案に賛成だったのかは定かでない。1562年にパラーディオに設計変更が依頼されたときに、ジョルジはすでに亡くなっていたが、サンソヴィーノは存命中であった。

34 li Proti. プロートとはヴェネツィア共和国主席建築家のことで、サンソヴィーノは1529年から亡くなる1670年までその地位に就いていた。ただし、ここでは複数形となっているので、プロートではないセルリオも含めた建築家を指している。

35 この文章はラテン語で書かれている。

36 前掲註3の英語訳はここまでで終了している。

37 Fortunio Spira. 生年不詳、1559年没。ボマルツォ出身の人文主義者であるが、ヴィテルボ出身者として知られ、1530年代にローマからヴェネツィアに移住した。ともに署名をしたサンソヴィーノやセルリオ、ティツィアーノのほか、ピエトロ・アレティーノ（Pietro Aretino 1492-1556年）などとも親しい関係にあった。

38 Jacopo Zonaballi. ザンベッリやゾナベッリとも呼ばれるが、この人物についての詳細は不明。

39 この「覚書」に署名したセルリオとティツィアーノは、サンソヴィーノとは親しい関係にあり、建築に関する価値観はおおむね共通していたと考えられる。

40 ティツィアーノ・ヴェチェッリオ（Tiziano Vecellio 1488/90-1576年）は16世紀ヴェネツィア派を代表する画家。ヴェネツィアのみならず、神聖ローマ皇帝カール5世やその子であるスペイン王フェリペ2世からも仕事を依頼された。代表作として、《聖母被昇天》（ヴェネツィア、フラーリ聖堂、1516-17年）や、《ウルビーノのヴィーナス》（フィレンツェ、ウフィツィ美術館、1538年頃）、《ディアナとアクタイオン》（ロンドン、ナショナル・ギャラリー、1556-59年）などがある。

41 以下の修道士たちによる署名はすべてラテン語で記されている。ヨアンネス・バルバルスを除き、彼らの詳細については不明。

42 Ioannes Barbarus. ジョヴァンニ・バルバロ（Giovanni Barbaro）は、アンドレア・パラーディオのパトロンやバルバロ版『ウィトルウィウス』（ヴェネツィア、1556年）の翻訳者として有名なダニエーレ・バルバロのおじである。ハワードによると、この聖堂の設計変更にあたって、ジョルジとともに主導的な役割を果たしたという。D. Howard, *Jacopo Sansovino*, p. 66を参照。

主要参考文献

原則として欧文文献は著者または編者の姓のアルファベット順に、邦文文献は著者または編者の姓の五十音順に並べている。ただし、邦文文献には翻訳書も含まれている。また、はじめに学術雑誌等に掲載され、のちに単行本に収録された論文については、後者の情報のみを記載した。

欧文文献

J. S. Ackerman, *The Architecture of Michelangelo*, 2 vols, London, 1961.

J. S. Ackerman, "Notes on Bramante's Bad Reputation", in *Studi bramanteschi*, Roma, 1974, pp. 339-349.

J. S. Ackerman, *Palladio*, Harmondsworth, 1977.

J. S. Ackerman, *The Villa: Form and Ideology of Country Houses*, London, 1990.

J. S. Ackerman, "*Ars Sine Scientia Nihil Est:* Gothic Theory of Architecture at the Cathedral of Milan", in *Distance Points*, Cambridge, Mass, 1992, pp. 211-268

J. S. Ackerman, "The Certosa of Pavia and the Renaissance in Milan", in *Distance Points*, Cambridge, Mass., 1992, pp. 269-302.

J. S. Ackerman, "Sources of the Renaissance Villa", in *Distance Points*, Cambridge, Mass., 1992, pp. 303-324.

J. S. Ackerman, "The Belvedere as a Classical Villa", in *Distance Points*, Cambridge, Mass, 1992, pp. 325-359.

J. S. Ackerman, "Architectural Practice in the Italian Renaissance", in *Distance Points*, Cambridge, Mass., 1992, pp. 361-384.

J. S. Ackerman, "The Gesù in the Light of Contemporary Church Design", in *Distance Points*, Cambridge, Mass., 1992, pp. 417-451.

J. S. Ackerman, "The Tuscan/Rustic Order. A Study in the Metaphorical Language of Architecture", in *Distance Points*, Cambridge, Mass., 1992, pp. 495-541.

J. S. Ackerman, *Origins, Imitation, Conventions*, Cambridge, Mass., 2002.

J. Adhémar, "Aretino: Artistic Advisor to Francis I", *Journal of the Warburg and Courtauld Institutes*, vol. 17, 1954, pp. 311-318.

B. Adorni, "Santa Maria della Croce a Crema", in *La chiesa a pianta centrale*, ed. by B. Adorni, Milano, 2002, pp. 131-139.

L. B. Alberti, *Della Pittura*, ed. by L. Malle, Firenze, 1950.

L. B. Alberti, *On Painting and on Sculpture*, trans. by C. Grayson, London, 1972.

L. B. Alberti, *De re aedificatoria*, ed. by G. Orlandi, 2 vols, Milano, 1966.

L. B. Alberti, *On the Art of Building in Ten Books*, trans. J. Rykwert *et al.*, Cambridge, Mass. & London, 1966.

Francisci Albertini, *Opusculum de mirabilibus novae urbis Romae*, Roma, 1519.

Cosimo 'il Vecchio' de' Medici 1389-1464, ed. by F. Ames-Lewis, Oxford, 1992.

G. C. Argan, "Sebastiano Serlio", *L'Arte*, vol. 35, 1932, pp. 183-199.

Lettere sull'arte di Pietro Aretino, ed. by F. Pertile & C. Cordile, Milano, 1957-58.

Pietro Aretino, *Lettere*, ed. by P. Procaccioli, 6 vols, Roma, 1997-2002

E. Arslan, *Venezia Gotica*, Milano, 1986.

R. Assunto *et al.*, *Andrea Palladio: La Rotonda*, Milano, 1988.

L. Barkan, *Unearthing the Past: Archaeology and Aesthetics in the Making of Renaissance Culture*, New Haven, 1999.

D. Barbaro, *I dieci libri di architettura di M. Vitruvio*, 2nd ed., Venezia, 1567, ed. by M. Tafuri & M. Morresi, repr. Milano, 1987.

D. Barbaro, *Daniele Barbaro's Vitruvius of 1567*, ed. by K. Williams, Cham, 2019.

A. Bartoli, *I monumenti antichi di Roma nei disegni degli Uffizi di Firenze*, 5 vols, Roma, 1914-22.

C. Bartoli, *L'architettura di Leon Battista Alberti tradotta in lingua fiorentina da Cosimo Bartoli, gentiluomo et accademico fiorentino*, Firenze, 1550, 2nd ed., Venezia, 1565.

D. Battilotti & M. T. Franco, "Regesti di committenti e dei

primi collezionisti di Giorgione", *Antichità viva*, vol. 17, 1978, pp. 58-86.

U. Bazzotti, *Palazzo Te: Giulio Romano's Masterwork in Mantua*, London, 2013.

Giuliano da Sangallo, ed. by A. Belluzzi *et al.*, Milano, 2017.

Raffaello nato architetto, ed. by G. Beltramini *et al.*, Roma, 2023.

M. Beltramini, "Un frontespizio estense per le *Regole Generali di Architettura* di Sebastiano Serlio", in *Some degree of happiness. Studi di storia dell'architettura in onore di Howard Burns*, ed. by M. Beltramini & C. Elam, Pisa, 2010, pp. 297-317.

F. Benzi, *Sisto IV Renovator Urbis: Architettura a Roma 1471-1484*, Roma, 1990.

R. Bernheimer, "Gothic Survival and Revival in Bologna", *Art Bulletin*, vol. 36, 1954, pp. 263-284.

S. Bettini, "La 'mescolanza' nel trattato di Sebastiano Serlio e la fortuna delle mensole triglifate nell'architettura del primo Cinquecento", in *Leggere le copie. Critica e letteratura artistica in Europa nella prima età moderna (XV-XVIII secolo)*, ed. by C. Mazzarelli & D. Garcìa Cueto, Roma, 2020, pp. 29-47.

A. Beyer, "Napoli", in *Storia dell'architettura italiana: Il primo Cinquecento*, ed. by F. P. Fiore, Milano, 1998, pp. 434-459.

A. Blunt, *Philibert de L'Orme*, London, 1958.

A. Blunt, *Art and Architecture in France, 1500-1700*, 5th ed., New Haven, 1999.

P. P. Bober & R. Rubinstein, *Renaissance Artists and Antique Sculpture: A Handbook of Sources*, Oxford, 1986.

S. Bonde, "Renaissance and Real Estate: The Medieval Afterlife of the 'Temple of Diana' in Nîmes", in *Antiquity and its Interpreters*, ed. by A. Payne *et al.*, Cambridge, 2000, pp. 57-69.

Palazzo Strozzi: Cinque secoli di arte e cultura, ed. by G. Bonsanti, Firenze, 2005.

M. Borghini, *Marmi antichi*, Roma, 1998.

R. Bork, *The Geometry of Creation: Architectural Drawing and the Dynamics of Gothic Design*, Farnham, 2011.

S. Borsi, *Giuliano da Sangallo: I disegni di architettura e dell'antico*, Roma, 1985.

Sisto IV e Giulio II: mecenati e promotori di cultura, ed. by S. Bottaro *et al.*, Savona, 1985.

F. Boudon, J. Blécon, C. Grodecki, *Le château de Fontainebleau de François Ier à Henri IV*, Paris, 1998.

C. Brothers, *Giuliano da Sangallo and the Ruins of Rome*, Princeton, N. J., 2022.

D. Brown, "The Apollo Belvedere and the Garden of Giuliano della Rovere at SS. Apostoli", *Journal of the Warburg and Courtauld Institutes*, vol. 49, 1986, pp. 235–238.

P. L. Brown, *Venice and Antiquity*, New Haven, 1996.

A. Bruschi, *Bramante architetto*, Bari, 1969.

A. Bruschi, "Baldassarre Peruzzi nel palazzo di Francesco Fusconi da Norcia", *Architettura Studi e Documenti*, vol. 2, 1986, pp. 11-30.

A. Bruschi, "Le chiese del Serlio", in *Sebastiano Serlio*, ed. by C. Thoenes, Milano, 1989, pp. 169-186.

A. Bruschi, "L'Antico e il processo di identificazione degli ordini nella seconda metà del Quattrocento", in *L'emploi des ordres dans l'architecture de la Renaissance*, ed. by J. Guillaume, Paris, 1992, pp. 11-57.

A. Bruschi, "Religious Architecture in Renaissance Italy from Brunelleschi to Michelangelo", in *The Renaissance from Brunelleschi to Michelangelo*, ed. by H. A. Millon & V. Magnago Lampugnani, New York, 1994, pp. 123-181.

Storia dell'architettura italiana: Il primo Cinquecento, ed. by A. Bruschi, Milano, 2002.

A. Bruschi, "Baldassarre Peruzzi per San Pietro. Aggiornamenti, ripensamenti, precisazioni", in *Baldassarre Peruzzi 1481-1536*, ed. by C. L. Frommel *et al.*, Venezia, 2003, pp. 353-369.

A. Bruschi, Filippo *Brunelleschi*, Milano, 2006.

J. Bryce, *Cosimo Bartoli (1503-1572): the Career of a Florentine Polymath*, Genève, 1983.

E. Buchi, "Porta Leoni e la fondazione di Verona romana", *Museum Patavinum*, vol. 5, n. 2, 1987, pp. 13-45.

T. Buddensieg, "Criticism and praise of the Pantheon in the Middle Ages and the Renaissance", in *Classical Influences on European Culture A.D. 500-1500*, ed. by R. R. Bolgar, Cambridge, 1971, pp. 259-267.

T. Buddensieg, "Criticism of ancient architecture in the sixteenth and seventeenth centuries", in *Classical Influences on European Culture A.D. 1500-1700*, ed. by R. R. Bolgar, Cambridge, 1976, pp. 335-348.

H. Burns, "Peruzzi Drawings in Ferrara", *Mitteilungen des Kunsthistorischen Institutes in Florenz*, vols 11-12, 1966, pp. 245-270.

H. Burns, "Baldassare Peruzzi and Sixteenth-Century Architectural Theory", in *Les traités d'architecture de la Renaissance*, ed. by J. Guillaume, Paris, 1988, pp. 207-226.

H. Burns, "Painter-Architects in Italy during the Quattrocento and Cinquecento", in *The Notion of the Painter-Architect in Italy and the Southern Low Countries*, ed. by P. Lombaerde, Turnhout, 2014, pp. 1-8.

V. Cafà, *Palazzo Massimo alle Colonne di Baldassarre Peruzzi: Storia di una famiglia romana e del suo palazzo in rione Parione*, Venezia, 2007.

C. Cairns, *Pietro Aretino and the Republic of Venice: Research on Aretino and his Circle in Venice 1527-1556*, Firenze, 1985.

Atlante storico delle ville e dei Giardini di Roma, ed. by A. Campitelli & A. Cremona, Milano, 2012.

D. Calabi & P. Mirachiello, *Rialto: le fabbriche e il ponte*, Torino, 1987.

F. Calvo, *Vitruvio e Raffaello. Il "De Architectura" di Vitruvio nella traduzione inedita di Fabio Calvo ravennate*, ed. by V. Fontana, P. Morachiello, Roma, 1975.

F. Cantatore, *San Pietro in Montorio: La chiesa dei Re cattolici a Roma*, Roma, 2007.

G. B. Caporali, *Architettura con il suo commento di figure Vetruvio in volgar lingua raportato*, Perugia, 1536, repr. Perugia, 1985.

M. Carpo, *La maschera e il modello. Teoria architettonica ed evangelismo nell'Extraordinario Libro di Sebastiano Serlio (1551)*, Milano, 1993.

M. Carpo, "The Architectural Principles of Temperate Classicism. Merchant Dwellings in Sebastiano Serlio's Sixth Book", *Res*, vol. 22, 1993, pp. 135-151.

M. Carpo, *L'architettura dell'età della stampa*, Milano, 1998.

T. Carunchio, "I progetti Serliani per edifici religiosi", *Bollettino del Centro Internazionale di Studi di Architettura Andrea Palladio*, vol. 19, 1977, pp. 179-189.

T. Caruncho, "Dal VII Libro di Sebastiano Serlio: XXIIII case per edificar nella villa", *Quaderni dell'Istituto di Storia dell'Architettura*, vol. 22, 1975, pp. 127-132; vol. 23, 1976, pp. 95-126.

M. W. Casotti, "Pittura e scenografia in Peruzzi: le fonti, le realizzazioni, gli sviluppi", in *Baldassare Peruzzi: Pittura, scena e architettura nel Cinquecento*, ed. by M. Fagiolo & M. L. Madonna, Roma, 1987, pp. 339-361.

P. Cataneo, "L'Architettura", in P. Cataneo & G. B. da Vignola, *Trattati*, ed. by E. Bassi *et al.*, Milano, 1985.

B. Cellini, *I trattati dell'oreficeria e della scultura*, ed. by C. Milanesi, Firenze, 1853.

B. Cellini, *Discorso dell architettura*, in *Opere*, ed. by G. G. Ferrero, Torino, 1971.

M. Ceriana, "Agli inizi della decorazione architettonica all' antica a Venezia (1455-1470)", in *L'invention de la Renaissance*, ed. by J. Guillaume, Paris, 2003, pp. 109-142.

Cesariano, *Vitruvius, De Architectura. Nachdruck der kommentieren ersten italienischen Ausgabe von Cesare Cesariano*, Como, 1521, ed. by C. H. Krinsky, München,

1969.

A. Chastel, "Cortile et Théâtre", in *Le lieu théâtrale à la Renaissance*, Paris, 1964, pp. 41-47.

Local Antiquities, Local Identities: Art, Literature and Antiquarianism in Europe, C. 1400-1700, ed. by K. Christian & B. de Divitiis, Manchester, 2018.

D. Coffin, *The Villa in the Life of Renaissance Rome*, Princeton, N. J., 1979.

Ippolite II d'Este: cardinale principe mecenate, ed. by M. Cogotti & F. P. Fiore, Roma, 2010.

Francesco Colonna, *Hypnerotomachia Poliphili*, ed. by M. Arani & M. Gabriele, 2vols, Milano, 1998.

E. Concina, *Storia dell'architettura di Venezia dal VII al XX secolo*, 3rd ed., Milano, 2004.

Lo specchio del cielo, ed. by C. Conforti, Milano, 1997.

Storia dell'architettura italiana: Il secondo Cinquecento, ed. by C. Conforti & R. J. Tuttle, Milano, 2001

M. Daly Davis, "Perspective, Vitruvius, and the Reconstruction of Ancient Architecture: The Role of Piero della Francesca's *De prospective pingendi*", in *The Treatise on Perspective*, ed. by L. Massey, New Haven, 1997, pp. 258-279.

K. H. Dannenfeldt, "Egyptian Antiquities in the Renaissance", *Studies in the Renaissance*, vol. 6, 1959, pp. 7-27.

P. Davies *et al.*, "The Pantheon: Triumph of Rome or Triumph of Compromise?", *Art History*, vol. 10, 1987, pp. 133-136.

P. Davies & D. Hemsoll, *Michele Sanmicheli*, Milano, 2004.

K. De Jonge, "La Serliana di Sebastiano Serlio", in *Sebastiano Serlio*, ed. by C. Thoenes, Milano, 1989, pp. 50-56.

D. Del Pesco, "Architettura feudale in Campania (1443-1500)", in *Storia e civiltà della Campania: Il Rinascimento e l'Età Barocca*, ed. by G. Pugliese Carratelli, Milano, 1994, pp. 91-142.

M. M. D'Evelyn, *Venice and Vitruvius*, New Haven, 2012.

G. Dewez, *Villa Madama: A memoir relating to Raphael's project*, London, 1993.

W. B. Dinsmoor, "The Literary Remains of Sebastiano Serlio", *Art Bulletin*, vol. 24, 1942, pp. 55-91; pp. 115-154.

H. -C. Dittschied, "Serlio, Roma e Vitruvio", in *Sebastiano Serlio*, ed. by C. Thoenes, Milano, 1989, pp. 132-148.

K. Downs, "The Façade Problem in Roman Churches, c. 1540-1640", in *Architecture and Interpretation: Essays for Eric Fernie*, ed. by J. A. Franklin *et al.*, Woodbridge, Suffolk, 2012, pp. 242-264.

P. Du Colombier & P. D'Espezel, "L'habitation au seizième

siècle d'après le sixième livre de Serlio", *Humanisme et Renaissance*, vol. 1, 1934, pp. 31-49.

P. Du Colombier & P. D'Espezel, "Le sixième livre retrouvé de Serlio et l'architecture française de la Renaissance", *Gazette des beaux arts*, vol. 12, 1934, pp. 42-59.

Y. Elet, *Architectural Invention in Renaissance Rome: Artists, humanists, and the planning of Raphael's Villa Madama*, Cambridge, 2017.

Enciclopedia dell'arte antica, classica e orientale, ed. by G. Pugliese Carratelli *et al.*, Roma, 1958-94.

M. Fagiolo, *Natura e artificio: l'ordine rustico, le fontane, gli automi nella cultura manierismo europeo*, Roma, 1981

Baldassare Peruzzi: Pittura, scena e architettura nel Cinquecento, ed. by M. Fagiolo & M. L. Madonna, Roma, 1987.

P. Fane-Saunders, *Pliny the Elder and the Emergence of Renaissance Architecture*, Cambridge, 2016.

M. Ferrara & F. Quinterio, *Michelozzo di Bartolomeo*, Firenze, 1984.

Filarete, *Trattato di architettura*, ed. by A. M. Finoli & L. Grassi, 2 vols, Milano, 1972.

Filarete, *Treatise on Architecture*, ed. by J. Spencer, 2 vols, New Haven, 1965.

L. Finocchi Ghersi, "Le residenze dei Colonna ai Santi Apostoli", in *Alle origini della nuova Roma: Martino V*, ed. by M. Chiabò, Roma, 1992, pp. 61-75.

F. P. Fiore, "Gli ordini nell'architettura di Francesco di Giorgio", in *L'emploi des ordres dans l'architecture de la Renaissance*, ed. by J. Guillaume, Paris, 1992, pp. 59-67.

Storia dell'architettura italiana: Il Quattrocento, ed. by F. P. Fiore, Milano, 1998.

F. P. Fiore, "Siena e Urbino", in *Storia dell'architettura italiana: Il Quattrocento*, ed. by F. P. Fiore, Milano, 1998, pp. 272-313.

F. P. Fiore, "Il *giudizio* in Sebastiano Serlio", in *Studi in onore di Renato Cevese*, Vicenza, 2000, pp. 237-249.

Francesco di Giorgio alla corte di Federico da Montefeltro, ed. by F. P. Fiore, 2 vols, Firenze, 2004.

F. P. Fiore, "L'edizione del *Trattato* di Sebastiano Serlio rivista da Cosimo Bartoli", in *Cosimo Bartoli*, Firenze, 2011, pp. 41-57.

F. P. Fiore, "Sebastiano Serlio: 'giudizio, mescolanza, invenzione'", in *Cultural reception, translation and transformation from medieval to modern Italy: Essays in Honour of Martin McLaughlin*, ed. by G. Bonsaver *et al.*, Legenda, 2017, pp. 150-157.

Cosimo Bartoli (1503-1572), ed. by F. P. Fiore & D. Lamberini, Firenze, 2011.

F. P. Fiore & M. Tafuri, *Francesco di Giorgio architetto*, Milano, 1993.

C. Fontana, *Fra' Giovanni Giocondo architetto 1433 c. 1515*, Vicenza, 1988.

D. Fontana, *Della trasportatione dell'obelisco Vaticano et delle fabriche di Nostro Signore Papa Sisto V*, Roma, 1991.

V. Fontana, "Bramate e Venezia", in *Donato Bramante: ricerche, proposte, riletture*, ed. by F. P. Di Teodoro, Urbino 2001, pp. 407-418.

E. Forssman, *Dorico, Ionico, Corinzio nell'architettura del Rinascimento*, it. ed., Bari, 1988.

A. Foscari & M. Tafuri, *L'Armonia e i conflitti. La Chiesa di San Francesco della Vigna nella Venezia del Cinquecento*, Torino, 1983.

M. Vitruvius per Jocundum solito castigator factus, ed. by Fra Giocondo, Venezia, 1511.

Francesco Giorgi, "Promemoria per San Francesco della Vigna", ed. by L. Magagnato, in Pietro Cataneo, Giacomo Barozzi da Vignola, *Trattati*, ed. by E. Bassi *et al.*, Milano, 1985, pp. 1-17.

Francesco di Giorgio, *Trattati di architettura ingegneria e arte militare*, ed. by C. Maltese, 2 vols, Milano, 1967.

L. Franzoni, "Antiquari e collezionisti nel 500", in *Storia Cultura Veneta*, vol. 3, 1981, pp. 216-220.

D. Frapiccini, *L'età aurea di Giulio II: Arti, cantieri e maestranze prima di Raffaello*, Roma, 2013.

J. Freiburg, *Bramante's Tempietto, the Roman Renaissance, and the Spanish Crown*, Cambridge, 2014.

C. L. Frommel, "Baldassarre Peruzzi als Maler und Zeichner", *Römisches Jahrbuch für Kunstgeschichte*, vol. 11, 1968.

C. L. Frommel, *Der römische Palastbau der Hochrenaissance*, 3 vols, Tübingen, 1973.

C. L. Frommel, "Serlio e la scuola romana", in *Sebastiano Serlio*, ed. by C. Thoenes, Milano, 1989, pp. 39-49.

C. L. Frommel, "Raffaello e gli ordini architettonici", in *L'emploi des ordres dans l'architecture de la Renaissance*, ed. by J. Guillaume, Paris, 1992, pp. 119-136.

C. L. Frommel, "Living *all'antica*: Palaces and Villas from Brunelleschi to Bramante", in *The Renaissance from Brunelleschi to Michelangelo*, ed. by H. A. Millon & V. M. Lampugnani, New York, 1994, pp. 183-203.

C. L. Frommel, "La porta ionica nel Rinescimento", in *Studi in onore di Renato Cevese*, Venezia, 2000, pp. 251-292.

Baldassarre Peruzzi 1481-1536, ed. by C. L. Frommel *et al.*, Venezia, 2003.

C. L. Frommel, "*ala maniera e uso delj bonj antiquj*: Baldassarre Peruzzi e la sua quarantennale ricerca dell' antico", in *Baldassarre Peruzzi 1481-1536*, ed. by C. L. Frommel *et al.*, Venezia, 2003, pp. 3-82.

C. L. Frommel *et al.*, *Raffaello architetto*, Milano, 1984.

C. L. Frommel & N. Adams, *The Architectural Drawings of Antonio da Sangallo the Younger and his Circle*, 2 vols, Cambridge, Mass., 1993-2000.

S. Frommel, *Sebastiano Serlio architetto*, Milano, 1998.

Francesco Primaticcio architetto, ed. by S. Frommel, Milano, 2005.

S. Frommel, "Serlio e Palladio: un incontro assai probabile e le sue implicazioni", in *Palladio*, ed. by F. Barbieri *et al.*, Venezia, 2008, pp. 68-73.

S. Frommel, "Sebastiano Serlio prospettico: stages in his artistic itinerary during the 1520s", in *Perspective, Projections & Design: Technologies of Architectural Representation*, ed. by M. Carpo & F. Lemerle, London, 2008, pp. 77-94.

S. Frommel, "Maître-autel et chœur dans le *Quinto Libro* de Sebastiano Serlio", in *La place du chœur*, ed. by S. Frommel & L. Lecomte, Paris, 2012, pp. 155-174.

S. Frommel, "Sebastiano Serlio as a Painter-Architect", in *The Notion of the Painter-Architect in Italy and the Southern Low Countries*, ed. by P. Lombaerde, Turnhout, 2014, pp. 39-57.

S. Frommel, *Giuliano da Sangallo*, Firenze, 2014.

Les maquette d'architecture, ed. by S. Frommel, Paris, 2015.

La place du chœur: Architecture et liturgie du Moyen Âge aux Temps modernes, ed. by S. Frommel & L. Lecomte, Paris, 2009.

Architectura Picta, ed. by S. Frommel & G. Wolf, Modena, 2016.

Frontinus, *Stratagems/ The Aqueducts of Rome*, ed. by C. E. Bennett *et al.*, London, 1925.

A. Fulvio, *Antiquitates Urbis*, Roma, 1527.

A. Fulvio, *De Urbis Romae Antiquitatibus*, Roma, 2nd ed., 1545.

G. Gatti, "Dove erano situati il teatro di Balbo e il circo Flaminio?", *Capitolium*, vol. 39, 1960, 7, pp. 3-8.

Geometrical Objects: Architecture and the Mathematical Sciences 1400-1800, ed. by A. Gerbino, Cham, 2016.

A. Ghisetti Giabarina, *Aristotile da Sangallo: Architettura, scenografia e pittura tra Roma e Firenze nella prima metà del Cinquecento*, Roma, 1990.

A. Giannotti, "Sebastiano Serlio, Niccolò Tribolo e l'eredità di Baldassarre Peruzzi: l'altare della Madonna di Galliera a Bologna", *Prospettiva*, vols. 159-160, 2015, pp. 174-196.

C. Giavarini, *The Basilica of Maxentius: Monument, Materials, Constructions and Stability*, Roma, 2005.

L. Giordano, "Milano e l'Italia nord-occidentale", in *Storia dell'architettura italiana: Il Quattrocento*, ed. by F. P. Fiore, Milano, 1998, pp. 166-199.

D. Gioseffi, "Introduzione alla prospettiva di Sebastiano Serlio", in *Sebastiano Serlio*, ed. by C. Thoenes, Milano, 1989, pp. 126-131.

J. Gloton, "Les traités de Serlio et son influence en France", in *Les traités d'architecture de la Renaissance*, ed. by J. Guillaume, Paris, 1988, pp. 407-423.

R. Gnoli, *Marmora romana*, Roma, 1971.

L. M. Golson, "Serlio, Primaticcio and the Architectural Grotto", *Gazette des beaux arts*, vol. 77, 1971, pp. 95-108.

E. H. Gombrich *et al.*, *Giulio Romano*, Milano, 1989.

R. J. Goy, *The House of Gold*, Cambridge, 1992.

R. J. Goy, *Building Renaissance Venice: Patrons, Architects and Builders c. 1430-1500*, New Haven, 2006.

A. Griffin, *The Rise of Academic Architectural Education*, London, 2021.

P. Gros, "Baldassarre Peruzzi, architetto e archeologo. I fogli al Gabinetto Disegni e Stampe degli Uffizi A 632-633", in *Baldassarre Peruzzi 1481-1536*, ed. by C. L. Frommel *et al.*, Venezia, 2005, pp. 225-229.

P. Gros, *Palladio e l'antico*, Venezia, 2006.

R. Guerrini, "Contributo alla conoscenza di Francesco da Siena. Documenti e opere", in *Baldassare Peruzzi: Pittura, scena e architettura nel Cinquecento*, ed. by M. Fagiolo & M. L. Madonna, Roma, 1987, pp. 503-536.

J. Guillaume, "Serlio, est-il l'architecte d'Ancy-le-Franc? A propos d'un dessin inédit de la Bibliothèque Nationale", *Revue de l'art*, vol. 5, 1969, pp. 9-18.

Les traités d'architecture de la Renaissance, ed. by J. Guillaume, Paris, 1988.

L'emploi des ordres dans l'architecture de la Renaissance, ed. by J. Guillaume, Paris, 1992.

L'église dans l'architecture de la Renaissance, ed. by J. Guillaume, Paris, 1995.

L'invention de la Renaissance, ed. by J. Guillaume, Paris, 2003.

Demeures d'éternité: Églises et chapelles funéraires aux XVe et XVIe siècles, ed. by J. Guillaume, Paris, 2005.

L'Architecture religieuse européenne au temps des Réformes: héritage de la Renaissance et nouvelles problématiques, ed. by J. Guillaume, Paris, 2009.

H. Günther, "Bramantes Hofprojekt um den Tempietto und seine Darstellung in Serlios dritten Buch", in *Studi bramanteschi*, Roma, 1974, pp. 483-501.

H. Günther, "Studien zum Venezianischen Aufenhalt des Sebastiano Serlio", *Münchner Jahrbuch der bildenden*

Kunst, vol. 32, 1981, pp. 42-94.

H. Günther, "Porticus Pompei", *Zeischrift für Kunstgeschchte*, vol. 44, 1981, pp. 396-397.

H. Günther, "Das geistige Erbe Peruzzis im vierten und dritten Buch des Sebastiano Serlio", in *Les traités d'architecture de la Renaissance*, J. Guillaume, Paris, 1988, pp. 227-245.

H. Günther, "Serlio e gli ordini architettonici", in *Sebastiano Serlio*, ed. by C. Thoenes, Milano, 1989, pp. 154-168.

E. Harris, "Serlio", in *British Architectural Books and Writers 1556-1785*, Cambridge, 1990, pp. 414-417.

V. Hart & A. Day, "The Renaissance Theatre of Sebastiano Serlio, c. 1545", *Computers and the History of Art*, Courtauld Institute, vol. 5. i, 1995, pp. 41-52.

V. Hart & P. Hicks, "On Sebastiano Serlio: Decorum and the Art of Architectural Invention", in *Paper Palaces*, ed. by V. Hart & P. Hicks, New Haven, 1998, pp. 140-157.

F. Hartt, "Gonzaga Symbols in the Palazzo del Te", *Journal of the Warburg and Courtauld Institutes*, vol. 13, 1950, pp. 151-188.

F. Haskell & N. Penny, *Taste and the Antique*, New Haven, 1981.

D. Hemsoll, "Consonance, Incoherence and Obscurity: Rhetorical Idealism in the Centrally-Planned Church Schemes of Sebastiano Serlio", in *The Gordian Knots: Studi offerti a Richard Schofield*, ed. by, M. Basso *et al.*, Roma, 2014, pp. 131-147.

D. Hemsoll, *Emulating Antiquity: Renaissance Buildings from Brunelleschi to Michelangelo*, New Haven, 2019.

G. L. Hersey, *Alfonso II and the Artistic Renewal of Naples 1485-1495*, New Haven, 1969.

G. L. Hersey, "Poggioreale: Notes on a reconstruction, and an early replication", *Architectura*, vol. 1, 1973, pp. 13-21.

G. L. Hersey, *Pythagorean Palaces: Magic and Architecture in the Italian Renaissances*, Ithaca, N. Y., 1976.

L. H. Heydenreich, "Leonardo da Vinci, Architect to Francis I", *Burlington Magazine*, vol. 94, 1952, pp. 277-285.

D. Howard, "Sebastiano Serlio's Venetian Copyrights", *Burlington Magazine*, vol. 115, 1973, pp. 512-516.

D. Howard, *Jacopo Sansovino: Architecture and Patronage in Renaissance Venice*, New Haven, 1975.

D. Howard, *The Architectural History of Venice*, New Haven, 2002.

D. Howard, "San Michele in Isola: Re-Reading the Genesis of the Venetian Renaissance", in *L'invention de la Renaissance*, ed. by J. Guillaume, Paris, 2003, pp. 27-42.

B. Hub, *Filarete: Der Architekt der Renaissance als Demiurg und Pädagoge*, Wien, 2020.

C. Hülsen, *Il libro di Giuliano da Sangallo: Codice vaticano barberiniano latino 4424*, Leipzig, 1910.

M. Humbert, "Serlio: il Sesto Libro e l'architettura Borghese in Francia", *Storia dell'Arte*, vol. 43, 1981, pp. 199-240.

M. Humbert, "Serlio e Palladio", in *Studi in onore di Giulio Carlo Argan*, Roma, 1985, pp. 88-99.

A. C. Huppert, *Becoming an Architect in Renaissance Italy: Art, Science, and the Career of Baldassarre Peruzzi*, New Haven, 2016.

J. M. Huskinson, "The Crucifixion of St. Peter: A Fifteenth-Century Topographical Problem" *Journal of the Warburg and Courtauld Institutes*, vol. 32, 1969, pp. 135-161.

C. A. Isermeyer, "Le chiese del Palladio in rapporto al culto", *Bollettino del Centro Internazionale di Studi di Architettura Andrea Palladio*, vol. 10, 1968, pp. 42-58.

P. J. Jacks, "The *Simulachrum* of Fabio Calvo: A View of Roman Architecture *all'antica* in 1527", *Art Bulletin*, vol. 72, 1990, pp. 453-48.

D. J. Jansen, "Jacopo Strada editore del Settimo Libro", in *Sebastiano Serlio*, ed. by C. Thoenes, Milano, 1989, pp. 207-215.

A. Jelmini, *Sebastiano Serlio. Il trattato d'architettura*, Locarno, 1986.

B. Jestaz, "L'apparition de l'ordre composite à Venise", in *L'emploi des ordres dans l'architecture de la Renaissance*, ed. by J. Guillaume, Paris, 1992, pp. 157-168.

V. Juren, "Un traité unédit sur les orders d'architecture, et le problème des sources du Libro IV de Serlio", *Monuments et Mémoirs*, vol. 64, 1981, pp. 195-239.

M. Kemp, *The Science of Art*, New Haven, 1990.

D. Kent, *Cosimo de' Medici and the Florentine Renaissance*, New Haven, 2000.

D. Kinney, "The Concept of Spolia", in *A Companion to Medieval Art: Romanesque and Gothic in Northern Europe*, ed. by C. Rudolph, Oxford, 2006, pp. 233–52.

H. Klotz, *Filippo Brunelleschi*, London, 1990.

R. Krautheimer, "Alberti and Vitruvius", in *Studies in Early Christian, Medieval and Renaissance Art*, New York, 1969, pp. 323-332.

R. Krautheimer, "The Tragic and Comic Scene of the Renaissance: The Baltimore and Urbino Panels", in *Studies in Early Christian, Medieval and Renaissance Art*, New York, 1969, pp. 345-360.

R. Krautheimer, *Rome, Profile of a City, 312-1308*, Princeton, N. J., 1980.

R. Krautheimer, "The Panels in Urbino, Baltimore and Berlin Reconsidered", in *The Renaissance from Brunelleschi to Michelangelo*, ed. by H. A. Millon & V. Magnago Lampugnani, New York, 1994, pp. 232-257.

H. W. Kruft, *A History of Architetural Theory from Vitruvius to the Present*, London, 1994.

P. J. Laven, "The *Casa Grimani* and its Political Overtones", *Journal of Religious History*, vol. 4, 1966-67, pp. 184-205.

C. Lazzaro, *The Italian Renaissance Garden: From the conventions of planting, design, and ornament to the grand gardens of sixteenth-century Central Italy*, New Haven, 1990.

K. Lehmann, "The Dome of Heaven", *Art Bulletin*, vol. 27, 1945, pp. 1-27.

D. Lenzi, "Palazzo Fantuzzi: un problema aperto e nuovi dati sulla residenza del Serlio a Bologna", in *Sebastiano Serlio*, ed. by C. Thoenes, Milano, 1989, pp. 30-38.

M. Licht, *L'edificio a pianta centrale: Lo sviluppo del disegno architettonico nel Rinascimento*, Firenze, 1984.

M. Lorber, "I primi due libri di Sebastiano Serlio. Dalla struttura ipotetico-deduttiva alla struttura pragmatica", in *Sebastiano Serlio*, ed. by C. Thoenes, Milano, 1989, pp. 114-125.

Philibert de L'Orme, *Le premier tome de l'architecture*, Paris, 1567.

G. Manetti, *De vita ac gestis Nicolai Quinti summi pontificis*, ed. by A. Modigliani, Roma, 2005.

P. Matracchi, *La chiesa di S. Maria delle Grazie al Calcinaio presso Cortona e l'opera di Francesco di Giorgio architetto*, Cortona, 1991.

J. McAndrew, *Venetian Architecture of the Early Renaissance*, Cambridge, Mass., 1980.

Michelangelo, *Il carteggio di Michelangelo*, 5 vols, ed. by G. Poggi, P. Barocchi & R. Ristori, Firenze, 1979.

M. Michiel, *Notizia d'opere di disegno*, ed. by G. Frizzoni, Wien, 1884.

H. A. Millon, "Models in Renaissance Architecture", in *The Renaissance from Brunelleschi to Michelangelo*, ed. by H. A. Millon & V. Magnago Lampugnani, New York, 1994, pp. 19-74.

B. Mitchell, *Italian Civic Pageantry in the High Renaissance: A descriptive bibliography of triumphal entries and selected other festivals for state occasions*, Firenze, 1979.

P. Modesti, *Le delizie ritrovate: Poggioreale e la villa del Rinascimento nella Napoli Aragonese*, Firenze, 2014.

A. Monetti, "Sebastiano Serlio e il *Barocco* antico. A proposito di un edificio raffigurato nel Terzo Libro", in *Sebastiano Serlio*, ed. by C. Thoenes, Milano, 1989, pp. 149-153.

G. Morolli, *Vetus Etruria*, Firenze, 1985.

G. Morolli, *La lingua delle colonne*, Firenze, 2013.

Michelozzo scultore e architetto (1396-1472), ed. by G. Morolli, Firenze, 1998.

M. Morresi, "Bramante, Enrico Bruno e la parrocchiale di Roccaverano", in *La piazza, la chiesa, il parco*, ed. by M. Tafuri, Milano, 1991, pp. 99-165.

M. Morresi, "Venezia e il dominio dell'città", in *Storia dell'architettura italiana: Il Quattrocento*, ed. by F. P. Fiore, Milano, 1998, pp. 200-241.

M. Morresi, *Jacopo Sansovino*, Milano, 2000.

La Corte di Mantova nell'età di Andrea Mantegna, 1450-1550, ed. by C. Mozzarelli *et al.*, Roma, 1997.

M. Mussini, *Francesco di Giorgio e Vitruvio*, 2 vols, Firenze, 2003.

E. Nash, *Pictorial Dictionary of Ancient Rome*, 2 vols, London, 1961-62.

A. Nesselrath, "Impressions of the Pantheon in the Renaissance", in *The Pantheon: From Antiquity to the Present*, ed. by T. A. Marder & M. Wilson Jones, Cambridge, 2015, pp. 255-295.

C. D. Nesselrath, *Die Säuleordnungen bei Bramante*, Worms, 1990.

I. Nielsen, *Thermae et Balnea: The Architecture and Cultural History of Roman Public Bathes*, 2 vols, Aarhus, 1990.

C. O'Connor, *Roman Bridges*, Cambridge, 1993.

J. Offerhaus, "Pieter Coecke et l'introduction des traités d'architecture aux Pays-Bas", in *Les traités d'architecture de la Renaissance*, ed. by J. Guillaume, Paris, 1988, pp. 443-452.

L. Olivato, "Per il Serlio a Venezia: Documenti nuovi e documenti rivisitati", *Arte Veneta*, vol. 25, 1971, pp. 284-291.

L. Olivato, "Ancora per il Serlio a Venezia", *Museum Patavinum*, vol. 4, 1985, pp. 145-146.

L. Olivato, "Con il Serlio tra i 'dilettanti di architettura' veneziani della prima metà del Cinquecento. Il ruolo di Marcantonio Michiel", in *Les traités d'architecture de la Renaissance*, ed. by J. Guillaume, Paris, 1988, pp. 247-254.

L. Olivato & L. Puppi, *Mauro Codussi*, Milano, 1977.

J. Onians, *Bearers of Meaning: The Classical Orders in Antiquity, the Middle Ages, and the Renaissance*, Princeton, N. J., 1988.

J. Orrell, *The Human Stage: English theatre design, 1567-1640*, Cambridge, 1988.

N. L. Pagliara, "L'attività edilizia di Antonio da Sangallo il Giovane, il confront tra gli studi sull'antico e la letteratura vitruviana. Influenze sangallesche sulla manualista di Sebastiano Serlio", *Controspazio*, vol. 7, 1972, pp. 19-55.

P. N. Pagliara, "La Roma antica di Fabio Calvo. Note sulla cultura antiquaria e architettonica", *Psicon*, vols. 8-9, 1977, pp. 65-87.

P. N. Pagliara, "Vitruvio da testo a canone", in *Memoria dell'antico nell'arte italiana*, ed. by S. Settis, Torino, 1986, vol. 3, pp. 3-85.

P. N. Pagliara, "Materiali, tecniche e strutture in architettura del primo Cinquecento", in *Storia dell'architettura italiana: Il primo Cinquecento*, ed. by A. Bruschi, Milano, 2002, pp. 522-545.

A. Palladio, *I quattro libri dell'architettura*, Venezia, 1570.

R. Pane, *Il Rinascimento nell'Italia meridionale*, 2 vols, Milano, 1977.

W. B. Parsons, *Engineers and Engineering in the Renaissance*, Cambridge, Mass., 1968.

L. Patetta, *L'architettura del Quattrocento a Milano*, Milano, 1987.

Y. Pauwels, "Les origins de l'ordre composite", *Annali di Architettura*, vol. 1, 1989, pp. 29-46.

A. A. Payne, *The Architectural Treatise in the Italian Renaissance*, Cambridge, 1999.

A. Pérez-Gómez, "Chora: The Space of Architectural Representation", *Chora: Intervals in the Philosophy of Architecture*, vol. 1, 1994, pp. 1-34.

J.-M. Pérouse de Montclos, *Le château de Fontainebleau*, Paris, 2009.

Piero della Francesca, *De prospectiva pingendi*, ed. by G. Nicco-Fasola, Firenze, 1984.

A. Pinelli, *Genga architetto: aspetti della cultura urbinate del primo 500*, Roma, 1971.

Gaio Plinio Secondo, *Storia naturale*, 6 vols, Torino, 1982-88.

Pliny, *Letters*, ed. by W. Melmoth, 2 vols, London, 1923.

H. Plommer, "Vitruvius and the Origin of Caryatids", *Journal of Hellenic Studies*, vol. 99, 1979, pp. 97-102.

B. Preyer, "The Rucellai Palace", in *Giovanni Rucellai e il suo Zibaldone*, vol. II, ed. by A. Perosa, London, 1981, pp. 156-225.

L. Puppi, "Il VI libro di Sebastiano Serlio", *Arte Veneta*, vol. 21, 1967, pp. 241-243.

L. Puppi, *Andrea Palladio*, Milano, 1973.

L. Puppi, *et al.*, *Alvise Cornaro e il suo tempo*, Padova, 1980.

L. Puppi, "Il problema dell'eredità di Baldassarre Peruzzi: Jacopo Meleghino, il 'mistero' di Francesco Senese e Sebastiano Serlio", in *Baldassare Peruzzi: Pittura, scena e architettura nel Cinquecento*, ed. by M. Fagiolo & M. L. Madonna, Roma, 1987, pp. 491-503.

Raffaello, *Raffaello nei documenti, nelle testimonianze dei contemporanei e nella letteratura del suo secolo*, ed. by V. Golzio, Città del Vaticano, 1936.

Raffaello, "Lettere a Leone X", ed. by R. Bonelli, in *Scritti rinascimentali di architettura*, ed. by A. Bruschi, *et al.*, Milano, 1978, pp. 459-484.

L. Richardson, *A New Topographical Dictionary of Ancient Rome*, Baltimore, 1992.

P. Roccasecca, "Sebastiano Serlio: placing perspective at the service of architects", in *Perspective, Projections & Design: Technologies of Architectural Representation*, ed. by M. Carpo & F. Lemerle, London, 2008, pp. 95-104.

I. Rodríguez-Moya & V. Mínguez, *The Seven Ancient Wonders in the Early Modern World*, London, 2019.

Palazzo Ducale: storia e restauri, ed. by G. Romanelli, Verona, 2004.

M. Rosci, "Schemi di ville nel VII libro del Serlio e ville palladiane", *Bollettino del Centro Internazionale di Studi di Architettura Andrea Palladio*, vol. 8, 1966, pp. 128-133.

M. Rosci & A. M. Brizio, *Il trattato di architettura di Sebastiano Serlio*, 2 vols, Milano, 1966.

M. Rosci & A. M. Brizio, "Sebastiano Serlio e il manierismo nel Veneto", *Bollettino del Centro Internazionale di Studi di Architettura Andrea Palladio*, vol. 9, 1967, pp. 330-336.

M. Rosci & A. M. Brizio, "I rapporti fra Serlio e Palladio e la più recente letteratura critica", *Bollettino del Centro Internazionale di Studi di Architettura Andrea Palladio*, vol. 15, 1973, pp. 143-148.

M. N. Rosenfeld, "Sebastiano Serlio's Late Style in the Avery Library Version of the Sixth Book on Domestic Architecture", *Journal of the Society of Architectural Historians*, vol. 28, 1969, pp. 155-172.

M. N. Rosenfeld, "Sebastiano Serlio's Drawings in the Nationalbibliothek in Vienna for his Seventh Book on Architecture", *Art Bulletin*, vol. 56, 1974, pp. 400-409.

M. N. Rosenfeld, *Sebastiano Serlio: On Domestic Architecture*, New York, 1978.

M. N. Rosenfeld, "From Bologna to Venice and Paris: The Evolution and Publication of Sebastiano Serlio's Books I and II, *On Geometry* and *On Perspective*, for Architects", in *The Treatise on Perspective: Published and Unpublished*, ed. by L. Massey, New Haven, 1997, pp. 283-321.

J. Rykwert, "On the Oral Transmission of Architectural Theory", in *Les traités d'architecture de la Renaissance*, ed. by J. Guillaume, Paris, 1988, pp. 31-48.

J. Rykwert, *The Dancing Column: On Order in Architecture*, Cambridge, Mass., 1998.

J. Rykwer & R. Tavernor, "Alberti's Church of San

Sebastiano in Mantua", *Architectural Design*, vol. 49, 1979, pp. 74-95.

M. Sanudo, *Diarii*, ed. by R. Fulin, *et al.*, 1879-1902, vols 42, Venezia, 1879-1902.

T. Sarayna, *De origine et amplitudine civitatis Veronae*, Verona, 1540.

R. Schofield, "Bramante e un rinascimento locale all'antica", in *Donato Bramante: ricerche, proposte, riletture*, ed. by F. P. Di Teodoro, Urbino 2001, pp. 47-81.

R. Schofield, "A locale Renaissance: Florence Quattrocento palaces and *all'antica* styles", in *Local Antiquities, Local Identities: Art, Literature and Antiquarianism in Europe, c. 1400-1700*, ed. by K. Christian & B. de Divitiis, Manchester, 2018, pp. 13-36.

J. Schulz, "Pinturicchio and the Revival of Antiquity", *Journal of the Warburg and Courtauld Institutes*, vol. 25, 1962, pp. 35-55.

J. Schulz, *Venetian Painted Ceilings of the Renaissance*, Berkley & Los Angeles, 1968, pp. 139-141.

F. Sear, *Roman Architecture*, London, 1982.

Sebastiano Serlio, *Architettura civile libri sesto, settimo e ottavo nei manoscritti di Monaco e Vienna*, ed. by F. P. Fiore, Milano, 1994.

Sebastiano Serlio, *On Architecture*, ed. by V. Hart & P. Hicks, 2 vols, New Haven, 1996-2001.

Sebastiano Serlio, *L'architettura: I libri I-VII e Extraordinario nelle prime edizioni*, ed. by F. P. Fiore, 2 vols, Milano.

C. Smith & J. F. O'Connor, *Building the Kingdom: Giannozzo Manetti on the Material and Spiritual Edifice*, Tempe, Arizona, 2006.

Florence and Milan: Comparisons and Relations, 2 vols, ed. by C. H. Smyth & G. Garfagnini, Firenze, 1989.

Lexicon topographicum urbis Romae, ed. by E. M. Steinby, 6 vols, Roma, 1993.

C. Syndikus, *Leon Battista Alberti: Das Bauornament*, Münster, 1996.

M. Tafuri, "Ipotesi sulla religiosità di Sebastiano Serlio", in *Sebastiano Serlio*, ed. by C. Thoenes, Milano, 1989, pp. 57-66.

"Renovatio urbis": Venezia nell'età di Andrea Gritti, 1523-1538, ed. by M. Tafuri, Roma, 1984.

M. Tafuri, *Venezia e il Rinascimento*, Torino, 1985.

M. Tafuri, *Ricerca del Rinascimento*, Torino, 1992.

M. Taliaferro Boatwright, *Hadrian and the City of Rome*, Princeton, N. J., 1987.

N. Temple, *renovatio urbis: Architecture, Urbanism and Ceremony in the Rome of Julius II*, New York, 2021.

Donato Bramante: ricerche, proposte, riletture, ed. by F. P. Di

Teodoro, Urbino 2001.

C. Tessari, *Baldassarre Peruzzi: Il progetto dell'antico*, Milano, 1995.

San Pietro che non c'è, ed. by C. Tessari, Milano, 1996.

C. Thoenes, " 'Spezie' e 'ordine' di colonne nell'architettura del Brunelleschi", in *Filippo Brunelleschi. La sua opera e il suo tempo*, 2 vols, Firenze, 1980, pp. 459-469.

Sebastiano Serlio, ed. by C. Thoenes, Milano, 1989.

C. Thoenes, "Gli ordini architettonici: rinascita o invenzione?", in *Sostegno e adornamento*, Milano, 1998, pp. 125-133.

C. Thoenes, *Sostegno e addornamento*, Milano, 1998.

C. Thoenes, *Architectural Theory*, Köln, 2003.

W. Timofiewitsch, "Ein Gutachten Sebastiano Serlios für die 'Scuola di San Rocco'", *Arte Veneta*, vol. 17, 1963, pp. 158-160.

D. Thomson, *Renaissance Architecture: Critics, Patrons, Luxury*, Manchester, 1993.

E. Thunø, "The Pantheon in the Middle Ages", in *The Pantheon*, ed. by T. M. Marder & M. Wilson Jones, Cambridge, 2015, pp. 231-254.

T. Tuohy, *Herculean Ferrara: Ercole d'Este (1471-1505) and the Invention of a Ducal Capital*, Cambridge, 2002.

R. Tuttle, *Piazza Maggiore. Studi su Bologna nel Cinquecento*, Venezia, 2001.

Jacopo Barozzi da Vignola, ed. by R. J. Tuttle *et al.*, Milano, 2002.

G. Vasari, *Le opere di G. Vasari*, ed. by G. Milanesi, 9 vols, Firenze, 1878-85.

M. Vène, *Bibliographia Serliana. Catalogue des éditions imprimées des livres du traité d'architecture de Sebastiano Serlio (1537-1681)*, Paris, 2006.

G. B. da Vignola, *Regole delle cinque ordini d'architettura*, ed. by M. Walcher Casotti, in P. Cataneo & G. B. da Vignola, *Trattati*, ed. by E. Bassi *et al.*, Milano, 1985.

Vitruvio, *De architectura*, 2 vols, ed. by P. Gros, Torino, 1997.

Vitruvius, *Ten Books on Architecture*, ed. by I. D. Rowland, Cambridge, 2001.

Art and Architecture in Naples, 1266-1713: New Approaches, ed. by C. Warr & J. Elliot, Oxford, 2010.

E. S. Welch, *Art and Authority in Renaissance Milan*, New Haven, 1995.

A. E. Werdehausen, *Bramante und das Kloster S. Ambrogio in Mailand*, Worms, 1990.

D. Wiebenson, *Architectural Theory and Practice from Alberti to Ledoux*, Chicago, 1982.

D. Wiebenson, "Guillaume Philander's Annotationes to Vitruvius", in *Les traités d'architecture de la*

Renaissance, J. Guillaume, Paris, 1988, pp. 67-74.

S. Wilinski, "Sebastiano Serlio ai lettori del III e IV libro sull' Architettura", *Bollettino del Centro Internazionale di Studi di Architettura Andrea Palladio*, vol. 3, 1961, pp. 57-69.

S. Wilinski, "Sebastiano Serlio e Andrea Palladio", *Bollettino del Centro Internazionale di Studi di Architettura Andrea Palladio*, vol. 6, 1964, pp. 131-43.

S. Wilinski, "La Serliana", *Bollettino del Centro Internazionale di Studi di Architettura Andrea Palladio*, vol. 7, 1965, pp. 115-125; vol. 11, 1969, pp. 399-429

C. Wilson, *The Gothic Cathedral*, London, 1990.

R. Wittkower, *Architectural Principles in the Age of Humanism*, 6th ed., New York, 1998.

R. Wittkower, *Gothic vs Classic*, London, 1974.

Baroque Art: The Jesuit Contribution, ed. by R. Wittkower & I. B. Jaffe, New York, 1972.

W. Wolters, "La decorazione plastica della volte e dei soffitti a Venezia nel secolo XVI", *Bollettino del Centro Internazionale di Studi di Architettura Andrea Palladio*, vol. 10, 1968, pp. 268-278.

W. Wolters, "Sebastiano Serlio e il suo contributo alla villa veneziana prima del Palladio", *Bollettino del Centro Internazionale di Studi di Architettura Andrea Palladio*, vol. 11, 1969, pp. 83-94.

K. Wren Chritian, *Empire without End: Antiquities Collections in Renaissance Rome, c. 1350-1527*, New Haven, 2010.

Ad Quadratum, ed. by N. Y. Wu, New York, 2016.

H. Wurm, *Der Palazzo Massimo alle Colonne*, Berlin, 1965.

H. Wurm, *Baldassarre Peruzzi: Architekturzeichnungen*, Tübingen, 1984.

P. Zampa, "Proporzioni ed ordini nelle chiese del Serlio", in *Sebastiano Serlio*, ed. by C. Thoenes, Milano, 1989, pp. 187-189.

P. Zampa, "La Facciata di Santa Maria dell'Orto a Roma", in *Jacopo Barozzi da Vignola*, ed. by R. J. Tuttle, R. J. Tuttle *et al*., Milano, 2002, pp-261-267.

B. Zevi, *Biagio Rossetti*, Torino, 1960.

邦文文献

足達薫「ピントリッキオのアパルタメント・ボルジア」、金山弘昌監修『黎明のアルストピア』ありな書房、2018年、111–193頁

ジェームズ・S・アッカーマン『ミケランジェロの建築』中森義宗訳、彰国社、1976年

ジェームズ・S・アッカーマン『パッラーディオの建築』中森義宗訳、彰国社、1979年

マルゲリータ・アッツィ=ヴィセンティーニ他『ヨーロッパの装飾芸術　第1巻：ルネサンスとマニエリスム』木島俊介総監訳、中央公論新社、2001年

アリストクセノス、プトレマイオス『古代音楽論集』山本建郎訳、京都大学学術出版会、2008年

アリストテレス『ニコマコス倫理学』高田三郎訳、全2巻、岩波文庫、1971–73年

アルベルティ『絵画論』三輪福松訳、中央公論美術出版、1971年

アルベルティ『建築論』相川浩訳、中央公論美術出版、1982年

アンミアヌス・マルケリヌス『ローマ帝国の歴史』山沢孝至訳、京都大学出版会、2017年

五十嵐太郎・菅野裕子『建築と音楽』NTT出版、2008年

石川清「フィレンツェ初期ルネサンスの建築活動におけるミケロッツォ・ディ・バルトロメオの役割」『地中海学研究』12号、1989年、77–100頁

石鍋真澄『フィレンツェの世紀：ルネサンス美術とパトロンの物語』平凡社、2013年

伊藤喜彦他『リノベーションから見る西洋建築史』彰国社、2020年

ジョルジョ・ヴァザーリ『美術家列伝』森田義之他訳、全6巻、中央公論美術出版、2014–22年

ベネデット・ヴァルキ『パラゴーネ：諸学芸の位階論争』オスカー・ベッチュマン、トリスタン・ヴェディンゲン編、清瀬みさを／小松原郁訳、中央公論美術出版、2021年

『ウィトルーウィウス「建築書」』森田慶一訳、東海大学出版会、1979年

リチャード・ウィルキンソン『古代エジプト神殿大百科』内田杉彦訳、東洋書林、2002年

『エウクレイデス全集第1巻：原論I–VI』斎藤憲・三浦伸夫訳、東京大学出版会、2008年

岡北一孝「古典主義者アルベルティ再考：マラテスタ神殿の凱旋門モチーフの意図とその受容」木俣元一・松井裕美編『古典主義再考I：西洋美術史における「古典」の創出』中央公論美術出版、2021年、211–242頁

小佐野重利編『ラファエッロと古代ローマ建築：教皇レオ10世宛書簡に関する研究を中心に』中央公論美術出版、1993年

ジョン・オナイアンズ『建築オーダーの意味』日高健一郎監訳、中央公論美術出版、2004年

ヴィクター・J・カッツ『数学の歴史』上野健爾・三浦伸夫監訳、共立出版、2005年

バルダッサーレ・カスティリオーネ『宮廷人』清水純一他訳、東海大学出版会、1987年

加藤耕一「フォンテーヌブロー宮殿の室内装飾」田中久美子他『装飾と建築：フォンテーヌブローからルーヴシエンヌへ』ありな書房、2013年、第2章、59–84頁

金山弘昌「十六世紀フィレンツェにおける粗面仕上げ切石

積みの解釈」『美学』52号、2001年、42−55頁

金原由紀子編「文献リストと解題」『西洋美術研究：特集　美術とパラゴーネ』第7号、2002年、174−185頁

北田葉子『近世フィレンツェの政治と文化：コジモ1世の文化政策（1537−60）』刀水書房、2003年

ジークフリート・ギーディオン『空間・時間・建築』太田實訳、全2巻、丸善、1969年

京谷啓徳『凱旋門と活人画の風俗史』講談社選書メチエ、2017年

桐敷真次郎編著『パラーディオ「建築四書」注解』中央公論美術出版、1986年

リチャード・クラウトハイマー『ローマ：ある都市の肖像312〜1308年』中山典夫訳、中央公論美術出版、2013年

ハンノ＝ヴァルター・クルフト『建築論全史：古代から現代までの建築論事典』竺覚暁訳、中央公論美術出版、2009年

ジェラール・クーロン、ジャン＝クロード・ゴルヴァン『古代ローマ軍の土木技術』大清水裕訳、マール社、2022年

ルネ・ゲルダン『フランソワ1世：フランス・ルネサンスの王』辻谷泰志訳、国書刊行会、2014年

建築と模型［若手奨励］特別研究委員会編『建築と模型』日本建築学会、2022年

フランチェスコ・コロンナ『ヒュプネロートマキア・ポリフィリ』大橋義之訳、八坂書房、2018年

近藤二郎『ヒエログリフを愉しむ』集英社新書、2004年

エルンスト・H・ゴンブリッチ『藝術のパトロンとしての初期メディチ家』『規範と形式：ルネサンス美術研究』岡田温司・水野千依訳、中央公論美術出版、1999年

ジョン・サマーソン『古典主義建築の系譜』鈴木博之訳、中央公論美術出版、1989年

ロン・R・シェルビー編著『ゴシック建築の設計術：ロリツァーとシュムッテルマイアの技法書』前川道郎・谷川康信訳、中央公論美術出版、1990年

アンドレ・シャステル『ローマ劫掠：一五二七年、聖都の悲劇』越川倫明他訳、筑摩書房、2006年

白幡俊輔『軍事技術者のルネサンス』思文閣出版、2012年

陣内秀信『水都ヴェネツィア：その持続的発展の歴史』法政大学出版局、2017年

末永航『描かれたウィトルウィウスの世界『建築十書』イタリア16世紀の木版挿図』『地中海学研究』17号、1994年、45−80頁

鈴木隆編著『フィリベール・ド・ロルム建築書注解』中央公論美術出版、2022年

ロイ・ストロング『ルネサンスの祝祭：王権と芸術』星和彦訳、平凡社、1987年

サルヴァトーレ・セッティス『ラオコーン：名声と様式』芳賀京子・日向太郎訳、三元社、2006年

フェデリコ・ゼーリ『ローマの遺産〈コンスタンティヌス凱旋門〉を読む』大橋喜之訳、八坂書房、2010年

セバスティアーノ・セルリオ「建築七書（第四書）」岡北一孝訳、池上俊一監修『原典 イタリア・ルネサンス芸術論』名古屋大学出版会、2021年、上巻139−168頁

辻茂『遠近法の誕生：ルネサンスの芸術家と科学』朝日新聞社、1995年

ディオドロス『神代地誌』飯尾都人訳、龍渓書舎、1999年

パウサニアス『ギリシア案内記』馬場恵二訳、全2巻、岩波文庫、1991−92年

パウルス・ディアコヌス『ランゴバルドの歴史』日向太郎訳、知泉書館、2016年

アルブレヒト・デューラー『「人体均衡論四書」注解』下村耕史訳注、中央公論美術出版、1995年

アルブレヒト・デューラー『「絵画論」注解』下村耕史訳、中央公論美術出版、2001年

アルブレヒト・デューラー『「測定法教則」注解』下村耕史訳、中央公論美術出版、2008年

アルブレヒト・デューラー『「築城論」注解』下村耕史訳、中央公論美術出版、2013年

ロドヴィーコ・ドルチェ『アレティーノまたは絵画問答』森田義之・越川倫明訳、中央公論美術出版、2006年

長尾重武編『ヴィニョーラ「建築の五つのオーダー」』中央公論美術出版、1984年

ダイアナ・バウダー編『古代ローマ人名事典』小田謙爾他訳、原書房、1994年

ジョージ・L・ハーシー『古典建築の失われた意味』白井秀和訳、鹿島出版会、1993年

アーウィン・パノフスキー「様式史の反映としての人体比例理論史」『視覚芸術の意味』中森義宗他訳、岩崎美術社、1971年、103−151頁

ラビブ・ハバシュ『エジプトのオベリスク』吉村作治訳、六興出版、1985年

飛ヶ谷潤一郎『盛期ルネサンスの古代建築の解釈』中央公論美術出版、2007年

飛ヶ谷潤一郎「セバスティアーノ・セルリオの建築書『第五書』のドームについて」鈴木博之先生献呈論文集刊行会編『建築史攷』中央公論美術出版、2009年、75−88頁

飛ヶ谷潤一郎「アルベルティの『建築論』における「スパティウム」の用法」『空間史学叢書1：痕跡と叙述』岩田書院、2013年、141−157頁

飛ヶ谷潤一郎『世界の夢のルネサンス建築』エクスナレッジ、2020年

アントニオ・フィラレーテ「建築論（第二書）」白幡俊輔訳、池上俊一監修『原典 イタリア・ルネサンス芸術論』名古屋大学出版会、2021年、上巻115−138頁

深田麻里亜『ヴィッラ・マダマのロッジャ装飾』中央公論美術出版、2015年

プトレマイオス『アルマゲスト』薮内清訳、恒星社、1982年

プラトン『ティマイオス／クリティアヌス』種山恭子・田之頭安彦訳、岩波書店、1975年

533

『プリニウスの博物誌〔縮刷版〕』中野定雄他訳、全6巻、雄山閣出版、2012–13年

『プリニウス書簡集』國原吉之助訳、講談社学術文庫、1999年

アルナルド・ブルスキ『建築家ブラマンテ』稲川直樹訳、中央公論美術出版、2002年

今井宏著訳『古代ローマの水道：フロンティヌスの『水道書』とその世界』原書房、1987年

ヘロドトス『歴史』松平千秋訳、全3巻、岩波文庫、1971年

前川道郎「ゴシック聖堂の建築家と幾何学」『新建築学大系6：建築造形論』彰国社、1985年、3–40頁

前川道郎・宮崎興二『図形と投象』朝倉書店、1979年

ミケランジェロ『ミケランジェロの手紙』杉浦明平訳、岩波書店、1995年

村治笙子他『古代エジプト人の世界』岩波新書、2004年

森雅彦編著『アルベルティ「芸術論」』中央公論美術出版、1992年

森田義之『メディチ家』講談社現代新書、1999年

吉田鋼市『オーダーの謎と魅惑：西洋建築史サブノート』彰国社、1994年

マイケル・ライス『古代エジプト人名事典』大城道則監訳、柊風舎、2022年

『レオナルド・ダ・ヴィンチの手記』杉浦明平編訳、全2巻、岩波文庫、1954–58年

ヴォルフガング・ロッツ『イタリア・ルネサンス建築研究』飛ヶ谷潤一郎訳、中央公論美術出版、2008年

ジョン・ローマー、エリザベス・ローマー『世界の七不思議』安原和見訳、河出書房新社、1997年

渡辺真弓「アルヴィーゼ・コルナーロとジョヴァンニ・マリア・ファルコネット：十六世紀パドヴァの人文主義者と建築家」『建築史論叢：稲垣榮三先生還暦記念論集』中央公論美術出版、1988年、424–459頁

渡辺道治『古代ローマの記念門』中央公論美術出版、1997年

図版目録

出典は角括弧内に記載。セルリオの建築書を除き、記載がないものはすべて筆者撮影。

図1　ストラップワーク、フランソワ1世のギャラリー、フォンテーヌブローの城館 27

図2　ラファエロ他、ふくらんだフリーズ、ヴィッラ・マダマ庭園側ファサード、ローマ 86

図3　円形闘技場、ニーム 199

図4　フォンテーヌ庭園、ニーム 199

図5　トゥール・マーニュ、ニーム 200

図6　メゾン・カレ、ニーム 200

図7　円形闘技場、アルル 201

図8　サン・ベネゼ橋、アヴィニョン 201

図9　周歩廊ヴォールト天井のモザイク画、サンタ・コスタンツァの墓廟、ローマ 206

図10　ウェヌス門、スペッロ 215

図11　古代の墓碑の蓋、ヴェローナ 224

図12　レオーニ門側面に見られる隙間、ヴェローナ 225

図13　アントニオ・ダ・サンガッロ・イル・ジョーヴァネ、ミケランジェロ他、パラッツォ・ファルネーゼ、ローマ 348

図14　ジョヴァンニ・マリア・ファルコネット、ロッジャ・コルナーロ、パドヴァ、アルヴィーゼ・コルナーロ、オデオ・コルナーロ、パドヴァ 349

図15　円柱の比較図、チェザリアーノ版『ウィトルウィウス』（コモ、1521年）［出典：Cesariano, *Vitruvius, De Architectura. Nachdruck der kommentieren ersten italienischen Ausgabe von Cesare Cesariano*, Como, 1521, ed. by C. H. Krinsky, München, 1969, c. 62*r*.］ 352

図16　ジュリオ・ロマーノ、パラッツォ・テ、マントヴァ 356

図17　ラファエロ他、ロッジャ内観、ヴィッラ・マダマ、ローマ 357

図18　ジローラモ・ジェンガ、ヴィッラ・インペリアーレ、ペーザロ 357

図19　セルリオ、グラン・フェッラールの門、フォンテーヌブロー 358

図20　マルケルス劇場とペルッツィによる上階の増築部、ローマ 360

図21　サン・ニコラ・イン・カルチェレ聖堂南側外壁に見られる古代の円柱列、ローマ 360

図22　ボルサリ門、ヴェローナ 360

図23　ブラマンテのテンピエット、ローマ 361

図24　パラッツォ・ファントゥッツィ、ボローニャ 365

図25　マウロ・コドゥッシ、パラッツォ・ヴェンドラミン゠カレルジ、ヴェネツィア 366

図26　イオニア式柱頭、ジュリアーノ・ダ・サンガッロ、ヴィッラ・メディチ、ポッジョ・ア・カイアーノ 369

図27　イオニア式柱頭、ブラマンテ、サンタンブロージョ修道院回廊、ミラノ 369

図28　コンポジット式柱頭、サンタ・コスタンツァの墓廟 370

図29　イオニア式柱頭、ブラマンテ、サンタ・マリア・デッラ・パーチェ修道院回廊、ローマ 372

図30　コリント式円柱、サンタ・サビーナ聖堂、ローマ 373

図31　サン・ロレンツォ聖堂（アントニヌスとファウスティーナの神殿）から見たバシリカ・アエミリアの跡、奥にあるのはサンタドリアーノ聖堂（元老院会議場）、ローマ 373

図32　トラヤヌス帝の記念門、アンコーナ 376

図33　ネルウァ帝のフォルム、ローマ 377

図34　ウェスタ神殿、ティヴォリ 377

図35　サン・サルヴァトーレ聖堂中央入口両脇の渦巻持送り、スポレート 377

図36　ジャコモ・デッラ・ポルタ、イル・ジェズ聖堂ファサード、ローマ 379

図37　バルダッサーレ・ペルッツィ、パラッツォ・マッシモ・アッレ・コロンネの矩形窓、ローマ 380

図38　ジャコモ・バロッツィ・ダ・ヴィニョーラ、サンタ・マリア・デッロルト聖堂ファサードのオベリスク、ローマ 381

図39　エフェソスの女神ディアナ（アルテミス）の噴水、ヴィッラ・デステ、ティヴォリ 382

図40　レオン・バッティスタ・アルベルティ、コンポジット式のような柱頭、テンピオ・マラテスティアーノのファサード、リミニ 382

図41　フランチェスコ・ディ・ジョルジョ、コンポジット式円柱、パラッツォ・ドゥカーレ中庭、ウルビーノ 383

図42　コロッセウム第四層の軒持送り、ローマ 383

図43　ピエトロ・ロンバルド、サンタ・マリア・デイ・ミラーコリ聖堂ファサード、ヴェネツィア........ *384*

図44　コンポジット式柱頭、ティトゥス帝の凱旋門、ローマ *384*

図45　アゴスティーノ・キージの墓碑、サンタ・マリア・デル・ポポロ聖堂キージ家礼拝堂、ローマ *385*

図46　コロッセウム第一層と第二層、ローマ *385*

図47　フィラレーテ、サン・ピエトロ大聖堂中央扉、ローマ *387*

図48　レオン・バッティスタ・アルベルティ、イオニア式戸口、パラッツォ・ルチェッライ、フィレンツェ *387*

図49　バルダッサーレ・ペルッツィ、透視図法の間、ヴィッラ・ファルネジーナ、ローマ *389*

図50　アンドレア・マンテーニャ〈ユリウス・カエサル〉《カエサルの凱旋》、ハンプトン・コート、ロンドン［出典：https://it.wikipedia.org/wiki/Trionfi_di_Cesare］ *389*

図51　ブラマンテ、偽の内陣、サンタ・マリア・プレッソ・サン・サティロ聖堂、ミラノ *390*

図52　ロッジャのドーム天井に施されたグロテスク装飾、ヴィッラ・マダマ、ローマ *391*

図53　〈神々の会議〉、「アモルとプシュケのロッジャ」天井、ヴィッラ・ファルネジーナ、ローマ *392*

図54　〈アモルとプシュケの婚礼〉、「アモルとプシュケのロッジャ」天井、ヴィッラ・ファルネジーナ、ローマ *392*

図55　ジュリオ・ロマーノ〈アモルとプシュケの婚礼〉、「プシュケの間」天井、パラッツォ・テ、マントヴァ *392*

図56　グリエルモ・デ・グリージ、通称ベルガマスコ、エミリアーニ礼拝堂、サン・ミケーレ・イン・イーゾラ聖堂、ヴェネツィア *428*

図57　フランチェスコ・プリマティッチョ、パンのグロッタ、フォンテーヌブローの城館 *433*

図58　セバスティアーノ・セルリオ、アンシー＝ル＝フランの城館 *438*

図59　ポッジョレアーレのヴィッラ、セルリオの建築書『第三書』(151頁〈本書190頁〉) *438*

図60　柱頭の図、フィラレーテ『建築論』［出典：Filarete, *Trattato di architettura*, ed. by A. M. Finoli & L. Grassi, 2 vols, Milano, 1972, vol. 2, tav. 32 (f. 57v).］ *443*

図61　迷宮状の庭園、同書［出典：*Ibid.*, vol. 2, tav. 35 (f. 60r).］ *443*

図62　暖炉、フランチェスコ・ディ・ジョルジョ『建築論』第一稿［出典：Francesco di Giorgio, *Trattati di architettura ingegneria e arte militare*, ed. by C. Maltese, 2 vols, Milano, 1967, vol. 1, tav. 41 (f.

図63　コンポジット式柱頭、フランチェスコ・ディ・ジョルジョ『建築論』第二稿［出典：*Ibid.*, vol. 2, tav. 34 (f. 221r).］ *444*

図64　ダイヤモンド仕上げ、パラッツォ・デイ・ディアマンティ、フェッラーラ *446*

図65　両前柱式の神殿、チェザリアーノ版『ウィトルウィウス』［出典：Cesariano, *Vitruvius*, c. 52v.］ *454*

図66　平面図による聖堂の分類、フランチェスコ・ディ・ジョルジョ『建築論』第一稿［出典：Francesco di Giorgio, ed. by C. Maltese, vol. 1, tav. 17 (f. 11r).］ *455*

図67　クローナカ他、パラッツォ・ストロッツィ、フィレンツェ *463*

図68　カ・ドーロ、ヴェネツィア *465*

図69　トルコ人商館、ヴェネツィア *465*

図70　湿地帯の家、フィラレーテ『建築論』［出典：Filarete, ed. by A. M. Finoli & L. Grassi, vol. 2, tav. 124 (f. 169v).］ *465*

図71　マウロ・コドゥッシ、パラッツォ・コルネル＝スピネッリ、ヴェネツィア *466*

図72　ドイツ人商館、ヴェネツィア *466*

図73　ヤコポ・サンソヴィーノ、造幣局、ヴェネツィア *467*

図74　ヴェネツィア風のパラッツォ立面図、セルリオの建築書『第四書』(34頁おもて面〈本書276頁〉) ... *468*

図75　ヴェネツィア風のパラッツォ立面図、『第四書』(35頁おもて面〈本書278頁〉) *469*

図76　ヴェネツィア風のパラッツォ立面図、『第四書』(36頁おもて面〈本書280頁〉) *470*

図77　ヴェネツィア風のパラッツォ立面図、『第四書』(56頁おもて面〈本書311頁〉) *470*

図78　トリグリフ型の軒持送り、『第四書』(27頁おもて面〈本書267頁〉) *477*

図79　ドーリス式オーダー、ペルッツィ、ヴィッラ・ファルネジーナ、ローマ、1506–11年 *478*

図80　ドーリス式オーダー、ペルッツィ、パラッツォ・マッシモ・アッレ・コロンネ、ローマ、1532–36年 *478*

図81　トリグリフ型の軒持送り、セルリオ、アンシー＝ル＝フランの城館、1541頃–50年 *479*

図82　異なる形態のコリント式柱頭、アルベルティ、パラッツォ・ルチェッライのファサード第二層と第三層、フィレンツェ、1446–51年 *483*

図83　異なる形態のコリント式柱頭、アルベルティ、サンタンドレア聖堂ファサード、マントヴァ、1472年着工 *483*

図84　ルスティカ式の門、『第四書』(14頁おもて面〈本書254頁〉) *487*

536

図版目録

図85　コンポジット式の暖炉、『第四書』(64頁おもて
　　　面〈本書323頁〉) *488*

図86　粗面仕上げの分類、『第四書』(18頁裏面〈本書
　　　259頁〉) *490*

図87　トスカーナ式の暖炉、『第四書』(18頁おもて面
　　　〈本書258頁〉) *490*

図88　ルスティカ式とイオニア式との組み合わせに
　　　よる門、『第四書』(43頁おもて面〈本書295頁〉).... *491*

図89　円形平面の聖堂平面図、『第五書』(4頁おもて
　　　面〈本書401頁〉) *499*

図90　同、立・断面図 (3頁裏面〈本書400頁〉) *499*

図91　五角形平面の聖堂平面図、『第五書』(11頁裏面
　　　〈本書407頁〉) *501*

図92　同、立・断面図 (10頁裏面〈本書406頁〉) *501*

図93　三廊式ラテン十字形平面の聖堂立面図、『第五
　　　書』(27頁おもて面〈本書419頁〉) *502*

図94　単廊式ラテン十字形平面の聖堂の各図、『第五
　　　書』(30頁おもて面〈本書422頁〉) *502*

図95　三廊式ラテン十字形平面の聖堂平面図、『第五
　　　書』(26頁おもて面〈本書418頁〉) *502*

図96　バシリカ式平面の聖堂ファサード、『第四書』
　　　第8章 (54頁おもて面〈本書310頁〉) *503*

図97　ヴィニョーラ、イル・ジェズ聖堂ファサード計
　　　画 [出典：*Jacopo Barozzi da Vignola*, ed. by R. J.
　　　Tuttle *et al.*, Milano, 2002, p. 289.] *503*

図98　球形のアクロテリオン、アルセナーレの門、
　　　ヴェネツィア *505*

図99　集中式平面の聖堂ファサード、『第四書』第8
　　　章 (56頁おもて面〈本書316頁〉) *506*

図100　プルシアポリスの神殿、フィラレーテ『建築
　　　論』第十四書 [出典：Filarete, ed. by A. M. Finoli
　　　& L. Grassi, vol. 2, tav. 82 (f. 108r).] *506*

図101　「都市郊外におけるきわめて高名な君主の家」
　　　平面図、『第六書』(20頁おもて面) *508*

図102　同、立面図、『第六書』(21頁おもて面) *508*

図103　二層構成の聖堂ファサード、『第七書』第47
　　　章 (111頁) *510*

図104　サン・フランチェスコ・デッラ・ヴィーニャ
　　　聖堂内観、ヴェネツィア *521*

図105　同、平面図 [出典：M. Morresi, *Jacopo
　　　Sansovino*, Milano, 2000, p. 139.] *521*

編著者略歴

飛ヶ谷 潤一郎（ひがや・じゅんいちろう）

1972年　東京に生まれる。

1996年　東北大学工学部建築学科卒業。

1998年　東京大学大学院工学系研究科建築学専攻修士課程修了。

1999年〜2002年　パドヴァ大学文哲学部およびローマ「ラ・サピエンツァ」大学建築学部留学。

2004年　東京大学大学院博士課程修了、博士号（工学）取得。

2005年〜2007年　日本学術振興会特別研究員として東京芸術大学美術学部建築科に在籍。

2008年〜　東北大学大学院工学研究科　都市・建築学専攻准教授。

著書に『盛期ルネサンスの古代建築の解釈』（中央公論美術出版、2007年、地中海学会ヘレンド賞・建築史学会賞・日本建築学会著作賞受賞）、『世界の夢のルネサンス建築』（エクスナレッジ、2020年）、訳書にヴォルフガング・ロッツ『イタリア・ルネサンス建築研究』（中央公論美術出版、2008年）など。

セルリオ『建築書』註解　上巻　ⓒ

二〇二四年一二月一〇日印刷
二〇二四年一二月二八日発行

編著者　飛ヶ谷潤一郎

発行者　高木雅信

印刷　広研印刷株式会社

製本　株式会社ブロケード

製函　有限会社八光製函

中央公論美術出版

東京都千代田区神田神保町一–一〇–一
ⅠＶＹビル六階
電話〇三–五五七七–四七九七

ISBN978-4-8055-0992-0